企业管理
升级与内控实务丛书

管理要升级　诊断必先行

诊断才能发现薄弱环节
诊断才能找到短板与瓶颈
诊断才能为升级指明方向
诊断才能做到对症下药

企业全面诊断实务

QIYE QUANMIAN ZHENDUAN SHIWU

主编●高立法

主审●周叔莲

经济管理出版社
ECONOMY & MANAGEMENT PUBLISHING HOUSE

图书在版编目（CIP）数据

企业全面诊断实务/高立法主编.—北京：经济管理出版社，2012.3

ISBN 978 - 7 - 5096 - 1806 - 6

Ⅰ.①企… Ⅱ.①高… Ⅲ.①企业诊断—研究 Ⅳ.①F270

中国版本图书馆 CIP 数据核字（2012）第 037831 号

出版发行：**经济管理出版社**

北京市海淀区北蜂窝 8 号中雅大厦 11 层

电话：（010）51915602　　邮编：100038

印刷：三河市延风印装厂　　　　　　　经销：新华书店

组稿编辑：谭　伟

责任编辑：孙　宇

责任印制：杨国强

720mm×1000mm/16　　　　　　48.25 印张　　1095 千字

2012 年 3 月第 1 版　　　　　　2012 年 3 月第 1 次印刷

定价：98.00 元

书号：ISBN 978 - 7 - 5096 - 1806 - 6

本书编著者

主　编：高立法

主　审：周叔莲

副主编：石宝印　王　茜

撰稿人：高立法　石宝印　王　茜

　　　　马志芳　高　蕊　杜泰斌

序

　　管理也是生产力，有效的管理者可以把企业拥有和控制的"人、财、物"、"供、产、销"有效地组合起来，达到"1+1>2"的目的。这就是管理的宗旨。

　　管理是一门科学，更是一门艺术。因为同样的资源在不同管理者的指挥下，会产生截然不同的效果，这是无须争辩的事实。

　　随着科学的发展、技术的进步、信息的突变，管理技术与功能也必须与时俱进，才能适应当今社会科技发展的需要，才能促进生产力不断变革、发展与提高。管理变革与升级是个永恒的话题，变革需要管理升级、再变革、管理再升级……永无止境。管理者必须追随主题，不断变革、不断升级。否则就会阻碍生产力发展，所经营的企业就不能在瞬息万变、竞争激烈的市场经济中生存和发展，就会被时代所抛弃。

　　当前我国大多数企业，在管理上还不能适应国内外错综复杂的市场竞争的需要，管理基础薄弱、管理方法陈旧、管理思想滞后，管理方面存在一些突出问题，长期得不到有效解决，内部控制缺陷严重影响着企业效益的提高与国际竞争力的提升。管理提升、强化内控成为迫在眉睫和亟待解决的问题。

　　管理要升级，诊断必先行。诊断是管理提升的基础与前提，诊断才能发现管理中的薄弱环节和突出问题，诊断才能找出管理中存在的"短板"与"瓶颈"，诊断才能明确改革的方向与重点，只有加强内部控制和诊断才能更有效地配置资源，企业才能做强做优，争创世界一流，企业的经济效益和竞争能力才能提升。

　　诊断不仅需要具备正确的指导思想，还要有行之有效的方法和工具，这样才能事半功倍。《企业全面诊断实务》系统翔实地介绍了企业全面诊断的理念与方法，其特征有三点：

一是：诊断方法多种多样。不仅有常用调查问卷、自我测评的具体诊断方法，还介绍了棋盘式综合测评诊断法和功效系数法；不仅有定性、定量的方法，还提供了定性转化为定量的诊断方法；在评价方法方面，不仅有单项业务的诊断评价方法，还提供了业务单元的综合诊断评价方法；同时还提供了诊断企业未来健康状况的措施与方法，诊断使用的表格与工具，企业"病案"例示等，为企业实施诊断提供了丰富多样的分析诊断方法，有利于推动企业自我诊断与分析，找出薄弱环节与突出问题。

二是：诊断内容新颖充实。在诊断内容方面，收入了大量的管理诊断新课题，如风险威胁是当今世界危害企业健康发展的严重"疾病"，管理者怎样抓住机遇、规避风险损害，达成企业既定的战略目标与愿景，最有效的方法是实施"风险管理"，发动广大员工建立"风险库"，使管理重点前移，变管现在为"管未来"、变被动为主动，实现"管理革命"。本书不仅提供了诊断企业风险防控能力的测评方法，也提供了风险管控的措施及内部控制方法。在企业健康评价标准方面，不仅提供有国内各行业五项主要绩效指标的平均值水平，还提供了18个行业绩效评价国际标准值水平等。本书为企业诊断分析自身的健康状况提供了标准。

三是：密切联系企业实际。作者长期从事企业的诊断与治理，本书不仅继承了2003年编著的《企业诊断与治理丛书》诊断的理念与方法，还将近几年在实施内部控制与全面风险管理过程中，企业改制创优中所运用的新的诊断理念与方法也收录其中，有些内容是针对企业存在的突出问题总结提炼而成，是理论与实践相结合的产物，对企业实施自我诊断具有重要的指导意义与参考价值。

本丛书在编写过程中参考了大量的国内外书刊及文献资料，受到亚洲风险与危机管理协会、中国风险管理者联谊会领导及专家的指导，在出版之际，向国内外给予支持和帮助的朋友们表示衷心感谢！

由于作者水平所限，而且企业管理升级与内部控制涉及经营与管理的方方面面，企业转型在不断地深化，书中不足敬请广大读者赐教！

编　者

2012 年 3 月 5 日

目　　录

第一章　企业全面诊断基本概念

第一节　企业全面诊断含义、特征与功效

一、企业诊断的含义

企业诊断也称企业管理诊断，是借用医学比喻，专门用于研究探索企业经营管理的弊病，找出产生的原因，对症下药提出改革的治理方案，改善经营管理，充分利用开发各种资源，提高企业的经营效率与效果，使企业延年益寿、基业长青的一种新兴管理方式。其实质是对企业诊断现状、策划未来、消除弊病、健康发展。

一个企业不论其经济性质、经营内容、经营方式和经营规模如何，其投资者、经营者、管理者及员工，都希望自己的企业取得较好较多的效益，能长期生存和不断发展，并在社会的经济生活中占有一定的地位。这不仅是一种愿望，也是企业经营管理者的根本目的。但是企业是由各种要素组成的一个有机的经济实体，在日常经营管理活动中，由于各种外部条件和内部因素的变化，往往会发生这样或那样的问题（本书称为弊病），影响企业经营活动的正常运行，使企业陷入困境，造成不应有的损失，甚至影响企业的生存和发展，不能较好地实现企业的目标。企业的投资者及其经营管理者，对影响企业健康发展的弊病，都应有足够的认识和重视，及时察觉、及时整治、及时解决，决不能任其发展。否则，将会产生严重的后果，甚至使企业破产倒闭。这如同人体一样，一旦有病就应及时治疗，如抱着侥幸心理拖延下去，其结果往往使病情加重，威胁人的生命，甚至导致死亡。所以，无论何时，一旦发现企业出了问题，影响企业的健康，都应当机立断，摸清情况、找到根源，采取措施加以治理，使企业健康发展。可见，企业诊断不同于其他的检查与审计，它是立足于企业的生存发展，帮助企业发现病

症、找出病因，改善经营管理，开发资源，提高效益，确保企业在竞争中立于不败之地，实现预期目标的一种特殊功能，是企业的一项永恒事业，决不可忽视。许多发达国家或地区的企业，将企业诊断与治理作为向管理要效益，求生存促发展的"秘密武器"，作为经营管理不可或缺的一种特殊手段，其道理就在于此。

企业诊断产生于 20 世纪 30 年代的美国，发展于 50、60 年代。至今许多发达国家和地区，诸如美国、日本、西欧各国和中国的台湾、香港等地企业，都设有专门从事企业诊断业务的组织和人员，有的大学也专门开设企业诊断的课程，讲授企业诊断的知识，培养企业诊断人才。可见企业诊断已发展成为当今世界企业经营管理中不可缺少的新兴高层次的应用管理科学，在当代企业管理中占有极为重要的地位，是企业家和高级管理人员必备的知识。

为了适应我国企业走出国门，进入国际市场，"做强做优、争做一流"的需要，我们重新编写了企业诊断，为企业管理升级提供参考。期望企业通过自我诊断，找出存在的不足与弊病，制定应对策略和政策，采取措施加以改进，促使企业健康发展。

二、企业诊断的特征

企业诊断与其他管理等相比具有以下特征：

（一）企业诊断是一种高层次的管理活动

企业的一般管理，注重于企业某一方面的日常管理，如营销管理注重日常的市场变化、产品销量、顾客反映、同业竞争情况等；而生产管理则注重产品投入与产出、产品质量、产品消耗、产品成本以及设备利用状况等；财务管理则注重资金筹措与运用、营业收入与利润、现金流量、到期债务偿还；等等。而企业诊断则不同，它是从保障企业生存与发展，维护企业整体利益的立场出发，对企业的经营战略、基本经营方针、经营策略、管理活动、投资筹资活动、组织机构及资源管理等所产生的效率、效果等方面的问题所进行的诊断，并针对存在的问题（弊病），提出改进方案，协助企业制定经营战略、基本方针以及实施策略与政策，使企业不断改善经营管理，提高经济效益，在竞争中立于不败之地。可见，企业诊断的性质、目的、作用、立场、观点、方法和要求等与一般管理有着本质的不同。它是一项全面、系统、高层次的战略性和战术性相结合的管理活动。

（二）企业诊断是以系统理论与方法作为指导

企业是一个复杂的经济实体，是由人、财、物、技术、信息等要素构成的有机体。从管理来看，它是由决策、计划、组织、实施、指挥、激励、控制和调节等七个主要环节组成的管理过程；从经营来看，它是由购、产、销、存等四个主要环节组成的经营过程。这些因素与环节的活动都是相互联系、相互影响的，在每一个要素与环节中都有各自的活动过程。每一个要素与环节的变动，都会影响到另一个要素与环节或另几个要素与环节的变动。例如，企业资金短缺，就会影响采购、生产、销售、储存等活动，同时也会影响企业偿债能力以及信誉状况等。为此，任何一个企业都要求每个要素和环节处于正常活动状态，以确保企业经营的正常运转。但严酷的事实告诉我们，一些企业往往因外界条件变化、信息失灵或处理问题不当、经营管理不善、人员素质不佳、责任心不强、资金筹措运用不妥等原因，经营过程中经常会发生这样那样的问题，妨碍经营与管理的正常进行，使企业遭受损失。面对上述诸多复杂多变的问题，要使企业诊断奏效，就必须以系统理论与方法为指导，把企业作为一个有机的大系统，把构成企业实体和经营管理全过程的各个要素与环节划分为许多个子系统，然后再将各子系统，按其所控制的内容划分为更小的系统予以分类。运用系统论的理论与方法，对企业的各个构成要素和各个运行环节进行全方位的诊断，就能从总体上诊断出经营管理中的各种弊病，才能根据市场变化、经济发展、企业现状等，提出科学有效的治理方案，"对症下药"，从根本上消除企业弊病，提高企业经营管理水平，使企业健康地发展。否则容易"头痛治头"、"脚痛医脚"而无法根治。可见，企业诊断是以系统的理论与方法为指导的一种全方位的管理活动。

（三）企业诊断必须借助于经营分析才能找出"病因"

企业诊断的目的是找出产生"疾病"的根源，确定"病症"，并指出危害及其发展情况。分析是把一种现象分成较简单的组成部分，找出这些部分的本质属性和彼此之间的关系，从而分清轻重、缓急，进行合理有效的治理。例如某月利润指标突然下降。这是一种现象，要治理这种病，就必须进行深入分析，寻找导致利润下降的病根，一般而言，产品成本提高、费用增加、售价降低，甚至计算错误都会导致利润降低。但是成本提高又由多种因素引起，如原材料价格升高，或买进材料质次、价高、消耗过大，或者是操作问题、设备问题、产品质量问题都会影响成本升降。不进行深入细致分析，就找不到病源，弄不清发展趋势，就不能对症治疗。可见，诊断必须进行分析，分析才能更好诊断，二者相辅相成、缺一不可。

（四）企业诊断是一门改善经营管理的学问

企业诊断不是纯管理理论，它所探讨与研究的问题，都是针对企业存在的各种经营管理中的弊病。它除了研究如何诊断企业各种"病症"的现象、特征及其产生原因、造成危害之外，更重要的是着重研究如何协助企业改善经营管理，制定正确的经营战略与经营方针、具体经营战术及其管理制度等，以消除弊病，提高企业的经营能力和管理水平，增强企业适应外界变化的能力，使企业健康地生存发展下去。由此可见，企业诊断的目的是要帮助企业解决存在的实际弊病，不是空谈理论，它是一门改善经营管理的应用学科，其中心任务是帮助企业改善经营管理、提高经济效益，确保企业的生存与发展，这是企业诊断的根本目的。

（五）企业诊断是一项政策性、技术性很强的工作

大夫看病要通过"望、闻、问、切"，病重还要通过检查、透视、化验等。诊断企业经营管理弊病，不仅需要用各种经济指标的对比、分析、数理统计等方法，而且还要使用检查、验证、观察、查询、统计调查、现场勘查、预测、推理、判断、听证等技术方法。治理弊病时不仅要依据各种方针政策做各种可行性调查研究与分析，制定各种可行性方案，提出各种有效措施、建立健全各种切合实际的规章制度等对症下药方案，还要视病情需要进行"手术"治理（如整顿领导班子、调整管理机构和人员、更新设备等），如果不采取措施与手术，企业的治理就无法进行，弊病也不能消除。此外，企业诊断还需要应用各种经济指标与标准，才能做出正确判断与评价。常言说，不比不知道，一比见分晓。但是还要注意，有些因素如管理哲学、组织结构、组织内权力动作、信息资讯与沟通、员工士气与满足感、领导风格等，都影响企业的健康发展，也是诊断中不可忽视的内容。

总之，企业诊断是一项具有全面性和系统性，政策性强、技术要求高，并注重解决企业实际问题的高层次管理活动。

三、企业诊断的功效

对企业来说诊断的功效益处多多，归纳起来有：

（1）能侦测出内外部环境的变化对企业目标实现所造成的影响，从而及时调整策略，改变应对方案。

（2）能通过企业现状诊断出存在的薄弱环节与重点问题，分析产生的根源，为改善经营管理指明方向。

（3）能检查经营战略、经营策略的方向是否正确，策略是否可行有效，目标能否达成。

（4）能提高企业长期财务效益，防范财务风险及企业危机产生。

（5）能检测企业整体组织运作的健康状况、协调能力，确保企业整体目标的达成。

可见，企业诊断对企业的健康运作、长期生存与发展甚为重要，不论是自行诊断或外聘顾问诊断，只要坚持正确理念，掌握必要资源、信息与时效，采用适当方法都能达到诊断目的。

第二节 企业全面诊断目标与任务

一、企业诊断目标

企业诊断的目标是根据企业的经营性质、经营内容、经营管理的现状以及未来发展的要求确定的。

企业诊断的目标可分为诊断性目标和治理性目标两类。

（一）企业诊断性目标

诊断性目标是一种通过诊查断定弊病的症状及性质的目标。这类目标主要表现在以下几方面：

（1）确认经营战略、经营方针、经营目标制定及贯彻执行情况；

（2）确认企业经营状况、财务状况和管理状况及其优劣；

（3）确认企业投资、经营和管理的有效性；

（4）确认企业经营、管理和投资过程中的弊病与病情；

（5）预测未来可能潜在的重大风险、评估发生可能性及影响后果的严重性。

诊断目标又可分为经营性目标、财务性目标、投资性目标和管理性目标。

经营性目标按照经营过程的环节可细分为采购、生产、销售、储存等目标。财务性目标按照资金形成、运营、耗费、收益的过程，可细分为资金筹措、资金运用、利润、成本费用等目标。管理性目标按照管理过程、方式、体系等可细分为决策、计划、组织实施、指挥、控制、信息、员工和行政管理等目标。

由于诊断性目标是直接通过应用系统的分析、检查、判断和鉴证等方法来实现的，具有机制的性质，所以，此类目标又称直接性目标或批判性目标。

（二）企业治理性目标

治理性目标是一种根治企业弊病，改善经营管理，提高经济效率和效果的目标。此种目标是从企业未来发展的角度出发，针对确认的弊病及其表现提出的"处方"。同时，此类目标需通过治理以后的若干时间方能实现。所以，又称为战略性目标或远期目标。这类目标主要表现在以下几方面：

（1）帮助企业制定正确的经营战略、经营方针政策及一定时期内要实现的经营目标。

（2）帮助企业改进经营管理决策和投资决策；改善企业的经营状况、财务状况，提高企业创新能力、竞争能力和应变能力，充分挖掘和利用各种资源，增强企业实力、提高经济效益，树立企业的形象。

（3）帮助企业建立健全内部控制组织体系和控制制度，提高企业对生产、经营、财务和管理活动的控制能力，提高企业的经营管理水平。

（4）帮助企业防治经营管理弊病，消除隐患、摆脱困境，制定预防弊病发生的措施，抓住机遇，防范威胁，确保企业防范风险健康地生存和发展。

（5）帮助企业提高人员素质，调动和发挥员工的积极性和创造性，提高员工的业务水平和工作能力，增强企业的实力。

上述目标是在实现诊断性目标后，由诊断人员开出"处方"，然后由企业经营管理人员贯彻实施，所以又称为建设性目标或间接性目标。

（三）两类目标关系

企业诊断性目标与治理性目标之间具有密切的联系，是互为前提互为制约、相互促进相辅相成的，两者不得有任何偏废，或将其割裂开来。诊断性目标是根据治理性目标的要求确定的，治理性目标是在诊断性目标基础上提出来的，并通过贯彻而实现的。诊断性目标在前，治理性目标在后。前者是找出病因、确定病源。而后者是针对病源加以治理，使企业健康发展。找不到病因，无法对症治理，找到病因不能对症治理，也不能达到诊断目的。两者相辅相成，目标都是使企业健康发展。所以，诊治人员只有明确两者辩证统一关系，并在实际工作中予以正确运用，才能较好地完成诊治任务，取得好的诊治结果。

二、企业诊断任务

企业诊断的过程，可分为两个阶段：第一阶段是诊断企业弊病，寻找致病病因；第二阶段是治理企业弊病，恢复企业健康。这两个阶段的工作，就是企业诊断的基本任务，具体来讲有以下四个方面：

（一）帮助企业正确诊断经营管理中的弊病，找出致病根源

企业的弊病一般发生在企业的经营管理过程中，因为企业是一个有机经济实体，经营企业是一个复杂的经营管理过程，它受企业外部及企业内部多方面因素所制约。在整个经营管理过程中如果某一方面发生故障及问题，就必然影响到其他方面的正常活动，问题严重时会导致企业停止运营、破产倒闭。而造成弊病的原因也错综复杂，既有外部的客观原因，也有内部的主观因素；既有直觉直观的，也有隐蔽间接的；既有前期历史遗留的，也有后期现时形成的。这些病症不仅表现不一，而且弊病的根源与性质也不相同。不仅如此，有些企业还患有并发症等等。要想恢复企业健康、治愈这些弊病，首要任务是对企业弊病做出正确的诊断，弄清它的病源，使问题一清二楚，才能对症开方给予治理。没有正确的诊断或发生误诊就会贻害企业，也就不会有正确的治理。可

见，帮助企业正确诊断经营管理中的弊病，找出致病根源，是企业诊断的首要任务和固有责任。

（二）帮助企业正确治理经营管理中的弊病，消除经营管理中的隐患

诊断是手段，治理也是手段，它们的共同目标是使企业增强活力、恢复健康，确保企业健康地生存发展下去。企业诊断人员必须在正确诊断的基础上，及时开出正确的"处方"，积极给予正确治理，以尽快恢复企业健康，这是诊断人员的"天职"。否则，表明诊断人员丧失"医德"，未做到守职尽责，其后果可能给企业带来更大的危害。可见，针对企业弊病原因，及时正确地提出治理方案，不失时机地给予积极治理，使企业尽早恢复健康，是企业诊断的根本任务和道义责任。

（三）帮助企业预防弊病发生，确保企业健康发展

这项任务体现了企业诊断从消极诊断治理，转化为积极防治的预防为主，使企业的诊断具有以防为主的积极战略意义。因此，企业诊断治理人员必须实施防治结合、以防为主的企业诊断治理工作方针，帮助企业完善经营管理体制，建立健全切实可行的规章制度，严格内部控制制度，建立风险库，增强企业的控制能力与应变能力，做到防患于未然。这是企业诊断的重要任务和职责。

（四）帮助企业改善经营管理，提高市场竞争力

帮助企业开拓市场、广找财源、挖潜创新，开发企业拥有和控制的各种资源，做好人才战略，发挥人的积极性，提高企业的创新能力和抗风险能力，不断提高企业的经济效益，确保企业的生存与发展，使企业在竞争中立于不败之地，这是企业诊断的根本目的，也是企业诊断的战略任务和诊断人员的基本任务和经济责任。

三、管理升级的目标与任务

（一）主要目标

力争用两年时间，通过全面开展管理提升活动，加快中央企业管理方式由粗放型向集约化、精细化转变进程，全面提升企业管理水平，为"做强做优、世界一流"工作奠定坚实基础。

——基础管理明显加强。在解决长期制约中央企业发展的突出问题和薄弱环节上取得突破。企业管控机制进一步完善，管理制度进一步健全，流程进一步优化，管理的标准化、制度化、规范化水平明显提升。

——管理现代化水平明显提升。公司治理进一步科学完善，管理体系进一步系统高效，精益思想与管理活动广泛结合，先进管理理念、技术和方法得到广泛应用，管理信息化水平显著提升，信息技术对管理提升的促进作用明显增强。

——管理创新机制明显完善。管理创新工作体系进一步健全，形成鼓励全员参与管理创新的文化与氛围，管理创新成果得到有效转化，内部资源配置能力进一步提升，管理创新促进企业管理水平持续提升的长效机制进一步健全。

——经营绩效明显改善。企业成本费用、管理漏洞、重大风险得到有效控制，经营管理人才队伍进一步壮大，价值创造能力、市场竞争能力明显提升，管理提升对企业科学发展、转型升级、转变发展方式、更好履行社会责任以及实现"十二五"改革发展核心目标的促进作用明显增强。

（二）重点任务

为全面落实管理提升活动的工作目标，中央企业要重点做好以下四项工作：

1. 找准管理"短板"和"瓶颈"问题，实现重点突破

按照工作目标的要求，结合自身实际，广泛发动，全员参与，在本企业各管理领域内全面开展自查自纠和管理诊断工作，找出当前存在的突出问题和薄弱环节，找准管理"短板"和"瓶颈"问题，在深入调查、充分论证的基础上，优选提升措施，制定重点整改工作方案，狠抓落实，确保"短板"消缺和"瓶颈"突破。

2. 强化向管理要效益理念，切实加强基础管理

牢固树立"基础不牢，地动山摇"观念，培养"严谨求实"的队伍作风，在全面自查和诊断的基础上，进一步加强基层建设、基础工作和基本功训练，以全员消除浪费、创造价值、持续改进为指导，全面梳理优化工作流程，有效运用精细化管理方法，建立系统、科学、实用的标准和制度体系，严格执行，夯实管理基础。

3. 统筹推进专项提升，全面落实整改措施

根据转型升级、降本增效、风险控制的需要，围绕企业战略管理、投资管理、公司治理与集团管控、全面预算管理、全面风险管理、人力资源管理、创新管理、管理信息化、国际化经营管理等领域，广泛开展与国内外先进企业及国资委分批推出的管理典型对标，明确差距和提升方向，细化专项提升措施，认真整改，以点带面，推动管理提升活动深入开展。

第三节　企业全面诊断内容与重点

企业的诊断目标决定企业的诊断对象，企业的诊断对象又决定着企业的诊断方法，这是企业诊断的规律。那么，什么是企业诊断对象？它包括哪些具体内

容？怎样确定企业诊断对象？这些问题企业诊断人员必须弄清楚，否则无法对企业进行诊治。

一、企业诊断内容

企业诊断的内容很广且涉及企业的方方面面，根据企业诊断的目的和对象可概括为下列 10 方面的具体内容：

1. 企业经营战略方面内容

具体内容应视企业的经济性质、行业特点、经营方式、企业经营规模而定。工业企业一般包括经营目标与方针的制定，为实现经营目标、贯彻经营方针而进行的各种购、产、销、存、运输等环节的活动。商业企业一般也包括经营目标和方针的制定，为实现经营目标、贯彻经营方针而开展的各项购、销、调、存等环节的活动……由于经营是企业的中心环节，每个环节都有不同的工作，其具体内容多且繁杂。例如销售活动的诊断内容应包括经营品种、市场环境、销售地区、销售渠道、网点设置、销售价格、促销手段、市场占有率、销售广告、销售组织、销售设施、销售人员、商品摆设、合同签订、交货方式、交货日期、货款结算方式、服务态度、服务质量、售后服务以及销售方针、销售政策、计划制定与实施，竞争对手情况等。

2. 企业管理方面内容

具体内容包括人力资源管理、财务管理、仓库管理，技术设备管理、采购管理、生产管理、销售管理、质量管理、信息管理、运输管理、计划管理、价格管理、劳动工资管理，统计、会计、内部审计等。由于各种管理的环节很多，所以，每种管理又包含不少具体内容。例如财务管理方面包括资金筹措、资金运用、债权债务管理、成本与费用管理、利润与利润分配、基金、实体资产等内容。此外，从管理活动过程来看，还包括各种管理的决策、计划、组织、指挥、激励、控制和调节等环节的活动方式和体系。

3. 企业组织机构方面内容

具体内容包括组织机构设置、业务流程、人员配备、职能划分、岗位、职责权限与工作任务的划分、行为准则、协作配合和办事效率等内容。

4. 企业人力资源方面内容

一般包括人员结构、数量、各类人员应具备的选用条件、职责分工、工作能力、工作态度、精神状态、思想品德、招聘使用、薪酬待遇、选聘原则、考核方式、教育培训、升迁奖惩、工作效率与效果、职工劳保待遇等等。其中，特别是企业对高中级人员的聘用，对他们的知识水平、业务能力、思想品德、职权范围、守职尽责、工作作风、待遇等方面的考察尤为重要。因为高中级管理人员、技术人员、业务人员素质的好坏、能力的高低直接关系到企业的经营战略、经营决策、生产、销售、市场开拓的成败及企业的命运。

5. 企业财务会计方面内容

具体内容应包括资本构成、投入方式、注册资本、实有资本、资本筹集方式、资金成本、资金运用、资产结构、资产负债比、债权与债务状况、营业收入、营业成本、费用、税金、利润及利润分配、现金流量、筹资、投资状况、资金周围情况、资金利润率水平、盈亏平衡点情况、经营安全率、资本积累和坏账情况、存货状况、各种资产减值准备等，有对外投资的应包括投资项目、投资方式、投资规模及效益、投资回收期、投资项目的可行性研究、决策与计划，资本来源、集资方式、筹资成本等等。在会计方面，应包括企业核算制度、核算体系、费用报销、内部控制、电算化、会计档案等内容。

6. 企业物资仓储方面内容

具体内容包括原材料、辅助材料、燃料、包装材料、零配件、在制品、半成品、产成品、委托加工、外购商品等，其中包括购进、耗用、产品更新、贮存，对不适用、不需用、多余材料的处理、仓库保管情况，物资进、出、存管理手续，物资存放及变质商品处理。有工程建造的企业，还应包括对工程物资的管理、领用等内容。

7. 企业技术设备方面内容

具体内容分为技术和设备两方面，技术方面包括工艺技术状况、新工艺、新技术、新材料的研究应用、新产品设计、配方、试制与批量生产，产品质量与性能检测、技术引进与转让。设备方面包括研制设备、生产设备、动力设备、计量设备、运输设备、监控设备、计算机与网络设备、照相设备、视听设备、管理设备、厂房、库房、场地、工具等的新旧程度、运转情况、利用程度、生产能力利用情况、技术上维护、保养、设备大修、更新以及管理制度等。

8. 企业资源开发方面内容

具体内容包括人才、资金、物资、设备、场地、土地、技术、信息和投资项目等经济资源的利用、挖潜、创新、扩展、增收、节支以及由于这些方面的活动而产生的经济效益的提高等内容。此外还包括企业的无形资产，如专利权、专有技术、商标、商誉、土地使用权、出版权、经销权等的利用、开发、出售、转让等以及由此而产生的经济效益。

9. 企业信息资源方面内容

具体内容不仅包括市场需求、科技发展、新产品、经济环境变化、货源、销售、生产、贮存、财务、人才、价格以及新技术、新工艺、新材料的应用等内容，还包括信息系统、可靠性、价值、获得方式、对网络信息的应用和处理、应用能力和效果、信息机构设备、传递方式等方面的内容。

10. 企业领导和行政方面内容

领导方面的具体内容有领导阶层的组织指挥能力、决策能力、控制能力、应变能力、协调能力、权力集中与分散的结合情况、团结合作、经营观念、信息沟通、岗位责任、行政管理、事务处理、合理化建议采纳、思想作风、工作态度、精神状态、监察等。后勤行政方面具体内容包括员工生活、福利管理、后勤保障等等。

二、企业诊断重点与原则

(一)企业管理诊断应贯彻"80/20"原理

在调查了解企业全面健康状况的基础上，诊断重点应放在主要问题上，并且应针对重点项目，以集中资源掌握重大问题。

当前应以强化经营活动中的基础管理为重点，加强基础工作、基层建设和基本功训练，全面梳理优化工作流程，化繁为简，建立系统、科学、实用的标准和制度体系，树立"基础不牢，地动山摇"观念，培养"严谨求实"的队伍作风，持续提升基础管理水平。同时，要根据转型升级、降本增效、风险控制的需要，在企业采购管理、招投标管理、预算管理、资金管理、风险管理、海外资产管理、成本管理、质量管理、安全管理、集团管控、管理信息化等经营管理的关键环节中，根据自身实际，结合国内外相关管理的典型经验，确定重点领域，有计划地开展专项管理提升工作，不断提高企业经营管理水平。

(二)管理诊断要顾及问题的关联性

针对上述重点的探究，也必须考虑问题与问题间、项目与项目间的相互关系及其影响性，方不致挂一漏万、见树不见林。同时还要注意分辨症候及根因，详细分辨其因果才能对症下药。

(三)管理诊断还应重视比较分析原则

为了解企业内部的"疾病"是否恶化，应以纵面诊断为主，将现状与公司过去比较，了解经营的演变情况，并与同业（或竞争对手）比较分析，才更具现实性。

第四节 企业全面诊断标准与方法

判断一个企业是否健康，首先要明确标准，即具备哪些条件才称为健康的企业。然后才能对企业进行诊断，判断其是否健康。

一、健康企业的标准

什么样的企业才是一个健康优良的企业呢？答案可能多种多样，就一般企业而言，应从它的使命、愿景、策略、目标完成状况等来考评，具体讲应该是：各项战略目标能够完成，产品不断创新，市场占有率不断扩大，服务及产品质量不断提高，客户比较满意，积累逐年增加，员工薪酬及福利不断改善，股东获得了预期收益，各项经济指标在同行中处于优良水平，而且未发生重大违规违法行为。当然与国际上同行业指标相比，其水平如处于优良状况，其健康状况就更好了。为了广大企业对比自己的健康状况，本书摘录了国务院国资委按年编制的国内、国际《企业绩效评价标准值》（见附录）。该标准值每年4月出版上一年度的标准值。

作为一个优良企业除上述情况与指标外，在经营管理方面还应从以下五方面分析考核：

1. 反求诸己

企业无论成功或失败，"应先从自己本身去探求原因"，这是绝对必要的做法。出了差错后，如果各阶层人员都推卸责任，根本无法找出真正的病根，更谈不上加以改进了。如此状况，怎么能成为优秀的企业？一般而言，优秀企业的高级主管都能做到"反求诸己"，绝对负责，并且以身作则。仿而效之，企业上下各阶层工作人员也能建立这种共识，则企业组织自然会产生一股强大的动力，其发展不可限量。

2. 集中目标

企业的目标、市场的目标、产品及劳务的目标等，都应集中于一点，并集合企业的整体力量，切实达成此目的。企业内部如有这样的共识，自然能同心协力，集中所有力量而攻之。详细言之，即确定企业、市场、技术、产品、劳务提供等目标，明确安排企业的发展途径、战略目的、计划目标、管理方向等，企业全体照此计划行事、减少无谓的行动及人力、财力的浪费，自然能更加顺利地达成预定目标。

3. 五循环经营

企业以往的企划、时机、观察的三循环经营方式已跟不上时代：计划之前，必须加上企业眼光及企业战略两个步骤。使企业经营从企业眼光、企业战略、企业计划、企业管理、日常操作业务的五项循环经营中正常良性运行。

4. 企业构造表格化

企业构造如果以统计图表表示的话，必须有完美的形象才行。企业的构造如有偏颇、失衡的现象，必然会在图表上显现出混乱的迹象；另外，企业构造的统计图表若与企业负责人的价值观相差太多时，也会令人产生警觉。所以，时时注意维持图表的形象完美，就等于企业的经营达到完美。如有缺欠，可以从图表上的变化察觉，立即加以改进。

5. 自我学习

当今世界已进入知识经济社会，科学技术飞跃发展，企业必须组织员工加强学习，办成学习型企业。打开自己的眼界，学习、学习、再学习，改善、改善、再改善，使企业能够熟练地创造、获取和传递知识，不断更新产品、改善管理。做到以变求生存，以变求发展。

这些是健康企业的基础，没有这些优良基础，健康也不会长久。

二、企业诊断应注意事项

诊断者可由内部人员担任或外聘顾问担任。

内部人担任在检查诊断企业的健康状况时，必须注意下列几点：

首先，应客观、公正地评判自己的企业。人难免有私心，往往容易忽略自己企业或所在部门的缺陷不足，而给予较高的评价。这种心态必须消除，才能正确地判断自己的企业状况，提出有效的改进措施。

其次，必须消除过分自卑的消极心态。有些自卑感较重、较无自信，或意志较薄弱的经营者，常常消极地强化自己企业中的缺欠不足，而给企业极低的评价，这一点也必须注意。

最后，应避免偏颇的判断，不要自恃自己的经验及知识，独断地加以评判。

诊断者必须对企业做一番彻底的了解，采取中立、客观、冷静的立场，从各方面来评价企业优劣，找出企业存在的"短板"及"瓶颈"。

遵守以上三点注意事项，彻底地观察、精心了解后，再下定论。

如果业者在评判企业时，产生以上偏差，就无法对症下药，真正解决企业的问题，对企业的健康发展是一大障碍。

外部顾问，在受聘协助企业诊断时需注意下列事项：

（1）严守"中立者"角色，不宜介入企业内部从事倾轧，徒乱客观立场；

（2）顾问角色在于"咨询"及"建议"，而非决策，不宜逾越本分；

（3）搜集资料多方查证，以免被各种资料或受访意见蒙蔽事实；

（4）经营管理改善乃须长期努力，非"外部顾问"短期诊断所能完全达成，受聘时应表明立场。

三、诊断分析方法

诊断离不开分析，没有分析就找不出产生病症根源，常用诊断分析方法（有的也称分析工具）有：

1. 比率分析法

它是将不同指标的数值相比，求出其比率关系，以判断其状况的一种方法。如我国财政部规定企业绩效评价指标计算的比率，见表1－1。

表1-1 财政部制定企业绩效评价指标计算比率一览表

序号	类别	指标名称	计算公式	说明
1	盈余能力比率	净资产收益率	净利润/平均净资产	
2		总资产报酬率	(利润总额＋利息支出)/平均资产总额	
3		主营业务利润率	主营业务利润/主营业务收入	
4		盈余现金保证倍数	经营现金净流量/净利润	
5		成本费用利润率	利润总额/成本费用总和	
6		资本收益率	净利润/平均资本	含资本公积
7	资产质量比率	总资产周转率（次）	主营业务收入/平均资产总额	
8		应收账款周转率（次）	主营业务收入/应收账款平均余额	
9		不良资产比率	年末不良资产总额/（资产总额＋资产减值准备余额）	
10		资产现金回收率	经营现金净流量/平均资产总额	
11		流动资产周转率（次）	主营业务收入/平均流动资产总额	
12	债务风险比率	资产负债率	负债总额/资产总额	
13		已获利息倍数	息税前利润总额/利息支出	
14		速动比率	速动资产/流动负债	
15		现金流量负债比率	经营现金净流量/流动负债	
16		带息负债比率	(短期借款＋一年内到期非流动负债＋长期借款＋应付债券＋应付利息)/负债总额	
17		或有负债比率	或有负债余额/所有者权益	
18	经营增长比率	销售（营业）增长率	本年主营业务收入增长额/上年主营业务收入	
19		资本保值增值率	扣除客观因素后的年末所有者权益/年初所有者权益	
20		总资产增长率	(年末资产总额－年初资产总额)/年资产总额	
21		销售（营业）利润增长率	(本年主营业务利润－上年主营业务利润)/上年主营业务利润	
22		技术投入比率	本年科技支出合计/主营业务收入	
23	补充比率	存货周转率（次）	主营业务成本/存货平均余额	
24		不良资产比率	年末不良资产总额/年末资产总额	
25		三年资本平均增长率	$\sqrt[3]{\text{年末所有者权益}/\text{三年前年末所有者权益}}-1$	
26		三年销售平均增长率	$\sqrt[3]{\text{当年主营业务收入}/\text{三年前主营业务收入}}-1$	

表 1-2 台湾地区股票公开上市公司财务比率一览表

分析项目			计算公式
财务结构（%）	占资产比率	股东权益	净值占资产比率＝股东权益净额/资产总额
		负债	负债占资产比率＝负债总额/资产总额
	长期资金占固定资产比率		长期资金占固定资产比率＝（股东权益净额＋长期负债）/固定资产净额
偿还能力（%）	流动比率		流动比率＝流动资产/流动负债
	速动比率		速动比率＝（流动资产－存货－预付款项）/流动负债
经营能力	应收款项周转率（次）		应收款项周转率＝销货净额/平均应收款项余额
	应收款项收现天数		平均收现天数＝365/应收款项周转率
	存货周转率（次）		存货周转率＝销货成本/平均存货额
	平均售货天数		平均售货天数＝365/存货周转率
	固定资产周转率（次）		固定资产周转率＝销货净额/固定资产净额
获利能力	资产报酬率（%）		资产报酬率＝［税后损益＋利息费用（1－税率）］/平均资产总额
	股东权益报酬率（%）		股东权益报酬率＝税后损益/平均股东权益净额
	占实收资本比率（%）	营业利益	营业利益/实收资本额
		税前纯益	税前纯益/实收资本额
	纯益率（%）		纯益率＝税后损益/销货净额
	每股盈余（元）		每股盈余＝（税后净利－特别股股利）/加权平均已发行股数

表 1-3 日本中小企业厅常用比率一览表

编号	名称	算式
1	营业纯益与资产总额比率	营业纯益/资产总额
2	销货与资产总额比率	销货净额/资产总额
3	营业纯益与销货比率	营业纯益/销货净额
4	纯益与资本总额比率	纯益/资本总额
5	纯益与负债及资本总额比率	纯益/负债及资本
6	存货与资产总额比率	存货/资产总额
7	资本与负债及资本总额比率	资本总额/负债及资本
8	流动资产与短期负债比率	流动资产/短期负债
9	速动比率	速动资产/短期负债
10	固定资产与资本比率	固定资产/资本总额
11	利息支出净额与销货比率	（利息支出－利息收入）/销货净额

续表

编号	名称	算式
12	应收款项周转率	销货净额/应收款项
13	应付款项周转率	进货净额/应付款项
14	毛利与销货比率	毛利/销货净额
15	纯益与销货比率	纯益/销货净额
16	存货周转率	销货净额/存货
17	销货额	销货净额
18	每一推销员平均销货	销货净额/推销人员数
19	营业费用与毛利比率	营业费用/毛利
20	营业费用与销货比率	营业费用/销货净额
21	用人费用与销货比率	各种用人费用/销货净额
22	广告费用与销货比率	广告费/销货净额
23	销货退回与销货总额比率	销货退回/销货总额
24	坏账与销货比率	坏账/销货净额
25	销货佣金与销货比率	销货佣金/销货净额
26	每一员工平均费用	营业费用/员工人数
27	每一员工平均薪酬	用人费用/员工人数

表1-4 日本中小企业厅所编的中小企业经营指导

	自有资本经常利益率	总资本经常利益率	销售毛利益率	销货经常利益率	经营资本周转率	流动比率	速动比率	固定比率	固定长期适合率	自有资本结构比率
制造业总平均	31.2	9.0	22.9	5.5	1.8	150.4	111.0	135.5	74.3	31.8
纺织工业	28.4	7.5	18.8	4.6	1.8	154.1	101.6	112.2	59.5	31.8
食品工业	25.5	7.8	27.0	4.5	1.9	157.3	98.4	132.8	74.8	34.7
印刷、装订工业	33.4	10.4	31.2	5.9	1.9	151.3	127.5	162.3	86.7	32.3
化学工业	28.9	8.7	25.7	5.5	1.9	154.0	115.7	128.4	76.3	31.6
金属制品工业	32.5	9.6	22.7	6.0	1.8	155.0	120.3	143.1	76.3	31.8
机械器具制造业	34.7	10.4	26.8	7.7	1.5	157.2	121.2	127.7	70.6	33.7
电气机械器具制造业	35.4	10.0	18.9	5.2	2.3	150.5	117.4	121.5	71.9	31.6
输送机械制造业	33.9	8.3	18.1	4.8	1.9	137.3	108.9	158.8	82.3	28.2
精密机械器具制造业	37.3	11.6	24.3	7.0	1.8	157.3	116.8	122.5	72.3	33.5
批发业总平均	23.6	5.7	17.9	2.5	2.6	133.8	91.8	93.1	60.9	26.0
纺织批发商	21.2	5.1	17.6	2.8	1.9	135.1	93.0	74.8	51.1	26.7
食品批发商	25.1	6.7	14.7	1.4	5.2	137.0	97.4	116.9	74.8	28.9

续表

	自有资本经常利益率	总资本经常利益率	销售毛利益率	销货经常利益率	经营资本周转率	流动比率	速动比率	固定比率	固定长期适合率	自有资本结构比率
其他批发商	25.5	5.8	19.3	2.6	2.1	131.1	87.9	102.4	65.4	24.1
零售业总平均	21.3	6.6	30.6	3.0	2.5	173.0	81.0	110.6	66.7	40.9
纺织零售业	20.8	6.3	33.1	3.1	2.6	170.1	73.4	106.8	63.1	35.1
食品零售业	22.3	9.7	26.9	2.7	3.9	171.9	101.8	119.2	71.6	48.9
周身用品零售业	19.4	7.36	31.4	3.4	2.1	197.1	68.0	106.3	71.6	45.1

2. 比较分析法

它是指在两个以上单位、或一个单位内两个以上部门、或几个不同时期资料的相互比较的方法。例如大华公司四个事业部的利润比较计算表，见表1-5。

表1-5 各事业部比较损益计算表

2011年1月1日起至12月31日止　　　　　　　　　　（人民币：元）

项目	甲事业部		乙事业部		丙事业部		合计	
销货收入	180000	100%	280000	100%	370000	100%	830000	100%
销货成本	144630	80.35	197344	70.48	209642	56.66	551616	66.46
毛利	35370	19.65	82656	29.52	160358	43.34	278384	33.54
销售与管理费用	18000	10.00	30800	11.00	72742	19.66	121542	14.65
营业净利	17370	9.65	51856	18.52	87579	23.67	156805	18.89
其他收入	2556	1.42	4060	1.45	3515	0.95	10131	1.22
财务费用	8298	4.61	19768	7.06	20202	5.46	48268	5.82
其他支出	1062	0.59	5544	1.98	14652	3.96	21258	2.56
本期净益	10566	5.87	30604	10.93	56240	15.20	97410	11.73

3. 趋势分析法

它是指将连续的不同时期的发展比率加以比较分析的一种方法，分为以下两种：

（1）成长趋势分析。

它是根据企业连续数年的发展情形，分析诊断其发展趋势。又分定基比和环比。例如某公司资产负债表和利润表趋势分析见表1-6。

表1-6　历年资产负债状况趋势表　　　　　　（人民币：元）

项目	2005 年	2006 年	2007 年	2008 年	2009 年
资产总额	650311	741267	1364462	1580439	1536140
负债总额	276023	270278	766640	602491	457358
净值总额	362282	450011	576816	956935	1057774

表1-7　历年资产负债定基指数表　　　　　　　　单位：%

项目	2005 年	2006 年	2007 年	2008 年	2009 年
资产总额	100	114	210	243	236
负债总额	100	101	287	226	171
净值总额	100	124	159	264	292

（2）比率趋势分析。

它是根据企业连续数年来的构成比率与财务关系比率，加以分析判断。见表1-8。

表1-8　历年财务比率变动趋势分析

项目分析			2008 年	2009 年	2010 年	2011 年	说明
财务结构（%）	占资产比率	股东权益	53.80	50.60	55.71	59.68	渐有改善
		负债	46.20	49.40	44.29	40.32	渐有改善
	长期资金占固定资产比率		135.06	174.56	211.74	251.84	渐有改善
偿债能力（%）	流动比率		55.07	60.81	87.39	70.55	逐渐转弱
	速动比率		31.28	44.93	69.80	46.63	逐渐转弱
经营能力	应收款项周转率（次）		9.07	8.29	8.04	7.55	逐年转劣
	应收款项收现天数		40	44	45	48	逐年转劣
	存货周转率（次）		7.64	9.76	8.37	6.96	逐年转劣
	平均售货天数		48	37	44	52	逐年转劣
	固定资产周转率（次）		1.07	1.25	1.36	1.46	逐年转劣
获利能力	资产报酬率（%）		7.79	10.65	17.06	18.65	渐趋好转
	股东权益报酬率（%）		11.03	17.59	29.44	30.01	渐趋好转
	占实收资本比率（%）	营业利益	20.08	21.18	24.58	26.70	渐有成长
		税前纯益	20.07	33.09	57.38	61.22	渐有成长
	纯益率（%）		11.00	17.50	32.59	39.30	显著增长
	每股盈余（元）		1.85	2.83	5.08	5.04	逐年增长

分析时至少应注意以下各点：

·需注意各年财务报表中某年是否有重要项目或计算基础做特别调整，而与他年不同；

·需注意物价波动因素，以免造成账面成长远高于实质成长的假象；

·若各年间物价波动甚大，则基期不宜距离过远，各期间亦应尽量缩短距离，方易看清变化；

·除列出趋势分析表外，最好应做成趋势图，更可收一目了然以助分析之效。

4. 指数分析法

采用比较分析法时，往往可采用的比率种类甚多，令人无所适从。同时，所采用的各种指标对于判断企业的健康程度，其重要性各异，往往某项比率显示企业运营颇佳，但他项比率则未必。因此，若想综观企业经营健康状况如何？通常采用多种比率分别乘以各自的重要性权数（权重）、加权而得其评点指数，作为综合判断的依据。此方法称为指数分析法。分析计算的步骤是：

①分析确定影响企业健康状况的比率指标，如流动比率、净资产收益率等。

②视各比率指标的重要性程度分别赋予不同权重，如流动比率为30%等。

③确定后则需计算实际比率、标准比率及关系比率。实际比率是依据报表实际数值计算而得；标准比率是根据同一企业各年的该项比率，求出该项比率的算术平均数、众数及中位数，三者加以平均而得；关系比例则以标准比率除实际比率乘100而得。例如，标准比率为120%，实际比率为180%，则关系比率为150%。若某比率的关系比率为100%以上时，则表示实际比率在标准比率以上，反之则在100%以下。

④求出关系比率之后，将其乘以权数，即得出各比率的评点；将各评点合计，即为所求的企业经营成绩分数。如某企业经营成绩评点表，见表1-9。

表1-9　某企业经营成绩评点表

	权数	标准比率	实际比率	关系比率	评点
流动比率	30	200%	240%	120%	36
资本负债比率	25	150%	144%	96%	24
固定比率	10	250%	200%	80%	8
商品周转率	15	750%	600%	80%	12
应收账款周转率	10	500%	500%	100%	10
固定资产周转率	5	400%	420%	105%	5.3
自有资本周转率	5	300%	210%	70%	3.5
分数	100	—	—	—	98.8

表1－9显示，该企业经营成绩分数为98.8分，比一般水准少1.2分，绩效并不佳，但亦不算太差。

指数法可应用于一企业不同年度经营成绩的比较，亦可作为各企业经营成果的相互比较。

5. 标准值分析法

它是将实际数字和标准数字作比较，求其差异，再分析其原因并谋求对策。该方法在经营分析上是很有用的工具之一。

用作标准值的数字，可从企业的内部和外部得来，外部的有国家标准、国际标准。内部的有历史标准、较好标准、预算标准等。我国国家标准，由国务院国资委监督与考核评价局制定，按年公布，同时公布国际标准。本书附录了部分内容。现以某企业的预算与实际生产比较为例，见表1－10。

表1－10　预算与实际生产比较表　　　　　　1989年12月

	超出预算数额	预算数			实际数		
		件数	单价	金额	件数	单价	金额
材料							
直接材料	￥628.50	390	￥58.23	￥22709.70	401	￥58.20	￥23338.20
间接材料	361.73	390	32.52	12682.80	401	32.53	13044.53
合计	￥990.23	390	￥90.75	￥35392.50	401	￥90.73	￥36382.73
人工							
直接人工	￥1546.42	390	￥119.44	￥46581.60	401	￥120.02	￥48128.02
间接人工	619.01	399	55.18	21520.20	401	55.21	22139.21
合计	￥2165.43	390	￥174.62	￥68101.80	401	￥175.23	￥70267.23
间接费用	￥634.22	390	￥58.75	￥22912.50	401	￥58.72	￥23546.72
总计	￥3789.88	390	￥324.12	￥126406.80	401	￥324.68	￥130196.68

表1－11　预算与实际生产差异分析（一）　　　　1989年12月

	总额	件数差异			单价差异		
		件数	单价	金额	件数	单价	金额
材料							
直接材料	￥628.50	11	￥58.23	￥640.53	401	－￥0.03	－￥12.03
间接材料	361.73	11	32.52	357.72	401	0.01	4.01
合计	￥990.23	11	￥90.75	￥998.25	401	－￥0.02	－￥8.02

续表

	总额	件数差异			单价差异		
		件数	单价	金额	件数	单价	金额
人工							
直接人工	￥1546.42	11	￥116.44	￥1313.84	401	￥0.58	￥232.58
间接人工	619.01	11	55.18	606.98	401	0.03	12.03
合计	￥2165.43	11	￥174.62	￥1920.82	401	￥0.61	￥244.61
间接费用	￥634.22	11	￥58.75	￥646.25	401	－￥0.03	－￥12.03
总计	￥3789.88	11	￥324.12	￥3565.32	401	￥0.56	￥224.56

表 1－12 预算与实际生产差异分析（二）　　　　1989 年 12 月

	金额		%
直接材料差异：			
由件数超出预算而产生的差异			
11 件 × ￥58.23	￥640.53		17%
由单价低于预算而产生的差异			
401 件 × ￥0.03	12.03	￥628.50	— 　 17%
间接材料差异：			
由件数超出预算而产生的差异			
11 件 × ￥32.52	￥357.72		9%
由单价超出预算而产生的差异			
401 件 × ￥0.01	4.01	361.73	— 　 9%
直接人工差异：			
由件数超出预算而产生的差异			
11 件 × ￥119.44	￥1313.84		35%
由单价超出预算而产生的差异			
401 件 × ￥0.58	232.58	1546.42	6 　 41%
间接人工差异：			
由件数超出预算而产生的差异			
11 件 × ￥55.18	￥606.98		16%
由单价超出预算而产生的差异			
401 件 × ￥0.03	12.03	619.01	— 　 16%

续表

	金额	%
间接费用差异：		
由件数超出预算而产生的差异		
11 件 × ¥58.75	¥646.25	17%
由单价低于预算而产生的差异		
401 件 × ¥0.03	12.03 634.22	— 17%
差异总额	¥3789.88	100%

6. SPPPS 模型分析法

SPPPS 模型起源于美国，是利用数学模型形成图谱，从战略因素分析企业其他管理面的重要工具，经常使用在重组分析、营销分析和组织分析领域。举例说明如下：

例如，某企业的战略决定于产权结构的整体发展方向。产权结构同管理体制一样，都是企业发展战略的服务系统，一个好的产权结构必须服从企业发展的要求。由于产权结构与业务策略相比的相对静态性，导致在企业发展战略方面，阶段性战略对产权结构的影响尤为关键。

以下是在大量原始数据统计加工的基础上形成的偏向性分析图谱。

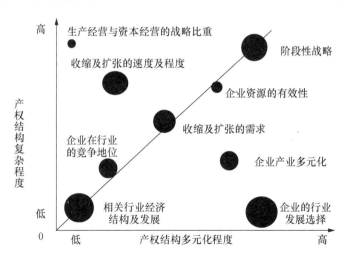

图 1-1　战略因素对产权结构的权重及偏向性分析图谱（SPPPS 模型）

7. 麦戈尔矩阵法

麦戈尔矩阵是美国咨询专家麦戈尔首先提出来的，它是分析市场战略、企业联盟需求和重组需求以及评价市场政策有效性及重组效能的统计分析工具。

产权结构的调整不仅受企业战略的动态指引，还受资产战略相关性的静态限制。资产的战略相关性包括总体资本构成与发展战略的吻合度、资产使用性与发展战略的吻合度、资产使用性之间的增益程度以及专用性资产效率问题。

通常采用麦戈尔评价法测算出相关参数后引用麦戈尔矩阵对资产的战略相关性和产权结构的关系进行分析。矩阵图如图1-2所示。

项目条件　　　决策参考		资本构成战略吻合度 资产相互增益程度	
		高	低
资产使用性战略吻合度	高	产权单一化、结构简单化	产权单一化、结构复杂化
专用性资产效率	低	产权多元化、结构简单化	产权多元化、结构复杂化

图1-2　麦戈尔治理结构分析矩阵

8. 五种竞争力量模型

五种竞争力量分析是最常用的决策分析模型，广泛地用于战略分析、组织分析、营销分析等各个管理领域。

这些竞争力量都非常关键，因为它们将影响既定行业中公司产品（服务）的价格、成本以及必要的投资。五种竞争力量（见图1-3）的实力会因为行业的不同而不同，它们的集合实力将决定该行业中各个公司的赢利能力和水平。如果公司在对付这些竞争力量方面胜于竞争对手，它们就能够获得竞争优势。通过竞争分析还可以导出公司应该采取以下三种基本竞争战略的一种：

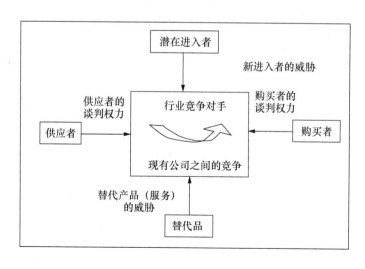

图1-3　决定行业赢利水平的五种竞争力量

·成本领先：成为低成本领导者；

·差别化：独特性；

·聚焦：聚焦焦点市场。

9. 麦肯锡 7 - S 模型

麦肯锡 7 - S 模型是全球最权威的咨询公司——麦肯锡公司在 20 世纪 80 年代开发出用来分析高业绩组织的一种方法。它是 Tom Peters 和 Robert Waterman 的著作《追求卓越》[In Search of Excellence（1982）] 的基础。

这 7 个变量（如图 1 - 4 所示）构成了一个独立的强化网络。Tom Peters 和 Robert Waterman 解释道：该模型 "同正式的结构和战略有关，而且同您的公司有效运作（无效运作）的方式有密切的关系"；他们还宣称："四年的全球经验使我们有这种预感：该模型不仅会大大帮助我们形成有关硬件（战略和结构）的显著思想，而且还会大大帮助我们形成有关组织软件（风格、系统、职员、技能以及共有价值观）的显著思想。" 对诊断来说，这个模型是一种研究组织中 "硬件" 和 "软件" 相互作用方式的工具。

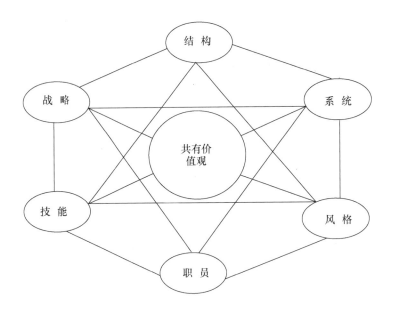

图 1 - 4 麦肯锡 7 - S 模型

10. 价值链分析

价值链分析是一种描述组织内以及组织外各种组织活动的方法，通过对这种活动分析来确认公司经济优势的源泉，进而评价公司的竞争优势。

同时，价值链分析也经常用于企业内控管理（尤其是成本管理、物流管理、营销管理）方面。价值链分析模型是企业流程再造的重要工具。

波特（1985）首创的价值链分析方法源于 20 世纪 50 年代发展起来的一种会计工具，价值分析的目的是为了分析公司制造过程中增值部分。波特将这种原理向前推进了一步，将组织所有人浮于事的运作过程联结起来，然后赋予每一个活动一定的价值。

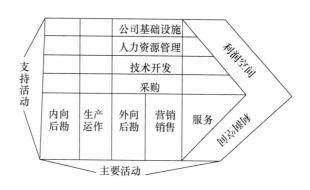

图 1-5　一般价值链

对每一个活动按两个方面进行分析：成本驱动因素以及相应活动同其他活动的关系；然后，评价公司对竞争对手的相对成本地位。波特解释道："更加廉价或更加卓越地完成那些具有战略意义的活动而获得竞争优势"，并补充道，"竞争对手之间价值链的差异是竞争优势的源泉。"

11. 标杆学习（Benchmarking）

标杆学习是一种通过确认最优做法，并实施最优做法的方式来改善业绩的方法。它的基础是：将公司的业绩（产品和流程）同最佳的竞争对手的业绩进行比较。

一些首先采用标杆学习的公司多是发动机制造商和钢铁公司，在这些行业中日本公司所带来的激烈竞争使得它们不得不重新思考整个制造过程。

最上乘的标杆学习不但同自己所在行业中的最佳竞争对手比较，而且还同其他行业中的最佳公司进行比较。

12. 霍佛矩阵（Hofer Matrix）

霍佛矩阵是在波士顿矩阵的基础上加上影响企业（项目、产品、服务）生命周期的六个因素，结合三种评价状态对企业进行综合的战略分析、竞争力分析、业务结构分析和人力资源分析定量分析工具。它对波士顿矩阵和通用矩阵进行了更深层次的挖掘，是目前应用面最广的矩阵工具之一。

13. 战略评价

对各种供选择的战略应该进行评价。对战略进行评价可以通过各种方式来实现：

根据组织的环境、组织的资源及其股东的期望，对各种备择战略进行关键因素排序。

绘制决策树，通过一些既定的标准排除其中的一些选择。

情境规划（Scenario Planning），对各个不同的情境选取相应的备择方案，然后从中选取最优化的方案。

模拟，运用反组织的商业系统建成一个模型，然后在各个模型下评价组织的竞争环境。

14. 以活动为基础的成本核算（ABC，又译作作业成本核算）

以活动为基础的成本核算方法"能够提高成本信息的准确度，因为它能够更加精确地反映杂项费用的其他间接成本分配到产品或顾客细分群"（Rigby，1997）。传统的会计核算系统分配间接成本的基础是直接劳动时间、机器台时或材料价值，而以活动为基础的成本核算方法则按照活动进行杂项费用及其他间接成本的分配。

进行 ABC 分析往往需要：确定开展的关键活动、每一项活动的成本驱动因素；利用已经确定的成本驱动因素以及所收集的关于每一项活动的信息，按活动确定各自的杂项费用及间接成本系列；然后，根据活动用量将成本分配到产品。ABC 分析法可以用于产品的重新定价、成本的降低以及新产品设计的改进提高。

15. 德尔菲法

德尔菲法往往用于解决重大问题，为规划目的服务。它既是一个诊断工具，也是一项数据收集工作。

实际上，它的基础是邀请组织内部或（和）外部的专家回答一系列基本问题，这些问题可能是与行业、部门或一项技术紧密联系的问题。

按照 Markham（1991）的解释，这种工具的运用常常包括三种阶段性行为：获取对一个初始开放性问题的反应；确定这些反应之间的相对权重；解释专家观点同传统观点显著不同的原因。

专家的答案通常采用定量的方法进行衡量，但是也可以从定性的角度进行评价。

16. 小组过程模型

小组过程模型同德尔菲法比较相似，从其本身特点来看，也可以作为诊断工具的数据收集工具来用。人们认为，小组过程模型将德尔菲法向前推进了一步，它运用小组来考察相应的问题。小组过程模型有很多种类型。例如，Greiner 和 Metzget（1983）引用了 Mason – Mitroff 辩证模型，该模型的基础是"运用问卷调查和讨论来确定高层经理在他们所处的环境中对各种利益相关者所做出的各种不同假设和观点的分布。"

这种辩证方法模型与德尔菲模型之间存在两个重要的差别：辩证模型分析是建立在小组讨论的基础上，而德尔菲分析中专家对调查问卷的回答是独自秘密进行的；辩证模型下的分析过程具有更大的结构性，同时也是按照相关小组会议的形式来进行的；而在德尔菲模型下，进行分析诊断的是咨询顾问本人。

另一种基于小组的分析诊断就是头脑风暴法，这种方法相对上述的辩证方法具有更大的开放性。

以小组为基础的分析诊断往往需要经验丰富的咨询顾问，他应该熟谙群体动态学。绝大多数咨询顾问都认为，这种以小组为基础的分析诊断方法对存在个人或组织冲突的情形是不适应的。

17. 力场分析法（Force Field Analysis）

力场分析法是发展的一种分析方式，是组织变革场论中的一部分。Lewin 指出，任何一个组织中，都存在两种力量：推动变革的力量；阻碍变革的力量。如果这两种力量的实力均衡，组织就会处于元气平衡状态。

如果咨询顾问要用这种方法提出变革建议（或者分析诊断为什么早就应该的变革现在还没有出现），就应该测量组织中这两种力量之间的平衡状况，从而找出组织变革为什么没有得到推行的原因。

18. 关键事件法（Key Events）

关键事件法集中关注关键的事件，来解释深入的基本问题。不管是采用问卷调查还是深入访谈作为主要的数据收集工具，其主要的目的都是为了寻找激发重大事件的关键事件。

在某些情况下，这些关键事件在组织内众所周知，但是在有些情况下，这些关键事件往往掩藏在人们的经验之中。

19. 帕累托原则（Pareto Principle）

帕累托原则适应于大量的问题。它的基础是意大利经济学家帕累托的观察结果：既定系列情形中 80% 的要素通常是应归因于这些因素的所有原因中的 20%。帕累托原则通常还表示：少量因素、投入或事件对最终结果产生非常大的影响。

很多企业的财务业绩符合这个原则：公司的大部分利润往往来自少数回款业务。因此，在咨询项目，通常的情况是：少数因素是问题形成的主要原因，是解决问题的关键。

20. 图形分析法

它是以图形来表明各项目间关系、趋势或分析结果的一种方法。如附加价值分析图，见图 1-6。资金周转失灵导致业绩欠佳的病因分析图表见图 1-7、表 1-13。还有骨刺图、因果图、风险热图、方形图、控制图等。

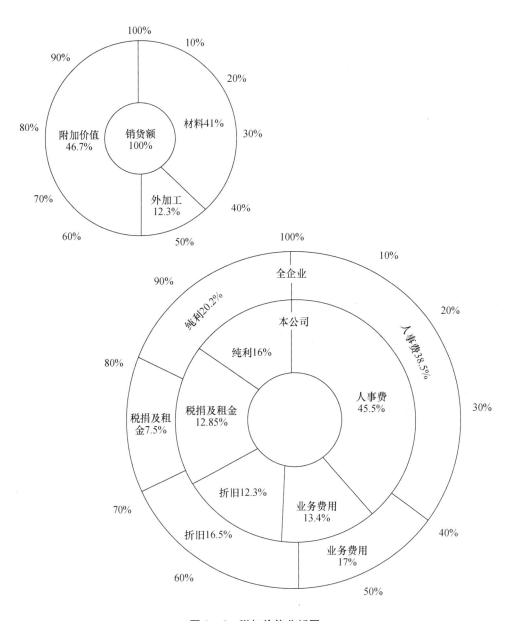

图 1-6 附加价值分析图

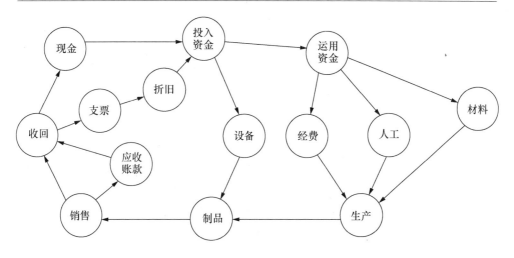

图 1-7 资金周转实况分析图

表 1-13 资金周转失灵导致业绩欠佳的 14 个病因分析

编号	项目	内部原因	外部原因
1	原投资本	自有资本少、增资困难	本事业以外的投资
2	设备	急速扩充、超过适度的规模	短期资金充当设备
3	资金运用	需求预测错误	短期资金调度困难、利息负担增加
4	材料	设计不良材料浪费及库存管理欠妥	原材料价格上涨、原材料付款迟误
5	人工	用人费的削减、集体辞职劳动者纠纷	用人费的增加、政府或民企团体的压力
6	经费	推销不力，经费增加	变动费的固定化，费用有增加趋势
7	生产	缺乏品质改良及设计，生产技术落伍	非熟练人工的操作损失摊入成本
8	制品	价格降低，库存积压过多	新产品的出现，输入品的竞争
9	销售	销售管理欠佳，集中于少数消费	杀价竞争
10	收回	缺乏收款技巧，收款人息慢及催收不力	不景气及政府的紧缩财政政策
11	应收账款	没有设置应收款明细账，应收款余额增加	应收款的回款期延长，坏账（倒账）
12	现金	现金收回率低，销售及收款不力	
13	支票	不谙信用调查技术	票据兑现的期间延长，发生空头支票
14	折旧	黑市金融滥开支	利息的增加

除以上介绍方法工具外，还有一些方法，如综合评价法，在第二章中加以介绍。

在诊断测评过程中，要注意定量与定性关系。一般情况下，人们都喜欢用定量方法表示，有了具体的数值，与标准/计划相比一看便知优劣，但是对未来或某些外部环境，受多种因素影响，而且千变万化，很难用具体数值表示，即便估测出数值或百分数，也只能是个大概其。因此，要具体问题具体分析，有的指标如计划完成程度、劳动生产率等应以定量为主。对未来的某些预测，如未来的环境变化、某项风险发生的可能性等，则应以定性为主。为便于计算定性可按等级大小转化为一定数值，然后再加总计算评价。

四、问卷调查诊断

诊断一个企业是否健康除了用定量指标评价考核外，问卷调查诊断也是一项重要方法。

（一）问卷调查诊断意义

问卷调查诊断法是指诊断人员将一些需要了解的问题设计成书面问卷向被调查者询问，并要求被调查者以书面文字或符号形式做出回答，然后进行归纳整理。它是收集分析诊断信息的一种方法。

问卷调查是诊断的主要资料来源。比如，对企业经营者基本素质与领导能力、基础管理水平与各项规章制度的执行情况等的诊断，仅凭经营者自己的介绍和查看管理制度是不够的，必须听取群众的意见，了解员工的反映。而通过不记名的问卷调查，可以收集到很多真实的情况，有助于诊断专家做出正确的判断。

（二）调查问卷的设计要求

1. 调查问卷设计的一般目标

调查问卷设计的科学与否决定着问卷的回收率和有效率，直接关系到问卷调查效果的好坏。一份科学、适用、符合评议诊断目标的调查问卷，在设计上至少应满足以下几点：

（1）问卷内容要紧扣调查诊断的目标，尽可能多地获取信息；

（2）问卷内的每一问题都要与所需调查的内容相关；

（3）问卷的内容应尽量简明扼要，但不要遗漏必要的问题；

（4）问卷的用语要清晰明了，没有歧义，方便被调查者回答；

（5）要便于问卷结果的合理性检查，方便汇总整理和分析诊断。

一般情况下，调查问卷的具体内容和形式由评价诊断人员根据诊断的目标和成本预算情况确定，参加诊断工作组对调查问卷设计，以使问卷内容满足需要。

2. 调查问卷的设计要求

为了更好地完成问卷调查，满足诊断需要，在具体设计调查问卷时要注意以下几个方面的问题：

（1）明确调查目的和设计重点。在设计调查问卷之前要明确调查诊断目的，根据不同的诊断目标需要确定问卷调查的重点和内容。

（2）符合企业特点。不同企业有不同的生产经营特点，调查问卷应反映企业特点，避免提出外行问题。

（3）囊括诊断所需信息。八项诊断指标需要大量信息来支持，调查问卷应围绕八项诊断指标的需要来设计。

（4）灵活运用提问技巧。对不便发问的内容，如对企业凝聚力的考察，可加入"企业发行股票，您是否愿意购买？"这样比较形象。

（5）问卷形式应多样化。针对调查问题，设计不同回答形式的问卷，便于被调查者填写。

（6）问题要适量。问卷题目不易太多，一般以30～50个问题为宜。

（7）注意问题的归并。对于确定的每一个独立调查问题，应根据问题的类型进行归并，同类型的问题应按照回答的难易程度，由易向难排列。

（8）进行问卷测试。对设计好的问卷可以在一定范围内进行测试和修正，并征求有关专家的意见，以保证问卷内容更加科学合理。

（三）问卷调查过程控制

为保证问卷调查信息客观真实。问卷调查在过程控制上必须注意以下几点：

（1）调查问卷必须由诊断人员亲自发放和收回，不得经由企业内部人员间接发放或收回。

（2）调查问卷的发放范围由诊断人员根据实际情况确定，但问卷至少要发放到公司（集团）总部各职能部门的正式职工，以及有关一级子公司的中层以上管理与技术人员。

（3）根据企业规模的大小，确定调查问卷的发放数量，但每户企业的有效调查问卷，一般不应少于100份。对不足100人的企业可发放到中层以下全体职工。

（4）调查问卷收回后，应当对调查问卷的发放范围、发放数量、回收情况、问卷调查结果等情况进行统计整理，形成文字资料，作为专家诊断的基础信息。

（四）问卷回答形式及统计方法

问卷回答形式通常有五种。诊断人员在设计调查问卷时应结合调查内容，选择不同形式。

1. 程度式问卷

如需要调查员工对某一问题的重要程度和绩效性程度的认识，可将其分为七等，由被调查者回答。如"经常进行市场调查，了解市场需求、开发新的商机"这一题目，要求按下列规定回答：①很不重要，②不重要，③不太重要，④一般，⑤有点重要，⑥比较重要，⑦很重要。被调查者只能选择其一，这样问卷便于回答，但设计题目较难。

2. 提问式问卷

如需要调查员工对本公司某一事项进行评价，可提出几种答案让被调查者作答。例如，想调查员工对本企业组织机构的评价，可用下列形式调查，"您认为本企业组织机构和岗位设置属于哪种类型？"答案有以下四种，由被调查者选答：机构设置合理、岗位精简高效□；机构设置合理，但同一岗位人员过多□，因人设岗、机构庞大□；一人多岗、职责不清□。这种形式，答案明确便于回答，但设计难度大。

3. 成绩式问卷

这类问卷让被调查者通过对某事物的评价成绩来回答。如调查企业经营管理基础工作的情况时，"您认为本公司的基础管理工作怎样？"，用优、良、中、差，作答。通常优在90分以上，良在75～89分，中在60～75分，60分以下为差。也可分为"优良、一般、较差"三等作答。这样回答简单明确，也便于统计分析。但中间差距较大难以表明被调查对象的真正情况。

4. 判断式问卷

这类问卷的问题内容较为简单，回答方便。如想了解公司经营理念是否被员工接受，题目为："公司经营理念是否已成员工共识？"；用"是"或"非"作答，这样问卷便于作答，但对一切事都用肯定或否定形式回答，往往难以表明该事物的本质。

5. 百分制式问卷

这类问卷，问题内容较明，要求被调查者用百分数作答。如为了调查用户对产品质量满意度，"您对××产品使用效果的满足度？"时，答70分（满分为100分，最低0分）。对这类问卷被调查者可根据自己掌握的情况，对被调查事项给予适当的打分，计分方便，可正确反映事物真实情况。缺点是被调查事物内容，往往不容易全面、正确表达。如对产品使用效果满意度，效果含义很广，有质量效果、经济效果、方便效果等，在问卷中不易表述。

6. 问卷统计判断

每份调查问卷通常由许多问题组成。要想得出综合结论，需要进行统计分析，常用统计分析方法有两种：

（1）加权平均法。将问题中某一题回答情况进行加权平均，得出总分，观察其水平。

（2）权重综合法。由于每份问卷由许多问题组成，而每个问题在整体中所处地位及重要性不同，如不分轻重地将结果进行加权平均，不能得出正确结论，因此首先要将问卷中每个问题根据其重要性给定一个权数，然后再进行综合分析。

（五）问卷测评诊断操作方法

企业全面问卷测评是由具有专业知识的人员运用其学识、经验和分析判断能力，根据已掌握的企业资料，对不能量化的效绩因素进行综合评判诊断，从而得出诊断结论的过程。它弥补了单纯定量指标评价的不足，从更深层面上反映了企业经营活动和管理行为。企业也可自行组织诊断小组进行自我诊断。

1. 专家诊断的方式

专家诊断组织的方式与方法主要有组织方式与打分方式两种：

（1）组织方式。专家诊断的组织方式按照专家是否到现场，分成非现场组织诊断和现场组织诊断两种形式。

非现场组织诊断是指咨询专家不到现场，通过诊断工作组和诊断专家收集的企业情况资料，进行分析诊断，并做出诊断结论。这种方式的优点是可以降低诊断成本，但缺点是诊断专家没有感性认识，仅凭文字资料和直觉进行诊断，容易导致诊断失实。

现场组织诊断是指组织诊断专家到现场了解情况，然后进行分析诊断和评议打分。现场诊断的组织实施步骤如下：

①通知企业结合八项诊断指标准备相关介绍材料。

②组织专家到现场召开座谈会，包括中层干部座谈会、一般职工座谈会，听取中层干部和企业一般职工的反映和意见。

③找有关人员进行个别访谈。

④召开情况介绍会，诊断工作组介绍定量评价情况；然后听取企业领导班子的情况介绍，在此基础上，诊断专家可以就有关部门进行询问调查。

⑤组织专家进行诊断打分。

（2）打分方式。根据诊断专家之间对诊断对象的判断是否进行讨论，专家诊断打分分为集体讨论式打分和背靠背式打分两种方式。

①集体讨论式打分。集体讨论式打分是指参与诊断的专家，对诊断对象的有关情况进行讨论和交流，达成共识，形成一致的诊断结论。这种方式有利于集思广益、看清问题，也避免了个别专家对不熟悉指标诊断的随意性。但是，这种方式也容易产生专家意见的相互影响，特别是容易受到某知名或权威人士意见的影响，使一些专家丧失独立性，形成一定的偏向性诊断。

②背靠背式打分。背靠背诊断是指参与诊断的专家之间不进行交流，每位专家根据对诊断企业情况的了解和自己的判断，发表意见，形成诊断结论，通过对每位专家的诊断结果进行综合，即得出定性诊断结果。这种方式避免了专家之间的相互影响，发挥每位专家的判断能力，增强了专家诊断的客观公正性和独立性。而缺点是由于专家对诊断对象认识的角度、深度等不同，容易产生意见分散

的现象。

目前，通常情况下是以背靠背方式进行评议打分为主，通过加权平均得出结论，这样可以解决诊断结果分散和在一定程度上个别专家对个别指标诊断的主观随意性问题。

2. 专家评议应注意的问题

（1）保持评议的独立客观性，避免先入为主或被现场介绍所误导，充分发挥分析判断能力，得出正确结论。

（2）合理安排评议时间，防止前松后紧、草草收场。

（3）为保护评价企业的切身利益，维护评议人员的形象，评议专家要保守企业商业秘密。

第五节　企业全面诊断流程与报告

企业诊断根据诊断治理人员组成的不同，可分为自我诊断和聘请企业外部专家学者或中介咨询机构进行诊断。诊断与治理通常都是同时进行，诊断为了治理，治理必须诊断，故下列论述含治理。

一、企业诊断治理流程

诊断治理流程是：成立诊断治理机构→制定诊断治理方案→到现场收集资料开展调查→进行资料整理分析判断→研究制定治理方案→提出诊断治理报告→进行诊断治理工作总结→监督诊断治理方案执行。

（一）建立诊断治理工作机构

企业诊断治理是一项高层次、政策性、技术性很强而且很复杂的工作，无论自行诊断或外聘诊断治理都应组成专门领导机构组织实施。

（1）机构组成。由企业主要领导人员、部门领导和经济、技术、财务等技术人员以及外聘专家等组成。

（2）主要职责。全面负责诊断治理工作的整体设计与工作指导、组织实施协调等主要工作：

· 制定企业诊断治理工作整体设计方案

· 收集、审核诊断基础资料及数据

· 实施具体的诊断操作

· 提出治理企业的建议方案

· 撰写诊断治理报告

·建立诊断治理档案

·其他有关工作

（3）设计诊断调查表。设计调查表交被诊断单位填写，见本章附件一。

（二）制定诊断与治理工作实施方案

方案应确定具体的诊断治理目的、诊断治理对象、诊断治理工作计划、时间进度、工作要求等。实施方案最少包括以下七项：

（1）诊断治理目的。它是开展诊断治理工作的前提。为此，首先应明确本次诊断治理的目的，作为整个诊断治理工作的航标，从而使各项具体工作围绕诊断治理目的进行。

（2）诊断治理对象。指所要进行诊断治理的是整个企业的全面性工作，或是企业的某一方面工作。在诊断治理前必须明确。

（3）诊断治理依据。指开展诊断治理的经济技术指标标准。如采用"企业效绩评价体系"。对各子公司进行论断，其诊断依据就是财政部、国资委按年发布的《企业效绩评价标准值》等有关规定。

（4）拟用的诊断治理方法和工具。指具体运用的诊断方法，如效绩评价法、问卷测评法及专用诊断工具如波士顿矩阵等。

（5）诊断治理工作步骤及时间安排。指实施诊断治理工作的具体工作程序和时间要求。

（6）诊断治理责任者。指各项目负责人和工作人员的各自分工及职责。

（7）有关诊断治理工作要求。如要主动耐心，不要傲气；要出谋献策，不要怪怨责备；要保护诊断企业的商业秘密；要虚心听取各方面意见，防止主观片面；要坚持谦虚谨慎，注意戒骄戒躁；等等。

（三）到现场收集资料开展调查

企业诊断要凭数据说话，不掌握大量客观的真实材料难以做出正确结论，也不能提出切实可行的改革建议。根据不同的诊断治理对象，对所收集资料的内容及要求也不一样。如企业进行全面性诊断治理收集的主要资料有：

（1）基础数据资料。包括企业基本情况、人员结构情况、近三年的财务报表及说明书、科技及新产品情况、生产销售状况、市场及产品情况，今后发展规划及设想，企业规章制度、薪酬制度等等。

（2）开展调查收集资料。可组织问卷调查、专项调查、座谈会、建立员工意见箱、听取领导意见等等，从而收集各方面意见及反映，甚至可以向客户进行询问及调查。

（3）收集同行业及其他企业的数据资料及其他相关资料。

（四）进行资料的整理、分析与判断

首先要核实确认基础资料数据的全面性、真实性以及指标口径的一致性，注意财务报告的审计意见。发现资料数据不实或前后口径不一致，应根据有关规定进行调整核实，并征求有关领导意见。在核实资料的基础上进行分析研究，运用专门方法与工具进行分析。最后做出正确判断结论，确认症结所在。

（五）研究制定治理方案

诊断目的是治理，是使企业消除弊病健康发展，可见治理方案制定是关系到诊断治理成功与否的关键，全面诊断的治理方案一般应包括以下主要内容：

（1）经营战略治理方案。企业成功从战略开始，经营战略治理方案内容为：企业任务是否明确，战略目标是否准确，战略步骤是否清楚，战略重点是否突出，战略措施是否有效，战略实施和战略调控是否有力，危机管理是否到位等等都应具体、明确。

（2）组织结构治理方案。传统的组织设计内容单一，而现代组织设计的一个重要特点是内容全面、程序完整。组织结构治理方案内容为：组织结构本身的职能设计、框架设计、协调方式设计是否全面、完整，运行制度中的业务流程、标准，规章制度设计、人员设计、激励制度设计是否全面、科学，能否保证组织结构正常运行。

（3）人力资源治理方案。人是"万物之王"，不懂"事在人为"就等于不懂管理。人力资源管理治理方案内容应包括：制定正确的招聘政策、积极招募录用人才；科学配备人员、保持组织高效；建立科学的考评制度、提高员工对报酬的满意度；用先进的科学经验管理员工；加强开展职前教育与员工培训，提高员工技能水平；培养激励的温床，让员工热情奉献；改善沟通技巧，建立坚强的集体。进而提高人的积极性，促进企业健康发展。

（4）资金运营、财务管理治理方案。资金是企业财产物资的货币表现，提高资金使用效果，表明企业的资源得到了有效的利用。资金运营、财务管理治理方案内容应包括：资金筹措与运用是否合理；资金运用是否有效；资金预算、资金控制是否得力；资金管理责任制是否明确；资金使用效果如何考核；会计核算、会计报告审核等等。从而提高资金使用效果、实现利润最大化。

（5）市场营销及产品治理方案。市场就是战场，营销是企业的灵魂和未来。市场营销及产品治理方案内容应包括：目标市场的选择，如何赢得顾客和忠诚，怎样做好售后服务，维护顾客利益；竞争性策略制定，如进攻型策略、游击型策略、防御型策略、反击型策略；市场营销组合策略，如产品策略、定价策略、渠道策略、促销策略如何组合；广告策略、市场信息，提高销售人员素质、扩建销售队伍，使产品有广阔的市场。

（6）生产与运作管理治理方案。生产运作系统就是用人力、物料、设备、技术、信息、能源、土地、各种资金以及时间的投入，通过物理变化、化学变化、位置变化等转换过程，产出有形的产品和无形的服务。生产管理的目标一是产量和质量，二是交货时间，三是成本，四是柔性，即应变能力。生产与运作管理治理方案内容应包括：生产运作过程的管理是否科学，是否注意"三本"的管理（以人为本、降低成本及资本运作）；生产管理基础工作，即标准化、统计、定额、计量、情报信息、制度、文献管理、信息系统是否坚实；成本控制是否有效、怎样降低成本消除浪费；及时化生产即在需要的时间，按照需要数量生产需要的产品做得如何；5S（整理、整顿、清扫、清洁和素养）管理学习推动得如何？使人们的生产管理达到简单化、可视化、高效化。

治理方案的制定应遵循的原则是：切实、可行、简洁、有效。切忌形式主义，做到需什么制度建什么制度，缺什么制度补什么制度。促进生产力发展和经济效益提高。

（六）提出诊断治理报告

诊断治理报告是诊断治理小组在完成工作后，向被诊断单位提交的，说明诊断目的、程序、标准、依据、结果及治理方案的文件。报告由封面、正文和附录组成。

报告正文除写明诊断对象、诊断依据的资料来源、诊断指标体系及方法、采用诊断标准值、诊断责任等外，还应包括对企业基本情况的描述和诊断结果及结论，同时对影响企业经营的外部条件、因素和重要事项也应披露，对目前弊病治理方案、企业未来发展状况的预测也需弄清楚。

诊断治理报告撰写要做到真实、准确地反映被诊断单位的健康状况，工作组成员和专家对诊断的结论和有关结果应进行充分的分析与讨论，在撰写时应注意做到：

· 诊断治理报告要有明确的诊断结果和结论。

· 诊断治理报告要求语言简洁规范，思路清晰，必要时可用图表进行分析对比。

· 诊断结论要做到依据充分、表达准确，避免使用模糊、容易产生歧义的文字描述。

· 诊断治理报告要维护企业的商业秘密。

报告完成后由项目负责人签字（盖章）。

如果诊断治理由企业自行组织进行，其报告不一定按上述要求进行。通常将诊断问题、问题描述、问题治理等列示清楚即可。报告形式如下：

企业诊断与治理报告实例

自 200×年×月×日至×月×日，我们对山东××机械厂进行诊断治理，现将诊断问题、病因分析、治理对策报告如下：

企业诊断治理报告书

编号：××82

委托人	山东××机械厂	委托日期	2011 年 5 月 10 日	报告日期	2011 年 5 月 30 日
诊断前概况与诊断进程	诊断前该厂管理制度不健全、执行不力，业绩考核不严格，质量无标准，指示贯彻不下去，管理基础薄弱。人员素质差、离职率高等等。 通过发放问卷调查，深入生产现场与职工座谈，查阅有关记录资料。并同有关管理人员交换意见。				
诊断结果（主要弊病）	见附表问题点。				
治理方案（措施与办法）	建立健全必要的规章制度，加强职工教育，提高职工素质，详见附表治理对策。				
建议	领导应重视制度建设及职工业务素质教育，做好人力资源管理。				
附件	计 5 页				

企业诊断单位（盖章）×××　　　　诊断人员（盖章）×××

企业诊断治理明细表

项次	问题点	问题点描述	病因分析	治理对策
1	人员素质不高	（1）某些岗位的人员力不从心 （2）进厂不足 1 年的员工占 73.4% （3）企管人员的文化程度太低，大专以上的只占企管人员的 10%	（1）没有把关键岗位、重要岗位区分开来，工资待遇等方面差距不明显 （2）优秀人员留不住	（1）工作岗位分级 （2）人员岗位资格评审制度 （3）改革干部作业制度，实行目标责任制，优化工作环境
2	凝聚力差	离职率高	（1）扣款原因不明确 （2）管理干部对工人管理方法简单、粗暴 （3）工资发放迟缓	（1）成本核算方式重整，把扣损耗落实到个人 （2）建立电脑化核算系统 （3）重新审定工时定额
3	原始记录缺乏真实性和不规范	（1）无原始记录存档，记录的随意性大 （2）有的产品用粉笔写在支架上或随便撕一个纸条写上个数	（1）从公司来讲，就不重视原始记录的作用，也没有按照 ISO 9002 的要求，对原始记录进行存档保管，使之无法查询 （2）记数不规范，无规范表单	（1）对公司按 ISO 9002 建立起来的质量体系要求的质量记录进行检查、补充、改进，使之对现状有更大的适用性 （2）严格计数、检验纪律，设立"随工单"、"产品标识卡"（见附件） （3）将计数工作统一管理

续表

项次	问题点	问题点描述	病因分析	治理对策
4	生产调度协调不力	（1）月计划完不成，只能达到70%（见表20） （2）完不成计划也没什么关系	（1）人力调配、设备安排不当 （2）物料供应不充分 （3）人员的劳动状态不佳，效率低 （4）没有生产定额	（1）应合理安排人力、对设备的配套性进行整合，对设备、模具建立台账、制度、保养规定 （2）建立清晰的BOM单，彻底盘清、盘实仓库物料，按BOM单计划物料；对占80％比例的产品优先安排，固定专人、专机生产，同时制定出品种的工时定额 （3）改善劳动环境以及按改革的主线条实施，同时加强员工的培训 （4）分品种、规格，制定生产定额
5	罚多，奖少	（1）扣损耗不明白 （2）工作计划上通篇讲如何罚、罚多少	（1）在管理理念上是以罚为主而且处罚的随意性很大，缺乏统一的奖罚规定 （2）缺乏必要的教育	（1）应制定全公司统一的"员工奖罚条例"，各分厂的处罚不能偏离此条例，做到公开、公平、公正 （2）召开车间班前会，多进行表彰、批评相结合 （3）干部规定的一定自己先做到
6	有章不循或无章可循	（1）分厂相关的制度不完善 （2）违反规定（如在车间穿拖鞋、光上身）无人管	（1）没有针对本分厂具体情况，制定相应的制度（如分厂级的设备、模具管理制度，保养制度，质量责任制等） （2）分厂与各部门的接口问题处理得不好（如质量问题）；领导干部对员工进行遵守规章制度的教育不够，执法不严，甚至个别人不能以身作则	（1）针对分厂情况制定："设备管理制度"、"设备模具保养制度"、"设备档案"、"分厂厂长质量责任制"、"分厂质量主管质量责任制"、"分厂车间主任质量责任制"、"分厂质检员质量责任制"等 （2）在ISO 9002质量体系内审时要特别强调各部门之间的接口问题，要用文件规定下来 （3）加强干部的培训和教育
7	管理人员缺乏激励	管理压力不大，犯错也没有什么大不了的，就是扣款	（1）管理干部缺少奖励，竞争淘汰机制 （2）所有工作是由人去做的，而管理干部是发挥整个组织功能的关键，无论是用"恩"还是用"威"的方式，均必须达到其最好的积极性	（1）招用层次高、素质好的一些干部 （2）干部轮调，可上可下制度，设置职务代理人，适当营造干部人员的危机意识，与此同时建设企业文化，归属感和危机感并举

续表

项次	问题点	问题点描述	病因分析	治理对策
8	业绩考核不力	(1) 无管理目标责任制 (2) 无考核办法 (3) "有一些人"可能谁也不敢动	(1) 管理干部的积极性不大 (2) 无法考核,谁来考核?人力资源管理部门(人事)管理不力 (3) 关系网	(1) 制定"管理目标责任制",使管理者感到有希望,有一个目标去争取;达到——奖,达不到——罚,再达不到——撤,奖罚分明,人都是有上进心和积极性的 (2) 应加强人力资源(人事)部门的管理,要配备专门的干部考核人员,要将考核的成绩公布出去。是要事业,还是留人情
9	对设备、模具管理不足	无管理台账、维修计划和保养项目记录	(1) 分厂无专人负责设备和模具管理人员(现在是质量主管抓) (2) 维修力量薄弱,维修费用纳入扣损耗中 (3) 新工人多,得不到正确的培训	(1) 对设备较多的分厂,应因地制宜地设置一名主管设备的主管,按其职责工作 (2) 维修工普遍文化程度低,又要兼管质量检查,无质量意识 (3) 新工人进厂要有试用期,特别是对机械冲压设备要求进行现场考核及操作规程的考核,不合格者不能录用
10	现场管理乱	物料、半成品、成品堆放无规定,挂的牌子和实际不一样,只是为应付检查	(1) 干部的管理意识不强,缺乏正确的管理理念 (2) 合理计划物料不够,生产流程不合理 (3) 领导不重视或熟视无睹	(1) 对管理干部加强培训和教育,特别强调以身作则的作用 (2) 按计划领料,并组织生产,及时对现场进行清理、整理,把不用、不能用、不合格的物料清出现场,放到应放的区域,以免拿错料,造成不合格品的上升 (3) 开展"5S"活动,领导必须亲自去做,否则没有效果
11	命令系统失效	(1) 老板的命令被打折扣 (2) 老板的要求在一段时间后被遗忘 (3) 厂规厂纪、ISO 9002体系得不到实质性的执行和落实	(1) 有些干部可能认为公司离不开他 (2) 老板的要求是否夹杂过严的因素 (3) 厂规厂纪、ISO 9002体系是否有太理想之要求	(1) 见第3点"管理人员大锅饭" (2) 命令事项的结果跟踪应有始有终,保证命令的严肃性 (3) 制度重审

续表

项次	问题点	问题点描述	病因分析	治理对策
12	次料，新旧料混线生产	（1）品质不良的原因之一 （2）分选时造成工时的浪费	（1）车间主任缺少判断力和用科学的方法确定效率 （2）效率意识、品质意识薄弱	（1）见第3.10点"管理人员大锅饭"和"现场管理乱" （2）管理责任加强
13	检验标准不全、不充分	仅有外观检验标准，而无功能判断依据	（1）谁在追究标准制定者的责任 （2）老板一句"为什么缺少这个标准"对责任人有多少压力，他会不会去做出来 （3）老板的要求是否能有效被执行	加强命令系统
14	转序管理不完备	转序接口管理不完备	（1）无转序交接及验收规定 （2）无转序检验的质量标准和抽样方法，即便有，也执行得不力 （3）转序产品的送达计划性不强	（1）制定转序产品验收、点数规定，强调员工的质量和数量意识 （2）质检部尽快完善检验标准及抽样方法，并进行一定的必要的培训，合格者才能上岗 （3）根据工时定额和交期，生产主管实行看板管理，合理安排转序产品的运达和验收计数，并切实跟踪和加强培训
15	工艺文件不全	符合工艺卡要求的只占35.2%	各级领导都不重视，认为可有可无	技术部应完善工艺卡
16	车间没有实行核算员制度	无法提供单位、规格品种的单位成本的准确数据	（1）车间没有产品明细分类账，提供不了半成品、成品的明细记录 （2）盈不补、亏作为损耗扣除 （3）原材料、半成品报废手续不完备	（1）车间应建立材料、半成品、成品明细账目 （2）制定管理的损耗标准 （3）完善报废制度

附件一　企业整体诊断与治理准备实例

红旗机械厂整体诊断治理准备工作实例：

企业诊断与治理因诊断对象（企业种类、规模）、诊断规模（人数、次数）不同而异，实例是以下列条件为基本构想。

一、企业诊断与治理步骤

（1）企业种类：机械制造工业。

（2）企业规模：100～150人。

（3）现场诊断日数：4日，总计8日。

（4）诊断员：诊断领班、生产管理诊断员、生产技术诊断员、经理诊断员、助理员等五人。

整体诊断治理的进度及其纲要可以表1-14为典型。整体诊断分为两大阶段，即预备诊断与详细诊断。一般自接受受诊工厂之申请后，先对工厂的概况迅速予以认识，并决定"详细诊断"的方针，例如发现问题点拟定诊断重点，诊断组员的组成及日程的拟定。预备诊断完成之后，应立即分送给工厂当局，而对于详细诊断的有关事项，亦同时斟酌研判。

假如详细诊断的内容太大，则须将预备调查表分送有关的诊断员，于诊断实施之前仔细先行检讨。

详细诊断的进行，是先使全体诊断员对经理人员的有关事项先作认识，然后才由各诊断员分别对各有关部门，例如销售管理、人力资源管理、事务管理等加以检讨。最后则集合全部诊断员，下定整体诊断的结论。

表1-14　整体诊断进度表

时间	→←4小时	数日间	←第1、2日→		←第3、4日→		数日间
实施项目	接受诊断申请	预备诊断	预备调查	综合管理调查	细部调查	全体诊断员会面	诊断员与厂方会面	提出诊断报告
编号	预|1-4	预|1-4	综|1-2	财|1.2　人|1　物|1　产|1.2.3　销|1.2			

续表

时间	→‖← 4 小时	数日间	←第 1、2 日→		←第 3、4 日→		数日间
主要资料		组织图、工厂布置图、经历表、营业报告表		工厂分析表作业分析表损益平衡图财务分析表			
负责人	各工厂	助理员	工厂当局	全体诊断员	各细部之诊断员分别同时进行	全体诊断员	诊断员与厂方人员	各诊断员
备注		于此期间诊断人员的编成	对全厂设备及产品迅速了解		现场工作	改善方针的决定	概要申述

（本表仅列其大概，各案的详细进度视情况而定。）

二、诊断与治理实施

预备诊断的进行可由助理员先将诊断的用意及目的与厂方有关人员概要说明，其实施步骤为：

（1）向受诊工厂说明诊断的用意。诊断中如牵涉到经营上的秘密，一方面应虚心请教，另一方面要固守保密。

（2）准备"预备诊断"表格，以配合该厂经营上的特色，即能发现诊断重点。

（3）"预备诊断"表格实际付诸实施。预备诊断的有关表格可分为两大类：一为预备诊断表（本例中编号自预 -1 至预 -4）；二为预备调查表（本例中编号自调 -1 至调 -4）。兹将其包括的内容及表格实例分别申述如下：

（一）预备诊断调查表

为对工厂做概况的认识，其主要诊断项目为：

（a）企业的现状：工厂规模与能力。

（b）沿革及现况。

（c）营业内容：销售及生产状况。

（d）经营的特色与性格：经营形态。

（e）经营上的问题点及困难点。

（1）公司的基本情况

①公司名称（本公司、分公司、营业所…）

②地址及电话号码

③负责人

④企业组织形态（独资、合伙、公司、国有、集体）

⑤资本额

⑥所属会员（同业公会、学会…）

（2）人事资料

人员一览表（性质，性别）

（3）固定资产

①占地面积

②工厂布置图

③机械设备（种类、台数）

（以上各项资料可由厂方填入"表预－1"中）

（4）其他状况说明

①公司的沿革

②资本结构（投资、借用…）

③产品特色（加工技术的特色）

④生产状况的特色（规模、机械与人员的编制、生产能力、品质、作业方法）

⑤销售状况的变化（产品种类、销售路径、市场需要及竞争关系的变化）

⑥公司的特色（经营方针…）

⑦经营上的困难点

（以上各项资料可由厂方协助填入"表预－2"中）

（5）经营形态与管理状况

此处着眼于工厂特性的准确性及诊断重点与方向。例如：

①生产形态（产品种类及生产量的多少，产品特性）

②营业形态

③管理状况（生产管理、业务管理、销售管理、财务管理的实施状况）

④财务条件

（以上各项资料可填入"表预－3"中）

（6）诊断重点

由表预－1至表预－3对工厂当局的各种基本资料有了概括的认识之后，有关全案诊断的动机，方针与重点问题可做一汇总式的报告。这些资料可填入"表预－4"之中。

预备诊断表 1 （预－1）

工厂名称								
地址					电话			
负责人					创业　　年　　月　　日			
创业形态					资本额			
所属协会员								

员工人数		长期员工	事务员	技术员	工员	计	临时工	面积	土地
	男								建筑
	女								栋数
	计								

机械设备	种类		
	台数		
	利用程度		

生产状况	产品种类	生产能力 （月平均）	生产积数 （月平均）	平均每一员工 的生产量	卫星工厂的 利用程度

销售关系	范围	销售路径		产品供应关系
	内销　　% 外销　　%	直接销售　%　　贸易商　% 经销商　%　　直接外销　% 共同生产　%　　共同外销　%		有无共同生产的工厂 有无其他支援

劳动关系	平均薪金		管理人员	工人	平均	平均年龄	劳动时间
		男					
		女					
		平均					
	薪金 制度	固定薪金　% 奖金　　　%					

预备诊断表 2 （预－2）

1. 公司的沿革及经营的经历
2. 资本结构

续表

3. 产品（加工技术）特征
4. 销售状况变化的特征
5. 生产状况变化的特征
6. 采购状况与特征
7. 劳务管理的状况与特征
8. 经营的特征与困难点

预备诊断表 3 　　　　　　　　　　　　　　　　　　　　（预－3）

生产形态	计划生产　% 订货生产　%	多种少量生产 少种少量生产	（种类）$\begin{cases}标准品\\特殊品\end{cases}$	每种产品的月 平均生产量
营业形态	（独立经营型） （设计）（销售）	（卫星工厂生产型） 依靠的程度	（一贯作业型）	（卫星工厂利用型） （本厂）（外购）
生产管理	管理负责人　有　无 生产预定表　有　无 管理用表单　有　无 工作标准　有　无	检查制度　　有　无 不良率　　　% 主要不良原因 材料可用率	主要物料 月平均使用量 电力使用量 燃料使用量
劳务管理	出勤率　　% 平均出勤$\begin{cases}男\\女\end{cases}$年	教育训练　实施否 工　会　有　无	娱乐活动 福利设施
销售关系	顾客数	退货数	销售推广方法	市场调查
财务条件	固定资产 所有率$\begin{cases}土地　%\\建筑　%\\设备　%\end{cases}$	固定资产 评价率$\begin{cases}土地　%\\建筑　%\\设备　%\end{cases}$	材料费$\begin{cases}有息　%\\无息　%\\自给　%\end{cases}$	外购费$\begin{cases}有息　%\\无息　%\\预定　%\end{cases}$

续表

财务关系	（月平均） 经营状况 $\begin{cases} 应收账款 \\ 应付账款 \\ 材料费 \\ 存货 \end{cases}$	销售收款情形 $\begin{cases} 现金 \\ 票据 \end{cases}$	会计师 $\begin{cases} 利用　不利用 \\ 利用程度 \end{cases}$
		进货付款情形 $\begin{cases} 现金 \\ 票据 \end{cases}$	成本计算　实施　未实施 预算控制　实施　未实施
			账簿组织

预备诊断表4 （预-4）

区分	调查检讨事项	记　事
诊断动机	1. 对实际问题的合理化的期望	
	2. 遭遇重大困难应予诊断	
	3. 以诱劝的方式岂能改进	
	4. 接受受诊工厂的要求	
管理状况	1. 组织的结构	
	2. 独家经营	
	3. 各项规章与表单的整理	
	4. 计量的充分利用	
技术水准	1. 管理技术（高、中、低）	
	2. 生产技术（高、中、低）	
	3. 作业技术（高、中、低）	
	4. 其他技术（高、中、低）	
经营改善状况	1. 前次诊断被接受的情形	
	2. 顾问师的利用情形	
	3. 自行改善的研究情形	
	4. 经营管理的特殊事项	
诊断的重点	1. 整体性诊断	
	2. 经理阶层的诊断	
	3. 生产部门的一般性诊断	
	4. 其他事项	
指导意见	1. 热诚的程度	
	2. 驱使力	

续表

区分	调查检讨事项	记　事
指导意见	3. 接受专门性与继续性指导的程度	
	4. 其他	

（7）预备调查表

于"详细诊断"实施之前，此处的"预备调查表"应先由厂方填妥。资料的编制按诊断目的的不同而异。此处所列四种表格仅供一般性诊断之用。

①资产负债表（调－1）

②利润计算表及加工成本分析（调－2）

③费用明细表（调－3）

④按月营业绩效及人员报告（调－4）

⑤其他资料

预备调查表1 （调－1）

〔资产负债表〕

资产			本期	前期	增减	负债资本	本期	前期	增减
流动资产	现有资产	现金				流动负债	银行借款			
		应收票据					其他借款			
		应收账款					应付票据			
		有价证券					应付账款			
		预付账款					预收账款			
		代付账款					代收账款			
							应交税金			
		其他								
		现有资产总额					流动负债总计			
	存货	商品					坏账准备			
		制成品					预存税款			
		半制品				提存款	预存退休金			
		原料								
		贮藏品								
		其他					提存款总计			
		存货总额								

续表

资产				本期	前期	增减	负债资本		本期	前期	增减
流动资产总计							长期负债	长期借款			
固定资产	有形	建筑										
		设备										
		工具										
		车辆					长期负债总计				
	无形	经营权					自己资本	资本			
		专利权						法定公积金			
		土地使用权						法定公益金			
								任意公积金			
	投资	对外投资									
		投资证券						上期移来			
		长期放款						本期损益			
							自己资本总计				
固定资产总计											
开办费											
资产总计							负债资本总计				

预备调查表2　　　　　　　　　　　　　　　　　（调－2）

〔利润计算表〕

时期　　　　项目				本期 自 年 月 日 至 年 月 日	前期 自 年 月 日 至 年 月 日	计	月平均
销售		销售总额					
		销售退回					
		销售净额					
销售成本	本期制造成本	材料	（＋） 本期购料				
			期初材料				
			（－） 合计				
			期末材料				
		本期材料费					

时 期 项 目			本期 自 年 月 日 至 年 月 日	前期 自 年 月 日 至 年 月 日	计	月平均
销售成本	本期制造成本	外购加工费				
		劳务费				
		制造费用				
		本期制造费用计				
		（＋）期初存货				
		计				
		（－）期末存货				
		制造费用计				
	（＋）期初在制品					
	计					
	（－）期末在制品					
	销售成本					
销售利润						
营业费用						
管理费用						
营业利润						
财务费用						
营业外收入						
营业外支出	其他					
本年利润						

〔加工成本及人工费用〕

加工成本					
总人工费用					
人工数					
单位	加工成本				
	人工费用				
人工费用/加工成本					

预备调查表3 　　　　　　　　　　　　　　　　　　　　（调－3）

〔费用明细表〕

项目			本期	前期	比率	修正月平均	百分比（%）	固定费用	变动费用
销售净额									
制造费用	材料费	主要材料费							
		次要材料费							
		购入零件费							
		其他							
		小计							
	外加购工								
		小计							
	劳务费	薪金							
		加班费							
		奖金							
		福利金							
		小计							
	卫生保健费								
	交通费								
	消耗品费								
	电力费								
	水费								
	燃料费								
	其他								
	小计								
管理及营业费用	薪金	固定薪金							
		加班费							
		奖金							
		福利费							
		小计							
	卫生保健费								
	运费								
	旅费								

续表

	项目	本期	前期	比率	修正月平均	百分比（%）	固定费用	变动费用
管理及营业费用	通信费							
	交际费							
	租金							
	保险费							
	小计							
	合计							

预备调查表 4

（调－4）

〔月别营业成绩表〕

项目 ＼ 月别	月	月	月	月	月	月	月	月	月	月	合计	平均
生产量												
销售量												
销售退回												
销售量净值												
应收账款												
应收账款余额												
应付账款												
应付账款 材料												
加工												

〔月别在职人员表〕

项目 ＼ 月别	月	月	月	月	月	月	月	月	月	月	合计	平均
本期人员												
前期人员												
本期出勤率												

（二）详细诊断的实施要领

对于少数员工而又时间短促的"详细诊断"，可依下列步骤进行：

（1）听取概况：预备诊断阶段所完成的各项资料的摘要说明；工厂中未诊断部分的概要说明。

（2）工厂参观：办公室、仓库、工厂现场等处的参观。

（3）综合管理调查：全体诊断员对厂方综合管理问题，做全盘性的调查，如发现管理的问题点与经营的困难点。必要时，可请厂方提出实物样品。

（4）细部调查：各细部的诊断员对相关部门进行调查。例如财务管理、人力资源管理、物料管理、生产管理及销售管理。

（5）全体诊断员会商：于适当的时期，全体诊断员集合并分别提出简要调查报告，进而会商，以便达成共同的协议。

（6）诊断员与厂方会商：诊断员于提出诊断报告之前，应将各诊断员所诊出的问题点与改善意见先与厂方有关人员会商，征得其原则上的同意。厂方并可借机提出质询与期望。

（7）提出诊断报告：先由各诊断员提出细部诊断报告，再汇总成总报告，必要时须与厂方举办诊断报告会。

（三）综合管理调查表

利用综合管理调查表，以便诊断下列事项：

1. 企业之性格与特色

所谓企业之性格与特色，包括生产形态，营业形态，设厂条件及营业方针，先天性格，企业的历史、传统，企业主管人员及其干部的个性，员工的气质、后天性格等。

2. 综合管理的特点

①企业目标与政策

②组织体系

③整体性计划

3. 部门间之关系调查

①销售关系调查（产品种类及销售概况）

②生产关系调查（生产能力、能量利用程度及生产力）

③财务关系调查（资金关系、财务分析、利益计划）

4. 决定改善的重点

（四）部分调查表（附在各部分内）

综合管理调查表 　　　　　　　　　　　　　　　　　　　　　（综－1）

区分	调查项目	主要检讨事项	记事
高层经理	1. 经理之经历	工厂经营的经历	
		对企业界及顾客的影响力	
	2. 各部经理	各部门是否有能干的经理	
		部门经理参与企业决策的程度	
		专制或家族干部的弊处	
组织与职务	1. 组织团	组织体系是否确立	
		人本位或组织本位	
		是否推行经理会议及生产会议	
	2. 职务	职务说明是否具备	
		各部门之责任与权利是否明确	
		就业规则服务规定是否具备	
企业目标与政策	1. 企业目标	企业目标是否确立	
		员工对企业目标的认识程度如何	
		经理对经营的热心如何	
	2. 经营政策	经营政策是否确立	
		现行经营政策是否合适	
		每月计划（生产、销售、财务）的建立方法	
	3. 计量管理	是否推行综合计量管理	
		是否利用图表	
		情报报告制度是否确立	
销售关系	1. 产品	各类产品的特征如何	
		品质、设计、价格的关系如何	
	2. 组织及销售	销售网、顾客、销售组织及销售员的能力等问题	
	3. 销售方针	最近市场变动状况	
		应付市场变动的对策及方法	
		赊销情形及收款对策	
		顾客性质的增加情形	

综合管理调查表

(综-2)

区分	调查项目	主要检讨事项	记事
生产关系	1. 能量利用度	生产能力与生产绩效的比较	
		生产能力与薪金的比较	
	2. 成本	成本结构及降低成本的重点	
		降低成本的目标	
	3. 采购及投标	采购方式（品质、价格、交货期）	
		外购方针（与自制的关系）	
	4. 生产管理	生产计划的建立方法	
		工程管理的方式与机构	
		作业标准（方法与时间）的制定	
		不良率及可用率	
	5. 劳务管理	对员工的态度与方针	
		就业规则与薪金制度	
财务关系	1. 资金关系	借入资金的状况	
		借入资金的能力（与金融机构的关系）	
	2. 财务分析	劳工生产力	
		获益力分析	
		稳定性分析	
		资金的运用方法是否适当	
	3. 利润计划	损益点分析	
		决定生产目标	
	4. 资金计划	资金来源去路表	
		长期计划与资金表	
改善的重点	1. 综合观点	经理的态度是否适当	
		经营方针是否合理	
	2. 个别观点	生产、销售、财务部门有何缺点	
		各部门务须改善之处	
	3. 其他	要否扩张计划	
		要否借用资金	
		其他须加检讨的问题	

附件二　惠电公司内控建设实例

为了进一步规范企业管理，更好地控制企业内部运营风险，广东惠州天然气发电有限公司（以下简称惠电）于2009年7月开始启动企业内部控制建设项目。内控项目工作小组用了三个多月的时间，经过内部调查访谈、测评讨论，外部调研博采多家内控经验等活动，结合公司实际对体系框架策划论证、业务流程模块设计、内控手册编写统稿、有关部门会审等过程。在公司领导重视、各职能部门通力合作下，10月末初步完成28万字的《惠电内部控制手册》编制工作，于11月完成审批程序，并投入试运行。

一、惠电内控手册结构

编制《惠电内部控制手册》的根本目标，是进一步完善惠电现代企业制度和法人治理结构，规范经营管理行为，促进各项内控制度的协调和完善，提高经营效率和效果，防范风险损害，确保财产安全、信息可靠，较好地实现经营目标。

《惠电内部控制手册》依据《企业内部控制基本规范》、《企业内部控制应用指引》、《企业内部控制评价指引》、《中央企业全面风险管理指引》等文件要求，紧密结合惠电公司生产经营实际而编制的。《惠电内部控制手册》包括总则、内部环境、风险评估、控制活动、信息与沟通、监督评价六章。手册的重要内容是第四章中所列示的风险控制活动，共有十七项业务流程模块。其中与财务管理有关的有：资金、销售、固定资产、无形资产、全面预算、成本费用、税务、财务报告及披露、资金管理、会计控制共九项；与经营管理有关的有：采购、仓储、承包商、合同、招评标、燃料管理等共八项。形成覆盖业务全面、防范风险精细、控制活动有序、独具电力企业管理特征的惠电内部控制体系。

《惠电内部控制手册》是描述惠电内部控制体系的一个纲领性文件。每项业务模块均明确指出管理中潜在的重要风险和控制的关键环节、职责分工与不相容职责分离、矩阵式管理流程图、业务风险分析及防范、内部控制自我评价。同时还编写了业务风险控制测评要点等。每项业务模块流程控制均体现了"七位一体"的整合，使每项业务的控制目标、潜在风险、测评标准以及实施风险防范责任落实到具体岗位和具体人员，从而形成惠电内部控制的全方位风险防范体系。

二、惠电内部控制体系的框架特征

惠电内部控制体系围绕"12345模型"搭建框架，即一个首要目标，两大责任主体，三条建设主线，四大基本原则，五项保障措施，具体为：

（一）一个首要目标，即提高运营效率和效果

从美国COSO内部控制整体框架的定义看，企业内部控制所要达到的目标有

三个，即经营的效率和效果、财务报告的可靠性和法律法规的遵循性；从财政部等五部委颁布的《企业内部控制基本规范》看，企业内部控制的目标有五个，即企业经营管理合法合规、资产安全、财务报告及相关信息真实完整、提高经营效率和效果、促进企业实现发展战略。归根结底，企业内部控制所要实现的所有目标都是为了企业能够健康持续成长，而能保障企业健康持续成长的核心因素就是提高企业的效益。为此，将实现效率和效果作为内部控制的首要目标，并将之作为构建内部控制体系的基础，所有的程序设计和安排都围绕着这一首要目标进行。

（二）两大责任主体，即董事（股东）会和管理层

在"12345 模型"中，关键的责任主体有两个：一个是企业的董事（股东）会，另一个是企业的管理层。因为董事（股东）会代表的是股东的利益，有责任和义务建立并维护内部控制的有效实施，管理层受董事会委托，对委托人负责。

（三）三条建设主线，即治理结构、财务控制和经营控制

内部控制体系是综合了公司生产经营中多种相关因素的复杂系统，将其归纳为三条建设主线：治理结构、财务控制、业务控制。

治理结构主要包括董事会构成及运行规则、内部组织结构设置及责权分配等，是内部控制得以建设和实施的基础。

财务控制主要通过会计核算、核算流程规范、财务分析、资金管理、预算管理、投融资规划等手段，保障企业财务报告可靠、资产安全、资金流转合理，避免发生舞弊、错误和财务危机，监督企业财务及有关业务行为，对有关决策提供支持。

业务控制主要以企业实际从事的生产经营活动作为控制点，对企业的采购、生产、销售、经营、合同管理等活动进行控制，以促进企业经营行为合法合规、授权合理、业务流程顺畅、运转具有效率和效益。

（四）四大基本原则，即短流程、强支撑、高授权、大监督

缩短企业的控制流程、提升企业的运作效率、应对变化复杂的市场环境，是现阶段以高变革、高成长为主要特征的国有企业建设内部控制的重要原则之一。在缩短流程的同时，增强控制环境、管理基础等支撑环境，提高授权、发挥下级的积极性，完善的监督防止权力异化与决策偏差。

（五）五大保障措施，即改善支撑环境、加强风险管理、完善制度流程、促进信息沟通和提高监督能力

根据公司的实际情况，参考 COSO 企业风险管理框架，在内部控制建设过程中着力从五个方面入手：一是改善支撑环境；二是加强风险管理；三是完善制度流程；四是促进信息沟通；五是提高监督能力。

三、惠电内控建设的几点体会

（一）领导重视

内控建设是涉及企业方方面面的一项系统工程，事关企业战略与发展，必须由公司领导层全面考虑、统筹安排、加强领导，才能协调进行，达到建制初衷。为此，首先对内控建设的目的要求、方法步骤及其进度，进行统一部署，抽调精干人员成立专门领导小组，集中精力抓紧抓好内控建设。其次领导层认真学好文件，吃透精神，认真听课，与咨询老师共同探讨内控重点及风险所在，提高认识，明确方向，把握重点。领导层经常了解内控建设的进度、存在问题，与咨询人员一起到现场检查了解内控情况，研究解决方案，并集体听取内控建设的汇报等。领导的重视有效地促进了内控建设的顺利进展。

（二）全体动员

内部控制及风险管理涉及公司方方面面，为做好内部控制建设，各部门成立了专门小组，同时还动员广大员工积极参与。要求各部门发动广大员工结合各自的业务情况，摆风险现象、议风险危害、找产生源头、拟控制措施，使内控卓有成效。如为了了解招投标流程中存在的不足，将商务部、运营部等相关部门有关人员集中在一起，对现行的流程及方法进行了分析与梳理，进一步完善了程序、修订了制度、理顺了流程、明确了关键点并且落实了相关的责任及要求。办事人员面对修订后流程高兴地说，这样程序明确、路径清楚，干起来顺利多了，效率可大大提高。

在编写业务流程及内控制度过程中，为了做到切实可行，根据管什么、干什么就编写什么的原则，动员全体员工参与编写，取得了较好的效果。为了有效地应对公司面临的风险，有的工程管理人员在掌握理论的基础上，结合惠电的特点编写了"风险清单"，列出了涵盖全公司各业务层面的130多项重要风险点，以及各项风险点的应对措施及相关责任部门，使广大员工看得见用得上。财务会计人员针对当前存在的不足完善了相关流程，使办事人员一目了然，提高了办事效率。设备安全运行在电厂是重中之重。为确保设备安全运行，有的职工广泛收集资料，结合惠电实际专门研究探讨设备运行中的风险防范与控制。监察部门结合当前形势集中精力研究企业欺诈风险、商务贿赂活动表现及其防范……在员工中初步兴起了风险管控文化建设高潮。

（三）借助外智

内部控制及风险管理是针对企业面临错综复杂的新形势而兴起的一门科学，涉及理论深范围广，对公司生存发展至关重要。借助于外部专家给予帮助指导，有助于加深理解，取得事半功倍的效果。

（四）内控需要不断完善提高

惠电人体会到"内控手册"完成仅仅是开端，内容尚待完善，落实非常关键，要形成良好风险管理文化，还有待时间。需要组织广大员工学习，使广大员工认识到风险管理是一项系统工程，嵌入各项业务流程及业务活动。随着形势的变化，其内容与要求也在不断变化，需要不断学习新理论、研究新形势、探讨新方法，对手册不断充实与提高，使风险管控深入持久地开展，促进运营目标实现。

第二章 企业整体健康状况诊断分析

第一节 企业整体健康状况诊断内容

企业是个经济实体，从事的是经济活动，它的存在要以"人、财、物"为基础，它的生存要经过"供、产、销"。它如何有效地生存与发展要靠"技、管、信"智能的储备与发挥。就一个制造业而言，其经营过程是投入三要素，通过加工转化为新产品，再将产品或服务销售出去，然后再购买材料，通过加工，向市场提供消费者需要的产品……在这一过程中用价值表示，其产出必须大于投入，企业才能生存与发展，这个"差"就是企业的"业绩"或称"绩效"。

$$绩效 = 产出 - 投入 \quad 或绩效 = \frac{产出}{投入} \quad 或 \quad 绩效 = 所有者权益收益率$$

一、企业健康状况的标志

（一）企业使命是追求较好业绩

企业及经营管理者所努力追求的目标在于绩效的不断提升，唯有绩效的企业，才能对投资者、员工、消费者、社会做出贡献，推动社会前进。

因此，对企业健康状况的诊断，就是要以"绩效"为核心，诊断企业的投入产出比是否正常、是否继续不断地创新与提升。这就要求用现实数据与企业历史水平比、与同行水平比、与世界同行业水平比，不比不知道，一比见分晓，是否健康，便知一二。

企业的"绩效"是产出与投入之比，企业的一切产出都体现在"收入"之中；企业的一切投入都反映在"成本费用"之中（费用包括使用资金的费用）。反映企业"绩效"的核心指标是"资本报酬率"，或称"所有者权益收益率"，请看图 2-1。

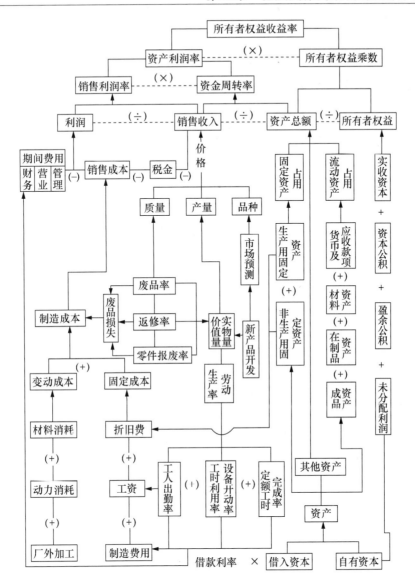

图 2-1 所有者权益收益率构成体系图

（二）企业健康状况的指标类型

什么样的企业才算是一个健康企业呢？说法可能多种多样，我认为应从"使命、愿景、指标、标准"四方面进行考核。

（1）使命：企业使命是指企业在社会经济发展中，应担当的角色和责任，是指企业存在的理由和在国民经济中应发挥作用。

（2）愿景：企业愿景是指企业希望在某一时期能达到某种目标的想法。企业未来一定时期达到的设想，如规模达到多大等。

（3）指标：企业指标是指愿景中想要实现的目标，如产值、营业收入、实现净利润、职工总数。指标有下达计划指标，也有企业根据自身需要设定指标。

（4）标准：标准是指衡量事物的准则，是衡量企业目标是否实现的标准，如现实利润3亿元，出口收入达××万元等。标准有企业标准、国家标准、世界标准等。

以电力企业为例，有经济类目标和安全类目标，具体内容见图2-2和图2-3。

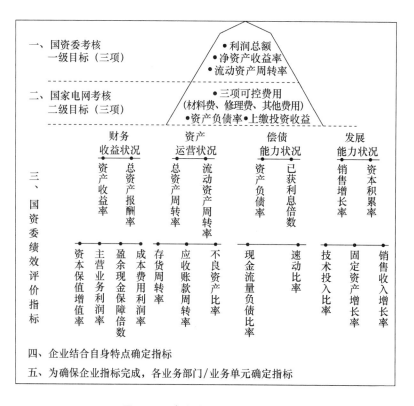

图2-2　电力企业经济目标体系

对于一个企业来说，如果国家下达的考核指标或自行确定目标，能按质按量完成而且是奉公守法没有欺诈，从整体层面看，应该说是健康的。同人一样，健康不等于各个方面都好，在某些方面如某种产品成本可能比其他单位高，资金周转可能慢一些，可能出现过贪污、盗窃事件，但是从整体诊断应视为"健康"。

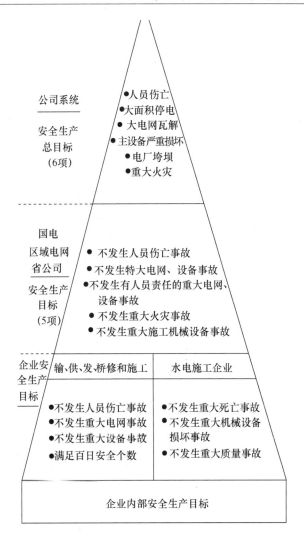

图 2-3 电力企业安全生产目标体系

二、企业常见疾病的表现

（一）企业常见病的病态

掌握了企业常见疾病的症状表现，有利于进行自我诊断与治理，企业常见病态如表 2-1 所示。

（二）企业病态表现

公司是否已罹患企业病呢？如果有，在还没恶化前，应尽快设法解决，不要因尚未造成大祸而疏忽。平时，对企业病的症状要特别注意，防止其发生及恶化。现将企业病态的判定方法说明如下：

表 2 - 1

所在领域	病态	症状表现
公司治理领域	①公司董事会运作机制不健全 ②存在家族式管理导致治理结构不完善 ③组织机构设置不科学，缺乏授权机制 ④缺乏适当的企业文化	董事会及专业委员会议事机制不健全或不能有效行使职责或董事会缺乏独立董事，企业主要管理岗位由家族人员担任，缺乏相应制度管理
		组织机构设置不科学，效率低下，缺乏分级授权机制导致独断专行或授权体系不合理
		企业没有制定文化建设规划，没有根据自身特点进行培育，没有明确建设目标，没有明确主管责任者
经营决策领域	盲目投资上项目	未经勘探，或未作可行性研究，或未对建设方案分析比较选择，或投资建设目标不明确，未弄清楚投资环境，即由领导决定建设
	工程造价过高	设计标准过高，贪大贪全；材料设备等进价过高，以致工程造价过高；非生产性（非经营性）设施过多，以及计划外工程投资增多等等
	工程设计错误	建设项目工程技术设计方面的错误，其中包括概算和现金流量的计算错误
	设备购买不适用	购买设备时，未考虑设备的效用性、先进性、适用性、经济性，而盲目购置设备，致使购进的设备不适用、性能差、价格高、耗费大，有的购国外淘汰设备
	项目不配套	项目不配套，不能形成生产能力
	资本缺乏	资本少，不能满足正常经营所需要的资金
	无资本经营	在注册资本方面，无资本投入，或已经投入资本后又抽走，使企业无资本，形成无资本企业
	资本结构不合理	企业的实收资本中固定资产、无形资产占的比重太大，而现金占的比重太小，资金周转不灵，甚至连正常的开办费用都无法支付
	盲目集资	筹集资金时，不核算资金筹集的资本，也不核算资金筹集后的收益，只要能筹集到资金就行。资金成本率高于收益率，造成企业资金筹集越多，亏损越严重，最后导致企业破产
	资金筹措成本高	筹措资金时条件苛刻，利息过高，造成损失，负担过重
	选址错误	厂址选定时未考虑地质资源、周围环境和交通运输条件等因素，以致建厂后问题很多，且一时不易解决
	资产结构不合理	外资以固定资产、无形资产等形式出资的比例高，而现金比例低，这样就影响了流动资金周转
	设备、厂房估价不合理	中外合资合作企业中投入的设备、厂房高估价值，虚增资本

续表

所在领域	病态	症状表现
经营管理领域	机构设置不合理	人员臃肿，分工不明，职责不清，效率低下；或者机构过小，人员紧缺，影响经营
	权力集中责任不清	权力不集中、多头指挥，互不协调；或者权力过分集中，形成独断专横
	管理制度不健全	各种管理制度不健全、不完备，缺乏必要且适用的章程
	管理方式不规范	管理方式方法不当，缺乏规范化、标准化
	统计报表不科学	统计报表泛滥，只统计，有的数字不真实，不分析；或者搞数字游戏，不做实际调查，迷信数据，报喜不报忧
	监督检查不力	缺乏严格监督检查，有了监督检查制度不予重视或不执行，出了问题无人检查处理
	缺乏责任制	未建立岗位责任制度，或建立了岗位责任制度，但不予重视执行，流于形式
	实行家族式管理	重用家庭成员，轻视非家庭成员，任人唯亲
	奖惩制度不力	缺乏考核，无奖惩和合理化建议制度，不能奖优罚劣
	信息梗阻	企业内部各种信息不能在各个部门和员工之间良好传递
	信息呆滞	企业内部各种管理报告和情况不能按时迅速传递，致使信息失灵，延误时机
	信息失误	企业获得的信息不真实、不准确，致使获得的信息不能作为决策依据，甚至使决策发生错误
	信息迟钝	企业对市场供求变化、国家政策变化、价格变化、税率变化、竞争对手策略变化等对企业可能产生的影响反应不快，缺乏敏感性，以致丧失时机，招致损失
人事劳动领域	员工冗余	事少人多，无事做，或因人设事，效率低下，无事生非
	员工能力低	企业员工新手多，熟练少，知识技能差，工作效率不高，不精干
	员工士气低落	人员安排不当，未实行量才录用。员工缺乏成就感或荣誉感，积极性不高，同时也缺乏责任感，责任心很差，不要求上进
	员工不稳定	人员流动性大，短期行为多，做一天算一天，人员变动像走马灯似的，稳定率较低
	员工不和	领导与领导之间，领导与员工之间，员工与员工之间不团结、不合作，争吵多、矛盾多，相互攻击，争权夺利，闹派系、帮派气氛浓厚，相互排斥、相互拆台

所在领域	病态	症状表现
人事劳动领域	员工缺德	拉关系，图私利，损公利己，营私舞弊，纪律涣散，违法行为增多
	人员家族化	重用家族人员，轻视非家族人员，对非家族成员进行排斥和不信任，不量才使用。非家族成员虽有职位，但徒有虚名，无实权，未发挥非家族成员的积极性和才能
	员工疲劳过度	工作时间长，长期加班加点，劳动强度过高，人员疲劳不堪，不能劳逸结合
	缺乏激励	对员工赏罚不明，无奖励无鼓励，或重罚轻奖，缺少激励性措施，以致员工墨守成规，或消极怠工
	员工不安全	滥解雇，滥处罚，职业无保障，或环境条件差，生产条件差，职业病增多，生产不安全
	员工组织混乱	安排人员缺乏组织化，职责不清，权限、任务不明，责任分散行为涣散
	人才贫乏	所需技术人才、管理人才缺乏，缺乏开发能力，不重视引进人才工作
	工资制度不合理	不能贯彻按劳付酬、奖勤罚懒、奖优罚劣，无考核标准
财务领域	货币资金短缺	企业库存现金和银行存款短缺，资金周转困难，不能按时支付到期款项
	资金积压呆滞	材料、半成品、产成品超积压、不适用、不适销、不配套、质量低劣、生产周期过长，造成资金周转呆滞，影响资金快速周转
	应收款膨胀	企业的赊销货款过多，催收无力，或因为客户经济困难而拖欠；或企业内部人员借款宿账过多等原因，使企业的应收款膨胀，资金长期被人占用，影响资金周转，造成资金运用困难，甚至不能收回，造成坏账死账，缺少必要的赊销政策
	盲目预付定金	企业缺货心切，在不了解供货方信用和是否有货的情况下，不适当地预付定金；或者企业有人滥用职权，营私舞弊，内外勾结，假借预付定金名义，将企业资金全部抽走，占为己有，予以侵吞；或者受骗上当，被人骗取货款
	固定资金肥大	企业盲目购置机器设备，造成设备闲置或不适用，或陈旧过时、缺损零配件而不能使用的固定资产过多，有些不需用的设备配件长期未予清理，从而造成资金积压

所在领域	病态	症状表现
财务领域	在建项目呆滞	盲目建设或设计错误、资金不足、材料短缺,影响施工,或施工技术低下,质量低劣,无法使用,或拖延工期等,从而造成在建项目呆滞
	销售费用过大	不必要的交际费、回扣、推销费、广告费、差旅费等过多支付
	装饰费用过高	企业过分追求排场,讲阔气,装饰豪华,耗费巨资,不讲实效,致使装饰负担过重,盈利减少,甚至导致亏损
	商品损耗多	购进伪劣产品,或对商品保管不善,导致商品损耗过多
	利息支出过高	盲目举债经营。由于举债过多,利息费用膨胀,造成企业资金困难。每年要支付大笔利息,负担甚重
	产品生产成本高	①材料成本过高,例如,生产过程中浪费严重,从而造成材料成本过高。②工资成本过高。其主要原因是生产过程中剩余人员过多,人浮于事,或停工待料、窝工、返工多,造成工资成本过高。③制造费用过高。其主要表现在固定资产过多而发生的折旧费用过多,或因设备陈旧修理费用增多,或车间管理费用过多,从而造成制造费用的增加
	销售成本高	商品进价过高、售价过低,或销售中的费用增多,使销售收入减少,而销售成本增加
	采购成本过大	常因采购员过失,导致采购价高、质次、损耗多,以及舍近求远去采购,增加采购费用和运费;或营私舞弊,与供货方勾结抬高进价,使采购成本过高
	虚盈实亏	利用会计技巧,故意造假,或压低成本、费用,或虚增收入,或转移费用为资产
	虚亏实盈	利用会计技巧,故意造假,虚增成本、费用,隐匿收入等,运用财务报表搞欺诈
	利润分配不合规	企业分配利润时,不按规定比例和程序分配,或不论盈利亏损照发股利,甚至亏损时比盈利时还多发

续表

所在领域	病态	症状表现
物资设备领域	生产经营物资既积压又缺少	存量过多，需用物资过少，企业转产或工程完成未将多余材料物资予以及时处理，物资大量积压，成为呆滞、残损、不配套物资积压仓库。需用物资过少，生产或建设所急需的物资短缺，停工待料时有发生，影响生产或建设的进程
	机器设备陈旧	生产用机器设备、动力设备、运输设备等使用过久，技术陈旧，功能低下，不适应现代生产需要，急需设备更新
	机器设备损耗过重	机器设备不注意保养和维修，或机器设备连续不停运转等损耗，不能及时维修
	机器设备质量不适应	机器设备质量低，不精密，不耐用，使用后次品增多，经常损坏，维修费过高
销售领域	销售目标不明确	销售方针和销售目标的制定和决策方向不明确，销售政策不具体，商品的销售收入、成本和利润不稳定
	销售政策不适合	销售价格政策、销售优惠政策制定得不够正确。实行销售折扣和赊销政策不合理，企业销售收益减少。应收账款过多，销售收入减少，销售成本增加，企业资金长期被人占用，影响资金周转，造成经营困难，坏账经常发生
	销售品种不适应需求	销售商品的品种、款式、色泽、档次等不能适合时令、地区消费习惯、消费水平和市场变化的需要，不能打开销路。只经营单一品种或专业商品，销售收入下降
	销售网络不适应	销售网点设置不当，产品销路打不开，网点不畅通
	销售渠道阻塞	商品销售渠道不畅通，销售渠道的选择不适当，产品销路不佳
	销售能力缺乏	销售人员缺乏推销力，销售方法不灵活，人均销售额低
	促销方式欠妥	销售广告效果不佳，选择广告的传媒方式不当；推销方式不够正确，销售人员过少或能力低下
	销售合同欠妥	签订合同时，对销售合同的内容不明确，或不了解客户的经济状况和信用程度，盲目签订合同，发货后货款不能及时收回，或上当受骗。执行合同时，将商品发错，导致退货

续表

所在领域	病态	症状表现
销售领域	销售收款混乱	企业内部管理混乱，货物发出不及时收款，有的遗忘收款，或货款被人拖欠
	销售收入管理不严	销售款少收，或收入的货款不入账，或利用会计技巧记入其他账户，予以隐匿，进行舞弊。私吞销售货款，或销售人员内外勾结，多发货，少收款，将余款私分
采购领域	购进商品材料积压	购进的商品品种、规格、款式、质量不适销；购进的材料品种、规格、质量不适合生产需要，造成资金积压
	购进过多	不按采购计划规定的数量采购，盲目、大批量购进，造成资金积压，增加存费用、存储损耗
	进货渠道梗塞	进货渠道不畅，进货地区的货流不足，运输不畅通，或渠道选择不当
	采购成本过高	采购人员对市场价格未做调查，不了解市场价格，或因收受钱财，使进价增加、成本过高
	订购合同不合规	订购合同的内容、条款不明，或写错规格、品种、数量，或因求货心切，盲目预付定金而上当受骗
	收货验收不负责	材料、商品、物资、设备购进后，未经验收就入库，材料、商品的品种、规格、质量、数量验收不严格，或验收人员收受钱财，形式上验收，实际不验收等，购进的材料，发生品种规格不符，数量短缺，质量低劣，而给企业造成损失
生产领域	生产盲目	企业不了解市场需求和产品周期的变化。投产时，生产无计划，制定的计划违背消费者的需求，或销量不大，造成积压
	产品质量差	企业对产品的生产质量不够重视，粗制滥造，偷工减料，使用低劣材料，生产伪劣产品，造成产品质量低劣，废次品增多，退货率高，没有质量标准，未经检验机构检验
	产品性能差	产品的性能低劣，产品不科学、功能单一产品的性能达不到标准要求，质量不佳，无法销售
	产品产量低	机器设备陈旧，未充分发挥机器设备潜力和功能，或因人员技术水平低，或生产人员积极性不高，或停工待料，机器发生故障未能及时维修，从而使产量低下，生产效率不高
	产品开发差	企业习惯于传统产品的生产，墨守成规，保守经营，企业缺乏更新换代的能力，技术力量差，不能及时应用新技术、新材料，缺乏创新意识和开发新产品的能力

所在领域	病态	症状表现
仓储领域	收货验收程序不健全	无专职的验收和收货人员、未严格执行先验收后签证、再入库的程序和原则，发生验收和收货的错误，并造成损失。验收时，不按规定程序和方法凭证验收，造成验收错误。收货时，不按规定及时入库入账和凭证收货
	发货检验不严格	发货无凭证，发货时未将发货凭证与实物进行核对验发，发货时领用人和发货人不签证，发货后不入账，或不及时入账，造成账实不符
	物资保管不善	保管期过长，久存变质，存量超过定额限量，未能及时报告，造成超贮积压；堆装混乱，造成物资、商品损坏；不按期清点库存材料、物资和设备的零配件，从而造成库存不清账实不符
	存货计价不及时	在清点库存商品、产成品、材料、物资、设备及零配件时，发生漏点、漏记、重复盘点和记录，多点、多记，计算出现错误；清点后不与账存数核对，账实不清；存货的计价标准前后不一致
会计核算领域	账户设置不合规	不按会计制度规定的科目设置账户，或总账与明细账户设置错误，或账户体系不完整，影响会计核算的正确性和完整性
	账簿设置不完善	账簿体系不完整，或设置两套账簿甚至三套账簿，以便造假
	账户应用不合规	不按规定记账，如发生应收账款记入到应付账款，以及应收账款与应付账款混用一个账户，致使企业到底有多少应收账款和应付账户算不清楚，造成"混账"（账户混乱不清）
	会计原则欠妥	会计原则的应用错误较多
	账户登记错误	账务登记时发生的错记。账户记错、数字记错、借贷记错，以及漏记、重记等错误
	账户处理违规	不按规定的原则和科目入账。例如前述将销售收款列入应付款，或不入账等，或将预付货款列作应付款的借方处理
	成本计算不实	成本项目出现错误，产品生产成本计算不准确、不真实，前后期成本不一致而失去可比性。产品生产成本未能按规定程序核算，产品生产成本和销售成本计算方法前后不一致使成本失去可比性。不通过计算就随意地确定一个成本数
	利润计算不准	计算利润时对无关收益与费用、成本等应调整项目未在结账前调整，以致造成利润计算错误
	原始凭证不健全	凭证造假并据以登记入账。常见的有进货发票、销售发票、收款收据、付款收据、收货单、发货单等单据。篡改凭证此类弊病常表现在对原始凭证上的数字、金额、日期等内容私自进行涂改，行为人从中进行贪污舞弊

1. 信息动脉硬化症表现

随着企业特性的变化，信息的价值也会产生变化，可能传达信息的制度却一直没有改变。例如，向总经理报告的信息中，漏掉了重要的消息；而且，也没有记录资料的习惯，没有完备的资料档案可供随时调阅。

也有人为隐瞒信息的现象。比如，有一则坏消息在传给总经理的过程中，却被经理等管理者从中抽掉，当然，信息就无法上达。

信息的动脉硬化症，若是因报告制度的缺陷所引起，是属于轻度症状；若是人为的恶意隐瞒，就是严重的重症了。

信息动脉硬化症，并不单指信息上达有缺陷，横向信息的流动不顺畅，也包含在内。例如，生产部门、销售部门及开发部门之间的横向信息流动情况不佳，以致无法发挥部门间的相乘效果，这种信息阻断于各个部门的现象，也属于信息动脉硬化症。

2. 部门自闭症表现

出席会议时，若某部门或人员常有逃避责任的言行举动，或计划内容完全不能和其他部门配合，这样的部门显然已患有部门自闭症。这类患者，经常自以为是，主观地批评其他部门的计划，成为企业中的隐忧。

3. 缺乏战略症表现

没有将企业战略具体条文化，只将其放在自己的脑子里，成为不切实际的空想，没有目标数字，没有资料统计，不能和企业计划配合。像这样缺乏战略的部门管理，不是管理战略的管理，而是消极且愚昧的事后管理。

4. 赤字败血症表现

某部门的收支情况常常出现赤字，却认为"只要公司总体合起来赚钱就可以了"。这样的部门已染上赤字败血症。罹患此症的部门，经常继续生产其赤字产品，不思改进。他们安于现状，没有责任感，总以为自己是在激烈竞争下的无辜牺牲者，是迫不得已的。

5. 市场音痴症表现

无法准确地把握市场动态的"音感"，就难以了解市场走向及成长。对市场的需求量、进入市场的时间、竞争对手的情况，都没有基本认识，自然难以和他人竞争。

6. 时代冷感症表现

对时代的变动毫不关心，也无意于研究新产品，提供新服务，轻视"媒体传播可促销产品"的时代趋势，只知埋头于自以为是的工作环境中，犹如井底之蛙。

7. 顾客需求钝感症表现

不关心顾客的真正需求，漠视顾客的批评及建议，不知道从这些声浪中去了解顾客。

只愿拜访老实、随和的顾客，对于要求较多的顾客则敬而远之。如此一来，推出新产品的脚步自然较其他公司慢，产品的业绩也必然直线下降。

8. 腰痛畏缩症表现

总是按照自己目前的能力所及来制定目标，不求上进。而在实现目标过程中，也不付出更多的心力；对于自己较不熟悉的业务，从不敢轻易尝试。久而久之，企业经营的判断会有因循守旧的倾向。只知照以前做的事业投入人力物力，墨守成规，而不知积极地更上一层楼，力求突破。

9. 近视、斜视及视野狭窄并发症表现

只着眼于今天、本月、今年的计划，眼光短浅，从不知展望未来、计划未来。

判断事物时也只看到一小部分，以偏概全，对于必须真正面对的问题，经常扭曲其真相，自以为是。

10. 高科技齿槽脓漏症表现

缺乏最尖端的高科技知识，也不努力去充实，总是消极地顺其自然。因此，组织无法吸收高科技新知识，对于最先进的技术也一无所知。不能提供高科技产品。

11. 经营资源肾不全症表现

人力、物力、财力等经营资源的分配不当，对最有前途的部门，并未投入较多的经营资源。反倒对敢于大声提出要求的部门，分配较多资源。如此滥用资源，既不能有效地发展公司业务，又浪费经营资源。

12. 设备老朽的盲肠症表现

制造设备已相当老旧，又不定期地进行修理保养，任凭它自生自灭。这样的设备制造出的产品当然不能适应技术进步要求。

13. 老年性高血压症表现

公司中高龄职员太多，很少选用新人，以致职员的新陈代谢相当缓慢。再者，高龄者经常倚老卖老，以致其他有实力的职员无法发挥作用；而高龄者间的待遇亦不因过去功绩的高低而有差别，一律平等给付，容易引起部分高龄者的不满。

14. 畅销商品开发健忘症表现

研究范围较小，对于大型产品、较有发展的产品的研究开发尽量避免。

经常忽视大型商品成功开发的实例，总以为"那不过运气好罢了"，而不知道根据从前成功或失败的例子，来作为改良目前策略的参考。

15. 复杂派系骨折症表现

公司内派系林立，互相排斥，各行其是，互扯阵脚，纠纷四起，绝非公司之福。

三、企业常见病诊断分析方法

除在第一章介绍的比较分析法、比率分析法、趋势分析法、图表法等常规方法外，在对企业进行整体健康状况评价时，要特别关注能说明企业整体健康状况素质的指标。如资产收益率，通过该指标动态及其相对值，就可以判断企业对拥有和控制资源的利用效果及其效率；所有者权益收益率，这一指标变动状态，就能表明企业整体健康状态，企业经营活动中每一项工作优劣，每位员工工作态度及工作质量，各项管理工作的优劣都能在该指标中反映出来，抓住这一财务指标的变化动态，就抓住了"牛鼻子"。

企业是一个动态的有机经济实体，财务指标全面、集中反映了企业的经营过程及成果。全面诊断评价企业的健康状况，应以财务指标为基础，以经营绩效为核心，才能得出正确结论。企业健康状况的诊断方法有标准值比较分析诊断、效率效益分析诊断、经营安全率分析诊断和预警分析诊断等方法。

对企业进行整体性诊断评价，可着重下列内容进行：

- ·诊断企业弊病的紧急程度，视其是否需采取紧急措施。
- ·检查经营管理的基本管理制度是否缺少或未建立。
- ·判定企业的先天强度及易于发生的弊病，把握诊断重点。
- ·对缺乏效率、效益的现象，追究其潜在因素，诊断可能发生程度。

第二节　标准值诊断分析

标准值诊断分析是根据财政部等四部委统一制定的《国有资本效绩评价规则》等文件规定的基本内容和方法（定量部分），以及按年度统计公布的《企业效绩评价标准值》，作为诊断评价企业健康状况的标准。由于这一标准是由国务院国资委财务监督与考核评价局，根据企业报送的财务会计报表经过加工归类而成，具有权威性、客观性和标准性。

比较分析是一种有目的、有意识的行为，每一项比较分析都有其特定的目的，运用标准值比较分析就是根据国务院国资委财务监督与考核评价局按年将企业上报的有关资料进行整理后得出各行各业各种类型企业的数值，作为评价企业健康状况水平的依据，具有一定权威性、真实性和标准性。同时还附有 18 个行业、20 个指标的绩效评价国际标准值，作为评价企业的参考。

一、标准值评价指标体系构成

评价一个企业是否健康首先要有一个健康标准，然后通过对比才能判断其是否健康，标准由指标与水平构成，其构成与水平也随形势变化而变化，评价企业优劣的标准有国际水平、国内平均水平，也有企业历史水平，要正确评价健康状况首先要明确评价指标体系构成，其次要明确指标的水平。

（一）定量评价指标体系的构成

评价指标体系由财务绩效定量评价和管理绩效定性评价两部分构成，具体内容见表2-2。

表2-2　综合绩效评价指标体系与权重

评价内容	定量基本标准	修正指标	定性指标
（一）盈利能力状况（34）	1. 净资产收益率（20） 2. 总资产报酬率（14）	①销售（营业）利润率（10） ②盈余现金保障倍数（9） ③成本费用利润率（8） ④资本收益率（7）	①战略管理（18） ②发展创新（15） ③经营决策（16） ④风险控制（13） ⑤基础管理（14） ⑥人力资源（8） ⑦行业影响（8） ⑧社会贡献（8）
（二）资产质量状况（22）	3. 总资产周转率（10） 4. 应收账款周转率（12）	⑤不良资产比率（9） ⑥资产现金回收率（7） ⑦流动资产周转率（6）	
（三）债务风险状况（22）	5. 资产负债率（12） 6. 已获利息倍数（10）	⑧速动比率（6） ⑨现金流动负债比率（6） ⑩带息负债比率（5） ⑪或有负债比率（5）	
（四）经营增长状况（22）	7. 销售（营业）增长率（12） 8. 资本保值增值率（10）	⑫销售（营业）利润增长率（10） ⑬总资产增长率（7） ⑭技术投入比率（5）	

注：（）内为该指标权数。

（二）定量标准值指标计算公式

1. 盈利能力状况

A. 基本指标

（1）净资产收益率 $= \dfrac{\text{归属于母公司所有者的净利润}}{\text{平均净资产}} \times 100\%$

平均净资产 $= \left(\dfrac{\text{年初归属于母公司}}{\text{所有者权益}} + \dfrac{\text{年末归属于}}{\text{母公司所有者合计}} \right) \Big/ 2$

（2）总资产报酬率 $= \dfrac{\text{利润总额} + \text{利息支出}}{\text{平均资产总额}} \times 100\%$

平均资产总额 = （年初资产总额 + 年末资产总额）/2

B. 修正指标

（1）主营业务利润率 = $\dfrac{主营业务利润}{主营业务收入} \times 100\%$

主营业务利润 = 主营业务收入 − 主营业务成本 − 主营业务税金及附加

（2）盈余现金保障倍数 = $\dfrac{经营现金净流量}{净利润}$

（3）成本费用利润率 = $\dfrac{利润总额}{成本费用总额} \times 100\%$

成本费用总额 = 主营业务成本 + 主营业务税金及附加 + 销售费用（经营费用）+ 管理费用 + 财务费用

（4）资本收益率 = $\dfrac{归属于母公司所有者的净利润}{平均资本} \times 100\%$

平均资本 = ［（年初实收资本 + 年初资本公积）+（年末实收资本 + 年末公积）］/2

2. 资产质量状况

A. 基本指标

（1）总资产周转率（次）= $\dfrac{主营业务收入}{平均资产总额}$

（2）应收账款周转率（次）= $\dfrac{主营业务收入}{应收账款平均余额}$

应收账款平均余额 = ［（年初应收款净额 + 年初应收款坏账准备）+（年末应收款净额 + 年末应收款坏账准备）］/2

B. 修正指标

（1）不良资产比率（新制度）= $\dfrac{年末不良资产总额}{资产总额 + 资产减值准备余额} \times 100\%$

年末不良资产总额 = 资产减值准备余额 + 应提未提和应摊不摊的潜亏挂账 + 未处理资产损失

（2）资产现金回收率 = $\dfrac{经营现金净流量}{平均资产总额} \times 100\%$

（3）流动资产周转率（次）= $\dfrac{主营业务收入}{平均流动资产总额}$

平均流动资产总额 = （年初流动资产总额 + 年末流动资产总额）/2

3. 债务风险

A. 基本指标

（1）修正负债率 = $\dfrac{负债总额}{资产总额} \times 100\%$

（2）已获利息倍数 $= \dfrac{\text{利润总额} + \text{利息支出}}{\text{利息支出}}$

B. 修正指标

（1）速动比率 $= \dfrac{\text{速动资产}}{\text{流动负债}} \times 100\%$

速动资产 = 流动资产 − 存货

（2）现金流动负债比率 $= \dfrac{\text{经营现金净流量}}{\text{流动负债}} \times 100\%$

（3）带息负债比率 $= \dfrac{\text{短期借款} + \text{一年内到期的非流动负债} + \text{长期借款} + \text{应付债券} + \text{应付利息}}{\text{负债总额}} \times 100\%$

（4）或有负债比率 $= \dfrac{\text{或有负债余额}}{\text{所有者权益}} \times 100\%$

或有负债余额 = 已贴现承兑汇票 + 担保余额 + 贴现与担保外的被诉事项金额 + 其他或有负债

4. 经营增长状况

A. 基本指标

（1）销售（营业）增长率 $= \dfrac{\text{本年主营业务收入增长额}}{\text{上年主营业务收入}} \times 100\%$

（2）资本保值增长率 $= \dfrac{\text{扣除客观因素后的年末所有者权益}}{\text{年初所有者权益}} \times 100\%$

B. 修正指标

（1）总资产增长率 $= \dfrac{\text{年末资产总额} - \text{年初资产总额}}{\text{年初资产总额}} \times 100\%$

（2）销售（营业）利润增长率 $= \dfrac{\text{本年主营业务利润} - \text{上年主营业务利润}}{\text{上年主营业务利润}} \times 100\%$

（3）技术投入率 $= \dfrac{\text{本年科技支出合计}}{\text{主营业务收入}} \times 100\%$

5. 补充资料

（1）存货周转率（次）$= \dfrac{\text{主营业务成本}}{\text{存货平均余额}}$

（2）资本积累率 $= \dfrac{\text{本年归属于母公司所有者权益增长额}}{\text{年初归属于母公司所有者权益}} \times 100\%$

（3）三年资本平均增长率 $= \left(\sqrt[3]{\dfrac{\text{年末归属于母公司所有者权益}}{\text{三年前末归属于母公司所有者权益}}} - 1 \right) \times 100\%$

（4）三年销售平均增长率 $= \left(\sqrt[3]{\dfrac{\text{当年主营业务收入}}{\text{三年前主营业务收入}}} - 1 \right) \times 100\%$

（5）不良资产比率（旧制度） $= \dfrac{年末不良资产总额}{年末资产总额} \times 100\%$

年末不良资产总额 = 三年以上应收及预付款项 + 积压存货 + 闲置固定资产 + 不良长期投资 + 待处理资产净损失 + 潜亏挂账 + 经营亏损挂账

注：以上资料计算口径请参考 2010 年决算报表主要分析指标表。

（三）定量标准值类别及其制定

我国财政部等四部委制定效绩评价的标准值，是由各项指标的标准值和与之相对应的标准系数所组成。

每项评价指标的标准值分为行业标准值和规模标准值两类，然后再细分为优秀值、良好值、平均值、较低值和较差值五个档次，分别表示优、良、中、低、差五种水平。为了计算指标得分对每一档次的标准值，都给予相应标准系数与之对应。标准系数用介于 0～1 之间的数值表示，具体规定为：

· 优秀值及以上的标准系数为 1；

· 良好值及以上的标准系数为 0.8；

· 平均值及以上的标准系数为 0.6；

· 较低值及以上的标准系数为 0.4；

· 较差值及以上的标准系数为 0.2；

· 较差值及以下的标准系数为 0。

标准值采用的是国务院国资委财务监督与考核评价局制定的全国统一的《企业绩效评价标准值》。该标准值是根据《中央企业综合绩效评价管理暂行办法》（国务院国资委令第 14 号）等文件规定，以全国国有企业财务状况、经营成果等数据资料为依据，并参照国家统计局工业与流通企业月报数据及其他相关统计资料，在对年度国有经济各行业运行状况进行客观分析和判断的基础上，运用数理统计方法测算制定的。

企业绩效评价标准的行业划分以《企业绩效评价行业基本分类》为基本依据，共包括 10 个大类、47 个中类和 97 个小类。每一个小类又按规模不同划分为"全行业、大、中、小"四种类型。每一类又分为"优秀值、良好值、平均值、较低值、较差值"五种档次。表 2-3 给出了 2010 年度全国国有企业、工业、商业等不同规模、不同档次的 20 个指标的评价标准值。为企业诊断评价自身的健康状况提供了依据。为便于企业诊断评价本书摘录了"18 个行业绩效评价国际标准值（2010 年）"。

根据 2011 年 4 月国务院国资委财务监督与考核评价局制定的 2010 年度《企业绩效评价标准值》摘录如下：

表 2 - 3　2010 年度企业绩效评价标准值（摘录）
全国国有企业

范围：全行业

项目	优秀值	良好值	平均值	较低值	较差值
一、盈利能力状况					
净资产收益率（%）	13.5	9.9	6.2	0.6	-8.3
总资产报酬率（%）	9.3	6.8	4.6	0.5	-5.4
主营业务利润率（%）	22.4	15.3	10.0	2.6	-4.8
盈余现金保障倍数	11.1	5.4	1.2	-1.0	-3.8
成本费用利润率（%）	12.2	8.5	4.8	1.0	-5.1
资本收益率（%）	14.6	10.7	7.0	1.0	-5.2
二、资产质量状况					
总资产周转率（次）	1.6	1.0	0.5	0.3	0.1
应收账款周转率（次）	22.2	12.8	8.3	4.0	1.9
不良资产比率（新制度）（%）	0.3	1.4	3.4	6.3	13.9
流动资产周转率（次）	3.0	1.9	1.5	1.0	0.6
资产现金回收率（%）	21.7	10.0	3.9	-2.5	-8.9
三、债务风险状况					
资产负债率（%）	44.7	55.2	65.2	80.7	92.7
已获利息倍数	5.9	4.5	3.2	0.7	-1.7
速动比率（%）	134.8	98.0	75.0	57.5	36.6
现金流动负债比率（%）	27.2	20.4	10.9	-2.8	-9.4
带息负债比率（%）	25.7	37.2	52.3	71.6	84.6
或有负债比率（%）	0.5	1.9	5.2	11.8	18.0
四、经营增长状况					
销售（营业）增长率（%）	26.9	19.6	15.0	1.7	-9.9
资本保值增值率（%）	113.4	108.9	106.1	101.3	91.0
销售（营业）利润增长率（%）	25.9	18.9	13.9	0.4	-8.6
总资产增长率（%）	19.9	16.1	10.4	-3.7	-11.8
技术投入比率（%）	1.8	1.3	1.0	0.7	0.3
五、补充资料					
存货周转率（次）	18.5	12.0	5.3	2.7	0.8
资本积累率（%）	18.7	13.5	8.4	0.9	-8.8
三年资本平均增长率（%）	18.8	13.9	8.9	1.5	-8.4
三年销售平均增长率（%）	25.5	18.2	11.0	-3.9	-15.5
不良资产比率（旧制度）（%）	0.3	1.2	4.0	8.9	19.6

全国国有企业

范围：大型企业

项目	优秀值	良好值	平均值	较低值	较差值
一、盈利能力状况					
净资产收益率（％）	15.7	12.4	8.3	1.6	-4.7
总资产报酬率（％）	11.6	9.6	6.0	1.0	-3.5
主营业务利润率（％）	27.4	21.5	14.4	8.6	0.8
盈余现金保障倍数	11.8	5.3	1.5	-0.1	-3.2
成本费用利润率（％）	14.9	11.7	8.0	3.5	-2.4
资本收益率（％）	19.2	14.3	9.3	3.4	-1.1
二、资产质量状况					
总资产周转率（次）	1.5	1.0	0.5	0.4	0.1
应收账款周转率（次）	25.7	18.1	10.1	5.8	2.4
不良资产比率（新制度）（％）	0.1	0.8	1.7	4.6	10.8
流动资产周转率（次）	2.9	1.9	1.5	1.1	0.7
资产现金回收率（％）	22.4	14.6	6.2	-1.2	-5.8
三、债务风险状况					
资产负债率（％）	41.7	51.4	58.7	75.0	86.7
已获利息倍数	6.8	5.0	3.4	1.1	-1.4
速动比率（％）	145.1	118.0	77.5	65.0	45.3
现金流动负债比率（％）	32.5	25.7	16.0	-1.8	-7.8
带息负债比率（％）	24.1	33.3	47.7	69.6	81.9
或有负债比率（％）	0.4	1.8	5.7	11.7	17.7
四、经营增长状况					
销售（营业）增长率（％）	34.4	27.1	19.7	8.8	-3.2
资本保值增值率（％）	115.6	111.7	107.3	101.6	94.9
销售（营业）利润增长率（％）	24.8	17.9	12.9	1.1	-7.4
总资产增长率（％）	19.3	15.7	9.4	-2.3	-9.3
技术投入比率（％）	2.0	1.6	1.3	0.9	0.5
五、补充资料					
存货周转率（次）	21.4	13.6	6.1	3.0	0.9
资本积累率（％）	19.9	14.8	9.7	2.1	-6.4
三年资本平均增长率（％）	21.0	15.7	10.1	3.5	-6.0
三年销售平均增长率（％）	26.0	18.8	12.1	1.3	-11.8
不良资产比率（旧制度）（％）	0.2	0.7	1.2	6.6	17.3

全国国有企业

范围：中型企业

项目	优秀值	良好值	平均值	较低值	较差值
一、盈利能力状况					
净资产收益率（%）	13.9	10.5	5.8	−0.7	−7.6
总资产报酬率（%）	8.6	5.8	3.2	−0.6	−5.2
主营业务利润率（%）	24.5	17.6	10.3	3.2	−3.8
盈余现金保障倍数	12.5	5.8	1.2	−1.1	−5.7
成本费用利润率（%）	14.0	9.8	5.2	0.1	−7.7
资本收益率（%）	16.5	10.8	6.2	−1.9	−8.6
二、资产质量状况					
总资产周转率（次）	1.6	1.1	0.7	0.4	0.1
应收账款周转率（次）	25.8	16.9	7.0	3.0	1.2
不良资产比率（新制度）（%）	0.3	1.5	2.9	7.9	19.2
流动资产周转率（次）	3.7	2.7	1.5	0.9	0.6
资产现金回收率（%）	20.1	12.5	4.3	−3.2	−0.8
三、债务风险状况					
资产负债率（%）	45.2	55.4	63.2	75.3	88.8
已获利息倍数	4.7	3.5	2.1	0.8	−0.9
速动比率（%）	126.2	94.7	74.3	64.1	39.7
现金流动负债比率（%）	28.5	19.9	8.6	−5.2	−10.4
带息负债比率（%）	26.5	37.7	51.7	75.5	86.7
或有负债比率（%）	0.7	2.2	5.1	12.4	20.2
四、经营增长状况					
销售（营业）增长率（%）	32.6	24.8	18.4	0.8	−9.6
资本保值增值率（%）	112.5	107.7	104.6	99.1	92.0
销售（营业）利润增长率（%）	28.3	21.8	14.4	1.8	−7.3
总资产增长率（%）	21.8	16.5	10.7	−4.4	−12.1
技术投入比率（%）	1.5	1.3	1.0	0.7	0.4
五、补充资料					
存货周转率（次）	17.0	9.5	4.4	2.6	0.8
资本积累率（%）	17.1	11.2	5.4	−0.5	−9.8
三年资本平均增长率（%）	18.9	11.9	6.1	−0.1	−9.4
三年销售平均增长率（%）	23.9	16.5	9.7	−7.7	−18.2
不良资产比率（旧制度）（%）	0.5	2.0	4.0	9.8	23.9

全国国有企业

范围：小型企业

项目	优秀值	良好值	平均值	较低值	较差值
一、盈利能力状况					
净资产收益率（%）	10.7	7.8	4.9	-2.6	-9.4
总资产报酬率（%）	6.5	4.7	2.6	-1.5	-5.4
主营业务利润率（%）	19.9	14.2	8.0	1.7	-7.0
盈余现金保障倍数	11.0	5.6	0.3	-2.9	-6.2
成本费用利润率（%）	9.8	5.5	2.8	-2.4	-10.4
资本收益率（%）	12.0	8.1	5.3	-3.5	-11.2
二、资产质量状况					
总资产周转率（次）	1.8	1.2	0.5	0.2	0.1
应收账款周转率（次）	20.8	12.1	6.5	2.7	1.4
不良资产比率（新制度）（%）	0.5	1.7	3.7	11.5	22.9
流动资产周转率（次）	3.3	2.3	1.6	1.0	0.6
资产现金回收率（%）	18.5	9.5	0.4	-5.8	-13.8
三、债务风险状况					
资产负债率（%）	48.3	57.5	68.3	85.8	92.7
已获利息倍数	3.9	2.8	1.7	-0.9	-3.0
速动比率（%）	154.6	124.6	87.3	55.6	34.2
现金流动负债比率（%）	20.9	13.3	4.8	-6.2	-14.2
带息负债比率（%）	30.9	41.8	55.0	75.3	91.5
或有负债比率（%）	0.8	2.2	6.0	12.4	18.4
四、经营增长状况					
销售（营业）增长率（%）	24.3	17.2	6.4	-7.3	-15.7
资本保值增值率（%）	108.5	106.4	104.1	96.5	89.8
销售（营业）利润增长率（%）	23.3	15.8	7.0	-5.4	-14.3
总资产增长率（%）	20.9	13.1	5.4	-6.4	-15.4
技术投入比率（%）	1.2	1.0	0.7	0.5	0.3
五、补充资料					
存货周转率（次）	18.4	10.6	3.1	1.8	0.7
资本积累率（%）	12.3	9.4	5.7	-3.9	-12.6
三年资本平均增长率（%）	13.6	10.9	7.2	-2.5	-13.2
三年销售平均增长率（%）	18.4	10.9	4.0	-13.5	-24.0
不良资产比率（旧制度）（%）	1.0	2.5	4.5	12.4	24.8

工业

范围：全行业

项目	优秀值	良好值	平均值	较低值	较差值
一、盈利能力状况					
净资产收益率（%）	13.7	9.8	6.7	-0.5	-7.9
总资产报酬率（%）	10.5	7.8	5.9	-0.4	-3.1
主营业务利润率（%）	25.6	18.4	12.9	4.2	-2.1
盈余现金保障倍数	11.6	5.9	1.6	0.5	-1.7
成本费用利润率（%）	13.7	9.7	5.7	0.8	-8.1
资本收益率（%）	15.9	11.6	7.3	1.6	-6.5
二、资产质量状况					
总资产周转率（次）	1.6	1.1	0.6	0.4	0.2
应收账款周转率（次）	16.7	9.8	5.8	3.0	1.7
不良资产比率（新制度）（%）	0.1	0.8	2.4	6.5	12.4
流动资产周转率（次）	3.9	2.6	1.6	0.8	0.3
资产现金回收率（%）	15.2	11.1	5.5	-1.9	-6.6
三、债务风险状况					
资产负债率（%）	43.9	53.6	63.9	80.7	90.5
已获利息倍数	6.3	4.8	3.6	1.6	-0.8
速动比率（%）	135.0	109.4	74.7	51.7	28.9
现金流动负债比率（%）	31.6	23.1	14.1	-2.3	-8.2
带息负债比率（%）	31.4	41.1	54.0	66.6	79.6
或有负债比率（%）	0.5	1.3	5.3	12.5	21.3
四、经营增长状况					
销售（营业）增长率（%）	30.3	23.8	18.0	4.1	-8.7
资本保值增值率（%）	114.1	108.8	106.2	100.5	93.2
销售（营业）利润增长率（%）	25.9	19.7	14.2	-1.3	-8.8
总资产增长率（%）	22.3	16.4	11.1	-2.0	-10.0
技术投入比率（%）	2.4	2.0	1.4	1.0	0.6
五、补充资料					
存货周转率（次）	17.8	10.4	5.6	3.3	0.8
资本积累率（%）	18.2	13.3	9.3	-0.7	-8.2
三年资本平均增长率（%）	18.7	14.4	9.8	-0.3	-8.3
三年销售平均增长率（%）	21.8	16.2	10.5	-3.4	-15.2
不良资产比率（旧制度）（%）	0.8	2.0	3.9	8.8	23.1

工业

范围：大型企业

项目	优秀值	良好值	平均值	较低值	较差值
一、盈利能力状况					
净资产收益率（%）	14.2	10.7	7.3	1.2	-4.5
总资产报酬率（%）	13.6	9.7	6.8	1.0	-2.8
主营业务利润率（%）	25.7	18.6	13.0	4.3	-0.8
盈余现金保障倍数	14.1	7.7	2.5	1.4	-0.7
成本费用利润率（%）	15.9	12.2	7.8	2.2	-6.1
资本收益率（%）	19.9	15.0	9.8	2.7	-4.6
二、资产质量状况					
总资产周转率（次）	1.5	1.1	0.5	0.4	0.2
应收账款周转率（次）	26.0	18.5	11.0	5.0	1.8
不良资产比率（新制度）（%）	0.1	0.8	2.4	5.9	9.7
流动资产周转率（次）	4.1	2.9	1.7	0.8	0.3
资产现金回收率（%）	16.5	11.4	5.7	1.1	-4.6
三、债务风险状况					
资产负债率（%）	43.9	51.4	60.9	75.9	90.1
已获利息倍数	6.8	5.1	4.2	3.0	0.8
速动比率（%）	133.0	107.1	74.0	52.1	28.5
现金流动负债比率（%）	32.8	27.0	17.9	9.1	-4.9
带息负债比率（%）	34.3	44.6	55.7	65.4	77.9
或有负债比率（%）	0.5	1.3	5.2	11.5	19.3
四、经营增长状况					
销售（营业）增长率（%）	33.7	28.1	22.2	7.2	-5.0
资本保值增值率（%）	114.3	110.1	108.3	102.0	96.9
销售（营业）利润增长率（%）	29.9	23.1	19.2	3.0	-5.4
总资产增长率（%）	23.8	16.5	11.7	0.8	-7.6
技术投入比率（%）	2.5	2.1	1.6	1.1	0.7
五、补充资料					
存货周转率（次）	18.1	10.9	5.7	3.3	1.3
资本积累率（%）	21.4	16.2	10.4	4.5	-1.8
三年资本平均增长率（%）	21.7	15.0	9.8	1.5	-6.8
三年销售平均增长率（%）	22.6	17.0	11.3	-2.2	-14.5
不良资产比率（旧制度）（%）	0.5	1.5	3.0	6.1	19.7

工业

范围：中型企业

项目	优秀值	良好值	平均值	较低值	较差值
一、盈利能力状况					
净资产收益率（%）	13.7	9.4	5.1	-1.6	-9.3
总资产报酬率（%）	9.5	6.3	3.1	-0.7	-3.8
主营业务利润率（%）	24.4	18.5	11.6	4.6	-3.2
盈余现金保障倍数	13.2	7.3	2.7	0.9	-0.1
成本费用利润率（%）	13.3	9.3	4.7	0.4	-9.3
资本收益率（%）	18.9	12.7	6.4	-2.6	-9.3
二、资产质量状况					
总资产周转率（次）	1.8	1.3	0.8	0.5	0.2
应收账款周转率（次）	24.5	15.4	7.7	4.0	1.7
不良资产比率（新制度）（%）	0.5	2.4	3.7	8.2	18.4
流动资产周转率（次）	3.7	2.3	1.3	0.7	0.3
资产现金回收率（%）	14.9	9.7	3.1	-2.2	-5.9
三、债务风险状况					
资产负债率（%）	45.4	57.9	65.9	82.9	95.9
已获利息倍数	5.6	4.3	2.8	1.1	-0.9
速动比率（%）	137.2	113.3	75.0	50.1	30.3
现金流动负债比率（%）	28.3	19.4	8.7	-3.8	-9.0
带息负债比率（%）	25.8	36.9	48.4	69.2	82.6
或有负债比率（%）	0.6	2.1	4.8	11.5	18.3
四、经营增长状况					
销售（营业）增长率（%）	28.8	22.7	17.2	-2.7	-13.5
资本保值增值率（%）	113.1	108.9	105.0	98.6	91.1
销售（营业）利润增长率（%）	25.8	18.9	12.4	-3.6	-16.0
总资产增长率（%）	19.6	15.0	8.3	1.6	-7.0
技术投入比率（%）	1.9	1.5	1.2	0.9	0.5
五、补充资料					
存货周转率（次）	16.8	9.9	4.0	1.3	0.5
资本积累率（%）	16.6	10.5	5.4	-3.2	-10.0
三年资本平均增长率（%）	16.9	9.8	5.0	-3.1	-10.1
三年销售平均增长率（%）	21.9	16.6	10.1	-9.8	-20.5
不良资产比率（旧制度）（%）	0.8	2.5	4.4	11.5	26.9

工业

范围：小型企业

项目	优秀值	良好值	平均值	较低值	较差值
一、盈利能力状况					
净资产收益率（％）	10.3	7.0	4.2	−2.8	−11.5
总资产报酬率（％）	6.7	4.2	2.5	−2.0	−6.6
主营业务利润率（％）	25.9	18.3	8.6	1.7	−5.4
盈余现金保障倍数	10.9	5.8	1.2	−0.7	−2.5
成本费用利润率（％）	11.4	6.7	2.8	−2.2	−13.3
资本收益率（％）	13.4	10.6	4.8	−2.9	−8.9
二、资产质量状况					
总资产周转率（次）	2.0	1.2	0.8	0.4	0.2
应收账款周转率（次）	16.5	9.1	5.6	2.9	1.5
不良资产比率（新制度）（％）	0.3	1.7	3.2	13.2	24.4
流动资产周转率（次）	3.0	2.1	0.9	0.5	0.3
资产现金回收率（％）	16.9	8.4	2.1	−3.6	−6.7
三、债务风险状况					
资产负债率（％）	44.9	59.4	72.2	84.2	95.9
已获利息倍数	4.5	2.8	1.5	−0.3	−4.1
速动比率（％）	139.0	110.2	71.3	47.4	28.8
现金流动负债比率（％）	21.7	15.2	6.2	−5.5	−12.6
带息负债比率（％）	34.1	46.4	57.3	71.6	83.5
或有负债比率（％）	0.6	2.1	5.3	13.5	21.3
四、经营增长状况					
销售（营业）增长率（％）	21.0	15.4	6.5	−9.0	−18.7
资本保值增值率（％）	110.8	107.1	104.5	98.3	89.0
销售（营业）利润增长率（％）	20.7	15.3	7.4	−6.6	−17.4
总资产增长率（％）	19.1	13.7	7.2	−5.0	−14.6
技术投入比率（％）	1.5	1.2	0.9	0.7	0.4
五、补充资料					
存货周转率（次）	16.8	9.5	4.0	1.2	0.6
资本积累率（％）	11.9	7.6	3.3	−7.2	−16.9
三年资本平均增长率（％）	11.1	7.8	3.5	−7.3	−17.0
三年销售平均增长率（％）	18.8	13.2	4.1	−11.2	−20.9
不良资产比率（旧制度）（％）	1.0	2.8	6.5	14.5	27.5

商业批发

范围：全行业

项目	优秀值	良好值	平均值	较低值	较差值
一、盈利能力状况					
净资产收益率（％）	23.6	18.0	9.1	−1.5	−4.7
总资产报酬率（％）	13.8	10.4	5.6	−0.5	−1.4
主营业务利润率（％）	18.7	13.8	10.4	4.0	−0.1
盈余现金保障倍数	3.0	1.3	1.1	−0.4	−4.3
成本费用利润率（％）	8.5	7.1	5.6	−1.9	−8.7
资本收益率（％）	27.3	19.7	9.9	−0.3	−9.2
二、资产质量状况					
总资产周转率（次）	3.3	2.5	1.8	0.7	0.3
应收账款周转率（次）	20.3	13.0	9.2	4.0	1.4
不良资产比率（新制度）（％）	0.5	1.2	3.4	10.9	29.3
流动资产周转率（次）	4.5	3.5	2.4	1.1	0.4
资产现金回收率（％）	10.1	9.0	5.5	−3.4	−10.0
三、债务风险状况					
资产负债率（％）	49.0	63.1	71.5	79.6	92.2
已获利息倍数	7.3	6.1	4.2	0.9	−2.5
速动比率（％）	165.9	131.1	110.5	79.3	57.3
现金流动负债比率（％）	27.9	20.5	11.2	−3.5	−11.8
带息负债比率（％）	15.4	25.2	33.5	44.3	62.9
或有负债比率（％）	0.9	1.8	6.5	15.1	24.4
四、经营增长状况					
销售（营业）增长率（％）	28.3	20.3	9.9	−7.7	−21.3
资本保值增值率（％）	121.7	116.1	108.8	97.6	92.4
销售（营业）利润增长率（％）	21.7	15.4	11.2	−11.7	−29.4
总资产增长率（％）	24.2	13.8	10.8	−4.9	−17.5
技术投入比率（％）	0.9	0.5	6.5	0.3	0.2
五、补充资料					
存货周转率（次）	28.4	17.2	12.1	5.8	2.6
资本积累率（％）	17.7	14.3	11.5	−0.5	−8.7
三年资本平均增长率（％）	18.2	14.8	11.8	−1.0	−9.8
三年销售平均增长率（％）	27.5	19.3	8.5	−9.1	−22.4
不良资产比率（旧制度）（％）	0.3	3.7	6.2	18.0	27.8

商业批发

范围：大型企业

项目	优秀值	良好值	平均值	较低值	较差值
一、盈利能力状况					
净资产收益率（%）	27.1	21.2	13.6	−1.1	−2.1
总资产报酬率（%）	22.3	17.2	11.1	−0.4	−1.4
主营业务利润率（%）	18.2	14.6	11.2	6.9	2.7
盈余现金保障倍数	1.5	1.0	0.9	0.6	−2.3
成本费用利润率（%）	10.9	8.1	6.1	−0.2	−1.6
资本收益率（%）	29.9	22.3	14.6	6.0	−1.6
二、资产质量状况					
总资产周转率（次）	4.0	3.0	2.0	1.3	0.5
应收账款周转率（次）	26.3	18.1	13.1	6.8	3.7
不良资产比率（新制度）（%）	0.2	0.4	1.3	5.1	14.1
流动资产周转率（次）	4.9	3.9	2.4	1.8	1.1
资产现金回收率（%）	11.8	9.1	8.0	5.1	−2.2
三、债务风险状况					
资产负债率（%）	43.3	48.8	61.3	78.5	87.2
已获利息倍数	8.3	7.1	5.8	4.7	1.5
速动比率（%）	169.1	150.0	115.4	100.2	76.5
现金流动负债比率（%）	38.5	27.6	16.3	7.9	−6.5
带息负债比率（%）	16.3	23.2	31.4	39.5	60.4
或有负债比率（%）	0.9	1.8	6.5	15.1	24.4
四、经营增长状况					
销售（营业）增长率（%）	35.2	26.8	13.2	4.2	−11.6
资本保值增值率（%）	123.2	120.0	112.6	100.2	96.9
销售（营业）利润增长率（%）	26.1	18.8	12.5	−7.5	−18.2
总资产增长率（%）	24.8	18.1	17.6	5.1	−5.0
技术投入比率（%）	0.9	0.5	0.4	0.3	0.2
五、补充资料					
存货周转率（次）	33.7	19.9	11.8	7.6	5.8
资本积累率（%）	26.3	18.2	12.6	4.3	−7.4
三年资本平均增长率（%）	26.8	19.0	13.4	3.4	−7.9
三年销售平均增长率（%）	34.3	25.8	11.7	2.5	−13.1
不良资产比率（旧制度）（%）	0.1	2.6	3.7	14.8	23.6

商业批发

范围：中型企业

项目	优秀值	良好值	平均值	较低值	较差值
一、盈利能力状况					
净资产收益率（%）	26.6	19.5	11.2	-1.7	-2.7
总资产报酬率（%）	16.1	12.2	6.6	-1.6	-2.6
主营业务利润率（%）	19.2	14.9	9.0	3.4	0.3
盈余现金保障倍数	4.8	1.8	1.1	0.3	-1.0
成本费用利润率（%）	10.7	7.6	4.8	-1.6	-10.4
资本收益率（%）	32.5	26.8	14.9	4.0	-9.1
二、资产质量状况					
总资产周转率（次）	3.8	2.9	1.7	0.6	0.2
应收账款周转率（次）	22.2	14.9	7.5	4.9	2.4
不良资产比率（新制度）（%）	0.1	0.3	3.6	18.1	37.5
流动资产周转率（次）	5.0	3.9	2.3	1.4	0.7
资产现金回收率（%）	13.4	9.7	6.3	-2.0	-9.2
三、债务风险状况					
资产负债率（%）	53.6	60.0	72.2	85.0	95.5
已获利息倍数	6.0	3.6	1.4	-0.3	-2.1
速动比率（%）	165.9	146.9	116.3	94.5	78.0
现金流动负债比率（%）	31.9	20.7	9.9	-2.4	-9.3
带息负债比率（%）	17.4	28.0	36.8	46.7	63.2
或有负债比率（%）	0.9	1.8	6.5	15.1	24.4
四、经营增长状况					
销售（营业）增长率（%）	27.3	19.1	4.6	-5.9	-21.3
资本保值增值率（%）	123.5	117.3	109.8	94.3	91.2
销售（营业）利润增长率（%）	24.9	14.9	5.1	-16.3	-33.6
总资产增长率（%）	28.9	19.6	13.5	-2.9	-15.3
技术投入比率（%）	0.9	0.5	0.4	0.3	0.2
五、补充资料					
存货周转率（次）	34.6	22.2	12.7	5.9	3.3
资本积累率（%）	22.1	14.6	7.6	-3.2	-139
三年资本平均增长率（%）	22.6	15.0	8.1	-2.8	-13.4
三年销售平均增长率（%）	26.8	18.4	3.4	-7.0	-22.0
不良资产比率（旧制度）（%）	0.5	4.1	11.0	19.3	31.7

商业批发

范围：小型企业

项目	优秀值	良好值	平均值	较低值	较差值
一、盈利能力状况					
净资产收益率（%）	11.1	8.1	4.7	-3.4	-7.7
总资产报酬率（%）	6.8	5.3	3.1	-1.2	-3.3
主营业务利润率（%）	17.7	10.5	5.3	2.2	-5.8
盈余现金保障倍数	5.1	2.5	1.3	-1.0	-5.1
成本费用利润率（%）	5.2	3.6	1.6	-4.2	-19.9
资本收益率（%）	13.3	10.7	6.5	-5.4	-13.8
二、资产质量状况					
总资产周转率（次）	3.0	2.1	1.3	0.4	0.2
应收账款周转率（次）	18.2	9.5	4.5	1.7	1.3
不良资产比率（新制度）（%）	0.8	1.3	4.2	17.7	40.0
流动资产周转率（次）	4.1	3.0	1.5	0.6	0.3
资产现金回收率（%）	6.5	4.0	1.9	-4.8	-11.6
三、债务风险状况					
资产负债率（%）	55.4	67.1	73.5	89.4	96.7
已获利息倍数	3.2	2.0	1.0	-1.3	0.6
速动比率（%）	151.1	120.5	89.0	65.1	44.4
现金流动负债比率（%）	18.6	11.4	4.5	-5.6	-12.4
带息负债比率（%）	12.3	25.4	34.6	49.8	64.0
或有负债比率（%）	0.9	1.8	6.5	15.1	24.4
四、经营增长状况					
销售（营业）增长率（%）	23.8	16.2	1.7	-13.3	-34.0
资本保值增值率（%）	107.8	104.4	101.0	95.5	87.7
销售（营业）利润增长率（%）	20.8	10.8	3.1	-11.3	-25.7
总资产增长率（%）	18.3	6.8	2.2	-12.6	-25.1
技术投入比率（%）	0.9	0.5	0.4	0.3	0.2
五、补充资料					
存货周转率（次）	24.5	15.6	9.5	5.1	2.4
资本积累率（%）	11.0	6.6	2.3	-4.8	-13.9
三年资本平均增长率（%）	11.5	7.0	2.8	-4.4	-13.4
三年销售平均增长率（%）	23.4	15.6	0.6	-14.0	-34.1
不良资产比率（旧制度）（%）	0.9	4.9	12.4	24.7	40.9

商业零售

范围：全行业

项目	优秀值	良好值	平均值	较低值	较差值
一、盈利能力状况					
净资产收益率（%）	12.2	9.3	6.3	−1.1	−3.0
总资产报酬率（%）	7.6	5.6	3.6	−0.2	−2.6
主营业务利润率（%）	26.6	18.3	12.1	7.8	−2.0
盈余现金保障倍数	9.6	5.4	1.4	0.2	−3.1
成本费用利润率（%）	8.4	5.7	3.5	−1.6	−11.1
资本收益率（%）	14.7	10.6	7.6	−5.0	−10.2
二、资产质量状况					
总资产周转率（次）	2.9	2.2	1.2	0.7	0.3
应收账款周转率（次）	28.4	15.0	9.3	4.8	2.0
不良资产比率（新制度）（%）	0.1	0.2	2.0	8.4	22.6
流动资产周转率（次）	4.8	3.6	2.2	1.0	0.4
资产现金回收率（%）	14.5	8.8	5.8	−1.9	−8.8
三、债务风险状况					
资产负债率（%）	53.7	66.5	74.0	84.0	95.1
已获利息倍数	5.5	3.9	2.4	0.9	−2.3
速动比率（%）	147.9	111.8	72.6	52.4	35.1
现金流动负债比率（%）	23.0	16.8	10.3	−2.1	−9.3
带息负债比率（%）	21.5	31.2	34.4	53.6	66.6
或有负债比率（%）	0.2	1.1	5.8	14.4	23.7
四、经营增长状况					
销售（营业）增长率（%）	30.7	21.8	10.5	−4.9	−31.2
资本保值增值率（%）	112.0	108.6	106.3	100.9	96.8
销售（营业）利润增长率（%）	28.8	24.1	10.1	−2.9	−18.2
总资产增长率（%）	19.9	12.7	9.6	−4.2	−13.7
技术投入比率（%）	0.9	0.4	0.3	0.2	0.1
五、补充资料					
存货周转率（次）	24.6	17.1	11.1	7.3	5.4
资本积累率（%）	16.4	11.0	6.8	1.2	−5.9
三年资本平均增长率（%）	16.4	10.6	6.2	0.2	−6.6
三年销售平均增长率（%）	29.6	20.3	8.4	−7.2	−32.3
不良资产比率（旧制度）（%）	0.1	0.7	5.4	16.6	26.2

商业零售

范围：大型企业

项目	优秀值	良好值	平均值	较低值	较差值
一、盈利能力状况					
净资产收益率（%）	19.3	15.8	10.5	6.5	2.1
总资产报酬率（%）	13.3	9.9	6.7	3.8	0.1
主营业务利润率（%）	21.6	17.8	13.0	9.0	5.1
盈余现金保障倍数	9.1	5.3	2.2	1.4	-0.4
成本费用利润率（%）	10.5	7.8	5.4	2.1	0.1
资本收益率（%）	26.4	18.6	10.6	6.0	-3.0
二、资产质量状况					
总资产周转率（次）	3.3	2.3	1.5	1.1	0.7
应收账款周转率（次）	48.5	35.2	15.8	10.3	2.9
不良资产比率（新制度）（%）	0.1	0.2	1.3	2.6	7.9
流动资产周转率（次）	7.1	5.0	3.0	2.1	1.3
资产现金回收率（%）	17.0	12.7	10.1	5.3	1.1
三、债务风险状况					
资产负债率（%）	46.2	52.1	64.6	81.3	90.6
已获利息倍数	6.8	5.3	3.8	2.7	1.6
速动比率（%）	128.3	105.6	72.4	52.0	37.7
现金流动负债比率（%）	34.8	28.0	17.6	11.7	2.8
带息负债比率（%）	24.8	31.0	33.2	53.4	61.6
或有负债比率（%）	0.2	1.1	5.8	14.4	23.7
四、经营增长状况					
销售（营业）增长率（%）	37.4	27.9	15.8	4.3	-0.9
资本保值增值率（%）	118.1	114.4	109.3	105.0	101.2
销售（营业）利润增长率（%）	30.9	26.8	15.2	3.4	-8.3
总资产增长率（%）	16.0	12.8	10.0	3.2	-4.6
技术投入比率（%）	0.9	0.4	0.3	0.2	0.1
五、补充资料					
存货周转率（次）	31.7	24.6	13.8	10.7	8.5
资本积累率（%）	21.8	15.8	9.8	4.2	-1.7
三年资本平均增长率（%）	21.1	15.1	9.1	3.5	-2.4
三年销售平均增长率（%）	34.8	25.8	13.1	1.0	-11.9
不良资产比率（旧制度）（%）	0.1	0.6	5.2	7.9	14.9

商业零售

范围：中型企业

项目	优秀值	良好值	平均值	较低值	较差值
一、盈利能力状况					
净资产收益率（％）	14.8	10.6	5.5	−1.1	−4.8
总资产报酬率（％）	8.6	6.1	2.4	−0.9	−4.1
主营业务利润率（％）	23.0	18.5	11.7	7.2	2.0
盈余现金保障倍数	11.2	6.0	1.2	0.1	−2.9
成本费用利润率（％）	7.4	5.5	2.3	−2.4	−8.3
资本收益率（％）	17.1	11.7	6.2	−3.6	−9.2
二、资产质量状况					
总资产周转率（次）	3.1	2.4	1.2	0.7	0.3
应收账款周转率（次）	39.3	27.2	9.0	5.9	1.1
不良资产比率（新制度）（％）	0.1	0.2	2.0	13.5	36.0
流动资产周转率（次）	5.5	4.2	1.9	1.2	0.4
资产现金回收率（％）	16.5	8.8	3.5	−0.1	−4.1
三、债务风险状况					
资产负债率（％）	56.2	63.2	75.1	88.8	99.1
已获利息倍数	6.1	4.0	2.5	1.0	−0.7
速动比率（％）	127.0	98.9	68.7	47.0	34.1
现金流动负债比率（％）	28.2	19.1	9.5	−0.2	−4.2
带息负债比率（％）	20.1	33.6	36.1	58.2	71.9
或有负债比率（％）	0.2	1.1	5.8	14.4	23.7
四、经营增长状况					
销售（营业）增长率（％）	26.4	18.6	5.5	−8.4	−25.3
资本保值增值率（％）	114.8	110.6	105.6	100.0	93.8
销售（营业）利润增长率（％）	23.5	17.2	3.0	−7.4	−20.5
总资产增长率（％）	20.9	12.7	11.0	−1.6	−10.2
技术投入比率（％）	0.9	0.4	0.3	0.2	0.1
五、补充资料					
存货周转率（次）	25.0	18.0	9.0	6.4	5.0
资本积累率（％）	20.5	13.0	5.3	−2.2	−13.2
三年资本平均增长率（％）	19.8	12.3	4.6	−2.9	−13.9
三年销售平均增长率（％）	26.0	17.7	3.9	−9.8	−25.9
不良资产比率（旧制度）（％）	0.1	2.1	6.6	13.2	26.1

商业零售

范围：小型企业

项目	优秀值	良好值	平均值	较低值	较差值
一、盈利能力状况					
净资产收益率（％）	8.8	6.4	2.6	−2.6	−7.8
总资产报酬率（％）	5.0	3.2	0.5	−2.1	−5.1
主营业务利润率（％）	28.7	18.4	9.9	5.0	−0.4
盈余现金保障倍数	10.0	4.6	0.9	−0.6	−3.6
成本费用利润率（％）	7.2	4.7	1.6	−2.2	−13.9
资本收益率（％）	10.6	7.9	2.9	−6.1	−11.6
二、资产质量状况					
总资产周转率（次）	2.8	2.0	0.8	0.6	0.2
应收账款周转率（次）	23.1	10.3	4.9	2.0	1.0
不良资产比率（新制度）（％）	0.1	0.2	2.8	18.8	44.5
流动资产周转率（次）	4.6	3.2	1.3	0.7	0.3
资产现金回收率（％）	12.3	6.5	1.0	−2.3	−11.0
三、债务风险状况					
资产负债率（％）	58.1	67.7	76.7	92.0	99.1
已获利息倍数	4.4	3.4	2.2	0.7	−3.2
速动比率（％）	151.5	116.5	77.5	56.2	38.8
现金流动负债比率（％）	21.2	12.5	6.0	−2.4	−11.4
带息负债比率（％）	21.8	29.0	33.1	52.9	66.5
或有负债比率（％）	0.2	1.1	5.8	14.4	23.7
四、经营增长状况					
销售（营业）增长率（％）	21.6	11.4	−3.8	−28.2	−34.4
资本保值增值率（％）	109.6	107.0	103.1	98.2	93.0
销售（营业）利润增长率（％）	29.0	21.6	7.2	−5.5	−19.9
总资产增长率（％）	19.3	7.7	0.1	−10.9	−22.4
技术投入比率（％）	0.9	0.4	0.3	0.2	0.1
五、补充资料					
存货周转率（次）	23.9	15.3	8.5	5.9	4.3
资本积累率（％）	12.2	7.4	2.0	−3.9	−10.3
三年资本平均增长率（％）	11.5	6.7	1.3	−4.6	−11.0
三年销售平均增长率（％）	20.8	10.2	−5.5	−28.6	−34.8
不良资产比率（旧制度）（％）	0.1	4.5	11.9	21.5	33.4

机械工业

范围：全行业

项目	优秀值	良好值	平均值	较低值	较差值
一、盈利能力状况					
净资产收益率（%）	12.5	7.6	5.0	1.3	-4.4
总资产报酬率（%）	12.3	6.1	3.4	1.0	-2.0
主营业务利润率（%）	22.9	14.2	10.3	5.9	-1.7
盈余现金保障倍数	6.9	3.5	1.6	-1.8	-5.8
成本费用利润率（%）	12.1	8.5	5.1	2.0	-8.4
资本收益率（%）	16.3	11.8	6.2	3.1	-6.0
二、资产质量状况					
总资产周转率（次）	1.0	0.5	0.3	0.2	0.1
应收账款周转率（次）	9.2	6.1	3.1	2.0	1.2
不良资产比率（新制度）（%）	0.8	1.3	3.0	8.6	16.0
流动资产周转率（次）	2.1	1.4	1.1	0.8	0.4
资产现金回收率（%）	15.7	9.7	3.3	-2.3	-8.9
三、债务风险状况					
资产负债率（%）	48.0	59.7	69.5	77.7	85.9
已获利息倍数	4.6	3.3	2.2	0.3	-2.2
速动比率（%）	146.8	116.0	71.4	52.0	37.9
现金流动负债比率（%）	17.0	10.2	3.6	-3.1	-9.2
带息负债比率（%）	4.0	15.4	31.0	44.3	60.3
或有负债比率（%）	0.1	1.6	8.2	16.5	25.9
四、经营增长状况					
销售（营业）增长率（%）	26.5	14.8	7.6	3.8	0.6
资本保值增值率（%）	110.1	107.3	105.0	101.0	93.6
销售（营业）利润增长率（%）	25.7	14.7	7.3	3.1	0.6
总资产增长率（%）	19.1	15.0	10.6	5.0	2.1
技术投入比率（%）	3.7	3.1	2.6	1.8	1.3
五、补充资料					
存货周转率（次）	10.7	7.1	4.5	3.0	1.9
资本积累率（%）	18.3	13.3	8.0	2.4	-5.0
三年资本平均增长率（%）	16.9	12.3	7.0	-1.9	-7.8
三年销售平均增长率（%）	22.6	15.6	10.4	-2.6	-8.6
不良资产比率（旧制度）（%）	0.1	1.5	6.0	16.0	25.0

机械工业

范围：大型企业

项目	优秀值	良好值	平均值	较低值	较差值
一、盈利能力状况					
净资产收益率（%）	13.4	7.9	5.7	5.1	−1.0
总资产报酬率（%）	13.3	7.3	4.2	2.8	0.4
主营业务利润率（%）	23.6	14.3	10.3	8.0	1.4
盈余现金保障倍数	6.9	3.6	1.5	0.3	−0.9
成本费用利润率（%）	9.9	6.8	4.8	2.4	−7.6
资本收益率（%）	22.1	15.7	10.2	4.5	−0.6
二、资产质量状况					
总资产周转率（次）	0.9	0.5	0.3	0.2	0.1
应收账款周转率（次）	10.8	6.8	3.5	2.2	1.5
不良资产比率（新制度）（%）	0.6	1.5	2.4	7.8	12.8
流动资产周转率（次）	2.3	1.6	1.3	0.9	0.5
资产现金回收率（%）	16.2	10.6	3.9	−2.9	−9.2
三、债务风险状况					
资产负债率（%）	47.4	56.1	67.1	74.5	80.7
已获利息倍数	5.0	3.9	2.5	1.9	0.5
速动比率（%）	148.2	120.2	71.3	59.3	38.9
现金流动负债比率（%）	18.3	11.2	4.0	−3.0	−9.5
带息负债比率（%）	4.3	18.1	31.3	44.5	59.3
或有负债比率（%）	0.1	1.6	8.2	16.5	25.9
四、经营增长状况					
销售（营业）增长率（%）	27.0	15.6	7.5	3.9	2.1
资本保值增值率（%）	110.3	108.0	106.7	102.8	99.2
销售（营业）利润增长率（%）	26.3	14.5	8.1	2.9	0.5
总资产增长率（%）	28.9	24.3	19.0	10.8	5.2
技术投入比率（%）	6.9	5.8	4.6	3.8	2.1
五、补充资料					
存货周转率（次）	10.4	7.6	5.0	3.2	2.2
资本积累率（%）	18.1	13.5	8.3	1.1	−5.2
三年资本平均增长率（%）	18.1	12.1	6.2	−1.7	−8.0
三年销售平均增长率（%）	32.2	25.4	18.6	4.8	−7.1
不良资产比率（旧制度）（%）	0.1	0.3	0.5	8.7	16.8

机械工业

范围：中型企业

项目	优秀值	良好值	平均值	较低值	较差值
一、盈利能力状况					
净资产收益率（%）	14.8	8.1	6.0	5.5	−2.5
总资产报酬率（%）	14.6	6.0	3.3	2.3	0.3
主营业务利润率（%）	30.3	14.0	11.0	8.8	0.5
盈余现金保障倍数	10.0	4.8	1.7	−0.2	−2.1
成本费用利润率（%）	13.5	10.6	6.6	2.2	−7.5
资本收益率（%）	20.5	13.9	10.1	1.1	−4.1
二、资产质量状况					
总资产周转率（次）	1.2	0.9	0.6	0.5	0.4
应收账款周转率（次）	11.3	7.2	3.1	2.5	1.7
不良资产比率（新制度）（%）	0.9	1.6	4.3	12.2	24.8
流动资产周转率（次）	2.7	2.1	1.5	1.2	0.7
资产现金回收率（%）	12.3	7.9	3.3	−1.3	−6.2
三、债务风险状况					
资产负债率（%）	50.1	61.0	70.0	77.5	86.6
已获利息倍数	4.7	3.5	2.2	0.3	−0.8
速动比率（%）	147.5	116.8	71.6	55.4	40.9
现金流动负债比率（%）	16.7	10.1	3.4	−2.0	−6.4
带息负债比率（%）	1.1	7.8	24.5	43.9	59.5
或有负债比率（%）	0.1	1.6	8.2	13.6	25.9
四、经营增长状况					
销售（营业）增长率（%）	20.4	14.8	7.9	4.1	1.6
资本保值增值率（%）	113.3	109.3	107.0	101.3	96.3
销售（营业）利润增长率（%）	23.4	14.0	7.2	3.0	0.6
总资产增长率（%）	23.6	19.7	15.1	3.7	−5.7
技术投入比率（%）	3.8	2.5	1.9	1.3	1.0
五、补充资料					
存货周转率（次）	11.1	7.6	4.3	2.7	1.5
资本积累率（%）	18.6	12.9	8.0	2.7	−2.6
三年资本平均增长率（%）	18.2	13.4	7.7	−0.2	−5.5
三年销售平均增长率（%）	27.4	20.7	14.8	1.6	−10.6
不良资产比率（旧制度）（%）	0.1	2.6	6.4	14.9	23.3

机械工业

范围：小型企业

项目	优秀值	良好值	平均值	较低值	较差值
一、盈利能力状况					
净资产收益率（％）	12.5	7.4	4.7	0.4	−6.5
总资产报酬率（％）	9.8	6.3	3.2	0.3	−3.7
主营业务利润率（％）	22.4	15.1	10.4	5.7	−5.7
盈余现金保障倍数	8.3	3.2	1.1	−1.9	−6.1
成本费用利润率（％）	9.4	5.7	3.5	0.3	−11.3
资本收益率（％）	12.9	8.7	4.8	−2.1	−9.4
二、资产质量状况					
总资产周转率（次）	1.2	0.9	0.6	0.4	0.2
应收账款周转率（次）	9.0	6.0	3.2	2.0	1.1
不良资产比率（新制度）（％）	0.5	1.1	3.3	10.9	20.9
流动资产周转率（次）	2.0	1.4	1.0	0.6	0.3
资产现金回收率（％）	11.1	7.0	2.4	−0.9	−8.0
三、债务风险状况					
资产负债率（％）	51.1	61.6	71.0	77.8	87.9
已获利息倍数	4.3	2.6	1.3	−0.5	−3.9
速动比率（％）	140.4	113.5	71.2	48.7	35.8
现金流动负债比率（％）	15.9	9.9	3.5	−4.7	−11.3
带息负债比率（％）	1.4	9.8	22.2	49.4	69.0
或有负债比率（％）	0.1	1.6	8.2	16.5	25.9
四、经营增长状况					
销售（营业）增长率（％）	23.4	14.9	7.3	3.2	−3.1
资本保值增值率（％）	110.0	107.1	104.1	100.1	91.7
销售（营业）利润增长率（％）	23.1	16.0	7.8	3.2	0.9
总资产增长率（％）	11.3	6.8	1.1	−6.0	−16.1
技术投入比率（％）	1.6	1.4	1.3	0.7	0.3
五、补充资料					
存货周转率（次）	11.0	7.0	3.4	2.3	1.7
资本积累率（％）	18.0	13.0	7.8	0.7	−4.9
三年资本平均增长率（％）	15.8	12.1	6.6	−2.1	−7.5
三年销售平均增长率（％）	21.0	12.5	5.9	−5.0	−13.0
不良资产比率（旧制度）（％）	0.1	3.0	8.6	18.2	27.1

金属制品业

范围：全行业

项目	优秀值	良好值	平均值	较低值	较差值
一、盈利能力状况					
净资产收益率（%）	12.0	8.0	5.2	-1.9	-9.7
总资产报酬率（%）	7.9	6.6	3.5	1.0	-7.1
主营业务利润率（%）	27.0	17.0	11.0	6.3	-3.0
盈余现金保障倍数	3.5	2.4	0.8	-0.6	-2.1
成本费用利润率（%）	9.3	6.8	3.5	-1.8	-11.3
资本收益率（%）	12.3	8.5	5.4	-4.4	-10.8
二、资产质量状况					
总资产周转率（次）	2.3	1.5	0.9	0.6	0.2
应收账款周转率（次）	14.8	9.7	6.5	5.2	3.9
不良资产比率（新制度）（%）	0.3	3.0	6.3	17.7	32.5
流动资产周转率（次）	3.5	3.0	1.7	1.1	0.6
资产现金回收率（%）	11.5	8.3	2.6	-3.5	-11.7
三、债务风险状况					
资产负债率（%）	39.2	48.1	57.0	67.3	79.3
已获利息倍数	5.4	4.7	3.5	0.6	-3.3
速动比率（%）	149.7	105.8	80.0	52.5	31.4
现金流动负债比率（%）	16.4	11.1	4.0	-5.2	-12.2
带息负债比率（%）	12.1	21.0	40.0	60.3	69.0
或有负债比率（%）	0.2	1.1	5.8	14.3	23.6
四、经营增长状况					
销售（营业）增长率（%）	27.7	21.0	15.0	4.0	-9.0
资本保值增值率（%）	111.4	107.4	104.5	97.0	89.3
销售（营业）利润增长率（%）	27.2	17.4	8.7	-3.0	-11.1
总资产增长率（%）	23.3	15.7	9.0	2.4	-5.4
技术投入比率（%）	2.2	1.9	1.3	0.9	0.5
五、补充资料					
存货周转率（次）	10.4	7.3	5.0	3.0	1.9
资本积累率（%）	15.7	11.2	7.0	-4.2	-13.2
三年资本平均增长率（%）	14.5	10.0	5.8	-5.4	-14.4
三年销售平均增长率（%）	23.7	16.8	10.3	-0.8	-13.2
不良资产比率（旧制度）（%）	1.0	3.0	7.0	14.4	23.3

（四）企业实际值与标准值比较

为说明如何比较诊断企业建康状况，现以华丰机械制造公司 2010 年度有关数据为例（见表 2－4），与《企业绩效评价标准值（2010 度)》同行业同类型标准值（见表 2－5 ）相比较，见表 2－6 。

表 2－4 企业绩效评价基础指标情况表

企业名称：华丰机械制造公司 　　　　　　　　　　　　　　　　2010 年度

项目	账面数	确认数	项目	账面数	确认数
年初流动资产	38950639	38950639	上年主营业务利润	11992033	11992033
年末流动资产	58285196	59485196	主营业务收入	72764058	72764058
年初应收账款净额	809187	809187	主营业务收入净额	72636058	72636058
年末应收账款净额	1139214	1139214	主营业务成本	58414018	58414018
年初坏账准备	40459	40459	主营业务税金	1464558	1464558
年末坏账准备	56961	56961	主营业务利润	12757482	12757482
年初存货净额	14306057	14306057	销售费用	1229583	1229583
年末存货净额	25329855	26529855	管理费用	5685243	5685243
年初存货跌价准备	256060	256060	财务费用	561297	561297
年末存货跌价准备	318460	318460	其中：利息支出	603152	603152
年初资产总额	70449144	70449144	技术及研发费支出	1458000	1458000
年末资产总额	87467703	87467703	利润总额	6190706	6190706
待处理财产损失	1128212	1128212	所得税费用	2042933	2042933
其他不良资产	4806000	4806000	净利润	4147773	4147773
年末流动负债	35369564	36569564	本年国有权益递增	0	0
年末负债合计	35890800	37090800	本年国有权益递减	0	0
短期借款	28000000	28000000	上年主营业务收入	58108846	58108846
年初所有者权益	49386198	49386198	三年前主营业务收入	48213606	48213606
其中：实收资本	45000000	45000000	三年前末所有者权益	49090000	49090000
年末所有者权益	51576903	51576903	经营活动产生现金流		

续表

项目	账面数	确认数	项目	账面数	确认数
其中：实收资本	45000000	45000000	量净额	9406137	9406137
或有负债	6600000	6600000			

绩效指标数值的计算：

1. 盈利能力状况

（1）净资产收益率 =（4147773/50481551）×100% = 8.22%

（2）总资产报酬率 =（6190706/7 9558424）×100% = 7.78%

（3）主营业务利润率 =（12757482/72636058）×100% = 17.56%

（4）盈余现金保障倍数 =（9406137/4147773）×100% = 2.27 倍

（5）成本费用利润率 =（6190706/67354699）×100% = 9.19%

（6）资本收益率 =（4147773/45000000）×100% = 9.22%

2. 资产质量状况

（7）总资产周转率（次）= 72636058/79558424 = 0.91（次）

（8）应收账款周转率（次）= 72636058/1022911 = 71.01（次）

（9）不良资产比率（新制度）=（6252672/70767604）×100% = 8.84%

（10）资产现金回收率 =（940666137/79558424）×100% = 11.82%

（11）流动资产周转率（次）= 72636058/49217917 = 1.48（次）

3. 债务风险状况

（12）资产负债率 =（37090800/88667708）×100% = 41.83%

（13）已获利息倍数 = 6793858/603152 = 11.26（次）

（14）速动比率 =（32955341/59485 195）×100% = 55.40%

（15）现金流动负债比率 =（9406137/36569564）×100% = 25.72%

（16）带息负债比率 =（2 8000000/37090800）×100% = 75.49%

（17）或有负债比率 =（6600000/51576903）×100% = 12.80%

4. 经营增长状况

（18）销售（营业）增长率 =（14527212/58108846）×100% = 25.00%

（19）资本保值增值率 =（51576903/49386198）×100% = 104.44%

（20）总资产增长率 =（18218559/70449144）×100% = 25.86%

（21）销售（营业）利润增长率 =（3765449/11992033）×100% = 31.40%

（22）技术投入率 =（1458000/72764058）×100% = 2.00%

将上述计算结果填入表 2 - 6 "实际完成值" 栏内。

表 2 – 5　机械工业

范围：中型机械

项　目	优秀值	良好值	平均值	较低值	较差值
一、盈利能力状况					
净资产收益率（%）	14.8	8.1	6.0	5.5	-2.5
总资产报酬率（%）	14.6	6.0	3.3	2.3	0.3
主营业务利润率（%）	30.3	14.0	11.0	8.8	0.5
盈余现金保障倍数（%）	10.0	4.8	1.7	-0.2	-2.1
成本费用利润率（%）	13.5	10.0	6.6	2.2	-7.5
资本收益率（%）	20.5	13.9	10.1	1.1	-4.1
二、资产质量状况					
总资产周转率（次）	1.2	0.9	0.6	0.5	0.4
应收账款周转率（次）	11.3	7.2	3.1	2.5	1.7
不良资产比率（新制度）（%）	0.9	1.6	4.3	12.2	24.8
流动资产周转率（次）	2.7	2.1	1.5	1.2	0.7
资产现金回收率（%）	12.3	7.9	3.3	-1.3	-6.2
三、债务风险状况					
资产负债率（%）	50.1	61.0	70.0	77.5	86.6
已获利息倍数	4.7	3.5	2.2	0.3	-0.8
速动比率（%）	147.5	116.8	71.6	55.4	40.9
现金流动负债比率（%）	16.7	10.1	3.4	-2.0	-6.4
带息负债比率（%）	1.1	7.8	24.5	43.9	59.5
或有负债比率（%）	0.1	1.6	8.2	16.5	25.9
四、经营增长状况					
销售（营业）增长率（%）	20.4	14.8	7.9	4.1	1.6
资本保值增值率（%）	113.3	109.3	107.0	101.3	96.3
销售（营业）利润增长率（%）	23.4	14.0	7.2	3.0	0.6
总资产增长率（%）	23.6	19.7	15.1	3.7	-5.7
技术投入比例（%）	3.8	2.5	1.9	1.3	1.0

项目	优秀值	良好值	平均值	较低值	较差值
五、补充资料					
存货周转率（次）	11.1	7.6	4.3	2.7	1.5
资本积累率（%）	18.6	12.9	8.0	2.7	-2.6
三年资本平均增长率（%）	18.2	13.4	7.7	-0.2	-5.5
三年销售平均增长率（%）	27.4	20.7	14.8	1.6	-10.6
不良资产比率（旧制度）（%）	0.1	2.6	6.4	14.9	23.3

将标准表内相关数据填入表2-6"国内机械工业标准"栏内。

表2-6 华丰机械制造公司绩效　机械工业、中型企业

指标项目		权重	加权后百分数	转化为百分数	国际机电设备制造	国内机械工业标准	实际完成值	计算转化过程
盈利能力状况（34）	1. 净资产收益率（%）	8	6.43	80.36	良7.7	良8.1	8.22	80+（8.22-8.1）/［14.8-8.1）/20］=80+（8.22-8.1）/0.335=80.+0.36=80.36
	2. 总资产报酬率（%）	6	5.05	84.14	优8.4	良6.0	7.78	80+（7.78-6）/（14.6-6）/20=80+（7.78-6）/0.43=80+4.14=84.14
	3. 主营业务利润率（%）	5	4.22	84.37	优9.2	良14	17.56	80+（17.56-14）/（30.3-14）/20=80+（17.56-14）/0.815=80+4.37=84.37
	4. 盈余现金保障倍数	5	3.18	63.68	良2.1	平1.7	2.27	60+（2.27-1.7）/（4.8-1.7）/20=60+（2.27-1.7）/0.155=60+3.68=63.68
	5. 成本费用利润率（%）	5	3.65	72.95	优9.5	良10.6	9.19	60+（9.19-6.6）/（10.6-6.6）/20=60+（9.19-6.6）/0.20=60+12.95=72.95
	6. 资本收益率（%）	5	2.90	58.04	平7.2	平10.1	9.22	40+（9.22-1.1）/（10.1-1.1）/20=40+（9.22-1.1）/0.45=40+18.04=58.04

续表

指标项目		权重	加权后百分数	转化为百分数	国际机电设备制造	国内机械工业标准	实际完成值	计算转化过程
资产质量状况（22）	7. 总资产周转率（次）	6	4.84	80.67	良 0.9	良 0.9	0.91	80 +（0.91 - 0.9）/（1.2 - 0.9）/20 = 80 +（0.91 - 0.9）/0.015 = 80 + 0.67 = 80.67
	8. 应收账款周转率（次）	6	7.2	206.2	优 4.9	优 11.3	71.01	异常现象按 1.2 倍计算
	9. 不良资产比率（%）（新制度）	4	2.05	51.24	—	平 4.3	8.84	40 +（8.84 - 43）/（12.2 - 4.3）/20 = 40 +（8.84 - 4.3）/0.395 = 40 + 11.49 = 51.49
	10. 流动资产周转率（次）	3	1.76	58.67	平 1.4	平 1.5	1.48	40 +（1.48 - 1.2）/（1.5 - 1.2）/20 = 40 +（1.48 - 1.2）/0.015 = 40 + 18.67 = 58.67
	11. 资产现金回收率（%）	3	2.93	97.82	优 10.2	优 12.3	11.82	80 +（11.82 - 7.9）/（12.3 - 7.9）/20 = 80 +（11.82 - 7.9）/0.22 = 80 + 17.82 = 97.82
债务风险状况（22）	12. 资产负债率（%）	5	5.17	103.31	优 39	优 50.1	41.83	100 +（50.1 - 41.8）/（50.1/20）= 100 +（50.1 - 41.8）/2.51 = 100 + 3.31 = 103.31
	13. 已获利息倍数	4	5.12	127.91	良 10.9	优 4.7	11.26	100 +（11.26 - 4.7）/（4.7/20）= 100 + 6.56/0.235 = 100 + 27.91 = 127..91
	14. 速动比率（%）	4	1.60	40.0	较差 67.8	低 55.4	55.40	
	15. 现金流动负债比率（%）	3	3.32	110.80	良 26.0	优 16.7	25.72	100 +（25.72 - 16.7）/16.7/20 = 100 + 9.02/0.835 = 100 + 10.8 = 110.8
	16. 带息负债比率（%）	3	-0.2	-6.8	较差 57.1	较差 59.5	75.49	20 +（59.5 - 75.49）/（59.5/100）= 20 - 15.99/0.595 = 20 - 26.87 = -6.8

续表

指标项目		权重	加权后百分数	转化为百分数	国际机电设备制造	国内机械工业标准	实际完成值	计算转化过程
债务风险状况（22）	17. 或有负债比率（%）	3	1.18	39.45		较低16.5	12.80	40 +（8.2 - 12.8）/（16.5 - 8.2）/20 = 40 +（8.2 - 12.8）/0.415 = 40 - 0.55 = 39.45
经营增长状况（22）	18. 销售（营业）增长率（%）	6	7.35	122.55	优5.0	优20.4	25.00	100 +（25 - 20.4）/（20.4/100）= 100 + 4.6/0.204 = 100 + 22.55 = 122.55
	19. 资本保值增值率（%）	5	2.08	41.55	良104.4	优113.3	104.44	40 +（104.4 - 101.3）/（107.0 - 101.3）/20 = 40 +（104.4 - 101.3）/0.285 = 40 + 1.55 = 41.55
	20. 销售（营业）利润增长率（%）	5	5.39	107.18	优2.1	优23.4	31.40	100 +（25.08 - 23.4）/（23.4/100）= 100 + 1.68/0.234 = 100 + 7.18 = 107.18
	21. 总资产增长率（%）	3	3.80	126.62	优4.6	优23.6	25.86	100 +（31.4 - 23.6）/（23.6 + 5.7）/100 = 100 + 7.8/0.293 = 100 + 26.62 = 126.62
	22. 技术投入率（%）	3	1.9	63.33	较低2.2	平1.9	2.00	60 +（2 - 1.9）/（2.5 - 1.9）/20 = 60 + 0.1/0.03 = 60 + 3.33 = 63.33
合计		100	81.32	—	—	—	—	计量综合评价为"优秀"

计算过程：指标折合百分制实际得分＝基础分＋（实际值－本档标准值）/〔（上档标准值－本档标准值）/本档次基础分〕，以净资产收益率为例，折合百分制实际得分＝80 +（8.22 - 8.1）/〔（14.8 - 8.1）/20〕= 80 + 0.12/0.335 = 80 + 0.36 = 80.36，折合百分制得分＝折合百分制实际得分80.36×该指标权重8 = 643（分）

通过表2-6，该公司22项指标实际完成值，与国内、国际同行业标准值比较后，综合得分81.32分，处于"优秀"值水平。

注：采用此方法，对异常现象应采用特殊处理。如应收账款周转率国内优秀值为11.3次。而华丰机械制造公司周转率为71.01次，比优秀值高6倍，如按此比率折合为36分，高出赋予权重30分，综合后就将其他缺失全部掩盖了。因此，对异常情况应做适当处理。一般来讲超过30%以内还可以，超过就不正常了。然后，再将绩效评价"国际标准值"也填入表内，就可用来比较诊断企业各项指标所处的地位与水平，从而判断其健康状况。但是它没有对企业的总体健康状况做出评价，只见树木不见森林。

要评价企业整体状况，可用功效评价法，但计算非常复杂。现采用"综合指数法"，其做法是：首先根据各项指标性质及其重要性，赋予不同权数，但总和为100，将指标实际完成值通过计算转化为"百分制"，具体转化计算方法见表2-6中"计算转化过程"。转化为百分数后再乘以各项指标"权数"即为"加权后百分数"。再加权求和，综合得分为"81.32分"，整体评价为"优秀"。

（五）定量评价计分的特殊规定和方法评价

1. 定量评价计分的特殊规定

企业效绩评价计分方法主要是针对那些正常经营状况下的企业。但是，在评价过程中，个别企业也会存在各种特殊情况，导致无法计算指标实际值或无法计算分数。对于这些情况，《企业效绩评价操作细则（修订）》中均已作了具体规定，以下分别介绍特殊情况的处理方法。

2. 基本指标计算的特殊规定

在计算基本指标实际值时，有时会遇到该项指标的分母为零或为负值，这就会造成该指标无法计算，或者是计算出的指标值没有实际意义，这时需要采用人为规定的办法，赋予该指标评价分数。具体规定如下：

（1）当企业的净资产为零或负值时，将会导致净资产收益率和资本保值增值率指标无法计算，或者即使计算出来也无实质意义，反而会使评价结果出现错误。因此，《企业效绩评价操作细则（修订）》明确规定：对于净资产为零或负值的企业，不再计算净资产收益率和资本保值增值率，这两项指标的评价得分均为 0 分。

（2）当企业的利息支出为零时，会造成已获利息倍数指标的实际值无限大。为此，操作细则规定：

①当该企业当期利润总额大于零时，标准系数确定为 1.0，该项指标的得分为满分。

②当该企业当期利润总额小于零时，标准系数确定为 0，该项指标得分为 0 分。

3. 修正指标评价计分的特殊规定

在运用修正指标计算修正系数时，同样也会遇到各种特殊情况，导致修正指标的实际值出现异常值。因此，《企业效绩评价操作细则（修订）》也作了以下特殊规定：

①盈余现金保障倍数分母为 0 或负值。根据盈余现金保障倍数的计算公式，当净利润出现负值时，计算出的指标值不具有实际意义。对此，文件规定：当该指标分母为 0 或负值时，如果分子仍为正值，该指标的单项修正系数确定为 1.0；如果分子也为负值，其单项修正系数确定为 0.9。

②资本收益率三年资本平均增长率指标分子、分母出现负数或分母为 0 时。计算出的指标值就无法反映其变化趋势，为此，需要区分不同的情况对指标的单项修正系数作出特殊规定。

1）如果分母为负值，分子为正值，即所有者权益由期初的负值变为期末的正值，则单项修正系数确定为 1.1。

2）如果分母及分子都为负值，但分子的绝对值小于分母的绝对值，也就是说期末比期初有所好转，这时，单项修正系数确定为1.0。

3）如果分母为正值，分子为负值，即所有者权益由期初的正值变为期末的负值，则单项修正系数确定为0.9。

4）如果分母和分子都为负值，但分子的绝对值大于分母的绝对值，也就是说，期末比期初状况进一步恶化，这时，单项修正系数规定为0.8。

5）当分母为零时，如果分子为正值，其单项修正系数规定为1.0；如果分子为负值，则单项修正系数确定为0.9。

以上几种情况由于指标值本身的数值大小已没有意义，实际上是根据所有者权益年度间的变化趋势，对单项修正系数作出人为规定。当然，实际评价工作中遇到以上情况的并不多见，但是作为一种评价计分方法，必须把所有可能出现的情况均考虑在内。

③对不良资产比率指标的特殊规定。不良资产比率为逆向评价指标，对于逆向（反向）修正指标来讲，实际值越小越好，最好的情况是没有不良资产。但一般情况下企业都存在一定数量的不良资产，只是不良资产比率应控制在一个合理范围内。因此，细则规定：如果不良资产比率低于行业平均值，单项修正系数确定为1.0；如果高于行业平均值，仍按照修正指标的计算公式计算单项修正系数。

④技术投入比率没有行业标准的情况。因为许多非工业行业无法计算技术投入比率指标的评价标准，文件规定，在对没有技术投入比率评价标准的非工业企业进行评价时，该指标的单项修正系数确定为1.0。

⑤指标缺项时的处理。在实际评价中，有时会遇到个别指标无法取得，这种情况一般发生在修正指标计分时。企业效绩评价的基础数据大部分取自《资产负债表》、《利润表》和《现金流量表》，也有少部分指标取自《基本情况表》，还有的指标要依赖以前年度的会计决算报表计算。所以，实际评价中会遇到个别修正指标缺项而无法计算单项修正系数时，计算机软件计算出的单项修正系数往往会发生差错，在这种情况下，需要采取人工调整的办法，将该修正指标的单项修正系数确定为1.0，并进一步计算加权修正系数和综合修正系数。

4. 财务指标的定量评价方法评价

财务指标的定量评价是通过精心设计的财务评价系统来全面反映企业整体的效绩状况。尽管单纯的财务指标分析确实存在一些缺陷和不足，甚至有人认为传统的财务分析方法已不适用于现代企业的评价，但目前采用定量分析的方法依然是国际上最为通用的基本分析判断方法。科学设计的财务指标评价系统对反映企业绩效具有不可辩驳的优越性，有利于不同行业企业间的经营、绩效比较，是企业绩效评价体系中的最主要组成部分。它可以独立得出评价结论，特别是涉及众多不同行业类型企业间的排序比较时，都是基于定量评价结果得出最终结论的。

二、定性评价指标体系与方法

企业经营效绩的定性评价是由具有专业知识的人员运用其学识经验和分析判断能力，根据已掌握的企业资料，对不能量化的绩效因素进行综合评判，从而得出评价结论的过程。它弥补了单纯定量指标评价的不足，从更深层面上反映了企业经营活动和管理行为。

（一）定性评价方式与内容

专家评议组织的方式与方法主要有组织方式与打分方式两种。

1. 组织方式

专家评议的组织方式按照专家是否到现场，分成非现场组织评议和现场组织评议两种形式。

非现场组织评议是指咨询专家不到现场，通过评价工作组和咨询专家收集的企业情况资料，进行分析判断，并做出评议结论。这种方式的优点是可以降低评价成本，但缺点是咨询专家没有感性认识，仅凭文字资料和直觉进行判断，容易导致评价失实。

现场组织评议是指组织咨询专家到现场了解情况，然后进行分析判断和评议打分。现场评议的组织实施步骤如下：

①通知企业结合八项评议指标准备相关介绍材料；

②组织专家到现场召开座谈会，包括中层干部座谈会、一般职工座谈会，听取中层干部和企业一般职工的反映和意见；

③找有关人员进行个别访谈；

④召开情况介绍会，评价工作组介绍定量评价情况，然后听取企业领导班子的情况介绍，在此基础上，咨询专家可以就有关部门进行询问；

⑤组织专家进行评议打分。

2. 打分方式

根据咨询专家之间对评议对象的判断是否进行讨论，专家评议打分可以分为集体讨论式打分和背靠背式打分两种方式。

①集体讨论式打分。集体讨论式打分就是参与评议的专家，对评议对象的有关情况进行讨论和交流，达成共识，形成一致的评价结论。这种方式有利于集思广益、看清问题，也避免了专家对不熟悉指标评议的随意性。但是，这种方式也容易产生专家意见的相互影响，特别是容易受到某个知名或权威人士意见的影响，使一些专家丧失独立性，形成一定的偏向性判断。

②背靠背式打分。背靠背式打分指参与评议的专家之间不进行交流，每位专

家根据对评议企业情况的了解和自己的判断，发表意见，形成评价结论，通过对每位专家的评议结果进行综合，即得出定性评议结果。这种方式避免了专家之间的相互影响，发挥了每位专家的判断能力，增强了专家判断的客观公正性和独立性，而缺点是由于专家对评议对象认识的角度、深度等不同，容易产生意见分散的现象。

目前，通常情况下是以集体讨论方式进行评议打分为主，通过加权平均得出结论，这样可以解决评议结果分散和在一定程度上个别专家对个别指标评议的主观随意性问题。

3. 专家评议应注意问题

①保持评议的独立客观性，避免先入为主或被现场介绍所误导，充分发挥分析判断能力，得出正确结论。

②合理安排评议时间，防止前松后紧、潦草收场。

③为保护评价企业的切身利益，维护评议人员的形象，评议专家要保守企业商业秘密。

群众评议方式：群众评议即组织相关群众，对某一方面状况进行诊断分析，既可以召开座谈会，也可以个别访谈，还可以采用问卷形式收集相关资料进行分析评定。

（二）调查问卷设计与发放

1. 问卷调查意义

问卷调查法是指评价人员将一些需要了解的问题设计成书面问卷向被调查者询问，并要求被调查者以书面文字或符号形式做出回答，然后进行归纳整理分析的信息收集方法。

问卷调查是评议计分方式的主要资料来源。比如，对企业经营者基本素质与领导能力、基础管理水平与各项规章制度的执行情况等的评议，仅凭经营者自己的介绍和查看管理制度是不够的，必须听取群众的意见，了解员工的反映。而通过不记名的问卷调查，可以收集到很多真实的情况，有助于咨询专家做出正确的判断。

2. 调查问卷的设计

（1）调查问卷设计的一般目标。调查问卷设计的科学与否决定着问卷的回收率和有效率，直接关系到问卷调查效果的好坏。一份科学、适用、符合评议目标的调查问卷，在设计上至少应满足以下几点：

①问卷内容要紧扣调查的目标，尽可能多地获取信息；

②问卷内的每一问题都要与所需调查内容相关；

③问卷的内容应尽量简明扼要，但不要遗漏必要的问题；

④问卷的内容要清晰明了，没有歧义，方便被调查者回答；

⑤要便于问卷结果的合理性检查，方便汇总和整理分析。

一般情况下，调查问卷的具体内容和形式由评价组织机构根据评价的目标和成本预算情况确定。评议人员可以参加评价工作组对调查问卷的设计，以使问卷内容满足评议的需要。

（2）调查问卷的设计要求。为了更好地完成问卷调查，满足评议需要，在具体设计调查问卷时要注意以下几个方面的问题：

①明确调查目的和设计重点。在设计调查问卷之前要明确调查目的。根据不同的评价目标需要，确定问卷调查的重点内容。

②符合企业特点。不同企业有不同的生产经营特点，调查问卷应反映企业特点，避免提出外行问题。

③囊括评议指标评议所需信息。八项评议指标的评议需要大量信息来支持，调查问卷应围绕八项评议指标的需要来设计。

④灵活运用提问技巧。对不便发问的内容，如对企业凝聚力的考察，可加入"企业发行股票，您是否愿意购买？"这样比较形象直观的问题来反映。

⑤问题要适量。问卷题目不宜太多，一般以 30 ~ 50 个问题为宜。

⑥注意问题的归并。对于确定的每一个独立调查问题，应根据问题的类型进行归并，同类型的问题应按照回答的难易程度，由易向难排列。

⑦进行问卷测试。对设计好的问卷可以在一定范围内进行测试和修正，并征求有关专家的意见，以保证问卷内容更加科学合理。

3. 问卷调查的过程控制

为保证问卷调查信息客观真实，问卷调查在过程控制上必须注意以下几点：

（1）调查问卷必须由评价人员亲自发放和收回，不得经由企业内部人员间接发放或收回。

（2）调查问卷的发放范围由评价工作人员根据实际情况确定，但问卷至少要发放到公司（集团）总部各职能部门的正式职工，以及有关一级子公司的中层以上管理与技术人员。

（3）根据企业规模的大小，确定调查问卷的发放数量，但每户企业的有效调查问卷，一般不应少于 100 份。对不足 100 人的企业可发放到中层以下全体职工。

（4）调查问卷收回后，应当对调查问卷的发放范围、发放数量、回收情况、问卷调查结果等情况进行统计整理，形成文字资料，作为专家评议的基础信息。

（三）评议指标的计分过程和评议结果形成

企业效绩评价评议指标的具体计分过程如下：

（1）评议人员（不得少于五人）根据收集的相关资料，利用评议参考标准，综合分析判断确定各项评议指标在评议参考标准中所处的等级。

（2）根据各项评议指标所处的等级，确定每项指标对应的等级参数。

（3）将每项指标的等级参数与其权数相乘，计算出每位评议者对该项指标的评议打分。

（4）将每位评议者对指标的评议打分进行加权平均，求得每项评议指标的最终分数。具体计算公式为：

评议指标总分 = 各单项评议指标评议分数之和

单项评议指标分数 = $\sum$（单项指标权数 × 每位评议人员选定的等级参数）／评议人员总数

其中评议人员选定的等级参数是 A. 1. 0；B. 0. 8；C. 0. 6；D. 0. 4；E. 0. 2。

在计算出评议指标得分后，将评议指标的得分与定量指标的评价得分按照 2∶8 的比例进行综合，最后形成企业效绩评价定量与定性评价相结合的综合评价结果。

1. 问卷测评指标体系构成

问卷测评指标是企业根据自身状况及需要而设定。例如华丰机械制造公司的测评仍以原《国有资本金效绩评价规则》规定的"管理绩效定性评价"的八项指标构成。具体内容如下：

（1）经营者基本素质。经营者基本素质是指企业现任领导班子的智力素质、品德素质和能力素质等，具体包括知识结构、道德品质、敬业精神、开拓创新能力、团结协作能力、组织能力和科学决策水平等因素。权数为 18。

（2）产品市场占有能力（服务满意度）。产品市场占有能力主要是工业企业使用的评价指标，指企业主导产品由于技术含量、功能性质、质量水平、品牌优势、营销策略等因素决定的占有市场的能力。可以借助企业销售收入净额与行业销售收入净额的比值来加以判断。

服务满意度是商贸、交通等服务行业中企业使用的评价指标，指消费者或顾客对商品或服务的质量、种类、速度、方便程度等的心理满足程度。权数为 16。

（3）基础管理水平。基础管理水平是指企业按照国际规范做法、国家政策法规规定和本企业实际情况，在生产经营过程中形成和运用的维系企业正常运转及生存与发展的企业组织结构、内部经营管理模式、各项基础管理制度、激励与约束机制、信息支持系统、安全生产管理等的建设及贯彻执行状况。权数为 12。

（4）发展创新能力。发展创新能力是指企业在市场竞争中为保持竞争优势，不断根据外部环境进行的自我调整和革新的能力。包括管理创新、产品创新、技术创新、服务创新、观念创新等方面的意识和能力。权数为14。

（5）经营发展战略。企业经营发展战略是指企业所采用的包括科技投入、产品开发、市场营销、更新设备、项目规划、资产重组、资本筹措及人力资源等各方面的谋划和策略。权数为12。

（6）在岗员工素质。在岗员工素质状况是指企业普通员工的文化水平、道德水准、专业技能、组织纪律性、参与企业管理的积极性及爱岗敬业精神等方面的综合情况。权数为10。

（7）技术装备更新水平（服务硬环境）。技术装备更新水平是工业企业专用的评价指标，指企业主要生产设备的先进程度和生产适用性、技术水平、开工及闲置状况、更新改造情况、技术投入水平以及采用环保技术措施等情况。

服务硬环境是商贸、交通等服务行业企业使用的评价指标，指商场、车站、饭店等商贸、服务场所的装饰装潢、环境卫生、设备性能等硬件设施情况。权数为10。

（8）综合社会贡献。综合社会贡献是指企业对经济增长、社会发展、环境保护等方面的综合影响。主要包括对国民经济及区域经济增长的贡献、提供就业和再就业机会、履行社会责任与义务以及信用操守情况、对财政税收的贡献和对环境的保护影响等等。权数为8。

2. 全面测评指标诊断标准

全面测评指标诊断标准的划分是根据每项测评指标的内涵，参考国家有关的法律法规、经济管理体制、企业管理经验与惯例、相关产业政策与发展趋势等，并按照模糊数学的隶属度赋值法，将每项测评指标的诊断标准从高到低划分为A、B、C、D、E五档，同时规定了每档标准的具体要求和基本边界。其中，A表示各项指标的优秀水平，B表示各项指标的良好水平，C表示各项指标的一般水平，D表示各项指标的较低水平，E表示各项指标的较差水平。

为了满足企业诊断工作中对有关测评指标进行诊断的需要，并为诊断人员提供诊断参照依据，根据《国有资本金效绩评价规则》和《企业效绩评价操作细则（修订）》的规定，对企业诊断指标体系中八项诊断指标的五级参考标准作如下具体规定：

（1）经营者基本素质。主要测评企业经营者的知识结构、经营管理能力、决策水平、廉洁自律、敬业精神、团结协作等方面的情况。五档的具体内容规定如下：

①企业主要经营者受过经营管理专业教育，管理经验丰富，企业运营并然有序；工作中团结协作，廉洁自律，爱岗敬业，奖惩严明，受到员工爱戴；有先进的经营管理理念，重大决策均经过充分的科学论证并达到预期目标，工作成绩

显著。

②企业主要经营者文化程度较高，经验比较丰富；对企业有较强的责任感，能够廉洁自律，团结协作，比较有威信；基本做到奖惩分明和有效激励；主要决策经过科学论证，无重大决策失误。

③企业主要经营者学识、能力一般；经营管理基本称职，做到团结协作，尽职尽责，关心员工；主要决策基本正确，企业运转保持正常。

④企业主要经营者内部协调不够，工作配合不默契，造成工作决策失误；自我约束不严，岗位责任感不强，奖惩不明，员工积极性不高，意见较多。

⑤企业主要经营者基本素质不高，内部不团结，管理不得力，无法维持企业正常运营；或主要经营者以权谋私，决策失误较多，员工怨声很大。

（2）产品市场占有能力（服务满意度）。主要测评企业主导产品的技术含量、性能质量、竞争优势等；或者客户对商品及服务的满意程度。五档具体内容分两部分规定如下：

①产品市场占有能力：

1）主要产品质量符合国际标准或达到国外先进水平，并通过 ISO 国际认证；主要技术指标达到同期国际先进水平，产品为消费者所普遍接受，性价比合理；营销网络健全，营销策略成功有效；大型企业产品在国内市场占有率居全国或同行业前列，或产销率达 95% 以上；产品品牌的市场知名度很高，售后服务良好，更新换代速度快。

2）主要产品质量达到国家先进标准；主要技术指标处于国内同期先进水平；性价比合适；拥有国内名牌产品，在同行业中具有较高声誉和品牌知名度，并能不断进行产品升级换代；拥有自己的营销网络，营销策略得当；大型企业在国内市场占有率居全国或同行业中上位置，或产销率达到 80% 以上，售后服务有保证。

3）主要产品质量符合国家标准，具有一定的区域知名度和竞争力；主要技术指标处于国内中等水平；产品性能一般，售价适中；营销网络处于逐步健全过程中，并能采取一定的营销策略；主要产品销售情况正常，产销率达到 90% 以上。

4）主要产品质量执行国家标准，但产品合格率在 90% 以下，技术水平处于国内较落后状态；产品更新换代慢；营销网络不健全，营销方式传统；品牌认知度较低，市场竞争力弱，产销率在 50% ~ 80%。

5）产品质量达不到国家标准，技术水平较为落后，质次价高，营销策略失当，产品积压严重，产销率在 50% 以下。

②服务满意度：

1）服务质量上乘，在最近三年曾获得国家或省级的荣誉认证；服务人员素质高，态度和蔼热诚，能及时满足顾客的不同需要；品种齐全，服务周到，定价合理，严格履行对顾客的各种承诺。

2）服务质量比较好，能够较为及时地满足顾客的各种合理需要；商品或服务的种类比较丰富，价格比较合理；在服务态度、服务方式等方面让顾客得到心理满足。

3）服务质量一般，价格基本合理，能够满足顾客的基本需要，对各项承诺兑现情况一般，偶有顾客投诉现象。

4）服务不够规范，价格不尽合理，各项承诺经常拖拉，或部分不兑现，不能满足顾客的一般心理需要，顾客投诉现象较多。

5）服务质量差、价格高，无法满足顾客的物质或心理需要。

（3）基础管理水平。主要测评企业管理模式、制度建设、激励约束机制，安全生产等方面的情况。五档的具体内容规定如下：

①企业组织结构健全、合理、精简；各项内部规章、制度先进、完备可行，并得到严格的贯彻执行，企业的会计核算、财务管理、质量管理、投融资管理、风险控制等符合国家有关法律、法规和经营要求；建立了有效的内控机制和明确的激励约束机制；重视安全生产，全年没有发生安全生产责任事故。

②企业组织结构比较健全、合理；财务、会计、质量等各项制度完备，但符合国家有关规定，执行状况较好；岗位责任比较明确，有相应的激励约束机制；全年没有发生安全生产责任事故。

③企业组织结构基本健全，拥有维系企业正常运转的一系列规章制度，但制度先进性和规范性不强，执行情况一般；企业在经营中能够遵守国家有关规定，无重大违纪行为；当年未发生安全生产责任事故。

④企业基础管理工作比较薄弱，机构臃肿，效率不高；各项规章制度不完备，且比较落后，执行不够严格；存在违章违纪行为，生产秩序较差，当年发生安全责任事故并影响正常的生产经营秩序。

⑤企业内部组织结构、规章制度等不健全，或者形同虚设，权责不明，管理混乱，人心涣散，生产经营难以正常进行；当年发生重大安全生产责任事故，严重影响正常生产经营秩序。

（4）发展创新能力。主要测评企业在新产品研制、技术创新、制度创新、服务创新等方面的情况。五档的具体内容规定如下：

①企业上下十分注重树立创新意识，从管理体制和机制上鼓励员工开拓进取和推陈出新，企业在产品和技术创新方面获得行业和消费者的一致认可，年年都有专利申请，主要产品具有自主知识产权，在所属行业中处于领先地位。

②企业主要经营者创新开拓意识较强，企业管理形成自己独特的风格，员工能够参与提出合理化建议，在技术创新与改造方面有必要的资金投入，不断推出具有市场竞争力的新产品和特色服务。

③企业创新能力一般，能够做到根据环境变化和竞争需要，调整自己的经营管理战略、产品结构和服务质量，但总体上讲，行动较为迟缓被动。

④企业经营者和员工的创新意识不够，也缺乏鼓励创新的机制，管理和技术创新水平在同类企业中较为落后，产品或服务的竞争力较弱。

⑤企业无论是在管理还是产品的开发和服务方面都无法适应市场竞争的需要，观念陈旧，缺乏应变能力和竞争能力，面临被淘汰的局面。

（5）经营发展战略。主要测评企业中长期发展规划、新项目储备、资本运作等方面的情况。

①企业制定了理性、科学的中长期发展规划，经营目标明确且具有超前性和可行性；围绕该目标有具体的筹资、投资、研发、生产、营销、重组等经营策略，有充足的项目和产品储备，确保企业高速成长与发展。

②企业具有比较理性、实际的中长期发展规划，经营目标比较明确；能够根据实际制定相应的筹资、投资、研发、生产、营销、重组等经营策略；有一定的项目和产品储备，企业能持续、稳定地发展。

③企业具有比较明确和符合实际的发展计划和目标；生产经营、投融资等各种经营策略的制定基本正确、有效，能够保证企业获得盈利和持续发展。

④企业的发展目标和方向不十分明确或不切合实际，后续发展能力不足，仅能够勉强维持生存。

⑤企业没有明确的发展计划和目标，各种生产经营策略的制定盲目、被动，企业运营完全处于无序状态。

（6）在岗员工素质。主要测评企业员工的基本文化与技能水平、组织纪律性、爱岗敬业与团队精神等情况。五档的具体内容规定如下：

①一般企业在岗员工高中以上文化程度超过90%，高科技企业中大学以上文化程度超过50%；全体员工达到岗位技能标准，每年至少参加一次有关技能培训；爱岗敬业，有强烈的主人翁精神和责任感，对企业发展充满信心，经常提出合理化建议；遵守企业的规章制度，讲究文明礼貌，生产经营秩序井然。

②一般企业在岗员工高中以上文化程度占80%，高科技企业中大学以上文化程度超过30%；员工90%以上达到岗位技能标准，每年有70%的员工接受各种形式的技能培训；爱岗敬业，有较强的责任感，关注企业的发展，并提出合理化建议；员工文明守纪状况较好。

③一般企业在岗员工高中以上文化程度超过60%，高科技企业中大学以上

文化程度超过20%；员工80%以上达到岗位技能标准，每年有50%的员工接受各种形式的技能培训；对企业发展有一定信心；员工有责任感和敬业精神，基本上能够遵守企业规章制度。

④一般企业在岗员工高中以上文化程度所占比例低于60%，高科技企业中大学以上文化程度低于20%；半数以上的员工未达到岗位技术标准，多数员工未参加过专业技能培训；员工对企业的责任感、归属感不强，纪律比较松弛，对企业发展缺乏信心，人才流失较多。

⑤在岗员工高中以上文化程度所占比例很低，员工技术水平欠佳，有一半以上达不到一般岗位技术标准，多数员工未参加过专业技能培训；缺乏责任感，纪律涣散，对企业发展没有信心，人才流失严重。

（7）技术装备更新水平（服务硬环境）。主要测评企业的技术装备情况、设备利用情况等；或者为消费者提供服务的环境、设施等硬件水平情况。五档的具体内容分两部分规定如下：

①技术装备更新水平：

1）主要设备生产技术处于同期国际先进水平，并与企业生产实际需要相适应；开工饱满，设备利用率接近100%，运转率达到95%以上；重视技术投入，有雄厚的技术装备更新和新产品开发的技术力量和资金力量，每年研究与开发投入占销售收入总额的3%以上。

2）主要设备生产技术处于国内先进水平，基本符合企业生产的实际需要；基本无闲置设备，利用率达90%以上；重视技术投入，有比较强的研究开发力量，每年研究开发投入占销售收入总额的1%以上。

3）主要设备生产技术处于国内一般水平，开工基本达到生产要求，设备利用率在80%以上，运转正常；但技术装备更新改造不足，研究开发投入比率在1%以下，临时修补情况较多。

4）主要设备和生产技术较为落后，或者具有先进技术设备，但不适合企业生产实际而闲置；开工率较低，但基本能达到60%以上。设备低效运转、磨损比较严重；技术开发与设备更新计划没有保障。

5）主要设备生产技术陈旧落后，大部分属淘汰对象，设备闲置浪费比较严重，利用率不足60%；不重视技术开发，也没有设备更新改造投入。

②服务硬环境：

1）设施齐备、先进，得到消费者一致认同；环境布局合理，装饰得当，干净卫生，方便、快捷、安全、舒适；信息化、自动化程度高，实现了网络化管理。

2）设施比较齐备、先进，消费者感到比较方便、舒适、安全；环境布局比较合理、干净、卫生，能够使人保持心情愉快；实现一定程度的信息化、自动化。

3）设施配备和先进程度一般，环境布局比较合理，满足消费者的主要需求，基本达到方便、安全的目的。

4）拥有必备的基本设施，但陈旧落后，更新不足，条件简陋。

5）服务设施不齐全，环境不尽舒适，服务条件较差。

（8）综合社会贡献。主要测评企业在履行社会责任、承担社会义务、维护商业信誉、保护环境等方面的情况。五档的具体内容规定如下：

①企业能够主动承担并履行社会责任和义务，按时足额缴纳各种税收及职工医疗和基本养老保险费，坚守商业诚信，在社会上具有良好声誉；企业通过 ISO14000 环境认证，环保技术措施完善，各项排放指标全部达到国家标准。

②企业能够较好地履行各项社会责任和义务，按时足额缴纳各项税收及职工医疗和基本养老保险费，保持商业信用，具有较好社会声誉；环保意识较强，主要排放指标全部达到国家标准。

③企业能够履行各项社会责任和义务，无长期拖欠税收及职工医疗和基本养老保险费现象，能够兑现信用承诺，有一定社会声誉；注意环境保护，主要污染排放指标基本达到国家标准。

④企业履行应尽的社会责任和义务不够，有欠缴国家税收和职工医疗及基本养老保险费现象，时常违背信用承诺，社会声誉下降；不注意环境保护，存在较大程度的环境污染。

⑤企业不能履行应尽的社会责任和义务，长期欠缴国家税收和职工医疗及基本养老保险费，商业信用较低，社会声誉不良，没有环保措施或措施无效，污染严重，被有关部门勒令停工停产或限期改造。

以上是测评指标诊断参考标准，之所以称为参考标准，是因为它只是为诊断人员进行诊断时提供的一种参考。在具体进行诊断时，可以将有关指标进行量化，比如环境保护指标中的污水处理、烟尘排放，安全生产指标中的一般事故与重大事故发生率、伤亡率等，可以按照国家有关标准予以量化。定性标准定得越细，越便于诊断，但也容易限制诊断人员的主观能动性。另外，不同行业之间也有一定差距，如员工素质状况，纺织行业、煤炭行业与高科技产业就存在不同的要求，所以在实际诊断中，还应根据行业特点能动地对待有关指标。

3. 问卷测评诊断实施过程

华丰机械制造公司健康状况测评诊断是聘请社会上有一定知名度的六位专家

组成诊断组，负责进行问卷设计、组织问卷调查和问卷统计整理。根据调查情况由诊断专家组经过评议做出诊断结果。

（1）进行问卷设计。根据本次进行全面健康状况的诊断目的、企业的特点及初步掌握的有关情况，研究拟定出30个题目的调查问卷（见本部分附件），并确定各指标权数、诊断等级及等级参数。

（2）组织问卷调查与整理。问卷调查结果是专家诊断评定的重要参考资料之一，问卷调查由诊断组人员亲自发放和收回，并做好问卷的安全和保密工作。

①抽取样本量进行调查。根据人事部门提供的员工名单，确定各部门及生产人员被调查人数。中层领导全部在调查之内。分小组将抽查人员集中在一起独立回答，要求被调查人员不交谈、不相互抄写，问卷由调查组成员统一收回。问卷内容见本部分附件。

②统计调查问卷。本次调查共发出问卷100份，收回100份。对100份问卷统一编号并标明"有效"字样。根据设计的调查结果统计表进行统计。华丰机械制造公司就30个问题，向100名员工进行调查，经统计整理列于表2-7。

表2-7　调查结果汇总表

调查项目	答案A		答案B		答案C		答案D		答案E	
	票数	%	票数	%	票数	%	票数	%	票数	%
1. 企业领导班子的管理能力怎样	60	60	20	20	12	12	8	8	0	0
2. 企业领导在用人方面的特点	50	50	20	20	20	20	10	10	0	0
3. 本企业重大投资决策是否正确	20	20	30	30	30	30	20	20	0	0
4. 本企业组织机构和岗位设置类型	40	40	20	20	26	26	14	14	0	0
5. 本企业对下属公司管理如何	20	20	30	30	30	30	20	20	0	0
6. 本企业经营信息沟通渠道如何	50	50	30	30	12	12	8	8	0	0
7. 你是否经常提出合理化建议	40	40	30	30	15	15	15	15	0	0
8. 本企业是否重视技术改造	20	20	26	26	30	30	24	24	0	0
9. 本企业财务管理制度是否严格	40	40	30	30	20	20	10	10	0	0
10. 本企业基础管理制度是否健全	50	50	30	30	15	15	5	5	0	0
11. 你认为各项管理制度贯彻如何	40	40	26	26	18	18	16	16	0	0
12. 企业现行工资奖金分配是否合理	20	20	50	50	20	20	10	10	0	0

调查项目	答案 A		答案 B		答案 C		答案 D		答案 E	
	票数	%	票数	%	票数	%	票数	%	票数	%
13. 企业现行工资制度体现原则	40	40	30	30	20	20	10	10	0	0
14. 企业在"厂务公开"方面做得如何	60	60	30	30	5	5	5	5	0	0
15. 企业产品在市场上竞争力如何	50	50	26	26	20	20	4	4	0	0
16. 企业主要产品质量如何	38	38	24	24	24	24	14	14	0	0
17. 企业的技术装备水平如何	30	30	20	20	24	24	26	26	0	0
18. 企业在质量控制上是否严格	46	46	24	24	18	18	12	12	0	0
19. 企业在市场开拓方面如何	50	50	20	20	16	16	14	14	0	0
20. 企业的售后服务如何	48	48	22	22	18	18	12	12	0	0
21. 本企业发行股票你是否购买	30	30	30	30	32	32	8	8	0	0
22. 本企业生产状况如何	50	50	30	30	12	12	8	8	0	0
23. 本企业材料设备利用与管理如何	56	56	24	24	15	15	5	5	0	0
24. 本企业是否重视安全生产	68	68	12	12	12	12	8	8	0	0
25. 本企业工作环境如何	60	60	14	14	10	10	15	15	1	1
26. 你是否知道企业发展口号	60	60	20	20	10	10	10	10	0	0
27. 本企业与社区关系如何	56	56	24	24	12	12	8	8	0	0
28. 近两年你接受过几次培训	38	38	20	20	22	22	20	20	0	0
29. 本企业在经营管理上有无短期行为	46	46	24	24	15	15	15	15	0	0
30. 你对企业的效绩方面如何评价	20	20	55	55	15	15				
合计	1296	43.2	791	26.37	548	18.27	364	12.13	1	0.03

经统计汇总，调查结果综合得分为 80.11 分（（$1296 \times 1.0 + 791 \times 0.8 + 548 \times 0.6 + 364 \times 0.4 + 1 \times 0.2$）÷3000）

③组织有关情况调查。为了对企业做出正确的诊断，需对一些特殊情况进行调查，调查内容有：

1）新技术开发。现正在研究一项新产品，目前已进行试生产，预计一年内将投入市场，企业效益将有大幅度提高。

2）环境保护。目前该公司正在环保方面聘请咨询公司进行制度建设。

3）安全生产。经调查 2007 年度未发生重大事故，广大员工较为满意。

在调查过程中，诊断人员听取了各方面意见，就企业的经营战略、财务状况、发展筹划、技术开发市场竞争及占有等内容，做了认真调查，专家们提出了许多诊断涉及的问题，企业经营者和有关人员分别做了解答。

（3）专家组做出诊断结论。诊断专家具体诊断评价计分过程如下：

①诊断评价人员，根据收集的相关资料，利用参考标准，综合分析判断确定各项指标在参考标准中所处的等级。

②根据各项诊断指标所处的等级，确定每项指标对应的等级参数。

③将每项指标的等级参数及其权数相乘，计算出每位诊断评议者对该项指标的打分。

④将每位诊断评议者对指标的打分进行加权平均，求得每项指标的最终分数。具体计算公式为：

评议指标总分 = 各单项评议指标评议分数之和

单项评议指标分数 = ∑（单项指标权数 × 每位评议人员选定的等级参数）/ 评议人员总数

其中诊断评议人员选定的等级参数是 A.1.0；B.0.8；C.0.6；D.0.4；E.0.2。

华丰机械制造公司本次诊断打分采用"背靠背"，各位专家自己独立判断，专家对诊断评议结果要签名。工作底稿要保留，以便于明确责任和监督检查。诊断评议的结果见表2-8。

表2-8 专家组诊断评议结果汇总表

企业名称：华丰机械制造公司

指标及权数 诊断专家	经营者基本素质	产品市场占有能力（服务满意度）	基础管理水平	发展创新能力	经营发展战略	在岗员工素质	技术装备与改造水平（服务硬环境）	综合社会贡献	合计
	18	16	12	14	12	10	10	8	100
①	A	B	A	B	A	C	B	C	–
②	B	A	A	B	A	B	C	C	–
③	B	A	A	B	C	B	B	C	–
④	B	B	B	B	B	B	B	B	–
⑤	C	B	B	A	B	C	B	B	–
⑥	B	A	B	B	B	B	B	C	–
单项指标分数	14.4	14.4	10.4	11.7	10.8	7.0	7.7	5.1	81.5

根据专家组诊断评议结果，该公司健康状况得分 81.5 分，属于良好状况。

三、综合评价结果

在评价过程中，运用定量指标得出了定量评价结果，运用定性评议指标得出了定性评价结果，最后运用定量指标与定性指标结合方法进行评价，得出综合评价结果，用来说明效绩评价的结论。

（一）综合评价计分方法

综合评价计分是在上述各步骤计算结果的基础上综合而成，其形成过程与结果如下：

（1）初步评价结果，是根据已核实确认后的基础数据计算 8 项基本指标的评价计分，得出初步评价结果；

（2）基本评价结果，是在初步评价的基础上运用 12 项修正指标进行评价得出评价结果；

（3）定性评价结果，是运用 8 项评议指标，由专家根据掌握资料通过评议计分，得出评议结果；

（4）综合评价结果，是将定量评价结果与定性评价结果，根据规定比率与计算方法，进行拟合后的最终得分，形成评价的最终结果。

（5）综合评价计分方法，是运用整体评价体系产生的结果，对评价对象做出的综合结论。具体做法是，根据定量评价和定性评价两部分设定的权数，以基本评价指标得分和评议指标得分，分别乘以各自的权数之后加总，得出整体评价指标体系的综合评价得分。其计算公式为：

综合评价得分 = 定量指标总分×80% + 定性指标总分×20%

华丰机械制造公司效绩评价结果是：

综合评价得分 = 定量评价得分（81.32）×80% + 定性评价指标得分（81.5）×20% = 81.36%

（二）评价结果的复核

为确保企业效绩评价工作质量，在评价工作结束时应对评价结果进行复核。复核程序是：

（1）对基础数据进行复核，评价指标的实际数值，根据有关规定做过调整的应作为复核重点。

（2）检查所用评价标准的行业和规模是否正确、指标实际值对应于评价标准值的档次和标准系数的选用是否正确。

（3）检查计分过程所用计分公式是否正确，特别是修正指标修正系数的计算是否有错误。

（4）对评议指标复核是：一要检查评议基础资料是否全面、真实；二要检查评议计分是否正确，有无错误。如果第一、二个环节存在问题，则需要重新组织评议。

在完成了以上复核程序后，可以形成最终评价结果，得出评价结论。

为了确保评价工作的质量，提高评价工作效率，财政部统计评价司制造了企业效绩评价软件系统，评价时可选用。

（三）评价结果类型及标注

为了更直观地反映企业经营效绩状况，借鉴了有关业绩评价信用评级的做法，将评价结果划分为类别和等级。

1. 评价结果的类型判定

根据企业综合绩效评价分数和企业效绩水平的分布曲线，将企业绩效评价结果分为五种类型，即优（A）、良（B）、中（C）、低（D）、差（E）。由于企业绩效评价结果一般呈正态分布，所以确定85分、70分、50分、40分四个分数段作为类型判定的界限。

优（A）：评价得分达到85以上（含85分）；

良（B）：评价得分达到70~85分（含70分）；

中（C）：评价得分达到50~70分（含50分）；

低（D）：评价得分达到40~50分（含40分）；

差（E）：评价得分在40分以下。

2. 类型级别标注

由于每一类型的分数跨度较大，按上述类型划分的办法，不能反映同一类型之间的差别。因此，在类型划分的基础之上，需将每种类型进一步细分为不同的级别，采用在类型后面加注"＋、－"号的方式来表示同类型企业的差别，这样就可以更加确切地反映出企业经营效绩的实际水平。按照《企业效绩评价操作细则（修订)》的规定，各评价类型的级别分别规定如下：

优：A＋＋、A＋、A

良：B＋、B、B－

中：C、C－

低：D

差：E

当根据评价得分判断属于"优"、"良"类型时，以本类分数段最低限为基准，每高出5分（含5分），提高一个级别，综合评价得分是70~75分（含70分）的为B－，75~80分（含75分）为B，80~85分（含80分）为B＋，85~90分（含90分）为A，90~95分（含90分）为A＋，95~100分（含95分）为A＋＋；当根据评价得分判断属于"中"类型时，60~70分（含60分）

用"C"表示，50～60分（含50分）用"C－"表示；当根据评价得分判断属于"低"、"差"类型时，再划分等级没有实际意义，因此，直接用"D"、"E"表示。

（四）评价结果的标注方法

当评价分数得出后，评价结果的综合标注采用评价类型加注级别来表示。比如，95分表示为"A＋＋（优）"，76分表示为"B（良）"，55分表示为"C－（中）"等。当然，在评价工作中，也可以根据实际情况，直接用汉字或字母表示，但在正式的评价报告中应规范标注。

第三节　效率、效益变动趋势诊断分析

一、效率、效益含义及内容

企业是一个有机经济实体，它要健康地生存与发展下去，必须具备两个条件：一是要有投入与产出，二是产出要大于投入。这一过程，称为经营过程与成果，如图2－4所示。

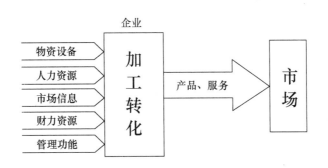

图2－4　企业投入产出转化机制

反映企业经营过程的价值量指标是资金周转率（营业收入资金占用），它说明企业在某一特定侍时期占用一定量的资金完成了一定量的任务。资金周转率越高，表明企业资金运用效率越好，说明提供的产品或服务深受市场消费者欢迎，也证明企业的机体越好，再生能力越强，也就说明企业越健康。相反，如果一个企业提供的产品或服务不能适应市场顾客要求，找不到消费者，其投入产出也不能正常运行，资金周转就要停滞，一个企业如果没有投入产出，或者只有投入没有产出或创造很少产品，这个企业就不能称为企业，它的生命也就告终了。因此，诊断一个企业是否健康，首先要看它投入产出的机能，也就是要看它的资金周转率、资金周转速度、资金运用效率，一般来讲效率越高企业健康状况就越好。

反映企业经营效益的价值量指标是资金利润率（或称总资产报酬率），即 $\dfrac{\text{产出}-\text{投入}}{\text{占用资金}}$，它说明占用一定量的资金所创造的一定量的剩余价值。资金利润率越高，表明企业资金运用效果越好，证明企业再生能力越强，也说明企业越健康，也就是说企业在经营过程中只有在其产出（收入）大于其投入（成本及费用）的前提下，企业才有一定剩余价值（利润），企业才能拿出一部分剩余价值分配给投资者，才有能力对现有技术设备进行更新改造，不断地扩大再生产，更好地满足和适应市场消费者不断更新的需求，这个企业才有生命力。一个企业如果长期不能创造剩余价值，或者产出小于其投入，即亏损，企业不仅没有能力扩大再生产，而且现有生产能力也难以维持，这样企业就难以生存下去，也更谈不上发展。

上述两者关系用公式表示如下：

资金周转率 = 营业收入 ÷ 资金占用额

资金利润率 = （产出 – 投入）÷ 资金占用额

资金利润率 = 利润 ÷ 资金占用额

资金利润率 = （营业收入 ÷ 资金占用额）×（利润 ÷ 营业收入）

资金周转是产生利润的前提，企业只有凭借周而复始的资金周转，才能不断创造出更多的利润。而利润又是资金周转的基础，企业只有创造出更多的利润，其资金才能源源不断地加以补充，其资金实力才能加强，运用效果才能不断提高。可见企业资金运用效率和运用效果（效益），集中反映了企业机体的健康状况，也是企业整体素质的集中反映。两者的内在联系见图2 – 5。

二、效率、效益诊断方法

一个企业对其拥有的控制资产（实质是资源）运用效率和效益如何，集中反映了企业整体的综合健康状况及企业的经营管理效果，因此，一要运用指标诊断分析企业的健康状况的变化发展；二要根据指标变化趋势，寻找影响企业健康发展的根源，从而找出医治措施，达成企业健康发展的目的。

（一）收集整理相关资料

根据大华化工设备制造公司提供的近五年来的经济资料，通过整理，列出表2 – 9。

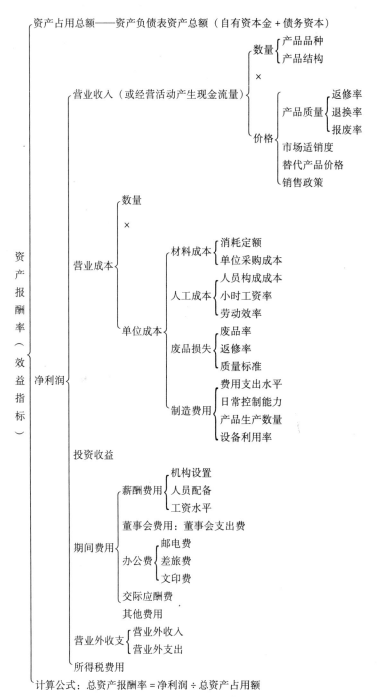

图 2-5 经营效益分析图

表2-9　经营情况表　　　　　　　　　　　　　单位：万元

项目		2008	2009	2010	2011	2012
①营业收入		5162.1	3484.5	4057.2	3781.9	3678.2
②营业总支出		4066.3	2629.9	3169.7	2774.9	2868.4
其中	③营业成本	3009.5	1954.8	2336.9	2091.4	2067.1
	④营业及管理费用	956.8	662.1	721.8	637.5	627.3
	⑤利息支出	112	105	165	94	92
	⑥非营业收支净额	+12	+92	+54	+48	-82
⑦利润总额		1095.8	854.6	887.5	1007	809.8
⑧所得税费用		383.5	307.6	319.5	382.9	275.3
⑨净利润		712.3	547	568	624.1	534.5
⑩资产平均占用		5322	4531	6055	5043	4984
其中	⑪流动资产平均占用	2555	2304	4188	2956	2924
	⑫非流动资产平均占用	2767	2227	1867	2087	2060
⑬投入产出比例①÷②		1.27	1.32	1.28	1.36	1.28
⑭收入成本率③÷①		58.3%	56.1%	57.6%	55.3%	56.2%
⑮收入费用率④÷①		18.5%	19.0%	17.8%	16.9%	17.1%
⑯资金周转率①÷⑩		0.97	0.77	0.67	0.75	0.73
⑰营业利润率⑨÷①		13.8%	15.7%	14%	16.5%	14.53%
⑱资金利润率⑨÷⑩		13.38%	12.7%	9.38%	12.37%	10.72%

（二）分析判断健康状况

判断一个人的身体是否健康，要通过测体温、量血压、照透视等一系列检测，取得数据。然后与正常值进行对比，才能做出判断。同样，评价一个企业是否健康，也需要运用一系列工具，通过计算反映企业健康状况指标数据，然后对照正常值，判断其是否健康。根据表2-9提供数据及其变化趋势，可做出如下诊断结果：

（1）从资金利润率变化趋势看，已经从低谷（2010年的9.38%）逐步回升，2012 年已上升到 10.72%，提高了 1.34 个百分点。但是如果与其他年份比仍未达到应有的水平，如同最好的 2008 年比，还低 2.66 个百分点。从企业本身来看，尚未达到最理想健康水平。这个指标还可与全国同行业企业的水平相比，分析企业处于何种水平。

（2）从营业利润率变化趋势看，处于中等水平，高于 2008 年及 2010 年，但低于 2009 年及 2011 年，说明并未达到较理想状态。而与营业利润率直接相关的收入成本率和收入费用率，两项的 2012 年水平均处于中等状态，说明还有潜力可挖。

（3）从资金周转率变化趋势看，2012 年提高到 0.73 次，比最慢的 2010 年的 0.67 次加快了 0.06 次，与其他三年相比，周转速度较慢。与资金周转率直接相关的指标有资金占用额，从总的占用情况看，处于中等状况，但值得注意的是流动资金占用额较高，资金运用效果不佳。

（4）从其他非营业收支指标变化趋势看，非营业收支净额变化异常，2012 年发生净损失 82 万元，占年实现净利润的 15.4%。因为其他年份都是收大于支，而惟有 2012 年是支大于收。需要深入分析，找出产生原因，加以改进，防止类似问题发生。

当然上述指标数值，可与同行业相关年份对比分析，看看企业究竟处于何种健康水平，以便对症治疗。

（三）寻找影响企业健康的因素

"事出有因"是事物变化的规律，企业各项指标变化的形成都有其根源，只有找出根源，才能有的放矢地提出治理方案，取得较好的效果。诊断方法可采用树形法，见图 2-6。

根据以上分析诊断看出，资金利润率（总资产报酬率）即资金利用的效率和效益，集中反映了企业机体的功能效果。通过与企业历史状况对比，与同行业水平对比，更能客观地判断企业健康状况。通过树形图能更直观寻找产生问题原因和总结成功的经验，是诊断企业的一种较好方法。但是影响企业健康发展的因素除资金运用效率及效果外，还有偿债能力这一重要因素未考虑在内，这是本方法的一大不足。

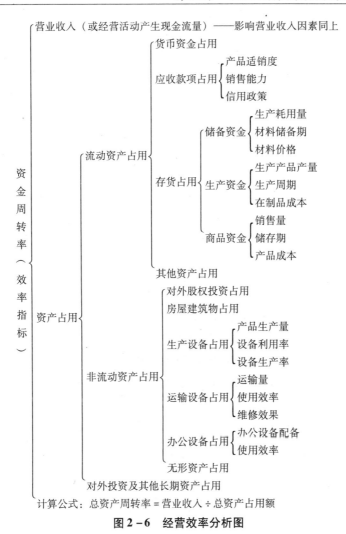

图 2－6 经营效率分析图

第四节 经营安全率诊断分析

经营安全率由盈亏平衡点安全率和资金安全率构成。

一、盈亏平衡点安全率含义及计算基础

盈亏平衡点安全率是指超过盈亏平衡点的营业收入占全部营业收入的比率，是反映企业经营安全状况的一个重要指标。盈亏平衡点安全率计算的基础是企业的盈亏平衡点。盈亏平衡点的求法有公式法和图示法两种，现举例说明。

[例2-1] 华诚股份有限公司生产销售甲机器100台，每台售价10万元，变动费用6万元，收入及各项成本费用构成如表2-10所示。

表2-10   单位：万元

项目	合计	固定费用	变动费用
营业收入	1000		
营业成本	500	10	490
营业费用	120	50	70
管理费用	100	60	40
财务费用	80	80	
利润	200		

·固定费用（F）。指在一定产销量一定时期范围内，其总发生额是固定不变的。

·变动费用（V）。指费用总额随产销量的变化而成正比例地变化。

·产品售价（S）。指产品销售价扣除应交税金后的净收入额。

·利润额（R）。指收入减去费用后的余额。

·产销数量（Q）。指产品的生产及销售数量是相同的。

1. 以公式表示三者关系

（1）以金额来表示。

$$盈亏平衡点产销额（S'）= \frac{F}{1-\dfrac{V}{S}} = \frac{200}{1-\dfrac{600}{1000}}$$

$$= \frac{200}{1-0.6} = \frac{200}{0.4} = 500（万元）$$

如果该公司计划实现利润200万元，则产销额应达到的金额为：

$$达到200万元利润产销额（S'）= \frac{F+R}{1-\dfrac{V}{S}} - = \frac{200+200}{1-\dfrac{600}{1000}}$$

$$= \frac{400}{1-0.6} = \frac{400}{0.4} = 1000（万元）$$

（2）以数量来表示。

$$盈亏平衡点产销量（Q）= \frac{F}{S-V} = \frac{200}{10-6}$$

$$= \frac{200}{4} = 50（台）$$

达到 200 万元利润产销量（Q） $= \dfrac{F + R}{S - V} = \dfrac{200 + 200}{10 - 6}$

$$= \dfrac{400}{4} = 100 \text{（台）}$$

2. 以图表示三者关系

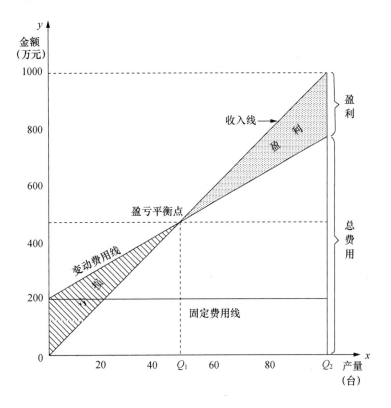

图 2 – 7　盈亏平衡点图

从图 2 – 7 可以看出，盈亏平衡的产销量为 50 台，在这一点的产销。量企业不亏不盈。当产销量低于 50 台时，就产生亏损，产销量越少，亏损额越多，但最多亏损 200 万元；当产销量高于 50 台时就产生利润，产销量越多，产生利润也越多。

二、盈亏平衡点安全率的计算

企业的生产经营活动是否安全，可通过盈亏平衡点安全率来反映。如图2 – 4 所示，盈亏平衡点产销量为 Q_i、实际产销量为 Q_2 时，显然两者之差（$Q_2 - Q_i$）越大，利润越多，经济效益越好，经营越安全。设经营安全率为 W，其计算公式如下：

$$W = \frac{Q_2 - Q_1}{Q_2}$$

盈亏平衡点安全率越高，表明经营安全状况越好；盈亏平衡点安全率越低，表明经营安全状况越差，当安全率接近 0 时，表明经营状况非常危险，稍有意外，即发生亏损。通常按表 2 – 11 中的参数，来判断企业的经营安全状况。

表 2 – 11

经营安全率	经营安全状况
30% 以上	安全
25% ~ 30%	比较安全
15% ~ 25%	不太安全
10% ~ 15%	要警惕
10% 以下	很不安全

根据以上原则，通过计算被诊断企业近几年的经营安全率的变化及其现时状况，可以判断企业健康状况，安全率越高，企业健康状况越好。如果经分析发现将要出现不安全状况时，应针对变化内容，寻找产生原因，进而提出增强安全率及提高健康水平的建议，实现诊断目标。

三、资金安全率的计算

资金安全率主要反映企业的偿债能力和资产变现能力。一个企业如果不能偿还到期的债务，它的资金就有可能被冻结，这个企业就无安全可言。资金安全率的计算公式如下：

资金安全率 = 资产变现率 – 资产负债率

其中，资产变现率 = 资产变现金额/资产账面金额

资产负债率 = 负债总额/企业资产总额

[例 2 – 2] 某企业本年销售额为 200 万元，销售成本为 170 万元，其中固定成本 70 万元，变动成本 100 万元。企业资产的账面价值为 400 万元，经估算其变现价值约为 360 万元，该企业拥有的负债为 280 万元，其余为自有资本。则其经营安全率的情况为：

损益平衡点安全率 = 100% – [70/ (1 – 100/200)] /200

$\qquad\qquad\qquad\quad$ = 100% – 70% = 30%

资金安全率 = 360/400 – 280/400 = 90% – 70% = 20%

四、经营安全状况诊断结果

根据这两个比率的不同情况，可以诊断企业经营安全的现状，并寻求企业财务状况的改善方向。一般说来，当两个安全率指标均大于零时，企业经营状况良好，可以适当采取扩张策略；当资金安全率为正，而损益平衡点安全率小于零时，表示企业财务状况良好，但盈利能力不足，应加强营销管理，增加企业利润的创造能力；当企业的损益平衡点安全率大于零，而资金安全率为负时，表明企业财务状况已露出险兆，积极创造自有资金、开源节流、改善企业的财务结构成为企业的首要任务；当企业的两个安全率指标均小于零时，则表明企业的经营已经陷入危险境地，随时有爆发财务危机的可能。

第五节　财务预警诊断分析

一、财务预警诊断分析的含义

企业因财务危机导致经营陷入困境，甚至宣告破产的例子屡见不鲜。企业产生财务危机是由企业经营者决策不当或管理不善等造成的。但任何财务危机出现都有一个逐步恶化的过程，因此，及早地发现财务危机信号，预测企业的财务失败，使经营者能够在财务危机出现的萌芽阶段采取有效措施改善企业经营管理，对预防失败有重要意义。

所谓财务预警诊断分析，就是通过对企业会计报表及相关经营资料的分析，利用及时的数据化管理方式和财务数据，将企业已面临的危险情况预先告知企业经营者和其他利益相关者，并分析企业发生财务危机的可能原因和企业财务运营体系中隐藏的问题，以提前做好防范措施的财务分析系统。诊断人员应充分利用这一方法，分析企业发生财务危机的可能，并寻找原因，提出改进措施，使企业健康发展。

二、单变模式与多变模式诊断法

（一）单变模式

单变模式是指运用单一变数、用个别财务比率来预测财务危机的模型。按照这一模式，当模型中所涉及的几个财务比率趋向恶化时，通常是企业发生财务危机的先兆。单变模式所运用的预测财务失败的比率，按其预测能力分别为：

（1）债务保障率 = 现金流量/债务总额 × 100%

（2）资产收益率 = 净收益/资产总额 × 100%

（3）资产负债率 = 负债总额/资产总额 × 100%

按照单变模式的解释，企业的现金流量、净收益和债务状况不能改变，并且表现为企业长期的状况，而非短期现象。根据这一模型，跟踪考察企业时，应对上述比率的变化趋势予以特别注意。

单变模式是威廉·比弗（William Beaver）在比较研究了 79 个失败企业和相同资产规模的成功企业提出的，他在计算了各会计报表项目的平均值之后，对流动资产项目之间的重要项目作了如下说明：

（1）失败企业有较少的现金而有较多的应收账款。

（2）当把现金和应收账款加在一起列入速动资产和流动资产之中时，失败企业与成功企业之间的不同就被掩盖住了。因为现金和应收账款不同，它们是向相反的方向起作用的。

（3）失败企业的存货一般较少。

威廉·比弗的这些结果说明在预测诊断企业的财务危机时，应给予现金、应收账款和存货三个流动资产项目以特别的注意，对现金和存货较少，而应收账款较多的企业，分析时应特别警觉。

（二）阿尔曼模型

多变模式是指运用多种（通常是五种）比率进行加权汇总产生的总判别分来预测财务危机模型。最初的 Z 计分法是由美国爱德华·阿尔曼（Altman）在20 世纪 60 年代中期创造的，用以计量企业破产的可能性。后来 Z 计分法作为一种简便的方法也被大量地用于综合经营业绩的评价。

阿尔曼模型的开发步骤是首先选定企业样本，最初的样本由 66 个企业组成，分成两组，每组各 33 个企业。第一组的破产企业是从 1946 年至 1965 年根据全美破产法第十章的规定，申请破产的制造业企业。第二组是不分行业，不分规模的任意选择的制造业企业，这些企业到 1966 年仍然还健在。分好组以后，收集了资产负债表和损益表中的有关资料，并进一步收集整理认为对评价有用的 22 个变量（比率），把这些变量按流动率、收益率、稳定性、支付能力、活动比例五项标准比率分类，再从最初的变量一览表选定预测破产最有用的五个变量，在分析有关变量间的相互依存关系、观察各变量判断预测的正确性的基础上，最后进行综合分析，建立了下列判别函数：

$Z = 0.012X_1 + 0.014X_2 + 0.033X_3 + 0.006X_4 + 0.010X_5$

其中，Z 值为判别分；

X_1 ＝营运资金/资产总额，用于衡量企业流动资产净额相对于资产总额的比例；

X_2 ＝留存收益/资产总额，用于衡量企业一段时间内的累计获利能力；

X_3 ＝息税前利润/资产总额，该比率剔除了税收和杠杆因素影响，用于衡量企业资产的增值能力；

X_4＝权益市价/债务总额账面价值，用于衡量企业在负债超过资产，企业变得无偿债能力之前，企业资产可能的跌价的程度。其中，权益由全部股份、优先股及普通股的合并市价构成，而债务则包括流动及长期债务；

X_5＝销售额/资产总额，用于衡量企业资产取得销售收入的能力。

Z 计分模型中的财务比率 X_1、X_2、X_3、X_4 和 X_5 以绝对百分率表示。比如，当"营运资金/资产总额"为 30％ 时，X_1 则表示为 30。

根据计算的结果，阿尔曼对 Z 计分模型作了如下说明：

（1）2.675 被确定为 Z 值的实际截止点，Z 值低于 2.675 的企业被认为是具有失败企业特征的企业；

（2）尽管 Z 计分模型最初只是依据制造业公司的资料提出的，但检验结果证明，它对其他类型的公司同样适用。

阿尔曼的这些结果说明，低分值的企业比高分值的企业更容易走向破产，在诊断预测企业的财务危机时，应特别警觉。

（三）陈肇荣模型

在对企业进行诊断时，应结合企业或地区特点，设计适合本企业特点的模型，例如台湾地区的陈肇荣就应用本地区企业财务资料计算得出了一个较为适合台湾地区情况的多元模型：

$$Y = 0.35X_1 + 0.67X_2 - 0.57X_3 + 0.29X_4 + 0.55X_5$$

其中，X_1＝速动资产/流动负债；

X_2＝营运资产/资产总额；

X_3＝固定资产/资本净值；

X_4＝应收账款/销货净额；

X_5＝现金流入量/现金流出量。

按照这一模型，当 Y 值低于 11.5 时，企业很有可能在未来的一年之内发生财务危机。

（四）对单变模式与多变模式的比较

（1）二者着眼点不同。单变模式分析模型中强调流动资产项目对企业财务危机的影响；而多变模式分析模型则更注重企业盈利能力对企业财务危机的影响。

（2）二者采用的预测方法不同。单变模式分析模型以单个财务比率的分析考察为基础，财务比率按其预测能力有先后顺序之分；而多变模式分析模型则以五种财务比率的分析考察为基础，为使该模型的预测能力达到最大限度，对五种财务比率均进行了加权。

（3）二者适用的范围不同。单变模式的分析模型适用于各种类型的企业；而多变模式的分析模型则只适用于上市公司，因为 Z 计分模型中的 X_4 变量要求确定股票的市价，如果没有公司股票（优先股和普通股）的市价资料，则 Z 计分模型的实际意义就不大了。

（4）二者预测的内容也有区别。单变模式分析模型所预测的财务危机包括企业的破产、拖欠偿还账款、透支银行账户、无力支付优先股股利等；而多变模式分析模型所预测的财务危机则仅指企业的破产危机，因而 Z 计分模型有时也被称为公司破产预测模型。

（五）财务预警分析诊断的局限性

目前的财务预警诊断系统，更注重对企业财务数据的统计、财务指标的筛选、检查财务模型的计算、分析，但实际上这些都还只是财务预警考察的一部分。从上述模型分析中我们不难看出，单纯使用量化的方法进行财务危机预测，存在着许多的困难。

首先，企业的自身经营发展情况不同，其财务危机发生的表现往往也有区别，而财务预警模型的统一模式却不能因企业而异。这样，那些精密设计的、以不变应万变的财务危机预警模型，有时便显得不够准确有效了。比如，一个商业企业和一个工业企业的 Z 计分相同，其营运资金比率都为负，这种情况对于工业企业来说，往往意味着即将发生财务危机，而对于商业企业来说，却不一定很危险，因为商业赊销行为是普遍存在的。

其次，企业的财务危机问题十分复杂，我们无法仅凭借一个或几个既定的数量就评价出企业财务状况的好坏和走势。过分强调资产负债率高于多少或流动比率低于多少是危险的，这些教条式的说明是有害的。因为对这些指标的简单数量分析会因出发的角度不同或相关参照因素的不同而得出大不相同的结论。相反，不过分依赖数量标准，而只将其标准作为一个相对的参照量，结果反而往往更符合实际。

再次，不同的国家、地区、行业和企业有着不同的会计惯例，每个企业的财务数据并不能保证完全一致的计算口径，其标准财务指标也不尽相同，这就限制了直接应用财务危机预警模型的企业范围。

最后，财务预警分析中定量预测的确十分必要，但是也不能过分强调定量模型的重要性。因为财务预警在本质上是保守的，有时候企业的非定量因素会比财务指标对企业财务状况的显示更可靠、灵敏和有效。实际上，企业的财务状况和经营状况只能在会计报表中间接地表现出来，而没有哪一个或哪一组财务比率能全面反映每一个企业独特的财务状况的复杂性。

第六节 调查问卷测评诊断

一、问卷测评的意义、内容及方法

问卷测评是通过非计量因素调查分析诊断企业生产经营及管理状况，是对计量指标的进一步补充。通过问卷测评的分析判断，可对计量指标诊断结果进行全面的校验、修正和完善，形成定量与定性诊断相结合的综合诊断结论。定性诊断指标属于第三层次，它具有定量指标不可替代的特点及优越性，例如企业人力资源、创新能力、产品质量与服务满意度等等，这些非定量因素对企业的经营发展及经济效益影响极大。同样一个企业，不同的经营管理者和不同的管理行为其经营结果是不同的。因此，将影响企业健康状况较大的相关的非定量指标纳入企业测评指标体系，可进一步补充和修正定量指标的不足，使评价结论更加全面、正确、真实、可靠。由于各项指标内容不同，反映企业健康状况的重要性也不同，故对不同指标赋予不同的权数，以便正确计算健康分数。

有关调查问卷设计及调查方法第二节已经论述，下面以调查问卷的形式加以论述。

通过本调查问卷问答，旨在了解企业员工对本企业经营效绩情况的基本判断，为专家科学诊断企业健康状况提供基础素材。本调查问卷由企业外部诊断人员发放和收集，由一定数量或比例的企业中层管理人员和普通员工填答（每题只准选一项答案在□内画"√"，多选无效），结果由调查人员填写，填答结果不与相关企业领导人见面，不署名。

表 2 – 12　调查问卷

测评内容	结果
（1）您认为本企业领导班子的管理能力怎样？ 很强□　　　　　比较强□　　　　　一般□　　　　　较差□ （2）您认为本企业领导班子在用人方面有什么特点？ 注重德才兼备□　用人唯亲□　　　重德不重能□　　重才不重德□ （3）您认为本企业重大投资决策是否正确？ 决策基本正确□　有一些失误□　　经常决策失误□　　不清楚□ （4）您认为本企业组织机构和岗位设置属于哪种类型？ 机构设置合理，岗位精简高效□　　　　机构设置合理，但同一岗位人员过多□ 因人设岗，机构庞大□　　　　　　　　一人多岗，职责不清□	

测评内容	结果
（5）您认为本企业对下属子公司的管理怎样？ 子公司有独立性，但母公司控制很严□ 母公司干预过多，子公司没有自主权□ 监督控制较松，近乎放任自流□ 保持一定控制，但子公司具有很强的独立性□ （6）您认为本公司经营信息沟通渠道是否畅通？ 拥有正常的沟通、传递渠道□　　　　有正常的渠道，但主动沟通较少□ 缺乏顺畅的沟通渠道□　　　　　　　不清楚□ （7）您是否经常提出合理化建议？ 经常提出合理化建议，并得到领导采纳□　　提出过合理化建议，但很少被采纳□ 有过一些想法，但没有提过□　　没有什么想法，领导安排啥就干啥□ （8）您认为本企业是否重视技术改造？ 很重视技术改造，并积极实施□　　比较重视，但因为资金限制无法实施□ 不重视技术改造，设备老化□　　不清楚□ （9）您认为本企业财务管理制度是否严格？ 很严，近乎苛刻□　　　　　　　比较严，但有一定灵活性□ 比较松，报销随意□　　　　　　不清楚□ （10）您认为本企业基础管理制度是否健全？ 制度过多过滥□　　　　　　　　制度有空缺□ 制度精简有效□　　　　　　　　相关制度不配套□ （11）您怎样评价各项基础管理制度的贯彻实施情况？ 形同虚设□　　　　　　　　　　制度面前人人平等□ 存在执行不平等情况□　　　　　不清楚□ （12）您认为本企业现行工资奖金分配制度体现了什么原则？ 与职位挂钩□　　　　　　　　　与贡献挂钩□ 综合考虑职位和贡献□　　　　　平均主义□ （13）您觉得现行工资奖金分配办法是否公正？ 很公正□　　　比较公正□　　　还算可以□　　　　很不公正□ （14）您认为本企业在"厂务公开"方面做得如何？ 很好□　　　较好□　　　　　一般□　　　　　较差□ （15）您认为本企业主要产品或服务在市场上的竞争力怎样？ 有一定的国际市场竞争力□　　　有较强的国内市场竞争力□ 竞争力一般□　　　　　　　　　没有竞争力□ （16）您认为本企业主要产品或服务质量状况如何？ 质量好，颇受顾客信赖□　　　　比较好，但存在个别投诉□ 质量一般，经常有投诉□　　　　质量下降，正在失去顾客□	

续表

测评内容	结果
（17）您认为本企业技术装备水平如何？ 处于国际先进水平□　　　　　　处于国内先进水平□ 处于国内较好水平□　　　　　　处于国内较差水平□ （18）您认为本企业在质量控制上是否有严格的制度和程序？ 控制很严□　　　　　　　　　　控制比较严□ 一般□　　　　　　　　　　　　有制度但执行不严格□ （19）您认为本企业在市场开拓方面做得怎样？ 盲目投入，收效较小□ 重视不够，投入太少□ 面对竞争压力，市场开拓意识刚刚萌发□ 已经取得了较好成效□ （20）您认为本企业的售后服务怎样？ 售后服务系统很完善□ 售后服务比较好□ 有售后服务承诺，但没有很好履行□ 没有完善的售后服务□ （21）假定本企业发行股票，您有无兴趣购买？ 尽力购买□　　　　　　　　　　少买一部分□ 绝对不买□　　　　　　　　　　除自己不买，还劝别人也不要买□ （22）您认为本企业生产情况如何？ 满负荷生产□　　　　　　　　　时有非正常停工现象□ 经常停工□　　　　　　　　　　不能正常生产□ （23）您认为本企业原材料和有关物资、设备利用与管理情况怎样？ 管理与利用充分□　　　　　　　存在一定闲置与浪费现象□ 闲置与浪费严重□　　　　　　　不清楚□ （24）您认为本企业是否注重安全生产？ 很重视，并有严格的制度□　　　比较重视，并经常检查□ 一般说说而已□　　　　　　　　不重视□ （25）您觉得本企业工作环境怎样？ 环境优良，注意保护职工身心健康□ 环境尚可，具有一定保护措施□ 环境较差，对职工身心健康有一定伤害□ 工作环境恶劣，对身心健康影响较大□ （26）您是否知道本企业发展口号？ 知道并理解□　　　　　　　　　知道但并不理解□ 知道一点□　　　　　　　　　　不知道□	

测评内容	结果
(27) 您认为本企业与社区（企业所在地）的关系怎样？ 关系协调□ 关系一般□ 时有矛盾□ 关系比较僵□ (28) 在近两年之内您接受过几次有组织的培训？ 3~4次□ 4次以上□ 1~2次□ 没有□ (29) 您认为本企业的经营管理是否存在短期行为？ 既注重眼前利益，也注重长远利益□ 相对长远利益来讲，更多地关注眼前利益□ 只关注眼前利益□ 不清楚□ (30) 假如由您给本企业去年的效绩状况进行评价（100分为满分），您会打多少分？ 90~100分□ 75~89分□ 60~74分□ 45~59分□ 45分以下□	

结果	优	良	中	差	合计	换算为百分数：

二、企业健康状况自我诊断

本问卷包括所有自我诊断的业务事项，每一项目皆分为"进步"、"普通"、"不佳"三种状况。逐项阅读后，断定何种状况最能符合企业本身的实际情形，即于该条件说明之上端加上"√"符号。并填入"诊断结果"格内，用"1"代表"进步"、"2"代表"普通"、"3"代表"不佳"。诊断务须力求客观，如故意粉饰将"√"加于说明状况较佳之处，其结果不过是"自我陶醉"，无异自欺。待45个项目皆已检讨完毕，即可迅速发现最需注意之处，即应集中力量加以改进之处，于是自我诊断工作即告完成。

表2-13   自我诊断

诊断项目		诊断标准			诊断结果
		进步	普通	不佳	
一般性事项	政策方面	1. 业务政策与目标皆经明确制定，并为全体员工所了解	1. 业务政策未明确规定，亦未为员工所了解	1. 依公司传统办理业务，并无政策	
		2. 目前与将来的经济因素在公司的全面计划中详加考虑	2. 在公司计划中偶尔考虑将来的经济因素	2. 计划工作仅于被迫时方办理	

续表

诊断项目		诊断标准			诊断结果
		进步	普通	不佳	
一般性事项	政策方面	3. 热忱参加各种工商业团体	3. 对各种工商业团体兴趣不多	3. 厌恶工商业团体	
		4. 中央与地方各种法令均甚熟悉	4. 与政府有关事项由法律顾问解决，公司主管人员并无所悉	4. 对政府有关事项并无政策，发生纠纷时再与有关机关接洽	
	职工关系方面	1. 授予一位高级主管充分的职权拟订健全的员工关系政策及代表公司处理劳务工作事项	1. 员工关系的重要性已有认识，但权责尚未明确规定	1. 员工关系不过为人事部门职掌之一	
		2. 所订员工关系方案已减少工人的变动，并培养员工的工作精神与效率	2. 员工关系方案未予筹划，唯管理有方，员工工作精神与效率不低	2. 对员工关系不甚注意，员工变动甚多	
		3. 所订员工甄选、测验、派职及训练等办法，皆具成效	3. 总务部门雇用事务人员及工务部门雇用工人各有其甄选方法	3. 员工甄选、派职及训练无统一方法，面试由各部门主管担任	
		4. 已建立健全的工作评价制度，自普通工人至高级主管的薪金皆按职位分类公平核订	4. 无工作评价制度，工资于受压力后再予增加，高级职位主要按年资而授予	4. 薪金核定，视主管个人意见而定	
		5. 订有各级员工的提奖办法，此项办法系根据公平的工作实绩测量而予规定	5. 仅对一部分员工订有提奖办法	5. 无提奖办法	
		6. 各个员工的履历与升迁皆有记录，并登记至最近日期	6. 虽有若干员工记录但不甚齐全	6. 除薪金报表外，无各员工的记录	
	财务方面	1. 按预定业务目标，估测资金的需要	1. 无资金需要额的估测，故不免发生资金不足或多余	1. 资金不足，无事先筹划	
		2. 指定专款，充分供应设备更新之用	2. 仅为配合税法所许范围而提折旧准备金，并未为设备更新做适当计划	2. 提列折旧准备金不根据资产的实际价值。为数甚微，且常移作他用	
		3. 股息政策配合健全的长期财务计划	3. 无确定的财务及股息政策	3. 财务调度完全为应付急需	

续表

诊断项目		诊断标准			诊断结果
		进步	普通	不佳	
技术开发事项	产品研究方面	1. 为开拓新市场，发展新产品，不断研究产品设备及制造方法之改进	1. 偶作研究，目标不确定	1. 不做研究。产品设计工作不够	
		2. 研究工作系在专家指导下经充分筹划并适当编组由合格人员担任	2. 研究发展工作未经良好的编组	2. 无合格的人才从事研究发展工作	
		3. 研究工作与产、销、工程等部门密切合作，借以保持产品销路，设备正常并可与他人竞争的成本	3. 虽有产品研究设计等工作，但不与其他部门配合	3. 忽视产品研究工作的需要	
生产事项	采购方面	一切材料采购皆经招标比价，规格按照规定，数量系按生产管制部门的请求，手续敏捷	采购工作办理尚佳，手续尚速，但与生产管制部门联系较差	采购工作未完全集中办理，手续迟缓，与生产管制部门联系甚差	
	生产管制方面	生产工作配合销售的需要及制造设备的能力，加以完善的计划	仅对主要的生产工作项目加以计划，材料与人工之需要由各部门主管安排	生产管制不集中办理。生产工作主要为保持工人不停工作，因此，存货不平衡及过多	
	厂房方面	设厂地点的择定会系根据对原料与人工之供应及市场的位置而决定，设备布置配合制造方法与程序。厂房与设备的保养与更新均管理良好	设厂地点未经研究。设备布置不甚配合材料流动，厂房及设备的保养与更新，管理欠佳	设厂地点迁就建厂用地，设备布置很少考虑材料流动，无设备更新计划，设备更新甚差	
	工作机器方面	工作机器经常研究，设计及试验，以求每项产品的成本降至最低限度。工作机器保养及管理良好	工作机器构造良好，但并非为减低制造成本至最低程度而设计，工作机器保养及管理尚佳	工作机器工程未与生产程序相配合而减低成本。工作机器保养管理甚差	
	产制工程方面	担任产制工程的主管对产制程序的研究，改良，简化与标准化足以胜任并能与厂务及工程部门合作以减低成本	设有单独的厂制工程部门，唯与制造部门及工作机管理部门的联系尚差	厂制方法系由各部门主管各自设法解决，改进迟缓。厂制程序的记录不全，管理较差	

续表

诊断项目		诊断标准			诊断结果
		进步	普通	不佳	
生产事项	制造方面	利用新机器，工厂布置配合材料流动，及实施提奖工资与严密的工作考核，提高工作效率，因此产品的品质高成本低	机器新式，但材料流动需改善，制造成本不低，提奖工资率欠配合，工作考核需改良	制造工作之筹划与考核皆欠佳。机器陈旧，材料流动不良，产品品质不高。无提奖工资，不重视工作考核	
	品质管制方面	品质管制工作划出单独执行。配合各种产品的有效检验方法用以协助促进生产与销售	品质管制工作不集中办理。除顾客抗议品质而办理检验外。仅于制造上有需要时方作检验	除顾客抗议品质被迫采取特别预防措施外，品质管制并不划出单独执行，而是由各部门领班担任检验	
营销事项	销售方面	1. 根据已知的顾客需要及市场研究与分析而订健全的销售方案，辅以良好的广告及推销计划予以支持	1. 根据过去销售经验而制定销售计划。市场可能发展情形不了解。广告方法不加选择	1. 销售计划不周详。对市场竞争情形了解不多	
		2. 销售预算系按产品，客户，推销员及销售区予以分类估列	2. 仅有销售总数的估计，而未按各种产品对客户及销售区分别估计	2. 无销售预算，只有估计销售总额	
		3. 考虑各种成本因素，根据标准成本而核定售价	3. 定价方式刻板，不根据确实的成本定价。高低相当受市场竞争影响	3. 根据市场竞争情形或市场可以接受的程度而定售价。成本资料通常并不用于定价	
		4. 按推销员，销售区，客户及产品分别确定其盈亏情形	4. 毛利与净利均未按推销员产品及客户予以分析	4. 无销售分析	
		5. 选用各种推销方法以期获得最大的利润	5. 推销方法不以获得最大利润为目标	5. 对推销方法不加选择	
		6. 推销员均经训练，并给予良好的指导与报酬	6. 推销员督导严密，但训练不充分	6. 推销员未经良好训练。督导亦严密。报酬不能与竞争者相比	
		7. 一切销货记录皆保持登记齐全	7. 销货记录未能保持登记齐全	7. 除订货登记等与销货发票外，别无销货记录	
	仓储方面	设仓计划系配合顾客交货的要求而拟订，并研究市场竞争状况而决定	设立仓库仅为服务已建立的较大销售中心，而非于分析市场竞争状况后再决定	仓库设于制造地点，对市场竞争情形不加考虑	

诊断项目		诊断标准			诊断结果
		进步	普通	不佳	
财务会计控制事项	标准成本方面	1. 成本制度系为反映实际成本与标准成本间之差异而设计	1. 成本会计尚属准确，但并非为迅速供应标准成本资料而设计	1. 无标准成本，分批无标准成本，分批成本不准确，也未加控制	
		2. 将与标准绩效相比发生的差异情形，经常（按日或按周）供管理人员参考改进	2. 记录与报表不能充分配合控制成本之用	2. 成本资料大部分系估计。每月盈亏计算表不准确	
		3. 取消无用的会计记录，提供管理控制所必需的报表	3. 经常办理的许多登簿与报表并非有用的管理工具	3. 所办之若干登记簿与报表皆无实际效用	
		4. 一切控制记录与成本数字皆与标准成本相联结	4. 一切记录与控制无关，因此甚少助益	4. 缺乏为控制成本所需的生产记录	
		5. 根据标准成本的提供核定售价所需估计资料，绝不臆测	5. 估计的数字未与实际成本相比较	5. 根据过去实际而决定估计的数字	
		6. 销售措施与产品售价在各工作阶层中对公司盈亏产生的影响，随时皆可明了	6. 不知各种产品及各批所定售价对公司盈亏的影响	6. 每月估计盈亏，每年按存货查核调整。不知各种产品的盈亏	
		7. 销量增加对成本与利润的影响甚易确定，收支平衡点也能确定	7. 销量增加对成本与利润的影响不易确定，收支平衡点不能确定并轻视其功用	7. 通常为使工厂操作不停而决定增加销量，不知对成本与利润产生的影响，也不知收支平衡点	
	预算控制方面	1. 各工作阶层的各种费用皆按公正核定的弹性绩效标准加以预算与控制	1. 预算编列过于刻板，费用对销货额的比率系据过去的实际而定，不按预计的弹性绩效标准	1. 预算及绩效预测皆未办理	
		2. 销售预算系根据市场分析，按产品、推销员、客户、销货区等项编制	2. 销售预算系根据过去实际按产品、推销员、客户、销货区等项编制	2. 无销售预算，无推销员应推销额的规定，也无推销计划	
		3. 了解并控制各种售价，调整对盈余预算额的影响	3. 并未为使售价配合预定盈余而集中控制售价	3. 未制定售价政策，销售较多的产品售价也未考虑成本估计。削价竞销对利润的减损也未测估	

续表

诊断项目		诊断标准			诊断结果
		进步	普通	不佳	
财务会计控制事项	预算控制方面	4. 每日每周或每月将各部门的业绩提出报告，指出与标准绩效或预算绩效比较的差异	4. 于定期提出的各部门会计报告中显示：①本期与过去的比较；②未规定标准绩效，故无法与应有的绩效比较，也无从分析发生差异的原因	4. 无预算，也无长期的计划。所制定的政策并非根据完整的资料及透彻的分析，因此动摇不定	
	会计方面	1. 会计程序，记录与报表皆以最节省而又能产生必需的资料为目标而设计	1. 会计程序有若干书面规定，会计记录与报表内容广泛及准确，并系按时办理	1. 会计记录与报表依簿记观点尚属准确，但欠完整且方法较旧	
		2. 会计资料准时供应，其方式也最能适合经营管理之用	2. 会计资料如与"以各种标准从事控制"的最新观念衡量，尚欠完备	2. 会计尚未被深切认识为一种经营管理的工具	
		3. 新式会计设备被有效利用于编制各项资料与报表	3. 会计电算化也予利用，但使用方法较旧	3. 会计设备陈旧，又不经济	
总计		进步：	普通：	不佳：	
评语					

三、企业整合性调查测评健康状况

（一）整合性问卷测评

组织整合性测评问卷是通过向企业的全体员工对企业经营管理的 12 个方面 60 项工作内容的重要性和绩效性进行问卷调查，由电脑系统生成一份报告，作为改进和加强经营管理参考。

以下是问卷的全部内容，其中 1~7 代表其等级，具体内容如表 2-14 所示。

表 2-14

评价等级	1	2	3	4	5	6	7
绩效性	很不好	不够好	不太好	一般	可以	比较好	很好
重要性	很不重要	不重要	不太重要	一般	有点重要	比较重要	很重要

在下列各项经营管理的工作内容中，请被调查者分别选出你认为企业目前做到的程度（绩效性）和其重要程度（重要性）的两个等级数值。然后将问卷收

集上来采用加权平均法进行统计分类并填入表内计算出两者差距。根据统计结果，按各项目的数值即重要性数值与绩效数值及其差距，再填入"四象限"，从而可以清楚地看出对每个内容应该拟定什么样的对策，明确努力的目标，同时也明确了在已做的可以的方面，不再用过多的精力去改善。举例说明如下：

假定对A公司60名员工进行问卷测评，每位一份发给员工进行填写。测评表如表2-15所示：

表2-15 绩效性与重要性测评表

绩效性程度	调查内容	重要性程度
	一、市场导向	
1 2 3 4 5 6 7	1. 经常进行市场调查，了解市场需求，开发新的商机	1 2 3 4 5 6 7
1 2 3 4 5 6 7	2. 在推出新产品前，征求有关人士和顾客的意见	1 2 3 4 5 6 7
1 2 3 4 5 6 7	3. 定期检查产品或服务质量，改进方法，满足顾客不断变化的需求	1 2 3 4 5 6 7
1 2 3 4 5 6 7	4. 重视广告策划，对广告及其他促销手段的投入/产出比进行评估	1 2 3 4 5 6 7
1 2 3 4 5 6 7	5. 了解自身产品或服务的市场占有率，也知道主要竞争对手的占有率	1 2 3 4 5 6 7
	二、企业宗旨和战略	
1 2 3 4 5 6 7	6. 员工对企业的发展过程有足够了解，对企业的未来充满信心	1 2 3 4 5 6 7
1 2 3 4 5 6 7	7. 管理层清楚地告诉员工企业的发展目标、经营宗旨	1 2 3 4 5 6 7
1 2 3 4 5 6 7	8. 制定明确的中长期发展战略和实施步骤	1 2 3 4 5 6 7
1 2 3 4 5 6 7	9. 适应企业规模不断扩大和行业的变化进行组织结构的更新	1 2 3 4 5 6 7
1 2 3 4 5 6 7	10. 企业上下统一认识，都能清楚地回答，我们现在在哪里、要往哪里、怎么去	1 2 3 4 5 6 7
	三、企业文化	
1 2 3 4 5 6 7	11. 有一个简洁明亮、振奋人心、体现企业文化特色的口号	1 2 3 4 5 6 7
1 2 3 4 5 6 7	12. 建立一套CI系列，包括视觉设计、经营理念和员工行为规范	1 2 3 4 5 6 7
1 2 3 4 5 6 7	13. 各部门合作良好，不同级别的人都能平等、开放地沟通	1 2 3 4 5 6 7
1 2 3 4 5 6 7	14. 各部门团队精神好，互相鼓励，士气高涨	1 2 3 4 5 6 7
1 2 3 4 5 6 7	15. 员工在这家企业有自豪感，预见自己在此能有所发展	1 2 3 4 5 6 7
	四、领导实践	
1 2 3 4 5 6 7	16. 企业管理层受过良好的专业训练，经验丰富，有决策组织领导才能	1 2 3 4 5 6 7
1 2 3 4 5 6 7	17. 管理层之间求同存异，相互支持配合，发挥每个经理人的作用	1 2 3 4 5 6 7
1 2 3 4 5 6 7	18. 高层管理对部门主管合理授权，并善于听取员工意见	1 2 3 4 5 6 7

续表

绩效性程度	调查内容	重要性程度
	五、流程和组织效率	
1 2 3 4 5 6 7	19. 管理层能在工作、生活等方面关心员工，并培养年轻干部	1 2 3 4 5 6 7
1 2 3 4 5 6 7	20. 管理层富有远见和个性魄力，有足够的感召力	1 2 3 4 5 6 7
1 2 3 4 5 6 7	21. 部门的业务流程有助于解决问题，满足顾客和员工的要求	1 2 3 4 5 6 7
1 2 3 4 5 6 7	22. 部门间协调程序明确简洁，各部门各司其职，也能相互配合	1 2 3 4 5 6 7
1 2 3 4 5 6 7	23. 员工有足够的经验和资历，达到各个职位的要求，分工明确	1 2 3 4 5 6 7
1 2 3 4 5 6 7	24. 企业开始实行电脑化管理，通过联网达到资讯共享，管理透明化	1 2 3 4 5 6 7
1 2 3 4 5 6 7	25. 企业的组织结构日趋扁平化，减少中间层，降低管理成本	1 2 3 4 5 6 7
	六、人力资源	
1 2 3 4 5 6 7	26. 员工得到公平合理对待，根据能力和业绩，有充分发展空间	1 2 3 4 5 6 7
1 2 3 4 5 6 7	27. 与同行业企业相比，该企业有较好的薪酬和福利	1 2 3 4 5 6 7
1 2 3 4 5 6 7	28. 有一套系统的考评、奖惩制度并严格执行	1 2 3 4 5 6 7
1 2 3 4 5 6 7	29. 有明确的人力资源规划，人员招聘和培训计划	1 2 3 4 5 6 7
1 2 3 4 5 6 7	30. 员工流失率低，工作连续性好，企业凝聚力强	1 2 3 4 5 6 7
	七、生产管理	
1 2 3 4 5 6 7	31. 企业推行 MRPⅡ，有科学的生产计划、采购管理、物料控制等程序	1 2 3 4 5 6 7
1 2 3 4 5 6 7	32. 推行全面质量管理，通过 ISO9000 认证，把产品推向国际市场	1 2 3 4 5 6 7
1 2 3 4 5 6 7	33. 企业的生产工艺不断改进，生产人员素质提高，产能增加	1 2 3 4 5 6 7
1 2 3 4 5 6 7	34. 有稳定的供应商和加工合作伙伴的网络，努力降低生产成本	1 2 3 4 5 6 7
1 2 3 4 5 6 7	35. 企业的生产产出与销售计划相匹配，存货周转率高	1 2 3 4 5 6 7
	八、技术和开发	
1 2 3 4 5 6 7	36. 企业对本行业及相关行业的技术变化密切关注和跟踪	1 2 3 4 5 6 7
1 2 3 4 5 6 7	37. 企业开发自有技术和产品，不断升级换代，改进工艺，降低成本	1 2 3 4 5 6 7
1 2 3 4 5 6 7	38. 技术研究和项目开发得到公司高度重视和充足资金的支持	1 2 3 4 5 6 7
1 2 3 4 5 6 7	39. 建立科学的产品研制项目开发的管理体系，并使之符合企业的战略目标	1 2 3 4 5 6 7
1 2 3 4 5 6 7	40. 企业重视工业产权，对专利或专有技术的应用及管理符合法规	1 2 3 4 5 6 7
	九、销售管理	
1 2 3 4 5 6 7	41. 有一批训练有素的销售员队伍，有行之有效的激励分配制度支撑他们的销售业绩	1 2 3 4 5 6 7

绩效性程度	调查内容	重要性程度
1 2 3 4 5 6 7	42. 销售贷款及时回笼，对拖欠款严格跟踪监控	1 2 3 4 5 6 7
1 2 3 4 5 6 7	43. 有灵活的价格政策配之以各种促销手段，价格有竞争力	1 2 3 4 5 6 7
1 2 3 4 5 6 7	44. 企业在销售额上升的同时也能控制销售费用	1 2 3 4 5 6 7
1 2 3 4 5 6 7	45. 建立了遍布各地的分销商、代理商网络	1 2 3 4 5 6 7
	十、顾客服务	
1 2 3 4 5 6 7	46. 企业有一套全面的顾客服务计划，及时处理顾客投诉	1 2 3 4 5 6 7
1 2 3 4 5 6 7	47. 产品和服务在许多方面比竞争对手优越	1 2 3 4 5 6 7
1 2 3 4 5 6 7	48. 与顾客保持密切接触，有一批忠诚的顾客	1 2 3 4 5 6 7
1 2 3 4 5 6 7	49. 履行广告和各促销活动中所做出的承诺，有良好的品牌形象	1 2 3 4 5 6 7
1 2 3 4 5 6 7	50. 建立了一套系统的客户档案，跟踪客户的消费趋向	1 2 3 4 5 6 7
	十一、评估和控制	
1 2 3 4 5 6 7	51. 企业有一个通畅的渠道，收集顾客、员工及公众的意见和建议	1 2 3 4 5 6 7
1 2 3 4 5 6 7	52. 管理层强调工作的计划性，定期评估每一部门的工作绩效	1 2 3 4 5 6 7
1 2 3 4 5 6 7	53. 财务部门及时提供报表数据，管理层定期检讨财务指标变化的情况及其原因	1 2 3 4 5 6 7
1 2 3 4 5 6 7	54. 以同行中最好的企业为标准，学习引进最先进的管理方法	1 2 3 4 5 6 7
1 2 3 4 5 6 7	55. 有严格的行政管理和财务监控的规章制度	1 2 3 4 5 6 7
	十二、公共关系	
1 2 3 4 5 6 7	56. 企业资信状况良好，同各银行、税务等其他金融部门关系密切	1 2 3 4 5 6 7
1 2 3 4 5 6 7	57. 企业与政府及相关管理部门关系良好，不少项目享受优惠政策	1 2 3 4 5 6 7
1 2 3 4 5 6 7	58. 按规定向各股东披露财务数据和经营状况，确保股东利益	1 2 3 4 5 6 7
1 2 3 4 5 6 7	59. 赞助公益事业和社会活动，树立良好的企业公众形象，受到媒体关注	1 2 3 4 5 6 7
1 2 3 4 5 6 7	60. 与国内外不少企业建立了交流合作关系，在国际商业有一定的知名度	1 2 3 4 5 6 7

请提供以下资料以便进行分类测评：

1. 您属于何种职位：①员工　②主管　③经理　④高层管理

2. 您属于哪部门：①生产制造　②技术项目开发　③财务审计　④人事培训　⑤销售、顾客服务　⑥营销策划　⑦综合管理　⑧行政后勤

3. 您的年龄：①25 岁以下　②25～35 岁　③35～50 岁　④50 岁以上

4. 您在该企业工作的年限：①不到 1 年　②1～3 年　③3～5 年　④5 年以上

5. 您对该企业的经营管理和发展有什么建议和看法？请写出：

（1）测评问卷的统计分析法。根据职工填报 60 份问卷，采用加权平均法计算每个项目的绩效性等级数值、重要性等级数值及其差距，填入表 2－16 内。

表 2－15 内各项目数值计算方法是：如对"1 经常进行市场调查、了解市场需求，开发新的商机"项目，经 60 份问卷统计，绩效性等级总值为 274，加权平均为 4.57；重要性等级总值为 380，加权平均为 6.33，绩效性等级值与重要性等级值之差为 1.76，相当于 2.5%，说明差距较大。

表 2－16　问卷统计分析表

项目的具体内容	绩效性等级①	重要性等级②	差距③＝②－①
1. 经常进行市场调查，了解市场需求，开发新的商机	4.57	6.33	1.76
2. 在推出新产品前，征求有关人士和顾客的意见	5.03	4.81	－0.22
3. 定期检讨产品或服务质量，改进方法，满足顾客不断变化的需要	4.11	6.60	2.49
4. 重视广告策划、对广告及其他促销手段的投入/产出比进行评估	4.82	6.86	2.04
5. 了解自身产品或服务的市场占有率，也知道主要竞争对手的占有率。	4.32	5.80	1.48
平均值	4.57	6.08	1.51

市场导向方面其有五项工作内容，对其余四项内容，也用同样方法计算出有关数值及两者差距，如"3，4"两项的工作绩效性等级比重要性等级分别差 2.49、2.04，说明该两方面工作急需加以改进，以适应竞争需要。

根据 60 份问卷测评统计结果，市场导向方面的重要性等级评为 6.08，绩效性等级评为 4.57，差距为 1.51，说明市场导向的重要性等级在 6 级以上系比较重要级，但效绩性等级只评定为 4.57，为一般水平，两者相差 1.51。说明其绩效性不能适应其重要性的要求，工作做得不好。

根据市场导向测评问卷的统计方法，对其余 11 个方面的数值，统计结果如表 2－17。

表 2 – 17   测评问卷统计分析

测评内容	绩效性等①级	重要性等②级	差距③ = ② – ①	所处象限
1. 市场导向	4.57	6.08	1.51	Ⅳ
2. 企业宗旨和战略	4.79	6.0	1.21	Ⅳ
3. 企业文化	4.68	5.7	1.02	Ⅳ
4. 领导实践	5.40	6.2	0.80	Ⅰ
5. 流程和组织效率	4.50	4.9	0.4	Ⅱ
6. 人力资源	4.60	6.4	1.80	Ⅳ
7. 生产管理	2.99	4.52	1.53	Ⅲ
8. 技术和开发	5.6	5.2	– 0.4	Ⅰ
9. 销售管理	5.1	5.8	0.7	Ⅰ
10. 顾客服务	4.2	5.1	0.9	Ⅰ
11. 评估和控制	4.9	5.7	0.8	Ⅰ
12. 公共关系	4.2	4.7	0.5	Ⅱ
平均值	4.63	5.53	0.81	

从以上统计表中看出绩效性等级与重要性等级的差距，在平均值0.81数值以上的有1，2，3，7四个方面，而其他方面差距较小。说明这四个方面的工作亟须改进与加强。

（2）直方图分析法。根据以上统计数值做出直方图，见图2 – 8。通过直方图可以看出12个方面各自在企业经营管理中的重要性，同时也看出每项绩效性与重要性的差距，差距越大，说明该部分工作越急需改进与加强。

（3）四象限分析法。为了明确改进与加强管理重定，可根据问卷统计数值及其差距，编制"四象限图"加以分析。四象限图（见图2 – 9）填制说明如下：

①根据测评问卷统计分析表的统计数值，依据其重要性程度确定该项的位置。

②根据测评问卷统计分析表计算出差距，依据其差距程度确定其位置。

③两线交叉点即为该项的所在象限。如市场导向其重要性程度为6.08，与绩效性程度之差的1.51交叉点①处在Ⅳ象限；再有人力资源项，其重要性程度为6.4，与绩效性程度之差为1.8，两者交叉点⑥处在Ⅳ象限；如销售管理其重要性为5.8，而与绩效性之差0.7。两者交叉点⑨处在Ⅰ象限。

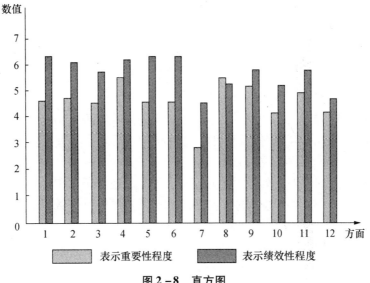

图 2-8　直方图

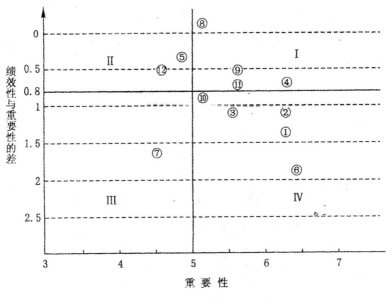

图 2-9　四象限图

现将 12 个方面各自的位置列入象限内：④、⑧、⑨、⑩处在 I；⑤、⑫处在 Ⅱ；⑦处在Ⅲ；①、②、③、⑥、⑩处在Ⅳ。根据以上四种类型可做出如下结论：

①必须改进的方面。根据测算结果，凡如 12 个方面的绩效性和重要性的差距的平均值为 0.81。那么凡是绩效性与重要性差距值大于 0.81 的那些方面，是不符合预期目标的方面，而这些方面的重要性又高于 5，这些方面就必须加以改进，如Ⅳ①②③⑥⑩。因为这些方面既重要，而绩效做得又不够理想，是今后改进与加强的努力方向及重点，否则就影响企业健康。

②值得关注的方面。如绩效性与重要性的差距值大于 0.81，而重要性又低于 5，说明这些方面的内容虽然重要性不是很高，但绩效性与重要性之间有一定差距，是今后工作中值得关注的方面。

③令人满意的方面。如绩效性和重要性的差距值小于 0.81。甚至更低，但重要性又高于 5，说明这些方面的内容对公司来说很重要，但做得又不错，可以继续维持。

④可以巩固的方面。如绩效性与重要性的差距值小于 0.81，而重要性又低于 5，说明这些方面的重要性不高，而做的工作绩效表现也符合预期目标，应该加以巩固，防止走下坡路。

以上是对 12 个方面工作的测评分析。根据以上原理，60 项内容也可采用此法分析，从而找出不足，明确努力方向。

（二）不同岗位、不同年龄问卷测评

一般来讲，不同岗位、不同年龄的人对企业 12 个方面的重要性程度和绩效性程度的看法，往往是不相同的，主管层与普通工人的看法是会有差距的，因此可以利用上述方法及内容，进行分层次的测评。如按工作岗位可分为普通员工层、主管层、经理层、高层管理者；按员工年龄可分为 25 岁以下员工、25～35 岁员工、35～50 岁员工、50 岁以上员工；按部门可分为生产部、财务部、技术部、人力资源部、营销部、售后服务部、行政后勤部、综合管理部；按工作年限可分为工作不到 1 年的员工、工作 1～3 年的员工、工作 3～5 年的员工、工作 5 年以上的员工。

通过不同类别的测评，能够更清楚地看到企业亟待改进和加强的工作方面。

四、企业主持人经营能力测评诊断

许多人往往在未充分了解各有关事项之前即经营企业。他们有时很幸运地成功了，但失败的时候居多，因为他们未考虑企业成功的各项要素。

本诊断表旨在协助各企业主持人判定其是否适于经营企业或是否已经考虑到经营企业的各个阶段。审慎的思考可协助各位防止错误并避免以后的损失。请从此表开始，考虑每一个与你的状况有关的问题。对每一个问题须诚实回答后再行放过，在略去某一个问题前，必须确定这个问题与你的特殊情况无关。

表2-18　企业主持人经营能力测评

测评具体内容	测评结果		
	是	否	不表态
（一）你是否适于经营企业？			
1. 你曾否评估个人在领导、组织能力、毅力与体能方面的特点？			
2. 你的朋友曾否就上述项目对你加以考评？			
3. 你曾否考虑找一个伙伴，以他之长补你之短？			
（二）你成功的机会有多少？			
4. 你是否有经营企业的实际经验？			
5. 你是否具有铅管工、电工、机械技工或无线电修理、计算机所需要的特别技术？			
6. 你在为他人工作时，曾否获得若干管理基本经验？			
7. 你曾否分析最近的商业趋势（利或不利）？			
8. 你曾否分析你将来所在城市以及其附近地区的商业情况？			
9. 你曾否对你所计划的企业作情况分析？			
10. 你曾否决定你所策划企业的规模（每年销售金额）？			
11. 你曾否就开办企业所需要的资金列举各种详细数字？			
12. 你曾否估计企业的收支相抵需要等多久？			
13. 你曾否计划你应得的净利额？			
14. 投资资金所获得的净利润分配，其盈余的比率是否较在其他投资机会方面所获的利润更为有利？			
（三）你经营的企业需要多少资本？			
15. 你曾否估算在最初六个月内，你自销售或服务方面能得到多少合理的收入？一年之内多少？两年之内多少？			
16. 你是否知道这些营业量可有多少净利润？			
17. 你曾否对费用（包括你自己的正常薪金）作过保守的预测？			
18. 你曾否将这项收入与为他人工作的所得相比较？			
19. 你是否愿意在今后一年或二年内，对收入的不定或不规则性予以冒险一试？			
20. 你曾否计算实际需投资多少现金于企业？			
21. 你是否有可以出售或抵押借款的其他财产？			
22. 你是否有其他可以借贷的地方？			
23. 你曾否与银行商谈过借款？			
24. 银行是否愿对你的计划予以有利的考虑？			
25. 你是否有可应急需的储蓄？			
26. 你由各方面筹集的资金是否已与你预计需要的资金相符？			
（四）你是否与他人合伙经营？			
27. 你是否在技术或管理方面欠熟练，如有一个或数个伙伴，此问题即可迎刃而解？			
28. 你是否需要一个或数个伙伴给予财务上的协助？			

测评具体内容	测评结果		
	是	否	不表态
29. 你曾否考察过各种形式或组织（独资经营、合伙经营、公司）的特点，以明了哪一种对你的情况最有利？			
（五）你的企业应设在何处？			
30. 你是否知道需要多少空间？			
31. 你是否知道需要何种建筑？			
32. 你是否知道在灯光、暖气、通气、空调以及停车设施方面有何特殊要求？			
33. 你曾否将需要空间予以放置的工具与器材列出？			
34. 如果预定的地点几乎完全与你的要求不合时，是否有充分的理由可使你不再等待并继续寻找较为理想的地址？			
35. 你曾否查核你所在市、区的人口数字？			
（六）你应否购置一个现成的企业？			
36. 你曾否考虑购置现成企业的利弊？			
37. 你曾否将设备与充实一个企业所需的费用与你正在考虑中的企业的售价加以比较？			
38. 你是否获知目前的主人因何出售企业？			
39. 你曾否依据会计师对数字所提出的分析报告审查业主对企业所提出的各项要求？			
40. 你曾否查问过公司的供应商对取得企业价值的意见？			
41. 供应商是否认为本企业很有前途？			
42. 所存商品是否为有问题的次等货？（是否在处理大部分的商品时会遭受损失？其中有无过期的、无法销售的或不合用的商品？）			
43. 现有设施是否陈旧或状况欠佳，且有估价过高之情况？			
44. 你是否确定可以收回的账目能抵补所要支付的债务？			
45. 目前公司的善意是否值得重视？			
46. 你现在是否准备承担其债务？债主是否同意？			
47. 你的律师对本企业的产权是否清楚，有无人对其财产握有扣押权？			
48. 是否有欠税未付？			
49. 有利于销售量增加的情形是否不会继续存在？			
（七）你是否适于督导买卖事宜？			
50. 你能否估计你的进货总需求？			
51. 你是否知道你的产品或服务须达成何种品质才能为使用者所购用？			
52. 你是否知道使用者购用你的产品或服务的频率？			
53. 你是否对售货情形加以分析，以确定所要遵循的路线？			
54. 你曾否决定你的货品需要具备哪些特点？			
55. 你曾否建立分类存标准以作为进货的依据？			
56. 你曾否调查经过长时间大量进货一次或经常少量进货，哪种方式比较合算？			
57. 你曾否就资金与空间的限制，权衡大量订货的价格差？			
58. 你曾否决定直接自厂家购进何种商品？			

续表

测评具体内容	测评结果		
	是	否	不表态
59. 你是否将要向少数几家供应商购货，以对此等商家更为有利？			
60. 你曾否拟定管制计划，以确保进货的品质无误？			
（八）怎样制定你的产品与服务的价格？			
61. 你曾否决定包括成本与利润的产品售价？			
62. 这些价格与同行的价格比较后是否有利？			
（九）你将采用哪些售货方法？			
63. 你曾否研究同行用以提高销售量的方法？			
64. 你曾否制定你自己用以提高销售量的预算？			
65. 你曾否研究顾客因何买你的产品（服务、价格、品质、新颖式样、其他）？			
66. 你是否将产品外销？			
67. 你是否将在报刊上登广告？			
68. 你是否利用直接通信方式作广告？			
69. 你是否将张贴广告或作用传单？			
70. 你是否将以广播或电视作广告？			
（十）你将怎样管理人事？			
71. 你能否在当地雇到令你满意的人员以弥你在技术方面的不足？			
72. 你是否知道你的企业需要哪些技巧？			
73. 你曾否调查现行的工资标准？			
74. 关于工资的给付，你是否有明确的观念？			
75. 你曾否考虑雇用若干现为同行所雇用的人员？			
76. 你曾否调查这样做的利弊所在？			
77. 你曾否拟定训练员工计划？			
（十一）你将保持哪些记录？			
78. 你是否已经建立适当的会计记账制度？			
79. 你曾否拟定商品管制办法？			
80. 你是否已获得标准作业的比例数，作为你自己企业的参考？			
81. 你曾否根据需要建立其他记录？			
82. 你是否有审查成本的办法？			
83. 你是否需要特别的表格？			
84. 你是否已制定继续保持记录的适当办法？			
（十二）哪些法律对你有影响？			
85. 你曾否调查经营企业需要哪些执照？			
86. 你曾否查看保险规定？			
87. 你的业务是否涉及商业法规？			
88. 你曾否请你的律师提供如何完成法律责任的意见？			
（十三）你将遇到哪些其他问题？			
89. 你曾否建立制度以处理你的税务需求？			

测评具体内容	测评结果		
	是	否	不表态
90. 你曾否安排适当的保险？			
91. 你曾否制定一项建立管理小组的办法？			
92. 你的家人（如有时）是否认为你应该从事此项冒险？			
93. 你是否有足够的资金继续使可以信赖的顾客记账欠款？			
94. 你是否将采取赊欠销售方式？			
95. 你曾否制定明确的处理退货政策？			
96. 你曾否考虑必须建立的其他管理政策？			
97. 你曾否计划如何编组及分配工作？			
98. 你曾否为自己制定工作计划？			
（十四）你是否能跟上时代发展？			
99. 你是否具有使企业与新发展相配合的计划？			
100. 你是否有一个有资格的顾问小组，他们能协助你解决新的问题？			
自测结果	优点： 1 2 3 不足： 1 2 3		

第七节　管理功能诊断分析

管理也是生产力，管理的优劣将直接影响企业的健康状况，因此必须诊断企业的管理功能，以判断其是否健康运行。

一、通过经营策略诊断企业的健康状况

经营策略是组织有意安排的一套行动方案。策略是一种规划，要解决的是怎么干的问题。策略实施包括两个环节，一是由组织执行，二是发展具体政策以执行策略。

选择了一个好的策略，并不意味着企业必然成功；制定了详尽的政策、程序和方案，也未必使策略的执行畅行无阻。企业要想使策略执行的结果达成预期的目标水平，就必须在策略实施过程中不断加以检查、诊断与分析，从而发现"短板"与"瓶颈"，并采取措施加以解决，策略才能得以实现。现将检查与诊断的内容列示如下供参考：

调查分析内容	答案		说明
	是	否	
（一）企业现状分析诊断			
1. 企业在"投资报酬率"（ROI）、"整体市场占有率"、"获利趋势"、"每股盈余"（FPS）等项目上的表现如何？			
2. 企业目前的"使命"（Mission）、"目标"（Objectives）、"策略"（Strategies）、"政策"（Policies）为何？			
①它们是明示于众，或仅暗藏于绩效中？			
②使命：该企业从事何种事业？为什么？			
③目标：总体目标、事业目标及功能目标各为何？它们彼此一致吗？和使命及内外环境是否吻合？			
④策略：企业遵循何种策略或何种策略组合？它们彼此一致吗？和使命、目标及内外环境是否吻合？			
⑤政策：有哪些政策？这些政策彼此一致吗？和使命、目标、策略及内外环境是否吻合？			
（二）对企业策略管理者分析诊断			
1. 董事会			
①成员由哪些人组成？来自内部或外部？			
②他们拥有股权的高低如何？			
③股票多为私人持有，抑或公开交易？			
④董事们的知识、技能、背景、社会关系等对该企业的贡献如何？			
⑤他们担任董事的资历多长？			
⑥他们在策略管理上投入的程度如何？是仅仅对高层管理者的提议盖章通过，抑或实际参与并建议未来方向？			
2. 高阶管理			
①哪些人或哪些群体组成企业高阶管理层？是否符合章程要求？			
②高层管理者的知识、技能、背景及作风等方面有哪些特性？是否适应需要？			
③过去数年来，高阶管理者是否一直为企业的绩效负责？			
④在策略管理方面，是否已建立了系统化的方式来制定、实施、评估与控制？			
⑤高阶管理者在策略管理程序中投入的程度如何？			
⑥高阶管理与低管理阶层间互动的关系如何？			
⑦高阶管理与董事会间互动的关系如何？			
⑧高阶管理是否具备充分的技能以应付未来可能的挑战？			
（三）企业外部环境（机会与威胁）分析诊断			
1. 社会环境			
①有哪些一般环境因素（例如：社会文化、经济、政治、法律、科技等）影响企业？			
②目前这些因素中哪些最重要？再往后几年呢？			

调查分析内容	答案		说明
	是	否	
2. 任务（Task）环境 ①在直接的环境（例如：顾客、竞争者、供应商、债权人、工会、政府、同业公会、利益团体、社区、股东等）中，有哪些影响企业的主要因素？ ②目前这些因素中哪些最重要？往后几年呢？ （四）企业内部环境（优势与弱点）分析诊断 1. 企业结构 ①企业目前的结构如何？ ●决策权是集中于一小群体，或是分散至许多群体或单位？ ●目前的组织是以功能、专案、地区、产品等为基础，或是某种混合形态？ ②目前结构能让企业内每一位员工皆清楚了解吗？ ③目前的结构与公司的目标、策略、政策、方案等吻合吗？ ④该结构与类似的企业比较优劣如何？ 2. 企业文化 ①是否具有由共同信念、期望、价值观等塑造的既定的或渐成型的企业文化？ ②此文化是否与当前的目标、策略、政策、方案等相吻合？ ③对于企业正面临的重要问题（如生产力、绩效品质、对变动环境的适应性等），该文化的定位何在？ 3. 企业资源 （1）营销 ●企业目前的营销目标、策略、政策、方案等各为何？ a它们是明示于众，抑或蕴涵于绩效、预算之中？ b它们和企业的使命、目标、策略、政策、内外环境是否相吻合？ ●由市场地位及营销组合（4P）的分析，企业目前表现如何？ a由这些分析中体现了哪些趋势？ b这些趋势对于以往绩效的影响如何？对于未来绩效的可能影响又如何？ c这项分析是否肯定企业过去及当前待决的策略决策？ ●企业的营销绩效与同类企业相比较如何？ ●营销管理者是否采取众所公认的营销观念与技术来评估与改进产品绩效？（注意需考虑产品生命周期、市场区隔、市场研究、产品组合等）。 ●营销主管在策略管理程序中扮演的角色如何？ （2）财务 ●企业目前的财务目标、策略、政策及方案等为何？ a它们是明确昭知，或仅暗蕴于绩效、预算之中？ b它们和企业的使命、目标、策略、政策、内外环境是否相吻合？ ●企业在财务分析上的表现如何？（考虑流动比率、获利率、速动比率、杠杆比率、资本结构、经常性资金等） a由此分析中显现何种趋势？			

调查分析内容	答案		说明
	是	否	
b 这些趋势对于过去绩效的影响如何？对于未来绩效的可能影响又如何？			
c 此分析是否能支持企业过去及当前待决的策略决策？			
●该企业的财务绩效与同类企业相比如何？			
财务经理人是否采取众所公认的财务观念与技术来评估与改进当前企业及部门的绩效？（考虑财务杠杆、资本预算、比率分析等）			
●财务主管在策略管理程序中扮演的角色为何？			
（3）研究发展			
●该企业当期的研究发展目标、策略、政策方案等为何？			
a 它们是明确昭知，或仅暗含于绩效、预算之中？			
b 它们和企业的使命、目标、策略、政策、内外环境是否相吻合？			
c 科技在企业绩效中的角色如何？			
d 基础研究、应用研究及工程研究的组合，是否符合企业的使命与策略？			
●企业由研究发展的投资中获得的报酬如何？			
●企业的技术能力如何？			
●该企业对研究发展的投资与同业投资相比，优劣如何？			
●R&D 主管在策略管理程序中的角色如何？			
（4）制造与服务			
●企业当前在制造、服务的目标、策略、政策、方案等为何？			
a 它们是明示于众，或仅蕴涵于绩效、预算之中？			
b 它们和企业的使命、目标、策略、政策、内外环境是否相吻合？			
●该企业生产能力的形态与范围为何？			
a 若为产品导向（以制造为主业），考虑厂场设备、生产形态（连续大量生产或间歇批量生产）、设备的年限与型式、自动化程度产能及利用率、生产力衡量、运输的形态与容量等。			
b 若为服务导向（以服务为主业），考虑服务设施（如医院、戏院、校舍等）、运营形态（如持续服务相同顾客，或间歇服务不同顾客）、支援性设备的年限与型式、自动化程度、大众传播设备、设施容量及利用率、专业服务人员的效率、联络服务人员与客户的运输的形态与容量等。			
●制造或服务设施是否易因自然灾害、罢工、供应资源的限制或减少、材料成本大幅增加、政府国有化政策等而受到伤害？			
●对制造性的厂商而言，是否适当地调和员工与机器，或就服务性的厂商来说，是否合宜地搭配支援性幕僚与专业人员，而成功地运用了运营杠杆？			
●与竞争者相比较，企业表现如何？需考虑单位劳力、材料、间接费用等成本、时间延误、存货控制管理、服务人员排程、生产评估、产能利用率、圆满地服务各类型顾客的数目（服务性厂商）或准时交货比率（生产厂商）等等：			
a 由此分析中显现何种趋势？			
b 这些趋势对于过去绩效的影响如何？对于未来绩效的可能影响又如何？			

调查分析内容	答案		说明
	是	否	
c 此分析是否能支持企业过去及当前待决的策略决策？			
●制造或服务经理人是否采取合宜的观念与技术来评估并改进目前绩效？考虑成本制度，品管及信度、存货控制管理、人事排程、学习曲线、安全规划、改进制造或服务效率的工程计划等；			
●制造或服务主管在策略管理程序中的角色为何？			
（5）人力资源管理（HRM）			
●企业目前人力资源管理的目标、策略、政策及方案等为何？			
a 它们是明确昭述，或仅暗含于绩效、预算之中？			
b 它们与企业的使命、目标、策略、政策、内外环境等是否相吻合？			
●企业的 HRM 在改进人与事的配合方面表现如何？考虑流动率、诉怨、罢工、工作生活品质等因素？			
a 由此分析显现何种趋势？			
b 这些趋势对于过去绩效的影响如何？对于未来绩效的可能影响又如何？			
c 此分析是否能支持企业过去及当前待决的策略决策？			
●该企业 HRM 的绩效与类似企业相比较如何？			
●HRM 管理者是否采取正确的观念与技术来评估与改进企业绩效，考虑工作分析方案、绩效评估制度、当前工作说明、训练与发展方案、员工心态调查、工作设计、与工会的关系等因素；			
●HRM 经理在策略管理程序中的角色为何？			
（6）资讯系统（MIS）			
●该企业目前 MIS 的目标、策略、政策、方案等为何？			
a 它们是明确昭述，或仅隐含于绩效、预算之中？			
b 它们与企业的使命、目标、策略、政策、内外环境等是否吻合？			
●企业的 MIS 在提供实用资料库、例行性事务自动化、辅助日常性管理决策及提供策略决策的必要信息等方面表现如何？			
a 由此分析中显现何种趋势？			
b 这些趋势对于过去绩效的影响如何？对于未来绩效的可能影响又如何？			
c 此分析是否支持该企业过去及当前待决的策略决策？			
●该企业 MIS 的绩效及发展阶段与类似企业相比如何？			
●MIS 主管是否运用合宜的观念与技术来评估并改进企业绩效？他们是否了解应如何建立与管理复杂的资料库、实施系统分析、建构交谈式决策支援系统？			
●MIS 主管在策略管理程序中的角色为何？			
（五）策略要素分析诊断			
1. 深刻影响企业目前及未来绩效的关键因素（S. W. O. T.）有哪些？			
①企业面临的短期风险有哪些？			
②企业面临的长期风险有哪些？			
2. 目前的使命与目标能适当地阐明关键策略因素的风险之所在吗？			

续表

调查分析内容	答案		说明
	是	否	
①使命与目标应变更吗？若是，如何变更？			
②若变更，对该企业的影响如何？			
（六）策略选择方案分析诊断			
1. 能否以更谨慎地执行现行策略的方式（例如适当地调整策略）来达成当前或修正后的目标？			
2. 适合企业的可行策略方案为何？			
①您认为"稳定"、"成长"、"退缩"、"综合"等策略何者较佳？			
②就上述每种策略而言，其利弊各有什么？			
3. 何者为最佳的策略方案？（即您的建议策略为何？）			
①它能妥善地解决长短期的风险吗？			
②它是否考虑到关键策略因素（KSF）？			
③应发展或修正哪些政策以引导策略有效地实施？			
（七）策略执行分析诊断			
1. 应订立哪些行动方案（例如企业重组）来执行所建议的策略？是否已判定？			
①谁应制定这些方案？责任是否落实下去？			
②谁来负责这些方案的实施？责任是否明确？			
③该责任者能否完成此项任务？			
2. 这些方案在财务上可行吗？能制定出概括的预算并获得许可吗？对个别方案而言，优先顺序及时程应如何安排较妥？是否研讨过？			
3. 是否研究过需要建立新的标准作业程？			
（八）评估与控制			
（1）对于策略实施的各项活动与绩效，目前的信息系统能否提供充分的回馈？			
①绩效成果能否由地区、单位、专案或功能等方面正确地显示出来？			
②各项信息是否具有时效性？			
（2）是否设置合宜的控制、评量，以确保依循已定的策略计划而行？			
①是否有运用适当的标准与评核方式？			
②奖酬制度是否确能分辨并鼓励优良的绩效？			

二、通过组织功能分析企业的健康状况

（一）组织诊断的意义

企业是一个群体，需要通过一定的组织形式，才能较好地完成企业的使命。由于每个人均具有个别差异，其信念、态度、价值观等各有不同，因此企业中人与人之间、正式的或非正式的互动，使得任何组织的运作颇为复杂，而且可能影响到企业的健康发展，值得每个企业格外关注。同时，若对企业组织进行分析与诊断，仅从某一角度和单一层面进行，难能窥其全貌，必须多方考虑才能真正发

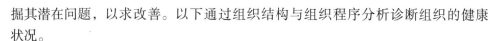

掘其潜在问题，以求改善。以下通过组织结构与组织程序分析诊断组织的健康状况。

（二）组织结构诊断

组织结构是企业中一些比较稳定静态的事项。如组织规模、业务性质、部门划分方式、厂房设备、人员配置、职工素质、职务划分等，都影响组织的绩效。诊断时必须从观察了解组织的途径及调查分析入手，寻找组织结构中存在的"病症"，为改进组织提出建议。

1. 组织结构图

在诊断分析组织过程中，首先要诊断分析企业的组织结构图，明确企业的组织与人员配备。了解员工对组织图的认识，不同人员往往有不同的认识，上级组织有时也不要求员工完全执行。其次了解组织图是如何颁布的、是否经常修改，如修改过于频繁，每一次修改又缺乏明确说明，会使员工产生混乱而又无所适从，必将影响到企业的业绩。

2. 工作场所

①工作场所的规模对生产效率及员工心理的可能影响如何？

②工作场所内部的间隔，其方式是否合理？是否有碍于部门间的沟通联系？或因此阻碍彼此成员间"非正式组织"和私人关系的建立？

③工作场所的分布情形如何？是否因地理上远离而造成业务上的隔阂？

④机器设备的布置情形及保养状况如何？是否可看出运营的问题？

⑤工作环境，如卫生、噪声、照明、空气、厨厕、餐厅、休闲设施等，对员工的心理和行为影响如何？

3. 人力特征

现有人员的素质与特征，亦为组织结构面的一环，包括职工人数、教育程度、年龄结构、性别分布、专长分布、年资分布等因素。将这些因素加以分析，亦可概略了解某些问题的存在（如年龄结构偏高等），同时，还可与机构中其他事项相比较以发现新的问题（如：职工专长能否配合未来新经营策略所需？）。除此之外，研究员工的出勤率、流动率、意外伤害次数等，亦颇具意义。

4. 职掌划分

职掌划分即每单位及每一员工所担负的工作内容，各自的职权、职务、职责如何。此常见于工作说明书、职掌分工表、分层负责明细表等文件。

5. 业务特征

业务特征包括数方面。其一是业务的多角化程度，也就是业务范围涵盖面的宽窄，此点对于组织设计的形态具决定性的影响。另一为营业周期的长短，将影响决策的方式以及规划期间。

此外，产业中资本密集的程度、劳力密集的程度、技术密集的程度、生产形态是订单生产抑或存货生产等，对组织也颇具影响。

（三）组织结构调查分析内容

调查分析内容	答案		说明
	是	否	
1. 结构与策略的配合 ①在竞争上赖以求胜的关键优势，是否能在组织上特别强调？ ②组织方式及部门之间的相对重要性能否随市场结构的改变而调整？ ③事业部的独立性能否与整体策略配合？ ④组织结构是否有助于当前策略的推动？ ⑤组织设计是否能适时调整以适应新的问题？ ⑥组织结构能否发挥因成长而带来的规模经济？ ⑦目前的组织形态是否阻碍企业策略的调整？ ⑧组织正式化的程度，是否随机构的规模而增加？ ⑨组织形态能否配合环境特征？组织设计能否考虑环境变化速度及技术革新速度？ 2. 分工的方式 ①间接成本是否过高？事业能力能否发挥？ ②各主管的控制幅度是否合宜？是否因控制幅度太宽而减低监督指导的效果？是否因控制幅度过窄而增加管理成本，并限制部属的发挥？ ③控制幅度大小能否配合组织的人员素质、环境需求，以及工作特性？ ④当产品线趋于多元化，组织分工是否适当调整？ ⑤各部门或各单位是否因散布各地而产生统御问题？ ⑥机构内各单位间是否因地区分散而导致协调困难或认同感低落？ ⑦部门内各单位是否因专长分散而致部门主管不易指挥？ ⑧部门划分方式是否适当配合业务需要？ ⑨分工程度是否过粗，致无法发挥专门化的效果？是否分得太细而使各成员不易了解整体目标，并增加协调困难？ ⑩各单位间是否存在劳逸不均的现象？ ⑪机构中是否存在应裁撤而未裁撤的无效率的单位或冗员？ 3. 部门间的关系 ①各直线及幕僚单位的角色与任务是否适当划分？ ②各部门的相对地位及重要性，是否配合机构所面临的环境特性？ ③具关键性的单位，是否因其在组织层级上过低而限制其作用？ ④各部门共同需要的幕僚服务单位是否适当安置？ ⑤幕僚单位是否因本位主义而造成直线单位的不便？ 4. 权责划分 ①是否所有的重要决策均有负责的人？ ②权责划分是否清晰？			

调查分析内容	答案		说明
	是	否	
③组织之中，是否各人皆有明确的部门归属？是否各人皆有其负责的对象？			
④绩效责任是否在各阶层单位皆有明确归属？抑或事事皆需由高层主管负最后责任？			
⑤新产品发展专案是否指派专人负责？该负责人是否享有相称的权力？			
⑥上级幕僚单位是否权力过大，而影响基层直线单位对其绩效的权责？			
⑦是否存在有权无责，对决策及执行方法有极大的影响力而对绩效却不负明确责任者？			
⑧是否过分依赖委员会，形成决策迟缓及无人负最后责任？			
⑨各单位的使命与目标是否明确？是否根据目标来制定绩效标准？各单位目标能否皆与企业整体策略配合，或由企业整体策略而来？			
⑩连续性的工作并流经不同单位，其责任划分是否明确？			
⑪营销、采购、仓储及预测等单位能否确实配合生产机能的顺利运行？			
⑫成本中心、利润中心、投资中心等的运用，能否配合该部门的业务性质？			
5. 集权与分权			
①是否存在应集中办理的事项，却由各单位分别处理？			
②能充分掌握情报并了解情况者，是否享有适当的决策权？			
③决策权的握有者，其掌握决策情报的时效能否配合情况需求？			
④决策权的握有者，其层级高低是否适当？			
⑤组织规模及业务扩充后，能否及时提高分权程度，使高层主管不致工作负荷过重降低决策效果？			
⑥分权程度能否配合环境变动性与环境复杂性？			

（四）组织程序诊断

1. 组织程序内涵

组织程序是指组织中一些动态活动的运作过程，这些过程包括工作程序、决策程序、解决问题程序、协调程序、激励程序、授权程序以及信息沟通、传递等程序。现将其重要者简单说明如下。

（1）组织基本程序。首先必须研究分析组织的目标及策略为何？如何拟定？是谁决定这件事？他们根据何种资料或假设来拟定这些目标与策略？目标市场如何决定？客户如何确认及接触？除此之外，原料的取得、劳力的供应、制造的基本方法，营销活动、售后服务的配合、策略性的控制方法等，都是组织基本程序，也是组织诊断者所必须事先了解的。

（2）组织决策程序。组织诊断者必须首先确认在此组织中，通常有哪些例行性决策，以及这些决策者是谁。其次，这些决策的实现，究竟是根据哪些情报和资料？这些决策是由某个个人单独决定？抑或是由许多人集体决定？决策与决策之间是否有关联性，各不同单位间的决策如何沟通协调？决策权是否太集中于少数人？该少数决策者的时间和精力及所掌握的信息，是否足以应付决策要求？决策权是否分散于各单位？各单位如何联系以维持决策间的一致性？如何避免各行其是、各自为政的可能？

（3）解决问题程序。在组织解决问题的程序中，最重要的是发掘问题的程序与能力。其次是发掘问题之后的处理程序，以及权责划分等方面亦值得重视。此外，解决问题过程中的参与方式、授权方式及采取行动之后的回馈等，都值得注意与了解。

（4）工作程序。工作程序是指组织内各级人员从事本身工作所采取的行动步骤。欲分析工作程序，可详阅各职位的工作说明书，并配合观察访谈，探讨各人的实际工作程序与工作说明书所载是否一致、其差异及原因所在。同时，并比较每人的工作程序，分析相互的影响及配合程度，即可诊断出组织内各项工作程序的适当与否及问题所在。工作程序是组织程序的基础，组织诊断者必须了解工作程序之后，方能更进一步研究其他的组织程序。

2. 组织程序调查测评的内容

调查分析内容	答案		说明
	是	否	
1. 工作程序 ①业务处理的正式化程度能否配合环境变化及策略弹性的要求？ ②是否经常检讨工作程序的合理性与必要性？是否指派专人负责？有无正式程序进行此项工作？ ③员工是否了解与其有关的工作程序？是否了解各工作程序蕴涵的理由与目的？ ④业务处理的正式化程度能否配合员工特性？ ⑤部门间的公文处理流程是否制度化？是否因制度化不足而造成推动无力、无人负责的状况？ ⑥是否因组织历史悠久，而致工作程序僵化？ ⑦各部门工作程序的正式化程度是否配合其工作环境而各有不同？ 2. 沟通协调 ①事业部之间，虽具相当独立性，但在策略上能否达成适当的协调？ ②需在会议中解决的决策是否太多？需由许多单位来协调办理的事项是否过多？ ③决策能否迅速制定？决策者能否迅速获得决策所需的信息及能力？ ④各部门间协调或整合的方式，能否配合工作环境变化的速度？能否配合工作性质而具适度弹性？			

调查分析内容	答案		说明
	是	否	
⑤负责协调者的地位及职权是否相称？是否因地位及职权不足而过分承受双方的压力？ 3. 授权及参与 ①对机构的未来具重大影响的决策，是否由高阶层制定？抑或任由下级人员决定？ 充分授权固然有其必要，但高阶人员应能明辨各种决策的轻重缓急，以作为授权标准。 ②对各项决策的授权程度，是否上司与下属皆共同了解？ 主管可以有各种不同程度的授权，授权的方式又视各项决策而定，但上下双方必须对授权的程度进行明确的沟通，方不致因双方了解不同而造成授权失败。 ③组织有无明确的政策以作为授权的依循？ ④在授权之前，主管能否给予部属适当的训练及尝试的机会？ ⑤主管是否因恐惧失去其职位、权威，从心理上抗拒授权？ ⑥是否所有员工皆有专人负责？为适应环境变化，有无培养成员主动负责与协调的精神？ ⑦组织内的改革事项，能否获得员工的了解、接受及参与？ 4. 激励与奖酬 ①激励制度能否有效引导员工努力朝向组织目标实现？ ②控制制度与激励措施能否有效结合？ ③直属上司的考核能否影响员工的升迁与奖金？或一切皆由最高主管决定？ ④员工奖酬是否依据对目标的贡献而定？ ⑤对特殊专业人员的薪酬，是否因坚持机构内薪资水准的一致性，而难以延揽适合的人才？ ⑥是否能适当考量专业人才的升迁与发展机会？对于专业人才及一般行政或管理人才的事业途径（Career Path）是否均能妥善规划？ ⑦员工的努力程度，对其本身利益如升迁、奖酬等是否有直接的影响？有无适当有效的奖惩与激励制度？ ⑧奖惩制度能否依据组织特性及企业成长阶段而适时适当调整？ ⑨奖酬制度是否造成各单位目标的差异，甚至引起单位间的冲突？ ⑩激励或奖酬制度是否过于强调个人间的竞争，因而打击士气，影响团队合作？ ⑪工作的设计是否具有足够的挑战性，以激发员工内在成就需求，并能获得工作内满足？			

三、通过信息与沟通分析诊断企业健康状况

（一）信息对组织的意义

在一个有效的组织中，无论是内部的人与人之间、单位与单位之间，或组织与外界环境之间，都无可避免地会发生许多复杂的互动与沟通，而信息的传递皆扮演着最关键的角色。

就组织内部而言，上级主管需了解部属的工作情况及所遭遇的各种问题，以便做成适当的决策，而下级员工也需了解上级主管的决策与指示，方能据以努力行动。此外，组织处于动荡的经营环境中，必须随时掌握环境变化状况与趋势，方能采取最佳的应对措施。这些均有赖于好的信息搜集与流通、运用等功能方可达成。同时，组织若能有效地掌握内外信息，方能有效地对其各项活动及策略的执行实施良好的控制，否则情况不明，问题所在不清，绝对无法发挥任何控制功能，何谈提升效率，达成组织目标了。

（二）信息与沟通分析诊断内容

分析诊断内容	答案		说明
	是	否	
1. 信息与沟通 ①组织是否鼓励员工与外界接触以吸收新的想法、做法及思考的角度？ ②有无适当的外在环境侦测系统，以适时了解外界的新机会与新威胁？ ③企业可否在组织上及程序上，对所侦测的外在环境中某些因素适时加以深入探究？ ④组织内言路是否开放？有无建言系统？对新建议、新构想的审核是否均能重视并加以考虑、采行？ ⑤能否系统化地搜集并回馈有关组织内部健康情形，如人员流动率、不良率、存货周转率等的资料？ ⑥内部情报的回馈能否及时传达到适当的层级与对象？ ⑦信息流程能否与决策过程相结合？信息的时效性与形式能否配合决策需求？决策者能否适时得到必要的信息？与决策无关的信息是否不当地大量流通？ ⑧营销研究、业务、生产、研究发展等部门间有无正式管道进行信息交流？有无适当的奖惩或激励措施促进主动、正面的信息提供与信息交流？ ⑨各级主管是否对双向沟通能正确认识？是否建立运用双向沟通的意愿与能力？ ⑩组织中是否建立适当的下行、上行、平行、斜行的沟通网路与方式？ ⑪对外界信息的搜集，是否集中于关键项目并能适当节选？ 2. 信息与控制 ①控制的对象及方式是否与策略相配合？ ②控制制度是否与具体计划配合？ ③对部门控制项目的选择，是否配合各部门的业务性质？ ④是否采取适当的方式来评估公司的策略绩效？如何搜集有关信息？是否以制度化的方式来进行？ ⑤作业单位在获得信息回馈后，有否采取适当措施以修正其作为并达成控制的目的？ ⑥控制制度是否均虑及事前防范及事后改正？ ⑦控制制度是否因环境的异质性而有所加强？ ⑧主要绩效指标是否依据企业的成长阶段而适当调整？			

续表

调查分析内容	答案		说明
	是	否	
⑨控制制度是否配合员工水准与心态而加以调整？			
⑩控制制度是否因分权程度提高而改变？			
⑪控制幅度较大的单位，其正式控制体系与信息体系是否相对增加？			
⑫控制的对象是工作结果？抑或个人？			
⑬控制的方式及项目能否适应环境变化，是否因此而阻碍创新进取的精神？			
⑭主管能否有效地将绩效评估结果回馈给部属？			
⑮在绩效评估的过程中，部属能否获得自我发展与自我改进的机会？			
⑯考核项目是否过分依据主观判断或印象，而较忽视办事的具体绩效及成果？			
⑰考核项目是否过分注重量化，而使员工忽略了长期的非数量性目标？			
⑱绩效评估是否确实执行？抑或流于分配考绩而失去实质作用？			
⑲绩效评估的时距是否配合各种业务特性？			
⑳各员工是否皆了解组织对他的期望？是否知道考核的项目？这些项目是否都在其能掌握的范围内？			
㉑控制的时距是否太短而妨碍正常作业？是否时距太长导致失去回馈作用？			

四、通过企业文化分析诊断企业健康状况

（一）企业文化的意义

欲了解与分析一企业的组织文化，常可从观察其员工的心态与士气着手。

组织诊断时首先需观察与了解员工心态，包括员工对组织的态度、对上级的态度、对属下的态度、对自我的态度、对权力的态度、对时间和空间的态度、对工作的态度，以及对与工作有关人员的态度等。这些心态虽然不易精确衡量，但颇有必要深入观察、体会。可应用的方法包括以心理学量表进行调查，深入访谈，以及观察、搜集各种线索与实际资料加以分析。

其次需了解员工士气，士气主要是反映员工对其工作、同事、上司、部属，以及整个组织的满足程度。士气是影响生产力与向心力的一项重要指标，欲测量一组织中的员工士气，通常可使用标准化的量表或经由访谈过程来分析整个组织士气的高低。

（二）组织文化分析诊断内容

分析诊断内容	答案		说明
	是	否	
1. 员工心态 ①员工之间、员工与管理者之间，彼此的信任感如何？是否因彼此缺乏信任感，而造成推动变革的困难？			

续表

分析诊断内容	答案		说明
	是	否	
②组织成员对变革的态度如何？是否安于现状不求改善？ ③员工是否普遍具备主动自发、互助支援、主动协调的积极精神？ ④是否多数组织成员均认为本身的工作有意义？是否认为可在工作获得自我成长？ ⑤多数组织成员是否了解组织的目标与使命？是否接受并认同这些目标和使命？能否意识到本身工作与机构使命间的关系？ 2. 士气与组织气候 ①基层单位是否规模过大，以致影响员工士气？ ②企业的最高主持人是否大权独揽，致中高层主管因权责太小而士气低落？ ③组织内成员的向心力如何？是否将组织视为毕生事业所寄？ ④组织中由何人或何单位负责掌握员工心态与需求？高层管理者是否重视与关切员工心态及需求？ ⑤是否多数员工以在本机构任职为荣？ ⑥是否建立负责任、守纪律的风气？ ⑦组织是否鼓励员工主动发掘问题、解决问题？组织是否鼓励员工提供其工作感受与意见？			

五、通过领导与权力的分置分析诊断企业健康状况

（一）权力结构与组织冲突

分析诊断内容	答案		说明
	是	否	
1. 决策能否迅速有效推行？上级是否具足够的影响力？是否责成专人负责推动？是否常因决策所涉层面太广，以致推动困难？能否改善？ 2. 权力分散在各级成员间是否有助于组织目标完成？或只用于争取个人利益而妨碍整体目标实现？ 3. 是否设置制衡力量以防止权力过大或滥用的现象？领导者是否因权力欲望过大而破坏组织制度？ 4. 组织内是否存在严重的派系问题而影响团队合作？ 5. 部门间是否因上下游的相互依存关系常产生冲突？ 6. 单位间曾否因共用有限资源而产生冲突？有何利弊？ 7. 必须共事的人员，其间的冲突是否必须透过高阶层方能解决？ 8. 直线主管是否因年龄、地位、资历等原因而在心理上抗拒幕僚人员的意见及专业知识？ 9. 直线主管是否因感到权力被幕僚人员剥夺，而对幕僚人员采取抗拒、排斥的心理？ 10. 各事业部间冲突或不正常竞争的情况是否严重？			

（二）领导与指挥

调查分析内容	答案		说明
	是	否	
1. 各级主管的领导作风能否配合员工特性及工作需求？			
2. 是否有计划地安排高级主管的接班人？			
3. 高层主管们的经营理念是否一致？彼此的专长与个性是否互补，并能发挥团队效益？			
4. 高层主管的管理形态能否配合环境要求？ ①当环境竞争性强、变化快时，高层主管的决策过程是否非正式化； ②当产业需专业知识广、劳动生产力高时，是否强调参与管理； ③当经营风险大、机会多时，是否提倡创新与冒险； ④当技术稳定、竞争少时，决策过程是否变更正式化； ⑤当技术层次低、竞争方式变化少时，高层主管是否较为专制并利用直觉判断。			
5. 策略决策是由一人决定或以群策群力的方式决定？是否因地位差异、权力结构、自我保护等原因而削弱集思广益的效果？			
6. 每一成员是否只接受一个命令来源？若必须有两个或两个以上的命令来源时，对命令服从的优先顺序是否做了适当规定并能了解？			
7. 高层主管是否常越级指挥？基层人员是否常越级报告而致中级主管失去作用并无法掌握的情况？			
8. 基层主管是否握有适度的奖惩权，而能对部属具有应有的影响力？			
9. 非正式组织的影响是否过大，而造成正式组织运作的困扰？			

第八节　内部控制建设诊断分析

内部控制是由企业董事会、监事会、经理层和全体员工实施的、旨在实现控制目标的过程。这一过程贯穿于生产经营活动的始终；而且涉及企业的方方面面；其目的是为了实现企业的经营目标。可见企业内部控制完善与否，将直接影响企业的健康状况。本节着重从企业内部环境控制状况诊断评价企业健康状况。

企业内部环境是一个有机系统，系统内各要素间相互联系，相互影响。判断一个企业的内部控制系统是否健全有效，首先要看内部环境要素是否有效地发挥其功能。通过内部环境控制状况诊断企业健康状况，应当以组织架构、发展战略、人力资源、企业文化、社会责任等为重点，进行诊断与评价。

一、组织架构内控状况诊断与评价

企业作为一个组织，其体系的形成和组织功能的实现，依赖于合理的组织架构设计和有效的运行。

1. 组织架构内控状况诊断测评

调查可依据不同对象，采用座谈、访问、调查等定性及定量的多种方法进行。现以调查问卷形式进行调查测评，问卷内容列示如下，问卷以外的事项可用文字补充说明，见表2－19。

表2－19　组织架构内控状况诊断测评

调查诊断内容	权重	现状					得分
		优	良	中	差	极差	
1. 股东（大）会、董事会、监事会、经理层是否健全，产生及组成是否符合公司法的要求，是否成立审计委员会等决策议事机构							
2. 董事会及各专门委员会、监事会和经理层的职责权限、任职资格和议事规则是否明确并严格履行							
3. 董事会是否采取必要措施促进和推动企业内部控制工作，按照职责分工提出内部控制评价意见，定期听取内部控制报告，督促内部控制整改，修订内部控制要求							
4. 决策层与高级管理层在实施内控中权限和职责分工是否全面、明晰，是否存在重复/遗漏或有歧义的情况，组成人员是否符合任职条件							
5. 企业重大决策、重大事项、重要人事任免及大额资金支付、业务等是否按照规定权限和程序实行集体决策审批或者联签制度							
6. 组织机构设置是否与企业业务特点相一致，能够控制各项业务关键控制环节，各司其职、各尽其责，不存在冗余的部门和多余的控制							
7. 企业内部职能机构的设置是否合理，职责分工是否全面明晰							
8. 部门之间的权限和职责分工是否符合内部控制和风险管理的要求							
9. 企业是否制定组织结构图、业务流程图、岗/职位说明书和权限指引等，并保持权责行使的透明度，使员工了解组织架构及权责分配情况							
10. 企业是否定期梳理、评估企业治理结构和内部机制设置，发现问题及时采取措施加以优化调整							

续表

调查诊断内容	权重	现状					得分
		优	良	中	差	极差	
11. 组织是否定期听取董事、监事、高级管理人员和其他员工的意见，按照规定的权限和程序进行决策审批							
12. 对子公司的组织设置是否规范高效，人员配备是否科学合理，授权是否合规，重大业务是否报经母公司审核批准							
13. 对子公司是否通过核发有效的形式履行出资人职责、维护出资人权益，特别关注异地、境外子公司的发展战略、年度财务预决算、重大投融资、重大担保、大额资金使用、主要资产处置、重大人事任免、内部控制体系建设等重要事项							
14. 企业是否定期对组织架构设计与运行的效率和效果进行全面评估，发现缺陷是否进行优化调整							
总评　　　分　　等级　　级	100						

诊断评价用优（5分）、良（4分）、中（3分）、差（2分）、极差（1分）表示。然后按综合评价法计算出得分，再根据等级标准值，确定该要素健康水平。以下各要素诊断评价均按此法进行。

2. 组织架构控制状况诊断评价

通过调查、测评、访谈等，组织架构存在主要缺陷，见表2-20。

表2-20　组织架构健康状况评价

序号	领域/流程	控制缺失及风险描述	评价
1	董事会/审计委员会	董事会/审计委员会未能充分监督管理层对公司面临主要风险的识别与应对，造成因供应商破产使专用材料断档，影响出口合同延期交货	差
2	管理理念	因世界经济危机的影响，年初确定经营目标×××亿元，至今时间过半销售指标仅完成40%，压力较大	差
3	组织架构	中层部门经理调动频繁，职责分工不清晰，授权不明确，影响业务处理的效率及效果	中
4	组织运行	公司组织机构调整后，结构未及时调整，使员工产生错觉	中

3. 综合评价

通过访问、调查、测试等定性及定量的全面测评，公司在组织架构方面的管控能力，基本能适应经营管理的需要，但仍存在缺陷。内部控制综合评价为65分。健康等级定为"中"。

二、发展战略状况诊断评价

发展战略关系到企业的前途与命运，制定正确的发展战略，推动战略的实施，是决定企业兴衰成败的关键环节。

1. 发展战略状况诊断测评

调查可根据不同对象，采用座谈、访问、调查等定性及定量的多种方法进行。诊断测评内容，见表2-21。

表2-21 发展战略状况诊断测评

调查诊断内容	权重	现状					得分
		优	良	中	差	极差	
1. 企业发展战略是否在充分调查研究、科学预测和广泛征求意见的基础上制定的，明确规定了长期战略目标与战略规划							
2. 企业是否综合考虑宏观经济政策、国内外市场需求变化、技术发展趋势、行业及竞争对手状况、可利用资源水平和自身优势与劣势等影响因素，制定科学合理的发展战略							
3. 战略规划是否充分体现可利用资源及自身优势，有无过激扩张或脱离实际/偏离主业行为，埋下经营失败风险							
4. 是否根据发展目标制定战略规划，确定不同发展阶段的具体目标、工作任务和实施路径							
5. 企业是否在董事会下设战略委员会，或指定相关机构负责战略管理工作，是否明确其职责及议事规则，并按规定履行相应职责							
6. 企业发展战略方案是否经董事会审议通过报经股东大会批准实施							
7. 企业是否根据发展战略制定年度工作计划，编制全面预算，将年度指标分解落实到有关部门及员工，并完善发展战略和管理制度							
8. 企业是否根据经济形势、产业政策、技术进步、行业状况及不可抗力等因素发生重大变化，而对发展战略作出相应调整							
9. 战略委员会是否对发展的实施情况进行监督，定期总结和分析相关信息并及时报告							
10. 是否对发展战略进行可行性研究和科学论证并报董事会或股东大会议批准							

续表

调查诊断内容	权重	现状					得分
		优	良	中	差	极差	
11. 是否制定年度工作计划，编制全年预算、确保发展战略的有效实施							
12. 是否采取有效方式将发展战略及其分解落实情况传递到内部各管理层级和全体员工							
13. 是否及时监控发展战略实施情况，并根据环境变化及风险评估等情况及时对发展战略作出调整							
总评 　　　分　　　等级　　　级	100						

2. 发展战略状况诊断评价

通过调查、测试及访谈，发展战略方面存在的主要缺陷，见表 2 - 22。

表 2 - 22　发展战略状况诊断评价

领域/流程	控制缺失及风险描述	控制能力
1. 战略制定	发展战略 3 年前制定，内容及目标要求已脱离实际	差
2. 战略执行	年度工作计划及全面预算未体现企业发展战略目标	差
3. 战略修订	战略制定后没有根据形势的变化及时进行修订	差
4. 战略宣传	有些管理人员对发展战略目标与战略规划不了解	差
5. 管理职责	战略制定者离职后未指定责任者，管理制度缺失	差

3. 综合评价

通过访问、调查、测试，公司在发展战略方面的内部控制，处于失控状况，未能发挥发展战略在经营管理中的作用，综合评定为 40 分，健康等级定为"差"。

三、人力资源内控状况诊断评价

人力资源是企业获得持久竞争优势的来源，在企业的经营活动和管理活动中起主要作用并处于核心地位，它通过管理手段使其他资源得到合理、有效的开发配置和利用。

1. 人力资源控制状况调查测试

调查可根据不同对象，采用座谈、访问、调查等定性及定量的多种方法进行。

诊断测评内容，见表 2 - 23。

表2－23　人力资源内控状况诊断测评

诊断测评内容	权重	现状					得分
		优	良	中	差	极差	
1. 人力资源政策是否有利于企业可持续发展和内部控制的有效执行							
2. 企业是否存在人力资源缺乏或过剩、开发机制不健全，可能导致企业发展战略难以实现的风险							
3. 是否明确各岗位职责权限、任职条件和工作要求，选拔是否公开、公平、公正，是否因人设岗、以岗选人							
4. 是否制定并实施关于员工聘用、培训、辞退与辞职、薪酬、考核、健康与安全、晋升与奖惩等方面的管理制度							
5. 是否存在激励约束制度不合理、关键岗位人员管理不完善，可能导致人才流失、经营效率低下、关键技术/商业秘密丢失等							
6. 高管人员引进是否符合企业当前和长远发展需要，是否有明确的岗位设定和能力要求，是否设定了公平、公正、公开的引进方式							
7. 专业技术人员的引进与开发是否既要关注人才的专业素质、科研能力，又要注意其道德素质、协作精神以及价值观、事业心及责任感							
8. 关键岗位和短缺人才的聘用、选拔是否制度化、规范化							
9. 对掌握国家秘密和重要的商业秘密的员工离岗是否有限制性的规定							
10. 是否设置科学的业绩考核指标体系，并严格考核与评价，并依据业绩考核作为薪酬/奖金分配/职务调整/员工退出依据							
11. 是否将有效执行内部控制纳入企业绩效考核体系							
12. 关键岗位员工是否有强制休假制度和定期轮岗制度等方面的安排							
13. 是否建立员工培训长效机制，培训是否能满足员工和业务岗位需要，是否存在员工知识老化							
14. 年终是否对人力资源工作情况进行评估，总结经验、完善政策							
总评　　分　　等级　　级	100						

2. 人力资源内控状况诊断评价

通过调查、测试及访谈、诊断，人力资源方面存在主要缺陷，见表2－24。

表 2 -24   人力资源内控状况诊断评价

领域/流程	控制缺失及风险描述	控制能力
1. 政策制定	人力资源政策不够完善、急需技术人才难引进	差
2. 劳动薪酬	业绩考核指标体系欠科学，薪酬奖金发放、职务提升与业绩考核未直接挂钩，影响劳动效率提高	差
3. 业绩考核	劳动考核不严谨、劳动纪律松懈、有迟到脱岗现象 公司没有完善的激励约束机制，未确定合理目标及考核标准，责、权、利未实现有机结合	中 差
4. 职业教育	经常开展培训，但与生产需求联系不密切，职工没兴趣	良
5. 职工离职	职工离职未签技术保密、竞业限制期限协议有泄密风险	很差

3. 综合评价

通过访问、调查、诊断，公司在人力资源方面的内部控制，仍存在不少缺陷，未能充分调动人的积极性，促进整体团队充满生机与活力，综合评定为50分，健康等级定为"中"。

四、社会责任内控状况诊断评价

企业社会责任包括安全生产、产品（服务）质量、环境保护、资源节约、促进就业、员工权益保护等。

1. 社会责任内控状况调查测试

调查可根据不同对象，采用座谈、访问、调查、测试等定性及定量的不同方法进行。诊断测试内容，见表 2 -25。

表 2 -25   社会责任内控状况诊断测评

诊断测评内容	权重	现状					得分
		优	良	中	差	极差	
1. 企业在社会责任方面是否分别层级确定各自控制的内容、目标及责任							
2. 企业是否做到经济效益与社会效益、短期利益与长期长远利益、自身发展与社会发展相互协调和谐发展							
3. 是否建立严格的安全生产管理体系、操作规范和应急预案，强化安全生产责任追究制度，切实做到安全生产							
4. 是否落实安全生产责任，对安全生产的投入，包括人力、物力等。是否能保证及时发现、排除生产安全隐患							
5. 是否对从业人员进行安全生产教育，使其都具备安全操作技能							

续表

诊断测评内容	权重	现状					得分
		优	良	中	差	极差	
6. 安全设备是否经常维护/保养，危险性特种设备的购置/使用是否合规							
7. 企业是否贯彻预防为主的原则，采取不同的形式增强员工安全意识							
8. 是否进行岗位安全培训，特殊岗位是否实行资格认证制度							
9. 企业在提高产品质量方面采取哪些有效措施，取得效果如何							
10. 质管部门岗位/职责/权限是否明确，质量风险控制点是否清楚							
11. 是否建立严格的产品质量控制和检验制度，并严格贯彻实施							
12. 是否有良好的售后服务，能够妥善处理消费者提出的投诉和建议							
13. 企业收到消费者哪些投诉和建议，是否责成专人负责处理							
14. 是否编制环境保护年度计划及中、长期计划，控制目标是否明确							
15. 是否建立环境保护与资源节约制度，采取措施促进环境保护、生态建设和资源节约，并实现节能减排目标							
16. 是否建立环境保护和资源节约监控制度，落实节能减排/降低污染排放。定期监督检查执行情况							
17. 是否实施清洁生产，合理开发利用不可再生资源							
18. 生产/储存/运输/销售/使用有毒及含放射物品是否遵守规定							
19. 是否及时全部办理员工社会保险，缴纳社会保险费，保障员工权益							
20. 是否实现按劳分配、是同工同酬、建立科学的员工薪酬制度和激励机制							
21. 是否建立高管人员与员工薪酬的正常增长机制，维护社会公平							
22. 是否按规定做好健康管理工作预防、控制和消除职业危害							
23. 是否实行职工代表大会制，建立工会组织，维护员工合法权益							
24. 企业的社会责任风险是否明确，采取哪些应对措施？责任是否落实							
25. 是否积极开展员工职业教育培训，创造平等发展机会							
总评　　分　　等级　　级	100						

2. 社会责任内控状况诊断评价

通过调查、访问和测评与诊断等，安全生产、质量控制与环境保护方面，内部控制仍存在缺陷，见表2-26。

表2-26 社会责任控制状况诊断评价

领域/流程	控制缺失及风险描述	控制能力
1. 组织保证	没有建立安全生产管理结构、开展安全生产教育，安全生产措施不到位、存有较大安全事故隐患	极差
2. 安全生产	安全管理负责人对安全生产知识和管理能力欠缺	差
	防火设备有的已过有效期，仍未更换，有潜在风险	差
3. 质量管理	质量管理体系不完善，各部门责任不明确，质量不合格产品与合格产品没有分开存放，易混淆	中
4. 产品质量	时有发生因质量问题退货，可能导致巨额赔偿/形象受损	中
5. 环境保护	投入不足，资源浪费大，对环境造成污染，缺乏完善日常监测考核体系，给社会造成污染危害	差
6. 环境保护	未编制中期/长期环境保护规划，环境治理目标不明确	中
	产生污染的设备转移使用地点，没有考虑污染处置问题	差
7. 社会责任	促进就业和员工权益保护不够，对员工身心健康关心不够、有些职工的积极性受挫，影响到企业的发展和社会稳定	差

综合评价：综上所述，企业在安全生产、质量管理与环境保护等方面存在缺陷，整体评价为45分，健康等级为"差"。

五、企业文化建设状况调查与评价

企业文化是企业生存和发展的精神支柱，是企业在生产经营活动中逐步形成的，提高职工的思想、文化、科技和业务素质，有利于增强企业的战斗力和凝聚力。

1. 企业文化建设状况诊断测试

调查可根据不同对象，采用座谈、访问、调查、测试等多种方法进行。调查测试内容，见表2-27。

表2-27 企业文化建设状况诊断测评

诊断测评内容	权重	现状					得分
		优	良	中	差	极差	
1. 企业是否制定了文化建设规划，明确建设目标、内容及主管责任者。积极培育具有自身特色的企业文化							

续表

诊断测评内容	权重	现状					得分
		优	良	中	差	极差	
2. 企业是否对"三缺乏"进行过评估分析，其缺陷有哪些具体表现							
3. 企业是否制定了"员工行为守则"，其内容是否切合实际简便易行。在员工中形成人人讲道德诚信、合规合法经营的企业文化							
4. 企业是否采取切实有效措施引导员工，打造以主业为核心的企业品牌，促进企业长远发展，企业品牌对社会是否有一定影响力							
5. 企业怎样培育体现自己特色的发展愿景，其特色表现在哪些方面							
6. 董事、监事、经理和其他高级管理人员，在文化建设中是否发挥主导和垂范作用，带动影响整个团队。是否促进文化建设在内部各层有效沟通							
7. 企业是否根据发展战略和实际情况总结优良传统，挖掘文化底蕴，提炼核心价值。不断发扬壮大企业文化，提高企业竞争力							
8. 企业是否建立文化评估制度，明确评估内容、程序、方法和责任者							
9. 企业文化建设是否与薪酬制度和人事制度、职务安排相结合							
10. 文化评估中是否把董事，监事、经理和其他高级管理人员的责任履行情况、全体员工对企业核心价值观的认同感作为重点							
11. 企业是否重视文化评估结果，针对发现问题分析原因，拟定改进措施							
12. 企业是否加强并购重组后的企业文化建设，平等对待被并购方的员工，促进并购双方的文化融合							
13. 企业是否建立企业文化评估制度，重点对董事、监事和高级管理人							
14. 全体员工对企业核心价值观的认同感、企业经营管理行为与企业文化是否一致							
15. 参与企业并购重组各方文化的融合度，以及员工对企业未来发展是否充满信心							
16. 对企业文化评估结果是否巩固和发扬文化建设成果，进而研究影响企业文化建设的不利因素，分析深层次的原因，及时采取措施加以改进							
总评 分 等级 级	100						

2. 企业文化建设状况评价

通过调查、访问和测评等，企业在文化建设方面，仍存在一些缺陷，见表2－28。

表2－28　企业文化建设状况诊断评价

领域/流程	控制缺失及风险描述	控制能力
1. 高层管理	企业文化建设中个别高管发挥主导和垂范作用较差	差
2. 文化建设	企业未结合自身特点和战略要求拟定文化建设规划，明确文化建设目标，落实实施控制责任	差
3. 文化培育	企业未拟定体现自身特色的发展愿景，许多职工对此不甚了解，缺乏凝聚力，影响可持续发展	中
4. 经营理念	个别员工在经营中缺乏诚实守信，曾发生过舞弊行为	中
	以主业为核心品牌建设未深入职工，缺乏团队向心力	中
5. 行为守则	员工中缺乏团队协作和风险防范意识，事故连续发生	差
6. 总结提高	未系统总结文化建设，应对不利因素，提高员工素质	差
7. 文化氛围	企业缺乏集思广益、群策群力、全员共建，认同企业＝核心理念，形成共谋发展的良好氛围	中

3. 综合评价

通过访问、调查、测试诊断等定性及定量的全面测评，公司在文化建设方面仍存在较大缺陷。内部控制综合评定为50分。健康等级为"中"。

六、合同/担保内控状况调查评价

合同是市场经济条件下企业与外部进行物流、资金流、信息交换的基本形式，是企业从事经营活动取得经济效益的桥梁和纽带，也是纠纷产生的根源。

1. 合同/担保内控状况调查测评

合同与担保管控现状的调查测评可通过访谈、调查问卷、抽查测试等方式进行，其具体内容，见表2－29。

表2－29　合同/担保内控状况调查测评

诊断测评内容	权重	现状					得分
		优	良	中	差	极差	
1. 企业合同管理制度及拟定、审批、签订、执行的流程是否完善							
2. 按规定标准，企业应签订合同事项，是否均已签署正式合同							
3. 合同内容是否存在重大疏漏和欺诈，导致企业合法权益受损							

诊断测评内容	权重	现状					得分
		优	良	中	差	极差	
4. 合同用章是否授权专人管理、签订前是否经法律部门审核,合同登记管理、履行情况检查,或合同变更等是否确定责任者							
5. 公司对各种合同的设计是否经过批准,是否有统一的范本格式							
6. 影响重大和法律关系复杂的合同文本,是否组织内部进行审核							
7. 企业是否建立合同履行情况评估制度,评估合同的执行情况							
8. 企业是否依法制定担保政策及管理制度,明确担保对象、范围、方式、条件、程序,担保限额和禁止担保、担保审批及工作流程							
9. 对担保申请人的基本情况、资产质量,经营状况、偿债能力、盈利水平、信用程度、行业前景等进行审核评定							
10. 内审部门是否定期检查担保政策执行情况及效果,防范担保风险							
11. 企业有否记录担保人台账,监督被担保人的经营和财务状况							
12. 企业是否建立担保责任追究制度,对担保中出现重大决策失误、未履行集体审批程序或不按规定管理担保业务的部门及人员是否追究相应的责任							
总评 分 等级 级	100						

2. 合同/担保内控状况评价

通过调查、访问、测评等,合同与担保内部控制的现状及存在缺陷,见表 2-30。

表 2-30 合同与担保内部控制状况评价

领域/流程	控制缺失及风险描述	控制能力
1. 授权批准	合同与担保制度欠缺、没有明确的业务流程图及责任部门	差
	对外合同签订由各部门负责,没有报经法律部门审核批准	中
2. 职责划分	工程管理人员调动后没及时办理交接手续、监理不到位	差
3. 会计控制	合同管理程序欠缺,重大的及需披露合同未报财务部门备案	中
4. 资产安全	对合同履行情况没有进行跟踪检查,给企业造成一定损失	中
	对被担保企业经营及财务状况不掌握,存有较大风险损失	中
5. 内部审计	未进行跟踪审计、××合同未能按要求供应,影响生产进度	差

续表

领域/流程	控制缺失及风险描述	控制能力
6. 法规遵循	对出口合同未能履行，造成重大理赔，对企业声誉造成影响	差
7. 其他方面	审核中发现，有的采购合同是后补的，有的没有法人签字	差

3. 综合评价

综上所述，企业在合同与担保内控管理方面，仍存在一些缺陷，对企业利益有严重威胁。整体评价为50分，内部控制等级为"差"。

七、内部信息传递状况调查评价

内部信息传递是企业常用的管理行为，有效的信息传递是提高企业工作效率的重要途径。信息不完善、传递不畅等有可能导致风险损失产生。

企业开展信息与沟通评价，应当以内部信息传递、财务报告、信息系统等相关应用指引为依据，结合本企业的内部控制制度，对信息收集、处理和传递的及时性、反舞弊机制的健全性、财务报告的真实性、信息系统的安全性，以及利用信息系统实施内部控制的有效性等进行认定和评价。

1. 内部信息传递状况调查测试

内部信息传递状况调查测评可采用调查、访问、抽查测试等方法。调查测评主要内容，见表2-31。

表2-31 内部信息传递状况调查

调查测评内容	权重	现状					得分
		优	良	中	差	极差	
1. 是否有透明高效的信息收集、处理、传递程序，合理筛选、核对、整合与经营管理和内部控制相关信息							
2. 信息在企业内部各层级之间、企业与外部有关方面之间的沟通是否有效							
3. 董事会、监事会和经理层是否能够及时掌握经营管理和内部控制等重要信息							
4. 企业内部报告是否存在系统缺失、功能不健全、内容不完整，可能影响生产经营活动有序进行							

续表

调查测评内容	权重	现状					得分
		优	良	中	差	极差	
5. 内部报告体系设置是否根据发展战略、风险控制、业务考核及全面预算相结合，并随着环境和业务变化不断修订与完善							
6. 内部报告流程是否完善，是否根据不同级次确定不同指标体系。明确内部信息传递内容、保密要求、密级分类、传递方式及范围							
7. 企业是否关注广泛收集市场环境、政策变化对企业影响信息，并通过内部报告传递到企业相关层级，供有关人员利用							
8. 企业是否充分利用内部信息进行风险评估，准确识别和分析面临的风险，制定有效措施，实现有效的风险防范							
9. 企业是否建立和加强反舞弊机制，通过设立员工信箱、投诉热线等方式传达、鼓励员工举报和投诉内部违法/违规及舞弊等行为							
10. 员工诉求是否有顺畅的反映渠道、对舞弊事件和举报所涉及的问题是否及时、妥善地作出处理							
11. 企业是否建立内部报告评估制度，定期对内部报告的形成和使用进行全面评估，重点关注内部报告的及时性、安全性和有效性							
总评　　　　分　　等级　　　级	100						

2. 内部信息传递状况评价

通过调查、访问、测评等，企业在内部信息传递与沟通方面仍存在一些缺陷，见表 2 - 32。

表 2 - 32　内部信息传递状况调查评价

领域/流程	控制缺失及风险描述	控制能力
1. 授权批准	内部信息传递与沟通体系及传递流程尚未完善	差
2. 职责划分	职责不清，记录欠规范，报告没有统一要求，内部传递不畅通，没有充分发挥信息的功能作用	差
3. 资产安全	信息安全制度缺失，保密要求、层级分类不明确	差
4. 法规遵循	对外报出财务信息不统一，未经企业法人审核签字	差
5. 内部审核	内部审计未对信息传递与沟通等进行监督检查	差
6. 其他方面	反舞弊机制建设缺失，员工不知道投诉热线及信箱	差

3. 综合评价

综上所述，公司在内部信息传递与沟通建设中较为薄弱，不能充分发挥防范风险的功能与作用。整体评价为40分，内控等级评定为"差"。

八、信息系统内控状况调查评价

> 企业应当重视信息系统在内部控制中的作用，根据内部控制要求，结合组织架构、业务范围、地域分布、技术能力等因素，制定信息系统建设整体规划，指定专门机构实施归口管理，明确相关单位的职责权限，建立有效的工作机制。

1. 信息系统内控状况调查测评

信息系统控制状况的调查测评，可采用调查、访问、抽查测试等方法。调查测评主要内容，见表2－33。

表2－33　信息系统内控状况调查

调查测评内容	权重	现状					得分
		优	良	中	差	极差	
1. 企业信息系统建设是否拟定了整体规划方案，对建设目标、人员配备、职责分工、经费保证和进度是否明确，并经批准							
2. 企业是否建立与经营管理相适应的信息系统，利用信息技术提高对业务事项的自动控制水平							
3. 在信息系统的开发过程中，是否对信息技术风险进行识别、评估和防范							
4. 信息开发系统是否将业务流程、关键控制点和处理规则嵌入系统程序，实现控制的功能							
5. 信息系统一般控制是否涵盖信息系统开发与维护、访问与变更、数据输入与输出、文件储存与保管、网络安全、硬件设备、操作人员等方面，确保信息系统稳定运行							
6. 信息系统的应用控制是否紧密结合企业事项进行，利用信息技术固化流程、提高效率、减少或消除人为操作因素							
7. 是否在信息系统中设置操作日志功能，确保操作可审计性							
8. 是否组织专业机构对开发完成的信息系统进行验收测试，确保在功能、性能、控制要求和安全性等方面符合开发需求							
9. 是否建立信息系统变更管理流程，操作者是否明确"三不得"							

续表

调查测评内容	权重	现状					得分
		优	良	中	差	极差	
10. 是否建立不同等级授权使用制度、保密和泄密责任追究制度							
11. 是否建立用户管理制度及重要业务系统的访问权限管理、定期审阅系统账号，禁止不相容职务用户账号的交叉操作							
12. 是否综合利用防火墙、路由器等设备，漏洞扫描、入侵检测等软件技术以及远程访问安全策略等手段，加强网络安全性							
13. 是否建立系统数据定期备份制度，明确备份范围、频度、方法、责任人存放地点、有效性检查等内容							
14. 系统运行维护和安全措施是否到位，是否指定专人负责检验，及时处理异常情况，防范信息泄露或毁损，确保信息安全							
15. 信息系统是否建立并保持相关信息交流与沟通的记录							
总评　　分　　等级　　级	100						

2. 信息系统内控状况评价

通过调查、访问、测评等，企业在信息系统控制方面仍存在一些缺陷，见表 2－34。

表 2－34　信息系统内控状况调查评价

领域/流程	控制缺失及风险描述	控制能力
1. 授权批准	企业正在拟定信息系统整体规划方案及目标	差
2. 职责划分	整体方案尚未完成，资源未配备，责任未明确	差
3. 资产安全	信息安全设备缺失，信息安全策略手段不到位，信息备份制度尚未统一建立，由使用者备份保存	中
4. 法规遵循	尚未根据信息系统指引要求，建立信息系统	差
5. 内部审核	内部审计未曾对信息系统建设提出合理化建议	差
6. 其他方面	人员配备不到位，信息系统建设未提到议事日程	差

3. 综合评价

综上所述，企业在信息系统建设方面尚处于起步阶段，未能在内部控制中充分发挥防范风险的功能与作用。整体评价为 30 分，内部控制等级为"差"。

其他部分（略）。

九、内部控制状况整体评价

根据以上测评情况，依据各项要素在经营中的地位及作用，企业的实际状况以及日常控制活动投入等，由企业分别赋予不同的权重。然后求出风险管控的总状况。当然这些要素并不囊括企业经营活动中的所有风险。假定××公司各指标项目赋予权重及测评状况汇总，见表2-35。

表2-35　内部控制现状综合评价

项目	权重（%）	测评分值	实际分值	评定等级	说明
1. 内部环境	30	260	15.9	中	
1.1 组织架构	8	65	5.2	中	
1.2 发展战略	4	50	2.6	中	
1.3 人力资源	6	50	3.0	中	
1.4 社会责任	6	45	2.7	差	
1.5 企业文化	6	50	3.0	中	
2. 业务活动	50	405	25.1	中	
2.1 资金活动	6	40	2.4	差	
2.2 采购业务	6	45	2.7	差	
2.3 资产管理	6	70	4.2	良	
2.4 销售业务	6	60	3.6	中	
2.5 研究/开发	6	50	3.0	中	
2.6 工程项目	6	60	3.6	中	
2.7 业务外包	6	40	2.4	差	
2.8 财务报告	8	40	3.2	差	
3. 控制手段	20	160	9.4	差	
3.1 全面预算	8	40	3.2	差	
3.2 合同担保	4	50	2.0	差	
3.3 信息传递	6	40	2.4	差	
3.4 信息系统	6	30	1.8	差	
综合评价	100	—	50.4	中	

通过以上调查测评，该公司内部控制的现状，从控制要素看："差"有9项，占全部53%；"中"7项，占全部41%；"良"有1项，占全部6%；综合评价为50.4分，内控等级为"中"。可见该公司现行内部控制，不能适应风险管控需要，必须加强。

第九节　运用综合评价方式诊断企业管控风险能力

一、综合评价方式概述

企业要健全与加强风险管理，首先要弄清目前风险管控的现状，明确存在哪些薄弱环节和问题，才能做到"有的放矢"治理企业。一是从"业务单元"入手，运用评价要素评价每一业务单元风险的管控能力。二是从"评价要素"入手，评价每一管控要素管控风险的能力，然后加总测出企业整体管控风险的能力，并通过"棋盘式坐标图"列示。

为了改进经营管理、加强内部控制、完善风险管理，需要对风险管控的现状进行评价。为确保评价做到全面、具体、客观、公正。首先需要确定评价对象和评价要素；其次要根据各评价对象、评价要素的作用大小及发生频率，分别确定其权重；最后要确定评价的计量方法。只有这样才能把握企业内部管控风险的现状、明确存在缺陷，实现评价目的，为建立和健全内部控制制度、加强风险管理、防范风险产生提供依据。

对风险管控现状的评价应从三方面入手：一是评什么，二是用什么评，三是怎样评。"评什么"要解决的是评价对象，企业经营风险主要体现在企业的经营过程中的各"业务单元"，故应以"业务单元"作为评价对象。"用什么评"就是要确定哪些管控因素对"风险"的引发产生影响或发生制约，称为评价因素或管控因素。关于"怎么评"，则主要采用定性与定量相结合"等级"评价法，并以"棋盘式"作支撑。

二、评价对象及权重的确定

（一）确定评价对象

评价对象是指被评价的业务单元。一个单位确定多少"业务单元"，应根据企业的规模大小、所处环境、经营性质、业务的繁简而定。现以××电子公司为例加以说明。

××电子公司处于东部沿海地区，产品较为单一，约180人，根据该公司经营规模及管理现状，评价对象确定为15项业务单元，见表2-36。

（1）公司领导，指公司级层面组织架构、发展战略、目标设定、指标落实。

（2）社会责任，指安全生产、产品质量、环境保护、员工权益保护。

（3）企业文化，指员工的开拓创新、风险意识、诚实守信的经营理念。

表 2－36　企业风险管控能力评价

序号	评价对象（业务单元）	综合分	权重	管控能力		控制（评价）要素及权重					
				等级	得分（％）	授权（10）	职责（15）	规范（25）	执行（25）	记录（15）	监管（10）
1	公司领导	6.00	8	良	75.00	4	4	4	3	4	4
2	社会责任	6.00	8	良	75.00	4	4	4	3	4	4
3	企业文化	4.32	6	良	72.00	4	4	4	3	3	4
4	采购管理	5.04	8	中	63.00	4	4	3	3	3	2
5	营销管理	3.72	6	中	62.00	4	4	3	3	2	3
6	合同管理	3.30	6	中	55.00	4	4	3	2	2	2
7	生产管理	3.60	6	中	60.00	4	4	3	3	2	2
8	资产管理	2.10	6	差	35.00	2	2	2	2	1	1
9	预算管理	1.60	8	极差	20.00	1	1	1	1	1	1
10	资金管理	2.80	8	差	35.00	4	4	1	1	1	1
11	成本控制	2.70	6	差	45.00	3	3	2	2	2	2
12	人资管理	4.08	6	良	68.00	4	4	3	3	4	3
13	财务报告	3.76	8	中	47.00	4	3	3	2	1	1
14	安全运营	4.80	6	良	80.00	4	4	4	4	4	4
15	内部审计	2.80	4	良	70.00	4	4	3	3	4	4
合计		56.62	100		862.00	54	53	43	38	27	38
百分制得分		56.62		中	57.47	72.00	70.67	57.33	50.67	36.00	50.67
管控能力等级		中			中	良	良	中	中	差	中
风险等级		3			3	2	2	3	3	4	3

（4）采购管理，指采购计划的安排、供应商选择、购买验收、付款审核。

（5）营销管理，指营销政策和策略、市场预测、客户信用、舞弊防范。

（6）合同管理，指合同内容及订立、合同履行及监控、合同纠纷处理。

（7）生产管理，指生产计划、日常调度、生产周期控制、生产效率。

（8）资产管理，指固定及无形资产管控、存货周转、积压与短缺。

（9）预算管理，指预算内容全面、编制科学，执行有力、考核刚性。

（10）资金管理，指筹资、投资决策、资金日常调度、资金活动管控。

（11）成本管理，指成本计划与水平，消耗定额、责任落实及业绩考核。

（12）人资管理，指薪酬制度合理、考核科学、关键岗位轮换、员工进出机制。

（13）财务报告，指财务报告要合规合法发挥作用、要有效利用财务报告。

（14）安全运营，指安全风险及责任、安全意识、资格认证、应急预案。

（15）内部审计，指内审制度、内控人员、内审工作报告及内控改善处理。

（二）确定评价对象权重

因为每一"业务单元"的具体业务内容及其在经营管理中的地位及作用有所不同，应分别给予不同的权重。权重如何设置应根据业务单元的具体情况而定，但所有评价对象权重的最终合计必须是"100"。假定××电子公司根据评价对象的重要性大小，分为高、中、低三级，其中每级的权重规定为：高（8）、中（6）、低（4）。15项业务单元的权重综合为100。

三、控制（评价）要素及权重确定

（一）控制（评价）要素确定

控制（评价）要素是指从哪几个方面来评价管控"业务单元"风险的能力，故也称为风险管控能力评价要素。根据"业务单元"的内涵及其在生产经营中的作用，评价要素可多可少。××电子公司的评价因素设定为6项（见表2-39）。各项控制（评价）要素含义介绍如下：

（1）授权。指该项业务单元（即评价对象）的职责、权限、应完成的任务及目标等，是否授给某部门、员工具体负责。既包括对总业务的授权，也包括对某一项具体业务授权。被授权者是否有胜任能力。如合同管理，谁负总的责任，某一项具体业务合同又由哪个人去负责，都应授权，而且要求做到授权明确、内容清楚、要求具体等。它是实施风险管理的前提。

（2）职责。指被授权的"业务单元"的业务内容、职责权限、目标要求、潜在风险以及防范措施等是否明确等。它是实施风险管控重要条件。

（3）规范。指与"业务单元"相关的规章制度、业务流程是否完善，关键风险点是否明确，相关的规定是否全面具体、防范风险的措施与方法是否切实可行等。它是实施风险管控的基础。

（4）执行。指对规章制度贯彻、业务流程的遵循、执行是否有力，控制风险采取的措施与方法是否有效，执行效果是否良好等。它是风险管控的关键环节。

（5）记录。对制度、流程的执行过程、执行中遇到的问题、问题的解决方法、处理的效果等，是否客观如实地加以全面地记录与报告等。它是记载风险管控过程的足迹。

（6）监管。对该"业务单元"涉及的责任者的行为过程及其执行结果，是否有人进行监督/检查及考评。监管是否有力，考核是否科学，奖惩是否到位等。它是风险管控的推动力。

（二）评价要素权重确定

由于各项控制（评价）要素在经营管理中所处的位置不同，发挥的作用各异。为正确评价对"业务单元"潜在风险的管控能力，可根据控制（评价）要素的功能、重要性及其企业特点，分别给予不同的权重。如××电子公司其控制（评价）要素的权重，分别是：授权"10"、职责"15"、规范"25"、执行"25"、记录"15"、监管"10"。总计100。

（三）控制要素计分方法

控制（评价）要素即风险管控制能力要素，是评价确定每一"评价对象"风险管控能力的大小，需要从6个控制要素方面分别进行。然后加总和，求出综合评价得分。就是对"业务单元"风险管控能力的评价结果。

具体方法是：单项控制要素计分是根据它对控制风险作用的大小，分别按：优、良、中、差、极差五级计量。计分标准是：最高为优，计5分、良计4分、中计3分、差计2分、极差计1分。根据对各业务单元风险管控能力的评价结果，分别填入"风险管控能力评价表"。

四、从业务单元入手，评价企业管控风险的能力

测评计算企业管控风险的能力，应首先测量、分析、评价企业对各"业务单元"潜在风险的管控能力。然后再加总求和计算出全部"业务单元"潜在风险的综合管控能力。评价步骤如下：

（一）单项"业务单元"风险管控能力评定

单项业务单元潜在的风险是否发生或发生概率大小，取决于管控风险能力的制约程度，即评价6要素在日常管控风险过程中发挥作用的大小。因此，需要对控制该"业务单元"风险的六项管控要素测评的得分进行加总求和，然后再换算为"百分制"得分。即为该业务单元风险的管控能力。

1. 单项业务单元风险管控能力得分

采用百分制计量。其计算公式如下：

业务单元风险管控能力得分（百分制）＝∑（该评价要素评价得分×权重）÷∑（该评价要素最高等级分×权重）×100

"采购管理"风险控制能力得分 ＝（4×10＋4×15＋3×25＋3×25＋3×15＋2×10）÷（5×10＋5×15＋5×25＋5×25＋5×15＋5×10）×100 ＝63分

其他各业务单元风险的管控能力测评"百分制"得分计算方法同上。

2. 单项"业务单元"风险管控能力评级

它是根据各业务单元风险管控评价得分后按"5级制"评定各业务单元风险管控能力的等级。其中：86分及以上"优"、66～85分"良"、46～65分"中"、26～45分"差"、25分及以下"极差"。如"采购管理"风险控制能力评为63分。根据以上标准，控制采购风险的能力评定为"中"级。

从测评的结果看出，分数越高，表明控制风险的能力越强，相对应的该"业务单元"风险发生的可能性就会越小。相反"业务单元"风险发生的可能性就会越大。可见，它揭露出企业对"业务单元"风险管控的薄弱环节，给风险管控者以明确的提示，为加强风险管控、实施资源配置等指明了方向及重点。

（二）全部"业务单元"风险的综合管控能力

它是在单项"业务单元"风险管控能力评价的基础上，通过加总求和，计算出企业对全部业务单元风险的综合管控能力。但是应该明白不同的业务单元，在企业的经营活动中其作用和地位是不同的，因此需要考虑各业务单元的"权重"因素。

全部业务单元风险管控能力综合得分的计算公式：

全部业务单元风险管控能力综合得分 = ∑（单项业务单元百分制得分 × 权重）

××电子公司全部业务单元风险的管控能力综合评价得分数值计算如下：

全部业务单元风险管控能力综合评价得分 = ∑75% × 8 + 75% × 8 + 72% × 6 + 63% × 8 + 62% × 6 + ⋯ + 80% × 6 + 70% × 4 = 56.62（分）

控制业务单元风险的综合管控能力等级为"中"级，相对应的综合风险等级为"3"级。

五、从控制要素入手，评价企业管控风险的能力

控制要素即控制（评价）风险的要素，它是企业管控风险的最基本的因素。每一控制要素发挥的作用越大，企业控制风险的能力就越强，管控风险能力的等级就越高，风险发生的可能性就越小。因此，需要对控制风险要素的管控能力进行逐项测评，搞清它的实际管控风险的能力。然后汇总求和，判断企业管控风险的能力，从而求出企业潜在风险的等级。

（一）单项控制要素管控风险的能力

单项控制要素管控能力得分（按百分制）= ∑（该评价要素等级得分 × 权重）÷ ∑（该评价要素最高等级分 × 权重）× 100

单项控制要素管控能力的等级采用5级制，是在各业务单元控制要素得分的基础上，加总求和后，再按规定的等级标准，确定其控制能力等级。风险管控能力为5级，其中：86分及以上"优"、66～85分"良"、46～65分"中"、

26～45 分"差"、25 分及以下"极差"。

现以表 2－36 中"授权"控制要素为例，控制能力得分计算如下：

授权要素管控风险能力得分(按百分制) = (4 × 10 + 4 × 10 + 4 × 10 + 4 × 10 + …
+ 4 × 10) ÷ (5 × 10 + 5 × 10 + … + 5 × 10) × 100 = (540 ÷ 750) × 100 = 72 (分)

授权控制要素管控风险能力的等级（按 5 级）是"良"。它是以管控能力所得 72 分，相对应的风险控制能力等级即为"良"，风险等级为 2 级。

根据这一公式，其他控制要素管控风险能力的评价结果：其中授权得 72 分，等级为"良"、职责得 70.67 分，等级为"良"、规范得 57.33 分，等级为"中"、执行得 50.67 分，等级为"中"、记录得 36 分，等级为"差"、监管得 50.67 分，等级为"中"。

根据评价的结果，即可找出控制风险的薄弱环节，如××电子公司风险控制要素中，控能力较差的是"记录"要素，评得"36 分"、等级为"差"。说明该公司在风险管控过程中，缺乏完整详细的记录，未留有足迹，不利于工作的总结和提高。公司可针对表中列示的薄弱环节，分别采取不同措施，从而提高控制风险的能力，防范风险的发生。

（二）整体控制要素管控风险的能力

它是在单项评价要素管控风险能力的基础上。通过加总求和，综合计算出企业整体管控风险的能力。计算公式如下：

整体评价要素管控风险能力评价得分 = Σ（各评价要素得分 × 权重）÷ Σ（各评价要素满分 × 权重）× 100

该企业整体控制要素管控风险的能力计算如下：

整体控制要素管控风险能力评价得分 = (54 × 10 + 53 × 15 + 43 × 25 + 38 × 25 + 27 × 15 + 38 × 10) ÷ (75 × 10 + 75 × 15 + 75 × 25 + 75 × 25 + 75 × 15 + 75 × 10) × 100 = 55.26 (分)

相对应的管控风险能力等级为"中"、潜在风险等级为"3 级"。说明××电子公司管控风险的能力较薄弱。

六、企业整体控制风险能力评价

以上从两方面对××电子公司控制风险的能力进行评价：一是通过对"业务单元"风险的管控能力，评价公司对企业风险的整体控制能力；二是通过"控制要素"评价公司对企业风险的管控能力。由于评价的角度不同，评价对象的权重及评价要素的重要性也不相同，因此，其评价结果是不同的。为得出综合评价结果。可采用以下公式求出。

企业管控风险能力的综合得分 = （业务单元综合得分 + 控制要素综合得分）÷ 2

××电子公司管控风险能力综合得分 = （56.62 + 55.26）÷ 2 = 55.94 (分)

相对应的管控风险能力等级为"中"，风险等级为 3 级。

由此看出，从总体看，该公司潜在风险较大。管控风险的能力较为薄弱，有待进一步加强，以防范风险损害产生。

七、运用综合测评方式应关注几个问题

通过对不同企业的测评，我们体会到，要使测评结果正确反映企业管控风险的能力，必须理论与企业实际相结合，注意处理好以下六方面问题：

1. 选择好测评对象

设定测评对象是关键，设定时既要选择能代表企业风险大小及有关的业务单元或项目，又要注意强调管控风险点，才能正确反映管控企业风险的能力。测评对象应根据企业规模大小、经营业务繁简、组织机构设置、权责分配等设定，一般应设定在 30～50 项，也可按公司级、部门、项目、班组分级设定。

测评对象中应有反映企业经营效率和效果的指标，它是企业是生存发展的基础，是决定企业竞争力/实现战略目标的重要组成部分，测评时不可忽视。

2. 注意各测评对象权重设定

因为不同的测评对象，在实现企业战略目标中反映的风险性质不同，对实现目标影响不同，要体现出轻重缓急。

3. 合理确定评价标准

评定方法是定性和定量、主观与客观相结合，因为影响风险的因素多种多样，对现状的了解不可能太细，故采用分级方法较为客观些。级别设 5 级，每级 20 分，最低 1 级、最高 5 级。

4. 明确各测评对象业务范围

对象确定后应注意划分各对象之间的业务范围，界定各个测评对象具体内容，才能正确反映企业管控风险的能力，从而找准薄弱环节，采取有效措施防范风险产生。

5. 关注控制（评价）要素设定

通常设 6 项较为合适，不宜太多，具体要素可根据企业特点及管控需要设定，但设定时，应特别注意各控制要素对风险的制约能力，根据制约能力的大小，设定不同权重，从而正确反映企业管控风险的能力。

6. 采用有效测评方式

测评目的是提高企业防范风险的能力。风险事事有、处处在，小动作可能酿成大事故。因此防范风险应当全体动员、人人参与，根据干什么、管什么、就测评什么原则，应发动广大员工参与测评诊断，通过自设测评对象、自评管控能力、自我薄弱环节、自评管控优劣、自我完善提高。将企业管理推上一个新台阶，有效控制企业风险产生。

自查自我中的"五自"方针，应分级进行；决策层、管理层、操作层乃至每个人，都应当结合自己工作进行。这样既有利于切中问题要害点，也便于实施有效控制，减少风险损失。

表2－37　企业健康状况诊断综合评价

	项目指标	权重	诊断评价得分	换算后分值	与国内标准比		与国标标准比	
					数值	差异	数值	差异
经营业绩	净资产收益率（%）	10						
	总资产报酬率（%）	7						
	总资产周转率（次）	7						
	流动资产周转率（次）	5						
	资产负债率（%）	5						
	已获利息倍数	4						
	销售增长率（%）	4						
	销售利润增长率（%）	4						
	安全生产	4						
	小计	50						
管理机制	公司治理状况	8			说明：			
	规章制度建设	8						
	人员配备状况	6						
	经营合规性	8						
	小计	30						
风险控制	风险管控机制	6			说明：			
	公司重大风险管控	4						
	各部门风险管控	4						
	风险库建设状况	6						
	小计	20						
合计		100						
综合评价								

附件　××公司风险管控能力诊断评价模型

现以大华公司模拟风险分析过程为例，见表2-38。

表2-38　风险评估分析表

风险类型	权重	风险内涵	打分参考依据	打分标准					得分
				1	2	3	4	5	
				基本无风险	存在较小风险	存在一定风险	存在较大风险	存在重大风险	
一、战略风险	25								81
1. 环境风险	3	政策变动及不公平性待遇对企业制造不利影响；与外部关系恶劣对企业造成不利影响；当地自然环境变化对企业造成不利影响	①政策变动及不公平性待遇对企业筹资和发展等方面带来的不利影响；②未与外部投资者、监管机构和媒体等建立良好关系；③当地自然环境容易变化导致企业遭受损失，而企业缺乏相应的应对措施	有①~③中任何一个		有①~③中的1~2个		全有	3
2. 公司治理风险	4	存在家庭式管理导致治理结构不完善；董事会运作机制不健全；组织机构设置不科学；缺乏授权机制或授权体系不合理；	①企业主要管理岗位由家族人员担任，缺乏相应的制度管理；②董事会或专业委员会的议事机制不健全或无法有效执行，或者董事会缺乏独立董事；③组织机构体系不科学，效率低下；	有①~⑤中任何一个	有①，并且有②⑤中的一个	有①，并且有②⑤中其他一个	有②，并且有其他一个	全有	2

续表

风险类型	权重	风险内涵	打分参考依据	打分标准					得分
				1 基本无风险	2 存在较小风险	3 存在一定风险	4 存在较大风险	5 存在重大风险	
2. 公司治理风险	4	缺乏适当的企业文化	④缺乏分级授权机制导致独断专行，或者授权体系不合理；⑤缺乏适当的企业文化，公司缺乏鼓励创新的态度						
3. 计划与资源配置风险	4	战略的制定、实施或调整存在缺陷；投资决策及执行不科学；企业资源分配不合理；业绩激励机制无效；全面预算管理机制不健全；企业应对环境变化的能力低	①缺乏长期战略，或战略决策程序和调整不科学，或者战略制定不符合企业实际；②投资收益率低于资金成本；③盲目多元化投资，与管控能力不匹配，或者企业投资决策不科学，导致投资规模过大；④资源在各部门分配不合理，或者存在资源浪费或资源紧缺的现象；⑤缺乏业绩激励机制或者业绩激励机制未起到相应的作用；⑥缺乏全面预算管理机制或者业绩预算机制不科学；⑦缺乏适当的企业文化，公司缺乏鼓励创新的态度	有①~⑦中的任何一个	有①，并且有②~⑦中的1~2个	有①，并且有②~⑦中的3~4个	有①，并且有②~⑦中的5~6个	全有	3
4. 并购合作风险	2	并购合作程序不完善或者未起到帮助企业发展的作用	①并购决策程序不科学；②并购合作与战略目标不符合；③并购合作给企业带来的效益很低，未起到帮助企业发展的作用	有①~③中的任何一个		有①~③中的1~2个		全有	2

续表

风险类型	权重	风险内涵	打分参考依据	1 基本无风险	2 存在较小风险	3 存在一定风险	4 存在较大风险	5 存在重大风险	得分
					打分标准				
5. 品牌策略风险	4	缺乏全球品牌意识；品牌安全和独立性得不到保障	①品牌意识淡薄，缺乏品牌策略；②未申请品牌专利，或者品牌常被模仿，并缺乏相应的品牌维护机制	有①和②中的任何一个		有①和②中的一个		全有	5
6. 经营一体化风险	4	集团公司缺乏统一运营的观念和平台；集团公司未形成统一的企业文化	①未与分公司形成统一的运营模式，导致经营秩序的混乱；②未与分公司形成统一的公司文化，并且缺乏有效的解决措施	有①、②中的任何一个		有①和②中的一个		全有	3
7. 信息沟通风险	4	内部信息交通不畅通；与投资者关系不融洽	①企业上下沟通交流渠道不畅，存在员工不能正确理解企业战略和管理者的指令的现象，或者管理者不能及时了解员工意愿的现象；②缺乏与投资者建立良好关系的意识和途径，存在大股东侵犯小股东利益，或者管理者侵犯股东利益的现象，导致股东投资信心降低	有①和②中的任何一个		有①和②中的一个		全有	4
二、市场风险	20								
8. 市场竞争风险	5	行业竞争环境激烈	①行业准入壁垒低，竞争对手多，频繁出现强有力的竞争对手；②出现产品替代品；③存在不正当竞争现象对市场秩序产生影响	有①~③中的任何一个		有①~③中的1~2个		全部有	3

续表

风险类型	权重	风险内涵	打分参考依据	打分标准					得分
				1 基本无风险	2 存在较小风险	3 存在一定风险	4 存在较大风险	5 存在重大风险	
9. 消费者需求及其趋势风险	5	消费者需求变化快并具个性化	①消费者观念和需求变化快；②消费者个性化需求突出	有①和②中的任何一个		有①	·	全有	4
10. 技术革新风险	5	技术革新对市场带来较大影响	新技术的出现使原有设备和产品被淘汰	有				很重	4
11. 新兴市场风险	5	新兴市场对应对能力等提出挑战	海内外新兴市场出现，而且企业不具备相应的市场开拓能力	有			严重		4
三、运营风险	20								69
12. 供应链风险	3	缺乏稳定的战略联盟供应商；对成本控制不严格；低效的物料管理	①缺乏稳定的战略联盟供应商，无法保证稳定的原料供应，或者缺乏对供应商的信誉评价；②缺乏全面成本管理或成本管理混乱；③缺乏系统的物料管理或者物料管理混乱	有①~③中的任何一个		有①~③中的1~2个		全有	3
13. 生产风险	3	缺乏对设备的投入和新技术、新产品的开发；生产能力或生产规模不合理；产品质量没有保障；缺乏对生产经营场所的管理	①设备、技术或产品处于落后地位，缺乏投入或投入效益低下；②生产能力低下，不能满足消费者需求或生产规模不经济；③缺乏产品质量监督意识和措施，导致产品质量低下，返修率高，经常收到消费者的质量投诉和产品责任索赔等；④缺乏对生产/经营场所的管理，维修和安全检查的意识和措施，导致设备陈旧或存在安全隐患	有①~④中的任何一个		有①~④中的二个	有①~④中的三个	全有	4

续表

风险类型	权重	风险内涵	打分参考依据	打分标准					得分
				1 基本无风险	2 存在较小风险	3 存在一定风险	4 存在较大风险	5 存在重大风险	
14. 销售风险	3	产品销售不畅或销路过窄；或赊销所占比重较大，存在大量应收账款，资金回笼慢；顾客对产品满意度低；产品定价不合理	①产品销售过分依赖部分客户，或市场占有率呈下降趋势，或应收账款增长率高于收入增长率；②顾客投诉多，满意度低，并且缺乏多顾客投诉的相应解决措施；③产品定价不具备竞争力或不能覆盖成本	有①~③中的任何一个		有①~③中的1~2个	全有		4
15. 市场营销风险	3	市场调研结果不准确或代表性不强；市场推广方式和费用存在问题；缺乏新的销售渠道	①缺乏市场调研或者市场调研程序、方法不合理，或者调研结果不准确，导致盲目追随市场热点，不考虑市场的实际容量；②推销匮乏或者强行推销，市场推广采用虚假宣传，广告费用巨大；③缺乏开发新客户和新销售渠道的必要措施	有①~③中的任何一个		有①，并且有②~③中的1~2个	全有		3
16. 运营控制	3	缺乏完善的运营控制机制；运营决策缺乏稳定性	①缺乏运营控制意识和措施，或者运营控制效果差；②缺乏运营决策程序，或者运营决策程序不科学，导致决策的盲目性和随意性，运营决策变动频率高	有①~②中的任何一个		有①，有②	全有		4
17. 人力资源风险	3	缺乏完善的机制应对关键人员的变动；人力资源招聘和管理机制不健全；缺乏良好的培训机制；	①核心人物、核心领导层出现问题及高层管理人员出现问题或离开容易引发企业动荡；②缺乏人才招聘和管理机制或上述机制不健全导致优秀技术人员和管理人才不足；	有①~④中的任何一个	有①~④中的一个	有①~④中的二个	有①~④中的三个	全有	3

风险类型	权重	风险内涵	打分参考依据	打分标准					得分
				1 基本无风险	2 存在较小风险	3 存在一定风险	4 存在较大风险	5 存在重大风险	
17. 人力资源风险	3	缺乏有效的补偿、奖金及激励措施	③缺乏培训机制或培训机制不健全导致培训结果不佳；④缺乏合理有效的补偿、福利、奖金和激励措施						
18. 信息技术风险	2	缺乏准确、有效的信息系统基础设施或数据保密及安全管理机制不健全；无法及时获取所需信息	①缺乏信息系统或信息系统不完善，或系统不能准确处理数据或处理不正确的数据，或数据容易泄露；②由于线路中断、操作者失误等事故导致数据传输中断，无法及时获取所需信息	不完全有①~②中的任何一个		有①~②中的任意一个		全有	3
四、法律风险	15								54
19. 政治法律环境风险	3	无法及时有效地应对政治、法律环境变化	①缺乏获取政治、法律环境变化信息的渠道或重大政治事件发生导致主营业务收入（利润额）大幅度降低；②缺乏相应的机制应对政治、法律环境变化，例如把握机遇、规避重大不利影响或新法律法规导致主营业务收入（利润额）大幅度降低	不完全有①~②中的任何一个		有①~②中的任意一个		全有	4
20. 法律法规遵从性风险	3	对法律法规的遵从性需要进一步提高；对知识产权法的利用和遵从还需要进一步提高	①缺乏检查自身是否遵从法律法规的意识或行动，或存在违反相关法律法规或钻法律漏洞的现象，或企业违反法律法规引发的诉讼、仲裁数增加；	不完全有①~②中的任何一个		有①~②中的任意一个		全有	3

续表

风险类型	权重	风险内涵	打分参考依据	打分标准 1 基本无风险	2 存在较小风险	3 存在一定风险	4 存在较大风险	5 存在重大风险	得分
20. 法律法规遵从性风险	3		②缺乏知识产权意识，或缺乏必要的人力和物力有效应对知识产权纠纷或侵犯知识产权引发的诉讼、仲裁件数增加						
21. 道德操守遵从性风险	3	企业利益未同社会利益有机结合；管理者存在舞弊行为；员工或第三方存在舞弊行为；通过财务、合同或其他形式进行欺诈	①企业与社会利益冲突引起社会负面影响或转移资产、虚报财务数据导致的诉讼案件数增加；②管理者监督机制和利益制衡机制不健全，导致管理者存在渎职行为，任意挪用公司资产，任意进行公司决裁，或者制定过分激进的决策等；③不具有完善的员工或第三方监管机制；④企业内缺乏对财务和合同的自查和监督的机制或机制运作效率不高	不完全有①~④中的任何一个	有①，并且有②~④中的1个	有①，并且有②~④中的2个	有①，并且有②~④中的3个	全有	4
22. 重大协议和贸易合同风险	3	缺乏有效保障重大协议和贸易合同签订和执行的机制	①合同条款不完善，存在隐患或合同执行不力；②企业签约不善导致的利润损失增加；③企业签约不善或过失导致的诉讼、仲裁案件增多	不全有①~③中的任何一个		有①~③中的1~2个		全有	3
23. 重大法律纠纷风险	3	缺乏应对重大法律纠纷的机制	①缺乏减少应对重大法律纠纷的意识；②缺乏足够的内部和外部法律支持来避免重大法律纠纷，例如未设立专职律师、律师执业水平的评估制度和工作评价制度不完	不全有①~②中的任何一个		有①~②中的任意一个		全有	4

续表

风险类型	权重	风险内涵	打分参考依据	打分标准 1 基本无风险	2 存在较小风险	3 存在一定风险	4 存在较大风险	5 存在重大风险	得分
23. 重大法律纠纷风险	3		善、企业法律纠纷处理不具有事前制度规定、专项预案不具备等						
五、财务风险	20								64
24. 财务报表风险	4	会计政策缺乏一致性或会计估计激进或保守；信息披露不符合要求；税收缴纳不符合国家税务规定；抵押担保物资的来源和操作方式不当	①会计政策或会计估计变更周期过短或超出同业水平；②信息披露不及时不完整，受到相关部门的警告或处罚；③税金缴纳的时间和数量违反了国家税务法；④担保抵押占资产总额比率高或抵押担保方式违反法律法规	不全有①~④中的任何一个	有①，①~④中的1个	有①，并且有①~④中的2个	有①，并且有①~④中的3个	全有	4
25. 流动性风险	3	现金管理缺乏效率；信贷和收款机制不健全	(1) 速动比率：①-1 超过行业平均范围；①-2 介于行业平均范围；①-3 低于行业平均范围；(2) 账龄超三个月应收账款占应收账款总额比例：②-1 超过行业平均范围；②-2 介于行业平均范围；②-3 低于行业平均范围	有①-1 和②-1	有①-1 和②-2 或者满足①-2 和②-1	未描述到的其他情况	有①-2 和②-3 或者①-3 和②-2	有①-3 和②-3	3
26. 金融市场价格风险	3	利率变动对企业影响大；汇率变动对企业影响大；缺乏或不正确使用衍生金融工具	利率和汇率的规避情况：①-1 采用十分合理的衍生金融工具规避利率和汇率变动带来的绝大部分损失；①-2 采用比较合理的衍生金融工具规避利率和汇率变动带来的多数损失；	有①-1	有①-2	有①-3	有①-4	有①-5	3

续表

风险类型	权重	风险内涵	打分参考依据	打分标准					得分
				1	2	3	4	5	
				基本无风险	存在较小风险	存在一定风险	存在较大风险	存在重大风险	
26. 金融市场价格风险	3		①-3 采用一定的衍生金融工具规避利率和汇率变动带来的一部分损失；①-4 采用不合理的衍生金融工具规避利率和汇率变动带来的小部分损失；①-5 未利用金融衍生工具来规避利率和汇率变动带来的损失						
27. 资产管理风险	3	存货管理机制不健全；总资产管理机制不健全	(1) 存货周转率所处的行业水平：①-1 优良 ①-2 中等 ①-3 较差 (2) 总资产周转率所处的行业水平：②-1 优良 ②-2 中等 ②-3 较差	有 ①-1 和 ②-1	有 ①-1 和 ②-2 或者 ①-2 和 ②-1	未描述到的其他情况	有 ①-2 和 ②-3 或者有 ①-3 和 ②-3	有 ①-3 和 ②-3	4
28. 盈利能力风险	4	盈利能力低下	(1) 自身毛利率与行业平均毛利率比较：①-1 自身毛利率高于行业平均毛利率 ①-2 自身毛利率低于行业平均毛利率 (2) 净资产收益与同期贷款利率比较：②-1 净资产收益高于同期贷款利率 ②-2 净资产收益低于同期贷款利率	有 ①-1 和 ②-1		未描述到的其他情况	有 ①-2 和 ②-2		3
29. 融资风险	3	融资结构不合理；资产可获得性低	(1) 负债与权益的比率x；①-1 x≤0.5 ①-2 0.5<x≤1 ①-3 x>1 (2) 融资渠道和利用程度：	有 ①-1 或 ②-1	有 ①-1 和 ②-2 或者有 ①-2 和 ②-1	未描述到的其他情况	有 ①-2 和 ②-3 或者 ①-3 和 ②-2	有 ①-3 或 ②-3	2

续表

风险类型	权重	风险内涵	打分参考依据	打分标准					得分
				1 基本无风险	2 存在较小风险	3 存在一定风险	4 存在较大风险	5 存在重大风险	
29. 融资风险	3		② – 1 存在多种融资渠道，有效利用融集资金； ② – 2 存在一定的融资渠道，能较好地利用融集资金； ② – 3 融资渠道匮乏，不能较好地利用融集资金						
综合	100		实测：风险分值为 69.95 分，风险等级为"高"。抗风险能力为 30.05 分，相当"2 级"，应采取措施提高抗风险能力。						

评级计分方法说明：

（1）风险评级：打分标准分 5 级，最低 1 分，最高 5 分，分值越高，风险越大；风险大小根据该风险因素对目标影响结果及发生可能性大小确定。风险等级见表 2 – 39。

现以大华公司为例，其风险大小分为 5 级，具体标准见表 2 – 39。

表 2 – 39

风险等级	1 级	2 级	3 级	4 级	5 级
定量分值	20 分以下	20～39 分	40～59 分	60～79 分	80 分以上
定性描述	极小	小	中	高	极高
具体表现	基本无风险	有较小风险	有一定风险	有较大风险	有重大风险
抗风险能力	1 级	2 级	3 级	4 级	5 级
定量分值	20 分以下	20～39 分	40～59 分	60～79 分	80 分以上
定性描述	较差	差	中	强	较强

抗风险能力 = 1 - 风险等级（分值），企业风险越大，抵抗风险的能力就越小。

（2）权重设定：采用百分制五，全部指标合计为 100 分，由于某部分或某项指标在企业经营中的作用/地位不同，赋予不同的权重，作用/地位越重要、赋予权重分值越大，但全部分值为 100 分，或为"1"。各部分或某项指标权重赋值多少？由诊断评价人共同议定，或采用打分方法，由参评人员各自打分，最后综合确定其权重。

（3）分值计算：综合得分 = ∑各部分得分×权重

各部分得分 = ∑各项指标×权重

仍以大华公司为例：战略风险得分 20.25 =（环境风险权重 3×得分 3 + 公司治理风险 4×得分 2 + 计划与资源配置风险 4×得分 3 + 并购合作风险 2×得分 2 + 品牌策略风险 4×得分 5 + 经营一体化风险 4×得分 3 + 信息沟通风险 4×得分 4）×战略风险权重 25%

以同样方法求得其他部分分值分别为：市场风险 15 分、运营风险 13.8 分、法率风险 8.1 分、财务风险 12.8 分。

测评结果大华公司风险分值：69.95 分 = 20.25 + 15 + 13.8 + 8.1 + 12.8

风险等级为"大"。

抗风险能力 = 1 - 风险分 = 1 - 69.95 分 = 30.05 分。相当 2 级，"差"。

（4）打分方法：由于参评诊断人员所处地位不同、掌握信息资料不同、风险偏好不同，对未来的分析判断不同，因此在测评时对不同风险应给予不同的权重。例如大华公司模拟权重见表 2 - 40。

表 2 - 40　大华公司打分模拟权重分配

风险类型		评分级别	权重
战略风险	一、环境风险		
	1. 政策环境风险	独立董事	25%
		监事会	25%
		董事会	15%
		高管层	15%
		审计部经理	15%
		财务部经理	5%
	2. 舆论环境风险	独立董事	25%
		监事会主席	25%
		董事会	15%
		高管层	15%
		企划宣传部	10%
		销售部经理	10%

续表

风险类型		评分级别	权重
战略风险	3. 自然环境风险	独立董事	25%
		监事会主席	25%
		董事长	15%
		高管层	15%
		各部门经理	20%
	二、公司治理风险		
	4. 家族式管理风险	独立董事	30%
		监事会	30%
		董事会	5%
		高管层	10%
		人事部经理	15%
		其他部门经理	10%
	5. 董事会运作风险	独立董事	30%
		监事会	30%
		董事会	5%
		高管层	10%
		审计部经理	15%
		其他部门经理	10%
	6. 组织机构风险	独立董事	30%
		监事会主席	30%
		董事长	10%
		高管层	10%
		各部门经理	20%

以下略。

第三章 企业财务管理诊断

财务是企业生存发展的基础，当今世界没有"钱"什么事也办不成。但有了"钱"理不好，也受穷。财务管理就是管钱怎么来？又用到了何处？用得是否有效！如何用才更有效……随时代发展，财务管理的角色、功能也在不断地更新与强化，原来的管理理念与方法亦难以适应。近几年发生的世界性货币危机，汇率大战，给财务管理提出新课题、新要求、新任务。财务管理诊断目的就是要找出财务管理中的薄弱环节和突出问题，即"短板"和"瓶颈"，并加以治理，以适应形势所需，促进企业"做强做优"，争创世界一流，这就是财务管理诊断治理的目标。为达其目标，首先要明确企业存有哪些短板，瓶颈在哪里？治理才能有"的"放矢，效果才能"事半功倍"。

第一节 企业财务诊断的内容、标准及其病态

一、企业财务诊断意义

纵观财务发展历程，人们会惊奇地发现，在企业各项管理活动中，没有一项能像财务管理那样，随着经济的发展、企业制度的变迁和企业组织的复杂化，其自身的职能、地位和重要性也不断地被强化和提高。财务管理由最初的资金核实、分配和结算的最基础职能逐步上升为企业运营和管理核心。财务决策与营销决策、生产决策一起构成了决定企业前途及命运的三大支柱性决策。随着经济全球化和一体化的到来，各国经济朝着国际化、集团化、规模化方向迅猛发展，市场激烈竞争迫使企业努力降低成本和创造利润。借着信息技术、网络技术的强力支持，以企业优良运作为目标，并渗透到企业经营各个环节的财务及其管理正经历着一场深刻的革命。

从全球众多跨国公司的内部管理变化不难看出，加强企业管理，核心是加强

财务管理；加强了财务管理，也就是加强了企业管理！因为企业"人、财、物"的运用，"产、供、销"运行，"管理、技术、信息"有效发挥，都会在财务指标中体现出来。人们已经意识到：要想企业健康生存发展，就必须通过财务指标数据对企业的资金筹措、运营、调度、分配等进行全流程的管理，以高层建瓴地驾驭企业的经营动作；若想在竞争中抢占先机，就必须善于利用财务数据进行成本核算、财务控制和盈利分析，并制定完善的运营方案；只有通过财务信息数据才能正确评价工作的成果、绩效优劣，企业领导者的才能与智慧。可见深入开展财务系统的分析诊断，分析财务弊病的表现及产生根源，找出原因采取有效措施，给予有效的治理，是企业健康发展的基础和关键。

二、财务管理诊断内容及所需资料

企业财务弊病的产生与企业销售、生产、购进、储存中是否发生弊病密切相关。因为财务管理的对象是资金，资金是企业财产、物资和应收债权等的价值表现、企业销、产、供、储中的各种弊病的发生，必然影响企业的资金运动，这必然引起财务弊病产生。同样财务所管理的资金一旦发生弊病，也必然影响销、产、供的正常运行。除此之外，财务弊病产生还与资金筹措、资金投放、收入与支出、成本与费用、利益与分配，以及资本积累等方面都有密切联系，同时它也与企业领导者的才能与智慧有关。所以，财务诊断分析应着重以下内容：

1. 财务管理诊断内容

①财务报告的真实性、合规性及利用的有效性；

②企业各种类型资产的实有状况及其运用情况；

③各种负债的实有状况及其需要偿还状况；

④企业实收资本、资本公积、盈余公积和未分配利润的实际数及其构成；

⑤企业盈利或亏损的形成，利润的分配情况；

⑥企业的收入和成本、费用的支出情况，它们之间构成情况；

⑦财务预算、标准成本、财务控制的制定与完成情况；

⑧投资计划的制定与实施情况；

⑨研发资金投入和使用情况；

⑩重大财务决策及实施的情况；

⑪会计账簿和会计账户设置、会计制度与会计政策的运用、会计报告编制与会计凭证保管情况；

⑫各种资产的报废损失情况等。

2. 财务管理诊断需要的资料

财务诊断需要的资料，主要有：

①本期和近两年的财务会计报告及其附注，包括附表及审计报告，以及各种

资产、负债、成本、费用明细表；

②本期和近两年的会计账簿和会计凭证，现金日记账和银行存款日记账，银行对账本、调节表、备查登记簿等；

③本期和近两年的财务预算、财务分析，成本费用分析以及预算执行控制情况；

④与财务有关各种合同及其执行情况；

⑤财务制度、会议制度及各种与财务有关的制度及规定；

⑥企业内部财务控制制度。

三、财务管理诊断的重点与指标

1. 财务管理诊断重点

财务诊断的主要目的是找出危害企业生存与发展的主要弊病，以便为追踪检查和有效治理提供线索和依据。财务诊断的重点及核心是资金运行"合规、有效"，资产安全完整，报表真实可靠。具体内容有以下几方面：

（1）在资产占用方面：重点检查现金、银行存款、应收款项、应收票据、存货、固定资产、长期投资、递延资产的实有情况，资产减值准备计提情况及可能的潜在损失，各种资产变动及其构成情况。

（2）在负债方面：重点检查各种借款、应付债券、长期应付款的实有状况和偿还能力状况，或有负债的风险状况。

（3）在经营成果方面：企业盈利或亏损的形成及主要原因，利润分配情况。

（4）在资产运行方面：各种资产的运行是否正常，使用上是否有效率及效益。

（5）在财务决策方面：重点诊断投资、筹资决策的正确性及有效性。

2. 财务管理诊断指标

诊断财务弊病主要从大处着手，即从反映企业财务状况好坏以及影响企业生存与发展的几个主要财务指标进行。这些主要财务指标有：

（1）利润率。主要有资本金利润率和销售利润率。资本金利润率即投资收益率，销售利润率即经营利润率，这两个指标是从投资和经营两个不同的角度反映投资效益与经营效益的情况。前者为投资者所用，后者为经营者所用，这两个指标，都是正指标。利润率越高越好。反之，盈利水平越低，表明状况不佳，如果出现亏损率，且亏损率越大表明净资产流失越严重，如不及时采取措施，扭转亏损局面，就必然危及企业生存，也无健康而言。

（2）资金周转率。它可用资金周转次数和天数两种指标分析。资金周转速度越快，周转天数就越少，表明资金运用和经营状况良好；反之，周转速度越慢，周转一次所用天数越多，表明资金运用和经营状况两个方面都有严重问题存在，资金周转率还可分别用存货周转率、应收账款周转率、应收票据周转率等，进行不同方面的分析，并与上期及近几年的情况进行比较，分析诊断企业资金周转及运用方面存在弊病。

（3）资产负债率。它是企业债务状况及偿债能力的总体指标。资产负债率低，表明企业负债不多，偿债能力强，财务状况良好；资产负债率高，表明企业举债严重，偿还能力差，财务状况不好，如果资产负债率超过100%，表明企业已资不抵债，净资产流失殆尽，企业已无法继续生存下去。

资产负债率，还可以用流动资产负债率（流动比率）、速动资产负债率（速动比率）等指标进行分析检查其流动负债的偿债能力。

（4）资产结构。资产结构是指各类资产占全部资产的比重。其中，货币资金占全部资产比重较大，则表明企业用于资金周转的货币资金较多，财力较强；反之，表明能用于资金周转的货币资金较少，企业资金周转就会出现困难。

（5）资金成本率与投资收益率。投资收益率高于资金成本率越多，表明举债经营效益越好；反之，投资收益率低于资金成本率或低于资金成本率很多，表明举债经营效益不好，所借入资金不能创造效益而且还失去本金，这类企业难以继续经营下去。

（6）票据贴现额。应收票据贴现要支付贴现利息。它会给企业带来两种不利影响。一是贴现额越多，支付贴现利息越多，减少盈利越多；二是贴现利息实质上是把应由客户负担的利息转为企业负担。如票据到期一旦发生退票，银行要向企业收回贴现款，使企业的货币资金减少，很容易陷入困境。所以，票据贴现越多，表明企业资金越紧张，短缺资金现象越严重，财务风险也越大。

（7）坏账损失率，坏账损失率是坏账损失额占应收账款的比率，损失率越高，损失也越大。

（8）各项资产减值准备率。存货、固定资产、在建工程、对外投资等减值准备占该资产价值的比率称为该项资产的减值准备率，减值准备比率越高，表明该项资产现实质量不好，它已不能按账面价值对外出售，其实质说明该项资产已发生了贬值，企业的资产已发生了损失。

财务弊病的诊断，如能抓住上述指标进行分析就能很快了解企业财务状况的好坏，以及企业的致命弊病。如能掌握有效的分析诊断方法并熟练地应用，即能取得财务诊断的良好效果。

四、企业财务诊断标准

诊断企业是否健康要通过一系列财务指标，各项财务指标应有一个健康标准值，才能将测算实际值与之对比，从而判断企业是否健康。

诊断企业在财务方面是否健康的标准有两种：一种是国务院国资委财务监督

与考核评价司按年统计发布的《企业绩效评价标准值》（以下简称"标准"）。它是运用数理统计方法将全国国有企业、分行业、分大、中、小类型进行统计，然后计算出优秀值、良好值、平均值、较低值和较差值。同时还有 18 个行业，20个指标的绩效评价国际标准值。企业计算出有关指标后，与之相比即可了解企业在全行业中处于何种水平，与国际同行相比较又处于何种状况，从而判断企业是否健康。

另一种是企业根据自己特点及以往具体情况而制定标准（或目标）。如某企业连续几年发生亏损，而今年确定目标是扭亏为盈，经过全体员工努力，年终实现了一定利润。这个企业如果同国家统一标准化可能是较差的，但就企业本身来比，已经发生了根本性转变，其效果已不错。这个标准由企业自定。

企业财务指标的标准值，有资本金利润率、销售利润率、资金周转率、资产负债率、流动比率、速动比率、资产结构、标准成本率、标准费用率等。

企业标准值的确定，要根据企业的具体情况而定，不能千篇一律。在制定企业标准时，应考虑下列各种因素及要求：

（1）企业财力的大小，它取决于企业资本金多少。

（2）企业经营规模大小及行业性质，以及对资金需要。

（3）企业经营战略目标、利润目标及要求。

（4）资金市场利率和资金成本，企业生产成本和"三项费用"。

（5）各种投资风险和企业经营风险的大小。

（6）企业生产经营的获利能力和获利水平。

在对上述各种因素和要求进行分析研究后，并在量、本、利分析和风险分析的基础上测算出有关财务指标的标准值，作为诊断分析判断的依据。现将几个主要财务指标的企业标准值的确定方法介绍如下：

（1）资本金利润率企业标准值的确定。

资本金利润率，即投资收益率，应在确定资金成本的基础上进行测算确定。资本金利润的企业标准值，通常应高于资金成本的 100%～150% 的区间范围内。因为一项投资若举债经营，除去支付资金成本外，还要充分估计各种投资风险和经营风险带来的损失，以及可能发生的潜在费用及损失。资本金利润率标准值在高于资金成本的 100%～150% 的区间范围内，就有可能承受住各种风险和经营风险的损失和潜在费用，既能获得一定的收益，又能避免发生严重亏损的局面，从而增强企业举债经营的安全性。

（2）资金周转率企业标准值的确定。

资金周转率一般都是用流动资金周转次数或周转一次所需天数来表示，企业标准值的确定，一般是根据企业经营规模的资金需要量、生产周期、生产批量和资本金利润率的标准值要求，经过分析测量后确定的，如企业产品生产周期长、生产批量大，则占用流动资金就多，资金周转就慢；相反，需要资金量就少，资金周转就快。因此，应在测算确定材料储备期、产品生产周期、产品储存期、货款结算期和销售额的基础上，再确定流动资金周转率。一般企业流动资金正常周转次数每年为12次，即每月一次。当然它与企业所处行业有密切联系。

（3）资产负债率企业标准值的确定。

资产负债率的标准值，通常是根据企业资金周转情况和实际偿债能力来测定的。一般其标准在20%～30%区间范围较为适宜。如超过30%，企业压力就会增大，偿债能力就会减弱。超过标准值越大，企业偿债能力越差，财务风险越高。如果资产负债率高于100%，企业就已经陷入资不抵债的困境。再者企业资产的账面价值，并不等于资产的实际价值。如果用资产变现去偿还债务，还要发生一部分损失。如存货和固定资产其账面价值包括一部分残次、呆滞、不需用、技术落后不适用等在内，使实际价值大大低于账面价值。还有企业的待摊费用、递延资产、无形资产等作实体资产，不能作为偿还债务使用。应收账款，有些也难以如数收回。所以，企业的资产负债率标准值不宜定得偏高，一般定在20%～30%之间较为稳妥。

上述三种企业标准值的测定方法，不是固定不变的，各企业可根据自己的具体情况、社会环境、以往实践来确定其水平。

五、企业财务会计的主要弊病及其危害（见表3-1）

表3-1　企业财务会计的主要弊病及其危害

弊病种类	产生原因	表现所在	危害结果
报表欺诈	（1）弄虚作假修饰财务报表； （2）对不同报送不同内容报表	完不成指标改变业务性质，人为调节会计数据	欺骗投资者及利益相关者，一旦被查出会遭受罚款或刑事处分
隐匿收入不入账	（1）行为人动机不良进行舞弊； （2）会计人员与领导人员勾结舞弊； （3）内部控制不严，制度不健全，监督不力	将收入列作负债或账外资产，不入账，或将收入私吞贪污	利润减少，或导致亏损，资产流失，偷逃税收，抽逃资金
抽逃资金	（1）行为人营私舞弊； （2）内部控制不严、制度不健全； （3）投资者抽逃资金	假借名义将资金通过银行账户转出，或直接抽走现金、存货和其他资产	资产流失，经营困难，危及生存

续表

弊病种类	产生原因	表现所在	危害结果
应收账款过多	(1) 盲目赊销，销售、财务人员不负责任； (2) 内容控制不严，催讨不力	应收账款逐年增加或猛增	大量资金被人占用，资金周转困难，呆账增多，经营困难
债务过大	(1) 盲目借债经营，购置设备、房产； (2) 盲目借债投资于其他投资项目	长期债务、银行贷款不断增加、利息支出增加。应付款项到期不还	企业负担加重，资产不能抵偿债务。造成信用危机
凭证失真	(1) 行为人舞弊，伪造凭证，侵吞钱财； (2) 审核控制不严，制度不健全	凭证内容虚假，支出数额多写，收入数额少写。假发票、假报人数	破坏会计基础，资料不真实，资产流失
虚报费用	(1) 行为人舞弊、贪污； (2) 审核控制不严，制度不健全	利用公出将私人开支假借名义多报费用，中饱私囊	费用增加，利润减少，或导致亏损，净资产流失
成本无控制	(1) 商品、材料购进成本升高； (2) 产品生产废品增多，材料消耗量增加； (3) 工资成本过高； (4) 产品售价低	销售成本率过高，甚至超过百分之百，形成毛亏。 产品成本的明细核算，产品成本不实，定额脱离实际或无定额	经营亏损增加，净资产流失，无法经营。 经营决策失误、材料浪费、效益低下
虚盈实亏	(1) 领导人员动机不纯，骗取上级和外界信任； (2) 会计人员成本、利润计算错误	(1) 虚减成本费用； (2) 虚增收入； (3) 虚增资产	经营状况、财务状况不实，多缴所得税，利润减少
虚亏实盈	(1) 领导人员有不良企图，抽逃资金； (2) 会计人员将收入、成本利润计算错误； (3) 会计制度不全，账目混乱	(1) 虚增成本费用； (2) 隐匿收入； (3) 虚增负债，虚减资产	少缴所得税，政府收入减少；抽走资金，净资产减少
固定资产膨胀	(1) 盲目购置设备房屋； (2) 盲目扩大厂房； (3) 决策失误	(1) 固定资产猛增； (2) 流动资金猛增； (3) 银行贷款猛增	流动资金短缺、负债增加，偿债能力下降，成本费用猛增，资金周转困难

弊病种类	产生原因	表现所在	危害结果
盲目兼并收购企业	(1) 经营战略、开发项目选择错误； (2) 缺乏调查研究，未作预估分析； (3) 决策错误	(1) 兼并后企业负担加重，经营状况、财务状况恶化； (2) 负债、亏损增加	举债经营，困难重重，妨碍企业发展
网点设置不当	(1) 缺乏调查； (2) 市场选择错误； (3) 大量产品积压	销售网点偏离居民中心区；商品销售不多	销售收入减少，成本增加，利润减少，或亏损而无法经营下去
产品无销路	(1) 产品质量、款式、性能不佳； (2) 销售方法不当或销售渠道不畅通； (3) 产品周期已过，继续盲目生产	产销比率下降，销售量低于产量	销售收入减少，存货积压，资金周转困难
不良资产越多	(1) 经营不善，管理不严，盲目采购； (2) 行为人收受贿赂，或责任心不强； (3) 决策失误	应收账款与应收票据中的呆账，购进的设备性能低劣无法使用，残次变质商品增多，到期债权、担保赔偿款无法收回	资金被人占用，资金周转困难，利润减少。库存增大
挪用资财	(1) 经管钱财的人员不良动机所犯； (2) 控制不严职能不分立，缺乏监督检查； (3) 出纳人员贪污舞弊	现金短缺，物资短缺，货款收入不入账，或转作私用。财产丢失	资金被人占用，或资产损失，影响资金周转，或导致经营困难
会计资料不实	(1) 会计人员利用会计技巧掩饰真实状况； (2) 领导人员授意会计人员掩饰真实状况； (3) 会计人员业务水平与能力低下； (4) 检查不严，制度不健全	会计报表与账簿记录不真实，不正确，成本、利润计算错误，账实不符	不能真实反映经营状况和财务状况，导致账目混乱，弊病丛生

续表

弊病种类	产生原因	表现所在	危害结果
偷逃税款	(1) 不如实填报税务申请，形成少缴税款； (2) 找假凭证抵缴税款，抽逃税金	变造假凭证，捏造假数据，发票与业务不符，业务发生与报税时间不一致	违犯国家法规，影响国家税收，一旦被查出，要被罚款与判刑
经营决策失误	(1) 缺乏调查研究，未作可行性研究，或研究不正确，信息不灵； (2) 方案选择错误，缺乏决策经验	投资项目或重大交易、经济事项决策失误	造成经济损失，且不易改变，影响企业发展
经营战略错误	(1) 错误的经营思想和经营观； (2) 未作调查研究预测分析； (3) 领导决策失误	产品开发和项目选择错误；市场选择错误；措施不当，竞争策略错误	导致经营失败，无法达到目标的要求

六、诊断财务管理弊病的方法步骤

诊断财务管理弊病的方法主要有比较分析法、比率分析法、趋势分析法、期龄分析法、结构分析法等，它利用的工具依据是财务报表。诊断通常按下列步骤进行。

（1）搜集。广泛搜集与财务诊断有关的各种资料及规定，听取调查有关人员意见；

（2）核对。将收集到会计报表及其他有关资料，与账户金额进行核对，检查其真伪性有无欺诈及差错；

（3）调整。如发现差错，或由于某些客观原因或政策性规定所形成的影响额应给予调整；但如存在欺诈，则应高度重视。

（4）计算。将经调整后的会计报表数值，分别计算得出各种比率、比较结构等指标。

（5）比较，将计算得出各种比率及结构等指标与前期（或前三年的情况）及同行业、同规模类型企业标准值或行业平均值进行比较，检查有无异常现象。

（6）分析。对应收账款、存货和固定资产应进行期龄分析，观察了解货款被拖欠、存货储存期、新增固定资产的效益情况检查分析有无异常现象。

（7）整理。综合分析诊断结果，予以整理，找出财务方面的主要弊病，并为追踪深入诊断提供线索和依据。

第二节 资产负债表诊断分析

资产负债表全面反映了企业的资产、负债和所有者权益情况。通过资产负债表要素项目构成分析，可了解企业的健康状况；通过近期的资产负债表诊断分析可了解企业的近期健康状况；通过分析连续几年资产负债表指标的变动趋势，可诊断企业健康状况变化情况。

一、通过资产负债表构成诊断企业健康状况

1. 从资产负债表要素构成诊断企业健康状况

资产负债表是反映企业某一特定时间的财务状况报表，是由资产、负债和所有者权益要素所构成。这三项要素的不同构成比例，反映了企业的不同健康状况、稳健性及财务风险性。为了便于比较，根据其要素对称构成比例的不同，可概括分为 A、B、C 三种类型（见图 3-1）。

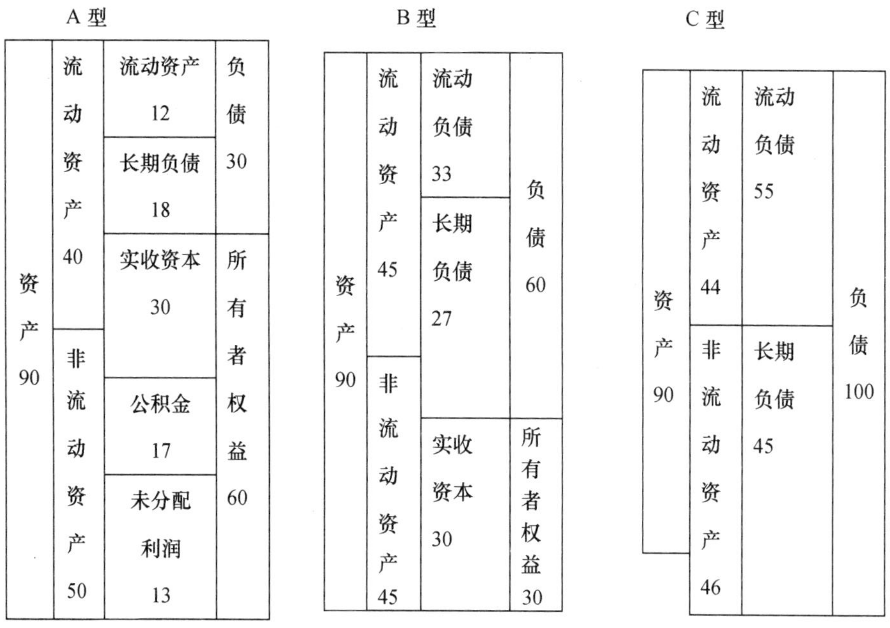

A 型

资产 90	流动资产 40	流动资产 12	负债 30
		长期负债 18	
		实收资本 30	所有者权益 60
	非流动资产 50	公积金 17	
		未分配利润 13	

B 型

资产 90	流动资产 45	流动负债 33	负债 60
		长期负债 27	
	非流动资产 45	实收资本 30	所有者权益 30

C 型

| 资产 90 | 流动资产 44 | 流动负债 55 | 负债 100 |
| | 非流动资产 46 | 长期负债 45 | |

图 3-1 资产负债表要素构成类型

A 型为健康状况正常企业的资产负债表的要素构成状况，虽然各企业表中各项目金额的横线位置会有些不同，但基本上都是 A 型的布局或结构，所以可以称

为理想型结构，这类企业的财务状况是比较好的，也是比较稳固的。

B 型为健康危险型企业的资产负债表的要素对称构成状况，也称为危机型结构。这里又有三种情况：①如图 - B 型所示，既无积累（即公积金和未分配利润）也无亏损，在此情况下，如经营产生盈利，能转化为 A 型；如一旦发生亏损，就损失了投资者投入的资本，它是一种保本型的对称结构。②除实收资本还有部分公积金，同时未分配利润出现负数，但两者数额接近。它说明在经营中已经发生了亏损，但尚未蚀本。③当未分配利润负值大于公积金数额时，说明企业经营中已经损失了投入的资本金，已转化成危机型，未分配利润的负值越大蚀本越多，当负值等于实收资本时，实收资本就亏完了，企业全部资产都是债权人提供的。报表使用者必须高度重视和观察这类企业的变化趋势。

C 型为破产型企业的资产负债表要素对称构成状况，C 型说明该类企业不仅亏损了投入的全部资本，而且还亏掉了一部分借入资本。企业已经资不抵债。所有者权益已形成负值，已不具备经营条件。对这类企业一般应采取债务重组措施，债权人做出让步，同意继续承担义务或政府给予干预，允许企业通过较长时间的努力，起死回生，用获取的利润逐步偿还债务，但如果不能成功，企业只有破产清算。

2. 从资产构成状况诊断企业健康状况

资产是企业拥有及控制的各种各样的不同类型的经济资源，是企业生产经营活动的经济基础，但是各类资产配备如何，各种资产的质量如何，能否适应市场需要，对企业盈利能力及持续经营至关重要。资产构成状况分析诊断，就是分析企业各类资源的配置及其质量状况，进而判断企业资产流动情况。资产构成状况分析包括：各类资产构成状况分析、类内各项资产构成状况分析、固定资产构成状况分析。

（1）从各类资产构成状况分析诊断企业健康状况。它是通过计算资产负债表内各类资产价值占总资产价值之比表示的。

[例 3 - 1] 北京天通股份有限公司（以下简称天通公司）2011 年 12 月 31 日资产负债表的资产项目构成如表 3 - 2 所示。

表 3 - 2　资产构成状况

项目 ①	期末金额（元） ②	构成比率（%） ③ = ②/资产总计
流动资产：		
货币资金	4551240	6.20
预付账款	8080248	11.00

项目 ①	期末金额（元） ②	构成比率（％） ③＝②/资产总计
应收款项	6696452	9.12
存货	945531	1.29
流动资产合计	20273561	27.61
长期股权投资	425000	5.79
非流动资产：		
固定资产原价	47526582	64.74
减：累计折旧	2902242	3.95
固定资产减值准备	8390040	11.43
固定资产净值	36234300	49.36
在建工程	3891458	5.30
固定资产合计	40125758	54.66
无形资产	8763850	11.94
资产合计	73413169	100.00

从资产构成状况表中看出天通公司资产构成为：流动资产占27.61％，长期投资占5.79％，固定资产占54.66％，无形资产占11.94％。这种构成状况是否合理要与历史情况以及同行业水平相比较，还要搞清每类资产的构成及质量状况，例如有一企业房屋土地是企业所有，而另一企业所使用房屋是租用的，在这种情况下，前者固定资产所占总资产的比率要比后者为高。

（2）从类内资产构成比率分析诊断企业健康状况。以上只分析了资产构成，在每类资产内又由哪些项目构成，也需要做深入分析，才能识别企业资产构成是否合理、资产配置是否适当。

[例3－2] 北京天通公司2011年12月31日固定资产构成情况如表3－3所示。

表3－3　固定资产构成分析

固定资产类别	期初金额（元）	构成（％）	期末金额（元）	构成（％）
房屋及建筑物	26807108	57.28	26807108	56.40
机器设备	14621252	31.24	14811252	31.16
运输设备	970495	2.07	991495	2.09
其他设备	4404727	9.41	4916727	10.35
合计	46803582	100.00	47526582	100.00

从表3-2可看出各类固定资产所占比率大小，比例是否合理。将期末比率与期初比率相比，可看出本期固定资产的变动数。

除上述比率外还要对存货构成比率、应收账款账龄构成比率、长期投资构成比率等，进行分析诊断。

（3）从资产减值准备比率分析诊断企业的健康状况。资产减值准备明细表提供了应收账款、短期投资、存货等八项资产减值准备及其报告年度的增减变动情况，但未曾说明该项资产减值的程度，通过减值率分析，可进一步诊断资产的质量状况。减值率计算公式如下：

$$减值率 = \frac{减值准备}{资产原值} \times 100\%$$

[例3-3] 北京天通公司应收账款、存货和固定资产的减值准备比率如表3-4所示：

表3-4

资产项目	账面原值（元）	计提减值准备（元）	减值率（%）
应收账款	8571574	1875032	21.88
存货	1166607	221076	18.95
固定资产	47526582	8390040	17.65
无形资产	11568282	2804432	24.24
合计	68833045	13290580	19.31

通过上述分析可看出该企业资产的减值准备率是较高的，平均为19.31%。说明该企业资产质量低，变现能力差。

3. 从各类资产价值质量诊断企业健康状况

它是通过计算各类资产内处于各种不同价值质量状态资产占该类资产总额的比率，以了解各类资产价值的构成，进一步了解资产价值质量状况。

（1）从存货价值质量诊断企业健康状况。存货是企业经营活动中一项重要经济资源，但存货价值质量如何，是否适销对路，能否及时变现关系到企业的盈利能力和偿债能力，诊断时应加以重视。

[例3-4] 北京天通公司各类存货的价值质量如表3-5所示。

表3-5　存货质量状况分析

项目	期末金额（元）	其中三年以上部分		计提跌价准备		净值（元）
		金额（元）	%	金额（元）	%	
原材料	141956	101100	71.22	18516	15.00	123440
在制品	11850	0	0	0	0	11850

项目	期末金额（元）	其中三年以上部分		计提跌价准备		净值（元）
		金额（元）	%	金额（元）	%	
产成品	1012801	608912	60.12	202560	25.00	810241
合计	1166607	710012	60.85	221076	23.38	945531

从表3-4各种资产价值状况比率看出：原材料库存数额不大，但价值质量较差，其中71%以上都是积压三年以上。而库存产成品积压三年以上的占了60%。可见，该公司的存货存有严重问题，变现能力较差，绝大部分不适应市场需要，应及时加以处理。

（2）从应收账款价值质量诊断企业健康状况。应收账款是经营活动中不可缺少的一部分资金。但这部分资金运用得好，有利于企业经营成果，运用不好反而给企业带来损失，因此，应注意对应收账款分析和诊断，识别其价值质量状况。

[例3-5] 北京天通公司2011年12月31日应收账款按账龄分析如表3-6所示。

表3-6　账龄分析　　　　　　　　　　　　　　单位：元

账龄	期初				期末				差额（%）
	金额	计提坏账	净额	（%）	金额	计提坏账	净额	（%）	
1年以内	1496080	0	1496080	25.00	1476308	0	1476308	22.05	-2.95
1~2年	1230108	123010	1107098	18.50	963892	96389	867503	12.95	-5.55
2~3年	1832697	366539	1466158	24.50	2092670	418534	1674136	25.00	+0.50
3年以上	2735687	820706	1914981	32.00	3826571	1147971	2678600	40.00	+8.00
合计	7294572	1310255	5984317	100.00	8359411	1662894	6696547	100.00	+11.90

从以上分析可看出该该公司应收账款的价值质量从总的来看收回的可能性较差，从账龄构成来看，2011年末2年以上占65%，其中3年以上占40%，一般情况3年以上应收账款收回可能性不到50%，从发展趋势分析，2年以上部分年末比年初增加了8.5%，相反而2年以下的部分，年末比年初还降低了8.5%，从发展趋势分析该公司的应收账款质量也较差、变现能力极弱，影响企业健康。

（3）从固定资产价值质量分析诊断企业健康状况。通过企业固定资产新旧程度比率分析可识别固定资产的质量状况及其利用状况，对做出固定资产投资决策，加强管理、提高使用效果有重要意义。

[例3-6] 北京天通公司2011年12月31日的固定资产及其计提折旧、计提减值准备如表3-7所示。

表3-7 固定资产质量分析表　　　　　　　　　　单位：元

类别	原值	未使用与不需要设备	已提折旧	计提减值准备	净值	构成（%）
房屋及建筑物	26807108	0	1005267	2004040	23797801	65.68
机器设备	14811252	10631512	1542099	5418360	7850793	21.67
运输设备	991495	0	89234	213580	688681	1.90
其他设备	4916727	2501800	265642	754060	3897025	10.75
合计	47526582	13133312	2902242	8390040	36234300	100.00

根据以上资料可以进一步分析识别该公司的固定资产各类别的质量状况。具体指标计算分析如下：

固定资产整体新旧程度为93.89%（1-2902242/47526582），可见该公司的资产投入时间较短，整体的成新率达93%以上。但从类别来看，比较差的是机器设备，在原值14811252元总额中，不需要和未使用的高达10631512元，占该类资产的71%~78%，也就是说有71%以上的设备是不需要和未使用的，而该类设备的成新率高达89.59%（1-1542099/14811252），这充分说明该公司购置新设备使用不久就不需要了，这一数值充分说明该公司在固定资产投资决策上存在严重失误。否则不会形成如此状态。另外，该类资产计提减值准备高达36.58%（5418360/14811252）。可见该类资产将严重影响公司的经济效益和健康状况；该公司房屋及建筑物价值占全部固定资产总值的56.40%，但该类资产的成新率高达96.25%（1-1005267/26807108），使用时间只有1年多，如果使该类资产能充分发挥其作用，将为增加公司的经济效益作出贡献。如果不能很好地运用，可能成为企业的负担。从其他设备类资产来看，未使用或不使用的设备占该类资产原值的50.88%，说明该类资产中有50%目前正在闲置，短期内也派不上用场，而该类设备的成新率高达99%以上，说明有大部分设备购置后就放置未用，可见该公司在设备使用上存在很大浪费，有待加强设备管理，把不需要或未使用的设备及时调剂出去，发挥物尽其用的效果。

二、通过资产负债表相关项目诊断企业近期健康状况

诊断企业近期的健康状况，首先要根据近期资产负债表中的数据结构，通过计算相关比率的数值，然后与标准值或正常值进行比较，从而判断其财务现状是否健康？其主要内容有：

1. 从资本构成诊断企业健康状况

企业要进行生产经营活动必须有资本金，这些资本一是来自投资者的投入及留存收益，这部分资本称为自有资本。另一部分是来自借入及尚未偿还的债务，这部分资本称为借入资本。资本构成是研究分析资本各项目之间的比率关系。资本构成不同，企业健康状况也有异。资本构成具体内容包括：负债股东构成诊断分析、自有资本充足率诊断分析、债务资产构成诊断分析。

（1）从自有资本构成诊断企业健康状况。

自有资本构成是以自有资本占全部资本总额的比值来表示。自有资本是企业自有的不需要偿还，而且又不付代价而供经营长期使用的资金。它的多少说明企业规模的大小及实力的雄厚。自有资本过少，就必须通过大量贷款筹措所需要的资金，才能扩大经营。在借款过多的情况下，一方面要支付大量的借款利息，另一方面到期必须偿还，一旦市场萧条、银根紧缩，资金周转就会陷入困境，企业发生财务危机。自有资本是否过少？可用自有资本构成比率分析判断，计算公式如下：

$$自有资本构成比率 = \frac{自有资本}{自有资本 + 负债总额}$$

在一般情况下该比率在50%以上较为合适，达不到50%，其财务状况就不够稳定，一旦市场疲软，就会发生财务困难，危及企业健康状况。

（2）从负债股东权益比率诊断企业健康状况。

资产负债表中的负债与股东权益之比称为"财务杠杆"，财务杠杆率的高低表明企业能够控制与运用大于自有成本的资源。但财务杠杆是把双刃剑，如果企业投资回报率高于负债成本率（即支付负债筹资的利息及费用占负债资金的比率），财务杠杆率的提高，就会给企业带来净资产（即自有资金）收益率的增加；但是，如果投资回报率低于负债成本率，则财务杠杆率的提高，反而使企业净资产收益率降低，而且企业一旦不能按时还本付息，就会产生财务危机。可见，财务杠杆率高低直接影响企业财务健康状况。

负债与股权比率直接影响企业的经济效益，进而影响企业的生存。那么两者比率达到何种程度较为合适呢？根据经验，将两者不同的比率分为理想型、健全型、资金周转不灵型、危险型和倒闭清算型。

$$债务股东权益比率 = \frac{负债总额}{所有者权益总额}$$

对企业来说，该比率反映了企业需要按期支付利息或偿还的债务占所有者权益的倍数；对债权人来说，该比率表明企业负债有多大部分是由所有者权益做保证的。根据经验判断当两者比率：1时为理想型，2时为健全型，5时为资金周转不灵，10以上时就危险了，达到30以上时就要倒闭清算了。

[例3-7] 北京天通科技股份有限公司，2011年12月31日资产负债表的相关项目列示如下：

项目	期末余额（元）
资产总计	73413169
其中：流动资产	20273561
长期及固定资产	53139608
流动负债	8416040
其中：银行借款	3720000
应付账款	1405142
长期负债	62302910
其中：长期借款	55000000
负债合计	70718950
所有者权益	2694219
其中：股本	53186656
未分配利润	−50462437

根据上述资料看出，该公司的负债股东权益比率为 26.25 倍（70718950/2694219），说明该公司将要倒闭清算了，因为公司无能力偿还到期负债。

（3）从自有资本充足率诊断企业健康状况。

它反映了企业自有资金占全部资产的比率。自有资本是抵御风险的缓冲器，自有资本充足率越高，表明企业抵御风险的能力越强，企业的财务状况越稳固，企业越健康，计算公式为：

$$资本充足率 = \frac{股东权益合计}{资产总计}$$

[例3-8] 北京天通科技股份有限公司 2011 年 12 月 31 日的资本充足率计算如下：

$$自有资本充足率 = \frac{2694219}{73413169} = 0.037$$

显然，该公司的自有资本根本不能适应经营活动的需要，无法进行正常的经营活动。

（4）从债务资产比率诊断分析健康状况。

债务资产比率反映了企业的债务占全部资产的比率。这一比率越低说明企业财务状况越稳定，企业越健康。但是如果这一比率太低，说明企业不能很好地运用债务资金来开拓生产经营活动。计算公式为：

$$债务资产比率 = \frac{负债合计}{资产总计}$$

[例3-9] 北京天通科技股份有限公司 2011 年 12 月 31 日的负债资产比率计

算如下：

$$债务资产率 = \frac{70718950}{73413169} = 0.96$$

此比率表明该公司资产总额中有96%是由负债形成的，而只有4%的资产是由自有资本形成的。假如债务到偿还期，该公司无能力进行偿还。

该比率一般不应该大于60%，如大于此比率说明企业的债务负担过重，超过了资本基础的承受能力，企业健康状况受到威胁。

2. 从资产流动性诊断企业健康状况

流动性财务指标是分析测量企业的流动性资产质量和偿还短期债务的能力。流动性财务指标包括流动比率、速动比率、存货流动负债比率、营运资金状况、现金流动负债比率和现金负债比率等。

（1）从流动比率诊断企业健康状况。

流动比率是流动资产占流动负债的比值，它主要反映企业的短期偿债能力，比率越高表明企业偿债能力越强。计算公式为：

$$流动比率 = \frac{流动资产}{流动负债}$$

仍以北京天通公司为例，其流动比率为：

$$流动比率 = \frac{20273561}{8416040} = 2.41$$

上述比率表明该公司的流动资产相当于流动负债的2.41倍，说明该公司以其短期内可转换为现金的流动资产，足以偿还到期的流动负债，短期偿债能力强。

一般认为生产经营性企业，比较合理的流动比率最低为2，因为在生产性企业中，处在流动资产中变现能力较差的存货资金，往往占流动资产的50%，其余的流动资产至少应等于流动负债，这样企业的短期偿债能力才有保障。但是这种认识还不能成为一个统一标准。因为具体到每个企业，其变现能力较差的存货不一定是50%，另外企业流动资产中的应收账款等，也未必能在短期内可以收回变现，因此，它不是理论证明，应结合企业的具体情况分析运用。

（2）从速动比率诊断企业健康状况。

流动比率虽然可以用来评价企业的短期偿债能力，但人们（特别是短期债权人）还希望获得比流动比率更进一步的有关变现能力的指标。这个指标被称为速动比率，也称酸性测试比率。

速动比率是从流动资产中扣除存货部分后的更具有流动性的货币资金及应收款项等速动资产与流动负债的比率。计算公式为：

$$速动比率 = \frac{流动资产 - 存货}{流动负债}$$

仍以天通公司为例，该公司 12 月 31 日存货为 945530 元，则天通公司的速动比率为：

$$速动比率 = \frac{20273561 - 945530}{8416040} = 2.30$$

上述比率表明该公司的速动资产相当于流动负债的 2.3 倍，说明该公司的存货完全不变现，也有足够的能力来偿还将要到期的债务。但事实并非如此，如天通公司预付货款 8080248 元，其他应收款 6554537 元，两项之和占了流动资产的 72%，这两部分资金使用情况复杂，变现能力较差，从这一因素分析，该公司的偿债能力并不乐观。这些情况企业财会人员较为清楚。而外部会计信息使用者不易了解。因此只从报表数字分析判断企业偿债能力和健康状况有一定局限性。

（3）从存货流动负债比率诊断企业健康状况。

存货流动负债比率是指存货占流动负债的比值，这一比率可以进一步证实企业资产的流动性和流动比率的质量。在流动比率一定的情况下，存货流动负债比率越小，企业资产的流动性也越好，流动比率的质量也越高。企业健康状况越好。计算公式如下：

$$存货流动负债比率 = \frac{存货}{流动负债}$$

仍以天通公司为例，2011 年 12 月 31 日的存货流动负债比率如下：

$$存货流动负债比率 = \frac{945530}{8416040} = 0.11$$

该比率说明存货占流动负债的 11%，如果存货不能及时销售出去，对流动负债偿还也影响不大。

（4）从营运资金现状诊断企业健康状况。

什么是营运资金？它是流动资产减去流动负债后的余额。从理论上讲它是将流动资产的价值转换为现金，清偿了全部负债后，剩余的货币量即为营运资金。营运资金越多，企业偿还短期负债的能力越强，也意味着企业越健康。如果企业的营运资金为负数，说明企业的流动资产全部变现后，仍不能偿还清企业的流动负债，财务状况非常危急，健康受到严重威胁。计算公式为：

营运资金 = 流动资产总额 − 流动负债总额

仍以天通公司为例，天通公司的营运资金为：

营运资金 = 20273561 − 8416040 = 11857521（元）

这表明该公司有足够营运资金进行经营活动，对短期负债的偿还也不会产生问题。

（5）从现金流动负债比率诊断企业健康状况。

现金流动负债比率，是速动资产中的货币资金与流动负债之比。所以，通过这一比率可诊断识别速动比率的质量，在速动比率一定情况下现金流动负债比率越大，速动比率的质量越高，企业资产的流动性越好。计算公式如下：

$$现金流动负债比率 = \frac{货币资金}{流动负债总额}$$

仍以天通公司为例，天通公司的货币资金为4551240元，其比值计算如下：

$$现金流动负债比率 = \frac{4551240}{8416040} = 0.54$$

天通公司2011年12月31日的速动比率为2.3倍，而其现金流动负债比率只有0.54倍，从表面看天通公司速动比率的数值较高，且其质量也较好，它持有的货币资金能保证偿还流动负债的54%。

反映企业偿债能力的五项指标中主要是：流动比率、速动比率、资产负债率。一般财务教材分析认为，公司的流动比率大于1，速动比率大于2，资产负债率低于50%（在我国低于60%）是较为合理的，说明公司偿债能力较强，健康状况好。但笔者认为，单纯从几个指标的比率高低来判断企业实际偿债能力和健康状况是不够科学的，而应同企业获利能力结合起来分析判断。如果企业没有获利能力，上述偿债指标即使符合标准，到时也没有现金来偿还。因此，在分析企业偿债能力时应结合其他相关指标进行，较为科学。

三、从资产负债表项目变化趋势诊断企业健康状况

趋势诊断是对企业不同时期的财务数据和财务指标进行对比分析，观察其变化趋势，从而判断其财务健康状况。

1. 从资产、负债、所有者权益变化趋势诊断企业健康状况

它是利用资产负债表中列示的资产、负债和所有者权益的年末同年初数据相比的变动情况，分析识别企业财务状况的变化趋势。

[例3-10] 以大华公司资产负债表要素项目年末与年初增减变动为例，分析如下（见表3-8、表3-9）。

表3-8　资产、负债、所有者权益变动　　　单位：千元

资产	年初数①	年末数②	±金额③=②-①	%③÷①	负债、所有者权益	年初数①	年末数②	±金额③=②-①	%③÷①
流动资产	33940	39400	+5460	16.09	流动负债	10000	14000	+4000	40
长期投资	2000	10000	+8000	400	长期负债	16000	15000	-1000	-6.25
固定资产	16800	14400	-2400	-14.29	负债合计	26009	29000	+3000	11.54
无形资产	200	1400	+1200	600	所有者权益	27540	36600	+9060	32.9
递延资产	600	400	-200	-33.33	其中：				
					实收资本	20000	20000	0	0
总计	53540	65600	12060	22.53	合计	53540	65600	+12060	22.53

表3-9 财务状况变动分析

项目 \ 等级 \ 类别	财务状况优化			财务状况恶化		
	1	2	3	4	5	6
资产	+	+	-	+	-	-
负债	-	+	+	+	-	+
所有者权益	+	+	+	-	-	-

（1）列示计算年末与年初的增减变动表见表3-8。

（2）根据资产、负债及所有者权益期末与期初增加或减少的变动情况，按表3-9的等级，分析判断企业财务状况的优劣。

从表3-8的数字可以看出，大华有限公司报告期期末与期初相比：资产增加22.53%；负债增加11.54%；所有者权益增加32.9%，而其中实收资本未增加，这说明此资产增加额主要是盈余公积等增加所形成，属于"2"等，是财务状况较好的企业。从一般情况看，企业经过一段时期的生产经营活动，如果取得盈利，其资产总值和所有者权益必然有所增加，可实现资本保值或增值目标。负债比率会降低，财务风险随之减少，属优化型；相反，如果一个企业经营了一段时期后，资产和所有者权益减少了，但负债却增加了，如"6"等。通常是企业发生了亏损，健康状况发生恶化，如任其发展下去，必然导致资不抵债，以至破产。从表3-9看出，一个企业的财务状况是优化还是恶化，主要看所有者权益（在实收资本不变的情况下）是增加还是减少。如果所有者权益增加，尽管资产、负债发生了不同情况的变化，但也表明企业资金实力增加，财务安全程度提高，企业健康状况良好。相反如果所有者权益减少，说明经营发展亏损，财务安全性受到影响。

2. 从同型资产负债表变化趋势诊断企业健康状况

它是通过计算资产负债表各项目历年数据的百分比，分析企业财务的结构状况和发展趋势，并与同行业水平进行比较，以分析企业健康状况发展趋势。

[例3-11] 大华有限公司三年资产负债表各项目比例分析如表3-10所示。

表3-10 同型资产负债表趋势分析　　　　　　　　单位：千元

单位：大华有限公司

项目	行次	2011年期末数	构成（%）			
			2011年	2010年	2009年	2010年同行业
流动资产：						
货币资金	1	8400	12.80	10.44	5.70	14.83
交易性金融资产	2	1000	1.52	1.60	1.52	1.53

项目	行次	2011年期末数	构成（%）			
			2011年	2010年	2009年	2010年同行业
应收票据	3	200	0.30	0.31	0.42	0.43
应收账款	4	11457	17.46	17.34	17.30	17.30
减：坏账准备	5	57	0.09	0.10	0.10	0.10
应收账款净额	6	11400	17.38	17.24	17.20	17.20
预付账款	7	500	0.76	0.75	0.73	0.60
其他应收款	8	300	0.46	0.52	0.65	0.70
存货	9	16000	24.39	25.03	32.50	21.50
待摊费用	10	800	1.22	1.20	1.34	1.24
待处理流动资产净损失	11	800	1.22	1.01	1.10	1.20
一年内到期的长期债券投资：	12					
其他流动资产	13					
流动资产合计	20	39400	60.06	58.10	61.16	59.23
长期股权投资：	21	10000	15.24	17.20	15.80	16.20
固定资产：						
固定资产原价	24	21000	32.01	32.03	30.44	31.38
减：累计折旧	25	8000	12.20	12.40	12.50	12.00
固定资产净值	26	13000	19.82	19.63	17.94	19.38
固定资产清理	27	0				
在建工程	28	800	1.22	1.20.	1.34	1.42
待处理固定资产净损失	29	600	0.91	0.79	0.82	0.76
固定资产合计	35	14400	21.95	21.62	20.10	21.56
无形及递延资产：						
无形资产	36	1400	2.13	2.15	2.09	2.15
递延资产	37	400	0.61	0.93	0.85	0.86
无形及递延资产合计	40	1800	2.74	3.08	2.94	3.01
资产合计	45	65600	100	100	100	100
流动负债：						
短期借款	46	4000	6.10	8.07	10.67	17.16
应付票据	47	1000	1.52	1.48	1.52	1.48
应收账款	48	2000	3.05	3.13	1.00	3.10
预收账款	49	200	0.30	0.35	0.30	0.56
其他应付款	50	100	0.15	0.21	0.31	0.34
应付工资	51	300	0.46	0.34	0.21	0.21
应付福利费	52	600	0.91	0.89	0.92	0.89
应交税费	53	800	1.22	1.02	1.11	1.20
应付利润	54	0				
其他应付款	55	1400	2.13	2.32	2.46	2.34

续表

项目	行次	2011 年期末数	构成（%）			
			2011 年	2010 年	2009 年	2010 年同行业
预提费用	56	2600	3.96	3.97	3.92	3.75
一年内到期的长期负债	58	1000	1.52	1.62	1.63	1.47
其他流动负债	59	0				
流动负债合计	65	14000	21.34	23.40	24.10	32.50
长期负债：						
长期借款	66	8000	12.20	14.00	11.48	12.50
应付债券	67	6000	9.15	7.25	6.58	6.47
长期应付款	68	1000	1.52	0.58	1.02	1.13
其他长期负债	75	0				
长期负债合计	76	15000	22.87	20.67	19.08	20.10
所有者权益：						
实收资本	78	20000	30.49	30.50	33.07	31.96
资本公积	79	2000	3.07	3.20	4.10	5.90
盈余公积	80	10000	15.24	15.30	13.45	2.34
未分配利润	81	4600	7.01	6.93	6.20	7.20
所有者权益合计	85	36600	55.80	55.93	55.82	47.40
负债及所有者权益总计	90	65600	100	100	100	100

根据表 3-10 数值，可进行下列两方面发展趋势诊断分析：

（1）从横向发展趋势诊断。它是通过对企业历年来（一般取 3~5 年）资产负债表各项目构成比例的横向比较分析，看企业资产结构的变动发展趋势，同时还可以与同行业水平进行对比，做出是有利还是不利的判断，并据此对企业的未来财务健康状况的发展进行预测，也可为企业进行一些重大财务事项的决策提供依据。如存货 2010 年占全部资产比例的 32.5%，而到 2011 年降到 24.39%，说明库存下降。同样，货币资金由 2010 年的 5.7%，上升到 12.8%，说明企业偿债能力提高了，但与同行业水平相比，仍偏低两个百分点。由此也可以掌握企业资金运动的"脉搏"，使企业不断走向成功。

（2）从纵向发展趋势诊断。它是通过对企业历年的资产负债表各项目构成比例进行纵向比较分析，看企业资产结构、负债构成的发展变化趋势。如 2011 年末流动资产占全部资产的 60.06%，固定资产占 19.82%。与同行业水平相比较基本接近。又如流动负债同行业占全部资金的 32.5%，而该企业只有 1.24%，说明负债经营差。通过比较可以发现存在不足，从而判断企业健康状况。

3. 从资产项目绝对数变化趋势诊断企业健康状况

趋势分析也可采用绝对数对比分析，通过分析识别其变动有无异常现象。从而判断企业健康状况。

[**例3－12**] 以蓝田股份1997～2000年资产项目变动趋势列示如表3－11。

表3－11 蓝田股份1997～2000年主要资产项目①   单位：元

项目	1997年	1998年	1999年	2000年
货币资金	279649066.68	150611502.10	192755276.06	167144106.98
应收账款	45651026.11	38809673.02	12418826.51	8571780.39
其他应收款	191033728.50	193249521.57	45255330.45	22848946.16
减：坏账准备	136953.06	116429.02	4613932.55	2513658.11
应收账款净额	45514073.05	38693224.00	63060224.14	28907068.44
预付账款	21678797.66		4565426.87	671441.84
存货	53610639.63	256502060.28	266143842.82	279344857.29
减：存货跌价准备			30406648.22	42960770.57
存货净额	53610639.63	256502060.28	235737194.60	239384086.72
待摊费用	560083.58	445567.22	16481.57	
流动资产合计	592046389.10	646733176.69	486134603.51	433106703.98
长期股权投资		500000.00	25868379.06	—
长期投资合计	37414822.52	500000.00	−25868379.06	—
减：长期投资减值准备				
长期投资净额		500000.00	−25868379.06	
固定资产原值	90734196.26	372614154.96	1314378505.14	2142539244.62
减：累计折旧	14493628.36	24460670.94	51390315.43	197270420.23
固定资产净值	76240567.90	348153484.02	1262988189.71	1945268824.39
工程物资				2211817.81
在建工程	276480320.45	487217264.51	435098102.44	221535357.55
固定资产合计	352720888.35	835370748.53	1698086292.15	2169015999.75
无形资产	114759503.25	112210341.83	49372416.30	48326409.94
开办费	113949638.67		16941.41	9931.13
长期待摊费用	37414822.08	111951041.91	108820156.06	187192853.03
无形资产及其他资产合计	266123964	224185335.43	158209513.77	235529194.10
资产总计	1210891241.89	1706789260.65	2342430409.43	2837651897.83

① 引自《沈阳蓝田股份有限公司1997～2000年年度报告》。

从表 3 -11 看出蓝田股份 1997～2000 年资产结构发生了重大变化,具体比率如表 3 -12。

表 3 -12　资产结构趋势

类别	1997 年		1998 年		1999 年		2000 年	
	金额	%	金额	%	金额	%	金额	%
流动资产	592046389	48.89	646733177	37.90	486134604	20.75	433106704	15.26
固定资产	352720888	29.13	835370749	48.95	1698086292	72.49	2169016000	76.44
其他资产	266123964	21.98	224185335	13.15	158209514	6.76	235529194	8.30
合计	1210891241	100.00	1706289261	100.00	2342430410	100.00	2827651898	100.00

从表 3 -12 各类资产发展变化趋势看,流动资产所占比率逐渐下降,从 1997 年占资产总值的 48.89% 下降到 2000 年的 15.26%,下降了 33.63 个百分点。而固定资产的比率却逐步上升,由 1997 年的 29.13% 上升到 2000 年的 76.44%,上升 47.31 个百分点,从绝对数看固定资产 2000 年比 1997 年增加了 1816295111元,上升了 514.94%。而同期流动资产相对下降,2000 年比 1997 年减少158939685 元,减少了 26.85%。这样就使大批资金由流动资产流向固定资产,使其偿债能力下降,财务风险增加,健康状况恶化。

4. 从主要项目指标变化趋势诊断健康状况

它是将资产负债表中某一项目财务指标,连续几年的数据加以对比分析,以判断识别有无异常现象。

[例 3 -13] 银广夏 1997～2000 年应收账款等四项财务数据分析如表 3 -13。

表 3 -13　1997～2000 年变化趋势[①]

年度		1997	1998	1999	2000
货币资金 (元)		47663822	24711831	327648757	555000221
变化趋势 (%)	环比	+18.92	-48.15	+1225.88	+69.39
	定基比	+18.92	-38.34	+717.48	+1284.71
应收账款 (元)		243130682	316915515	265189465	544194918
变化趋势 (%)	环比	+6.65	+30.35	-16.32	+105.21
	定基比	+6.65	39.02	+16.33	+138.71

---

① 引自《广夏 (银川) 实业股份有限公司 1997～2000 年财务报告》。

年度		1997	1998	1999	2000
存货（元）		80602841	445614825	359396431	401919962
变化趋势（%）	环比	− 10. 51	+ 452. 85	− 19. 35	+ 11. 83
	定基比	− 10. 51	394. 75	299. 02	346. 24
应付账款（元）		52773019	103297729	38446443	89985858
变化趋势（%）	环比	− 28. 72	+ 95. 74	− 62. 78	+ 134. 06
	定基比	− 28. 72	+ 39. 52	− 48. 07	+ 21. 54

从以上四项主要指标1997～2000年之间变化趋势，发现有以下异常现象。

（1）货币资金结存额自1998年以后出现大幅度上升，1999年比1998年增加302936926元，增长了1225.88%，而2000年比1999年又增加227351464元，增长了69.39%。在存货波动幅度不大情况下，货币资金大幅度上升，说明它不受存货变动影响。另外货币资金变化与应付账款变化状况比较，1999年末应付账款余额比上年反而减少，说明不是由于没有支付应付购货款所形成。可见有待进一步分析其变动异常的原因。

（2）应收账款2000年与1999年相比，增加279005453元，增长了105.21%，而同期货币资金也大量增加，存货及应付账款虽有变化，但变化比值不太大。根据利润表中主营业务收入看，2000年比1999年增加了382950677元（908988746 − 526038069）增长了72.80%，可见，应收账款增加额是来自主营业务收入。而将应收账款与货币资金两项的2000年比1999年增加之和为610302141元，大大超过了主营业务收入增加额，这些异常现象应进一步查清。

四、从同业资产负债表项目比较诊断分析企业健康状况

它是将企业的财务数据和财务指标与同业单位或同业平均值进行对比，以识别该企业有无明显偏离同行业平均水平的财务指标与财务数据。并找出产生根源，以判断会计报表的真实性。

[例3－14] 根据蓝田股份及其同业比较对象2000年度的财务指标，计算其同业平均值、同业最高值和同业最低值，然后比较，如表3－14所示。

表3－14 同类企业财务数值比较　　　　　　　　　　单位：万元

项目	同类企业数值比较					同业比较		
	蓝田股份①	洞庭水殖②	华龙集团③	中水渔业④	武昌鱼⑤	同业平均值	同业最高值	同业最低值
货币资金	16714	29979	18246	19697	35466	24020	29979	16714
应收账款	2891	3691	201	17144	18007	8387	18007	201

续表

项目	同类企业数值比较					同业比较		
	蓝田股份①	洞庭水殖②	华龙集团③	中水渔业④	武昌鱼⑤	同业平均值	同业最高值	同业最低值
存货	23638	702	532	6032	1522	6485	23638	532
流动资产合计	43311	36639	39001	70355	55837	49028	70355	36639
固定资产合计	216902	3822	22683	36057	9001	57693	216902	3822
资产总计	283765	48247	70773	109438	87810	12007	283765	48247
流动负债合计	56071	3794	12640	12491	14851	19970	56071	3794
负债合计	65763	7438	17759	12491	14851	23660	65763	7438
股东权益合计	217842	40523	52553	95862	20060	85368	217842	20060
营运资金	-1276	32845	26360	57863	40986	29058	57863	-12761
比率指标:								
流动比率	0.77	9.66	3.09	5.63	3.76	4.58	9.66	0.77
速动比率	0.35	9.47	3.04	5.15	3.66	4.33	9.47	0.35
存货流动负债比率	0.42	0.19	0.04	0.48	0.10	0.25	0.48	0.04
现金流动负债比率	0.30	7.90	1.44	1.58	2.39	1.72	4.03	0.25
现金负债比率	0.25	4.03	1.03	1.58	2.39	2.72	7.90	0.30
资本充足率	0.77	0.84	0.74	0.88	0.23	0.69	0.88	0.23
债务资本比率	0.30	0.18	0.34	0.13	0.74	0.34	0.74	0.13
债务资产比率	0.23	0.15	0.25	0.11	0.17	0.18	0.25	0.11
存货增长率（%）	0.27	-88.36	83.54	-1.95	-25.98	-6.5	83.54	-88.36
应收账款增长率（%）	-45.52	-78.47	-61.22	28.72	342.2	37.04	342.2	-78.47
资本增长率（%）	24.71	-57.73	209.25	3.94	-72.51	21.53	209.25	-72.51
每股收益	0.97	0.34	0.13	0.24	0.28	0.39	0.97	0.13

　　通过上述财务指标数据对比，可以看出蓝田股份的特点及所处位置，进而识别判断该企业的偿债能力、财务稳健性、经济实力等综合性能力，如表3-15所示。

表3-15　同业比较

比较内容	比较指标	蓝田股份	同业比较值			蓝田所处位置
			平均值	最高值	最低值	
从企业规模分析诊断	资产总计	283765	120007	283765	48247	最大
从持有货币资产分析诊断	货币资金	16714	24020	29979	16714	最少

续表

比较内容	比较指标	蓝田股份	同业比较值			蓝田所处位置
			平均值	最高值	最低值	
从持有存货分析诊断	存货	23638	6485	23638	532	最高
从持有固定资产分析诊断	固定资产	216902	57693	216902	3822	最高
从固定资产占总资产比率	固定资产/总资产	76.44	48.07	76.44	7.92	最高
从流动资产占总资产比率	流动资产/总资产	15.26	40.85	24.79	75.94	最低
从偿债能力分析诊断	流动比率	0.77	4.58	9.66	0.77	最低
从偿债能力分析诊断	速动比率	0.35	4.33	9.47	0.35	最低
从偿债能力分析诊断	债务资产比率	0.23	0.18	0.25	0.11	中等
从偿债能力分析诊断	现金流动负债比率	0.30	2.72	7.90	0.30	最低
从偿债能力分析诊断	债务资本比率	0.30	0.34	0.74	0.13	中等
从偿债能力分析诊断	现金负债率	0.25	1.82	4.03	0.25	最低
从偿债能力分析诊断	资本充足率	0.77	0.69	0.88	0.23	中等
从每股收益分析诊断	每股收益	0.97	0.39	0.97	0.13	最高
从资本增长率分析诊断	资本增长率	24.71	21.53	20.95	-72.51	中上

从以上指标对比中看出：该企业在同业几户中规模最大，持有固定资产最多，每股收益最高，资本增长率持中。但蓝田股份在偿债能力方面与同业比较不甚理想，在反映偿债能力的 7 个财务指标中有 4 个是最低的，而有 3 个是中等，可见财务风险较大，健康状况不佳，预计对到期的债务难以如期足额偿还。另外，蓝田股份在同业中固定资产投资比率较高，这部分资金周转慢，需要注意使用效果的考察与分析，才能做出正确判断。

要正确分析判断一个企业财务状况是否健康，通过报表财务指标数据比对只能发现一些异常状况，然后顺藤摸瓜深入实际，找到要害，其中一项重要的工作就是调查研究，考察报表数据与实际是否一致。如存货，实际是否有，存货的质量如何？是否适应市场需要，能否变现。又如固定资产，都是些什么固定资产、有无未使用与不需要的，为什么不能用，……这些只有通过实地调查，才能弄清真相，做出正确诊断。

另外还可通过实际完成与计划指标对比，从而分析判断企业财务的健康状况。

第三节 利润表诊断分析

利润表全面反映了企业一定期间的收入、成本费用和利润情况，通过近期的利润表项目的诊断分析，可了解企业近期的健康状况；通过连续几年利润表项目变动趋势诊断分析，可了解企业健康状况变化情况。

一、通过利润表诊断分析企业近期健康状况

通过利润表诊断分析企业近期健康状况，首先应从利润构成入手。

1. 从利润构成诊断分析企业健康状况

企业的利润，一般分为主营业务利润、营业利润、利润总额及净利润。亏损以"－"表示。各项利润构成如下：

主营业务利润＝主营业务收入－主营业务成本－主营业务税金及附加

营业利润＝主营业务利润＋其他业务利润－营业费用－管理费用－财务费用

利润总额＝营业利润＋投资收益＋补贴收入＋营业外收入－营业外支出

净利润＝利润总额－所得税费用

当然，所得税是按利润总额经过纳税调整后的应纳税所得额的一定比率计算缴纳。实质上是对利润的一项分配。

从利润表构成类型可分为三类六种，如表3－16所示：

表3－16 利润表结构类型

类型 项目	A		B		C	
	1	2	3	4	5	6
主营业务利润	盈利	盈利	盈利	盈利	亏损	亏损
营业利润	盈利	盈利	亏损	亏损	亏损	亏损
利润总额	盈利	亏损	盈利	亏损	盈利	亏损
净利润	盈利	亏损	盈利/亏损	亏损	盈利/亏损	亏损
健康状态说明	正常状况且盈利水平越高，健康状况越好	根据产生亏损具体情况而定其健康水平	此种状况如果继续下去将会导致破产，病情较为严重		接近破产状态，已到垂危阶段	

A 型企业属于正常状态的利润表要素构成状况，A_1 这类企业最好，属正常企业的经营状况，当然这类企业健康状况最好；而 A_2 往往是由于非经常性的特殊情况发生损失而造成的亏损，通过采取措施，加强经营管理，也会加以扭转，故该类企业可望迅速好转。

B 型企业属于危机状态的利润表要素构成状况。B_3 这类企业虽有盈利但非营业所得，而是靠非正常经营业务所得，故既不能持久，也不会过多；B_4 这类企业在不能获得主营业务利润情况下必定导致亏损，该类型企业产品销售获得毛利已不能弥补期间费用的支出，产生营业亏损，继续下去亏损额越多，亏损比例越高，导致破产速度越快。

C 型企业属于濒临破产状态的利润表要素构成状况。C_5 这类企业虽然最终有盈利，但非正常经营业务所得，既不会多，也不会持久。这种偶然性所得，最终还是不能持续企业支出；C_6 这类企业当然难以维持下去。如果亏损累计数据超过所有者权益时，即为资不抵债，导致破产。这类企业已无健康可言。

2. 从利润表构成诊断分析企业健康状况

利润表构成是指利润表中各项目要素与主营业务收入比值，通过诊断分析各项目的重要程度，进而识别影响利润形成的内在因素和盈利能力的大小。具体诊断分析方法是：首先将利润表数据填入利润表构成诊断分析表内，其次以主营业务收入作为 100%，再计算出其他各项与主营业务收入之比。最后识别利润形成是否正常、各项目比例是否适当、盈利主要来自何方，从而对企业的盈利能力和健康状况做出正确判断。

[例 3 - 15] 现以北京亚美股份有限公司 2011 年度利润表为例，计算分析如表 3 - 17 所示。

表 3 - 17　利润表构成诊断分析　　　　　　　　　　单位：元

项目	金额	构成（%）	备注
一、主营业务收入	50469756	100.00	
减：主营业务成本	47822806	94.75	
主营业务税金及附加	129030	0.26	
二、主营业务利润	2517920	4.99	
加：其他业务利润	5319860	10.54	
减：营业费用	2495704	4.94	
管理费用	10328130	20.46	39.22%
财务费用	6973084	13.82	
三、营业利润	-11959138	-23.70	
加：投资收益	-451404	-0.89	

续表

项目	金额	构成（%）	备注
补贴收入	58916	0.12	
营业外收入	2660	0.01	
减：营业外支出	49994	0.10	
四、利润总额	−12398960	−24.57	
减：所得税费用	0		
五、净利润	−12398960	−24.57	

从上表构成数据可以看出该公司 2002 年度亏损形成有以下几个原因：

（1）主营业务成本较高，毛利率过低。如该公司主营业务成本占收入的 94.75%，税金及附加占收入的 0.26%，主营业务利润率只有 4.99%，可见一高一低是该公司形成亏损的一个重要因素。全年亏损 12398960 元，占主营业务收入的 24.57%。如此状况已无健康可言。

（2）期间费用较高，这又是形成亏损的一个重要因素。期间费用总数占主营业务收入的 39.22%，其中，管理费用占 20.46%，财务费用高达收入的 13.82%，主营业务获得毛利仅能支付财务费用的 36.11%。

（3）贷款数额大、使用效率低。截止到年底向银行取得短期借款高达 5700 万元（年利息率平均 6.12%）。而且借款的使用效率低、效果差。全年的主营业务收入只有 50469756 元，没有达到借款额。也就是说将借款用于经营，一年都周转不了一次，获得的毛利还不够借款利息。从全部资产分析，年末实际资产占用 275650621 元，如果以 2011 年主营业务收入计算需要 5 年半全部资产才能周转一次。从流动资产占用来分析，周转 1 次也需要 1.64 年（82858604/50469756 元），可见企业资产的运用效率之低，实在令人担忧，健康何从谈起。

根据以上分析，可以看出该公司经营状况极其恶化，如不采取有效措施，改善经营管理、扩大销售、降低成本、节约费用、提高效益，企业难以持续经营下去。可见企业健康状况极其恶化。

3. 从盈利能力诊断分析企业健康状况

盈利能力就是企业赚取利润的能力，它也是企业健康状况的基础。如果一个企业长期不能盈利，这个企业既不能发展也难以长期存在下去。一般来说，企业的盈利能力只涉及正常的营业状况。当然非正常的营业，也会给企业带来收益或损失，但只是特殊状况下的个别结果，不能说明企业的经营能力。因此，在诊断分析企业盈利能力时，应当排除：①证券买卖等非正常项目；②已经或将要停止的营业项目；③重大事故或法律更改等特别项目；④会许准则和财务制度变更带来的累积影响等因素。

企业会计的六大要素有机统一于企业资金运动过程，并通过筹资、投资活动取得收入，补偿成本费用后，从而实现利润目标。因此，可以按照会计基本要素设置主营业务利润率、成本利润率、资产利润率、自有资金利润率和资本保值增值率等指标，借以评价企业各要素的盈利能力及资本保值增值情况。

（1）从主营业务利润率诊断企业健康状况。主营业务收入（销售）利润率是企业利润与主营业务收入（销售）相比的比值。其计算公式为：

主营业务收入（销售）利润率＝利润÷主营业务收入

从利润表来看，企业的利润可以分为商品销售毛利（主营业务收入－主营业务成本）、主营业务利润、营业利润、利润总额及净利润。其中利润总额和净利润包含着非主营业务（销售）利润因素。所以能够更直接反映主营业务（销售）获利能力的指标是毛利率、主营业务利润率和营业利润率。通过"三率"的诊断分析，可以发现企业经营理财健康状况的稳健性、面临的危险或可能出现的转机迹象。

［例3－16］根据北京大华有限公司利润表数据（见表3－18），计算主营业务收入利润率（见表3－19）。

表3－18　利润表

编制单位：大华公司　　　　　　　　　2011年度　　　　　　　　　单位：千元

项目	行次	上年数	本年累计数
一、主营业务收入		15064	18038
减：主营业务成本		10160	11910
主营业务税金及附加		75	90
二、主营业务利润		4829	6038
加：其他业务利润		36	40
减：营业费用		1027	1523
管理费用		1314	1365
财务费用		746	922
三、营业利润		1778	2268
加：投资收益		25	32
补贴收入			
营业外收入		80	10
减：营业外支出		28	39
四、利润总额		1855	2271
减：所得税费用		612	749
五、净利润		1243	1522

表 3 – 19 主营业务收入利润率计算　　　　　　　单位：千元

项目	2010 年	2011 年
1. 销售毛利	4904	6128
2. 主营业务利润	4829	6038
3. 营业利润	1778	2268
4. 利润总额	1885	2271
5. 净利润	1243	1522
6. 主营业务收入	15064	18038
7. 主营业务成本	10160	11910
8. 经营成本	11262	13523
9. 营业成本	13362	15830
10. 税前成本	13390	15869
11. 税后成本	14002	16618
12. 毛利率（％）（1/16）	32.55	33.97
13. 主营业务利润率（％）（2/6）	32.06	33.47
14. 营业利润率（％）（3/6）	11.80	12.57
15. 主营业务收入利润率（％）（4/6）	12.31	12.59
16. 主营业务收入净利润率（％）（5/6）	8.25	8.43

根据以上数据计算大华公司主营业务利润率。

从上述数据看出，大华公司的主营业务利润 2011 年比上年增加 1209000 元，是上升趋势。其利润率也是呈上升趋势，其原因是销售额增加和成本降低，这要从毛利率发展趋势分析，本年毛利率比上年提高 1.42%（33.97% – 32.55%），但总的来看，各利润率都是呈上升趋势，表明企业经营方向和产品适应市场需要，有一定发展潜力。企业健康状况是好的。

（2）从成本利润率诊断企业健康状况。成本利润率是以利润与成本相比，其计算公式为：

成本利润率 = 利润 ÷ 成本

同利润一样，成本也可以分为几个层次：主营业务成本、经营成本（主营业务成本 + 营业费用 + 主营业务税金及附加）、营业成本（经营成本 + 管理费用 + 财务费用 + 其他业务成本）、税前成本（营业成本 + 营业外支出）和税后成本（税前成本 + 所得税）。因此在评价成本开支效果时，必须注意成本与利润间层次上的对应关系,即销售毛利与主营业务成本(主营业务成本毛利率)、主营业务利润与经营成本(经营成本利润率)、营业利润与营业成本(营业成本利润率)、利润总额与税前成本(税前成本利润率)、净利润与税后成本(税后成本净利润率)彼此对应。这不仅符合收益与成本的匹配关系,而且能够有效地揭示出企业各项成本的使用效果。这其中,经营成本利润率更具有代表性,它反映了企业主要成本的利用效果,是企业加强成本管理的着眼点。

[例3-17] 根据表3-19有关成本利润率的数据计算见表3-20。

表3-20 成本利润率计算

项目	2001 年	2002 年	差额
1. 主营业务各成本毛利率(%)(1/7)	48.27	51.45	+3.18
2. 经营成本利润率(%)(2/8)	42.88	45.32	+2.44
3. 营业成本利润率(%)(3/9)	13.31	14.33	+1.02
4. 税前成本利润率(%)(4/10)	13.85	14.31	+0.46
5. 税后成本利润率(%)(5/11)	8.88	9.16	+0.28

从以上计算结果看出,该公司各项成本利润率指标,2002 年比 2001 年均有提高,说明公司在改善经营开拓市场,加强管理方面取得一定成绩,发展趋势较好。但从两年对比发展增长百分数来看,各项成本利润率呈下降趋势,说明在成本费用支出方面,本年比上年不仅绝对数增加而相对数方面也有所提高,因而在今后日常管理中,应注重对费用支出的控制,压缩非生产经营性支出,确保企业健康发展。

(3)从总资产报酬率诊断企业健康状况。总资产报酬率是企业利润总额与企业资产平均总额的比率。是反映企业资产综合利用效果的指标。其计算公式为:

总资产报酬率 = 利润总额 ÷ 资产平均总额

资产平均总额为年初资产总额与年末资产总额的平均数。总资产报酬率越高,表明企业的资产利用效益越好,整个企业盈利能力越强,经营管理水平越高,企业越健康。

[例3-18] 根据资产负债表有关数据和资料,可计算总资产报酬率为:

2011 年总资产报酬率:

$$0.205 = 2271000 / [(\overset{期初数}{10478000} + \overset{期末数}{11679000}) \div 2]$$

2010 年总资产报酬率:

$$0.194 = 1885000 / [(\overset{期初数}{8647000} + \overset{期末数}{10478000}) \div 2]$$

计算结果表明大华公司 2011 年的总资产利润率比上年提高了 1.1 个百分点，说明公司经营效果比上年有所提高，健康状况良好。

总资产报酬率还可分解为：

总资产报酬率 = （利润总额÷主营业务收入净额）×（主营业务收入净额÷平均资产总额）= 业务收入利润率×总资产周转率

这个扩展计算式表明，要提高报酬率，不仅要尽可能降低成本，增加销售，提高业务收入利润率，同时也要尽可能提高资产使用率。只有从两方面入手，才能有效地提高盈利能力。该比率具有很大的综合性，因此不仅用于分析企业的盈利能力，而且也用于评价企业管理层在资产使用方面的效率。

（4）自有资金利润率诊断企业健康状况。自有资金利润率是净利润与自有资金的比值，是反映自有资金投资收益水平的指标。其计算公式为：

自有资金利润率 = 净利润÷平均所有者权益

企业从事经营管理活动的最终目的是实现所有者财富最大化。因此，该指标是企业盈利能力指标的核心，而且也是整个财务指标体系的核心。是判断企业健康状况主要依据。

[例 3 - 19] 根据大华公司有关资料，该公司所有者权益 2011 年末为：8925000 元，2010 年末为：8569000 元。

2011 年自有资金利润率为：

0.1740 = 1522000/〔（8569000 + 8925000）/2〕

2010 年自有资金利润率为：

0.1622 = 1243000/〔（6777000 + 8569000）/2〕

大华公司 2011 年自有资金利润率比上一年度提高了 1.18 个百分点。其主要原因除利润率提高外，而 2011 年所有者权益增长率 4.15%〔（8925000 - 8569000）/8569000〕低于该年度的净利润率增长率 22.45%〔（1522000 - 1243000）/1243000〕所引起的。

4. 从盈利的质量诊断企业的健康状况

在诊断分析企业盈利能力时，不能只分析实现利润总额的增减及利润总额与其他指标对比的比值分析识别，而且还要分析企业盈利的质量。常用方法有下列三种：

（1）信号识别法。它是利用会计报表中某些指标发生异常变化，常常是盈利脆弱的表现，常见的有：

①无形资产、递延资产、待摊费用、待处理流动资产损失和待处理固定资产损失等项目非正常上升。这种不正常上升，有可能是企业当前发生费用及损失无能力吸收而暂放入这些项内，将实亏转化为潜亏。

②一次性的收入突升，如利用资产重组、非货币资产置换、股权投资转让、资产评估、非生产性资产与企业建筑性销售所得调节盈余，企业可能用这些手段调节企业利润。

③期间费用中广告费用占销售收入额的比率相对下降，这样可以提高当期利润，但从长期看对企业不利。

④对未来准备金提取不足或不提，折旧计提改变或提取不足，从而提高当期利润。

⑤归入税收费用的递延税款增加，没有资金支持的应付工资，应付福利费的上升，暗示公司支付工资能力降低，现金流向可能存在问题。

⑥毛利率下降，一是说明企业产品价格降低，市场竞争激烈，二是可能成本失去了控制，有上升趋势，或者企业产品组合发生了变化，对企业利润产生影响。

⑦存货周转率变低，可能是企业销售能力差、产品有问题不适应市场需要，或者库存产品材料有问题，或生产存在问题。

⑧会计政策、会计估计、或已存在的会计政策，在一个比较自由的问题上运用方式发生了变化，它可能是企业经营状况发生变化的一个信号，或者是进行会计政策变化，仅仅是为了创造更高的利润。

⑨应收账款增长与过去经验不相一致，为了实现销售目标，可以运用信贷销售创造销售和利润，将以后实现销售提上来。商业性应付账款展期或延长正常商业信用期间。这些信号都反映出利润的质量情况。

（2）剔除识别评价法。它是在诊断分析企业健康状况时将影响利润质量的个别因素剔除后，再来分析评价企业实现的利润的质量。常用的有：

①不良资产剔除法。所谓不良资产是指待摊费用、待处理流动资产及固定资产损失、开办费、递延资产等虚拟资产和高龄应收账款、存货跌价和积压损失、投资损失、固定资产损失，可能产生潜亏资产项目。如果不良资产的总额接近或超过净资产，或者不良资产的增加额（增加幅度）超过净利润的增加额（增加幅度），说明企业当期利润有"水分"。

②关联交易剔除去。即将来自关联企业的营业收入和利润予以剔除，分析企业的盈利能力多大程度依赖于关联企业。如果主要依赖于关联企业，就应特别关注关联交易的定价政策，分析企业是否以不等价交换的方式与关联企业进行交易以调节盈余。当然有的集团总会司只管生产，而子公司专门从事销售，这只是一种情况，诊断分析时要区别情况，不能一概而论。

③异常利润剔出法。即将其他业务利润、投资收益、补贴收入、营业外收入从企业利润总额中剔除，以分析评价企业利润来源主要渠道及其稳定性。分析中

特别要注意投资收益、营业外收入等一次性的偶然收入。

（3）现金流量识别法。它是将经营活动产生的现金流量、现金净流量分别与主营业务利润、投资收益和净利润进行比较分析，以判断企业的盈利质量。一般而言，没有现金净流量的利润，其盈利质量是不可靠的。如"经营活动现金净流量/利润总额"指标等于0或负值，说明其利润不是来自经营活动，而是来自其他渠道。

二、通过利润表各项指标变动趋势诊断分析企业健康状况

发展趋势分析又称水平分析。它是将某一企业不同时期或时点的财务数据和财务指标进行对比分析，以识别该企业的经营活动及其成果的增减变动的发展方向、数据和幅度，说明企业财务状况和经营成果变动趋势的一种方法。采用此法，可以诊断分析引起变化的主要原因、变动性质，并可预测企业未来的发展前景及企业健康状况。

如果一家企业的经营活动处于持续健康发展的状态，那么其主要财务数据或财务指标，应呈现出持续稳定发展的趋势。若企业的主要财务数据或财务指标出现异动，突然大幅度上下波动，或者主要财务数据或指标之间出现背离；或者出现恶化趋势，那么，这表明公司的某些方面发生了重大变化，这些都是分析判断企业会计报表真实情况的重要线索。

1. 从利润表数据指标变化趋势诊断企业健康状况

它是将企业不同时期利润表中的财务指标项目进行比较分析，观察诊断其发展趋势。

分析识别方法有绝对数分析法和相对数分析法。

（1）绝对数分析法。它是将历年利润表相关项目加以汇总对比，分析其发展变化趋势。

[例3-20] 现以大华公司3年的利润表数据为例分析，见表3-21。

表3-21　利润表

大华公司

项目	2011 年金额	基期比（%）	2010 年金额	基期比（%）	2009 年金额	基期比（%）
一、主营业务收入	180000	120.0	160000	106.7	150000	100
减：主营业务成本	100000	121.21	88160	106.9	82500	100
主营业务税金及附加	9000	120.0	8000	106.7	7500	100
二、主营业务利润	71000	118.33	63840	106.4	60000	100

续表

项目	2011年金额	基期比（%）	2010年金额	基期比（%）	2009年金额	基期比（%）
加：其他业务利润	4000	177.8	3200	142.2	2250	100
减：营业费用	4100	143.9	3360	117.9	2850	100
管理费用	17000	127.3	14400	107.9	13350	100
财务费用	3900	144.4	3200	118.5	2700	100
三、营业利润	50000	128.7	46080	118.6	38850	100
加：投资收益	3000	130.4	3100	134.8	2300	100
补贴收入	0	0	0			
营业外收入	7000	341.5	2560	124.9	2050	100
减：营业外支出	3600	141.2	2900	113.7	2550	100
四、利润总额	56400	138.7	48840	120.2	40650	100
减：所得税	20000	164.0	17600	144.3	12195	100
五、净利润	36400	127.9	31240	109.8	28455	100

其诊断分析可从两方面入手：

①从横向看发展变化速度。现以2009年实际数为基期数，将2010年、2011年实际数据与基期数进行对比，分析各项目的发展变化趋势。如主营业务收入2010年比2009年增长6.7%，2011年比2009年增长20%；主营业务利润2010年比2009年增长5.8%，2011年比2009年增长17.1%

②从纵向看比例发展是否协调合理。现以2011年各项目的变化，分析识别其协调合理程度。如与2010年相比主营业务收入增长20%，管理费用增长27.3%、利润总额增长38.7%、营业外收入增长241.5%、净利润增长27.9%。可见管理费增长较多，特别是营业外收入却增长了241.5%，将此因素扣除后净利润只比2010年增长10.3%，远低于主营业务收入增长20%的速度。由此说明企业的获利能力在下降。还可以2011年数据与2009年对比，看其发展变化趋势，通过分析对比可为预测今后发展提供依据，为识别企业健康状况提供线索。

（2）相对数分析法。它是通过对历年来利润表各项目的数据汇总计算为百分比，用以分析评价企业发展变化趋势及经营业绩。通常做法是将关键项目如主营业务收入，作为100%，而将其余项目分别换算为对该关键项目的百分比，然后通过比较，分析识别发展变化趋势。

[例3-21] 现以大华公司利润表并与2002年同行业比较为例，分析如表3-22。

表 3 – 22　利润表

大华公司

项目	2002 年金额	构成（%）			
		2011 年	2010 年	2009 年	同行业
一、主营业务收入	18000	100.0	100.0	100.0	100.0
减：主营业务成本	100000	55.6	55.1	55.0	56.0
主营业务税金及附加	9000	5.0	5.0	5.0	5.0
二、主营业务利润	71000	39.44	39.9	40.0	39.0
加：其他业务利润	4000	2.2	2.0	1.5	1.0
减：营业费用	4100	2.3	2.1	1.9	2.0
管理费用	17000	9.4	9.0	8.9	9.5
财务费用	3900	2.1	2.0	1.8	1.5
三、营业利润	50000	27.8	28.8	25.9	27.0
加：投资收益	3000	1.6	2.0	1.5	1.0
补贴收入					
营业外收入	7000	3.8	1.6	1.4	1.8
减：营业外支出	3600	2.1	1.8	1.7	1.5
四、利润总额	56400	31.2	30.6	27.1	28.3
减：所得税	20000	11.1	11.0	8.13	11.0
五、净利润	36400	20.1	19.6	19.0	17.3

　　分析方法从两方面入手：

　　①从横向看构成比例的变化发展趋势。如主营业务成本 2009 年占主营业务收入 55%，而到 2011 年上升为 55.6%，增长了 0.6 个百分点；而管理费用由 2009 年占主营业务收入 8.9%，到 2011 年上升为 9.4%，相比提高了 0.5 个百分点；利润总额由 2009 年占主营业务收入 19%，到 2011 年上升为 20.1%，提高了 1.1 个百分点。通过对比看出该企业三年来的发展是健康的，盈利水平不断提高，但三项费用占主营业务收入的比例有不同的提高，应引起管理层的重视，并应拟定有效措施，加强管理与控制，不断降低企业费用。

　　②从纵向看，分析各项目占收入项目金额的百分比，以便抓住重点加强管理与控制，确保企业利润目标的实现。如以 2011 年实际完成数数为例，主营业务成本占主营业务收入 55.6%，营业费用占 2.3%，主营业务税金及附加等占业务收入 5%，管理费用占主营业务收入 9.4%，财务费用占主营业务收入 2.1%，投资收益占主营业务收入 1.6%，净利润占主营业务收入的 20.1%，这

对了解利润实现诊断企业健康状况有重要意义。

如果以企业的各项目比例与同业水平相比较，可以明了本企业所处地位，是属于先进水平还是处于劣势地位，以便寻找差距、拟定措施，加以改进，使企业进入先进行列。

2. 从利润表财务指标异动趋势诊断分析企业健康状况

异动趋势分析是趋势分析基础。观察其发展变化是持续稳定发展，还是出现异动突然大幅度上下波动，或者主要财务指标之间出现严重背离，或者出现急剧恶化，这就意味着公司某些方面发生了重大健康变化，是识别公司会计报表真实程度有无疾病的重要线索。

［例3-22］银广夏1997年~2000年发表的年度财务报告的利润表中的主营业务收入与净利润及销售净利润率的发展变化情况如表3-23所示。

表3-23

项目		1997 年	1998 年	1999 年	2000 年
主营业务	收入额（元）	324317160.12	606284594.58	526038068.55	908988746.19
	增长率（%）	-24.49	86.94	-13.24	72.8
净利润	实现额（元）	39372185.30	58471777.15	127786600.85	417646431.07
	增长率（%）	-16.63	48.51	118.54	226.83
销售（营业）净利润率（%）		12.14	9.46	24.29	45.95

从表3-23数据资料中不难看出有以下异动趋势需要引起重视：

（1）从净利润几年来的发展趋势来看：1998年比1997年增长48.51%；1999年比1998年又增长了118.54%，到2000年比1999年又增长了226.83%。而2000年实现净利润与1997年实际净利润相比增加了3.78亿元，相当增长了9.6倍，而主营业务收入三年来由1997年的324317160元，发展到2000年的908988746元，只增加584671586元，相当增长了1.8倍。可见净利润的增长高于主营业务收入增长的近5倍。显然这种发展趋势，确实是"奇迹"，故引起各界的关注，最终露出真相。

（2）从净利润与主营业务收入的比值看：①从1998年净利润占主营业务收入的9.64%，而1999年却上升到24.29%，增长了14.65个百分点。②2000年的主营业务净利润率却高达45.95%，比上一年度又增长了21.66个百分点。这种发展趋势也非正常，有必要进一步分析，寻求异动原因。

通过分析看出财务指标异动趋势分析，是透视报表真实程度、识别有无粉饰舞弊的有效方法，也是诊断分析企业健康状况的有效方法。

（3）从主营业务收入与净利润增长比率看：①1998年与上年对比，主营业务收入增长86.96%，而净利润只比上年增长了48.51%，显然后者低于前者将近50%，从一般情况看，净利润增长率应高于高业务增长率。因为，营业费用及管理费用中，有一部分是属于固定性质，它不随主营业务收入的增长而成比例的增长。因此，这是一个异常变动，应引为关注。②1999年与1998年对比，主营业务收入减少13.24%，而净利润却比上年度增长118.54%。这又是一个特大异动趋势。③再看2000年与1999年对比，主营业务收入增长72.8%，而净利润却增长了226.83%，高出主营业务收入的3倍以上。一个健康企业会发生如此重大变化吗？显然有较大异动趋势。

根据《广夏（银川）实业股份有限公司1999年度报告》提供资料分析，净利润1999年比上年增长118.54%，主要是由于该公司所属天津广夏（集团）有限公司于上年从德国引进超临界二氧化碳萃取设备——500升萃取釜三台。生产用于食品、医药领域的高纯度蛋黄卵磷脂、姜精油、八角油等产品，报告期内已出口价值5610万德国马克的产品。1999年公司萃取产品形成销售收入23971万元，业务利润15892万元，分别为主营业务收入的46%和主营业务利润的76%。银广夏20000年度报告又陈述：报告期内公司萃取产品和医用玻璃制品共实现销售收入8.02亿元，占公司主营业务收入总额的90%，其净利润也主要来自萃取产品。可见该公司净利润增长异常的主要动因是引进萃取设备所生产的萃取产品。根据《财经》杂志2001年8月《银广夏陷阱》揭露，该设备以生产姜精油为例，年产量30吨，每吨以国际市场较高价800元/公斤计算，天津广夏1999年度萃取产品销售收入不会超过2400万元，而该公司报告形成销售收入23971万元，显然存在较大差异。报表真实性将受到怀疑，健康状况值得怀疑。

三、通过营运能力诊断企业健康状况

营运能力是指企业基于外部市场环境的约束。通过内部人力资源和生产资料的配置组合而对财务目标所产生作用的大小。一个企业的财务状况和盈利能力在很大程度上取决于企业的运营能力，因为利润和现金流量是通过资产的有效使用来实现的，如果资产使用率低，企业不仅不能创造出足够的利润和现金流量来支付费用，扩大再生产和偿还债务，而且为了维持经营还得进一步举债。简而言之，营运能力低表明资金积压严重，资产未能发挥应有的效能，从而降低企业的偿债能力和盈利能力。营运能力的诊断分析包括人力资源营运能力的诊断分析和生产资料营运能力的诊断分析。

1. 从人力资源营运能力诊断企业健康状况

人，作为生产力的主体和企业财富的原始创造者，其素质水平的高低对企业营运能力的形成状况具有决定性作用。而诊断分析和评价人力资源营运能力的着

眼点在于如何充分调动劳动者积极性、能动性，从而提高其经营效率。通常采用劳动效率指标进行分析诊断：

劳动效率是指企业产品主营业务收入净额或净产值与平均工人数（可以视不同情况具体确定）的比率，其计算公式：

$$劳动效率 = \frac{产品销售收入净额或净产值}{平均职工人数}$$

对企业劳动效率进行诊断分析主要采用比较的方法，例如将实际劳动效率与本企业计划水平、历史先进水平或同行业水平等指标进行对比，进而确定其差异程度，诊断分析造成差异的原因，以选取适宜对策，进一步发掘提高人力资源劳动效率的潜能。

2. 从生产资料营运能力诊断企业健康状况

企业拥有或控制的生产资料表现为各项资产占用。因此，生产资料的营运能力实际上就是企业的总资产及其各个组成要素的营动能力。资产营运能力的强弱关键取决于资产周转率。一般说来，周转率越快，资产的使用效率越高，则资产营运能力越强；反之，营运能力就越差。所谓周转率即企业在一定时期内资产的周转额与平均占用额的比率，它反映企业资金在一定时期的周转次数。周转次数越多，周转速度越快，表明营运能力越强，这一指标的反指标是周转期，它是周转次数的倒数和计算期天数的乘积，它反映资产周转一次所需要的天数。周转期越短，表明周转速度越快，资产营运能力越强。其计算公式如下：

周转率（周转次数）＝周转额÷资产平均占用额

周转率（周转天数）＝计算期天数÷周转次数

＝资产平均占用额×计算期天数÷周转额

资产营运能力的诊断可以从以下几个方面进行：

（1）从流动资产周转情况诊断企业健康状况。反映流动资产周转情况的指标主要有应收账款周转率、存货周转率和流动资产周转率。

①从应收账款周转率诊断分析企业健康状况。

它是反映应收账款周转速度的指标，是一定时期内商品或产品赊销收入净额与应收账款平均占用额的比值。其计算公式为：

应收账款周转率（次数）＝赊销收入净额÷应收账款平均占用额

其中：

赊销收入净额＝主营业务收入－现销收入－销售折扣与转让

应收账款平均占用额＝（期初应收账款＋期末应收账款）÷2

应收账款周转期（天数）＝计算期天数（360）÷应收账款周转次数

应收账款周转期＝计算期天数×应收账款平均占用额÷赊销收入净额

应收账款周转率反映了企业应收账款变现速度的快慢及管理效率的高低，周转率高表明：收账迅速，账龄较短；资产流动性强，短期偿债能力强；可以减少收账费用和坏账损失，从而相对增加企业流动资产的投资收益。

利用上述公式计算应收账款周转率时，需要注意以下几个问题：

·公式中的应收账款包括会计核算中的"应收账款"和"应收票据"等全部赊销款在内，且其金额应为扣除坏账准备后的净额；

·如果应收账款占用额的波动性较大，应尽可能使用更详尽的计算资料，如按每月的应收账款占用额来计算其平均占用额；

·分子、分母的数据应注意时间的对应性。

②从存货周转率诊断分析企业健康状况。

它是一定时期内企业主营业务成本与存货平均资金占用额的比率。反映企业销售能力和资产流动性的一个指标，也是衡量企业生产经营各环节，存货运营效率的一个综合性指标。其计算公式为：

存货周转率（次数）＝主营业务成本（销货成本）÷存货平均占用额

存货平均占用额＝（期初存货＋期末存货）÷2

存货周转期（天数）＝计算期天数÷存货周转率

$$=\frac{计算期天数 \times 存货平均占有率}{主营业务成本（销售成本）}$$

存货周转速度的快慢，不仅反映企业采购、储存、生产、销售各环节管理工作状况的优劣，而且对企业的偿债能力及获利能力也产生决定性的影响。一般来讲，存货周转率越高越好。当存货周转率越高时，表明其变现的速度越快，周转额越大，资金占用水平越低。因此，首先，通过存货周转分析，有利于诊断分析存货管理存在的问题，尽可能降低资金占用水平。存货一定要保持结构合理、质量可靠，既不能储存过少，否则可能造成生产中断或销售紧张；又不能储存过多，否则可能形成呆滞、积压。其次，存货是流动资产的重要组成部分，其质量和流动性对企业流动比率具有举足轻重的影响，并进而影响企业的短期偿债能力。故一定要加强存货管理，以提高其变现能力和盈利能力，从而提高企业健康水平。

在计算存货周转率时应注意以下几个问题：

·注意存货的计价方法。不同的存货计价方法，对存货周转率有一定影响。

·注意分子、分母时间上的对应性。如果分子、分母所用数据在时间口径上不一致，也会造成销售。

［例3－23］现以大华公司数据为例，存货周转率计算如表3－24所示。

从计算结果看出，大华公司2011年比2010年存货周转率慢了5天（136－131），这说明该公司在存货管理方面有所放松，其原因可能是产品有所积压。

表 3 - 24　存货周转率计算表　　　　　　　单位：千克

项目	2010 年	2011 年
1. 主营业务成本	10160	11910
2. 存货平均占用数	3695	4511
3. 存货周转次数①/②	2.75	2.64
4. 存货周转天数 360/③	131.0	136.0

为了分析影响存货周转率速度的具体原因，采取有效措施，在工业企业中，还可进一步分析按存货的具体内容，如原材料、在产品和产成品，分别计算各自的周转率，进而了解识别各自在供、产、销不同阶段的营运情况，诊断分析各环节的工作业绩。计算公式如下：

原材料周转率（次数）＝原材料耗用额/原材料平均占用额

原材料周转率（天数）＝360 天/原材料年周转次数

在产品周转率（次数）＝完工产品成本/生产成本平均占用额

在产品周转期（天数）＝360 天/在产品年周转次数

产成品周转率（次数）＝主营业务成本/产成品平均占用额

产成品周转期（天数）＝360 天/产成品年周转次数

③从流动资产周转率诊断分析企业健康状况。

流动资产周转率是反映企业流动资产周转速度的指标，是流动资产的平均占用额与流动资产在一定时期所完成的周转额（主营业务收入）之间的比率。其计算公式为：

$$流动资产周转率（次数）＝\frac{主营业务收入净额}{流动资产平均占用额}$$

$$流动资产周转率（次数）＝\frac{计算期天数}{流动资产周转率}$$

$$＝\frac{计算期天数×流动资产平均占用额}{主营业务收入净额}$$

在一定时期内，流动资产周转次数越多，周转一次天数越少，表明以相同的流动资产和完成的周转额越多，流动资产利用效果越好。生产经营任何一个环节上的工作改善，都会反映到周转天数的缩短上来。所以它是诊断分析资金运用效果的一个综合性指标。

[例 3 - 24]　根据大华公司的有关资料记录，2011 年和 2010 年流动资产平均占用额分别为：6780000 元和 5400000 元，流动资产周转率计算如表 3 - 25 所示。

由表 3 - 25 计算结果看出 2011 年流动资产周转速度比 2010 年慢了 6.3 天。同时也可计算出由于周转速率减慢，增加了资金占用 315665 元（6.3 × 18038000 ÷ 360），从流动资产整理来看，其运用效果有所降低，应寻找原因，加以改进。

表 3-25　流动资产周转率计算　　　　　　单位：千元

项目	2010 年	2011 年
1. 主营业务收入净额	15064	18038
2. 流动资产平均占用额	5400	6780
3. 流动资产周转次数①/②	2.79	2.66
4. 流动资产周转天数 360/③	129.0	135.3

在主营业务利润率不变的情况下，生产经营过程中流动资产周转的速度越快，企业产品的盈利水平也就越高，企业经济效益也越好，偿债能力也越强，企业也就越健康。

（2）从固定资产周转率诊断企业健康状况。固定资产周转率是指企业年主营业务收入净额与固定资产平均占用净值（或原值）的比率。它是反映企业固定资产周转利用状况，从而衡量固定资产利用效率的一项重要指标。其计算公式为：

固定资产周转率 = 主营业务收入净额 ÷ 固定资产平均净值

固定资产周转率高，表明企业固定资产利用充分，同时也表明企业固定资产投资得当，固定资产结构合理，能够充分发挥其效用。反之，如果固定资产周转率不低，则表明固定资产利用率不高，提供的生产成果不多，资产的效能没有充分发挥，企业的营运能力不强，也是一种不健康表现。

运用固定资产周转率诊断分析时，需要考虑固定资产因计提折旧的影响，其净值在不断地减少以及因更新重置，其净值突然增加的影响。同时，由于折旧方法的不同，可能影响其可比性。故分析识别时，一定要剔除这些不可比因素，才能得出正确的判断和结论。

［例 3-25］大华公司 2011 年和 2010 年固定资产的净值分别为 11637000 元和 10040000 元。周转率计算如表 3-26 所示。

表 3-26　固定资产周转率计算表

项目	2010 年	2011 年
1. 主营业务收入净额	15064	18038
2. 固定资产平均占用净值	10040	11637
3. 固定资产周转次数①/②	1.50	1.55
4. 固定资产周转天数 360/③	240	232

根据计算结果看出，2011 年固定资产周转率比 2010 年加快了 8 天，这是加强管理、改善经营的结果。

但是在分析、判断固定资产使用效果时存有不同观点。如有的主张用固定资产占用的原值计算，而不应用扣除折旧后的净值计算。其理由是有些固定资产虽然其价值随着使用年限的增加，计提的折旧额的增加，其净值在不断地降低，但其使用价值即生产能力并不随着其价值的降低成比例地降低。如房屋建筑物 10 年后的使用价值与 10 年前的使用价值未必相差甚远。有些机器设备也是如此。可见按固定资产净值计算就会出现固定资产净值越低，其运用效果反而越好。当然，按固定资产原值计算利用效率也存在一定缺陷，旧机器设备的生产能力、生产的产品质量都会比新机器设备的生产效果较低。因此，在诊断分析企业的固定资产使用效果时不能只从价值量指标评价，还应看其实物生产量的多少，注重实际效果才能得出正确结论。

（3）从总资产周转率诊断企业健康状况。总资产周转率是企业主营业务收入净额与资产总额的比率。其计算公式为：

总资产周转率 = 主营业务收入净额 ÷ 资产平均占用额

资产平均占用额应按报告期的不同分别加以确定，并应当与分子的主营业务收入净额在时间上保持一致。

月平均占用额 =（月初 + 月末）÷ 2

季平均占用额 =（1/2 季初 + 第一月末 + 第二月末 + 1/2 季末）÷ 3

年平均占用额 =（1/2 年初 + 一季末 + 二季末 + 三季末 + 1/2 年末）÷ 4

值得说明的是，如果资金占用的波动性较大，企业应采用更详细的资料进行计算，如按照各月份的资金占用额计算。如果各期占用额比较稳定，波动不大，上述季、年的平均资金占用额也可以直接用"（期初 + 期末）÷ 2"的公式来计算。

这一比率用来分析企业全部资产的使用效率。如果这个比率较低，说明企业利用全部资产进行经营的效率较差，最终会影响企业的盈利能力。这样企业就应该采取各项措施来提高企业的资产利用程度，如提高主营业务收入或处理多余的资产。

［例 3 - 26］根据大华公司总资产占用的情况，其周转率计算如表 3 - 27 所示。

表 3 - 27　总资产周转率计算表　　　　　　　　单位：千元

项目	2010 年	2011 年
1. 主营业务收入净额	15064	18038
2. 全部资产平均占用额	95625	11078.5

续表

项目	2010 年	2011 年
3. 全部资产周转次数①/②	1.575	1.628
4. 金部资产周转天数 360③	228.6 天	221.1 天

从上表看出，大华公司 2011 年全部资产周转率比 2010 年减少了 7.5 天。这说明全部资产的增长速率 15.85%（11078.5/9562.5 – 1），低于主营业务收入净额的增长速度 19.74%（18038/15064 – 1）。但流动资产的增长速度 25.56%（6780/5400 – 1），却快于主营业务净收入的增长速度，因而出现周转速度减慢的结果。

值得说明是：流动资产周转率和固定资产周转率的计算，其分子是主营业务收入净额，但主营业务收入净额含有利润在内，因此，利润率的高低直接关系到周转率快慢，故有的学者主张其分子应以主营业务成本较为正确。但制度规定用主营业务收入。

第四节 现金流量表诊断分析

现金流量表全面反映了企业一定期间各项现金及其等价物的流入、流出及结余情况。通过对现金流量表的分析诊断，可以了解企业的健康状况。

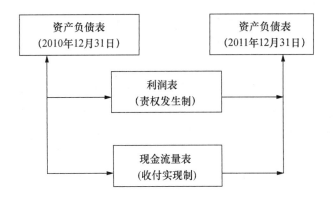

图 3-2 现金流量表功能

一、通过现金流量表诊断企业近期健康状况

通过现金流量表诊断企业健康状况首先从经营活动中产生现金流量开始，因为经营活动是企业现金首要来源，与净利润相比，经营现金流量能更确切地反映企业经营业绩。如年终为超额完成利润，可将大批产品赊销出去，这样一来利润表中主营业务收入增加了，利润也增加了。但由于是赊销，未能取得现金。由于发生了销售活动还要支付税费及其他费用，使经营活动现金流量不但未流入反而增加了流出。

1. 从现金流量表总体状况诊断分析企业健康状况

现金流量表由经营活动现金流量、投资活动现金流量、筹资活动现金流量、自由现金流量所组成。

（1）从经营活动现金流量诊断企业健康状况。一般来说健康正常运营的企业，其经营活动现金流量净额应是正数。现金流入净额越多，资金就越充足，企业就有更多的资金购买材料、扩大经营规模或偿还债务。因此充足稳定的经营现金流量是企业生存发展的基本保证，也是衡量企业是否健康重要标志。如果一个企业的经营活动现金流量长期出现负数，就必然难以维持正常的经营活动，不可能持续经营下去。诊断分析时，可以将补充资料内的经营现金流量分成两部分进行，首先研究企业在营运资本支出前的现金流量（如果这部分现金流量是正数），然后研究营运资本项目（存货、应收账款、应付账款）对现金流量的影响。企业在营运资本中投入的现金与企业的有关政策和经营状况相关，例如赊销政策决定应收账款水平，支付政策决策应付账款水平，销售政策决定存货水平。分析时应结合企业所在行业特点、自身发展战略等来评价企业的营运资本管理状况及其对现金少量的影响。

（2）从投资活动现金流量诊断分析企业健康状况。投资活动现金流量是反映企业资本性支出中的现金流量，分析的重点是购置或处置固定资产发生的现金流入和流出数额。根据固定资产投资规模和性质，可以了解企业未来的经营方向和获利潜力，揭示企业未来经营方式和经营战略的发展变化。同时还应分析投资方向与企业的战略目标是否一致，了解所投资金是来自内部积累还是外部融资。如果处置固定资产的收入大于购置固定资产产生的支出，则表明企业可能正在缩小生产经营规模，或正在退出该行业，应进一步分析是由于企业自身的原因如某系列产品萎缩，还是行业的原因如该行业出现衰落趋势，以便对企业的未来进行预测，分析判断企业健康状况。

（3）从筹资活动现金流量诊断企业健康状况。根据筹资活动现金流量，可以了解企业的融资能力和融资政策，分析融资组合和融资方式是否合理。融资方式和融资组合直接关系到资金成本的高低和风险大小。例如，债务融资在通货膨

胀时，企业以贬值的货币偿还债务会使企业获得额外利益。但债务融资的风险较大，在经济衰退期尤其如此。如果企业经营现金流量不稳定或正在下降，问题就更严重。此外，将现金股利与企业的净利润和经营现金净流量相比较，可以了解企业的股利政策。支付股利不仅需要有利润，还要有充足的现金，选择将现金留在企业还是分给股东，与企业的经营状况和发展战略有关。通常，处于快速成长期的企业不愿意支付现金股利，而更愿意把现金留在企业内部，用于扩大再生产，加速企业的发展。

（4）从自由现金流量诊断企业健康状况。它是指企业经营现金流量满足了内部需要后的剩余，是企业可以自由支配的现金量，自由现金流量有三种计算方法：

自由现金流量＝经营现金流量－购置固定资产支出

自由现金流量＝经营现金流量－（购置固定资产支出＋现金股利）

自由现金流量＝经营现金流量－（购置固定资产支出＋现金股利＋利息支出）

该指标越高说明企业可以自由支配的现金越多，企业越健康。

2. 从经营活动现金流量与其他报表相关项目指标对比诊断企业健康状况

主要有以下指标：

（1）现金销售比率。它是将现金流量表中销售商品、提供劳务收到的现金与利润表中销售收入总额之比，说明企业的销售收入中有多少收回现金，计算公式：

$$现金销售比率 = \frac{销售商品、提供劳务收到的现金}{主营业务收入}$$

该指标反映企业销售质量，与企业的赊销政策有关。如果企业有虚假收入，也会使该指标过低。

[例3－27] 亚美股份有限公司2011年度主营业务收入为50469756元，销售商品、提供劳务收到现金46561785元，则

$$现金销售比率 = \frac{46561785}{50469756} = 0.92$$

说明该企业每销售100元商品只收回92元。

（2）销售现金流量率。它是将现金流量表中经营活动中产生的现金流量金额与当期利润表主营业务收入之比，说明企业在某一会计期间，每实现1元营业收入能获得多少现金净流量，计算公式：

$$销售现金流量率 = \frac{经营活动现金流量净额}{当期主营业务收入净额}$$

（3）资本购买率。该指标可以反映来自企业内部的现金对内部投资需要的保证程度，了解企业内部扩大再生产的能力。计算公式：

$$资本购买率 = \frac{经营活动现金流量净额}{购置固定资产支出的现金}$$

该指标可以反映来自企业内部的现金对内部投资需要的保证程度，了解企业内部扩大再生产的能力，该指标越高，说明企业内部用于购置固定资产的能力越强。当该指标大于1时，说明企业进行投资后，还有多余的现金用于其他支付。

（4）现金流量充足率。它是以经营活动现金流量净额与长期负债偿还额、资本支出额及股利支付额之比，可综合反映企业的持续经营和获利能力。计算公式：

$$现金流量充足率 = \frac{经营活动现金流量净额}{长期负债偿还额 + 资本性支出额 + 股利支付额}$$

该指标大于或接近1时，企业的收益质量较高，持续经营能力强；反之，如果比率低于1，说明收益质量较差。但是，该指标并非越高越好，如该指标显著大于1时，说明企业有大量的闲置现金找不到合适的投资方向，将会影响到未来的获利能力。

（5）现金股利支付率。它是以经营活动现金净流量与发放现金股利比，反映企业支付股利的能力。计算公式：

$$现金股利支付率 = \frac{经营活动现金流量净额}{现金股利}$$

该指标可以反映经营活动产生的现金流量净额，是否能够满足企业支付股利的需要，了解企业支付的现金股利是用内部多余现金还是依靠外部融资来支付的，分析企业在支付股利后，是否保留了足够的现金来维持未来的经营活动。如果企业的经营现金流量不足以支付股利，那么股利政策的持续性就应当受到怀疑。

（6）现金利息支付率。它是以经营活动现金流量净额与利息费用支出比，反映企业支付利息的能力，计算公式：

$$现金利息支付率 = \frac{经营活动现金流量净额}{利息费用}$$

该指标反映企业偿还债务利息的能力。如果该指标小于1，说明企业必须依靠处置长期资产或从外部融资来解决利息的偿还问题，这是财务状况不健康的表现。

（7）经营现金满足内部需要比率。它是以经营活动现金流量净额与购买固定资产、支付现金股利、财务费用支出之和比较。借以分析满足需要的程度。计算公式：

$$经营现金满足内部需要率 = \frac{经营活动现金流量净额}{购置固定资产支出 + 现金股利 + 财务费用}$$

该指标反映企业经营现金流量满足内部需要的能力。虽然企业从外部筹集资金是正常的，但是如果企业长期依靠外部融资来维持经营活动所需要的现金和支付利用费用，则无论如何是不正常的。如果这样，债权人可能会认为风险过大而拒绝提供信贷，这时企业就很容易陷入财务困境。一般来说，企业正常经营活动的现金流量，应当能够满足其对营运资本的追加投入、支付股利和利息费用。这才是一个健康企业标志。

（8）资本性支出比率。它是以经营活动现金流量净额与资本性支出之比。说明企业本期经营活动产生的现金流量净额是否足以支付资本性支出所需要的现金。计算公式：

$$资本性支出比率 = \frac{经营活动产生的现金流量净额}{资本性支出}$$

资本性支出包括购置固定资产、无形资产和其他长期资产的支出。该比率越高，说明企业利用自身盈余扩大生产规模、创造未来现金流量或利润的能力较强，收入质量高；反之，如果该比率小于1，说明企业资本性投资所需要的现金除来自经营活动外，一部分或大部分要靠外部筹资取得，企业的财务风险加大，经营及获利的持续性和财务稳定性降低，企业收益的质量较差。

3. 从经营活动现金流量与其他报表相关项目指标对比诊断分析企业的偿债能力状况

主要有以下指标：

（1）到期债务偿付率。它是经营活动现金流量净额与当年到期的债务总额之比。说明企业的偿债能力大小。计算公式：

$$到期债务偿付率 = \frac{经营活动现金流量净额}{当年到期的债务总额}$$

该指标能够反映企业在某一会计期间每1元到期的负债有多少经营现金流量净额来补充。经营现金流量是偿还企业债务的真正来源，因此，该指标越高，说明企业偿还到期债务的能力越强。该指标克服了流动比率和速动比率只能反映企业在某一时点上的偿债能力的缺陷，因此具有广泛的适用性。

（2）现金比率。它是以现金及现金等价物的期末余额与流动负债之比，反映企业的偿债能力大小。计算公式：

$$现金比率 = \frac{现金及现金等价物期末余额}{流动负债}$$

它是所有偿债指标，如资产负债率、流动比率、速动比率中最直接、最现实的指标，它能准确真实地反映出现金及现金等价物对流动负债的担保程度。当指标大于或等于1时，说明企业即期债务可以得到顺利偿还，比率越高担保程度越高。反之，说明偿债能力较强。

（3）现金负债总额比率。它是经营活动现金流量净额与全部负债之比，说明企业的偿还能力大小。计算公式：

$$现金负债总额比率 = \frac{经营活动现金流量净额}{全部负债}$$

这一指标反映企业在某一会计期间每1元负债由多少经营活动现金流量净额来偿还，它说明企业的偿债能力。比率越高，说明偿还债务的能力越强。反之偿债能力越差。

（4）债务偿还期。它是以负债总额与经营活动产生现金流量净额之比，是用来说明负债的偿还期。计算公式：

$$债务偿还期 = \frac{负债总额}{经营活动现金流量净额}$$

该指标说明在目前公司营业活动创造现金的水平下，公司需多长时间才能偿还其所有债务，但从经营中所获得的现金应是公司长期资金的主要来源。

4. 从经营活动现金流量与盈利有关指标对比诊断企业盈利状况

主要有下列指标：

（1）盈利现金比率。它是以经营活动现金流量净额与利润总额之比。说明每1元的利润有多少现金净流量作保障，是所有评价收益质量的指标中最综合的一个。该指标对于防范人为操纵利润而导致信息使用者决策失误具有重要作用。因为虚计的账面利润不能带来相应的现金流入。计算公式：

$$盈利现金比率 = \frac{经营活动现金流量净额}{利润总额}$$

该比率越高，说明利润总额与现金流量净额的相关性越强，利润的收现能力强，企业有足够的现金保证经营周转的顺畅进行。企业持续经营能力和获得的稳定性越强，利润质量越高。反之，说明企业利润的收现能力较差，收益质量不高，企业可能因现金不足而面临困境。具体运用时，应从利润总额中扣除投资收益、筹资费用和营业外收支净额，以确保指标口径的一致性。

（2）经营现金流量净利率。它是以现金流量表补充资料中的"净利润"与"经营活动产生的现金流量净额"相比，反映企业年度内每1元经营活动现金净流量带来多少净利润，用来衡量经营活动的现金净流量的获利能力。计算公式：

$$经营现金流量净利率 = \frac{净利润}{经营活动产生的现金流量净额}$$

这一指标是以权责发生制原则计算净利润与以收付实现制计算的经营活动产生的现金流量净额之比，评价企业经营质量的优劣。如果企业有虚假利润等就很容易识别出来。

（3）经营现金流出净利率。它是以净利润与经营活动现金流出总额之比。说明报告期内每1元经营活动现金流出所产生的净利润。计算公式：

$$经营现金流出净利率 = \frac{净利润}{经营活动现金流出总额}$$

它反映企业的经营活动的现金投入产出率的高低。比率越高，说明企业投入产出能力越好。

（4）现金流量净利率。这是以净利润与现金及现金等价物净增加额之比，说明企业经营质量优劣。计算公式：

$$现金流量净利率 = \frac{净利润}{现金及现金等价物净增加额}$$

它反映企业每实现1元的现金净流量总额所获得的净利润额，获得越多，说明企业经营的效果越好。

（5）营业收入收现率。它是以销售商品、提供劳务收到现金与主营业务收入之比。说明企业产品销售形势的好坏。计算公式：

$$营业收入收现率 = \frac{销售商品、提供劳务收到的现金}{主营业务收入}$$

该指标接近1，说明企业产品销售形势很好，相对于购买者存在比较优势，或企业信用政策合理，收款工作得力，能及时收回货款，收益质量高；反之，说明企业销售形势不佳，或存在销售舞弊可能性，或是信用政策不对路、收款不得力，收益质量差。当然分析时还应结合资产负债表中应收账款的变化及利润表中利润的变化趋势，如果该指标出现大于1，可能是由于企业本年销售萎缩，或以前应收账款收回而形成。

（6）折旧—摊销影响比率。它是以固定资产折旧加无形资产摊销额与经营活动现金流量净额之比。说明企业收益质量的优劣。计算公式：

$$折旧—摊销影响比率 = \frac{固定资产折旧额 + 无形资产摊销额}{经营活动现金流量净额}$$

该指标较高，说明企业在计算净利润时采用了较为稳健的会计政策，会计收益能较为谨慎、真实可靠地反映企业实际盈利状况，同时表明企业固定资产和无形资产的价值得到了足够的补偿，有利于企业更新设备和引进新技术、新工艺，维持企业的后劲，企业收益质量好；反之，如果该指标较低，说明企业对收益的计量采取比较乐观的态度，收益可能虚计，而且表明企业可能无法保全生产能力，影响获利的可靠性，企业收益质量低。

5. 从经营活动现金流量与资本有关指标对比诊断企业健康状况

其主要比率有以下几项：

（1）自有资本金现金流量比率。它是以经营活动现金流量净额与自有资本金总额之比。说明企业以自有资本金创造经营现金的能力。计算公式：

$$自有资本金现金流量比率 = \frac{经营活动现金流量净额}{自有资本金总额}$$

自有资本金总额为资产负债表中"所有者权益"期末金额，它反映了投资者投入资本及积累进行经营创造现金的能力，比率越高，资本回报能力越强。

（2）每股经营现金流量。它是以经营活动现金流量与股份总数之比，说明每股在报告期内所产生经营现金流量。计算公式：

$$每股经营现金流量 = \frac{经营活动现金流量}{股份总数}$$

与每股收益相比，每股经营现金流量排除了会计政策和税收对净利润的影响，能够更客观地反映股东可能获取的报酬。

由于经营活动产生的现金流量是现金股利的主要来源，所以它是反映支付股利能力质量的标准，比率越高，支付股利能力的质量也就越高。

（3）现金流量现金股利比率。它是以经营活动现金流量净额与现金股利总额之比评价企业支付股利的能力。计算公式：

$$现金流量现金股利比率 = \frac{经营活动现金流量净额}{现金股利总额}$$

这一比率是衡量企业使用经营活动产生的现金流量净额支付现金股利的能力，这一比率越高，说明企业支付现金股利保障越大。非股份制企业可用"经营活动现金流量净额分配利润比率"反映其分配投资利润的支付能力。

二、通过现金流量变动诊断分析企业健康状况

现金流量变动诊断是将不同时期同类指标的数值对比求出差异，从而诊断分析该指标的发展方向和速度，观察识别经营活动的变化趋势判断企业健康状况。分析的形式有现金流量构成趋势分析诊断、现金流量变动趋势分析诊断、现金流量比率变动趋势分析诊断。

1. 从现金流量构成趋势诊断企业健康状况

现金流量构成趋势诊断分析是诊断现金流量在经营活动、投资活动和筹资活动之间的增减变动趋势，从而分析判断企业未来变动趋势和健康状况。现将三者之间现金流量变化趋势列示表 3 – 28，识别企业的财务状况。

2. 从现金流量变动趋势诊断企业健康状况

它是将连续若干年度的现金流量表汇集在一起，从较长时期观察和分析企业的现金流入和现金流出的变化及发展趋势。并从中找出企业生产经营发展所处的阶段，预测企业未来的经济前景，特别是只有通过几个年度现金流量表的横向分析，才能对该企业资金的使用方向及其主要来源渠道等揭示清楚。

表 3-28

现金流量方向			分析诊断影响结果
经营活动	投资活动	筹资活动	
+	-	+	表明企业处于高速发展扩张期。这时产品迅速占领市场，销售呈现快速上升趋势，表现为经营活动中大量货币资金回笼，同时为了扩大市场份额，企业仍需要大量追加投资，而仅靠经营活动现金流量净额远不能满足所追加投资，必须筹集必要的外部资金作为补充。但应注意分析投资项目的未来报酬率
-	-	+	有两种情况：①企业处于初创期阶段，企业需要投入大量资金，形成生产能力，开拓市场，其资金来源只有举债、融资等筹资活动。②企业处于衰退阶段，靠借债维持日常生产经营活动，如渡不过难关，再继续发展其前途非常危险
+	+	-	表明企业进入成熟期。在这个阶段产品销售市场稳定，已进入投资回收期，经营及投资进入良性循环，财务状况稳定安全，但很多外部资金需要偿还，以保持企业良好的资信程度
-	+	-	表明企业处于衰退期。这个时期的特征是：市场萎缩，产品销售的市场占有率下降，经营活动现金流入小于流出，同时企业为了应付债务不得不大规模收回投资以弥补现金的不足。如果投资活动现金流量来源于投资收益还好，如果来源于投资的回收，则企业将面临破产
-	+	+	表明企业靠借债维持经营活动所需资金，财务状况可能恶化，应分析投资活动现金流入增加是来源于投资收益还是投资收回。如是后者，企业面临非常严峻的形势
-	-	-	这种情况往往发生在盲目扩张后的企业，由于市场预测失误等原因，造成经营活动现金流出大于流入，投资效益低下造成亏损，使投入扩张的大量资金难以收回，财务状况异常危险。到期债务不能偿还
+	+	+	表明企业经营和投资收益良好，但仍在继续筹资，这时需要了解是否有良好的投资机会及效益，千万要警惕资金的浪费
+	-	-	表明企业经营状况良好，可在偿还前欠债务的同时继续投资，但应密切关注经营状况的变化，防止由于经营状况恶化而导致财务状况恶化。

注："+"表示现金流入量大于现金流出量；"-"表示现金流出量大于现金流入量。

进行趋势分析，可采用定期法或环比法计算各个项目的百分比，分析和观测它的变化规律，揭示现金流量的发展变化趋势，更好地运用资金。具体做法请参见资产负债表的分析。

3. 从现金流量比率变动趋势诊断企业健康状况

它是以经营活动现金流量与其他相关财务指标相比，求出一定比率，然后将一定连续期间比率进行对比，以观察分析经营成果、财务状况有无异常现象。

[例3－28] 现以银广夏公司1998、1999、2000年现金流量及相关指标比率的发展趋势，分析判断如表3－29所示。

表3－29

	指标及计算公式	年度（％）			正常值
		1998	1999	2000	
盈利质量分析	现金流量净利润比率＝经营现金流量净额/净利润	－23.30	－4.40	29.70	当利润＞0时大于1
	现金偏离标准比率＝经营现金流量净额/净利润＋折旧＋摊销	－20.90	－3.80	28.00	应在1左右
	现金流量利润比率＝经营现金流量净额/营业利润	－12.30	－4.80	27.80	一般应大于1
偿债能力分析	现金流量负债比率＝经营现金流量净额/负债总额	－2.40	－0.40	6.90	越高越好
	现金利息保障倍数＝经营现金流量净额/利息支出	0.715	0.935	2.794	越高越好
	现金流量流动负债比率＝经营现金流量净额/流动负债	－2.80	－0.70	8.50	越高越好
营运效率分析	现金流量营业收入比率＝经营现金流量净额/资产	－3.40	－1.10	13.70	在1左右较好
	现金流量资产比率＝经营现金流量净额/资产总额	－1.30	－0.20	3.90	越高越好
	现金流量构成＝各项现金流量/各项现金流量之和				
	其中：经营现金净流量净额：单位（万元）	－2079	－557.5	12410	一般为正数
	投资现金净流量净额：	－1234.4	－37217	－25592	
	筹资现金净流量净额：	12128	65581	34518	
	净利润（万元）	5847.2	12778.7	41764.6	
相关指标	净利润（万元）	5847.2	12778.7	41764.6	
	主营业务收入（万元）	60628.5	52603.8	90898.9	
	营业收入净利润率（％）	9.64	24.29	45.95	

为了便于对比分析，以判断数值的真实性及变化趋势，可根据表3－29数值，列出表3－30进一步分析趋势动态，判断有无异常现象。

表 3 - 30

指标		2009年 数值(%) (1)	2010年 数值(%) (2)	2010年 比上年(+)(-) (3)=(2)-(1)	2010年 比前年(+)(-)% (4)=(3)/(1)	2011年 数值(%) (5)	2011年 比上年(+)(-) (6)=(5)-(2)	2011年 比前年(+)(-)% (7)=(6)/(2)	2011年 与2009年比(+)(-) (8)=(5)-(1)
盈利质量分析	经营现金流量净额净利润比率	-23.30	-4.40	+18.90	+81.12	29.70	+34.10	+775.00	+53.00
	经营现金偏离标准比率	-20.30	-3.80	-17.10	+81.82	28.00	+31.80	+836.84	+48.90
偿债能力分析	经营现金流量净额净利润比率	-12.30	-4.80	+7.50	+60.98	27.80	+32.80	+683.33	+40.10
	经营现金流量净额负债比率	-2.40	-0.40	+2.00	+83.33	6.90	+7.30	+1825.00	+9.30
	经营现金流量利息保障倍数	0.715	0.935	+0.22	+30.77	2.794	+1.859	+198.82	+3.509
	经营现金流量净额流动负债比率	-2.80	-0.70	+2.10	+75.00	8.50	+9.20	1314.29	+11.30
营运能力分析	经营现金流量净额营业收入比率	-3.40	-1.10	+2.30	+67.65	13.70	+14.80	+1345.45	+17.10
	经营现金流量净额总资产比率	-1.30	-0.20	+1.10	+84.62	3.90	+4.10	+2050.00	+5.20
	其中：经营现金净流量	-2079	-557.50	+1521.5	+73.18	12410	+129675	+2326.00	+14489
	投资净现金净流量	-12344	-37217	-24873	-201.50	-25592	+11625	+31.24	-13248
	筹资现金净流量	12128	65581	-53453	-440.74	34518	-31063	-47.37	+77610
相关指标	净利润（万元）	5847.2	12778.7	+6931.5	+118.5	41764.6	+28985.9	+226.8	+35917.4
	主营业务收入（万元）	60628.5	53603.8	-8024.7	-13.2	90898.9	+38295.1	+72.80	+30270.4
	营业收入净利润率（%）	9.64	24.29	+14.65	+151.97	45.95	+21.66	+89.17	+36.31

根据三年来财务指标发展趋势，从盈利质量、偿债能力、营运效率、分析识别如下：

1. 现金流量盈利质量的分析判断

（1）经营现金流量净额与净利润比率。该指标是说明净利润中现金收益的比重，一般而言，当利润大于 1 时，该指标应大于 1，而银广夏公司自 1998 年以来三年的数值分别为 –23.3%、–4.4%、29.7%，脱离标准很远。这说明企业虽然创造了利润，但提供的现金很少，在一般情况下不可能存在连续几年经营现金流量远远小于净利润情形的发生。

（2）现金流量偏离标准比率。该指标是衡量企业取得经营现金流量净额占"净利润＋折旧＋摊销"的比重。一般来讲，该指标应在 1 左右。银广夏公司自 1998 年以来，三年的数值分别为 –20.9%、–3.8%、28%，这说明该公司现金流量偏离标准的现象异常严重。按照现金流量表补充资料提供数值，两者差异主要体现在经营性应收、应付项目上。经进一步查找原因，发现在 1998 年在应收账款项目上沉淀了 2.04 亿元，占销售收入 33%，当公司下一年收回货款时，该指标应大于 1，但下年度该指标仍为负值。这就是严重的不正常状态，降低了盈余的质量。

（3）经营现金流量净额与营业利润比率。由于该两项指标都对应于公司的正常经营活动，因此有较强的配比性。该比值一般应大于 1，而银广夏公司自 1998 年以来分别为 –12.3%、–4.8%、–27.8%，通过几年来发展趋势看，与标准相距甚远。可以看出该公司的盈利质量是相当低劣的，存在着虚增利润的可能。

2. 现金流量偿债能力的分析判断

（1）经营现金流量与负债总额比率。该指标是预测公司财务是否危机的极为有用的指标。比值越大表明偿债能力越强，企业越健康，银广夏公司自 1998 年以来该指标为 –2.4%、–0.4%、6.9%。这一变化趋势充分说明企业的经营活动对负债的偿还不具有保障作用。如果公司要偿还到期的债务，就必须靠投资活动及筹资活动来取得现金，如果投资不能取得效益，那么只能靠筹资活动，如筹资遇到困难，公司就会出现无法偿还到期债务的情形。

（2）现金利息保障倍数。是经营现金流量净额与利息支出之比。这一指标类似于利息保障倍数但它更具有合理性，因为净利润是按权责发生制原则计算的，只是账面利润并不能用来支付利息。银广夏自 1998 年以来，三年的数值分别为 0.715、0.935、2.794，从这一变动趋势看出，前两年公司利税前的经营现金流量净额连支付利息都不够，更无力偿还到期债务的本金了。

（3）经营现金流量与流动负债比率。该指标反映了经营活动产生的现金流量对到期负债的保障程度。如果公司经营活动产生现金流量能满足支付到期债务，则企业就拥有较大的财务弹性，财务风险也相应减小。银广夏公司自1998年以来，三年的数值分别为：－2.8%、0.7%、8.5%，从这一变化趋势看出，前两年的经营现金流量对负债并不能起保证作用。

从以上分析对比看，银广夏公司的偿债能力严重不足，存在极大财务风险问题，是很不健康的表现。

3. 现金流量营运效率的分析判断

（1）从经营现金流量与主营业务收入比率诊断企业健康状况。该比率反映企业通过主营业务产生现金流量的能力。一般来讲应为正值1左右。银广夏自1998年以来，三年的比率数值分别为：－3.4%、－1.1%、13.7%。该公司持续高额利润居然连续两年不能产生正的经营现金流量，而需要靠筹资活动来维持企业的正常生产经营，其资金运营效率显然是很低的，这种反常现象是极其不健康的表现。

（2）从经营现金流量与资产总额比率诊断企业健康状况。该指标是反映企业运用全部资产产生现金流量的能力，而银广夏公司自1998年以来三年，该指标的数值分别为－1.3%、－0.2%、3.9%。这充分说明公司运用所拥有和控制资产产生现金流量的能力极其有限。

（3）从现金流量构成诊断企业健康状况。通过这一指标可以了解企业现金流量的真实来源，从而识别公司产生现金流量的能力。

［例3－29］银广夏公司1998年经营活动现金流量为－2079.2万元，投资现金流量为－12344.3万元，筹资现金流量为12128.3万元，现金净流量为－2295.2万元。由此看出，公司的经营活动没有给公司创造现金流入，而公司购置设备、对外投资等活动所需要的现金都是通过筹资活动来解决。尽管该公司筹集了3.5亿元现金，但仍不能满足企业现金支出的需要。到1999年更是变本加厉，其经营现金流量和投资现金流量分别为－557.5万元、－31217万元，而筹资活动现金流量达到65581.5万元，比上年增加了87.38%。公司经营活动仍不能产生现金净流量，巨额投资都是通过外部筹资而来。由此看出该公司营运效率何其低下，一个企业完全靠筹资来弥补经营及投资所需现金是不能长期维持下去的。

从现金流量分析的三个方面来看，银广夏公司是个很不健康公司，是财务风险很大、盈利质量低劣、靠借款度日的公司。

通过表3－27可以观察各项财务指标的发展趋势，如经营现金流量净利润比率，1998年为－23.3%，而1999年为－4.4%，到2000年发展为29.70%。从发展趋势看，1999年比1998年增长了18.9个百分点，增长率为81.16%。2000年比1999年又增加了34.1个百分点,增长率为775%,可见此变化较为异常。如果再从相关指标中的营业收入/净利润率发展趋势来看。1998年为9.64%,而1999年上升到24.29%,增长了14.65个百分点,增长率为118.5%,而主营业务收入反而减少了13.2%。到2000年该指标达到了45.95%.比上年又增长了21.66个百分点,增长率为86.46%,而主营业务收入只增长了72.8%,特别是营业收入净利润率高达45.95%,有些异常。需要进一步分析,分析识别净利润的情况(详见利润表分析诊断),可见比率趋势诊断分析是识别财务指标真实性的有效方法,也是判断企业健康状况的有效方法。

趋势分析法还可以以图示形式描述发展趋势,以观察其发展变化是否异常,仍以银广夏公司为例作趋势图,见图3-3。

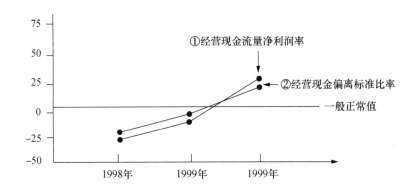

图3-3 银广夏1998~2000年两指标趋势

4. 从组合趋势进行分析判断

它是将多项相关财务指标数据的发展趋势组合在一起,从中寻找辨别会计报表反映其财务状况及经营成果和现金流量情况真实程度和健康状况的调查分析重点。

[例3-30] 蓝田股份1997~2000年主营业务收入等财务指标情况如表3-31所示:

表3-31   单位:元

项目	1997年	1998年	1999年	2000年
主营业务收入	1251251959	1640339546	1851429974	1840909605
固定资产合计	352720888	835370749	1698086292	2169016000
应收账款	45651026	38809673	12418827	8571780
经营活动产生的现金流量净额	134910339	300230321	691283729	785829628

续表

项目	1997 年	1998 年	1999 年	2000 年
资产总计	1210891242	1706789261	2342430409	2837651898
流动资产合计	592046389	646733177	486134604	433106704
其中：货币资金	279649067	150611502	192755276	167144107
存货	53610640	256502060	266143843	279344857

根据以上数值绘出组合趋势分析图，如图 3 - 4 所示。

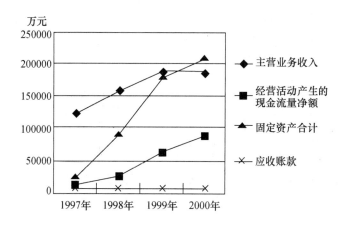

图 3 - 4　蓝田股份 1997 ~ 2000 年会计报表部分财务数据趋势

注：引自《沈阳蓝田股份有限公司 1997 ~ 2000 年度报告》财务报告。

根据图示分析，看出异常现象如下：

（1）从固定资产增长额看分析诊断企业健康状况。固定资产 1998 年比上年增加了 482649861 元，增长了 137%，而该期间主营业务收入比上年增加了 389087587 元，只增加了 30%，而经营活动现金流量净额比上年增加了 165319982 元，增长了 123%，显然两者不配比。同理：1999 年比 1998 年固定资产增加了 862715543 元，增长了 103.3%，主营业务收入比上年增加了 211090428 元，增长了 12.9%，而经营活动现金流量净额比上年增加了 391053408 元，增长了 130.3%，而 2000 年比 1999 年固定资产增长了 28%，主营业务收入反而减少 1%，经营活动现金流量净额只增长了 14%。由此看出固定资产增加了，但没有创造收入。

（2）从应收账款占用余额看分析诊断企业健康状况。自 1998 年以来连续三年逐渐下降，增长比率是 1998 年比 1997 年增长了 -15%，1999 年比 1998 年增长了 -68%，2000 年比 1999 年又增长了 -31%。2000 年末比 1997 年末减少 37079246 元，减少了 81.22%。

显然，从以上分析看出，固定资产增加主要资金来源是靠筹资及压缩应收账款等。

（3）从上述组合分析看出，固定资产从 1997 年末的 352720888 元，增加到 2000 年末的 2169016000 元，增加了 1816295112 元，增长了 514.9%，即 5 倍多。而主营业务收入由 1997 年的 1251251959 元，增加到 2000 年的 1840909605 元，增加了 589657646 元，只增长了 47.1%。显然，三年来增长比率相差太悬殊了。有必要对固定资产总额的构成作进一步分析诊断，看究竟增加了哪些类别固定资产。根据 1997～2000 年资产负债表数据看增长较快的主要项目是"在建工程"。

现将四年来在建工程项目发生额及余额摘录在表 3－32。

表 3－32　1997～2000 年在建工程发生额及余额　　　　单位：元

年度	年初余额	本年增加额	本年转入固定资产	期末余额
1997 年	136289989	140190331	0	276480320
1998 年	276480320	476574970	265838026	487217264
1999 年	487217264	890229051	942348213	435098102
2000 年	435098102	713277836	926840580	221535358
合计	—	2220272188	2135026819	—

根据表 3－32，需要对在建工程主要项目做进一步分析解剖如下，见表 3－33。

根据表 3－33，看出主要在建工程项目有洪湖菜篮子二期工程、生态基地、大湖开发项目和鱼塘升级项目，这些项目的资金大部分来自自有资金。

表 3－33　蓝田股份 1997～2000 年主要在建工程项目明细资料摘录

单位：人民币元

1997 年①						
工程名称	期初数	本期增加	本期转入固定资产	期末数	资金来源	工程进度
洪湖菜篮子工程	13619195	28820184		42439380	募股资金及贷款	100%

续表

1997 年①

工程名称	期初数	本期增加	本期转入固定资产	期末数	资金来源	工程进度
洪湖菜篮子二期工程	64439376			64439376	其他来源	57.50%
莲花大酒店二期工程	19015002	9522883		28537885	其他来源	65%
合计	136289989	140190331		276480320		

1998 年②

工程名称	期初数	本期增加	本期转入固定资产	期末数	资金来源	工程进度
洪湖菜篮子工程	42439380.00		42439380.00	0		
洪湖菜篮子二期工程	64889376.72	100816361.80		165705738.52	募集资金	
莲花大酒店二期工程	28537885.80	3702010.48		32239896.28	自有资金	
生态基地	3681930.18	254393430.12	107712441.20	150392919.10		
合计	276480320.45	476574970.46	265838026.40	487217264.51		

1999 年③

工程名称	期初数	本期增加	本期转入固定资产	期末数	资金来源	工程进度
洪湖菜篮子二期工程	165705738.52	114400142.83	127892803.62	152213077.73	部分自有资金	95%
莲花大酒店二期工程	32239896.28	14104199.75		46344096.03	自有资金	
生态基地	150362919.10	253983179.40	10283260.60	165477977.90	自有资金部分贷款	36.50%
大湖开发项目	207277214.26	197131320.83		10145893.43	自有资金	51.8%
鱼塘升级项目		405987380.73	391329216.18	14658164.65	自有资金	72.5
合计	487217264.50	890229050.92	942348212.99	435098102.44		

2000 年④

工程名称	期初数	本期增加	本期转入固定资产	期末数	资金来源	工程进度
生态基地	165477977.90	149328210.18	312174457.79	2631730.29	自有资金	

2000 年④					
工程名称	期初数	本期增加	本期转入固定资产	期末数	资金来源	工程进度
鱼塘升级改造	14658164.65	204294007.06	217316721.52	1635450.19	自有资金	
大湖开发项目	10145893.43	180147318.36	153440661.20	36852550.59	自有资金	
菜篮子二期工程	85040476.86	29059173.40	9527785.26	44571865.00	自有资金	
莲花酒店二期工程	46344096.03	2023470.50		44376566.53	自有资金	
合计	435098102.44	713277835.91	926840580	221535357.55		

注：①引自《沈阳蓝田股份有限公司 1997 年年度报告》财务报告"会计报表附注"。

②引自《沈阳蓝田股份有限公司 1998 年年度报告》财务报告"会计报表附注"。

③引自《湖北蓝田股份有限公司 1999 年年度报告》财务会计报告"会计报表附注"。

④引自《湖北蓝田股份有限公司 2000 年年度报告》财务会计报告"会计报表附注"。

（4）总结：根据以上趋势分析，不难看出蓝田股份会计报表反映的财务状况、经营成果及现金流量的重要线索有以下几点：

①流动资产自 1998 年以来逐年下降。到 2000 年只有 433106704 元。而存货逐年增加，到 2000 年末存货由 1997 年末的 53610640 元，增加到 279344857 元，增加了 225734217 元，增长了 421%，相当于 4 倍多。存货为什么造成积压，是应关注的问题。需要进一步分析产生根源。

②总资产逐年增加。到 2000 年末，与 1997 年末相比，由 1210891242 元增加到 2837651898 元，增加了 1626760656 元，增长了 134.3%。其中主要是固定资产增加较快。1997 年固定资产占资产总额的 29.13%，而到 2000 年末期比重上升到 76.44%，偿还短期债务能力非常低，这又是值得关注的问题。

③固定资产创造主营业务收入逐年下降，由 1997 年每 100 元固定资产创造主营业务收入 355 元，而到 2000 年每 100 元固定资产只创造主营业务收入 84.87 元，下降了 270.13 元。为什么固定资产的使用效率下降，原因何在？而且下降幅度如此之大，又是值得关注的线索。

④固定资产增长速度几乎与"经营活动产生的现金流量净额"增长速度同步。这说明该公司绝大部分"经营活动产生现金流量净额"转变为固定资产。

通过组合趋势分析可发现矛盾、找出线索，为深入调查诊断分析指出了方向，有利于分析、诊断会计报表真实性和企业的健康状况。

总之，通过企业会计报表不同指标对比分析，可诊断分析出企业近期健康状况，通过连续数期报表不同指标对比分析，可诊断企业健康状况变化趋势。

第五节　问卷调查诊断分析

企业是否健康？财务是基础，财务是否健康要通过一系列财务基础反映出来。因此，通过调查测试一系列财务基础指标的现状、分析产生原因，就能有效地把握财务病态，做出较正确的诊断结果。调查内容如下：

一、通过内部控制状况诊断分析企业健康状况

（一）通过资金活动内控状况诊断评价企业健康状况

企业的资金活动包括筹资活动、投资活动和资金营运。筹资是指企业为了满足生产经营发展需要，通过银行借款和发行债券、股票等进行筹措的活动资。投资主要指长期股权投资，资金营运主要指货币资金。现将调查问卷内容列示如下。

1. 资金活动内控状况诊断测评，见表 3–34。

表 3–34　资金活动内控状况调查测评

调查测评内容	现状					
	权重	优	良	中	差	极差	得分
1. 是否根据企业发展战略制定未来 3~5 年融资/投资规划						
2. 是否根据年度的财务预算制定当年的融资/投资计划，并进行控制						
3. 是否制定统一的融资/投资方案、业务流程、关键风险控制点						
4. 对利率/汇率/违约/破产/违规等风险，是否有预估及应对措施						
5. 是否制定了改进融资/投资会计核算和财务报告真实性内控规划						
6. 是否按不相容职务分离原则设立筹资/投资/营运内控制度/岗位						
7. 资金活动是否实行授权及按权限审批的制度、并严格执行						
8. 是否建立重大筹资/投资集体决策审批/责任追究/风险评估等制度						
9. 经授权批准的融资/投资项目是否按计划进行，有无违背计划						
10. 资金活动及会计核算是否依国家法规进行						
11. 内审部门是否严格监审筹资/投资/营运活动及权限的正常进行						
12. 是否建立了货币资金管理岗位责任制、不相容岗位是否分离						
13. 出纳/财会上岗是否合规、定期轮换/关键岗位是否实行强行休假制度						
14. 货币资金是否集中统一管理、现金收付/支票使用是否符合内控规定						
15. 银行对账单/余额调节表，是否指定专人复核，未达账项处理是否正确						
16. 运用网上交易/电子支付资金业务，授权批准程序是否符合操作规范						
17. 各种票据的购买/保管/领用/背书转让/注销等环节处理程序是否明确						

续表

调查测评内容	现状						
	权重	优	良	中	差	极差	得分
18. 与货币资金有关的印章管理是否符合内控要求、是否定期抽查库存现金							
19. 资金活动风险点、管控薄弱环节、控制措施、责任制的是否明确							
总评　　分　　等级　　级	100						

2. 资金活动内控状况诊断评价

通过调查、访问、测评等，资金活动内控现状测评结果，见表 3 - 35。

表 3 - 35　资金活动内控状况评价

领域/流程	控制缺失及风险描述	控制能力
1. 授权批准	有小的投资项目未经授权批准，未进行投标即开工	中
	股权投资中对××公司信誉和经济实力等调查不详执行不力	中
2. 职责划分	筹资项目没有专人负责、融资计划未能按期完成影响经营	差
3. 会计控制	会计核算不完善、贷款利息的计算和分配不正确，难以正确核算工程成本	差
4. 资产安全	××投资项目难以按投资预算方案规定期间，收回全部投资	差
5. 法规遵循	未发现重大违规行为	优
6. 内部审计	在筹资方面没有进行严格的监督检查	中
7. 其他方面	有的投资项目的可行性研究内容不完善，手续不健全、指标计算不正确，可能为经营带来较大风险	差

3. 综合评价

综上所述，公司在资金活动业务风险管控方面仍存有不少缺陷，整体评价为50 分，内部控制等级为"极差"。

（二）财务报告内控状况调查评价

财务报告包括会计报表、附注及其他要求披露的资料。是企业经营者向投资者和利益相关者履行职责的成果报告，是企业风险的重要组成部分，必须加强内部控制。

企业应当按照国家统一的会计准则和制度规定，根据登记完整、核对无误的会计账簿记录和其他有关资料编制财务报告，做到内容完整、数字真实、计算准确、不得漏报或者随意进行取舍。

1. 财务报告内控状况诊断测评

调查测评的主要内容，见表 3 - 36。

表3-36　财务报告内控状况诊断调查

调查测评内容	现状					
	权重	优	良	中	差	极差得分
1. 财务报告编、披露流程使与责任是否明确，是否充分估计可能的风险						
2. 对重大调整事项、关联交易、或有事项的披露是否正确充分						
3. 财务报告格式、内容，合并范围、调整事项是否符合会计准则要求						
4. 各项减值准备的计提与转回的计算是否正确，依据是否充分可靠						
5. 企业年终前是否对资产进行全面清查、减值测算和债权债务核实						
6. 资产盘盈/盘亏的原因是否查清、责任是否明确、账务处理是否合规						
7. 资产、负债、收入、费用，有无提前或推迟确认，或者不如实确认						
8. 会计政策/会计估计变更/会计差错的调整等，是否符合准则的规定						
9. 企业是否建立并执行关联方声明制度、编制关联方名单并定期更新						
10. 企业是否召开财务报告分析会，分析指标完成情况，寻找存在问题						
11. 财务分析报告是否传递给有关管理层，发挥报告在经营管理中作用						
12. 内部审计人员是否定期对会计核算进行审核监督，提出过哪些建议						
13. 财务报告是否经中介机构审核，中介机构的选择是否符合制度规定						
14. 财务报告潜在风险及重点是否评估，应对措施及责任是否明确						
总评　　分　　等级　　级	100					

2. 财务报告内控状况诊断评价

通过调查、访问、测评诊断等，财务报告内部控制仍存在一般缺陷，评价内容见表3-37。

表3-37　财务报告内控状况评价

领域/流程	控制缺失及风险描述	控制能力
1. 授权批准	会计差错调整未经有关领导审批，关联交易管理职责不清，记录不明，报告未如实披露	差
	大股东借走大量资金未经董事会审批，且长期未还	很差
2. 职责划分	财务报告编制流程不清晰，未确定复核人员及责任者	差
3. 会计控制	所得税调整事项误作调整，少计所得税，利润不实。采用权益法核算股权投资，未按规定调整期末余额	差
4. 资产安全	固定资产未进行了全面清查，资产减值准备计提依据不充分，计算有错误，少计资产的价值	差
5. 法规遵循	报出的财务报告未经企业法人审核签字，内容有错误	很差
6. 内部审核	内部审计全年只有1次，对财务会计未提出任何意见	差
7. 其他方面	财务报告保管手续不健全，调动未做交接，发现不全	差

3. 综合评价

综上所述，财务报告的内部控制存有重要缺陷。整体评价为40分，内部控制等级为"差"。

（三）全面预算内控状况测试评价

企业应当建立和完善预算编制工作制度，明确编制依据、编制程序、编制方法等内容，确保预算编制依据合理、程序适当、方法科学、避免预算指标过高或过低。

1. 全面预算内控状况调查诊断

全面预算内部控制状况调查可采用调查、访问、抽查测试等方法。现将调查测评主要内容列示如下，问卷以外的影响事项，可用文字说明，见表3－38。

表3－38　全面预算内控状况调查

调查测评内容	现状					
	权重	优	良	中	差	极差	得分
1. 预算编制的流程、制度及组织是否完善、授权/职责是否明确							
2. 预算体系是否健全，职责分工、权限范围和审批程序是否明确、机构设置和人员配备是否合理，不相容职务是否分离							
3. 企业是否根据发展战略、年度生产经营计划、综合考虑预算期内市场状况、经济环境等编制全面预算							
4. 全面预算是否经董事会审核批准、并分解落实到部门或个人							
5. 企业是否对预算指标进行分解、落实预算执行责任及其刚性							
6. 企业是否定期召开预算执行分析会，通报情况、研究、解决问题							
7. 批准下达的预算是否进行过调整，调整是否履行了严格审批程序							
8. 各执行部门是否定期报告预算执行情况，进行公开公正严格考核							
9. 是否发生过严重超预算支出，或大量支付预算外项目及费用							
10. 对预算的编制及执行情况，是否进行过内部审计，并提出问题							
11. 全面预算风险是否评估，重点是否明确，应对策略及责任是否落实							
总评　分　等级　级	100						

2. 全面预算内控状况评价

通过调查、访问、测评等，企业在全预算内部控制方面，仍存在一些缺陷，见表3－39。

3. 综合评价

综上所述，公司在预算业务流程中的内部控制仍存在部分风险，整体评价为45分。内部控制等级为"差"。

通过上述财务管理的"三大"主要内容的内控现时状况看，管控工作较为薄弱，抵御风险能力较大，健康状况较差。

表3-39 全面预算内部控制现状评价

领域/流程	控制缺失及风险描述	控制能力
1. 授权批准	会计差错调整未经有关领导审批，关联交易管理职责不清，记录不明，报告未如实披露	差
	大股东借走大量资金未经董事会审批，且长期未还	很差
2. 职责划分	财务报告编制流程不清晰，未确定复核人员及责任	中
3. 会计控制	所得税调整事项误作调整，少计所得税，利润不实	很差
	采用权益法核算股权投资，未按规定调整期末余额	差
4. 资产安全	固定资产未进行全面清查，资产减值准备计提依据不充分，计算有错误，少计资产的价值	差
5. 法规遵循	报出的财务报告未经企业法人审核签字，内容有错误	很差
6. 内部审核	内部审计全年只有1次，对财务会计未提出任何意见	差
7. 其他方面	财务报告保管手续不健全，调动未做交接，发现不全	差

二、通过财务基础诊断调查企业健康状况

财务基础诊断检查提纲   年 月 日

序号	诊断项目	诊断方法	现状					得分
			优	良	中	差	极差	
1	了解会计组织是否符合"会计基础工作规范"要求，职责是否明确	座谈、交流						
2	每月是否都做发生额汇总表，及时性和适用性如何	座谈、查看2~3个月的试算表						
3	与自有资本相比，借入资本是否过多	座谈、检查报表						
4	与销售额相比，应收货款是否过多	座谈、检查报表						
5	固定资产是否超过自有资本和长期负债的总和	座谈、检查计算						
6	应收货款，库存（原材料、在制品、成品），是否正常，有无积压	座谈、计算分析						
7	固定资产管理与使用有无责任制，执行是否有效	座谈、现场调查分析						
8	应收货款总额及库存量限额是否确定得合理	座谈、计算分析						

序号	诊断项目	诊断方法	现状					得分
			优	良	中	差	极差	
9	应收货款的回收、管理做得是否有效，是否定期进行信用分析	座谈、检查分析						
10	对固定资产的投资是否过大	座谈、检查分析						
11	是否按程序要求对库存物资进行管理，库存物资是否账实相符？	座谈、检查分析						
12	销售费用是否按单位落实定额，每年都进行考评吗？	座谈、检查分析						
13	销售费用率是否有增长的趋势，管理费用和销售费用的构成比例是否适当	座谈、检查分析						
14	日常工作是否把实际和预算进行对比？出现偏差时有无采取纠正措施	座谈、检查分析						
15	成本核算流程是否准确、执行如何	座谈、检查						
16	是否采用标准成本，标准科学性如何	座谈、检查						
17	费用是否采用按部门的核算方式进行	座谈、检查						
18	产品成本与个人收益是如何挂钩的	座谈、检查						
19	目前定额管理状况（计件、定时、机械台车工时）等状况	座谈、检查						
20	是否制作了资金筹措控制表	座谈、查看						
21	消耗定额的确定原则是怎样的	座谈、查看						
22	费用报销及核算流程是否明确、执行如何	查看流程图						
23	有无实施成本核算电脑化作业流程	座谈、查看						
24	是否掌握了固定费用、变动费用？是否测算了盈亏平衡点	座谈、查看						
25	如何进行成本控制（事前控制、事中控制、事后控制）	座谈、查看						
26	有无对财务数据进行定期分析	座谈、查看						
27	原始记录及生产统计工作、资料是否完善，内容是否健全，执行是否认真	座谈、现场查看						
28	生产消耗定额、费用定额、劳动定额是否齐全、完善，执行如何	座谈、现场查看						

续表

序号	诊断项目	诊断方法	现状					得分
			优	良	中	差	极差	
29	计量工具检测设备是否齐全，计量是否准确，检测记录是否完善	座谈，现场查看，搜集资料						
30	技术标准、管理标准是否执行，执行是否有效	现场调查，搜集相关证据材料						
31	企业内各生产车间产品转移有无转移价格，转移手续是否完善	现场调查、收集相关资料						
合计：　　分；　　平均：　　分								

三、通过财务管理调查诊断测试企业健康状况

诊断调查表

项目 （问题方面）	诊断题目	答题方式	答案		给分标准
			选择	得分	
1. 报表编制	1.1 贵公司是否有本期和近两年的会计报表及其附表资料	A. 有 B. 有一些 C. 没有			A = 5 B = 2 C = 0
	1.2 是否有本期和近两年的各种账簿和凭证	A. 有 B. 有一些 C. 没有			A = 5 B = 3 C = 0
	1.3 有无各种财务计划、财务合同和财务报告？有无各种财务分析、审计检查的报告和资料？有无完善的会计制度和财务管理制度及相关规定	A. 有 B. 有一些 C. 没有			A = 5 B = 2 C = 0
	1.4 有无发生或发现过财务上的舞弊行为？如：伪造凭证、贪污挪用、上下勾结等欺诈行为	A. 没有 B. 有一些 C. 很严重			A = 6 B = 2 C = 0
2. 弊端分析	2.1 是否了解各种资产的实有状况和运用状况？有无发生过资产的损失	A. 了解 B. 了解一些 C. 不清楚			A = 3 B = 1 C = 0
	2.2 是否了解各种负债的实有状况和偿还状况？有无举债经营行为？是否事先测算过举债后的收益率和资金成本率	A. 了解 B. 了解一点 C. 不了解			A = 4 B = 2 C = 0

项目 （问题方面）	诊断题目	答题方式	答案		给分标准
			选择	得分	
2. 弊端分析	2.3 是否掌握资本、资本积累、公积金和未分配利润的实有数及其使用和处理情况？有无"虚增利润"或"亏本分利"现象	A. 了解 B. 了解一些 C. 不清楚			A = 5 B = 2 C = 0
	2.4 是否利用本、量、利分析和风险分析等方法，综合测算资本金利润率、资金周转率、资产负债率等主要财务指标的标准值	A. 是 B. 大概估计 C. 不清楚，也不会			A = 5 B = 2 C = 0
	2.5 是否在核对、调整会计报表数值后，用比率分析和结构分析等方法计算本期评价指标	A. 核对并计算所有指标 B. 核对并计算主要指标 C. 偶然做一做			A = 6 B = 2 C = 0
	2.6 用比较分析法，将本期计算出来的指标值同测定的标准值对比，有无异常情况	A. 正常 B. 一般 C. 很异常			A = 5 B = 2 C = 0
	2.7 用趋势分析法计算定基增长和环基增长值，了解企业经营与利润的发展状况，检查本期有无异常	A. 正常 B. 一般 C. 很异常			A = 5 B = 2 C = 0
	2.8 会用账龄分析法分析应收账款、存货等资料吗	A. 会 B. 会一点 C. 不会			A = 6 B = 3 C = 0
	2.9 支付能力 = （ ）	A. 100% 或以上 B. 50% ～100% C. 50% 以下			A = 5 B = 2 C = 0
3. 追溯分析	3.1 发货记录与销售收入账户贷方记录核对过吗	A. 有 B. 有时有 C. 没有			A = 3 B = 1 C = 0
	3.2 有无将盘存记录与存货明细账记录的余额核对	A. 有 B. 没有			A = 2 B = 0
	3.3 销售退回账户的借方记录与销售成本账户和存货明细账的借方记录分别核对过吗、计算方法一致吗	A. 有 B. 有时有 C. 没有			A = 4 B = 2 C = 0

项目 （问题方面）	诊断题目	答题方式	答案		给分标准
			选择	得分	
3. 追溯分析	3.4 有无发现销售费用明细账的借方记录或凭证中有异常现象	A. 没有 B. 有			A = 2 B = 0
	3.5 修理费用项目中装饰费用是否超过预算或计划？坏账损失项目中有无尚未发生的？差旅费有无虚报或超标的	A. 没有 B. 有时有 C. 常有			A = 4 B = 2 C = 0
	3.6 有无把罚款、罚息等记入本期财务费用	A. 没有 B. 有			A = 3 B = 0
	3.7 有无在其他业务项目中，截留收入或先记支出等现象	A. 没有 B. 有时有 C. 常有			A = 2 B = 1 C = 0
	3.8 投资收益或损失是否少记或多摊、虚列？对固定资产的清理，其变价收入有无少记或不入账	A. 没有 B. 有时有 C. 常有			A = 5 B = 2 C = 0
	3.9 有无将预付货款列作应收账款，然后又列作坏账损失，予以侵吞等现象	A. 没有 B. 有时有 C. 有			A = 5 B = 2 C = 0
	3.10 新增固定资产和对外长期投资项目是否事先进行过可行性研究？有无专人跟踪？是否会影响企业营运资金的质量	A. 有 B. 有时有 C. 没有			A = 5 B = 2 C = 3
调查结果					

说明：满分为100分，80分以上为良，60分为中，60分以下不及格。

四、通过财务管理与物资管理调查诊断企业健康状况

（1）财务管理调查可按管理机能分为下列五项。兹将其诊断要领及有关表格举例说明，如财务管理调查表。其内容有：

①会计组织的调查。

②处理手续的调查。

③财产管理的调查。

④会计资料的利用情形调查。

⑤税务关系的调查。

（2）物料管理按其机能分为三项，诊断要领及格式见物料管理调查表。其内容有：

①采购管理的调查。

②外协管理的调查。

③仓库管理的调查。

（3）调查诊断评价分5级给分，分别为1、2、3、4、5级。

财务管理调查表

区分	调查项目	主要检查事项	给分
①会计组织	1. 规模	会计组织与经营规模是否匹配	
	2. 结算体系	总部与各分部结算的关系	
	3. 账簿	辅助账簿与总控制账的关系	
	4. 凭证	会计单位与其他单位的传递	
	5. 电算化	会计电算化程度，使用软件	
②处理手续	1. 速度	结算表的迅速程度	
		迟延的原因	
	2. 传票的流动	开发、检证、出纳等记账程序及手续如何	
		传票的流通及内部牵制是否确立	
	3. 账簿的样式	会计部门的账簿传票与其他部门之类似及重复情形	
		传票样式的改善与事务简化	
		传票类之样式的标准化	
③财产管理	1. 余额	应付账款与应收账款的差额	
		票据之利用方法是否适当	
	2. 存货资产	评价存货的计价方法是否适当	
		账目上的存量与实物存量之差异如何处理	
		存货是否过多	
	3. 固定资产	明细账的设立，账簿记录情况	
		账面价格与实际价格的差额	
		资本支出与费用支出的区分是否适当	
	4. 准备金	坏账、价格变动、"八项"减值准备等准备金是否提存	
	5. 其他	火灾保险等的处理是否适当	
④会计资料的利用	1. 预算	资金表的编制	
		综合预算的编制	

续表

区分	调查项目	主要检查事项	给分
④会计资料的利用	1. 预算	实际绩效及计划的考虑	
		预算与绩效的比较检查	
④ 会 计 资 料 的 利 用	2. 成本计算	成本计算的方式是否适当	
		标准成本的计算	
		各部门收支的计算	
	3. 利润计划	固定费用与变动费用的区分是否适当	
		能量利用率的计算是否适当	
		名项费用的预测	
		适应经营条件的变化、损益平衡点的计算及经营目标的制定	
		能量利用率提高与成本降低的关系	
	4. 加工费用	现行加工成本是否过高	
		加工成本与人工成本的比较	
		加工成本变化的原因	
	5. 经营统计	经营统计的重要性的检查	
		不同期间的比较	
		经营统计的有效应用	
⑤ 税 务 关 系	1. 凭证	税务凭证领用、保管手续是否健全	
		凭证保管是否良好完整	
	2. 责任	税务是否由专人负责	
		是否有责任制度	
	3. 公告	税法、税务公告是否有专人搜集	
		保存是否完好	
	4. 缴税	纳税计算与缴纳是否正确	
		正确，是否发生过税费错缴事项	
		是否发生过罚款与滞纳金	
	5. 税务策划	企业是否进行税务筹划	
		减少哪些企业税负	
总计：　　　　　　分		平均：　　　　　分	定为：

兹依其特点将其体系列表如下：

物料管理调查表

区分	调查项目	主要检查事项	给分
①采购管理	1. 物料计划	计划的形式及手续是否适当	
		是否与生产计划相配合	
	2. 物料管制	材料零件的标准化及常备化	
		存货的管制是否适当	
	3. 采购之基准	市场本位、时期本位、品质本位	
		供应商的选择标准	
	4. 采购价格	现行采购价格是否适当	
		是否进行市场调查	
	5. 付款方式	现行交易方式及价格品质的合适性	
		供应商及付款方式检查评价	
②外协管理	1. 卫星工厂之选定	设定固定的选择基准	
		能力及技术调查	
	2. 指导检查	进货时的合格检查	
		不良率的品质问题	
		技术指导	
	3. 工程管理	工厂及交货期	
		各工场目前的负荷量	
		联络与追踪的合适性	
	4. 付款方式	单价、付款方法、交货期、品质等	
③仓库管理	1. 进货检查	进货手续与检查基准	
		不良品的处理	
	2. 保管及请领	保管中的遗失及破损的危险	
		适当存量成本	
		仓库内部构造及保管方法	
		请领手续的记录是否确实	
	3. 存货	期限是否确实应付要求	
		误差程度	
	4. 其他	有否闲置物料	
		残料的活用方法	

总计：　　　　分　平均：　　　　分　定为：

五、通过企业营运资金的调整，诊断分析企业健康状况

对于企业的营运资金如做整体性的诊断分析，可依其性质分为：

（1）静态的计数比较。

（2）稍具动态性的分析。

（3）较具动态性的分析。

（4）与管理活动直接有关的分析。

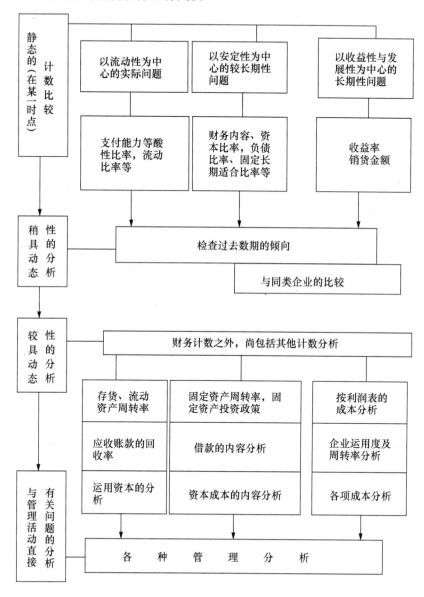

通过企业营运资金的来龙去脉可看出该企业的潜在力及营运情形。兹将该诊断方法介绍如下：

（1）每年显然有恶化的倾向。

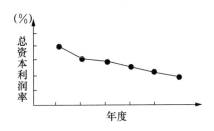

（2）因此，将此分解为资本周转率与销售利润率分别检查。

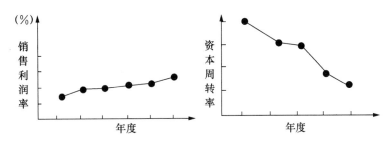

销售利润率有缓慢的上升，但资本周转率则下降。

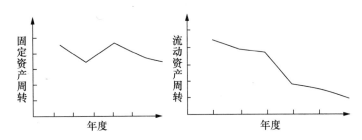

（3）由此发现流动资产周转不良为其原因。

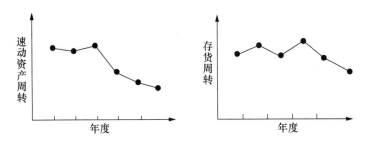

（4）由此，可视为因存货管理及制造管理不良所引起的材料、半成品、制品之库存量增大为其原因。

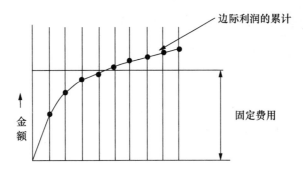

（5）接着检讨每批制品之边际利润，可知亦有极度低者。系由于逐年增加产品数而发生此弊病。

对于制品、零件、材料之标准化及简单化问题作具体的调查。

（6）依 Parcto 分析、ABC 分析等之重点分析，对于调查对象予以诊断，并对主要项目作下列的检查。

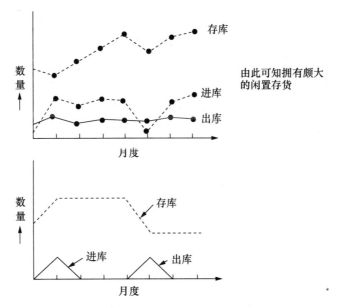

（7）对于主要制品，须从发单至提货，或从生产命令至完成所需之日数，更以 1 个月之平均需要数与其变动作一比较。

（8）由以上推算：

①经济批量。

②调整存量并调整其差异。

（9）施以事务分析，并对销售预测、制品存量计划、生产计划、物料计划、采购计划、制造管理（尤其是未成品管理）的手续，加以数字上的检查。

六、通过财务经理自我检查诊断企业健康状况

序号	类型	诊断项目	诊断记录	问题点
1	基础部分	财务部经理自问在财务管理职责方面是否了解？编制的企业财务管理制度的内容是否健全		
2		财务经理与部分财务管理人员座谈，了解一下，企业财务管理总目标和各岗位的分目标是否明确		
3		会计工作人员分工明确吗？企业会计核算是否有规程？查阅部分账目、凭证、报表，判断企业的财务会计报表是否正确，财务管理是否规范		
4		管理会计工作是否开展正常？有无成本习性分析报表方案		
5		企业各部门在各项生产经营活动进行前，事先是否制订计划		
6		与财务经理及其他部门经理座谈，查阅各项生产经营计划和财务计划执行情况的考核是否完整、细致		
7	财务状况	查阅资产负债表，计算企业所掌握的经济资源的资产、负债结构和连续三年的资产、负债结构情况，计算企业从事生产经营活动的资金来源及其构成情况，判断是否正常		
8		依据资产负债表，通过计算资产负债率、产权比率、营运资金保有量，判断财务结构是否合理，有无财务风险		
9		查阅现金流量表，计算流动比率、速动比率，判断企业有无足够的支付能力和偿债能力？是否查明变动原因		
10	经营活动成果	查看利润表各项目，进行比重分析，了解主营业务和其他项目业务的收入、成本费用、利润构成的合理性。通过收益性分析了解企业赚取税后利润的能力		
11		查看企业经营活动的明细账，通过生产性分析，了解净产值劳动生产率、生产经营能力利用率和存货周转率水平，判断企业有无竞争能力		
12		计算已获利息倍数，通过流动性分析，了解企业筹资能力、负债能力、支付能力及资金的周转性如何		
13		通过安全性分析，计算固定比率、保本率、安全边际率，了解资本结构，用本量利分析判断企业经营临界点与经营目标的合理状况		
14		财务主管是否结合企业实际情况做出分析预测？是否计算财务杠杆和经营杠杆系数，进行企业经营风险及破产风险预测		
15		通过动态对比分析和动态数列分析企业成长性是否健康		
16		用雷达图分析评价企业经营类型，判断与企业经营战略是否相一致		
17		用杜邦财务分析体系分析企业获利能力因果关系是否合理		

序号	类型	诊断项目·	诊断记录	问题点
18	经营活动成果	结合资产负债表和利润表，通过应付账款、其他应付款项、预收账款的账龄分析，了解企业信誉和信用能力是否良好？通过现金流量的结构分析，了解企业赚取现金能力及企业收益质量情况		
19		通过与税务部门和职工座谈，了解企业纳税情况和职工收入水平，判断企业对社会的贡献能力		
20		查阅各项生产经营计划，如：产品开发计划、设备投资计划。了解企业的筹资计划是否及时、合理，筹资成本和资本结构是否优化，能否保持合理的支付能力和偿债能力		
21	投资管理	通过筹资风险预测，了解现金性支付风险和收支性筹资风险的规划方法，判断筹资风险、风险的规模的管理工作是否早做安排		
22		财务经理应该了解在借入资金的成本大于销售利润率时，借入资金临界点控制的有效性如何		
23		相关部门经理应该查阅有关战略思想、战略目标和战略计划等，判断发展战略、研究方案、投资战略是否符合企业实际		
24		企业投资决策是否经过咨询和论证？查阅有关论证方案是否发现存在个别领导拍脑袋决策现象		
25	流动资产管理	财务人员自查企业的现金收支是否有现金预算？有无计算现金最佳持有量		
26		企业是否制定适宜的信用政策？如：信用标准、信用条件和收款方针。是否进行信用投资决策的可行性分析		
27		通过座谈询问，了解应收账款日常管理是否有部门或人员负责？各种应收项是否定期与对方核对相符？是否进行应收账款的追踪分析、账龄分析和收现保证率分析		
28		是否按规定建立应收款坏账准备制度？是否计算坏账准备计提比率？是否估计计提的坏账与预计将要发生的坏账偏差		
29		在仓库管理人员中间询问、了解和实地考察，是否进行仓库5S管理？是否将存货按原材料存货、在产品、半成品存货、产成品存货分别管理		
30		物资部门在原材料存货的采购中，是否根据年度生产计划制定年度采购计划		
31		在选择供应商时，物资部门是否组织技术部门对供应商的技术和原材料质量保证系统进行论证通过		

序号	类型	诊断项目	诊断记录	问题点
32	流动资产管理	供应与采购部门的人员座谈，了解是否在确保原材料质量要求前提下，结合交货、订货、欠销等因素进行比价采购？是否按经济订货批量采购？就应急采购、计划外采购情况有无备选方案		
33		与原材料仓库主管座谈了解，实地考察，了解是否实施 ABC 管理法		
34		是否计算产成品存货的产销率和平均周转率？存货是否定期盘点		
35	固定资产管理	设备管理人员自查了解固定资产的日常管理情况：收、卡、档案管理、实物管理（归分级管理）、购置的计划管理、检修、大修的计划管理、折旧管理、固定资产盘点清查是否定期进行？效果如何		
36		是否有闲置、未用或不能用、不需用的固定资产？投入使用的固定资产是否满负荷运行？是否计算经营杠杆系数？判断固定资产使用效率的高低		
37		结合整个行业的生产能力和本企业最大生产能力，估算目标市场的年需求量和本企业的市场份额，判断产品的需求弹性，进行固定资产投资规模合理性分析		
38	成本管理	查阅成本管理责任制的相关文件，召集供、销、财务部门人员座谈，了解是否建立和健全了成本管理责任制，实行全员成本管理		
39		成本核算的组织工作、统计工作以及考勤、考核、工资计算、各项定额等基础工作是否健全		
40		查阅有关账表，向成本管理人员询问，了解成本核算方法的选择，各项间接费用的分配标准的运用是否合理		
41		查阅产品成本预算文件，向财务经理询问，了解企业是否编制产品成本计划或产品成本预算		
42		与成本管理人员座谈，了解企业投资项目计划（即各项生产经营计划），编制产品成本计划之前是否先做成本预测		
43		查阅责任会计制度文件，查阅成本控制考核报告，了解各级责任中心责权利是否匹配		
44		成本控制基础管理工作是否完备和先进合理？是否制定各种合理的控制标准？如：消耗定额和费用支出标准、产品单价及工资和间接制造费用分配标准、产能标准、各种成本限额和考核标准等。是否建立成本控制管理与权责相结合的奖惩制度？是否建立和健全进行成本预测的科学方法和程序		
45		成本控制标准是否按各级责任中心对成本费用的责权利分项目分别确定？变动支出费用是否按业务量编制弹性预算？固定费用是否按可控性编制限额预算		
46		各责任中心就责任成本的研究报告，是否在分析研究财务会计基础上调整、编报		
47		成本控制绩效的总结和成本分析工作是否定期进行？是否定期作出成本分析报告		

续表

序号	类型	诊断项目	诊断记录	问题点
48	利润管理	询问财务主管是否建立以利润为目标、以降低成本为核心、以目标成本为标准的成本目标管理与成本控制制度		
49		是否建立以利润为主要目标,以产量、品种、质量成本、安全率为分目标的综合目标责任制度?是否由专门的评价考核机构实施奖惩挂钩		
50		是否编制计划期为3~5年的中长期利润计划		
51		按成本特性编制的弹性预算是否符合年度利润计划要求?是否编制各种产品营业利润计划和销售利润计划?是否进行营业外收支计划的编制		
52		各车间（分厂）是否采取内部利润承包控制法		

自我诊断结果：

七、通过会计核算及计算机核算诊断评价企业健康状况

项目	考评标准	标准分	自检分	考核分	备注
一、计算机替代手工记账的基本条件	1. 已经获得"会计基础工作规范化"证书	50			
	2. 采用的会计核算软件通过财政部、省（自治区）、直辖市评审	100			
	3. 手工与计算机核算同时并行三个月以上,且结果一致	50			
	4. 配备有用于会计核算的计算机或终端	50			
	5. 财务部门受过正规培训并能上机操作的人员占财会人员的比例达到一定标准以上	50			
	小计	300			
二、建立电算化岗位职责及考评制度	1. 建立了电算化岗位责任制	30			
	2. 制定了电算化管理考核责任	30			
	3. 在电算化岗位的财会人员必须经过培训且合格	30			
	小计	90			
三、建立严格的操作制度并严格执行	1. 有操作和复核人员的工作职责和权限制度	30			
	2. 有预防原始凭证和记账凭证等会计数据未经审核而输入计算机的措施	20			
	3. 有预防已输入计算机的数据未经审核而登入机内账簿的措施	10			
	4. 有上机操作记录制度	10			
	5. 有确保系统操作员和系统维护员不单独担任货币性资金原始数据输入工作的有关制度	10			
	6. 有确保非经授权人员不能进入会计软件系统的制度并严格执行	10			
	小计	90			

企业全面诊断实务

项目	考评标准		标准分	自检分	考核分	备注
四、建立严格的硬件软件维护管理制度并认真执行	1. 建立严格的硬件管理和完善的维护制度		25			
	2. 有预防、检测、消除计算机病毒的制度和措施		25			
	小计		50			
五、建立严格的安全及保护措施	1. 电算化各岗位均采用各自的操作密码		30			
	2. 各级操作密码严格保密，不得泄露		40			
	小计		70			
六、建立严格的会计档案保管制度	1. 存有会计信息的磁介质及其他介质，在未打印输出前，应妥善保管并留有备份		20			
	2. 电算化系统开发的全部文档资料视同会计档案保管至该系统停止使用或有重大变更后三年		20			
	3. 原程序及备份数据文件正确无误且存放在不同地方，其中数据文件备份内容、时间、备份人标注清楚		20			
	（1）备份存放在相同地方		10			
	（2）备份存放在不同地方		10			
	4. 现场破坏性测试，能利用备份数据恢复到最近状态		20			
	5. 档案调用应有记录制度		10			
	6. 有档案防磁、防火、防潮、防尘等安全措施		10			
	小计		120			
七、是否遵循了会计制度及有关会计电算化规定	（一）会计科目	1. 会计科目编码符合会计制度规定及电算化编码规则	15			
		2. 会计科目使用符合相关规定	10			
		3. 有发生额的科目，软件不能删除	5			
		小计	30			
	（二）会计凭证	1. 会计凭证格式和填制方法符合会计制度的规定	10			
		2. 凭证编号由计算机自动生成控制，无重号、漏号	5			
		3. 各类由键盘输入的原始数据经过严格审核				
		（1）有业务经办人签章	5			
		（2）有业务部门主管签章	5			
		（3）财务经办人签章	5			
		（4）财务主管审核签章	5			
		4. 摘要简洁，符合规范	10			

项目		考评标准	标准分	自检分	考核分	备注
七、是否遵循了会计制度及有关会计电算化规定	（二）会计凭证	5. 由计算机输出各类原始数据（记账凭证或其他）经操作员、审核员、财会主管审核签章				
		（1）操作员签章	5			
		（2）审核员签章	5			
		（3）财务签章	5			
		6. 正在输入的记账凭证会计科目借贷双方金额不平衡或无输入金额，软件予以揭示并拒绝执行	10			
		7. 正在输入的记账凭证有借方、无贷方会计科目，或有贷方无借方会计科目，软件应予以揭示并拒绝执行	10			
		8. 正在输入的收款凭证借方科目不是"现金"或"银行存款"，付款凭证贷方科目不是"现金"或"银行存款"，软件应予揭示并拒绝执行	10			
		9. 凭证由一人制证、审核软件不予执行	5			
		10. 凭证不经审核会计软件不予记账	5			
		小计	100			
	（三）会计账簿	1. 会计账簿登记遵循会计制度及电算化有关规定	40			
		（1）按会计制度规定设置总账、明细账、日记账等	20			
		（2）各类账簿的启用、记账方式符合会计制度规定	20			
		2. 各类电算账必须日清月结	20			
		（1）各类总账、明细账按日结出余额	5			
		（2）现金账实核对相符	5			
		（3）结账前，软件能自动检查本期凭证全部记账，否则不予结账	5			
		（4）结账后，上月凭证不能再转入，下月凭证才能转入	5			
		3. 各类会计账簿按制度规定格式设计并打印	40			
		（1）账簿格式符合会计制度的规定	20			
		（2）日记账按日打印	10			
		（3）一般账簿可根据实际情况和工作需要打印	10			
		小计	100			
	（四）会计报表	会计报表编制符合会计制度及有关电算化的规定				
		（1）会计报表的格式、项目、内容和报送时间及份数符合会计制度的规定	10			

项目		考评标准	标准分	自检分	考核分	备注
七、是否遵循了会计制度及有关会计电算化规定	（四）会计报表	（2）会计报表中同账簿有关的指标，按规定的取数公式由计算机从有关账户检索、计算和打印输出	10			
		（3）报表编码符合制度规定	10			
		（4）报表数据来源正确，运算关系正确	10			
		（5）报表审核关系正确	10			
		小计	50			
八	合计		1000			
诊断评价：						

第六节 财务弊病的追踪诊断分析

一、财务弊病的追踪诊断

通过对企业财务会计报表的分析诊断，在做出财务健康状况评价后，对亏损严重、资不抵债、资金周转困难及营私舞弊行为等需要做进一步追踪诊断分析，为拟定治理方案提供依据。

1. 关于亏损病态的追踪诊断

企业为什么产生亏损？其根源不外乎两个：一是经营管理不善，产品销不出去造成入不抵出，产生亏损；再一个是经营管理不严，漏洞百出，造成大量资财被铺张浪费贪污盗窃，形成亏损。两者经常混杂在一起，因而为诊断带来困难。

根据会计制度的规定，企业的利润是按下列公式计算的。

利润总额＝销售收入－销售成本－销售税金及附加±其他业务收支净额－三项费用±投资收益或损失±营业外收支净额

根据上述公式计算结果，若其差额为正数，即为利润；若其差额为负数，即为亏损。

从上述公式看出，利润或亏损是由 12 个收支项目构成，但对利润或亏损起决定作用的是销售收入、销售成本、销售费用、管理费用和财务费用。所以对亏损的追踪检查应以这五项作重点：

（1）销售收入的追踪诊断。销售收入的减少是造成企业亏损的重要原因之一，销售收入是由销售产品的数量和产品售价所组成，因此在追踪检查中，首先要检查销售数量是否减少？其次要检查产品销售价格是否降低，销售折扣、销售折让与过去比是否增加，最后要检查销售产品结构是否发生了变化。当然以上这三项因素变化会对利润产生两种影响，一是有利的影响，一是不利的影响，在检查诊断分析中均应逐项计算、详加记录，具体检查方法在市场营销中介绍，这里主要论述销售不入账、少入账或少计销售收入的追踪诊断。诊断方法有：

①检查发货或仓库出库记录，并与销售收入账户贷方记录核对，查看有无仓库已出，但销售收入账户未记，如有表明其销售收入未入账，如有上述情况发生需要查明原因和结果。

②检查应付账款、其他应付款、应收账款和其他应收款记录的具体内容，查看有无将已实现的销售收入予以隐匿，记入这四个账户的贷方，还有的将销售收入款记入预收账款贷方。这就把本来是企业的销售收入，列入企业的负债，改变了业务的性质。同时还要进一步查明，有无故意将记入这些账户贷方的销售收入，又以偿还债务的名义用现金或银行存款给予支付。如有应详查清楚取得证据，弄清责任。这是一种抽逃或侵占行为，应由企业研究处理。

③检查复核销售收款的原始记录（如发票、提货单），查看有无少记、漏记或不记销售收入。如发现少记，应查看现金有无溢款，其溢款与少记收入是否一致，如无溢款，对少记的销售收入，应追查原因和责任，如是私吞溢款或贪污销货款，应取得证据，查明责任，研究处理。

经检查如有上述行为发生，应将影响销售收入的金额计算准确，建议被诊断单位做调查史止，对责任人员给予处理。

（2）销售成本的追踪诊断。销售成本增加是造成企业亏损的原因之一。产品销售成本的增加，有两项因素的影响：一是销售数量的增加，二是单位成本的提高，前者是客观原因，销售量增加，其成本理所当然要提高。而后者单位成本提高需要追踪分析是进货或生产成本提高还是由于对期初库存产品成本的计算或期末成本的计算，如期初多计、期末少计必然导致本期成本提高。

另外还有可能出现错计或漏计的事项，如发生销售退回未冲销已记的销售成本；或将未实现销售的发出商品成本记入销售成本；或将不属于销售的内部调拨商品、产品的成本记入销售成本；或不是用实际成本而是用估计成本计算销售成本和计算时错误等。此种诊断，主要采用下列方法：

①将上期盘存记录与存货明细账记录的余额进行核对，并复核，检查其有无多记上期期末存货。如有多记的应调整本期期初存货，减少销售成本。

②将本期盘存记录与本期存货明细账记录的余额进行核对，并复核，视其有无错误。如发现有错误应予调整，以调整销售成本。

③检查本期商品的进价和产品生产成本，有无多计少计进价和生产成本的。

如有多计进价和多计生产成本的，应予调整，减少销售成本。如有少计的，也应调整，增加销售成本。对产品生产成本升高的原因应结合成本分析检查。

④逐笔检查存货明细账的发货记录，有无将内部调拨或委托代销发出的产品列作销售记入销售成本；有无将托收承付或分期收款发出商品，尚未收到货款的记入销售成本。如有，均应调整，减少销售成本。

⑤将销售退回账户借方记录与销售成本账户借方记录和存货明细账的借方记录分别核对，视其销售退回有无冲减已记入的销售成本；如发现有已退回而未冲减销售成本的，应予调整，减少销售成本。

⑥检查销售成本计算方法是否与上期应用的计算方法一致。有无用估计成本代替实际成本；如有不一致，或用估计成本的应予更正。

在进行销售收入与销售成本追踪时，除采用上述方法外，还要注意以品种为对象，分析每种产品的收入与成本之间的差额。会计上称为毛利（收入 – 成本）。通过毛利的大小来分析对利润的影响。有些企业存在一批长期积压材料或产品，由于技术进步、新产品、新技术不断出现，这些产品或材料已不适应市场需要，要进行处理必然造成重大损失。但是如不及时处理再积压下去，对企业更为不利。对处理产品或材料造成损失，应查清价格是否合理、手续是否健全（即是否经有关领导批准，或经集体研究确定）。注意有无借处理为名，将价格压得很低，或者借处理积压品为名，将一些好产品、好材料，也低价处理掉的营私舞弊行为。

（3）销售费用的追踪诊断。销售费用的增加有正常和不正常两种情况。正常增加的是指随着销售业务扩大和销售额的增加而增加的必要费用。如包装费、广告费、销售员工工资和因销售发生的招待费。不正常增加的是指非销售的应酬招待费用。此种费用检查重点是非销售的应酬招待费用。

①检查销售费用明细账户的借方记录，视其发生的费用是否是正常的、必要的；如发现有不正常的，应逐笔查明其原因和确定的用途。有无属于假公济私的，如有要查清责任。

②检查销售费用凭证的内容和金额，检查有无虚假情况，如发现有虚假的，应查明责任者。

销售费用的追踪检查，不能单纯地从金额的多少来评价判断其有无弊病存在，而应该从一笔费用支出能产生多大的效益和效果来考虑其有无弊病存在。这是因为销售费用的支出，实际上是一笔资金投入。从投入产出的理念要求来研究，凡是一笔销售费用支出，都要创造一定的收益。收益越大，效益越好。如果耗费数万元，一无收益，表明是无效的，有弊病存在。所以，在追踪检查销售费用时，应注意销售费用的支出能否产生实际的效果和效益，不能单纯从金额的大小来判断其有无问题存在。

（4）管理费用的追踪诊断。管理费用增加的原因主要有管理机构庞大，人浮于事，设备用具购置增加，坏账损失增多，装饰费用过多，产品、材料报损、报废多，折旧多记，待摊费用多摊等。此种费用诊断的方法可按下列步骤进行：

①从工资项目中检查人员总数及各个职能部门的编制和实际人员数，视其人员有无超编和人浮于事的情况。机构庞大和人浮于事是增加管理费用与工资的主要原因。

②从修理费项目中检查装饰费用有无超过计划或预算。如有超过装饰计划或预算的，需查明原因。

③检查折旧费和摊销费项目，有无多提折旧或将应属后期摊销的费用记入本期，增加本期摊销费用；如有，应予调整。

④检查坏账损失项目，有无将尚未发生坏账的，列作本期坏账损失；如有，应予调整。

⑤检查计提减值准备是否正确，有无多记或记现。

⑥检查产品和材料盘亏、报损报废有无多报或多记盘亏等事。如有多报多记或虚报的，应予调整；并对虚报损耗的，查究责任，视其有无营私舞弊之事。

⑦检查设备购置费用，有无虚报的情况。

⑧检查差旅费用，有无虚报或超标准报销差旅费的。如有，应查明原因和责任。此外，还应检查有无将属于个人负担的费用，列作差旅费；如有，应查究责任。

（5）财务费用的追踪诊断。此项诊断较为简单，主要查明下列两个问题：

①在财务费用中，有无把不属于财务费用的罚款、罚息支出和应属后期负担的利息记入本期。

②汇总收益与利息收入是否入账，抵消财务费用。

除上述五项主要影响利润的项目外，还有其他业务收入和其他业务支出。投资收益或发生亏损、营业外收入或营业外支出。如果这些非主要影响因素发生重大影响或变化，也需按上述介绍方法进行追踪调查，一直到弄清原因、明确责任为止。如涉及贪污盗窃、营私舞弊事项，应注重取证，以便治理时运用参考。

2. 关于资金周转困难病态的追踪诊断

资金周转困难主要表现在现金支付能力差。其原因很多，如盲目赊销，应收账款过多，盲目购建固定资产和设备用具，存货过多，不适当的长期投资等，都会造成企业现金短缺，周转困难。此项检查，应针对影响资金周转的主要原因，从下列几个方面进行追踪诊断。

（1）应收账款的追踪诊断。此项诊断，重点应查明下列几个问题：

①查看企业销售政策的实施情况，审核应收账款的原因及其状况。

1）先检查赊销情况，通过计算赊销率，然后判断其赊销政策的实施情况。

$$赊销率 = \frac{年赊销额}{年全部销售额} \times 100\%$$

赊销率越低，回收的销售货款越多，销售政策实施效果越好；反之，被拖欠货款越多，销售政策实施越有问题。但是过低的赊销率会对销售额产生不利影响。

2）检查销售货款收回程度。可用已收账款率判断货款收回程度和被拖欠的状况，其公式为：

$$已收账款率 = 1 - \frac{年末应收账款余额}{全年赊销额} \times 100\%$$

例如，某企业全年赊销额 5000 万元，年末应收账款账户余额为 3000 万元，按公式计算已收账款率为 40%，尚有 60% 货款被拖欠。已收账款率为正指标，其比率越高越好，表明已收回货款越多；反之，就越少。它是测算资金周转困难的一个重要指标，反映货款被拖欠的状况。

3）检查应收账款可收回程度。检查时，先用账龄分析法，将每笔应收账款按拖欠的时间长短列表分类统计，或者用客户经济状况好坏分类统计。然后再测算应收账款可收回程度。凡是拖欠时间长的，客户经济困难的，列作收回性很差。计算时，可用下列公式：

$$应收账款可收回程度 = \frac{可收回应收账款额}{应收账款账户余额} \times 100\%$$

4）检查坏账准备计提情况。企业采用什么方法计提坏账准备，计提是否正确，有无故意多计或少计行为存在。计提不准将影响企业资金周转，还影响企业的利润。

②重点检查被拖欠的金额较大和时间超过 6 个月的应收账款。逐笔查明原因、时间和可收回性，以及企业催收情况。如发现客户故意拖欠的，应加紧催收。如属于内部催收不力，应督促有关人员抓紧催收，及时收回货款。

③检查有无与本企业销售无关的应收账款。如有，应查明具体业务内容、时间、有关责任人员造成损失。

④逐笔检查应收账款，视其有无已收回，而未入账而私自侵吞或挪用之事；如有，应查明原因，弄清责任及性质。

⑤检查有无将预付货款列作应收账款，然后又列作坏账损失，予以侵吞；如有，应查明事实，弄清责任。

（2）存货的追踪。此项诊断，主要查明下列问题：

①存货计价是否准确？有无多计或少计、借计的现象存在；

②有无存放在外的存货或不入账存货。如有，怎样形成的，应查明原因；

③属于超储积压、滞销、不适用、质次、残损、质次价高的存货各有多少。

检查时，可以采用盘存、复核、核对、检查、查询等方法。

（3）固定资产的追踪。此项诊断，主要查明下列问题：

①近三年来有无新购新建固定资产，购建的固定资产所需的资金来源是企业自有的，还是举债借入，或新增的投资；

②新购建的固定资产用于哪些方面，投入使用后产生的实际效益如何，能否抵付资金成本；

③新购建的固定资产投入使用后，旧的机器设备如何处理，是继续使用，还是转让出售；

④新购建的固定资产所需资金若是向银行借来的，偿还情况如何，有无无力偿还的情况；

⑤用自有资金购建固定资产，企业资金周转会产生何种困难。

以上五个问题，均应查明。

（4）预付货款的追踪。此项诊断，主要查明下列问题：

①预付的货款，是否按合同规定预付的；预付时有无取得信用担保，并经领导批准。

②有无不属于本企业订购商品材料的预付货款；如有，应查清内容明确责任。

③预付货款后有无发生供货方违约之事；如有，采取何种措施处理的。或在预付货款后，有无发生长期不到货，受骗上当之事。有应查证清楚。

（5）长期投资的追踪诊断。企业对外长期投资分股票投资、债券投资和其他投资。

长期投资的追踪诊断，应查明下列问题：

①企业对外长期投资属于何种投资，投资的目的是什么。

②债券权投资有无到期未收回本金和利息之事；如有，是何原因？

③股票投资占被投资企业股份额的比例是多少，有无取得控制权和决策权。效益如何？

④其他投资是用什么方式投资的，被投资的企业是合资、合作企业，还是联营企业？投资后的实际收益如何？

⑤企业用现金投资于其他企业，对本企业资金周转有无影响。如果是用银行借钱投资于其他企业，其投资收益率是否高于资金成本。

⑥有无发生对企业生产经营无关的人情投资，如有应查清楚。

（6）递延资产的追踪诊断。递延资产是非实物资产，数额过多，就会造成资金周转困难。此项诊断，主要查明下列三个问题：

①递延资产占全部资产的比重是多少，它对企业流动资金周转有无影响，其影响程度怎样。

②发生的开办费和大修理费用有无利用职权虚报开支或大肆挥霍浪费的情况；如有，应查明原因和责任。

③递延资产摊销有无超过规定期限，或提前摊销的情况。如有，应查清金额是多少。

（7）在建工程的追踪诊断。在建工程有改建、扩建、新建和重建等四种。凡是改、扩、新、重等建造，都需耗费企业的大量货币资金。如果企业财力不足，盲目建设必然影响企业资金的正常周转，导致资金周转困难。且建设周期越长，困难越大。

在建工程的追踪诊断主要目的是查明下列主要问题：

①在建工程的性质是改建、扩建、新建还是重建，建设前有无做过可行性研究，有无建设计划、工程预算；

②整个工程需要的资金量，资金的来源是财政拨款的，还是向银行借入的，或者是自筹的资金；

③工程是出包的，还是自建的；

④工程建造有无将企业经营所需的现金和存款用于购买材料、物资、设备和支付工资及其他各种工程建造费用，支付后对企业生产经营的资金周转影响程度如何；

⑤在建工程目前的施工进度如何，有无发生延长施工期的可能，如有延期应查明原因及影响效益。

（8）资本金过少的追踪诊断。此项诊断，主要检查以下问题：

①实收资本占注册资本的比率是多少，在实收资本中现金和存款占实收资本的比率是多少。如果实收资本占注册资本比率不到100%的，表明投资不足。实收资本中的现金和存款占实收资本的比率很低，表明用于经营周转的资金很少，不足以满足资金周转的需要。这两种情况，都是造成资金周转困难的根本原因。所以，必须查明实收资本过少和现金存款过少的原因，是投资者财力不足，还是不愿意多投资。

②查明有无增加投资的可能性和必要性。首先，要查明企业生产经营的状况和财务状况，以及影响企业资金周转困难的主要原因。如果主要原因是资本额过少，就表明有必要增加资本。其次，查明投资者有无财力，以及对企业经营的信心和企业未来发展的前景和期望。

（9）无盈分利的追踪诊断。企业无盈分利，或亏损分利是"杀鸡取蛋"的做法。这是造成企业资金周转困难和资产流失殆尽的主要原因。例如，某地一企业不论亏本与否一律分发奖金和股利，结果无力继续经营，被人收购。

无盈分利的追踪诊断，主要查明以下问题：

①企业亏损、无盈或少盈时，有无巧立名目滥发福利费、奖金、实物和股利

的情况。此项检查，可在现金日记账，银行存款日记账和有关支付给个人的工资、费用、奖金等原始凭证中查看。视其发放的金额和人员有多少。

②从利润和利润分配账户中检查利润分配的情况，有无不按财务法规规定的程序和比率分配利润的。

③检查企业有无账外的现金收入和私分财物的情况；如有，应查清有关人员的责任。

以上是有关造成资金周转困难的主要原因和表现都包括在追踪检查的内容。检查后，应将检查的结果予以归类、分析、排列，确定造成资金周转困难的主要因素及弊病性质和表现，以利于对症治理。

3. 关于资不抵债病态的追踪诊断

资不抵债是指企业的实体资产价值抵偿不了所欠的全部债务。实体资产价值是指实体资产的实有数，而不是指账面价值，也不包括待摊费用、递延资产、无形资产在内。资不抵债，无力偿还债务的追踪诊断，主要查明下列几个问题。

（1）企业是责任有限公司，还是责任无限企业。

（2）所欠的债务，是属于投资者和上级主管公司欠的，还是属于金融机构的；有无拖欠员工工资、国家税款的现象。

（3）所欠的债务到期和逾期不能偿还的有多少（包括利息在内），未到期，或即将到期需要偿还的有多少（包括利息在内）。

（4）确定企业的资产总额是多少。其中现金、存款、应收票据、应收账款净额、存货、固定资产净值、有价证券、长期投资、预付货款等资产有多少。

（5）根据实有的负债额和实有的实体资产总额计算资产负债率，检查资不抵债的状况和偿债能力，判断是否确无能力偿还所欠债务。

（6）检查企业有无账外资产，或将资产隐匿转移，抽走资金的情况。

（7）重点检查产生资不抵债，无力偿还债务的病因。此项检查，可从企业盈亏情况，资金周转，商品开发能力、经营决策、投资决策和建设等方面进行检查。因为这些方面的问题，都是造成企业资不抵债的主要因素。检查时，可参照前述各种弊病追踪检查的内容和方法。

4. 关于舞弊行为病态的追踪诊断

企业内部发生的种种舞弊行为，最终都集中表现为财务上的舞弊。而财务上的舞弊行为主要表现在伪造凭证、虚报支出、隐匿收入、贪污挪用、内外勾结、骗取钱财、营私牟利、私分财物、上下勾结、抽逃资金、侵占资财等。财务上舞弊一旦发生，就会使企业造成损失。

财务上舞弊都是发生在财务收支过程中，且与企业各种经营与管理中的弊病有关。所以，财务舞弊的追踪检查应与前述各种弊病追踪诊断结合起来，才能奏效。诊断时，应从下列八个方面着手：

（1）检查现金和银行存款日记账的付方记录和有关付款原始单据，并与有关账户核对。查核付款的真实用途，明确有无用途不明、伪造凭证、虚报支出之事。同时，检查收方记录和收款原始单据，查核有无收入的来源不明和少收少入账行为。

（2）检查费用账户的借方记录和有关费用单据，有无伪造单据，巧立名目，假借名义，虚报费用的情况，或把属于个人负担的费用列入企业费用账户。

（3）检查应收账款、预付货款的借方记录，有无货物早已发出，久未收回货款或款已预付，久未见到收取货物之事。重点检查与企业销售无关和订购无关的应收账款和预付货款。

（4）检查企业内部人员有无利用职权私收货款不入账行为。

（5）检查应付账款、其他应付款和预收货款账户贷方记录，有无虚列负债，隐匿收益，过后以偿还债务为名付出现金和银行存款以及应付票据之事发生。

（6）检查进货的借方记录，有无内外勾结，虚抬进价，或伪造进货凭证，虚列进货，贪污钱财行为。此项检查，包括设备用具和固定资产购建在内。

（7）检查供销人员，有无利用职权在外私做交易，赚钱归私人，亏本归企业之事；或者长期派驻外地销售人员，谎报货物变质，削价出售行为。

（8）检查现金、银行存款发生额及实存数，与银行对账单逐笔核对，看有无发生出纳人员挪用现金或签发支票贪污挪用银行存款，或用公款炒卖股票、期货行为发生。

上述各项，如有发生，应查究有关人员责任。

二、诊断分析财务弊病产生原因

人能否健康长寿，看造血机能是否良好，血液循环是否正常是关键。否则就会病倒，直至死亡。一个企业也是如此，如果企业经营得法、管理有方，资金流转正常、盈利较多，这个企业就能健康地生存发展下去，甚至生存几百年或更长时间。相反，如果经营不善、管理混乱，产品卖不出去，连年发生亏损，资金周转困难、资产流失过多，这样企业就无力继续经营，最终导致破产倒闭。

企业由于经营管理不善，造成资产流失过多，资金周转困难，无力经营导致破产的病因众多，但从财务方面来研究，主要病因有以下几个方面：

1. 经营不善，亏损过多

企业有盈利净资产就增加；相反企业发生亏损，净资产就减少。如果一个企业连年亏损，净资产就会连年减少。亏损越多，净资产越少，而且亏损减少的都是一些货币资金，如果长期不能扭转企业亏损，最后必然导致无力经营而破产。所以亏损是企业致命的第一个因素。造成亏损原因很多，在财务上主要表现在以下几个方面：

（1）销售价格低，销售收入减少。由于种种原因造成产品价格低，甚至出现低于生产成本或进价，产品虽然销售出去了，但入不抵出，使企业净资产发生流失。企业何以健康发展？

（2）产品成本高，销售毛利过低。有些企业由于生产经营过程中支出、消耗高，造成生产成本高，销售毛利过少甚至出现毛亏损，不能抵偿费用及税金造成亏损，最终亏损净资产。形成财务危机。

（3）费用支出过多。企业不能有力抵制各项费用支出，最终减少净资产，企业也难生存下去。

（4）坏账损失多。有的企业不能及时收回应收账款，甚至发生大量坏账损失，使净资产减少。

（5）利息支出过多。有些企业自有资金不足，完全依靠银行贷款经营，贷款利息过高，企业承受不了，形成净资产减少。

（6）对外投资损失过多。企业对外投资，未能获得收益，反而发生亏损，使企业净资产减少。

2. 产品销不出去，资金周转困难

企业的资金如同人体血液在不停地循环与周转。企业的资金循环是从货币资金开始，经购买、生产，将生产出的产品推销出去，并获得货币资金（现金或银行存款），然后再购买材料、支付工资、动力费……这种周而复始的资金运动也叫做现金流量。

企业资金周转困难是指企业的货币资金不足以支付购买商品、材料、设备的货款以及员工工资、办公费用利息、税金和偿还应付债务，造成企业无法正常开展各项生产经营活动，这种困难，叫做企业财务上的危机，资金周转困难越严重，持续时间越长，对企业的危害就越大，即使是盈利企业，也难避免这种厄运。

反映资金周转困难程度的指标是企业的现金支付能力。计算公式为：

$$支付能力 = \frac{现金和存款的实有数}{需付工资 + 利息 + 需付进货款 + 应交税金} \times 100\%$$

现金和存款实有数是指当日的库存现金及银行存款的账面结存数。

该指标比值在 100% 或以上的，表明企业有足够的现金，用来支付到期应付的各种款项。比值在 100% 以下的，表明企业目前没有能力来支付应付各种款项，比率越小，表明支付能力越弱，资金困难程度越高，如果企业长期处于这种状态，必然危及企业的生存和发展。

解决这一困难的方法：加强应收账款回收、积极推销产品扩大企业现销，申请票据贴现，提前使用现金，向银行申请临时借款，同时还可同有关方面协商推迟付款日期，如果得不到缓期，企业将面临危险。所以资金周转困难是导致企业无法生存发展的第二大因素。企业资金周转困难的主要病因有以下几项：

（1）盲目生产、库存过多。企业生产产品不能适应市场需要，顾客不满意，造成大量库存，或造成长期停产设备不能充分利用，折旧费照提，房租照付。由于产品不适应市场需要往往需要降价出售，从而造成利润减少，甚至出现亏损。

（2）盲目赊销、应收账款过多。由于产品不适销对路，企业往往采用赊销手段，把产品推销出去。但是经销商又长期拖欠不付货款，使应收账款过多，有的企业应收账款余额占主营业务收入 70%~80%，这必然造成资金周转困难。应收账款应建立在商业信用基础上，企业应对经销商信用、财务状况有正确了解，如盲目赊销极易发生信用危机，一旦经销商发生经济困难，极有可能产生坏账危险，那将给企业带来更大的经济损失。所以大量赊销是造成资金周转困难的主要原因。

（3）盲目投资、盲目上项目。企业投资于其他企业或上新项目，需要大量的现金，其目的是为了扩大生产经营规模，赚取更多的利润。但这项投资应有其特定来源，或企业有大量的多余流动资金，否则将企业的大量资金进行对外投资或盲目上项目，一旦出现问题，将会给企业带来巨大资金危机，非但不能为企业带来利润而且还会给企业造成资金周转困难，甚至倒闭、破产。

（4）企业库存过多。企业的正常生产经营活动需要储备一定材料及半成品、在制品，但存量过多，尤其是库存一些不需用、不适用、呆滞积压、质次价高的不配套的材料物资，将活钱变为死物就会占用大量的流动资金，减少货币资金，从而增加资金周转困难的因素。

（5）盲目购置固定资产，资金结构失衡。企业是一个有机整体，资产与负债之间，资产内流动资产与固定资产之间必须保持一定的关系和比例，才能操作自如健康发展，这是资金运动的客观要求。固定资产是供企业长期使用的不可缺少的必备资产，价值较高占用资金多，变现性极差。盲目购置增加固定资产，将耗费大量现金，容易导致货币资金短缺的现象。

（6）虚增利润，亏损分"利"。有些企业为了达到某种目的，利用会计技巧造假，将已经亏损或盈利较少的实况，变为"盈利"或"利润增加"，并给股东大量分红，多发奖金，多缴纳企业所得税，使大量货币资金流出企业。

（7）实收资本过少。企业创办时投入货币资金过少，或将资金投入后，又变相抽走，使自有资金难以适应生产经营需要，极易产生财务危机。

（8）预付订金过多。在订购商品或固定资产过程中，预付大量货币资金，一旦供应商违约，商品不能及时入库，影响组织对外销售，造成资金短缺。

（9）创办时间过长，开办费支出过多。有的企业不从实际出发，不考虑自己财力，过分追求场面豪华和气派，购买过多用品，进口过多高级设备和用具，浪费大量资金，开办期一再拖长，不能及时投入营业，而且开办费支出永远不会变现，将会严重影响资金周转。

（10）发生经济担保赔偿。企业替别人进行经济担保，发生经济赔偿损失，造成企业资产流失，形成资金周转困难。

3. 盲目举债，资金使用效果差

一个企业所需资金不必完全依赖股东投资，赊欠货款举债、发行公司债券，签发企业承兑汇票，向银行借款等理所当然，但举债必须遵循两条原则：其一是投资利润率必须大于利息率，那么多余部分归企业所有，辛苦经营才算没有白费力；反之，如果利息大于投资利润，必然造成贴补债主，企业反而亏损，这自然没有必要。其二是债额应有限度，因为企业的经营是一项事业，是"投资"而非"投机"，如果盲目地借债，无限制借债，虽可获利于一时，但一遇环境变化，事与愿违，债主追逼，危机立现。所以一个企业万万不可盲目举债。有些企业对重大投资项目未作可行性研究，对收益估计过高，对市场预测不准，没有对该项投资可获得收益与借入资金成本进行比较；或对未来经营发展可能产生的风险和敏感性问题未进行充分估计与分析研究，其结果是借来资金投入使用后，其所获收益不能抵偿利息支出，造成连年亏损，到期无能力偿还债务造成破产倒闭。

对举债经营和偿债能力的诊断分析采用的方法主要有比率分析法和比较分析法。诊断分析的步骤是：

（1）计算资产负债率（负债总额/资产总额）和流动比率（流动资产/流动负债）。它是根据资产负债表有关数据计算而来。通过分析观察企业偿债能力（详细计算分析方法见本书第二章）。

（2）根据计算结果与标准值进行比较判断企业还债能力大小。

（3）分析诊断举债经营效果。用举债后的收益率与举债资金成本率进行比较，如收益率大于资金成本率表明举债效果好；相反效果就差。

（4）分析诊断举债经营目的和举债用途。尤其对巨额借款，需跟踪检查投资项目的可行性研究是否正确，方案选择是否正确。

4. 商品缺乏竞争力，不适合市场需要

新产品开发投入不够，缺乏新产品的开发能力，使产品在市场无竞争力，产品价格上不去，企业资金大量转化为不适应市场需要的产品，积压在仓库，若长期延续下去，必然导致无力继续生产，企业难以健康地经营下去。

三、财务弊病的治理

财务弊病的治理是财务诊断的最后环节。治理财务弊病，必须严格遵守对症治理与防治结合的原则。

首先，要摸清财务弊病的性质和表现。此项工作，须将各种财务弊病追踪检查的结果进行整理归类，综合分析各种查明的弊病，找出危害企业生存和发展的主要弊病及其主要原因和表现所在。同时，进行定性和定量的分析，确定主要弊病的性质及其对企业生存和发展的危害程度。

其次，要根据弊病特点结合企业情况对症治理。在确定主要弊病的性质和表现所在以及危害程度后，制定治理方案，提出对症治理的方法和措施。

关于财务弊病治理的方法和措施，必须针对企业生存和发展危害较大的主要弊病和产生弊病的主要原因及表现，从下列几个主要方面着手拟定。

1. 关于亏损企业治理的办法和措施

（1）扩大销售，增加收入。

①开发新产品、改进老产品，改进产品结构，优化产品组合，增产热销、质优、利厚产品。停产不适销、滞销和无利产品，提高产量和产值利润。

②扩展销售网点，沟通销售渠道，扩大经营范围，广开销路，增加销售收入。

③培训销售人员，提高销售人员素质，改革销售方法，增加售后服务，提高服务质量，增加销售收入。

④增加广告支出，利用各种宣传媒体，积极主动介绍产品性能和功能，开展展销活动，诱发客户购买，增加销售收入。

⑤实行有奖销售、折扣销售和分期收款销售，扩大销售收入。

（2）降低成本，紧缩开支。

①提高产品设计质量，降低材料消耗和工资成本，减少生产成本。

②紧缩费用开支，减少费用支出。实行费用定额管理，控制所有费用支出，避免和减少浪费和损失。

③加强物资、设备的维护保管工作。减少资金占用、减少物资的损耗和设备修理费用。

（3）制止无利分利、亏损分利。实行奖金和工资与利润挂钩的方法。利多奖多，防止滥发奖金和其他福利费用。

（4）避免高利借贷，减少利息费用。

（5）妥善安排富余人员，减少工资支出。

2. 关于资金周转困难的治理办法和措施

（1）严格控制应收账款，减少赊销，积极组织催收拖欠货款，压缩应收账款。

①实行赊销核准制度，控制应收账款额度。凡是巨额赊销均应签订合同，取得信用担保，并经企业领导核准，控制应收账款额度。

②扩大现金销售，减少赊销，压缩应收账款。这是减少应收账款的重要办法，也是实行"货出去、钱进来"，"一手交货、一手收款"的重要原则。

③改进货款结算方式，尽量采取银行承兑汇票、支票、本票和信用证结算方

式，以便按时收回货款，防止久被拖欠。

④严格控制预付货款，凡预付货款均须凭合同由领导核准支付。对于巨额的预付货款，均应取得信用担保，以防受骗上当。货款预付后，应加紧催收货物。如发生收到的货物品种、规格、质量、数量与合同要求不符，应立即办理退货、交涉，及时收回货款。

⑤严禁支付不属于企业经营范围，或与本企业经营无关的预付货款，以及无信用担保的预付货款。以防内外勾结，营私舞弊，或受骗上当，占用企业资金。

⑥严格遵守会计制度。凡是应收账款均应设置明细账，实行一户一个账户。发生的每笔应收账款，或收回的应收账款均应在摘要栏内详细说明、记录，以便查对，并防止账目含混不清。

（2）严格控制应收票据，缩短应收票据承兑期限，尽早收回货款。按照商业承兑汇票结算办法规定，承兑汇票的期限是最短 3 个月，最长 9 个月。收取票据时，应当尽量与客户协商，把期限争取为 3 个月。即使持票向银行贴现，也可以减少贴现利息。

（3）大量压缩非生产经营用的设备和用具的购置，转让、出售闲置机器设备，减少过多的固定资产，盘活资产，以利于资金周转。此外，还应充分挖掘现有机器设备的潜力，在不增加新的机器设备的条件下，提高产量，以控制新的固定资产的购建，有利于资金周转，减少折旧费用，降低生产成本，增加盈利。

（4）大量压缩非急需的、非生产经营的工程建造和材料物资的购买，严禁建造非计划工程和扩大工程建造规模；缩短在建工程的施工周期，节约建设资金，提高建设效益，加快资金回收，以利于资金周转。

（5）实行勤进快产快销，压缩产品和材料库存，转让和出售不需用的材料，处理冷背呆滞、质次残缺、不适销的产品，以利于资金周转。

（6）大量压缩非盈利性的装饰费用，节约费用开支。

（7）大量减少不必要的长期投资。其中包括股票投资、债券投资和其他投资。因为企业的经营主要是立足于主营业务经营的发展，且财力有限；过多的长期投资，减少了自己有限的财力，必然不利于企业自身的资金周转，造成资金周转困难。

对于已经发生的长期投资，应该设立专门机构或人员严加控制和管理，否则，会造成重大损失。

（8）改进财务管理，完善各种资产的内部控制制度。其中包括应收账款、应收票据、固定资产、存货、预付货款、工程建造、银行存款和现金、有价证券等实体资产的管理制度、报告制度、岗位责任制、会计核算和内部审计制度，充分发挥财务监督、会计监督和审计监督的作用，加强资产的控制和管理，预防弊病的发生。

3. 治理债务弊病的办法和措施

企业常因各种原因，发生各种各样的债务。企业债务有时对企业有利，有时对企业不利。如果举债得当，可以利用外界的财力，为企业生产经营和发展经营所用，增加盈利。如果长期举债，就会增加利息负担，加重困难，甚至债务累累，无法摆脱困境。所以，举债只能作为暂时解决临时急需资金的权宜之计，它只是一种理财的方法。

治理债务弊病的办法和措施，主要有下列几种：

（1）压缩有息借款，减少利息支出。

①减少和避免高利率的借款，这是减轻企业经济负担的重要办法。

②减少有息借款的额度。有的企业，一方面存款很多闲着不用；另一方面却大量借入，或借后不还。如此存款利息很少，借款利息很多，形成亏损。所以，企业应尽量减少借款额度，以减轻利息负担。

（2）增加无息债务，利用外界资金参与周转。

①增加应付账款。因为应付账款一般不需要支付利息，不会加重企业负担。这样，就可以利用其他企业资金暂时为企业生产经营所用，获得经营利润。

②增加应付票据。主要是增加不带息票据，其好处与上述增加应付账款的相同。

③增加预收货款。这也是一种理财的方法，其优点与上述应付账款相同。

④增加补偿贸易应付款。因为补偿贸易的应付款，只需用加工收入偿还，不需用现金偿付，同时，不增加利息负担。

（3）严格控制借入款项的用途。借入的款项，不能用于非生产经营，更不能将借入款项转借给其他企业使用；否则，将会产生严重后果。将借入款项转借给其他企业，一是违反银行信贷法规；二是风险很大，一旦对方无力偿付，将会使企业遭受沉重打击。因此，企业必须严格控制借入款项，不能将借入款项转借给其他企业。

（4）加强借款的核算。这主要是加强对资金成本和投资收益的测算，以保证举债经营获得的利润。如发现投资收益率不能高于资金成本的，即不能达到标准值的，不宜举债经营；否则，将会产生严重后果。

（5）严禁将与企业生产经营无关的私人债务列作企业债务，严禁发生虚列债务，利用会计技巧，抽逃企业资金。

（6）改进债务管理，完善债务内部控制制度。其中包括债务管理制度、报告制度、岗位责任制和内部审计制度，加强债务监督检查，以防弊病的发生。

总之，治理企业财务方面存在的弊病是项非常复杂、非常顽固的工作，绝不是像书本说得这么简便。它需要结合企业特点，学习成功企业的经验，建立健全切实可行的规章制度，发动广大员工参与，并持之以恒，才能取得好的效果。具体方法措施见以后各章。

财务管理是企业的一项基础工作，如果这个企业财务制度健全、财务管理有序、手续完善、核算规范、账账相符、账实一致、账表一致，这个企业其他方面问题就会少，企业经济效益就会高；相反，如果这个企业财务制度不健全、手续欠缺、核算混乱、账账不符、账实不一致、财务漏洞百出、财产无数，这个企业其他方面的问题也会多，企业素质不会高，经营效益必然差。所以，财务中存在弊病切不可忽视。

表3－40　财务健康状况诊断综合评价

	项目	权重	综合得分	实测分	评议分	
财务指标状况	1. 净资产收益率	12				
	2. 总资产报酬率	10				
	3. 成本费用利润率	10				
	4. 预算目标完成率	10				
	5. 产品成本计划完成率	8				
	小计	50				
财务管理功能	1. 财务制度完善情况	8				
	2. 财务机构设置情况	6				
	3. 岗位、职责、人员配备	6				
	4. 业务流程及标准化建设	4				
	5. 制度执行力度	6				
	小计	30				
风险管控能力	1. 风险库建设完善性	8				
	2. 主要风险明确性	6				
	3. 风险控制责任性	6				
	4. 风险评估执行性					
	小计	20				
合计得分						
综合评价						

附件一 财务部风险管控自我测评和风险库

一、财务部风险管控自我测评

（一）预算管理风险控制有效性自我测评要点

序号	测评具体内容	测评方式	测评结果	重要性	处理意见
1	公司预算管理部门是否设置或指定由某一个部门负责，预算职责、分工是否明确合理	检查	5	3	
2	预算编制、决策、调整、审批、执行及监督检查，是否职责明确、权责分离、相互分工	检查	5	3	
3	预算管理体系是否健全？是否建立完善、明确的预算责任制？各部门是否明确他们应承担的预算责任和权力	检查	5	3	
4	年度预算指示是否层层分解，落实到部门及岗位或个人	检查	5	3	
5	是否存在预算未经批准或逾权审批，而实施	检查	5	3	
6	是否存在预算目标不合理、预算项目不完整而形成巨大损失	检查	5	3	
7	公司预算编制是否按照上下结合，分级编制，逐级汇总的程序进行	检查	5	3	
8	预算编制依据是什么？是否与企业经营目标相联系	检查	5	3	
9	预算编制方法是否根据不同指示的性质采用不同方法，如固定预算、弹性预算、滚动预算、零基预算等	检查	5	3	
10	对重大预算项目和内容是否密切跟踪进度实施严格监控，并向公司管理层报告预算执行状况	检查	5	3	
11	预算指标是否按旬、按月、分部门进行分析考核与公布？是否定期向有关部门通报预算执行状况	检查	5	3	
12	预算指标完成优劣是否与奖惩挂钩	检查	5	3	
13	当内外环境变化使预算发生重大偏差时，是否对预算进行调整，调整程序是否清楚，审批权限是否明确	检查	5	4	
14	预算调整事项是否符合公司发展战略和现实生产经营状况，重点是否预算执行中出现的非正常性关键差异	检查	5	4	
15	企业是否建立预算执行情况预警机制、明确预警指标，确定预警范围	检查	5	2	
16	财务部门是否对预算计划指标实施严格控制？定期向有关部门报告预算执行情况？对潜在风险是否提出防范建议	检查	5	3	

（二）货币资金业务流程风险控制自我测评要点

序号	测评具体内容	测评方式	测评结果	重要性	处理意见
1	现金支付是否都经授权人批准，财务处理是否正确	抽查	5	2	无
2	所附原始凭证是否齐全，凭证是否合规、合法	抽查凭证	5	3	各环节加强把关
3	现金支付是否遵循现金使用的规定，大额支付是否经专项特批	抽查	5	2	无
4	现金收入是否及时入账，现金日记账是否及时登记，有无"小金库"及账外资金	抽查	5	2	无
5	出纳是否在原始凭证上加盖"收讫"或"付讫"戳记	抽查	5	2	无
6	费用支出原始凭证是否有跨期报销行为，最长多久	抽查凭证	5	3	
7	库存现金是否超限额，现金是否定期盘点核对，有无发生现金溢缺，如有，如何处理的	抽查	5	2	无
8	付款凭证是否经过会计主管或指定专人审核	抽查凭证	5	3	
9	收款收据存根是否齐全，编号是否连续	抽查	5	3	无
10	收付款、填记账凭证、稽核、复核是否由不同人担任	抽查凭证	5	3	
11	经办人用支票是否经批准，是否在支票存根上签字	抽查	5	3	无
12	材料采购、资产购置等付款事项是否经验收部门同意	抽查	5	3	无
13	作废支票是否全部保存，是否加盖"作废"戳记	抽查	5	3	无
14	出纳员是否及时登日记账，是否与银行逐笔核对	抽查	5	2	无
15	银行存款余额调节表是否由非出纳编制，是否定期编制	抽查调节表	5	2	
16	有无长期未达账项不达现象	抽查调节表	5	2	
17	对长期未达账项的具体内容，是否作书面说明	抽查调节表	5	2	
18	支票、银行专用章及个人章，是否分别由不同人保管	抽查	5	2	无
19	信用证、银行卡签发手续是否经授权批准	不适用			
20	银行存款有无以个人名义开户存入银行	抽查	5	2	无
21	付款凭证是否经业务部门负责人审核	抽查	5	3	无
22	银行存款借给其他单位临时使用由谁授权批准	不适用			
23	总经理对外调动银行资金有无限额	不适用			

续表

序号	测评具体内容	测评方式	测评结果	重要性	处理意见
24	银行存款总账与明细账、银行对账单是否经常核对相符	抽查	5	3	无
25	公司网上银行业务授权由谁签发，在急需付款时可否由一人来完成网上付款业务	不适用			
26	对已撤销的银行账户，公司有无银行的书面销户证明	不适用			
27	有无存放现金的保险柜代个人存现金及其他贵重物品	抽查	5	2	无
28	保险柜存放现金最高限额是多少，有无超限现象	抽查	5	2	
29	个人出差因公借款限额审定及回公司报销期限的遵循情况	抽查凭证	5	2	
30	对逾期个人因公借款财务部门是如何处理的	抽查凭证	5	2	加大催还力度
31	员工辞退办理离职手续前，是否到财务部核查借款清理	抽查文件	5	2	
32	财务部门是否定期向备用金领用部门核对备用金	抽查文件	5	2	
33	有无三年以上借款未还现象？如有是否向领导专项报告	抽查账务	5	2	
34	员工个人遭遇特殊情况公司借给款吗？什么情况借给	抽查账务	5	2	
35	领导因个人消费或投资可向公司借款或使用备用金吗	抽查账务	5	2	

（三）资金业务流程风险控制有效性自我测评要点

序号	测评具体内容	测评方式	测评结果	重要性	处理意见
1	公司是否按年编制资金需求量、使用效果及其结构？其控制额度是否经董事会及管理层批准	检查、询问	5	3	
2	资金使用部门的资金占用额及使用效果是否明确，部门是否定期（如半月）检查资金利用效果	检查、询问	5	3	
3	重大融资、借款和筹资行为是否经董事会批准，有无限额授权	检查、询问	5	3	
4	公司借款是否均签订合同，财产抵押担保是否获得授权批准	检查、询问	5	3	

续表

序号	测评具体内容	测评方式	测评结果	重要性	处理意见
5	利息支出是否按期入账,是否严格区分资本性支出和收益性支出界限	检查、询问	5	3	
6	是否按年编制资本预算,并经董事会讨论批准?筹资计划及用途是否与企业发展战略及经营计划相一致	检查、询问	5	3	
7	筹资方案对潜在的筹资风险是否作出充分估计,并提出切实可行的应对策略	检查、询问	5	3	
8	公司拟定的筹资方案是否进行分析论证,并履行相应的审批程序。必要时,重大项目是否聘请外部专业机构提供咨询服务	检查、询问	5	3	
9	重大筹资方案是否提交股东大会审议,是否经过集体决策审批或联签制度	检查、询问	5	3	
10	需要报请上级及有关部门批准的筹资方案,是否报请批准,批件是否齐全,手续是否完备	检查、询问	5	3	
11	筹资方案发生重大变更的,其变更理由是否充分合理?是否重新履行审批程序	检查、询问	5	3	
12	公司是否根据批准的筹资方案,按照规定的权限、程序,以及时间进度筹集资金,完成筹资计划	检查、询问	5	3	
13	企业是否强化筹资信用管理,能否确保筹措的资金及利息的按期偿还	检查、询问	5	3	
14	有价证券保管人是否与该项业务会计处理人相分离	检查、询问	5	3	
15	有价证券等投资项目,资产负债表日市价与其成本进行比较,并作出相关记录	检查、询问	5	3	
16	财务部门是否把所有借款及投资合同、协议存档,并妥善保管	检查、询问	5	3	
17	公司资金投放结构是否做到合理安排,确保正常生产经营资金需要,有否因资金调度不当出现资金链断裂	检查、询问	5	3	
18	公司投资项目是否突出主业,有无盲目扩张,引发流动性不足,导致资金链断裂现象	检查、询问	5	3	
19	投资项目是否进行了可行性研究,对投资项目的目标、规模、资金来源及收益情况分析是否充分可靠	检查、询问	5	3	
20	投资项目是否均有授权批准,投资金额是否及时入账?会计记录是否符合准则规定	检查、询问	5	3	

（四）无形资产管理业务流程风险控制自我测评要点

序号	测评具体内容	测评方式	测评结果	重要性	处理意见
1	公司无形资产的相关制度是否健全	检查	5	3	
2	无形资产管理业务不相容岗位、职责是否相互分离、制约和监督	检查、询问	5	3	
3	是否依据无形资产的定义范围，确定公司无形资产管理目录	检查、询问	5	3	
4	负责无形资产管理的有关人员是否清楚本岗位职责及应遵循的业务流程与制度	检查、询问	5	3	
5	抽查公司现有对无形资产投资项目，是否事先进行了可行性研究、分析	检查、询问	5	3	生产经营部负责
6	抽查无形资产的重大项目是否进行集体决策，并检查是否具有相关会议记录	检查	5	3	
7	公司以出让方式取得土地使用权是否取得土地使用权的有效证明文件	检查	5	3	
8	抽查公司无形资产管理业务的审批手续是否完备	检查	5	3	
9	抽查公司对无形资产购置是否经过充分论证，有无可行性论证资料	检查	5	3	生产经营部负责
10	是否对非专有技术进行验收并造册登记	检查	5	3	
11	检查无形资产是否正常使用，是否造成无形资产的浪费或严重流失	检查	5	3	
12	对技术资料等无形资产的保管及接触是否有登记	检查	5	3	
13	检查公司是否建立无形资产处置制度，明确规定无形资产处置的范围、标准、程序及审批权限	检查	5	3	
14	重大项目处置是否采用合议审批？是否建立审批记录				未发生
15	无形资产使用期满，正常报废的，使用部门是否办理报废手续				未发生
16	无形资产使用期未满，非正常报废的，是否提出说明理由？是否估计残值，组织技术鉴定				未发生
17	对拟出售转让的无形资产，是否提出申请，列明原价，已摊销额？预计售价是否报经批准后出售或转让				未发生
18	无形资产的处置价格是否经中介评估				未发生
19	对出租、出借的无形资产是否办理相关手续				未发生

序号	测评具体内容	测评方式	测评结果	重要性	处理意见
20	是否确定无形资产的摊销范围、年限，摊销方法、残值	抽查凭证	5	3	
21	是否对无形资产的减值计提减值准备，并进行确认	检查	5	3	

（五）财务报告编制与披露控制有效性自我测评要点

序号	测评具体内容	测评方式	测评结果	重要性	处理意见
1	财务报告编制依据的法规、制度及要求是否明确	抽查财务报告审计报告	5	4	
2	公司年度财务报告编制程序、范围、方法等是否明确	抽查财务报告制度	5	4	
3	年度财务报告需要调整事项、内容及政策是否明确	抽查财务报告、审计报告	5	4	
4	年度报告的披露政策及报告时间进度、要求是否明确	抽查财务报告、审计报告	5	4	
5	财务报告编制方案、工作分工是否报经主管领导批准	抽查财务报告、审计报告	5	4	
6	对财务报告产生重大影响的交易或事项的判断标准、计量方法，是否明确规定、执行如何	抽查财务报告、审计报告	5	4	
7	公司会计政策、会计估计事项是否有书面明确规定	抽查财务报告制度	5	4	
8	会计政策、会计估计本年有无变更？变更理由是否合规、是否报经董事会批准？是否按准则规定方法进行调整	抽查财务报告、审计报告	5	4	
9	会计政策、会计估计变更对本年利润总额产生多大影响，是增加还是减少，在附注中是否说明	抽查财务报告、审计报告	5	4	
10	公司会计核算是否坚持权责发生制？会计报告期，确认收入和费用？是否符合这一规定	抽查财务报告、审计报告	5	4	
11	编制年度报告前对公司拥有和控制的资产包括流动资产、固定资产等，是否进行清查盘点	抽查财务报告、审计报告	5	4	

序号	测评具体内容	测评方式	测评结果	重要性	处理意见
12	对资产是否进行了减值测试,应计提减值损失是否足额计提;以前年度计提减值,本年末得以恢复的又是如何处理的	抽查财务报告、审计报告	5	4	
13	年终应收款项、应付款项、应交税费、银行借款等是否真实存在,是否与债务、债权单位核对,金额是否相符	抽查财务报告、审计报告	5	4	
14	对待摊、预提、预收、预付等款项是否逐项进行清理,应计提借款利息是否如数计提	抽查财务报告、审计报告	5	4	
15	仓储物资中变质、报废、退回废旧物资、不需用设备、低值易耗品财务是如何管理的?账面有无反映	抽查账务	5	4	
16	公司低值易耗品年终是否清查,账实是否相符,价值是否公允	抽查账务、库房	5	4	
17	资产盘盈、盘亏及毁损的责任是否明确,账务是否处理,是否报经相关授权部门批准	抽查账务、凭证	5	4	
18	年终应该调整事项是否按制度规定如实调整	抽查账务、凭证	5	4	
19	年度会计报表截止日期是否最后一日、有无存在提前结账行为	抽查账务、凭证	5	4	
20	公司是否存在不符合基本会计假设?如有应予说明	抽查财务报告、审计报告	5	4	
21	年终是否存在或有事项?如有是否已作说明	抽查财务报告、审计报告	5	4	
22	本年是否发生资产负债表日后事项?如有是否已作说明	抽查财务报告、审计报告	5	4	
23	公司存在的关联方及关联方交易是否如实披露	抽查财务报告、审计报告	5	4	
24	关联方交易价格确定是否符合税法规定	抽查账务、凭证	5	4	
25	财务报告及附注内容是否完整、准确	抽查财务报告、审计报告	5	4	
26	年度应纳税所得额是否按税法规定进行调整,应交税费计算是否正确	抽查凭证、账务、税审报告	5	4	
27	财务情况说明书是否按会计核算办法要求编报	抽查财务报告、审计报告	5	4	
28	财务报告是否报经公司负责人批准后报出	抽查财务报告、审计报告	5	4	

（六）税务管理风险控制有效性自我测评要点

序号	测评具体内容	测评方式	测评结果	重要性	处理措施
1	公司纳税申报表填写完毕后，是否由非填表人进行复核	是，询问	4	4	
2	每一税种申报表是否指定专人负责？按照税法规定期限缴纳	是，询问	5	5	
3	公司对主要税务计算缴纳的记录是否进行专门保留	是，询问	4	4	
4	取得的增值税专用发票抵扣联是否明确专人负责审核发票真伪性、内容合规性、手续完整性、日期有效性	是，询问	5	5	
5	取得可抵扣的增值税专用发票，是否有用于非抵扣项目的也混入可抵扣项目中予以抵扣	否，询问	4	4	
6	运输费中含有的可抵扣增值税，其扣除比例及计算的可扣额有无错计、漏计现象的存在	否，查票	4	3	
7	公司是否聘请税务专业人士（税务顾问、注册会计师、注册税务师或税务人员）对涉税事宜进行指导	否，询问	4	4	
8	公司发生的关联方交易，其定价是否符合税法规定？是否报经税务机关备案	否，询问	3	3	
9	公司支付会务费是否符合税法规定，是否具备税务规定的必要文件	是，查凭	4	4	
10	公司支付费用中的"白条"，在计算所得税时是否作纳税调整	无，译查	5	5	
11	公司扣缴个人所得税计算方法、计税额的构成是否符合税法规定	是，查凭	4	4	
12	公司应享受的税收优惠是否都获得享受	待定			
13	所得税计算中应调整的资产减值准备事项，计算调整的金额是否正确	无			
14	公司发生的应纳税暂时性差异、可抵扣暂时性差异的计算是否正确、账务处理是否合规	是	4	4	
15	房地产税的计算和缴纳是否合规合法	是	5	5	
16	印花税的贴花范围及计算比例是否正确	是	5	5	
17	车辆使用税、费是否按规定计算缴纳	是	5	5	
18	城建税、教育费附加计算缴纳是否正确及时	是	4	5	

续表

序号	测评具体内容	测评方式	测评结果	重要性	处理措施
19	购买的增值税专用发票是否有专人负责登记保管?并存放于保险柜?已使用发票是否妥善保管	是	5	5	
20	增值税发票开具是否在发生经营业务,确认营业收入时,未发生营业交易一律不准开具发票	是	5	5	
21	红字发票的开具是否取得对方税务机关出具的证明文件,并经授权人批准	是	5	5	
22	财会人员是否定期学习税法知识,对已变更的税法是否有记录	是	5	5	

(七) 会计系统风险控制有效性自我测评要点

序号	测评具体内容	测评方式	测评结果	重要性	处理措施
1	会计机构设置,会计人员配备是否符合法规的要求,会计人员是否实施持证上岗和轮休制度	检查、询问	5	4	
2	公司会计系统是否强调了基础工作,明确规范会计凭证、会计账簿和财务报告的处理程序	检查制度	5	3	
3	会计岗位设置、会计人员职责分工是否明确?是否符合不相容职务分离的原则	检查内控制度	5	3	
4	会计核算是否遵循会计准则明确规定的信息质量的八项要求	抽查账务	5	3	
5	会计核算是否以实际发生的经济业务为依据做到记录准确、内容完整、方法正确、手续齐备、符合时限	抽查账务	5	3	
6	会计凭证填制是否符合会计制度要求,原始凭证是否真实,内容是否合规?手续是否完善	抽查账务	5	3	
7	现金的使用及库存是否符合现金管理规定?是否存有大额现金支付现象	抽查账务	5	3	无
8	付款凭证是否先经过会计主管或指定人员复核后再行付款	抽查账务	5	3	
9	现金支票、转账支票及印鉴是否分别由不同人员保管?支票使用是否由经办人在登记簿或存根上签字	抽查	5	3	无
10	公司对信用证使用是否符合法规规定	不适用			
11	出纳是否负责填制记账凭证及登记费用明细账	抽查	5	2	无

序号	测评具体内容	测评方式	测评结果	重要性	处理措施
12	出纳是否每日清盘现金与日记账结余额核对？发生余缺是否报告负责人审批后处理	抽查	5	2	无
13	超过库存现金限额的现金是否于当日送存银行	抽查	5	2	
14	转账支票和结算凭证等是否连续编号	抽查账务	5	3	
15	是否指定人员对银行存款明细表数字逐字核对	抽查余额表	5	3	
16	银行存款余额调节表是否由非出纳人员编制	抽查余额表	5	3	
17	会计账簿记录与实物资产、会计凭证是否经常核对？公司债权债务是否与相关单位数额相一致	检查、询问	5	4	
18	成本费用核算数据是否正确？有无跨期摊配问题	抽查余额表	5	3	
19	公司会计报表编制流程、各岗位职责是否明确？是否按规定日期如实上报各种报告	抽查报表	5	4	
20	账务处理中是否严格区分不同性质的资本性支出与费用性支出？是否存在两者混淆现象	抽查账务	5	3	
21	会计人员是否明确会计系统内部控制应达到基本目标	检查、询问	5	4	
22	公司应收账款是否根据准则要求计提坏账准备？坏账准备的会计处理是否符合制度规定	抽查账务	5	4	
23	公司固定资产是否按准则要求计提减值准备？减值准备会计处理是否符合会计准则规定	抽查账务	5	4	
24	核算中的以前年度会计差错调整是否符合准则规定	抽查账务	5	4	
25	资产负债表日后事项的调整是否符合会计准则规定	抽查账务	5	4	
26	公司无形资产摊销是否符合会计准则和制度的规定	抽查账务	5	4	
27	会计账簿及凭证是否按规定标准进行装订，按规定期间移交档案室归档保管？移交手续是否完善	抽查账簿、凭证	5	3	
28	电子核算资料是否完善？计算机核算信息安全是否健全，对可能出现风险有无应对措施，有无备份				
29	公司是否按会计制度要求，准确披露关联方及关联方交易	检查、询问	5	4	
30	公司关联方清单是否由财务部负责编报并做到定期修订	检查、询问	5	4	

二、财务部风险库

（一）会计核算业务风险库

序号	关键控制点	涉及岗位	活动描述	风险评估	风险级别	防范措施	控制文件及责任者
1	岗位职能设计	人事行政部、财务部各岗	编制财务部各岗位的岗位职责和权限	职责分工不清、不相容职务未分离可能发生错弊	二级	制定岗位职能说明书，明确岗位职责，严禁混岗	
2	公司财会制度制定	财务部各岗	编制各项相关财务制度及支付款业务流程	财务制度与国家制度不相符，覆盖面不全、相对滞后易发生错弊	二级	根据国家统一的会计准则制度，拟定适合本公司的会计制度和核算政策，并及时修订	
3	审核申请表和原始资料		审核申请表所付资料准确性、合理性及手续完整性	数据错误、账号错误、审核疏漏，签字不全、大小写不符，可能发生错弊	二级	增强责任心，提高能力，审核申报表及相关资料	
		费用审核岗、材料岗	审核费用额度及预算指标	费用超过预算，合同或其他相关规定及批准疏漏，形成错弊风险	二级	严格审核，与相关额度严格比较	
			审核原始资料（票据等）的真伪，签章及批准手续	虚假发票，伪造文书，签章不齐审核不认真，可能出现错弊	二级	工作经验积累，仔细检查，辨别真伪，人为无法辨别时寻找电话查询等其他辨别途径	
4	编制凭证、账务处理	费用审核岗、材料岗	根据申请表和原始资料录入凭证	录入数据错误，与原始凭证不符，使用会计科目错误，不符合会计政策	三级	相关岗位加强复核，加强事后监督	
5	会计事项确认	会计核算岗位	审核会计业务性质，按会计制度确认会计事项	会计业务事项确认不正确，造成数据不真实	二级	熟悉会计制度及业务性质，明确业务流程，严格划清费用界限	
6	会计事项计量	会计处理岗	收入、成本、费用的计量与结转，指标完成度考核	会计计量不准确，可能造成数据虚假，成本不实、会计信息失真	三级	提高会计人员的业务素质，增强责任心，严格按照制度规定处理	
7	会计事项分期	会计核算岗位	会计凭证填制及输入日期，按规定及时输入电脑	会计核算没有正确划分不同的会计期间，可能影响税费缴纳及预算指标的完成情况	三级	提高会计人员责任心，严格审核各种凭证，正确划分各期间的收入及费用，保证信息准确可靠	

续表

序号	关键控制点	涉及岗位	活动描述	风险评估	风险级别	防范措施	控制文件及责任者
8	会计事项分类	会计核算岗位	按制度规定成本和费用的明细分项目分类核算成本及费用	成本和费用如没有按制度规定正确分类，使成本费用信息欠真实，影响奖惩成的效果	三级	会计人员应认真理解分类核算的必要性，提高业务水平，按规定分类标准核算	
9	会计事项结账	会计核算岗位	按期结算会计账簿，结转折旧及待摊费用，按规定结清各账户余额	会计结账不及时，使各明细账户余额不能如实反映企业的财务状况及经营成果	三级	会计应严格按制度要求，进行日清月结，与有关账户进行相互核对，做到账账相符	
10	会计报表	凭证审核岗	月末结账，编制财务报表	可能造成报表数据失真或错误，内容不实，使报表编制延误等	四级	相关岗位加强复核，相互核对加强领导的审批责任	
11	预算指标考核	预算考核岗位	按规定核算各预算指标的完成情况，分析存在的问题	数字不正确，内容不真实，影响指标考核的效果，影响奖惩正确	三级	提高核算人员责任感，严格按规定核算各项指标，收集资料听取意见，正确分析存在问题	
12	公司资金安全完整	业务人员	从财务借款外出采购物资，没有及时清理借款	将公司资金购买物资，计算不记录，报账，有被挪用的可能	二级	加强对采购人员的教育，严格遵守财经纪律，公私钱物要分清	
13	工资计算与发放	工资计算岗位	按每位员工的出勤率状况和工资标准计算基本工资	可能由于记录、计算不准确，造成误发或错发员工工资	二级	提高会计责任心，认真核实工资标准，加强复核工资	
14	付款失控	出纳岗位	凭费用计划、用款申请批准手续支付款项	可能出现审核不认真，付款失真，造成损失	三级	出纳要提高责任感，严格审查凭证真实性和手续的完整性	
15	票据丢失	业务人员	业务人员领用发票或发票发生业务后填写使用	工作中可能将发票发票或支票丢失，给公司造成损失风险	四级	发票使用专人负责，不准带出。不准白支白条外出	
16	档案保管、数据备份	费用审核岗	会计凭证、报表整理、装订机归档，系统数据备份	财务资料损坏或丢失	二级	加强会计档案管理、及时定期进行数据备份	

（二）货币资金业务风险库

序号	关键控制点	涉及岗位	活动描述	风险评估	风险级别	防范措施	控制文件及责任者
1	资金管理制度	财务部各岗	编制各项与资金有关的财务制度及规定	资金管理制度与国家制度相悖、覆盖面不全、相对滞后	三级	根据国家有关的法律法规，拟定适合本公司的资金管理制度并及时修订	
2	资金业务的审批	具有审批权限的各岗位	根据权限对各种现金、银行存款的支付进行审核和审批	未经过适当的审批或越权审批	三级	职责分工、权限范围和授权审批程序应该明确规范，同时要求相关岗位认真审核	
3	编制凭证、财务处理	会计岗	根据审签表和原始资料编制记账凭证	录入数据错误、凭证不符、使用会计科目错误、违反会计政策	三级	相关岗位加强复核并实施职务分离	
				同一人负责资金的支付与登账，容易人为舞弊	三级	确保办理资金业务的岗位与记录凭证的岗位相互分离监督	
4	盘点现金、银行存款余额对账	出纳岗、会计岗	定期和不定期进行现金盘点，并与账务进行核对	同一人负责资金的支付与核对，并编制银行调节表，无法保证资金安全，白条抵库、挪用公款	二级	明确岗位职责权限，确保办理资金业务的不相容岗位相互分离、制约和监督	
			月末领取流水账及对账单，核对银行存款，编制余额调节表		二级		
5	现金保管	出纳岗	保管库存现金保险柜	库存现金过多，增加资金风险。私人财物不准存入保险柜	三级	加强库存现金的管理，超过库存限额的现金及时存入银行	

（三）资金管理业务风险库

序号	关键控制点	涉及岗位	活动描述	风险评估	风险级别	防范措施	控制文件及责任者
1	授权批准控制	董事会、总经理、财务	依据公司基本制度规定的职责分工和审批程序、职责、权限等，分析真实可靠性、投资及资金营运科学合理	筹资、投资等情况不明、决策失误、控制不严、舞弊欺诈等，可能导致重大财务风险	三级	明确规范各级职责、权限。项目合法合规，实行集体决策、建立问责制。发挥财务部在资金决策和管理职能的作用	
2	筹资计划控制	董事长、总经理、财务部经理	根据发展战略和经营计划拟订筹资方案，明确筹资用途、规模结构和方式等，对潜在风险作充分估计，并提出对策	违规违法筹资、计划设定不合理，或越权审批可能导致决策失误、资金链断裂或闲置等重大风险	三级	认真审查资金需求计划，聘请专家顾问协助制定筹资计划，重大筹资方案实行集体审批或联签制，筹资方案发生重大变更应重新审批	
3	筹资实施控制	总经理、财务部	根据批准筹资方案，按规定权限和程序筹资，不得随意改变筹资方案	筹措的资金不按批准使用方案进行，随意改变渠道，可能导致财务风险	二级	企业应强化筹资管理，确保筹集的资金合规，按规定的用途使用。按期偿还本金和利息	
4	投资计划控制	总经理、财务部经理	加强对投资项目的可行性研究、重点投资目标、规模、投资方式，投资风险与收益应做出客观评价	投资项目选择失误、可行性报告不实，客观评价不科学，可能导致投资风险，造成重大经济损失	二级	完善审批责任制，对评估可行性报告，进行严格审批，重大项目经股东大会审批，防止少数人弄虚作假、越权审批和使用资金	
5	投资实施控制	财务部经理、现金会计	合理安排资金投放计划，保证生产经营资金需求，避免资金投放背离投资方案，投资项目应突出主业，谨慎证券股票投资。投资处置按规定程序办理	由于资金投放不合理，投资项目预测失误、基建物资涨价、设备质量差、资金营运不正常，建设拖期可能导致资金超支风险	三级	设定专人对投资项目进行跟踪管理，掌握投资项目的财务状况，发现异常及时向有关部门报告并采取措施，加强监管	

序号	关键控制点	涉及岗位	活动描述	风险评估	风险级别	防范措施	控制文件及责任者
6	投资处置控制	总经理、财务部经理	投资收回、转让与核销，应按权限和程序审批。收回投资应及时足额收回资产；转让投资要合理确定价格并报批；核销投资，应取得不能收回投资的法律文书和证明文件	投资处置未履行必要法规手续、可能出现舞弊、欺诈、低价出售，使资金遭受不应有损失	二级	有重点地进行后续评价，明确规定投资收回、转让、核销等的决策和授权批准程序，认真审核投资处置的有关审批文件、会议记录、资产收回清单等。确保资产处置真实、合法	
7	资金营运控制	总经理、资金管理员	应强化资金统一控制和调配机制，加强采购付款、销售收款及资金占用管理，实现资金的合理占用和营运良性循环	资金投放、日常营运、资金调度不力，使资金停滞不畅，可能造成资金链断裂，造成经济损失	三级	健全资金使用问责制、将资金使用指标落实到业务部门，并与奖惩挂钩，定期检查指标完成情况，加强对资金过程控制和跟踪管理	
8	企业并购控制	总经理、财务部经理	并购企业扩大规模，要与主业协调，进行可行性研究，合理确定支付对价，充分考虑并购对象隐性债务，可持续发展能力和员工状况，确保购后能获取更大利益	对被并购企业了解不清、并购决策失误、盲目扩张、与经营主业不协调，有可能造成重大经济损失，或更大财务风险	三级	严格审核被并购单位情况，集思广益认真讨论、防止盲目扩张，关注被并购企业与管理层关联方关系，防范资金转移等舞弊行为。重大并购交易，经董事会批准	
9	银行账户控制	财务部经理、银行核算岗位	健全银行账户负责制，指定专人负责各种票据购买，建立票据登记簿，领用、注销、背书转让要登记	票据丢失、银行账号密码被盗用、印章保管失窃，可能造成严重经济损失	四级	建立银行账户管理和预留印鉴管理制度，票据购买、使用登记制度，严禁将办理资金支付业务的相关印章集中一人保管	

（四）预算管理业务风险库

序号	关键控制点	涉及岗位	活动描述	风险评估	风险级别	防范措施	控制文件
1	预算编制	各部门经理及目标（预算）管理员	编制年度预算和月度预算	编制的预算脱离实际，造成资源浪费、资金损失	三级	正确估测外部环境、本部门实际情况及资源、听取员工意见，使编制的年度预算较为科学、完整、清晰	
2	年度利润目标的测算	总经理及财务部经理、销售部经理	根据各部门提供的资料，对年度利润进行测算	测算结果与外部环境相差较大，下达目标偏差大，实现目标难度较大	三级	听取各方意见、审核各项预算依据的合理性，指标经各部门经理分析讨论，关注市场变化，提高应变能力	
3	预算执行	财务部经理、各部门费用管理人员	根据年度预算及月度预算，进行日常费用报销	预算脱离实际，影响业务正常开展及目标实现	三级	建立预算考核机制，以督促各部门加大预算执行的力度	
4	预算调整	财务部预算管理人员、各费用部门预算管理专员	根据年度计划的执行情况，内外部变化情况，进行预算调整幅度	预算不符合调整条件，或未经有效审批任意调整，使预算指标缺乏刚性	二级	从实际情况出发，编制预算调整，过程完整、清晰，按程序上报公司管委会审批	
5	预算执行情况统计分析	财务部预算管理人员，各部门负责预算人员	及时统计预算执行情况分析存在问题，向有关领导及部门反映	未及时统计检查预算完成情况，分析存在问题，或数据引用错误，导致决策失误，影响目标实现	二级	及时统计整理预算执行情况，分析存在问题，向有关部门报告，同时确保使用数据的准确性	

续表

序号	关键控制点	涉及岗位	活动描述	风险评估	风险级别	防范措施	控制文件
6	预算考核	财务部经理、监审人员、各部门经理	每月、季、年度终了对预算执行情况进行考核	预算考核结果不正确，不公平，影响员工积极性，也影响利益分配	二级	考核过程透明，考核结果有完整记录；及时把预算执行情况反馈给各部门；将考核与激励相结合	

（五）固定资产购置风险库

序号	关键控制点	涉及岗位	活动描述	风险评估	风险级别	防范措施	控制文件及责任者
1	固定资产购置申请与审批	使用部门	设备等资产需要部门提出需求设备品种、类型及用途	固定资产购置前没有进行必要的申请，对固定资产取得的管理失控，导致不当购置	三级	要求所有的固定资产购置都必须提出合理的申请，提交相关人员及部门审批	
		使用部门主管、财务部	将需要计划进行核实列入资金筹措安排	对固定资产请购缺乏有效审批，对购置资金安排、固定资产管理难以控制	三级	所有的固定资产购置必须经过有效审批，完善授权体系及审批程序	
		总经理	审核计划合理性、价格合理性、合同规范性	固定资产购置价格如未明确规定并经过有效审批，容易导致固定资产购置过程的不当行为	三级	固定资产购置价格必须经过相应的授权审批，不允许采购人员越权与供应商签订合同	
2	固定资产检验	设备使用部门	对设备规格、性能、质量等，实施验证	不进行相应的检验，导致不合格的固定资产被购置并投入使用，导致资金浪费并且影响生产质量	四级	对购置的固定资产必须经过严格的质量检验，必要时可以聘请相关方面的专业机构提交独立的检验报告	

续表

序号	关键控制点	涉及岗位	活动描述	风险评估	风险级别	防范措施	控制文件及责任者
3	固定资产记录	财务部、生产部	根据验收凭证等登记台账，明确保管责任者，完善手续	不及时更新对应的固定资产管理台账，将导致固定资产管理混乱，存在安全隐患	三级	对新增的固定资产应及时更新管理台账，制作标签及相关的卡片等，便于管理控制，保障固定资产安全使用	
4	支付款项	财务部	验收相关凭证、合同、发票等是否合规	财务部付款的凭证不足或者审核有误都会导致错误付款，致使资金流转不畅、不安全	四级	必须具有足够、有效、合理的付款凭证，并审批通过后方可付款	

（六）固定资产业务风险库

序号	关键控制点	涉及岗位	活动描述	风险评估	风险级别	防范措施	控制文件及责任者
1	固定资产投资需求	资产管理员和公司各部门	编制固定资产投资需求方案	投资预算不合理导致资金浪费、资产损失	一级	根据固定资产的使用情况、生产经营发展目标等拟定固定资产投资方案，进行可行性研究、分析，编制固定资产投资预算，并按规定程序审批，确保固定资产投资决策科学合理	
2	固定资产投资预算	资产管理员和公司各部门	固定资产投资预算的编报与审批	未能严格执行固定资产投资的可行性研究，预算脱离实际	二级	对于超预算或预算外固定资产投资项目，应由固定资产相关责任部门调查研究后提出申请，经研讨评价、审批后再办理相关手续	

序号	关键控制点	涉及岗位	活动描述	风险评估	风险级别	防范措施	控制文件及责任者
3	固定资产构建	生产部和财务部	固定资产购建的申请、审批、实施、付款过程	固定资产购建价格不合理,招标违规、合同欺诈,造成损失	三级	明确请购部门(或人员)和审批部门(或人员)的职责权限及相应的请购与审批程序。固定资产采购过程应当规范、透明	
4	固定资产验收	设备部	验收、安装并调试固定资产	固定资产数量,质量等不符合使用要求	三级	固定资产交付使用的验收工作由设备使用部门按照规定要求共同实施,并出具验收报告或验收单	
5	固定资产核算	财务部会计	确定固定资产入账成本,并计提折旧	固定资产入账成本不准确,计提折旧不准确	二级	财会部按统一会计准则规定,确认固定资产的购买或建造成本。依据有关规定,结合实际,确定计提折旧的固定资产范围、折旧方法、折旧年限、净残值率等折旧政策,并定期复核	
6	固定资产维护	设备部	固定资产日常维护、修理及大修理	固定资产维修不及时,造成损失	二级	应当建立固定资产的维修、保养制度,保证固定资产的正常运行,提高固定资产的使用效率	
7	固定资产保管	固定资产管理员和固定资产使用部门	固定资产日常保管	固定资产数量不清、存放不明、损坏丢失等	二级	固定资产使用部门和财会部门定期进行账簿核对,保证账账相符,并组成固定资产盘点小组进行盘点,根据盘点结果填写固定资产盘点表,并与账簿记录核对,对账实不符、资产盘盈、盘亏的,编制报告提出处理意见	

续表

序号	关键控制点	涉及岗位	活动描述	风险评估	风险级别	防范措施	控制文件及责任者
8	固定资产处置	设备使用部门、财务部和生产经营部	固定资产的正常或非正常报废，以及处置	资产报废和处置未经有效审批，资产处置的收支没有准确、及时入账	二级	企业应当建立固定资产处置的相关制度，确定固定资产处置的范围、标准、程序和审批权限。处置价格应报经审批后确定。 财务根据处置通知书进行账务处理，并核对资产处置情况，重点关注收款及实物交接表单	
风险库建设诊断评价							

附件二　管理诊断报告实例

一、管理诊断报告撰写原则

根据诊断测评的结果向董事会写出报告，报告应包括四部分内容：测评说明及总体评价；内控五要素控制评价；关键业务流程控制评价；内部控制诊断测评的梳理。

通过诊断测评，在明确现状的基础上，根据企业的经营特点及内控要求，对内控体系进行梳理，形成一套完整系统的内部控制体系。其梳理内容包括四部分：

（1）内部控制框架梳理：通常由总则、内部环境、风险评估、控制活动、信息与沟通、内部监督及附录构成。

（2）关键业务风险控制梳理：应设哪些关键业务风险控制，已进行的关键业务风险控制，尚需补充的关键业务风险控制。

（3）公司层面内部管理制度梳理：应建立哪些内部管理制度，已建立了哪些，尚需完善及建立的管理制度，企业风险管控能力评价。

（4）部门层面内部管理制度梳理：应建立哪些部门层面内部管理制度，已建立了哪些，尚需完善及建立的管理制度。

通过梳理，明确存在的薄弱环节，确定工作内容及重点，并列出明细清单。

测评报告撰写应注意事项：报告要有针对性、抓住要害，切忌空洞冗长；要突出重要风险描述，要针对具体风险提出具体应对建议及措施，防止大而空。

二、管理诊断报告实例

××××上市公司的管理诊断是以内部控制评价为重点，现报告如下：

调研背景概述

1. 调研的主要目标

本次调研是受××××的委托，依据国家相关法律法规、企业内部控制基本规范、内部控制应用指引及××××的相关管理制度，通过了解与分析××××股份有限公司的组织机构设置与部门职责、人力资源政策、公司主要业务内容及操作流程，对××××的总体内部控制情况进行评价，并针对××××内部控制的薄弱环节提出初步的改进建议。

2. 调研内容

本次调研的内容包括××××内控的设计有效性评价和内控的执行有效性评价。调研主要从××××的公司层面和业务层面两个方面进行。调研内容主要包括×××的内控制度建设及具体实施情况。

其中，××××公司层面的具体内容包括公司治理结构、组织结构设置和权责分配、内部审计与监督机制、人力资源政策、企业文化和法制建设、风险评估机制、信息与沟通机制、文档记录。

××××业务层面的具体内容包括财务管理、项目管理（总包投标、分包管理等）、材料采购、资产管理、印章管理、档案管理、合同管理及分支机构管理。

3. 调研方法

√个别访谈

通过对关键岗位人员近距离交流，增进双方了解和理解，便于我们在短时间内获得×××的经营信息以及管理现状的口头证据；但是也存在由于被约谈人员受某些情绪、角度和理解水平的影响，所阐述经营信息和现状难免存在误差。

√穿行测试

穿行测试方法是对个别访谈的有效补充，对经营现状真实性的描述更具证据性，但是也存在抽样数量对测试结果的影响。

√专题讨论

专题讨论是在上述两种方法已完成的基础上，对所获得证据进行分门别类的整理后，对相关事项所做的进一步分析、讨论、认定，以便得出较为符合调研对象实际情况的结论。这种方法也存在由于调研人员对实际情况掌握程度以及理解上的误差，难免得出错误结论的局限性。

√比较分析

比较分析方法是对现象结论进行定性的有效工具，对调研对象的相关因素进行前后期、同期或同行业间的比较，发现或认定相关因素与正常趋势的偏离程度，从而确定内控缺陷。但是本方法也存在局限性：如果比较所引用的相关因素相似程度存在误差，难免得出错误结论。

4. 本次调研参考的内控原则

在公司的内部控制和风险管理建设评价中，我们参照了国家相关法律法规的要求，考虑了以下具体原则：

（1）全面性原则。

内部控制应当贯穿决策、执行和监督全过程，覆盖企业及其所属单位的各种业务和事项。

（2）重要性原则。

内部控制应当在全面控制的基础上，关注重要业务事项和高风险领域。

（3）制衡性原则。

内部控制应当在治理结构、机构设置及权责分配、业务流程等方面形成相互制约、相互监督，同时兼顾运营效率。

（4）适应性原则。

内部控制应当与企业经营规模、业务范围、竞争状况和风险水平等相适应，并随着情况的变化及时加以调整。

（5）成本效益原则。

内部控制应当权衡实施成本与预期效益，以适当的成本实现有效控制。

一、调研目标公司概况

（一）整体业务概况

×××股份有限公司的注册资本为人民币73352.13万元，截至2009年末所有者权益395051.5万元，股份总数733521347股；前五名大股东情况：××××公司持270301785股，占总股数的36.85%；中国建设银行——上投摩根成长先锋股票型证券投资基金持8964068股，占总股数的2.43%；交通银行——博时新兴成长股票型证券投资基金持8964068股，占总股数的1.22%；中国工商银行——建信优化配置混合型证券投资基金持8499908股，占总股数的1.16%；中国建设银行——华安宏利股票型证券投资基金持8000000股，占总股数的1.09%。

×××的主要产品是大直径、超大直径×××××××工程。在我国大直径工程市场，××××在全国市场占有率保持90%以上；在全国轨道交通工程市场，××××占全国轨道交通已经运营里程的19.7%以上。在×××市场上××××占有50%的份额。

×××也开辟了相当规模海外市场，如新加坡。

2009年，末×××股份有限公司共有员工××××人，营业收入×××亿元。

（二）主要业务循环

公司以工程建设×××为主要的核心业务，其中总包投标、分包管理、工程结算、材料采购、技术研发、成本管理等为核心控制环节，辅以财务管理、资产管理、印章及合同管理等支持业务，以上业务活动共同构成了公司的日常经营活动，见下表。

主要业务

序号	业务循环	业务环节	备注
1	财务	1-1 财务收支计划 1-2 银行账户管理 1-3 支票管理 1-4 备用金及个人借款	

续表

序号	业务循环	业务环节	备注
1	财务	1-5 收支合同管理 1-6 应收账款管理 1-7 电算化管理 1-8 关联交易管理	
2	项目管理	2-1 总包投标 2-2 分包管理	
3	材料采购	3-1 请购 3-2 供应商选择 3-3 合同审批和签订 3-4 验收和付款 3-5 结余材料的处置	
4	资产管理	4-1 投资预算的编制 4-2 资产采购 4-3 资产验收 4-4 资产维修 4-5 资产保管 4-6 资产转移 4-7 资产盘点与检查 4-8 资产处置 4-9 设备租赁	
5	印章管理	5-1 印章新增 5-2 印章保管及使用 5-3 工程项目印章注销	
6	审计与监督	6-1 审计计划 6-2 审计实施 6-3 审计报告 6-4 内控制度评价 6-5 内审后续处理 6-6 审计档案	

二、公司层面内控制度建设和实施情况

（一）治理结构

公司建立了专门的公司治理结构工作机制，明确了各治理层级的工作职责和操作要求，目前各治理层级正常行使其职能。

（二） 组织机构设置和权责分配

公司明确了组织机构设置，并对各个部门的工作职责和权力予以了规定。公司目前的组织机构设置和权责分配基本满足业务发展需要，但仍有待完善的空间，如在部门职责的设置上，审计组的审计职责范围较窄，并归属总师办，独立性受到一定影响。

（三） 内部审计与监督机制

公司总师办审计组和纪委履行公司的审计与监督职能，并对定期的检查监督出具书面报告。

（四） 人力资源政策

公司人力资源管理涉及员工招聘、员工培训、员工考勤与休假、员工薪酬管理、员工绩效考核及员工离职管理等内容。公司人力资源循环的管理基本能满足公司业务发展的需要。

（五） 企业文化和法制建设

公司倡导人性化管理，市场化运营。公司重视文化和法制建设，并在实际管理中发挥企业文化和法制建设的积极作用。

（六） 风险评估机制

公司高层领导重视内部控制建设，并积极探索业务操作流程中可能潜在的风险；但在目前的实际操作过程中，公司并未形成完整、系统的风险评估机制，并未对各个循环操作流程中可能存在的风险进行评估并出具书面报告。

（七） 信息与沟通机制

公司重视业务操作过程中的信息上传下达及部门与部门之间的信息沟通。目前公司的信息与沟通机制比较顺畅。

（八） 文档记录

公司在业务操作过程中较注重业务记录，文档较完整。

三、具体业务层面评价结果

（一） 财务管理

1. 财务管理现状

×××的财务体系以"集中"理念为主导，是以××××财务部为"纲"，一个中心的五个分站为"目"，设立的××××财务核算的组织管控系统，财务人员近×××名。承担着××××总部、××个专业分公司和××个子公司的财务核算业务。其中，本地机构的财务业务归属到××直接操作；外地机构实行财务人员委派制，每月及时向财务部报账。收款原则：母公司统一收款与子公司自收自支相结合；母公司向分支机构拨款的原则：收款即出原则、滞留后出原则和按需求拨款原则。

2. 财务管理环节

	管理环节	管理流程	涉及部门
1-4	备用金及个人借款	借款人填写借款单经部门主管批准后，到财务经财务主管稽核后支付款项。借款后报账结算	各个分支、部门、财务部、财务分站
1-5	合同收支管理	各个部门签订合同交财务部及财务中心各分站负责收付业务	各个分支、财务部、财务分站
1-6	应收账款管理	应收账款的发生与管理；工程按形象进度签证确认的收入待工程结算前作应收账款处理	各个分支、财务部、财务分站
1-7	电算化管理	IT部门购买软件、硬件，设置岗位权限，会计员登录会计数据，经过审核存储，会计凭证及账簿的打印及报表的形成及审核过程	财务部，财务分站
1-8	关联交易管理	关联交易名录的确认与管理、更新；关联交易发生前根据权限经过公司经营高层审批、董事会审批和股东大会审批；财务、董秘及独立董事披露相关事项的过程	各个分支机构、单位，财务部、董事会、股东会

3. 财务风险分析

序号	业务环节	发现的问题	可能导致的后果
1-1	财务收支计划	1-1-1 收支计划支出项目编制随意，可执行率较低	导致财务支出计划依据性差，影响资金调度效果
		1-1-2 部门主管初审比较随意，对计划的（指导性作用）严肃性未引起重视	导致计划执行率低，运营资金无调度效果，缺乏指导性
		1-1-3 收支计划最终由部门主管审核定稿，财务不关注审核	公司缺乏对财务收支计划的整体平衡，可能会影响公司资金的使用效果；只注重资金的集中管控，忽略对资金协调安排，放任影响公司整体有计划按比例地协调发展

序号	业务环节	发现的问题	可能导致的后果
1-1	财务收支计划	1-1-4 老项目无收支计划限制	无计划付款，影响资金流平衡，可能导致计划内项目资金无保证
		1-1-5 对超支的惩处措施仅影响资金的使用利息，对提高财务收支计划执行的严肃性作用不大，影响考核效率	可能导致收支计划失效
		1-1-6 缺乏监督，内审部门对财务收支计划的缺乏评价与改进措施	无法实现财务控制目标
1-2	银行账户管理	1-2-1 无专人管理银行账户台账	易产生无人问津或多人管理，导致账户混乱
		1-2-2 母公司企业会计账套列示本地银行账户共156个，而银行提供账户清单为111个	企业账户清单与银行提供的账户清单不符，表明银行账户日常监管不够严密，可能导致公司无法及时监控账户资金状况，危及公司资金安全
		1-2-3 到期银行账户未能及时撤销；撤销银行账户相关资料未及时收缴，存档	应撤销账户无人监管（尤其是市外单位应撤销银行账户），易产生舞弊空间
		1-2-4 银行账户开立或撤销未能及时或定期编报备案	可能导致公司无法及时监控账户资金状况，危及公司资金安全
		1-2-5 公司未明确各银行账户的用途及适用范围	各账户混用易产生资金流转混乱，误导管理者决策
		1-2-6 银行账户间资金调拨未经授权审批	可能导致公司无法及时监控账户资金状况，危及公司资金安全
		1-2-7 银行账户撤销由出纳自行办理，未经审批程序	易产生银行账户设立的统筹安排不到位，偏离公司经营运作方向
		1-2-8 银行账户过多	导致银行账户财务管理力量不足，影响银行账户管理效率
		1-2-9 银行账户财务监控和内审监控不到位	银行账户信息不准确，影响管理层决策，可能导致与银行对账失效，引起公司资金管理失控，资金被挪用而难以发现的情形
1-3	支票管理	1-3-1 票据登录簿没有统一格式	可能导致随意记录，项目缺失
		1-3-2 票据月末无盘点	未能及时发现有关票据的遗失、变造、伪造、被盗用，可能导致资产损失、法律诉讼或信用损失；无明文规定可能发生随意性
		1-3-3 临时指定代理出纳	（未经出纳岗位培训）易发生误操作或导致支票出错

序号	业务环节	发现的问题	可能导致的后果
1-4	备用金或个人借款管理	1-4-1 没有累计借款金额或单笔借款金额限制	备用金超限额使用，降低资金利用效率
		1-4-2 经分支机构主管审批后，即可到财务支付	超过公司资金使用的计划性，突破备用金管理范围
		1-4-3 借款人占用资金超过3个月未及时结算归还	未能及时清理个人借款导致个人长期占用公司资金
		1-4-4 借款单位主管未按时督促借款人清账归还	未能及时清理个人借款导致个人长期占用公司资金
		1-4-5 公司未明确借款结清还款期限	未能及时清理个人借款导致个人长期占用公司资金
		1-4-6 主办会计按时督促借款人报账还款现象不能确认	未能及时清理个人借款导致个人长期占用公司资金
		1-4-7 主办会计未按月编制个人借款余额表	公司财务可能缺失对备用金和个人借款催促清偿的责任
		1-4-8 财务主管日常定期督促相关责任人清理借款不能确认	公司财务可能缺失对备用金和个人借款的监督责任
		1-4-9 内审部门未能及时督促与反映备用金及个人借款长期占用情况	公司缺失对备用金及个人借款的内审监督责任
1-5	收支循环中的合同监督管理	1-5-1 销售合同在签订环节未经财务审核	无法充分发挥财务部门对"价格和收款方式与期限及税收筹划"等相关财务合同条款控制功能。可能导致工程项目"投入产出"配比不当，"得不偿失"，或与业主频频发生合同外工程量"签证"纠纷
		1-5-2 采购合同在签订环节未经财务审核	导致财务部门无法有效发挥对采购材料、设备以及分包付款等方面的价格、付款时间与方式、税种、发票取得等方面的控制
		1-5-3 财务在各种合同履行过程中被动地履行已签订的合同条款	被动地履行合同条款，可能发生财务部门对合同的重大差错视而不见，错误履行

续表

序号	业务环节	发现的问题	可能导致的后果
1-6	应收账款管理	1-6-1 应收账款责任人不明确	不能将应收款项的回收与部门的绩效考核及其奖惩挂钩。不能分清造成逾期后果应收账款的责任人，造成坏账损失的可能性增大
		1-6-2 没有确切的客户授信标准，没有统一的客户资信管理制度和客户授信制度	客户不良的信用对增加应收账款产生的风险，即由于盲目地对客户提供信用政策，从而导致应收账款风险的产生
		1-6-3 对合同外工程量与业主签证缺少明确规则	验收签证不全，甚至只是业主方代表形成口头的承诺，若遇到人员变动，该应收账款易形成坏账
1-7	电算化管理	1-7-1 数据库库房环境不佳，导致系统不稳定影响使用效果	影响会计数据登录审核调用
		1-7-2 维护人员兼任操作人员	可能导致非法操作，越权操作。缺乏互相制约和内部牵动机制，无法防止违法行为的发生，不能及时发现错误
		1-7-3 对数据整理、数据输入、数据处理、数据通信、数据保存、数据输出各个环节缺乏统一约束规定	不能保证各个环节的数据准确、有效和全过程会计电算化的安全完整
1-8	关联交易管理	1-8-1 关联交易界定不准确	可能导致财务报告信息不真实、不完整
		1-8-2 未定期组织有关人员对关联交易会计报表和价格执行情况进行审核	未按照批准后的交易条件进行交易，擅自更改交易条件，或更改交易条件未履行相应的审批程序

4. 财务管理内控评价及改进建议

×××的财务中心已贴近于"财务公司性质"，从集中角度加强了整个公司的财务核算和财务管理；目前×××在财务循环方面的风险主要集中在银行账户、收款和付款等8个环节，给企业资金安全带来影响，改进建议如下：

（1）提高财务人员的内控管理意识，员工的自我约束力落实在强化制度约束力上。

（2）资金计划管理方面：

➤提高部门对运营资金的宏观调控能力，准确地预测收支项目发生概率，严谨对待所编制的收支计划项目，注重自己的审核范围及权责。

➢完善收支计划的审核体系，提高审核级次，在公司高层中要确立财务收支计划管理体系，增加计划审核责任。

➢改进财务收支计划执行机制，提高基层经管人员和财务人员的计划约束力。

➢建立收支计划考核机制，应列入公司考评指标体系，认真考核。同时制定财务收支计划指标考核原则，一般考核指标实现范围率不得低于75%（参考值）；刚性指标，比如收入指标和主要支出指标的实现率范围不得低于90%（参考值）。

➢增强公司内部监督的程度，相关责任人及相关内审部门认真履行监督责任。

（3）银行账户管理方面：

➢建立银行账户管理制度，规范银行账户开立与撤销审批流程，明确银行账户台账由专人管理。

➢定期与银行核对账户信息，财务要按期编制银行账户清单，报有关部门备案。

➢明确银行账户撤销的规则，及时对撤销账户的资料进行归档。

➢明确银行账户开立统计报告、报备制度；每月编制银行账户开立和撤销报表，报财务经理审核，报内审部备案。

➢明确各银行账户的用途和职能，并严格执行。

➢明确银行账户间划拨资金的规则，财务每月编报货币资金间划转平衡表，报财务经理和内审部。

➢明确银行账户设立与经营管理成本之间的关系，保证银行账户在公司可控范围内。

（4）票据管理方面：

➢建立票据管理制度，明确支票的购买、保管、使用、盘点、销毁等应当有完整记录。

➢建立标准票据登记簿，确保项目类别齐全。

➢明确规定临时代理出纳职责人员的资质。

（5）备用金与个人借款管理方面：

➢制定备用金和个人借款制度，明确累计金额和单笔借款限额标准。

➢制定并严格执行借款审批权限标准，明确制定个人借款报账及还款期限标准。

➢规定借款人单位主管的督促责任，以及主办会计履行定期催讨责任，内审部门定期监督。

➤明确主办会计按月编报个人借款余额报表，并及时报财务主管。

(6) 收支合同管理方面：

➤建立合同协议会审制度，明确规定公司财务在汇审环节中对销售合同履行标的价格、回款条件与期限的审核责任。

➤提高财务部门的财务自主管理意识，明确规定在公司整个运营过程中财务部门应发挥的管理功能。

(7) 应收账款管理方面：

➤对于任何一项应收账款的管理，必须明确销售部门负责货款的催收，财会部门负责办理资金结算并监督货款回收。

➤完善系统客户信用管理标准，对新客户执行信用调查分析，制定合理的信用政策，将信用标准、信用期间和收账政策三者结合起来。

➤完善工程签证管理制度，明确工程负责人对合同内外工程量的签证管理规则，及考核原则。

(8) 电算化管理方面：

➤建立电算化指导制度，明确组织控制功能；明确软件开发人员、维护人员不能兼任操作员。

➤在这些环节中分析出现风险的可能性，对实现各个功能时嵌入可发挥作用的相应的内部控制措施，对于一些潜在的可预见风险在系统中采取预防措施。

➤对不可预见风险的处理留有系统空间。

(9) 关联交易管控方面：

➤建立关联交易管理制度，明确责任单位编制关联方名单，报财务部门备案；关联方名单至少应当每季度更新一次，财务部门应当及时将关联方名单发送公司管理层和各业务部门共同掌握。

➤明确规定审核部门对关联交易执行情况的审核、分析及纠正存在的问题或提出完善的意见和建议的处理原则。

(二) 招投标管理（略）

(三) 合同管理（略）

(四) 预算管理（略）

(五) ××××管理（略）

四、整体评价结论

通过调研整理和分析，××××在公司内部控制设计与实施方面，基本能满足公司的业务发展需求。考虑到公司的发展战略及未来发展规划，公司在具体的内控设计和执行上尚有一定的改善空间。

今后，公司可以较多地关注相关控制设计和执行，就目前公司在资金计划管理、银行账户管理、收支合同管控等方面予以改善；另外对项目管理、采购管理、资产管理、内审和内控评价所存在的薄弱环节等，也应投入一定的人力、物力对目前的内控现状予以改善。

企业内部控制是一个循序渐进、不断持续的过程，在内控建设的过程中必然会遇到各种各样的困难，公司可以借助内外部力量推动公司内控建设与完善，从而达到内控与公司效益的最佳平衡。

五、关于本次调研的补充说明事项

由于本次调研时间有限，虽然严格履行了咨询程序，但也可能会在信息收集上存在偏颇，比如，在抽样过程中的偏差：对公司操作流程中的相关凭证和书面资料予以抽样，由于抽样本身可能存在的固有缺陷及部分资料未能及时获取，可能导致我们在此基础上进行的分析存在不完善或欠缺的地方。又如，在访谈过程中访谈对象可能受自身情绪的影响，或对某项事件认识层次上的偏差，都会使调研结果出现偏差，所以这些因素不应忽略。我们会就我们的分析报告与××××的领导进行探讨和确认，以使报告更真实地反映××××公司内控的真实现状，同时也为未来××××公司在内控建设的改善方面提供良好基础。

附件三 企业诊断与治理报告实例

自200×年×月×日至×月×日，我们对山东××机械厂进行诊断治理，现将诊断问题、病因分析、治理对策报告如下：

企业诊断治理报告书　　　　　　　　　　　　编号：××82

委托人	山东××机械厂	委托日期	2011年5月10日	报告日期	2011年5月30日
诊断前概况与诊断进程	诊断前该厂管理制度不健全、执行不力，业绩考核不严格，质量无标准，指示贯彻不下去，管理基础薄弱，人员素质差、离职率高等等。 通过发放问卷调查，深入生产现场与职工座谈，查阅有关记录资料，并同有关管理人员交换意见。				
诊断结果（主要弊病）	见附表问题点				
治理方案（措施与办法）	建立健全必要的规章制度，加强对职工教育，提高职工素质，详见附表治理对策。				
建议	领导应重视制度建设及职工业务素质教育，做好人力资源管理。				
附件	计5页				

企业诊断单位（盖章）×××　　　　　　诊断人员（盖章）×××

企业诊断治理明细表

项次	问题点	问题点描述	病因分析	治理对策
1	人员素质不高	（1）某些岗位的人员力不从心 （2）进厂不足1年的员工占73.4% （3）企管人员的文化程度太低，大专以上的只占企管人员的10%	（1）没有把关键岗位、重要岗位区分开来，工资待遇等方面差距不明显 （2）优秀人员留不住	（1）工作岗位分级 （2）人员岗位资格评审制度 （3）改革干部作业制度，实行目标责任制，优化工作环境
2	凝聚力差	离职率高	（1）扣款原因不明确 （2）管理干部对工人管理方法简单、粗暴 （3）工资发放迟缓	（1）成本核算方式重整，把扣损耗落实到个人 （2）建立电脑化核算系统 （3）重新审定工时定额

续表

项次	问题点	问题点描述	病因分析	治理对策
3	原始记录缺乏真实性和不规范	（1）无原始记录存档，记录的随意性大 （2）有的产品用粉笔写在支架上或随便撕一个纸条写上个数	（1）从公司来讲，就不重视原始记录的作用，也没有按照 ISO 9002 的要求，对原始记录进行存档保管，使之无法查询 （2）计数不规范，无规范表单	（1）对公司按 ISO 9002 建立起来的质量体系要求的质量记录进行检查、补充、改进，使之对现状有更大的适用性 （2）严格计数、检验纪律，设立"随工单"、"产品标识卡" （3）将计数工作统一管理
4	生产调度协调不力	（1）月计划完不成，只能达到 70% （2）完不成计划也没什么关系	（1）人力调配、设备安排不当 （2）物料供应不充分 （3）人员的劳动状态不佳，效率低 （4）没有生产定额	（1）应合理安排人力、对设备的配套性进行整合，对设备、模具建立台账、制度、保养规定 （2）建立清晰的 BOM 单，彻底盘清、盘实仓库物料，按 BOM 单计划物料；对占 80% 比例的产品优先安排，固定专人、专机生产，同时制定出品种的工时定额 （3）改善劳动环境以及按改革的主线条实施，同时加强员工的培训 （4）分品种、规格、制定生产定额
5	罚的多，奖的少	（1）扣损耗不明白 （2）工作计划上通篇讲如何罚、罚多少	（1）在管理理念上是以罚为主而且处罚的随意性很大，缺乏统一的奖罚规定 （2）缺乏必要的教育	（1）应制定全公司统一的"员工奖罚条例"，各分厂的处罚不能偏离此条例，做到公开、公平、公正 （2）召开车间班前会，多进行表彰、批评相结合 （3）干部规定的一定自己先做到
6	有章不循或无章可循	（1）分厂相关的制度不完善 （2）违反规定（如在车间穿拖鞋，光上身）无人管	（1）没有针对本分厂具体情况，制定相应的制度（如分厂级的设备，模具管理制度，保养制度，质量责任制等） （2）分厂与各部门的接口问题处理得不好（如质量问题）；领导干部对员工进行遵守规章制度的教育不够，执法不严，甚至个别人不能以身作则	（1）针对分厂情况制定："设备管理制度"、"设备模具保养制度"、"设备档案"、"分厂厂长质量责任制"、"分厂质量主管质量责任制"、"分厂车间主任质量责任制"、"分厂质检员质量责任制"等 （2）在 ISO 9002 质量体系内审时要特别强调各部门之间的接口问题，要用文件规定下来 （3）加强干部的培训和教育

续表

项次	问题点	问题点描述	病因分析	治理对策
7	管理人员缺乏激励	管理压力不大，犯错也没有什么大不了的，就是扣款	（1）管理干部缺少奖励，竞争淘汰机制 （2）所有工作是由人去做的，而管理干部是发挥整个组织功能的关键，无论是用"恩"还是用"威"的方式，均必须达到其最好的积极性	（1）招用层次高、素质好的一些干部 （2）干部轮调，可上可下制度，设置职务代理人，适当营造干部人员的危机意识，与此同时建设企业文化，归属感和危机感并举
8	业绩考核不力	（1）无管理目标责任制 （2）无考核办法 （3）"有一些人"可能谁也不敢动	（1）管理干部的积极性不大 （2）无法考核，谁来考核？人力资源管理部门（人事）管理不力 （3）关系网	（1）制定"管理目标责任制"，使管理者感到有希望，有一个目标去争取；达到——奖，达不到——罚，再达不到——撤，奖罚分明，人都是有上进心和积极性的 （2）应加强人力资源（人事）部门的管理，要配备专门的干部考核人员，要将考核的成绩公布出去。是要事业，还是留人情
9	对设备、模具管理不足	无管理台账、维修计划和保养项目记录	（1）分厂无专人负责设备和模具管理人员（现在是质量主管抓） （2）维修力量薄弱，维修费用纳入扣损耗中 （3）新工人多，得不到正确的培训	（1）对设备较多的分厂，应因地制宜地设置一名主管设备的主管，按其职责工作 （2）维修工普遍文化程度低，又要兼管质量检查，无质量意识 （3）新工人进厂要有试用期，特别是对机械冲压设备要求进行现场考核及操作规程的考核，不合格者不能录用
10	现场管理乱	物料、半成品、成品堆放无规定，挂的牌子和实际不一样，只是为应付检查	（1）干部的管理意识不强，缺乏正确的管理理念 （2）合理计划物料不够，生产流程不合理 （3）领导不重视或熟视无睹	（1）对管理干部加强培训和教育，特别强调以身作则的作用 （2）按计划领料，并组织生产，及时对现场进行清理、整理，把不用、不能用、不合格的物料清出现场，放到应放的区域，以免拿错料，造成不合格品的上升 （3）开展"5S"活动，领导必须亲自去做，否则没有效果

续表

项次	问题点	问题点描述	病因分析	治理对策
11	命令系统失效	（1）老板的命令被打折扣 （2）老板的要求在一段时间后被遗忘 （3）厂规厂纪、ISO 9002 体系得不到实质性的执行和落实	（1）有些干部可能认为公司离不开他 （2）老板的要求是否夹杂过严的因素 （3）厂规厂纪、ISO 9002 体系是否有太理想之要求	（1）见第 3 点管理人员大锅饭 （2）命令事项的结果跟踪应有始有终，保证命令的严肃性 （3）制度重审
12	次料、新旧料混线生产	（1）品质不良的原因之一 （2）分选时造成工时的浪费	（1）车间主任缺少判断力和用科学的方法确定效率 （2）效率意识、品质意识薄弱	（1）见第 3.10 点"管理人员大锅饭"和"现场管理乱" （2）管理责任加强
13	检验标准不全、不充分	仅有外观检验标准，而无功能判断依据	（1）谁在追究标准制定者的责任 （2）老板一句"为什么缺少这个标准"对责任人有多少压力，他会不会去做出来 （3）老板的要求是否能有效被执行	加强命令系统
14	转序管理不完备	转序接口管理不完备	（1）无转序交接及验收规定 （2）无转序检验的质量标准和抽样方法，即便有，也执行得不力 （3）转序产品的送达计划性不强	（1）制定转序产品验收、点数规定，强调员工的质量和数量意识 （2）质检部尽快完善检验标准及抽样方法，并进行一定的必要的培训，合格者才能上岗 （3）根据工时定额和交期，生产主管实行看板管理，合理安排转序产品的运达和验收计数，并切实跟踪和加强培训
15	工艺文件不全	符合工艺卡要求的只占 35.2%	各级领导都不重视，认为可有可无	技术部应完善工艺卡
16	车间没有实行核算员制度	无法提供单位、规格品种的单位成本的准确数据	（1）车间没有产品明细分类账，提供不了半成品、成品的明细记录 （2）盈不补、亏作为损耗扣除 （3）原材料、半成品报废手续不完备	（1）车间应建立材料、半成品、成品明细账目 （2）制定管理的损耗标准 （3）完善报废制度

第四章 企业市场营销诊断

第一节 企业市场营销诊断的意义

一、市场营销在企业管理中的地位

市场是买卖双方进行商品交换的地方，或是指为了买卖某些商品而与其他厂商和个人相联系的一群厂商和个人。在市场经济条件下，企业脱离了市场，就不可能销售出产品，流回资金，企业就不能生存。

市场对经济，对企业生存发展具有如此决定性的重要地位，使得企业的经营活动都需为适应市场的规则而重新和彻底改变自身的活动方式和内容。社会主义市场经济继承了市场经济的运行规则，并由此导演了社会经济各个方面发生的一系列深刻变化，在市场中体现的最基本的特征就是：市场营销成为最普遍的市场经营形式，市场营销管理成为企业管理最重要的五大管理（市场营销、生产、财务、人事和研发管理）之一。

市场营销对一个企业来说不仅有如此重要的意义，而且还因为市场营销所面对的市场的瞬息万变特点，因此是很容易出差错的管理领域。为了在如此多变的市场环境下生存，企业的市场营销人员不仅要拥有深邃的思维，宽广的胸襟，渊博的知识，丰富的经验，对社会、民众和顾客心理的理解，以及创造性的想象力，还必须有足够的敏感和前瞻能力，能够尽早地预判、发现和解读市场发展的趋势，全盘规划出恰当的发展战略，指导企业的生产、财务、研发等诸方面的未来方向，特别处于这一特殊的历史时期：企业大多从计划经济的生产环境中跋涉而来，与生俱来的埋头苦干作为安身立命的宗旨，融入灵魂的是完成任务为国家作贡献，熟悉的是国家统一订货、统一调拨、企业盈利统一上缴，需要扩大生产或开发新产品也是上级统一下计划，再把投资统一拨下来。要在极短的时间内转变为面对买方，在还没有完全准备好的情况下，就匆忙地进入激烈的市场竞争，用不到 20 年的时间去做西方工业国家 100 多年做的事，要考虑从企业的经营发展战略到企业内部营销环境及资源，再到具体的市场营销组合，头绪繁杂，压力很大，力不从心，大多企业难于幸免在市场营销的阵地上摔跟头。

市场营销和市场管理在中国企业中具有特殊重要的地位是毋庸置疑的。

二、市场营销管理存在的主要弊病

严酷的市场现实促使企业越来越重视市场工作。不管是央企还是民企，都建立了市场部，投入了大量的人力、物力、财力。在很多企业中，市场部成为企业最重要的部门之一。但是，事情往往不能如愿，企业最容易碰到和最难以解决的仍是产品滞销、价格混乱、广告促销没有效果、人员跳槽、人浮于事等这些令人头痛的问题。实际上，这些还只是表面现象，或者说：是市场经营管理存在的弊病导致的必然结果，最根本的解决之道还是医治营销管理中的弊病。

总结归纳我国企业（特别是中小型企业）在市场营销中存有下列弊病：

1. 将市场营销混同于商品销售

市场营销管理的弊病之一是：对市场营销和商品销售的区别认识不清楚，或者说不明白市场营销是干什么的？此种模糊认识在改革开放初期曾在我国企业中普遍存在，但直到现在它仍未完全清除，还影响着一些企业决策者的思维。这种认知上的欠缺在工作中的表现是只设销售部，或成立有市场部，其职能也局限于抓合同、找项目、签订单。结果是业务员满天飞，跑来合同就给大奖，否则就除名。老总也是全心全意抓合同，甚至不择手段。

有些企业比这个程度稍有提高，但仍没有认识到市场营销的内容和目的，特别是中小企业，缺乏专业的市场营销管理人员，比较集中地表现为：不关注发展科技和产品开发，只注重产品的抄袭、模仿和引进；不注重目标市场的研究和掌控，而是漫无目的全方位投机（不论哪个市场，哪种产品，一见销售高了就立刻转产哪种产品）；制定价格时不计后果地相互砍价、压价和降价；讲促销就只知道大把花钱做广告；开辟渠道靠回扣、酒桌、贿赂和拉拢，生产上偷工减料，对企业内踏实做工作的则不惜底薪低待遇；等等。

实际上，市场营销和产品销售是两个不同的概念。产品销售是介绍商品为顾客提供的利益，以满足客户需求，实现将产品卖出去的行为，而市场营销是指企业要认知未满足的需要和欲望，估量和确定需求量大小，选择和决定企业能够最好地为其服务的目标市场，并决定适当的产品、服务和计划（或方案），以便为目标市场服务的一种职能。市场营销人员或许并不直接参与将产品出售给顾客的过程，但他们构思货物和服务的设计、定价、促销和分销的规划与实施，旨在造成生产或销售单位实现符合个人或组织目标的交换。

试想：不理解市场营销意义的企业，不会懂得并自觉地研发满足顾客要求的产品，不懂得主动规划客户愿意接受的销售价格，不知道通过有效的渠道将产品送到需要它的顾客面前，那么他的产品销售就实现不了，或实现的效率不高。

2. 重视权力，轻视发动员工的积极性

这也是我国企业普遍存在的市场营销管理的弊病，也可说是企业在市场营销中目光短浅，缺乏长远发展目标的弊病。也可以叫做重硬件轻软件的弊病，属于企业结构性和带有全局性的弊病。

所谓硬件和软件式的管理是指总部对终端的管理是借助两种权力实现的，由行政或职位衍生出来的权力，比如行政的管理权、方案的决策权、终端的评判权等，更多强调的是职位或层级所赋予的权力资源，为硬管理；另一类是由营销资源、团队资源或管理资源衍生出来的软权力，比如终端的知识管理权、团队的辅导权、执行的建议权等；更多强调的是营销总部的权威性或影响力所产生的晕环效应，即常说的"软实力"或"软资源"。

在市场营销的管理过程中，硬权力和软权力的管理都是必不可少的。过多地依赖硬权力管理，软权力应用不充分是造成营销总部推广人员奔波于各种形式的会海、督战、报表统计、方案审核，造成经理管理幅度过大，降低营销总部工作的含金量，出了问题用公文解决，而背后的问题却极少能被挖掘出来并加以解决；下级管理人员则是忙于报表、报告的撰写，最终造成营销管理流于报表管理，导致管理人员对现实掌控极大地弱化。造成下级忙于请示，上级忙于审核辅导，看似繁忙的背后却是管理的沦丧。

统观中国企业，特别是中小型企业，在管理上普遍存在着重权力轻自主性的风气。基本上是领导管理一切，甚至每笔钱的支出每个活动的批准都必得领导签字才能进行。需知：企业的各项工作已经十分专业化了，再高明的领导在具体情况尚不清楚时都是一知半解、考虑欠周的。结果，企业中唯唯诺诺的员工越来越多，一言堂的家长做派和看领导眼色行事溜须拍马的风气逐渐流行，即使员工们都忠于经理，企业也难以出色。

这种家长式的企业文化传承于中国千年的封建社会，也或许受指令性计划经济传统的影响，甚或以为企业内人与人的关系与行政机关里领导对下级的关系相同。但是实际上这种忠于上级服从领导的作风是与灵活机动的市场经济格格不入的。参照外国企业的管理模式，他们普遍通行的用人哲学是：我雇用一名员工是用他的脑子，叫他给我独当一面解决一个领域的问题的。通行的用人标准是：领导叫干什么员工就干什么，这个员工是最懒惰的。与其每月开几千上万元的工资雇用这样一个员工，还不如买一台计算机，它比人听话得多便宜得多。而在顾及企业整体利益的基础上，不让领导操心地独立承担一个部门、产品、领域的责任的员工才是好员工。

曾经调查过数个国外在华的公司，非常明确的一点是：它的总经理并不陷于繁重的具体工作，日常安排全部由部长和员工自行处理了，他自己却似乎很"清闲"。实际上，他负责的是企业长远战略性的发展问题，他想的是企业几年甚至几十年后发展到何种地步以及如何到达那个地步。他的副经理思考的是分管的业务在总经理的框架下，在几年后的发展及如何实现这个发展；各部的部长也要考虑 3~5 年的远景，员工负责 3 年内的工作。这种思维在市场营销部门体现得最为彻底：一个普通的市场营销产品经理负责一个产品的市场营销，那么这个产品的推广广告怎么做？预算多少？促进今年、明年和后年多少销售额？此产品还有几年的生命周期？为下一代产品现在要研发什么？价格多少？包装的样子，在什么商店销售，等等。这个产品市场营销经理在 3 年前就已经策划好，报经批准和准备实施了。现在实施的或许与 3 年前的计划有一点儿不同，但基调没有大的变化，且全公司各个产品各个部门的行动协调配合，所谓"无谋万世者不足以谋一时，无谋全局者不足以谋一域"，全局在胸的宽广眼界不仅是掌管政治、军事、外交等国之要事的必备条件，也是掌管一个企业的营销工作所必备的条件。

3. 市场营销信息不畅

在我国企业中，市场营销信息不畅是弊病之三。

对市场信息的重要性缺乏充分的认识也是计划经济体制遗传给我国企业的一种习惯势力。其最严重的表现是没有在企业中建立信息库，也不知道市场调查的必要性，这在改革开放之初是普遍存在的。那时的企业管理人常常自信地说：在这个行业里干了多年，市场是什么样我还不知道，市场信息还需要调查吗？

现在，轻视市场信息的企业家不多了，但企业的市场营销信息还是难以发挥应有的作用，主要问题出在市场信息的传导上。

对于企业市场经理来说，获取符合实际的市场信息是制定高效的市场营销战略的关键，然而信息在层层上传汇报的过程中，容易被人为地夸大或美化，最终造成信息失真，总经理或营销经理对实际工作的指导也陷入"迷局"。

一般来说，底层信息在逐级向上级沟通的过程中，常常是每个层级均会被过滤掉一些对自己不利的信息或加入一些所谓的"合理化解释"，也存在强调困难与夸大业绩，美化工作与弱化竞争对手的倾向。如果缺少信息分流汇报制度，终端人员得到相关信息后却不知道向谁汇报，很容易造成延误信息的传导，使企业错过最佳的应对时机。

企业里层级设置清晰，因事设职，绩效到岗是正确的管理模式，而层级设置又易导致信息沟通的障碍。自觉地认识和有意识地解决这个问题，实现沟通顺畅和信息的扁平化，避免信息失真或漏报，就能有针对性地应对市场变化给企业发展带来的不确定性；实现不了则就造成有效信息过少，基层营销决策和管理容易陷入"猜想式推进"。

4. 市场营销政策欠缺辅导和理解

营销策略未被执行人员理解，从而造成市场策略在执行中出现问题，是企业普遍存在的第四种弊病。

在与基层市场管理人员工作过程中，会发现营销政策和战略制定出来后，会在执行中出现走样，从而导致相互责难。上级抱怨给了政策并充分授权，营销执行人员没有给予灵活组合应用；下级执行人员抱怨制定的政策缺乏相关资源的支持，没法往下执行。

新举措的推动总是需要克服惰性的，市场营销新政策或策略随着市场环境的变化而变化，导致了营销管理是企业各项管理中最为活跃、最有创新，管理政策、思维角度和策略方法改变最为频繁的工作，作为执行新策略和新方法的下级也就必须具有不断改进和不断适应的特点。久而久之，营销团队的倦怠、抵触和麻木就更容易产生，因而企业中存在的执行不力的缺点在市场营销工作中会更鲜明地体现：愿意按照已经习惯的方法行事，或者表面上执行新的措施而实际按老办法干。新的市场营销政策和策略不是一纸公文就能使下级自动执行完善的。

类似的事情在某个企业频有发生，如追究责任及成因，首要的应是营销上级缺乏有效辅导，或政策制定得过于笼统、不具体、欠细化、不实用而造成的。营销管理除了恰当的判断、策划与表述，相较于其他管理，推动是不可省略的要点。当一个营销政策制定出来，应有配套的分解案例并进行相关的辅导，或寻找相关样板加以推广，这样才能激发分公司的创造性思维，灵活分解应用总部的营销政策，避免执行时的茫然感。

5. 营销决策轻率

中国企业在市场营销工作中存在决策轻率的弊病。

面对多变的市场，企业营销工作比较其他的企业业务的管理来说，一项措施、政策或策略是否成功，存在更大的不确定性，它不仅是本企业职工努力的结果，也受到顾客、市场条件和竞争对手的影响。而另类的和反传统的出奇制胜也并不是没有发生过。当然，反传统的成功还是基于对目标市场深入的研究，对变化恰当的预判，或者是因为碰巧适合了潜在的市场规则。这种碰巧带有很大的偶然性，过分夸大或将这种出奇制胜的案例提到过高的地位，极易使企业走到忽视科学决策，满足于浮夸和一知半解，沉迷于奇思异想的境地。须知：企业的任何决策都带有风险的性质，但是有充分根据和深思熟虑的决策还是会给企业带来较大的成功几率，而欠缺丰富信息和科学判断的基础的决策会给企业带来较大的风险。

我们的市场营销相比于西方发达国家的企业，有较大的风险倾向：在我国的企业里，成就了营销人员这一最为忙碌的群体，他们思想活跃点子频出。这些点子没有注意是否切合实际，而是来源于灵机一动。推广和实施过后，没有后续的衔接手段，也欠缺对这个点子所带来的效果的考查和比较。更没有改进，它的效果也缺乏明确的答案，以后再执行另一个不切实际的点子。

这种市场营销为什么能在企业中存在？根源在于没有认识管理的科学性要求，没有一个完整、科学、符合实际、卓有远见的管理体系和市场战略，幻想碰运气，决策冲动轻率。尚留存在我们记忆中不乏此类案例，像巨人大厦的"倒塌"，胶片国企的兼并，三聚氰胺的奶粉，亿元买断的标王……它都可以把他们失败的原因归结为故步自封的短视，也有不自量力的铺张，从一时的收益，到最后的无奈。它们或成为过眼烟云，或留作谈资笑柄，有的可作警示，有的只得叹息。哪一个成就了不断的成长壮大？不过是经历了昙花一现的短暂辉煌。难道中国这片土地上出不了百年的奔驰，不倒的大众，专业的波音和多种经营的洛克菲勒？结论只能是：没有基础的市场投机，即便获利于一时，也难以维持得长久。没有成熟的市场营销体制，最终只有销声匿迹。

6. 放任自流

企业对营销采取结果导向型的考核模式，认为给予营业员更大的自由度和操作空间有助于终端销售和管理工作的顺利推进。而实际情况则不然，片面的结果导向的考核模式忽视过程及业绩的质量，容易形成"业绩泡沫"。实际上，这种管理是不负责任的放任自流。如果缺少对业绩的质量把控和引导，横生的弊病难于想象，无异于"竭泽而渔"。

在实际操作过程中，对于各区域的业绩增长应谨慎分析：是由于区域扎实的终端工作带来的销量持续性增长；还是由于偶发性的工程单子带来的暂时性的增长；业绩增长背后是否以牺牲利润为代价；销售的高增长与人均产值的比例是否严重失调；高提成高激励下销售体系是否造成营销费用超标；高强度的促销所带来的爆发性增长，是否透支未来的市场销售；特价机型、量销机型、利润机型在销售过程中的占比是多少……理性分析业绩成长背后的玄机，可以有效避免片面的"业绩秀场，误导管理"现象。

正确的营销管理应该是：既要重视结果，也要关注过程，要知道成绩是出于正确的营销策略的执行还是破坏企业长远利益的歪门邪道。只有这样，我们才能形成良性的销售循环，不断创新高！

7. 暗箱效应满足私欲

随着市场的快速拓展和销售精细工作的推进，各分公司的员工逐渐实现了本地化，这既是市场操作的趋势，同时也是基于成本考虑。人员实现本地化后与驻外人员相比，本地员工的工作区域一般是就近原则，并且所负责的区域和所从事的工作岗位也较为固定，当地人员复杂的人际关系和社会背景，很容易形成特定的利益小团体并催生终端管理的"暗箱效应"。

导购人员和临时促销员大多是清一色的本地人员，而公司往往将终端的人事权和管理权下放。在这种缺少必要监督和管控作业的体系中，常常会造成私欲横流，公器私用的现象。比如在家电行业，临促费用和导购提成是一笔相当可观的费用，许多办事处人员常常会虚造名额和提成数据，冒领相关费用；在用人和举荐上，更是任人唯亲，而长期放任自流，只能助长害群之马，自毁长城。

要杜绝人员本土化后的"暗箱效应"，就应建立起一套完善的监控体系，在实际操作过程中，可以将销售工作与推广工作分离出来，使两套业务系统在操作的过程能够起到相互监督的作用。比如导购和临促应由市场推广部人员统一招聘、培训、建档和管理，办事处经理只有人事使用权和建议权；同时营销总部建立定期的导购人员在线会考评级制度及抽查集训制度，借助考试、评级、抽查和集训加强对分公司导购人员的掌控和优胜劣汰，这时总部扮演的是法官的角色掌握人事的评判标准，而分公司则扮演执行者的角色。

三、企业市场营销诊断的意义

1. 市场营销诊断什么

企业如存在上述问题，即表明企业的市场营销系统"病"了。

营销诊断的职能即是发现营销系统"病"在哪里？为什么会"生病"？最后开出"药方"将"弊病"治好，使企业的市场营销系统恢复健康的肌体，发挥营销的正常功能。

营销系统或许存在几种"弊病"，其中"病"得最严重的环节是影响企业销售业绩的要害。企业市场营销诊断的目的是将这一最严重的"弊病"诊断出来，医治好。如果将市场营销比做木桶，那么这个木桶装的水取决于最短的那块板。营销诊断就是将木桶的板逐一检查，找到最短的那一块木板，将它补充，就能提高营销的水平。

企业营销诊断能解决所有的问题吗？答案是否定的。因为企业管理人员是有工作的，市场营销诊断是要花费时间的。企业管理人员暂时放下手中的本职工作，设计问题，填写问卷，分析归纳，也是要花费精力和成本的。他们不可能总是沉溺于无休止的诊断之中。再说，诊断也不是一劳永逸的事情，随着市场的变化，企业的发展和人员的更替，企业的"弊病"会随时出现新的表现形式。通过一次有限目的的诊断，解决了主要矛盾和矛盾的主要方面，同时发现有多少短木板，顺带地解决和改善它们，即达到了本次诊断的目的。正如一个病人，在一个时期会有一个要命的病，或许还有几个小毛病。医生是医治这个最重要的病还是关注其他的呢？答案是明确的。

2. 营销诊断的意义

（1）迅速诊断和医治存在的弊病。企业拥有诊断自己的市场营销体系"弊病"的能力，发现问题的症结，对症下药，使企业恢复健康和正常。相当于获得了防病治病的免疫力，对企业就不仅是一次性地医治"弊病"的问题，而是有更深远的意义。

首先，营销人员就生活在"有病"的企业之中，这种"弊病"给企业的营销带来什么破坏性的影响，它有哪些表现，谁造成的都有更深和更直接的认识，这样更容易深刻地找到"弊病"的根子，有利于彻底改善企业的营销。

其次，更自主地改正存在问题的环节，并承受医治这一"弊病"给个人和机构所带来的"痛苦"，可以使"弊病"医治得更为彻底。

最后，员工具有自我诊断的意识，就能够在"弊病"出现的初期发现它，诊断它和医治它，而不是让它变得严重甚至不可收拾的时候再医治它，这样的医治更为迅速，给企业带来的损失更小。

（2）不断地开发与革新。企业诊断这种方法不仅可以在发现营销"弊病"时应用，实际上是可以普遍地应用于更宽广的领域，不仅用于发现、解决和医治宏观性质的问题，也可以用于局部细节问题的解决。在不断进步与发展的企业中，经常有许多新问题出现，是给员工一条鱼还是教给他们捕鱼的方法呢？答案是明确的。

（3）增强管理的能力。员工参与企业市场营销的诊断，也是直接接受了次管理的培训。针对问题发现症结，找到根源解决问题，体会做企业主人的感觉，是一种主人翁意识的培训。通过这种方式对自身的"弊病"的诊断和医治实际上也是一次对管理思想和管理发展的学习机会，使员工们掌握新的管理培训，比单纯的说教式培训更有效、更直接。

（4）提高改善之机能。企业竞争日益剧烈，不可能长期预见。聪明的企业管理者将会乐于把企业市场营销诊断这一"自洁"的精神和方法在全企业推广，使之发扬光大，成为传统，在企业中经常性地开展。它将一本万利地持久为企业带来"管理红利"。

四、市场营销诊断的指标与标准

判断一个企业的营销活动是否健康运作，既需要有指标，还要有标准。

1. 诊断营销健康的指标

就一般企业而言，应有：营业收入额、销售增长率、产品销售价格、销售利润率、产品赊销率、应收账款周转率、应收账款周转天数、坏账损失率、成本费用利润率、销售毛利率、销售合同完成率，等等。有些企业对营销部作为事业部对待，还考核销售费用、人均销售额、广告费，等等。因此，用哪些指标来考评，要结合企业自身特点确定。

2. 判断营销健康的标准

通常讲标准有国际标准、国家标准、企业标准、计划标准等。

国际标准目前可以国务院、国资委按年编制的 18 个行业标准值，但反映营销活动只有应收账款周转率、销售增长率、销售利润率等。

国内标准每年公布的也只有应收账款周转率、销售增长率、存货周转率、三年销售平均增长率。

企业标准，应根据自身条件确定，通常以计划指标作为标准，来考核评价营销工作健康状况。这样比较切合实际，只要企业按期超额完成各项计划指标，与同行比较处于优良水平就可称为健康。

但是应该明确，这些指标水平高低不是完全是营销部门工作优劣的结果。它涉及企业的方方面面，必须全面系统地分析，才能得到正确评价。

五、营销弊病的类型及表现

（一）营销弊病的类型及表现

按照各种弊病的表现形态，销售弊病可分为构成销售条件的弊病和销售过程各个环节弊病两大类。第一类包括产品状况、销售渠道、销售方法、价格制定、促销、销售人员、销售计划和管理等弊病。第二类包括销售合同、开票发货、货款结算与收回销售账款及财务处理、销售退回与折扣折让和回扣等弊病。

1. 构成销售条件的弊病

（1）产品状况的弊病。此类弊病主要表现为：

①品种单调，款式陈旧，不适合客户的需要；

②质量低劣，功能、性能较差，客户不欢迎；

③包装低劣，色泽单调；

④以次充好，损害客户利益和企业形象。

（2）销售渠道的弊病。此类弊病主要表现为：

①销售渠道单一，无法扩大销售；

②选择渠道不当，产品销路不畅；

③开拓新渠道的能力差；

④与经销商、代理商和用户关系处理不好，或缺乏对各种经销渠道的激励措施。

（3）价格的弊病。此类弊病主要表现为：

①产品定价太高，客户不能接受；

②定价太低，虽有销路，但获利很少；

③价格的制定未实行按质论价，或没有按时令调整价格；

④不根据市场需求变化调整价格。

（4）销售方法的弊病。此类弊病主要表现为：

①销售方法单一。

②盲目赊销，大量货款被人拖欠，造成资金周转困难。

③广告宣传主题不明，没有突出介绍产品的性能、功能、用途、使用方法和效果，使客户不了解产品的特点及用途，影响销路扩大。

④广告方式单一，不能迅速传递商品信息，诱发顾客购买。

（5）销售人员的弊病。此类弊病主要表现为：

①销售人员服务态度不好，作风粗暴、态度生硬、缺乏耐心，与顾客发生争吵，甚至污辱客户，使顾客不敢上门购买。

②销售人员业务素质低，不熟悉商品，缺乏推销能力。

③销售人员服务质量差，不热情，不主动介绍商品，不搞售后服务和送货上门。

④销售人员的品德不好，利用职权营私舞弊，挪用公款，形成个人发财，企业遭殃。

2. 销售过程各个环节的弊病

（1）销售订货的弊病。此类弊病主要表现为：

①签订销售合同的手续不完备，内容不全面，条款不明确，常引起与客户的纠葛，影响销售业务的完成；

②在不了解购货方的经济情况和信用程度的情况下，盲目签订合同，商品发出后，货款不能收回；

③内外勾结，签订假合同，诈骗企业商品钱财；

④不守信用，不按合同规定的交货期发出商品，或发出劣质商品，使企业声誉受损，遭受罚款或退货；

⑤签订的销售合同，不符合国家法规的规定，成为无效合同。

（2）开票发货的弊病。此类弊病主要表现为：

①由于工作人员疏忽，造成开出的发票数量、价格、品名、金额写错。

②用收据或白条代替发票。此种弊病常因偷税或员工私吞货款，隐匿销售收入而发生。

③开出发票的内容不真实，金额多写或少写，品名也不真实。

④填写的发票数量和金额"大头小尾"，此种弊病常因开票人兼收款人进行贪污舞弊所致。

⑤发票或收款记录卡数字随意涂改。此类弊病有的属于填写错误，有的属于

收款人贪污。

⑥仓库发货的错误，如品种、数量发错，手续不全。

⑦内外勾结，利用发货机会故意多发，事后再私分。

（3）货款结算的弊病。此类弊病主要表现为：

①货款结算方式的错误，造成收款困难，此种弊病在中外合资、合作企业中较为普遍。造成资金周转困难，被迫向银行贷款，从而增加利息费用。类似此种弊病，目前其他企业也有发生。

②货款长期被人拖欠，不能及时收回。此种弊病，除客户不守信用外，常因企业销售和财务部门的工作人员不负责任，工作拖拉所致。

③货款结算与收款的错误。如多算或少算，多收或少收等。

④漏收货款。此种弊病常发生在销售收款内部控制不严，销售部门与财务部门互不沟通所致。

⑤货款不按合同规定结算收取，造成无法收回。

⑥销售人员私收并侵吞货款。

（4）销售账项的弊病。此类弊病主要表现为：

①销售收入不入账。如将收到的销售货款进入"小钱柜"，不入账，或私分，或作其他用途。

②隐匿销售收入。将销售收入的货款转作应付账款，或在应收账款的贷项入账，予以隐匿。一为调节利润，二为偷逃资金。

③少计销售收入。此种弊病有两种情况。一种是收款员加总当天销售收入时计算错误；另一种是售货员或收款员故意少计，私吞货款。

④财务处理错误。如有些企业会计水平低，将进货列作应收款，将销售收入列作应付款等。

⑤预收定金中已实现销售的部分未作销售入账，或将预收定金未实现销售的转作销售入账。

⑥未将销售折扣与折让和销售退回作减少销售收入入账。

（5）销售成本账项错误。此类弊病主要表现为：

①计算保留成本的方法应用错误，影响销售成本的准确性。

②漏计进货，致使销售成本少计。

③漏计期初存货，致使销售成本少计。

④漏计或少计期末存货，致使销售成本多计。

⑤少计期初存货或多计期末存货，致使销售成本少计。

⑥把赠送样品、商品损耗、商品短缺或被偷盗等造成的损失，计入销售成本，使销售成本多计。

⑦用计划销售成本作为实际销售成本计算入账，或用上期销售成本率计算本期销售成本入账。

（6）营业费用的弊病。此类弊病主要表现为：

①虚报营业费用。

②非营业费用多。如运输费、仓储费、业务招待费多。

③多报出差补贴费。出差住宿无标准，交通工具无限制等。

（7）与销售相关联的进货的弊病。此类弊病主要表现为：

①盲目进货。此种弊病主要表现在：

1）不考虑有无销路，随意购进货物；

2）不考虑是否适销或适合生产需要，随意购进货物；

3）不考虑货源和销售量大小，盲目地大量购进货物；

4）不核算进价和采购成本，购进价高质次的商品或材料；

5）进货时不看样品，仅凭供方口述，合同签订后，收到的货质次、款式陈旧、功能落后。

②内外勾结，购进大量价高质次的商品或材料。此种弊病常发生在进货人员在收受供货方好处费后。

③求货心切，盲目签订合同，预付定金，上当受骗。

④签订合同发生错误，造成严重损失。

⑤进货验收不严，收进伪劣变质商品。

（二）销售弊病性质的判断

一个企业发生的各种销售弊病，必然有主次弊病之分。从弊病产生的原因来研究，既有主要原因，也有次要原因。因此，在分析判断中应该抓住主要弊病及其产生的主要原因来分析判断。具体的步骤和做法如下：

（1）对上述所列的各种销售弊病逐个分析，找出主要弊病。凡属于舞弊行为，决策性失误以及重要交易事项中发生的错误，应列入主要弊病。

（2）针对存在的主要弊病进行周密调查和分析，弄清各种主要弊病的事实真相，查明弊病的发生发展过程及其对企业危害的大小。

（3）对销售弊病进行定性分析，分清其产生弊病的主要因素和次要因素，是舞弊行为还是差错造成。

（4）在定性分析的基础上进行定量分析，明确销售弊病对企业危害的程度，以便确定弊病的严重性。

（5）在进行定性和定量分析后，对诊断出的销售弊病做出结论，提出合理化建议，供企业治理中领导参考采纳。

六、市场营销弊病的治理方法

诊断人员应针对弊病表现和产生原因，提出切实有效的治理方案，同企业主管研究制定实施办法，经过有效治理使企业市场营销活动沿着健康道路发展。

（一）市场营销弊病治理原则

市场营销弊病治理必须遵循下列原则：

1. 针对性原则

该原则要求诊断人员在拟订治理方案时，必须根据营销诊断的目的，针对主要弊病产生的主要原因，结合企业特点，提出切实可行的治理方法和措施。

2. 最佳效果原则

该原则指诊断人员提出的治理方法和措施，能迅速有效地消除弊病，改善营销管理，摆脱销售困境，扩大市场增加销售额，提高盈利水平。

3. 防治结合原则

该原则指诊断人员提出的治理方案，必须达到既要治理好弊病，又要帮助企业完善经营管理机制，建立健全营销系统管理制度，增强控制能力、应变能力、竞争能力、决策能力。

（二）市场营销弊病治理方法

根据上述原则，在治理营销弊病时，应从营销总体上，选择那些对企业生存与销售业务有严重影响的弊病，采取最有效的方法与措施予以治理。就一般企业而言，具体治理方法分述如下：

1. 提高认识、转变观念，改进销售决策

要搞好销售决策首先要明确当前经济形势和市场供需状况，本企业优势及劣势，竞争状况等等。针对当前形势改进销售决策。销售决策是指市场营销组合决策。包括市场选择、销售渠道选择、产品组合、产品定价、促销策略、销售方式选择等。由于销售决策的失误经常与企业的经营观念错误有关，所以改进销售决策，首先要扭转修正错误观念。改进销售决策应从下列几方面入手。

（1）端正经营思想，树立正确经营观，使"顾客至上、质量至上"等观念扎根于经营各环节。

（2）开展市场调查，了解市场动向和消费趋势，重新选定自己市场。

（3）摸清企业产品所处寿命周期和类别，改进产品组合，调整产品结构，努力扩大产品销售。

（4）调整销售网点，开拓新的销售渠道，增加代销、经销商，发展密集型分销渠道等扩大产品销路。

（5）适应市场行情，价格决策要灵活变化，以适应市场需求变化，促进产品销售，提高竞争力。

（6）改进促销方式，强化宣传广告，树立产品形象，提高竞争能力和销售能力，扩大产品销售。此项工作，可从下列几方面入手：

①运用各种广告宣传，如电视、电台、各种报刊、上门推销、展销、流动设点、预约订货、邮售、代销、超市任选、看样订货、送货上门、示范操作表演等各种方法进行宣传，诱发顾客购买。

②实行优惠折扣价，推行有奖销售、礼券销售、分期付款、以旧换新销售。

③广泛开展公关活动，沟通各种销售渠道，建立客户联系和销售联网制度，定期或不定期举办订货会，参与地区性、全国性甚至国际性博览会，提高产品知名度，扩大销售业务。

④改进销售技术设备和设施，改善销售组织，培训销售人员，提高服务质量。

⑤激励销售人员，改革销售奖励制度、实行奖优罚懒，改善服务态度。

⑥建立健全切实可行的市场营销管理制度，规范销售行为，使企业市场营销沿着正确方向发展。

2. 改进货源组织，实行快销勤进、压缩库存产品

快销勤进是扩大销售、加速资金周转的一项重要的措施，也是企业改善经营管理，消除营销弊病和发展销售业务的基本方针和原则。快销勤进，既能增加热销商品，增强销售活力，提高销售效率和效益；又加速资金回笼和周转的速度，改善进货工作，压缩库存，防止商品超贮积压，减少成本和贮存费用。这有利于改善经营管理，防止弊病的发生。

实行快销勤进，改进货源组织，压缩库存主要从下列几方面入手：

（1）多产多购适销热销产品，包括新款式新时尚商品、质优价低商品、新用途新潮流新功能系列配套商品等。

（2）利用建立货源供应网络，及时了解货源信息，开拓新的供货渠道，保留原有供货渠道，保证适销热销和适合生产需要的货源。

（3）实行按需采购。根据销售和生产需要的品种、质量、规格、品牌、型号、数量有计划地及时采购商品和原材料，防止超贮积压。对大批量的进货严格控制，实行按需按计划采购和实行招标采购并规定事先办理清库、核准采购的办法。

（4）加强进货验收管理，实行采购、验收、入库保管、货款结算支付和会计入账的职务分工，明确职责、任务和权限，建立采购、合同管理、收货、验收岗位责任制和报告制度，加强进货控制和监督检查。

（5）加强验收工作，实行进货违约索赔和退货制度。

（6）改进仓储运输管理，保证产品和原材料的合理贮存，及时发运销售的商品或产品。

（7）改进仓储设施设备，增加仓容，提高使用效率；改善运输条件，减少运输损耗损失，节约运输费用。

3. 建立合理的用人制度

把称职的有能力的销售人员选拔到营销领导岗位，提高营销人员素质。此项工作主要从下列几方面入手：

（1）确立合格营销人员的条件。一般来说，合格营销人员应具备下列条件：①具有市场营销知识掌握市场变化规律，能收集市场情报，熟悉商品知识；②具有一定的推销商品经验和能力；③善于与客户沟通，具有一定的客源；④具有良好的思想品德和作风；⑤具有一定的文化知识水平与较强的责任感和使命感。

（2）根据营销人员条件，慎重挑选销售人员，订立聘用合同，以稳定销售人员职业。

（3）确立工资标准，提高工资福利待遇，实行奖惩、升迁任免制度，严格销售纪律。

4. 改进营销管理，完善营销管理机制

营销管理的目的：根据市场需要，扩大企业销售，提高企业销售效率和效益，确保企业销售目标实现。

要达到上述目的，必须严格营销管理，控制销售活动，使之按照企业的销售计划、方针、政策的要求开展各项销售业务。如果一个企业营销管理不严，必然会使企业组织纪律涣散、松懈，导致内部混乱，弊病丛生，危及企业生存和发展。

改进营销管理就是根据上述目的和要求，改革不适合企业发展的管理制度，完善销售管理机制，加强对销售的控制能力，预防弊病的发生，保证销售业务沿着正确方向发展。

改进营销管理，完善营销管理机制，主要从下列几方面入手：

（1）完善营销组织机构，推行营销经理（营销厂长）负责制。实行营销部门经理和销售网点经理、柜组经理分层负责。明确规定各个销售部门、网点、柜组等经理的职责、权限和任务。

（2）完善销售内部控制制度，其中包括营销管理制度、销售人员岗位责任制、销售管理报告制度和内部审计制度。

（3）改进或建立销售业务的订购、发货、收款、入账工作的管理制度。在企业内部实行销售程序化管理，以加强内部控制，防止弊病发生。

（4）建立销售客户档案和联络制度，定期或不定期联系销售顾客，吸取客户对产品或服务的意见，沟通两者关系。

（5）实行赊销核准制度。凡赊销均应由指定人员批准，不准擅自赊销。凡巨额销售或给予优惠销售的必须经销售主管人员按照规定权限审批，并对赊销的货款实行专人负责催收制，责任者收不回来应承担一定责任。

（6）严格控制专用销售发票的签发和发货签字。发货时，必须实行复核核对，防止错发。

（7）销售货款必须由财务部门经办结算，收款。对未能收回的，财务部门应负责检查原因和责任，督促责任部门及责任者收回。

（8）改进销售账项，完善有关销售业务的账户体系，及时正确反映销售状况。

（9）实施销售内部审计制度，定期或不定期审计有关销售业务和账项。

（10）建立销售报告制度，定期开展销售分析，掌握销售变化趋势。

（11）明确规定销售纪律，实行销售部门和销售人员的业绩考核和考勤制度，检查销售人员遵纪守法的情况，实行公平合理的奖惩制度，调动销售人员的积极性。

上述治理方法就一般企业而言，当然治理方法必须针对企业弊病的特点。不能生搬硬套，才能取得应有效果。

第二节　企业销售状况诊断分析

一、销售状况变动分析诊断的主要内容

销售收入增减变动检查分析、产销比例和检查分析、销售利润率检查分析、赊销率检查分析、销售渠道检查分析和产品状况检查分析等具体指标见表4－1。

表4－1　企业市场营销指标完成情况诊断分析（模拟模型）

指标	权重	计划数	实际完成	完成%	换算值
1. 营业收入	10				
其中：出口销售额					
2. 销售增长额					
销售增长率	8				
3. X产品市场占有率	6				
4. 产品单位售价	6				
5. 产销比率	4				
6. 销售利润率	10				
7. 成本费用利润率	6				

指标	权重	计划数	实际完成	完成%	换算值
8. 产品赊销率	6				
9. 应收账款周转率	8				
10. 坏账损失率	6				
11. 销售费用额					
占收入比率	6				
12. 销售人员薪酬					
占收入比率	6				
13. 营销人均销售额	6				
14. 投入广告费	6				
15. 销售合同完成率	6				
合计	100				

上述指标是反映市场营销部的效率与效果，也是诊断评价企业是否健康的重要依据，上述指标有些是越超额越好，而有些是越少越好，有的当期发生多少，其效果不完全在本期反映。若用一标准尺度衡量其优劣不一定确切。各企业经营产品与市场有别、经营战略与策略各异，因此，应参照上述指标，制定自己的考核指标体系与标准，作为评价的依据。

上述指标的含义及计算方法，有些在其他章节阐述，对其中一些重要指标介绍如下：

（一）销售收入增减变化分析

反映销售收入增减变化的指标是销售增长额和销售增长率。前者反映企业发展变化的规模，后者反映发展变化的速度。其计算公式如下：

销售增长额 = 本期销售额 − 前期销售额

$$销售增长率 = \frac{本期销售额 − 前期销售额}{前期销售额} \times 100\%$$

计算差为正数，表示为增长额及增长率；反之为减少额及减少率。

为了便于发现问题，检查分析时除以销售收入总额对比分析外，还应按各种主要商品、各个销售地区、销售网点分别进行检查分析，现在以某电器经销公司近三年的销售为例分析如下：

表4-2 2009~2011年电器销售增长变化检查分析表   单位：万元

项目	销售额			2010年比2009年		2011年比2010年	
	2009年	2010年	2011年	增长额	增长率	增长额	增长率
全部销售额	40000	42000	46000	2000	5%	4000	9.5%
其中：电视机	24000	22000	21000	-2000	-8.3%	-1000	-4.5%
电冰箱	12000	15000	17000	3000	25%	2000	13.3%
空调机	4000	5000	8000	1000	25%	3000	60%
北京地区	20000	22000	23000	2000	10%	1000	4.5%
天津地区	12000	13000	12600	1000	8.3%	-400	-3.1%
沈阳地区	8000	7000	10400	1000	12.5%	3400	48.6%
其中：A网点	6000	6600	7000	600	10%	400	6.1%
B网点	9000	8700	8100	-300	-3.3%	-6000	-6.9%
C网点	5000	6700	7900	1700	34%	1200	17.9%

上述资料是根据该公司的会计资料和统计资料而来，该公司总部设在北京，A、B、C三个网点是北京地区三大销售点。

通过表4-2可以看出，从公司总销售额分析是连续上升，2010年比2009年增长2000万，增长速度为5%；而2011年比2010年又增长4000万元，增长速度为9.5%。从主要品种分析，电视机连续两年销售下降，2010年比2009年下降8.3%，金额为2000万元，而2011年比2010年又下降1000万元，合4.5%，说明电视机市场需求量在减少。而空调机大幅度上升，2010年比2009年增长1000万元，增长25%；2011年由于天气变化而销售又猛增至8000万元，第三季度较差，只完成全年的9.1%，较第二季度相比下降了27.3%，而第四季度只完成全年的13.6%，比第三季度虽有上升，但比前两季度仍下降幅度较大，经深入调查分析造成原因是三季度改变了奖励制度，一些销售骨干辞职，影响产品销售。

另外通过主要产品销售变化趋势分析，也可发现销售中存在的问题，如C类产品，全年有12000万元，一季度销售了50%，二季度销售了41.7%，第三季度只销售了8.3%，第四季度未曾销售。针对这一现象深入调查，发现是由于该类产品早期采用虚假广告宣传，消费者在使用中发现有严重质量问题，对身体健康有严重影响。公司为了维护自己的商誉，不再经销此类产品。

可见，通过数据对比分析，发现矛盾，找出问题，是诊断弊病的有效方法。

（二）产销比率的诊断分析

生产量与销售量之比，简称产销比，它是反映企业生产经营状况、产品是否有竞争力、是否适应市场需求的一个重要标志。它既可用价值量表示，也可用实物量反映。其计算公式如下：

$$产销比率 = \frac{产品销售收入（或销售数量）}{产品商品产值（或生产数量）}$$

当其比值为"1"时，表明销售量与生产量相同，说明企业生产产品适销对路，经济效益也好。当其比值小于 1 时，如为 0.8 或 0.7 或更低时，则说明企业生产的产品不完全适合市场的需要，或在销售方面可能存在某些问题。当产销比值大于"1"时，说明不仅本期生产的产品全部售出，而且还销售部分过去生产但未曾销售的库存产品。可见，产销比率是诊断企业产品是否适销对路的一种有效方法。

由于企业的产品在年初时往往有一定库存量，所以在检查时，对产值或产量的计算应将期初库存量与本期生产量加在一起，称为产品可供量，然后以可供量与销售量或可供值与销售额进行对比。计算公式如下：

$$\frac{产品可供量与}{销售量比率} = \frac{本期销售量（或销售额）}{期初存量（或金额）+本期生产量（或产值）} \times 100\%$$

1. 产销比率检查分析用数值与方法

运用产销比率对企业生产经营状况进行分析检查时，可用下列各种数值：

（1）企业年度总产值与销售总额的比例；

（2）各类产品产值与销售额的比例；

（3）各种主要产品产值与销售额的比例；

（4）各种产品产量与销售量的比例。

年度总产值和销售总额的比例检查分析，是从企业总体上检查产、销、存的状况；各种主要产品产值、产量和销售额、销售量的比例检查分析，是从某个具体产品方面，检查分析产、销、存的情况。运用上述各种数值比例进行检查分析，既可了解企业的全部产、销、存的情况，也可了解各类或各种产品的产、销、存状况。从地区分析，北京地区增长较稳，2010 年比 2009 年增长 2000 万元，增长 10%，2011 年比 2010 年又增长 1000 万元，增长 4.5%；天津地区较差，2010 年比 2009 年增长 1000 万元，增长 8.3%，而 2011 年比 2010 年反而减少 400 万元，下降 3.1%；沈阳地区变化增长较快，2010 年比 2009 年增长 12.5%，2011 年比 2010 年猛增 48.6%。根据变动状况需要对变化异常现象再进一步调查分析，如 B 网点为什么连续两年持续下降，原因何在？

2. 年度内各产品、各地区销售状况的检查分析

为了进一步检查分析公司销售变化情况，还可在全年销售检查分析基础上，分季度检查分析其销量情况，如表 4-3 所示。

表 4-3　2011 年季度销售额占全年销售额比率检查分析　　　单位：万元

项目	全年销售额	一季度		二季度		三季度		四季度	
		金额	%	金额	%	金额	%	金额	%
全部销售额	44000	18000	40.9	16000	36.4	4000	9.1	6000	13.6
其中：A 产品	19200	9000	46.9	7000	36.5	1000	5.2	2200	11.5
B 产品	12800	3000	23.4	4000	31.3	2000	15.6	3800	29.7
C 产品	12000	6000	50.0	5000	41.7	1000	8.3	—	—
北京地区	22000	9000	40.9	8000	36.4	2000	9.1	3000	13.6
天津地区	10000	4000	40.0	3000	30.0	1600	16.0	1400	14.0
上海地区	12000	5000	41.7	5000	41.7	400	3.3	1600	13.3

从表 4-3 看出，该公司第一季度完成较好，占全年的 40.9%。此外在分析检查时，除对本期的产、销比率进行分析外，还应将以前年度的产、销比率进行对比分析，以便从以往年度的产、销状况及销售发展趋势中，发现本期产、销中存在的问题。产销比率分析检查可通过表 4-4 进行。

表 4-4　2011 年度产销比率分析检查　　　单位：万元

项目	可供量（或额）			本期销售额	期末余额	产销比率
	期初余额	本期生产	合计			
全年产销总额	985	7500	8485	6920	1565	82%
其中：A 类产品	275	1000	1275	480	795	38%
B 类产品	500	5000	5500	5200	300	95%
C 类产品	150	600	750	640	110	85%
D 类产品	60	900	960	600	360	63%

从表 4-4 分析，该公司 2011 年从总的销售额看，产销情况不够理想：全年可供销售额 8485 万元，只销售了 6920 万元，产销比率为 82%，期末库存 1565 万元，比期初 985 万元增加 580 万元，相当于年初库存的 37%，造成产品严重积压，资金周转受影响。如果从银行贷款，还要支付大量贷款利息，如果年利率 8%，全年需多支付利息 46.4 万元，不仅如此，产品卖不出压在仓库还要支付房屋租金或折旧费，又是一笔很大的支出。如果再积压下去对公司更为不利。因此，还要作进一步检查分析造成的原因。

再从公司生产经营的四类产品分析，B 类产销比率 95%，C 类产销比率 85%，它们的销售量都超过了当年生产量。期末库存比期初减少，说明该两类产品适销对路，受市场欢迎。而 A、D 两类销售较差，特别是 A 类产品，其产销比率仅 38%，销售量不到生产量的 50%。经进一步调查分析，A 类产品是企业多年来生产的老产品，技术上已经落后，样式也已陈旧，而且又出现了新的可替代产品。那么为什么还生产这类产品呢？又经了解是为了利用原有设备和安排部分下岗老工人。针对上述情况诊断人员应提出治理意见。D 类产品主要是销往国外，经调查是由于进口国发现某项指标不符合该国要求，对环保有一定影响，停止进口，造成积压，现正在研究改进，以适应该国标准。

通过以上对比分析可以清楚地了解一个企业，不论生产经营何种产品，不论销售额有多大的增长，在进行销售弊病常规检查分析时，都要作产、销比率检查，因为销售额的增长，只能说明企业的销售业务有所扩大和发展，而不能说明企业的销售不存在问题。如 D 类产品上年销售额只有 460 万元，今年达到 600 万元，虽然销售额增长了 30%，但产销比率存在严重失调，如不查明原因，采取有效措施，加以改进，将会危及公司的生存和发展。可见，通过产销比率的检查，可以发现企业销售方面的弊病以及弊病轻重程度。

产销比率不仅反映企业生产经营状况，生产与销售的平衡关系，以及企业产、销状况，而且还反映着企业与外界的经济联系，这种联系体现着社会的需求与企业产品的可供能力和产品价值。同时，它还体现着品种、数量、时间、空间之间的关系和要求，使供需双方在时间、空间、品种、数量、质量上保持一致。因此，企业要想使产销比率保持平衡关系，必须在上述五个方面保持与市场需求相一致。如果一方面存在差距，产销也会出现不平衡。

3. 影响产销比率失调的因素分析

这里所讲的比率失调主要是指产大于销造成的失调。影响因素很多，从总体来看，可以分为外部和内部两部分：

（1）从外部因素分析。主要有国家政策、法令、制度的变化，消费习惯与市场供求的变化，以及个人商品购买力的变化等，外部因素变化对本企业产品销售额的影响及其影响程度。

（2）内部因素变化的检查。

即产品生产与销售两个环节方面有无问题的检查。

①产品销售环节的检查，包括下列各个方面：

1）销售决策与计划的制定是否反映了客观实际，有无问题；

2）产品的品种、规格、质量、款式、色泽、性能及其产品用途等有无问题；

3）销售渠道及网点设置有无问题；

4）销售价格的制定有无问题；

5）销售方式和方法有无问题；

6）产品生命周期有无变化；

7）促销活动和策略以及交货期有无问题；

8）销售人员的推销能力及薪酬制度、考核办法有无问题；

9）销售管理与体制有无问题。

②产品生产环节的检查，包括下列内容：

1）生产计划的制定有无问题，诸如品种、数量、质量、产出期等；

2）产品的设计有无问题；

3）产品生产的组织、工艺、设备、技术和材料等有无问题；

4）产品生产质量应用的标准与检验有无问题；

5）老产品的更新换代与新产品的开发、试制、投产有无问题；

6）产品的生产成本有无问题；

7）产品生产工艺流程与操作、管理等有无问题；

8）产品的入库、保管、运输、发货等有无问题。

通过对上述内容的检查分析，就能查明产销比率低的原因及其表现所在，并立即采取对策，进行治理。

（三）销售利润率的诊断分析

销售利润率是某一时期的利润额与销售额的比率，是反映企业盈利水平高低的一个重要指标。其计算公式是：

$$销售（营业）利润率 = \frac{销售收入 - 销售成本 - 销售税金 - 期间费用}{销售数量 \times 销售单价} \times 100\%$$

$$销售（营业）利润率 = \frac{销售（营业）利润}{销售收入} \times 100\%$$

可见，销售利润率高低直接受产品销售价格、销售成本、销售税金和期间费用的影响，在销售价格不变的情况下，销售成本率、销售税金率、销售费用率越低则销售利润率越高；反之，则销售利润率越低。

1. 销售利润率检查分析的标准

对销售利润率的检查分析，首先要确立一个销售利润率标准，因为不同行业，不同类型企业，不同产品其销售利润率是不同的。如果没有一个科学的、客观的标准，也就无法判断企业经营效益优劣，也无法判断有无弊病存在。所以确定标准是检查分析的首要问题。

我们认为，标准应参照国务院国资委监督评价局按年公布的分行业、分类型"企业效绩评价标准值"。其中主营业务利润率和成本费用利润率可作为分析评价的依据。该数值是国务院国资委监督评价局根据各行业、各类型企业的实际值，运用数理统计方法整理后按年公布，具有科学性和客观性。另外企业还可以与本企业历年完成情况进行对比分析，从而发现差距，寻找存在问题。针对问题提出改进措施，达到提高经济效益的目的。

2. 销售利润率诊断分析的方法

销售利润率诊断分析的主要方法是比较分析法。将本期实际完成的数值与财政部公布同行业、同类型企业评价值对比，与本企业历史实际完成情况对比，找出差异，再寻根求源，进而提出治理有效方法。现以北京某中型纺织厂为例，检查分析（资料取自企业财务会计报表）如表4-5所示：

表4-5 2011年销售利润率诊断分析表

项目	上年实际数	本年计划数	2011年实际数	与上年对比		与计划对比	
				差额	%	差额	%
1. 销售收入	2600	2857	3053	453	17.42	196	6.86
2. 销售折旧折扣	0	57	153	153		96	168.42
3. 销售净收入	2600	2800	2900	300	11.54	100	3.57
4. 销售成本	2135	2324	2700	565	26.46	376	1.61
5. 销售税金	25	27	28	3	12	1	3.70
6. 主营业务利润	440	449	172	-268	-60.91	-277	-61.69
7. 三项费用	142	142	140	-2	-1.41	-2	-1.41
8. 营业利润	298	307	32	-266	-89.26	-275	-89.58
9. 主营业务利润率（%）(6/3)	28.38	16.04	5.93	-22.45	-79.11	-10.11	-63.03
10. 销售利润率（%）(8/3)	11.46	10.96	1.10	-10.36	-90.40	-9.86	-89.96
11. 销售成本率（%）(4/3)	82.1	83.00	93.1	11.00	13.40	10.10	12.17
12. 销售费用率（%）(7/3)	5.46	5.07	4.83	-0.63	-11.54	-0.24	-4.73
13. 成本费用利润率（%）〔8/（4+7）〕	13.09	12.45	1.13	-11.96	-91.36	-11.32	-90.92

根据以上资料从三个方面进行检查分析如下：

（1）同国务院国资委监督评价局制定公布的评价标准值对比，其中有两个指标可以对比，2011年全行业中型企业标准值如下：

项目	优秀值	良好值	平均值	较低值	较差值	企业实际值
主营业务利润率（%）	14.4	10.9	7.3	1.7	-7.3	5.93
成本费用利润率（%）	4.8	2.3	0.6	-13.5	-26.2	1.13

通过检查对比看出：该企业主营业务利润率处于较低值与平均值之间，属于差的范围；而成本费用利润率处于良好值与平均值之间，属于中等范围。总的来看，企业还可以。

（2）同上年企业完成的实际数值对比。发现差距较大，主要表现在以下几方面：

从销售利润率分析，2011年比上年降低了10.36个百分点，降低幅度为90.4%；销售成本率比上年增加了11个百分点，提高幅度为13.4%；销售费用率降低了0.61个百分点；成本费用利润率比上年降低了11.96个百分点，降低幅度为91.36%，而销售收入比上年增加了453万元，提高幅度为17.42%。为什么出现销售收入增加，三项费用降低，而销售利润率却大幅度降低呢？经过检查分析，发现造成原因较多：

①由于产品市场销售不好，为了争取顾客扩大销售，实行销售回扣政策，因而使销售折扣比上年增加153万元，相当于销售收入的5.01%，从绝对额看，实际回扣数超过了全年的三项费用支出。回款增加虽然使销售额扩大，但增加销售额所创造的毛利81万元〔（2600 - 2135）/2600 × 453〕只有销售回扣的53%（81 ÷ 153）。由此，这项政策是错误的。

②产品成本有大幅度提高。销售成本率比上年提高了11%，仅这一项就增加成本319万元（2900 × 11%）。造成提高原因一方面是进口原料涨价，另一方面是原料质量不佳，生产中产生了大量废品，加大了消耗。

③该厂年终盘点时，车间部分在制品漏盘，其价值有28万元，报表未作调整。

④另外该厂管理基础工作较差，原始记录不准确，出入库手续不清，定额管理不完善，也严重影响产品成本。

根据上述情况，还需作深入调查分析，摸清情况后，针对问题再提出治理建议。

（四）赊销率的诊断分析

赊销率是指赊销额占全部销售额的比率，是反映企业销售风险和弊病的一个重要指标。计算公式如下：

$$赊销率 = \frac{报告期赊销额}{报告期内全部销售额} \times 100\%$$

赊销具有两重性，一方面它可以使企业扩大销售，占领市场，增加收入；另一方面，由于赊销往往要产生坏账，造成经济损失，另外由于赊销，企业大量资金被购货方占用，增加利息支出。因此，也是诊断中一项重要内容。

1. 赊销率的检查分析方法

赊销率的检查分析方法，也是运用比较分析法。相关资料主要取自会计报表及相关账簿记录。现在以某纺织厂为例，检查分析如表4-6所示：

表4-6　2011年赊销情况检查分析表　　　　单位：万元

项目	2010年实际	2011年实际	增（减）额	增（减）率（%）
1. 全部销售收入	40000	44000	4000	10.00
2. 全部赊销额	10000	21600	6000	60.00
3. 赊销率（%）	25	49.10	24.10	96.40
4. 全年发生坏账损失	560	1660	1100	196.43
年终账面记录：				
5. 应收货款额	4000	12000	8000	200.00
6. 应收票据额	200	400	200	100.00
7. 三年以上及收不回款	600	3000	2400	400.00
其中：应收货款率（%）（5/1）	10	27.27	17.27	101.59
应收票据率（%）（6/1）	0.5	0.91	0.41	82.00
收不回货款率（%）（7/1）	1.50	6.82	5.32	354.67
坏账损失率（%）（4/1）	1.4	3.77	2.37	169.29
有经济纠葛款额	800	1700	900	112.50

由表4-6可知，该企业2011年全部销售额为44000万元，其中赊销额为21600万元，是全部销售额的49.1%，在应收账款中有三年以上及收不回货款3000万元，占全部销售收入的6.82%，占赊销额的13.89%，已作为坏账处理，造成损失1660万元，占全部销售收入的3.77%、占赊销额的7.69%、占应收货款额的13.83%。坏账损失额比上年增加1100万元，增长了196.43%。由于赊销增多，发生经济纠葛事项大幅度增加，绝对额增加900万元，相当上年的112.5%。从销售收入分析，2011年比上年只增加了4000万元，增长率10%。由此看出该企业以赊销手段扩大销售，增加收入的策略是失败的，在工作中只考虑了赊销有利于增加销售的一面，但没有建立起相应的应收账款管理制度，应收货款责任未曾落实，出现了较大风险，且造成损失严重。所以仍需要进一步检查分析。针对产生问题的原因，提出有针对性的改进措施。

2. 赊销决策失误原因分析

造成赊销决策失误的原因很多，下列问题是导致问题产生的主要因素：

（1）急于推销产品，增加收入，占领市场心切；

（2）对应收货款管理不善、手续不清、控制不严、责任不明、监督不力；

（3）对客户经济状况、信用程度、经济实力了解不够；

（4）销售方式、货款结算方式及使用不当；

（5）合同内容、合同签订、合同执行、合同管理等存在较多问题；

（6）销售人员、财会人员责任心不强、岗位责任制不明确，货款无人催收，有些客户找不到；

（7）货款发生纠纷后，未能及时处理。

二、产品销售渠道与销售状况诊断分析

（一）销售渠道的诊断分析

销售渠道是指从生产企业到消费者流转中间相关联的各个环节。由于产品流转环节和层次多种多样，企业产品销售应是多渠道的，才能提高产品的市场渗透程度和销售能力，适应不同市场需要，迅速将产品推销出去，销售渠道既有批发商，又有零售商，也有中间商、代理商等等。把这些批发、零售、代理、经销沟通起来，就形成一个销售网络。销售网络又是由许多销售网点组成的。销售渠道检查分析，就是对销售网点的分布、政策、管理等的诊断分析。

1. 销售网点诊断分析的标准和内容

销售网点检查分析的标准是销售业绩和销售效益。凡是能按企业的规定把产品推销出去，并能及时收回货款，获得利润，并使销售额及利润迅速增长的，这就是功能优良网点。相反，这个网点的功能就差，也表明其销售渠道不畅，需要改进。另外通过对网点的检查分析，可进一步验证企业有关制度及规定，是否符合客观实际，有无修改的必要。

销售网点诊断分析的内容，重点有下列四方面：

（1）产品销售流通的环节和层次是否畅通，是否便于消费者购买和消费；

（2）销售网点设置和经营规模是否符合客观需要，有无调整的必要；

（3）销售网点的销售业绩与销售效益；

（4）销售网点的经营管理制度是否健全完善，产品储存保管是否安全。

2. 销售网点诊断分析方法

主要采用排列对比和功能测试方法。现以某某电器公司为例说明，如表4-7所示（按实际收回货款计算）。

通过表4-7排列看出，2011年销售额构成是：自设销售批发机构的销售收入占全部销售收入的37.94%，代理批发部占49.11%，代理销售店占11.16%，其他销售占1.79%。自设销售批发机构与代理批发部销售额之和占全部销售收入的87.05%，由此，看出该企业产品主要依靠批发商，通过批发商销售给直接消费者。几个批发部门销售发展趋势也大不相同，B地区比上年增长了100%，桥东门市部增长40%，而裕华市场降低了50%，A地区降低16.67%。几户代理销售店发展变化也不相同。从构成排序来看，前三名是A地区、桥西门市部、桥东门市部三户，销售额共计31000万元，占销售收入总额的69.20%，故在经营管理和产品供应中应作为重点，以确保公司销售任务的完成。代理销售店，总销售额才占总收入的11.16%，虽然有些变化，但对整个销售影响不大，不作为重点管理。

表4-7 2011年销售网点效绩分析表 单位：万元

网点		2010年销售额	2011年		2011年与2010年比		构成排序
			销售额	构成（%）	金额	比率（%）	
企业全部销售额		40600	44800	10000	4200	10.34	—
自设销售批发机构	A地区	12000	10000	22.32	-2000	-16.67	2
	B地区	3500	7000	15.62	3500	100.00	4
	C地区	500	—		-500	-100.00	0
	小计	16000	17000	37.94	1000	6.25	—
代理批发部	桥西门市部	12000	12600	28.13	600	5.00	1
	桥东门市部	6000	8400	18.75	2400	40.00	3
	裕华市场	2000	1000	2.23	-1000	-50.00	6
	小计	20000	22000	49.11	1000	5.00	—
代理销售店	甲公司	1800	2400	5.36	600	33.33	5
	乙商场	1100	1400	3.12	300	27.27	7
	丙超市	600	400	0.89	-200	-33.33	9
	丁商城	500	800	1.79	300	60.00	8
	小计	4000	5000	11.16	1000	25.00	—
其他销售		600	800	1.79	200	33.33	8

3. 对业绩较差客户深入调查诊断

从分析排序表中看，业绩下降较多的销售较差的单位，C地区、A地区、裕华商场、丙超市，应重点检查分析造成下降的原因和症结所在，以便拟定措施，予以改善，或另辟新地区、新网点，以扩大销售渠道，增加销售收入。在诊断分析时应重点抓住以下内容：

（1）市场环境与市场需求情况；

（2）产品用途、性质，以及适销情况；

（3）其他同类产品销售情况、价格及竞争对手产品销售情况；

（4）本地区客户分布情况、客户特点及分类情况；

（5）消费者的喜爱与需求情况，购买方式；

（6）促销方式与方法的有效情况；

（7）影响产品销售的主要原因，消费者对产品的意见等。

通过深入调查，寻找产生问题的原因，才能提出切实有效的治理方案，实现诊断目的。

（二）企业产品状况的检查分析

产品状况是指产品销售状况、可供状况和生产状况。任何一个企业往往是多品种生产企业，而生产的品种往往又处在不同寿命周期，而且消费者随着市场变化，其爱好及需求也在不断发生变化。反映在产品上，就是产品品种、规格、质量、性能、款式、色泽、数量等方面。这些方面是否都能为顾客欢迎和喜爱，在瞬息万变、技术飞速发展的今天，企业难以做到。因此，需要对产品状况进行检查分析，寻找存在问题，采取改进措施，促进产品销售。

1. 产品销售状况

销售状况指企业的产品完工后能否在较短时间销售出去，如果能在较短时间内推销出去或供不应求，说明企业产品适销对路，在品种、规格、质量、性能、款式、价格等方面，能符合消费者需求和喜爱，否则表明状况欠佳。因此判断销售状况好坏的主要标准是：销售时间长短和销售数量多少。

2. 产品可供状况

可供状况是指产品和实际供应能力，即企业在产品品种、规格、数量、供应时间等方面，能否保证满足客户的需求，保证销售的需要，如能及时满足需要，表明可供状况良好；反之，说明企业可供情况欠佳。

3. 产品生产状况

生产状况是指产品生产是否能够按照生产计划的要求及市场需求按期、按量、按质、按品种和规格等要求如期完成。如能达到要求，表明生产状况良好；反之，说明企业生产状况欠佳，有待改进与加强。

综上所述，产品销售状况、可供状况和生产状况的优劣，均取决于产品的品种、质量、数量及期限四个因素。为此，对产品状况的诊断分析，应紧紧抓住这"四个因素"进行，然后再将产、供、销的品种、质、量、期的状况相互对照，就容易发现产品状况优劣的问题所在。其实，产、供、销之间的品种、质、量、期的关系，是产品销售与生产、供应之间的因果关系。

产品状况的分析诊断，除查明产、供、销各自的品种、质、量、期的状况外，还应查明每种产品的成本、价格及获利水平，有的产品虽然适销对路，但利润很低，成本较高，有的甚至出现成本高于售价，影响企业经济效益。因此，产品状况的分析检查应包括销售、可供、生产及盈利四种状况。关于产品盈利状况分析选择，可见李德产品分析模型。

第三节 市场营销观念、战略及系统分析诊断

一、营销观念诊断分析

什么是观念？观念是客观事物在人脑里留下的概括的形象，如何看待市场营

销，不同人往往会有不同看法，不同看法就会形成不同观念，不同观念又会产生不同营销行为。因此分析诊断企业市场营销，应从观念开始，了解是否树立了以顾客为中心的观念。

（一）诊断企业以顾客为中心的市场营销导向是否确立

一家公司创造市场的能力首先取决于它认识市场的能力。因此对企业市场营销的分析诊断，也必须从认识开始。

回顾我国市场形成发展过程：由企业生产什么，市场就供应什么，顾客就消费什么的卖方市场，发展到今天的顾客需要什么，市场就供应什么，企业就生产什么的买方市场。进入了以顾客为中心的服务营销时期。

众所周知，公司的生存和发展源于交换。是顾客用他手中的钱来换取企业的产品和服务，"顾客是企业的生命之泉"，失去顾客的公司，就等于失去了生命之泉，是无法生存下去的。为此，对企业市场营销的分析诊断，首先要抓住"顾客就是上帝"的宗旨是否树立这一根本问题，具体做法从三方面分析入手：

1. 产品效用观念是否加强

分析保证产品的可靠性，加强产品的维修服务做得如何？例如韩国公司提供巡回维修服务，主动上门联系维修，既不收出差费，也不收维修费，只对过保修期的收取70%~90%的零件成本费。三星电子公司专门装备了18辆巡回维修车，到各地巡回维修。国内有的电器公司售出电视，顾客反映有质量事故出现，立即送去新的供顾客使用，再修理旧的，所以一直销路很好。

与售后服务相比，售前服务做得如何？往往被人忽视。日本松下公司推行的"先尝后买"甚为绝妙。他们在东京、大阪等城市的铁路车站内开设了专门出租摄像机的商店，乘坐新干线的旅客可在两天之内免费借来自由摄影，结果大受欢迎。他们的思路是："先为顾客免费提供产品，他们了解了产品性能，了解产品的优越性、先进性，掌握了使用方法后，以及给生活带来的便利就会考虑购买这些产品"。

2. 为顾客服务的态度是否诚恳

分析企业对顾客要求的受到真诚的对待和尊重以及更为广泛的超值服务是否提供？如果企业的营销只停留在"企业与消费者是买卖关系"，"企业营销就是想办法从消费者手中赚钱"的思想，没有考虑顾客的需求与感受。这种企业的寿命不会健康发展下去。

3. 售后服务是否及时到位

产品的美观、实用及良好的售后服务信息，使顾客在最短的时间内，解决商品使用中遇到的问题和困惑，售后服务的及时性也是考核企业营销观念的一个重要指标。

随着信息化时代的到来，现在许多企业设立 24 小时热线服务电话。利用互联网，进行在线咨询服务，使顾客在最短的时间内，得到技术支持与服务。

韩国新都理光公司用计算机与顾客联网，如果传真机出了故障，可在 2 小时以内赶到现场；现代汽车公司在首尔有 34 辆汽车 24 小时随时服务；韩国三星电子公司每年组织 100 万消费者到工厂参观电磁炉、洗衣机等生产过程，并向参观者介绍新产品的情况及使用方法。

从世界知名企业成长的历史可以清楚地看到，它们始终把以顾客为中心的服务以及服务质量作为他们事业成功的一个基石。

（二）诊断企业以顾客为中心的服务模式是否建立

以顾客为中心的服务模式可用图 4 - 1 表示。

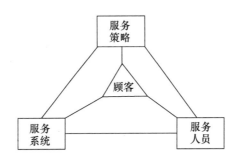

图 4 - 1　以顾客为中心的服务模式

诊断企业首先要诊断高层管理人员是否熟悉这一模型的重要意义、三角形的每个元素含义，以及结合企业的实际情况如何运用的。

从图示中我们可以看出，模式中列出了成功地为顾客服务的几个重要因素。而且各个部分都相互关联，每一部分都不可缺少，只有充分考虑这几个重要因素，并加以灵活运用，才能成功地争取到市场份额，通过提高产品的附加价值来增强竞争力，成为一家以顾客为中心的企业。诊断分析时应看重以下因素：

1. 服务策略的贯彻情况

一个企业的服务策略仅仅是员工了解远远不够，还应该让顾客也了解企业的服务策略。因为顾客在与企业做生意时，他首先关心的是自己能从企业中得到什么。如果企业只是吹嘘给你提供最好的服务，我们产品如何如何好是不够的，必须制定出一种切实可行的服务策略，使顾客感受到"这就是我们的经营之道，我们将始终为您服务"。为此，在经营中首先要明确自己的企业所属行业的状况，其次，还要学会从顾客的角度出发去考虑问题。如你开个油漆店，不能只知道卖油漆，还应了解油漆油化的物理性能和化学性能：了解油化的分类、特性与用途

（包括附着力、对金属的防腐性、耐水性、抗潮性）、技术指标、施工及配套要求、稀释剂的要求以及环保要求等，销售人员不能单纯的售货，而应该是一位油漆知识咨询者，甚至成为权威人士。

2. 服务系统的完善畅通情况

服务系统在企业服务中占有相当重要的地位，这个系统必须保持完善和畅通。如果一旦出现问题，那就要立即予以调整改善，确保不影响对顾客服务，不影响企业形象。

3. 服务人员素质情况

优秀的服务人员可以确保使企业成为以顾客为中心的企业。企业必须在相应的岗位上起用合适的人才，在该做什么的时候就做什么。企业有最好的产品、最佳的地理位置、最美丽的色彩组合、最干净的休息室、最可口的食品、最合理的价格等。但是如果没有合适的服务人员，这一切都没有意义，因此，凡知名企业公司，都懂得把自己的服务明星分派到最关键的服务第一线上，为自己公司树立一个优质服务的形象。对那些服务不规范、不合格的服务人员，应该重新培训，改善对顾客的服务态度，使服务成为双方都愉悦的一次交往。诊断中这也是重要的一面。

4. 顾客的聚结状况

顾客是服务三角形中最为重要的元素，服务三角形中的其他元素相互沟通，共同发展并和谐地服务于顾客这个中心，使服务三角形有效地运行，才能更好地实现企业的目标。

最理想的境界便是顾客成群结队地光顾企业和企业的网络，买走企业所生产的产品，或者享尽企业提供的各种服务。同时还向他们的朋友、他们的同事甚至是陌生人推荐企业或产品，甚至支付高价也心甘情愿，依旧一次又一次地惠顾企业。这就是企业经营成功的表现。诊断企业在这方面做得如何？

（三）诊断以顾客为中心的服务宗旨是否贯彻

服务三角形各个元素表明，希望可以很好，但关键问题是将其付诸行动。因此，企业必须制定一个起点就是终点、终点就是起点的永无休止地抓住顾客的计划。诊断时应抓住下列几点：

1. 在理解顾客和了解顾客方面

首先要了解企业对自己所处行业是否熟悉，是否知道顾客为什么来惠顾你的企业；其次要了解企业在搜集顾客需求信息、分析掌握顾客需求动态方面做得如何。

2. 在发掘顾客真实需要方面

这可以通过简单的询问来了解，企业营销人员是否去面谈、电话交谈或去函询问，以及调查问卷或其他任何能够使企业获知顾客需要何种类型产品或服务，为企业改进产品或服务提供依据。

3. 在提供顾客需要的产品和服务方面

了解分析企业做得如何？有许多企业，包括一些大企业，之所以经营失败，就在于只知道自己有什么产品和服务，不知道顾客的真实需要，没有随时更新产品；或者是了解到市场的需要，却没有及时地满足这部分顾客需要，使经营走向衰退。

4. 在尽可能多地为顾客提供满意的服务方面

这是一个重要的经营宗旨，又同时可能带来许多意外的好处：新的副业、新的相关产品或新的服务项目。通过对这方面的了解，可以诊断出企业服务宗旨实施情况。

5. 在使顾客成为企业的"回头客"方面

企业又是如何做的，有哪些方法及措施，效果如何？因为拥有一批固定客户，是企业成功的奥秘。只有顾客一次又一次来惠顾你的企业，企业的经营才是成功的。

6. 在让顾客"一传十、十传百"方面

传言的力量是非常巨大的，而且还是非常有效又很便宜的市场营销的手段。让顾客来为企业做广告，是一个既十分有效又可信度高的营销策略。如有些企业向顾客提供赠券、抽奖、免费购物、打折扣、签订条件更优惠的服务合同，赠送礼品等待遇，鼓励顾客向他人宣传。

7. 在永远保持良好的服务形象方面

诊断企业在取得初步成功之后，是否花更多精力，以保持其良好的服务形象；是否出现过停滞不前，注意调节二角形中各元素之间的相互关系。使整个系统更好地为这一中心服务。

（四）诊断企业以顾客为中心的措施是否可行

主要体现在两方面：

1. 在设计令顾客满意的产品方面

诊断时可沿着下列线索展开：

（1）安全。安全可靠是用户最基本的要求，产品设计是否贯彻这一要求。

（2）节能。环保是用户考虑的第二个因素，如 1973 年发生中东石油危机，日本推出新型汽车比传统汽车节油 25% ~ 30%，使其销量急剧增加。

（3）个性化。而今后消费时代将进入一个个性化消费时代。企业有无作为，如何做的。

（4）简单化。是产品今后发展的方向，中老年人希望家电产品操作更容易，傻瓜相机出现，适应了顾客需求，受到顾客欢迎。

2. 在做好销售和售后服务方面

诊断时可抓住以下几个问题：

（1）无条件服务。作为一个企业，满足最终用户需要，维持与最终用户的良好关系，是一项永无止境的工作。如某汽车销售公司恪守的信条是：无论顾客提出什么要求，回答永远是"Yes"。他们甚至半夜起来去帮助半路抛锚的汽车司机摆脱困境。

（2）全面服务。这也是争取顾客的有效措施。如国际商用机器公司努力做到向顾客提供一整套计算机体系，包括硬件、软件、安装、调试、培训使用方法以及维修技术等一系列附加服务，使用户一次购买满足全部要求。

（3）培养忠实的顾客。如饮料行业的百事可乐、牙膏行业的高露洁等生产厂商设法推出形式不一的优惠券，结果培养了消费者的"品牌忠诚"。

（4）组织措施。企业是否建立起内部的专门机构，精心调查研究满足顾客需求的有效措施。

（5）真诚相待。商品价格对买卖双方是最敏感的因素；经营正派的商店应采取真诚的态度，以换取顾客的信任度。

（6）重义轻利。搞经营不能见利忘义，只管挣钱而干缺德没良心的事情。这种重道义的做法，反过来又为公司赢得了极好的信誉和利润。

（7）超值服务。对顾客提供额外的好处，是商店非价竞争的拿手好戏，如退款、送货上门、免费食品、游戏等，也是争取顾客的有效方法。

（五）诊断企业对顾客需求变化的认识是否到位

长期以来卖什么决定于买什么。但随着产品的丰富乃至过剩，人们买东西追求的已不仅是产品本身的功能，而变成了买品牌、买感觉。品牌意味着什么？意味着购买者的身份与地位。于是对一件衣服，吸引人的不再是衣服，而是衣服上那个"钩"，有"钩"就意味着"耐克"，极端时，明明知道是假的也买，因为他买的是衣服上的"钩"，没有钩就什么都不是了。这说明顾客购买的不再是名牌的品质，而是穿名牌的感觉，完全是精神上的满足，于是人们由"买功能"变为"买符合"，又变成"买感觉"。反映在销售中，"卖感觉"已经超过了"卖东西"，卖感觉的东西越来越多。当今随着人们对生活品质的不断追求，原先根本不值钱的水也成了商家的"卖点"，卖水实际卖的是洁净、健体的感觉。卖产品→卖品牌→卖希望→卖满意，这就是时代的轨迹。经营者必须牢牢抓住顾客需求的发展变化趋势，才能不断更新自己的产品及服务，才能跟上时代步伐。因此，诊断企业对顾客需求变化趋势的认识是否到位，也是治理企业营销弊病的一个重要方面。

二、市场营销战略决策体系分析诊断

诊断人员的一个重要工作是分析诊断企业市场营销战略决策体系，揭示企业在市场、产品营销决策中存在的问题，为企业优化产品及服务组合提出方案，主要工具有布鲁斯·亨德森业务矩阵、通用电气业务模型、战略机会矩阵。

（一）布鲁斯·亨德森业务矩阵

布鲁斯·亨德森创办了波士顿咨询集团的一家管理咨询公司，他在 1968 年前后发展了最著名的规划模型之一的波士顿业务矩阵（图 4 - 2），用以分析企业的市场营销战略，然后进行决策。

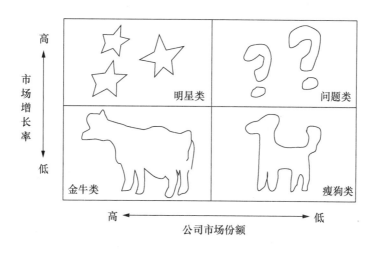

图 4 - 2

矩阵分为四个区域，矩阵的横坐标是公司市场份额（公司销售量/全市场销售量）。矩阵的纵坐标是市场增长率，可分为高增长率和低增长率，两种增长率的分界线，随公司的经营情况不同而变化，但是一般以 10% 为分界线。增长率在 10% 以上为高增长率，增长率在 10% 以下为低增长率。如果产品或战略业务单位在市场上占第一位，应将它放在左面区域；如果产品或战略业务单位是第二、第三或第四位，应将它放入右边区域。所谓第一位是指市场份额，第一位市场份额的算法是企业的销售量除以全部竞争产品的总销售量。把企业所有的产品或战略业务单位放入矩阵适当的区域后，可以判断企业的营销战略决策的正确性。把矩阵左上方产品命名为"明星类"，建议企业尽一切努力，以维持"明星类"在高增长市场中份额第一的位置。如果产品属于高市场增长率的范畴，但并不是第一位，那么这种产品就属于"问题类"产品。一般说来，企业应通过一切办法，投入必需资金努力将它移入第一位；如果产品在低增长市场中的市场占有份额为第一，则称为"金牛类"，它会给企业带来大量的现金。该类产品是企业维持"明星类"产品和促进"问题类"产品销售投入资金的来源。处于右下方的一个区域里的产品是"瘦狗类"产品，对于"瘦狗类"产品，企业应把它们淘汰掉。

从诊断实践中体会到四个区域的矩阵是简单的，但却有足够的内容和复杂性去吸引那些渴望获得指导企业进行战略决策规划模型的企业人员。

波士顿业务矩阵创造以来流行多年，但在 70 年代后期停止了使用，主要原因是在 1971 年和 1973 ~ 1974 年间美国经济衰退，在此期间，多数企业处于低增长，所以矩阵的半部分很少用到，并被批评为过于简单化的模型。但对我国的有些企业仍有其使用价值。

（二）通用电气业务模型

这个矩阵被称为通用电气业务网络模型。见图 4 - 3。

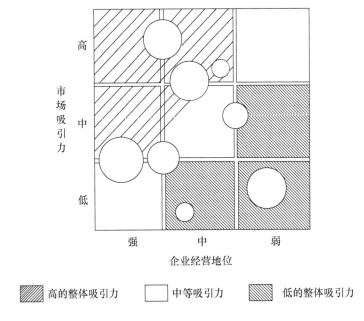

图 4 - 3　市场吸引力/企业经营地位矩阵

这一模型是在 3×3 的矩阵中有九个区域，纵向代表市场吸引力，类似于波士顿业务矩阵的市场增长率部分。通用电气业务网络增加了其他因素，如市场规模、进入市场的困难程度、竞争对手的数量和类型、边际利润和其他因素。横向称为经营地位，并包括差别优势实力、研究和发展能力等因素。左上方区域的产品或战略业务单位，处于非常有吸引力的市场中，有较高的市场份额、边际利润和优良的管理，企业对这类产品应维持及发展它们。对照之下，右下方疲软产品处于没有吸引力的市场中。企业对这类产品应卖掉或淘汰它们，以便集中更多的资源去发展强有力的产品，使它们处在更加有吸引力的市场中。对于中间部分产品，企业有能力及资金可以暂时保留，如有条件可向高市场吸引力区域发展。

由于对市场或战略业务单位的定义，能够影响市场份额的价值，所以诊断后可向企业提出改进建议，这些矩阵模型的弱点是：它们针对的是企业现在的事实，而不是导向未来；而战略规划的企业需要的是通过战略规划导致未来的赢利。当然，每个企业都十分强调打入增长的市场，多年来，当许多公司努力冲入他们发现的每一个增长的市场时，他们遭受了巨大损失，许多企业过快地淘汰销售差的产品，反而给企业造成不利也是事实。因此，这些矩阵是无法替代准确的人为判断的。

　　（三）战略机会矩阵模型

　　该矩阵模型实际上只是一种建议新目标的工具，如图4－4所示，它使用简便而且十分流行。

现有产品　　新产品

	现有产品	新产品
现有市场	市场渗透	产品开发
新市场	市场开发	多角化经营

图4－4　战略机会矩阵

　　该模型也有四个区域，左上方的区域代表向现有顾客或市场销售现有的产品，模型建议企业向现有顾客出售更多的现有产品，以便扩大销售或取得利润。顾客或许能被说服每月购买更多产品，如果企业的产品有多种用途，这方面可能有创造性的发挥。这个总战略常涉及市场渗透。

　　右上方的区域代表向已有的顾客销售新产品，可称它为"产品开发"，这一策略的一个很大优势来自企业仍旧向相同的顾客销售这一事实，假定企业较多地了解自己顾客的态度、意见和购买习惯，这使得企业为他们开发新产品的安排适合目标市场的营销组合变得更为容易。

　　左下方区域代表"市场开发"，指向新顾客出售已有产品。如果一个经常以年轻的单身成年人为目标的滑雪场改变它的营销组合去吸引家庭，称为市场开发；药品制造厂有时把那些根据医药处方重新包装销售的药品直接向顾客销售也是市场开发；新的市场常常在另一个国家里，如数码照相机在我国市场出现。

　　最后一个右下方区域，代表企业的新产品以新的市场为目标，它被称为"多角化经营"，这是四个战略中最有风险的战略，企业要冒生产新产品困难的风险，还面临分销问题和其他与新产品相关联的问题。另外还会遇到新的目标市场和新一类顾客所出现的无法预知的问题，比如当你在不同的国家里销售产品时，可能遇到语言问题和法律问题。"多角化经营"常采取一个公司购买另一个其他产业公司的形式，然后立刻进行多角化经营。如柯达于 1988 年花 50 亿美元购买了一个制药公司，很清楚这是一个"多角化经营"举措，但这一举措未成功，于 1994 年仅以 20 亿美元的价格卖掉了制药公司。

上述三个模型每个都因过于简单而受到了批评，但是这些模型确实促进了对产品的关注和小心仔细地处理产品分类以及战略业务单位，明确了要精确地考虑资源的分配，并将它与产品和市场联系起来。总之这些模型有助于诊断者为企业开发有利可图的市场营销战略，而且可为管理者的经营判断服务。

（四）李德产品分析模型

该模型是由经济学家拉包尔·李德首创的用于诊断生产经营产品决策的一种有效方法，该模型运用三个经济指标：资金周转率 A、销售利润率 B、资金利润率 C。其中：

$$资金周转率 A = \frac{销售收入}{资金总额}$$

$$销售利润率 B = \frac{销售利润}{销售收入}$$

$$资金利润率 C = \frac{销售利润}{资金总额}$$

三者的关系为：$C = A \times B$、$A = \dfrac{C}{B}$、$B = \dfrac{C}{A}$

根据三者关系以 A 为纵坐标表示资金周转率，以 B 为横坐标表示销售利润率，建立平面坐标。

在 C 值确定的情况下，以不同值的资金周转率和销售利润率组合（A 和 B），反映在坐标上，就是一个对称的双曲线，如图 4 - 5 所示。

分析时可根据企业的特点和以往经营活动的历史统计资料，计算并确定出一个适宜的资金利润率目标值。称之为临界资金利润率，记为 C_0。以 A、B 为坐标画出 C_0 的曲线，称为资金利润率临界曲线。然后，再过原点做一条 45 度的直线 OR 与 C_0 相交，把坐标平面划分为 Ⅰ、Ⅱ、Ⅲ、Ⅳ 四个区域，即做成李德图。

Ⅰ区域：资金积累型盈利区。这个区域的产品销售利润率较高，但资金周转率低。

Ⅱ区域：资金周转型盈利区。这个区域的产品销售利润率较低，但资金周转率高。

Ⅲ区域：销售利润过低型亏损区。这个区域的产品虽然资金周转率高，但因销售利润过低可能造成亏损。

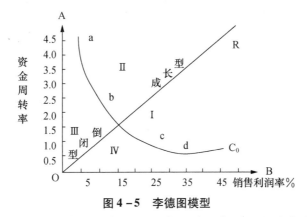

图 4 - 5　李德图模型

Ⅳ区域：资金周转过低型亏损区。这个区域的产品虽然销售利润高，但因资金周转过慢可能造成亏损。

临界资金利润率曲线的求法：①首先将临界资金利润率假定为22.5%。②以5%销售利润率为起点，运用 A = C/B 公式求出资金周转率数值标在坐标图内。如当 B 为5%时，则 A = 22.5% ÷ 5% = 4.5 次，将此点标在 4.5 次与 5% 的交点（a）；当 B 为10%时，则 A = 22.5% ÷ 10% = 2.25 次，将此点标在 2.25 次与 10% 的交点（b）；当 B 为25%时，则 A = 22.5% ÷ 25% = 0.9 次，将此点标在 0.9 次与 25% 的交点（c）。……继续求出 30%、35% 利润率的各交点。③最后联结 a、b、c、d 即为所求曲线 a，C_0。

由图 4 - 5 可见，对企业生产经营的某种产品的资金周转率和销售利润率的实际情况，在一定时间内表示为李德图上某区域的一个点。从产品所处的不同的区域反映出该品种效益的优劣。凡处于Ⅰ、Ⅱ区的产品是可取的，处于Ⅲ、Ⅳ区的产品是不可取的。当然，该产品是否停产还要结合企业的经营目标和企业的内外部环境条件等而定。

[例]　某公司 1999 年实现产品销售收入 451650 元，占用资金 301100 元，实现销售利润 67750 元。以此求出三个指标为：

资金周转率（A）$= \dfrac{451650}{301100} = 1.5$ 次/年

销售利润率（B）$= \dfrac{67750}{451650} \times 100\% = 15\%$

资金利润率（C）$= \dfrac{67750}{301100} \times 100\% = 22.5\%$

根据以上 22.5% 数值可作为该公司的临界资金利润率，根据 C = A × B 做出李德图，算出不同产品品种的资金周转率和销售利润率，标在图上，视其所在区域建议品种的取舍。

如果某企业生产销售甲、乙、丙、丁、戊五种产品。

假定临界资金利润率为16%，根据有关资料统计各品种所处区域如表4-8所示。

根据表4-8计算结果，以产品为企业创造效益大小标准，在客观条件允许的情况下，建议该企业产品生产的安排次序应为戊、甲、丙，而乙、丁为淘汰产品。

可见，李德图是分析诊断企业产品效益高低的有效工具，也是企业进行产品分析决策的有效工具。

表4-8 产品

品种	年销售额 万元	资金平均 占用额 （万元）	产品销 售利润 （万元）	销售利 润率 （%）	年资金 周转 次数	资金利 润率 （%）	所在 区域
甲	240	48	9.6	4	5.0	20	II
乙	160	80	9.6	6	2.0	12	III
丙	80	22	4.0	5	3.5	17.5	II
丁	120	120	12	10	1.0	10	IV
戊	96	32	8.64	9	3.0	27	I

三、产品销售系统分析诊断

产品销售是企业经营过程中的一个重要环节，是企业实现商品价值、获得利润的源泉。但是实现销售需要一定条件，没有必备条件，销售也难以实现。

（一）市场营销的必备条件和诊断重点

1. 市场营销必备的条件

一个企业要想做好产品销售，持续经营下去，必须具备下列条件：

（1）应有一个正确的市场营销观念，树立以顾客为中心的经营思想；

（2）要有一个完善的营销渠道，形成完整的销售网络；

（3）要有一套行之有效的销售方法和正确的价格政策；

（4）要有正确地反映市场需求的销售计划，为企业技术开发、产品生产、资金预算提供科学依据；

（5）要有效地开展销售活动，提高销售效率，完成销售计划，及时收回货款；

（6）要不断完善营销管理体制和业务流程，加强对销售活动的控制和管理，提高企业应变能力和竞争力；

（7）要有一支既有丰富销售经验，又懂商品知识、熟悉销售环境、掌握销售信息，忠于职守和良好品德的销售队伍；

（8）要有适应市场需要的质量好、款式新、效用高、价格合理、顾客满意的核心产品或服务；

（9）要有一套完整可行的营销管理制度、奖惩制度及商业模式，它是营销健康运行的基础和保障。

若把这些要素予以整合就构成了一个完整的体系，这就是一个完整的销售系统。

2. 市场营销系统诊断的重点

营销系统诊断内容多、涉及范围广，而且营销弊病的发生，除与上述有关条件、销售过程各个环节、内部控制制度及企业的应变能力、创新能力等方面的问题有关外，还与企业商品或材料采购、产品生产、贮运保管等方面问题有关。不仅如此，还往往与企业决策、计划等方面问题有联系。所以，此种诊断涉及内容较多。因此，必须根据针对性原则，按照营销系统诊断目的和要求，确定主要内容，抓住重点进行诊断。

营销系统弊病诊断的重点，应抓住以下三个方面：

（1）从营销业务的基础来分析，应抓住销售条件进行诊断；

（2）从营销业务的开展来分析，应抓住销售过程各个环节的活动进行诊断；

（3）从开展销售业务的动力和完成销售计划的措施来分析，应抓住营销内部控制制度（如销售管理制度、报告制度、岗位责任制度、奖励制度、内部审计制度）的执行及企业应变能力、创新能力、竞争能力等进行诊断。

（二）营销系统弊病诊断程序和方法

1. 营销系统诊断一般程序

（1）收集资料，做好准备。收集资料主要有：

①近三年的财务会计报表和统计资料；

②近三年的产品目录，各种产品的产、销、存的情况；

③近三年的客户数、网点数的变动和分布图及各户销售额；

④近三年采用的销售方式和销售方法；

⑤近三年的价格政策、制定依据和价格政策执行结果；

⑥近三年的销售计划及销售计划的完成情况，保持市场供求情况，以及重大经济政策变化对销售额的影响；

⑦近三年的广告决策及其效应，以及采取的促销策略和效果；

⑧近三年的销售合同的签订及执行情况、产生纠纷；

⑨历次内部审计报告、销售机构设置、内部控制制度、岗位责任制度、销售管理及销售工资制度等；

⑩其他所需有关资料和文件。

（2）整理资料、综合分析营销历史和现状。

包括购、产、销、存，销售网点，销售增长趋势，销售方式和方法的应用，市场变化对销售的影响等。

（3）根据诊断目的，制定诊断计划。其内容应包括：

①营销诊断目的；

②诊断的范围和重点；

③诊断的步骤、方法和进程；

④诊断人员分工。

诊断计划可分为总体计划和专项计划。

2. 营销系统的诊断方法

营销系统诊断的基本方法是对比分析法，分析内容有：

（1）销售计划完成情况分析，观察分析近三年的销售增长率及市场占有率的发展变化趋势；

（2）通过产、销比率的对比分析，可以了解掌握产品适销对路的程度；

（3）销售地区和客户增长率，分析产品销路有无扩大及增减变动情况；

（4）销售网点及各网点的销售增长率，分析销售渠道的扩大情况；

（5）综合销售利润率及各种产品销售毛利率的变化情况，分析确定创利高的主要产品；

（6）销售成本率和销售费用率升降变动情况，分析成本费用变化趋势；

（7）主要产品近三年销售额的增减变化的情况，分析产品的适销状况；

（8）产品结构近三年的变动情况，分析企业新产品开发及旧产品淘汰情况，看企业适应能力；

（9）产品销售收款及折扣、折让的情况，赊销与现金的比率变化及应收账款的情况，分析掌握企业回款情况；

（10）近三年产品价格升降变化情况，分析市场竞争及产品竞争力的情况；

（11）人均销售额增长变化情况，分析产品的销售变化趋势；

（12）近三年销售合同签订及执行情况，分析企业在执行合同、遵守信誉方面的情况。

3. 根据以上对比分析，发现弊病列出调查提纲

根据以上分析发现存在弊病及对销售业务的影响拟出调查提纲；明确调查重点，从而减少盲目性，防止重复性，有针对性进行调查。

4. 针对发现弊病进行追踪检查

这是针对弊病发生原因、过程、影响程度和危害结果、责任者等调查清楚，并取得证据，以便为进一步定性或分析提供确实的依据。追踪调查可采用多种形式。如向有关部门调查，向客户询问，听取当事人意见，召开座谈会等等。还可实地检查各种有关记录，产品质量，竞争手段，消费者习性的变化等等，这些都

是销售诊断的重要环节。

（三）制订营销弊病的治理方案

这是营销系统弊病诊断终结阶段，其主要工作有：

（1）向企业领导人员汇报诊断结果，听取意见，研究治理方案，召集有关人员座谈，征询治理意见。

（2）综合分析各方面意见，针对确定弊病及其产生原因，拟出几种不同的治理方案，最后形成切实可行的规章制度。

（3）方案比较后选优，公布实施意见及措施，结合诊断结果，编制诊断报告书，以合理化的建议方式送委托人，或主管部门，供决策参考。

（4）复诊回访、检查治理效果，必要时再进行补治，以协助企业消除弊病，恢复健康。

（5）营销系统诊治方案的制订应注意事项：

①治理必须讲求实效，防止走过场。所谓实效，就是通过治理必须消除存在弊病，解决实际存在问题，帮助企业改善各种销售条件，提高企业应变能力、竞争能力，最终要提高销售的经济效益和企业盈利水平。无实效的治理方案表明诊断无效果。

②治理方案应当切实可行。提出治理办法既要有针对性，又要简便易行。对难度较大的管理办法，可开展培训、传播知识、教给方法，甚至扶上马送一程。

③治理方案要体现诊断人员的"医德"。诊断人员要有高度的责任心，明确自己的职责。因此，方案的制订必须周密、完善、科学、严谨，既要符合国家法律法规，又要符合企业实际，行得通、有实效。

④治理方案是一种合理化建议，被诊断企业和委托人应尊重方案所列意见及建议，由企业领导人和委托人做出抉择。诊断人员不能强制被诊断企业实施治理方案。如果治理方案有欠完善之处，应提出意见，作进一步的修改、补充，使之更加完善。

第四节　营销管理功能诊断

营销的目的是彻底了解消费者，并寻找出适合他们的产品与服务，使这些产品与服务能自成销售，而使销售成为多余。营销流程为：

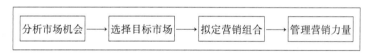

分析市场机会 → 选择目标市场 → 拟定营销组合 → 管理营销力量

企业要健全并发挥有效营销力量必须做好营销流程每一阶段工作。同时，要随时检视与核查，以便发现问题，加以改进、强化。下列问题供诊断时参考。

诊断分析内容	是	否	评级	说明
（1）营销计划及预算				
①营销计划及预算期间：				
·是否制定年度营销计划及预算？				
·是否制定中程（1~3年）营销计划及预算？				
·是否制定长程（3年以上）营销计划及预算？				
·营销计划及预算在时间上能否连续不断？				
②营销计划及预算的分类：				
·是否依产品类别制定营销计划及预算？				
·是否依销售地区制定营销计划及预算？				
·是否依客户分类制定营销计划及预算？				
·分类营销计划及预算是否能与整体营销计划及预算配合？				
③营销目标的设定：				
·营销目标是否通过现况分析及展望未来情况而设定？				
·设定营销目标时是否考虑生产能量？				
·设定营销目标时是否曾征询并考虑营销人员的意见？				
·设定营销目标时是否曾调查顾客的需求？				
④营销计划及预算的考核：				
·营销计划及预算是否切合实际，容易遵循？				
·营销计划及预算的标准是否适当？				
·营销计划及预算是否具有弹性并配合外在环境的变化？				
·实际销售量、值有差异时，是否对设定目标的方法进行分析？				
·实际销售量、值有差异时，是否检讨其原因？				
（2）市场分析及调查				
·是否对各类产品国内国外市场的需求量进行过调查？				
·是否对各类产品市场大小的因素进行过调查及分析？				
·是否有各类产品市场占有率前三家的资料？				
·是否明了竞争厂商的营销策略？				
·是否知悉潜在的可能进入各该产品市场的厂商？				
·是否对目标顾客主要特性进行过分析？				
·销售成长率是否达到要求？				
·对销售量值是否参考同业数据进行过分析？				

续表

诊断分析内容	是	否	评级	说明
·是否混合两种以上因素对销售量、值进行分析？				
·是否针对地区别分析其获利程度？				
·是否针对产品别分析其获利程度？				
·是否对与市场环境有关的政治因素进行分析与调查？				
·是否对与市场环境有关的经济因素进行分析与调查？				
·是否对与市场环境有关的社会文化因素进行分析与调查？				
·是否对与市场环境有关的技术水准进行分析与调查？				
·是否有各种有关市场调查及分析的统计刊物？				
·是否经常派员或通信或电话搜集资料？				
·是否进行过抽样调查？				
（3）目标顾客特性				
①消费者特性：				
·是否明了顾客为何购买？				
·是否明了顾客在何处购买？				
·是否明了顾客何时购买？				
·是否明了主要顾客有哪些类型？				
·能否适应顾客的需要？				
·能否对顾客提供所需产品？				
·能否对顾客产生吸引力？				
②工业用户特性：				
·是否分析用户规模？				
·是否分析用户特性？				
·是否统计分析购买行为？				
·是否分析客户使用状态？				
·是否分析使用程度？				
·是否分析满意程度？				
（4）产品定价				
①估量成本、销售量及利润：				
·是否知道何项营业成本与销售量无关，即经常保持不变？				
·是否知道何项营业成本随销售量上升而下降？				
·曾否检查高毛利率产品占总产品的百分比？				

诊断分析内容	是	否	评级	说明
·是否计算产品以不同价格售出的损益平衡点？				
·必须降价出售产品时，是否考虑利润效果？				
②定价与销售量：				
·价格决策是否有助于达成特定销售目标？				
·价格决策是否有助于争取新客户？				
·是否对低毛利率产品有所限制？				
③定价与利润：				
·是否掌握所有关于成本、销售与竞争行为的实况资料？				
·所定价格能否达成特定目标？				
·是否制定利润基准？				
·是否详细记录有关盈亏与价格的资料并加以分析？				
·是否经常检讨价格决策？				
④价格策略：				
·所定价格能否吸引买者？				
·所定价格是否与同业价格相当？				
·是否知道何种产品的销售量与价格不密切相关？				
·是否知道何种产品的销售量与价格有敏感关系？				
·使用复合价格能否促销？				
·价格策略能否给顾客造成一种好印象？				
·是否探究竞争者对价格变动所采取的对策？				
·是否尽可能收集竞争者价格政策的资料？				
（5）促销推广				
①推广政策：				
·是否有既定的推广政策？				
·企业内全体人员是否对政策有一致的认知？				
·政策是否因环境的变化机动修正？				
·是否时常检讨政策的实施情况？				
·政策是否分为基本政策及部分政策？				
·是否将促销政策分为直接促销及间接促销？				
·是否对促销实绩进行分析？				
·是否对销售路线进行分析？				

诊断分析内容	是	否	评级	说明
·是否进行推销员效率测验?				
·是否对推销政策进行价值考核?				
·是否测验广告效果?				
②推广实务:				
·是否有一定的推广预算?				
·推广预算是否足够?				
·有无广告活动?				
·是否依产品特性选择广告活动媒体?				
·是否依顾客特性选择广告活动媒体?				
·是否研究广告与市场的关系?				
·是否研究商品名称适当性?				
·刊登广告的手段是否适当?				
·刊登广告的时机是否适当?				
·广告的文辞是否适当?				
·有无分析顾客购买商品的原因?				
(6) 人员推销				
①推销员应具备的资格（若有七题为"是"者，则尚可）:				
·仪容是否端止?				
·是否具诚信的精神?				
·是否对推销具有自信心?				
·是否有廉洁操守?				
·是否对推销抱有希望?				
·是否具有持续毅力?				
·是否具备相当的教养?				
·是否了解自己的公司?				
·是否具备关于顾客的知识?				
·是否经常考虑对方的立场?				
②推销员的职务:				
·推销员是否作资料调查?				
·推销员是否作计划对策?				
·推销员是否常作访问调查?				

续表

诊断分析内容	是	否	评级	说明
·推销员能否反映顾客需求？				
·推销员有无作市场调查分析？				
·推销员有无对发生纠纷货品进行调查？				
·推销员是否负责对缺货商店补货？				
·推销员是否负有对经手货款催缴的责任？				
·销售员是否参加宣传？				
·推销员是否参与业务会议？				
③推销人员的管理：				
·推销人员的选用是否建立既定规章？				
·对推销人员是否实施训练？				
·对推销人员是否适度考核？				
·推销人员的待遇是否采取薪水加红利制度？				
·推销量目标的决定是否慎重考虑各种客观因素，诸如人口、经济等？				
·是否依照顾客购买力的分布情形设置推销人员？				
·是否分析推销员的推销报告？				
·是否对推销员加以鼓励？				
(7) 配销通路				
①市场因素：				
·是否考虑产品的市场形态？				
·是否对潜在顾客数量考虑？				
·是否考虑市场的地理集中性？				
·是否对订货量进行考虑？				
·是否考虑顾客购买的习惯性？				
②产品特性：				
·是否考虑产品的单位价值？				
·是否考虑产品的大小及重量？				
·是否对产品特性如易腐性，流行期间及久暂等加以考虑？				
·是否对产品的技术性及需服务程度予以考虑？				
·是否考虑产品线范围？				
③公司因素：				
·公司的声誉是否卓著？				

诊断分析内容	是	否	评级	说明
·是否考虑公司的资金来源？				
·是否考虑公司的管理能力及经验？				
·是否对公司控制通路的需要程度予以考虑？				
④中间商选择策略：				
·中间商组织是否理想？				
·中间商信誉是否良好？				
·是否具备存储产品的库房设备？				
·消息是否灵通？				
·是否经销相冲突的产品？				
·是否具备产销本公司产品的能力？				
·中间商的推销网能否涵盖广大范围？				
·中间商能否渗透顾客、主管、工程师或主办人员？				
·是否接受公司销货配额？				
·是否具备达成配额销售目标的能力？				
·是否不论产品多寡，皆能竭诚推销？				
·是否建立良好的服务制度？				
⑤直营商店设置考虑点：				
·能否吸引旧有顾客？				
·能否吸引新顾客？				
·能否发挥产品销售潜力？				
·能否由直营商店获取相当利润？				
·是否能处理日常面临的竞争？				
·交易地区是否具有发展潜力？				
·交易地区内消费者所得，是否具有相当水准？				
·是否有较多的消费户数？				
·曾否对区内人口年龄组合进行过分析？				
·商店大小能否配合业务发展？				
·房价或租金是否合理？				
·装修布置费用是否合理？				
·商店所在地的交通是否便利？				
·附近是否有停车场所？				

诊断分析内容	是	否	评级	说明
·商店所在地的环境能否与产品配合?				
(8) 运输				
①是否考虑成本?				
②是否对区域予以考虑?				
③是否考虑途径?				
④运输量是否能适应正常需要?				
⑤运输能否满足尖峰需要?				
⑥运输终点是否能兼顾销售者与购买者双方的便利?				
⑦货物运输途中能否保持完整?				
⑧运输时间是否最短?				
(9) 售后服务				
①顾客的期待:				
·经由服务能否维持产品正常运转?				
·零配件供应是否无缺?				
·服务人员训练是否精良?				
·作业指导资料是否齐备?				
·是否经常保持联系?				
·能否获得适当且不断的协助?				
·服务水准是否理想?				
·能否随时获得服务?				
②服务策略:				
·事先的承诺,是否一定做到?				
·对顾客需求,是否依照优先顺序,制定服务计划?				
·是否对产品使用环境差异予以考虑?				
·是否考虑顾客不同需求?				
·是否分析产品故障原因?				
·有否将故障原因通知工程部门及制造部门注意改进?				
(10) 其他营销缺失				
在实际进行营销诊断时,除可针对上述各项问题进行检核外,亦可依下列问题检查营销缺失:				
①缺乏能干的营销主管;				

续表

诊断分析内容	是	否	评级	说明
②赊账政策不当;				
③推销人员缺乏理想与挑战性;				
④资金制度不当;				
⑤推销员未深入了解;				
⑥低利润的订单过多;				
⑦推销员的流动率不理想;				
⑧对于营销的绩效未能有效衡量;				
⑨费用太高;				
⑩营销训练不够;				
⑪营销支援不足;				
⑫未有效规划;				
⑬订货与服务未令人满意;				
⑭产品品质及维护不佳;				
⑮市场调查资料不足;				
⑯推销员忽视顾客的抱怨;				
⑰经常缺货;				
⑱搬运中常受损;				
⑲缺乏销售预测;				
⑳各单位沟通联系不足;				
㉑广告策略不当;				
㉒营销训练的预算不足;				
㉓管制过严;				
㉔产品包装不佳;				
㉕定价不当;				
㉖未考虑竞争者策略的影响;				
㉗缺乏足够的人才;				
㉘配销通路欠妥;				
㉙缺乏高层管理者的支持;				
㉚销售主管未实施有效的鼓励;				
㉛缺乏销售分析资料;				
㉜产品组合不理想;				

续表

诊断分析内容	是	否	评级	说明
㉝未实施适当的营销绩效评估；				
㉞引介新产品不当；				
㉟未激励经销商；				
㊱未选择适合的配销商；				
㊲技术太落伍；				
㊳营销人员缺乏创造力；				
㊴工作环境不佳；				
㊵营销未与组织的其他部门或功能（如生产、财务、人事、研究发展、行政等）适当配合。				
综合评价				

第五节　市场营销调查诊断

没有调查就没有发言权。通过市场调查，才能了解市场动态、企业营销策略、营销管理、产品组合及销售中存在的弊病，才能实施有效治理，提高企业竞争力和盈利水平。

一、市场营销调查诊断

（一）市场研究的调查诊断

序号	诊断项目	诊断记录	问题点	评级
1	市场研究确切目的是什么？你需要做出什么样的决策			
2	做市场决策哪些数据是必需的，为什么			
3	你知道产品投放市场的反应吗？反映哪些内容			
4	你在努力获得顾客的反馈吗？反馈什么			
5	你的市场反馈信息系统完善吗？如何完善的			
6	在收集第一手资料前，完成了对第二手资料的全面收集了吗？举例说明			
7	为了收集市场信息，你应采取哪些方法			

续表

序号	诊断项目	诊断记录	问题点	评级
8	如果需要调查，采用哪种调查方法最适宜			
9	对问卷设计投入了足够的精力了吗			
10	所收集的信息精确度有多高			
11	你做过哪些市场研究，效果如何			
12	你公司今年进行过几次系统市场研究			
13	通过市场研究对决策有哪些帮助			
14	你公司委托过咨询公司搞市场研究吗			

（二）目标市场调查诊断

序号	诊断项目	诊断记录	问题点	评级
1	消费者定位明确吗			
2	你的目标市场在哪里			
3	哪种类型的顾客将使用你的产品？为什么			
4	潜在消费者群体有哪些			
5	什么因素限制了整体市场的容量			
6	你的市场份额是多少			
7	近二年你的市场份额是增大、缩小还是稳定			
8	你的市场份额能跟上行业的发展速度和整体经济增长的速度吗			
9	潜在消费群体在什么地方			
10	产品的价格与公司定位的消费者群消费能力相一致吗			
11	与其他企业已存在的产品相比，你的产品在市场中处于什么地位（价格、品质、服务）			
12	现有的产品通过什么渠道销售			
13	这类产品的市场容量会在未来一年、两年乃至五年内有显著变化吗			
14	消费者购买这类产品的频度如何			
15	产品的销售淡季和旺季分别在什么时候			
16	产品销售的主要区域在哪里			
17	产品的哪种特性对消费者最有吸引力			
18	产品可用于政府、集团购买和出口吗			
19	何种办法能让目标市场的消费者更容易接受			

（三）市场竞争分析诊断

序号	诊断项目	诊断记录	问题点	评级
1	你一直在做竞争分析吗			
2	是否对给你最大威胁的5家竞争对手进行分析			
3	你的企业主要产品市场占有率是多少			
4	你的企业主要产品市场占有率发生了哪些变化			
5	行业将有哪些替代产品出现			
6	竞争对手哪方面比你做得好			
7	你的企业在哪方面胜过你的竞争对手			
8	是不是其他方面致命的弱点阻碍了市场的发展			
9	你的企业处于什么竞争地位			
10	竞争对手的企业和产品品牌声誉如何			
11	有无竞争者能快速地把其产品推向你的目标市场吗			
12	你的企业的营销策略会引发竞争者做出更为激烈的竞争行为吗			
13	你的企业的营销策略会导致行业利润的下降吗			
14	本企业在行业内地位如何			
15	鉴于本企业的地位，是用企业统一品牌策略还是创造一个新的品牌			
16	你的企业的产品能跟市场上的已有产品有效竞争吗？它的优势是什么			
17	你对同一目标市场的主要竞争者的运作方式了解吗			
18	竞争者有先天性的优势吗（地域上的、产品线、低成本、很高的声誉、对分配渠道的控制、制造方面的技术）			

（四）市场机会调查诊断

序号	诊断项目	诊断记录	问题点	评级
1	谁是你企业产品的潜在消费者，通过何种手段可使潜在消费者变成自己的顾客			
2	你的企业做过市场专项调查吗			
3	消费者对你们产品的购买习惯如何，在什么场所买到的			
4	谁是你企业的核心顾客群			
5	实际的和潜在的消费者有多少			

续表

序号	诊断项目	诊断记录	问题点	评级
6	潜在销售额有多少，能否把握			
7	盈亏平衡点销售量是多少，安全率是多少			
8	你的企业能获得哪些市场份额			
9	整体经济水平对消费需求有什么影响			
10	整体需求量能被刺激起来吗			

（五）分销渠道调查诊断

序号	论断项目	论断记录	问题点	评级
1	你的企业的传统渠道是什么？设计合理吗？有无更好的渠道模式			
2	顾客是通过何种渠道购买类似产品的			
3	这类零售商店有什么信息？传统的折扣还需要吗			
4	本类产品的销售构成中，不同类型的零售商分别占多少比例			
5	竞争者通常在什么基础上销货给零售商			
6	你的企业目前的供货方式是否理想，有无其他更好的办法			
7	你的企业目前的供货模式能否赢得快速反应时间			
8	你的企业目前的供货模式是否要积压太多的库存和资金			
9	你的企业目前的供货模式是否运输费用太高及对产品的质量影响如何			
10	有多少批发商参与销售活动？传统上给出的折扣是多少，竞争者的又是多少			
11	如果通过零售渠道，哪种或几种零售商店被选中（超市、百货商店、路旁小店、精品店、娱乐场所、专门场所及其他）			
12	在选择分配渠道时，什么政策是最重要的（折扣或佣金、区域协定、渠道支持）			

（六）产品状况诊断调查

序号	诊断项目	诊断记录	问题点	评级
1	你的企业产品和服务的优点是什么			
2	你的企业的产品销售特点是什么			
3	服务、保证等是产品价值不可缺少的一部分吗			
4	你的企业产品售后服务能让消费者满意吗			
5	产品能容易被仿造吗？是否有专利保护			
6	你的企业如何制造产品，有自己的核心技术吗			
7	本产品对企业公司的其他产品有无冲击			
8	你的企业的其他产品所处的状态如何			
9	产品应如何包装才能获得顾客满意			
10	应采用怎样的品牌策略，企业专门研讨过吗			
11	你的企业的产品线长度是否合理			
12	你的企业的产品各处于成长中的哪个阶段			
13	你的企业新产品开发的速度如何			
14	顾客为什么要买你企业的产品（类型？色彩？版本？顾客得花多少钱？顾客将如何使用它？顾客的购买行为是怎样的？对产品质量应强调到什么程度？它对价格的影响是什么？为什么你企业的产品比竞争者的要好？）			

（七）产品价格调查诊断

序号	诊断项目	诊断记录	问题点	评级
1	总体定价策略是什么，效果如何			
2	在制定产品价格时你的企业考虑了哪些因素			
3	你的企业采用何种定价方法，定价根据什么			
4	你的企业产品定价及价格变更由谁决定			
5	本产品的基本价格范围如何（成本比例是多少？保本销售额是多少？何种价格利润最大？目标消费者的接受范围）			
6	定价反映质量状况吗？它与营销组合策略一致吗			
7	你的企业一直在做价格敏感硬度研究分析吗			
8	竞争产品的价格是在上升、下降还是保持不变			
9	你的企业的产品定有与其他产品有冲突吗			

续表

序号	诊断项目	诊断记录	问题点	评级
10	能根据产品的特性使价格有所不同吗？这样定价能符合顾客的价值观吗			
11	各级销售渠道中（经销商、批发商、零售商、最终消费者）的价格差别是多少			
12	与价格配套的服务策略是什么（赊销、现金交易、物物交换、折扣、退货寄售、订单取消、货物损坏等），效果如何			

（八）推广组合调查诊断

序号	诊断项目	诊断记录	问题点	评级
1	你的企业的促销和广告目标是什么			
2	你的企业的促销和方法所采取的方式是否理想，有无其他更好的形式			
3	什么是你企业的"形象" a. 你在业内有一定知名度吗 b. 顾客是怎样理解你的 c. 顾客是怎样理解你的产品的			
4	你的推广策略是什么 a. 导入？成长？提醒 b. 理想的对象 c. 直接、间接行动 与营销策略保护一致吗			
5	需要哪种推广手段 a. 媒体广告 b. 公益活动 c. 产品目录 d. 展示会 e. 小册子 f. 资助经销商 g. POP 陈列			
6	需要何种程度的推销手段 a. 产品的复杂功能 b. 隐含的特性与价值 c. 购买者本性 d. 竞争本性 e. 谈判			

序号	诊断项目	诊断记录	问题点	评级
7	现有广告代理机构有处理类似产品的经验吗			
8	有无相应的经销商促销活动			
9	还需要一个相应的宣传活动吗			
10	其他制造商有什么广告和促销活动，可以借鉴吗			

（九）市场法律及相关问题调查诊断

序号	诊断项目	诊断记录	问题点	评级
1	企业有多少产品专利，新产品有专利吗			
2	商标有保护吗			
3	所有关于版权和补偿的投诉均已得到恰当处理了吗			
4	版权会限制产品的市场吗			
5	产品销售的地区有地方保护主义吗			
6	产品是否符合产品质量法及其他相关法规的要求			
7	交易合同的签订有何内容可能会触犯法律法规吗			
8	销售部门相关人员对法律法规的熟悉程度			
9	你的企业是否组织过有关营销法律培训			
10	企业是否聘有常年法律顾问			

二、销售管理调查诊断

区分	调查项目	主要检查事项	记事	评级
销售政策	1. 产品种类及商品化计划	产品种类的选定方针		
		现行产品的销售方针与市场的合适性		
		产品的增加或减少		
		商标的注册		
	2. 销售方针	销售计划方法		
		与生产计划的关系		
		应付需要量变化的方法		
		是否确立销售预算		
	3. 应收账款	应收账款的收回情况		
		应收账款的收回对策		
		顾客信用程度调查		

续表

区分	调查项目	主要检查事项	记事	评级
销售组织	1. 编成	销售部门组织的确定		
		各人分担责任范围的确定		
	2. 能力	推销员的能力是否适当		
		推销员的教育与训练		
	3. 控制	如何控制推销员		
		各人的负担量是否适当		
销售计划	1. 销售量变动	每月销售量变动的原因何在		
		季节与经济变动情形如何		
		应付变动的方法是否适当		
	2. 与生产的关系	生产能力及销售量的配合情形		
		交货期及数量的考虑		
	3. 销售配额	推销员与代理商的配额		
		与绩效的比较分析		
顾客	1. 销售网	销售网的形成是否适当		
		销售网的维持与扩大方法如何		
		顾客的选定方法如何		
	2. 顾客	拜访顾客状况		
		信用调查与实况调查		
		顾客接受同业竞争的程度		
	3. 交易方式	交易方式的效果		
		交易绩效与交易方式的关系		
价格	1. 价格水准	价格如何决定		
		与市场的比较		
		各项产品的利润		
	2. 价格与销售量	价格下降对销售量的影响		
销售推广	1. 卫星工厂供应时	卫星工厂的意向如何		
		顾客的退货及付款情形		
		不良品的要求如何		
		增加主要顾客的分析		
	2. 自行生产时	广告的程度		
		市场调查与产品研究		
		销售网的利用情形		
		同业竞争的重点		

续表

区分	调查项目	主要检查事项	记事	评级
销售业务	1. 信件表单的处理	有关信件的保管		
		接受订货的来往信件的处理		
		订货资料的整理		
	2. 事务管制	推销员差旅报告		
		办公室内的事务管制		
评价				

三、经销店（电器）调查诊断

对电器经销店调查，可从一般状况调查、营业状况调查和财务信用调查入手。具体内容如下：

（一）一般状况调查

这一部分主要了解经销商本人的日常生活、人格个性、家庭背景、经营理念等问题，调查内容包括：

序号	调查项目	调查记录	问题点	评级
1	经销商本人的性别、年龄、籍贯、教育程度等一般资料			
2	是否经营房地产或股票方面的投机			
3	是否兼营其他事业；如有，兼营什么事业			
4	是否在其他机关、团体或公司内兼任工作			
5	是否有赌博的嗜好			
6	是否经常进出舞厅、酒家等场所			
7	个性是否开朗，性格是否端正			
8	是否容易与人相处			
9	在本地居住的年数			
10	与邻居间的关系是否和睦			
11	店员是否常感不满或抱怨			
12	过去曾否有过刑事案件及重大违规行为			
13	是否持有外国护照或他国居留权			
14	最近是否出售过房地产			
15	是否曾经贩售过伪制品或逃税品			
16	家庭生活是否美满			

续表

序号	调查项目	调查记录	问题点	评级
17	是否有"二奶"或外遇			
18	家庭中有多少成员？是否已成年			
19	家庭生活是否奢华			
20	同业者一般对他的评价			

（二）营业状况调查

营业状况调查主要是了解其地理环境、店内设备、营业能力等，调查内容包括：

序号	调查项目	调查记录	问题点	评级
1	店铺地理位置（闹市、市场区、住宅区等）			
2	店铺的规模			
3	店铺的建筑结构			
4	店铺的装修			
5	店铺所有权			
6	商品陈列方法			
7	橱窗的大小			
8	照明设备			
9	电话通信线路			
10	仓储设备			
11	店员人数			
12	店员推销能力			
13	店员在电器方面的专业知识			
14	店员的在职训练情形			
15	自有车辆（包括机动车货车轿车）			
16	是否设有完备的会计账册			
17	店主本人的经营观念与能力			
18	店主本人从事本行业的经验年数			
19	店主是否掌握经营实权			
20	是否经常发生退货			

（三）财务信用调查

在财务信用调查方面，主要是调查其财务状况及信用状况，内容包括：

序号	调查项目	调查记录	问题点	评级
1	企业有多少资本金，财务结构是否健康			
2	是否经常向他人借款或借票			
3	是否向银行贷款？贷款多少			
4	是否为一般纳税人，年销售额多少			
5	是否有退票记录及偷漏税行为			
6	最近一年内是否曾被倒账或作保赔偿			
7	是否曾经常要求展延票期			
8	是否登记夫妇个别财产制			
9	是事有逃脱债务嫌疑			
10	使用的支票与实际经营者是否同一人			
11	该银行存款账户已开户多少年			
12	是否有现金预算制度			
13	是否有杀价至不合理的地位			
14	是否有紧急头寸来源（银行透支向亲友调现能力）			
15	月支付负债利息是多少			
16	银行存款与银行借款比率			
17	应收账款与应付账款（含单据）比例			
18	何人掌握财务实权			
19	财产变现可能性及变现多少			
20	货款收回的速度及呆账比率			

除以上列述各项之外，还可通过日常接触的机会，对许多细枝末节的痕迹，加以观察（如财务报表之类），调查越详细、掌握情况越多，风险就越低。从消极方面来看，可防止错误的选择；从积极方面而言，即可对经销店作最适中的辅导。

四、销售状况问卷调查

项目（问题方面）	题目	答题方式	给分标准	答案 选择	答案 得分
1. 销售接单	销售接单员在上岗前接受这方面的职业培训	A. 产品知识 B. 客户服务技能 C. 电话礼仪 D. 与客户面谈技巧 E. 生产管理基本知识	A、B、C、D、E 中答一个得 0.4 分		
2. 客户投诉	（1）公司在接到客户投诉后一般几天内给予答复	A. 一天 B. 一个星期 C. 一个月	A = 2　B = 1 C = 0		
	（2）公司是否把客户投诉（或抱怨）当做是改进客户服务质量的一次机会	A. 是　B. 不是	A = 2　B = 0		
	（3）有无保留客户投诉的记录	A. 有 B. 无（一个月以上时间）	A = 2　B = 0		
	（4）有无对客户投诉的原因进行统计分析	A. 有　B. 无	A = 2　B = 0		
3. 合同评审	（1）有无合同评审程序	A. 有　B. 无	A = 2　B = 0		
	（2）有无对常规产品与特殊产品的合同评审进行区别对待	A. 有　B. 无	A = 2　B = 0		
	（3）有无保留合同评审记录（三个月的记录）	A. 有　B. 无	A = 2　B = 0		
	（4）有无虽然经过订单评审但仍然不能满足客户的要求（产品性能要求、质量要求等）	A. 无　B. 有	A = 2　B = 0		
	（5）订单变更时是否需做重新评审	A. 是　B. 否	A = 2　B = 0		
4. 广告	（1）在广告规划之前有无先前制定有关的目标市场、市场定位和营销组合决策	A. 有　B. 无	A = 2　B = 0		
	（2）在制定广告方案时有无进行决策分析	A. 有　B. 无	A = 2　B = 0		

续表

项目（问题方面）	题目	答题方式	给分标准	答案 选择	答案 得分
5. 营销策略	（1）有无对市场进行细分，并对不同的细分市场采取相应的市场营销策略	A. 有 B. 无	A = 2 B = 0		
	（2）有无书面的营销规划	A. 有 B. 无	A = 2 B = 0		
	（3）有无做年度广告预算	A. 有 B. 无	A = 2 B = 0		
	（4）有无对广告效果进行分析	A. 有 B. 无	A = 2 B = 0		
	（5）有无销售人员管理制度	A. 有 B. 无	A = 2 B = 0		
	（6）有无销售人员招聘管理制度	A. 有 B. 无	A = 2 B = 0		
6. 销售人员管理	（1）销售代表在上岗之前有无经过培训	A. 有 B. 无	A = 2 B = 0		
	（2）销售人员上岗之前经过什么培训	A. 产品知识 B. 推销技能 C. A + B	A = 1 B = 1 C = 2		
	（3）销售人员的薪金由哪几部分构成	A. 固定工资 B. 底薪 + 提成 C. 底薪 + 提成 + 奖金	A = 1 B = 1 C = 2		
	（4）有无给销售代表制定销售指标	A. 有 B. 无	A = 2 B = 0		
	（5）跟同行业相比较本公司的销售人员的薪金是否具有竞争力	A. 有竞争力 B. 无竞争力	A = 2 B = 0		
	（6）销售人员有无实行淘汰制度	A. 有 B. 无	A = 2 B = 0		
	（7）公司销售人员的流失率约为多少	A. <5% B. 8% ~ 15% C. >20%	A = 1 B = 2 C = 0		
	（8）有无请专业培训公司对销售代表进行培训	A. 有 B. 无	A = 2 B = 0		
	（9）有无销售培训年度预算	A. 有 B. 无	A = 2 B = 0		
	（10）怎样决定销售人员队伍的规模	A. 在能够承受的条件下，人越多越好 B. 通过比较每个人计划销售量与预期销售额，来决定推销人员数量 C. 在市场营销计划中进行详细的计算，即访问率×每次访问实现销售的平均值×需要实现销售额的人员数量	A = 0 B = 1 C = 2		

续表

项目（问题方面）	题目	答题方式	给分标准	答案	
				选择	得分
6. 销售人员管理	（11）公司是否将自己的推销方法与主要竞争者的方法进行比较	A. 我们的推销队伍是最棒的 B. 我们雇到竞争者的推销员后，就搞清楚他们是怎样动作的 C. 我们始终观察竞争者的行动	A = 0　B = 1 C = 2		
	（12）采用什么措施来激励销售业务员	A. 金钱 B. 金钱 + 物质 C. 金钱 + 物质 + 荣誉奖	A = 1　B = 1 C = 2		
	（13）公司是否认为对销售人员必要的培训是提升销售业绩的一种有效方法	A. 是　B. 否	A = 2　B = 0		
7. 业务管理	（1）有无做年度销售预测	A. 有　B. 无	A = 2　B = 0		
	（2）有无货款回收管理办法	A. 口头　B. 书面	A = 0　B = 2		
8. 通路管理	（1）有无经销商管理制度	A. 有　B. 无	A = 2　B = 0		
	（2）有无经销商评价考核制度	A. 书面　B. 口头 C. 无	A = 1　B = 1 C = 2		
	（3）有无对经销商进行分级别管理	A. 有　B. 无	A = 2　B = 0		
	（4）采取何种措施来激励经销商	A. 奖金　B. 精神鼓励 C.（A + B）+ 物质（仅作参考）	A = 1　B = 1 C = 2		
	（5）有无业务员对经销商进行管理	A. 有　B. 无	A = 2　B = 0		
	（6）有无对经销商资料档案进行管理	A. 有　B. 无	A = 2　B = 0		
	（7）有无对经销商的信用额度进行管理	A. 有　B. 无	A = 2　B = 0		
9. 销售费用	（1）有无对年度销售费用作总体的预算	A. 有　B. 无	A = 2　B = 0		
	（2）广告费用占销售费用的比例有多少	A. <20%　B. >20%	A = 2　B = 0		
	（3）人员销售费用（人员工资、差旅费用）占销售费用的比例为多少	A. <30% B. >30%	A = 2　B = 1		

项目（问题方面）	题目	答题方式	给分标准	答案	
				选择	得分
10. 市场营销组织	（1）公司的市场营销组织是如何演变的	A. 无需更多的考虑，靠其自我演变发展 B. 为纠正弱点而发展起来 C. 它被设计成为一体化形式，总是为了响应市场营销计划的需要量	A＝0　B＝1 C＝2		
	（2）市场营销组织是变化的吗	A. 不，我们认为变化具有破坏性质 B. 是的，我们认为变化与静止一样好 C. 我们认为组织是实现目标的动态工具，组织应随着变化做相应的调整	A＝0　B＝1 C＝2		
	（3）在发展组织时，是否考虑交流的需要	A. 我们认为有效的市场营销组织要注意交流问题 B. 我们强调内部职能问题 C. 我们设计一个能够处理和支持内部上下级及内部与外部的有效交流的组织系统	A＝0　B＝1 C＝2		
11. 营销情报	（1）市场营销组织是否有规律地进行市场研究	A. 我们只是在推出新产品和能够负担起的情况下，才进行市场研究 B. 我们经常研究市场，以求判断是否走在正确的轨道上 C. 我们在新产品推出之前、之中和之后一直研究市场，并总是在不断地发现市场环境的变化	A＝0　B＝1 C＝2		
	（2）公司向市场营销研究活动投入多少资金	A. 尽可能的少 B. 将每年一定百分比的销售额投入营销研究中 C. 只要能对市场活动获得深入认识，花多少钱都可以	A＝0　B＝1 C＝2		

续表

项目（问题方面）	题目	答题方式	给分标准	答案	
				选择	得分
11. 营销情报	（3）有无专人进行市场情报研究	A. 有　B. 无	A = 2　B = 1		
	（4）有无定期的市场情报研究书面报告	A. 每月　B. 季度 C. 年度　D. 没有	A = 2　B = 1 C = 0.5 D = 0		

评价说明：以上题全部满分（最高分）为 100 分，可分为 5 档。优 90 分及以上；良 75~89 分；中 60~74 分；差 45~59 分；较差 45 分以下。

五、市场调查问卷

北京×××　72		城市	
客户调查		编号	

豆花食品消费者调查

1. 受访者

男〔　　〕　　　　　女〔　　〕　　　　　年龄〔　　〕

2. 教育程度

小学〔　　〕　　　　中学〔　　〕　　　　高中以上〔　　〕

3. 职业

工人〔　　〕　　　　军人〔　　〕　　　　学生〔　　〕

公务员〔　　〕　　　文艺界〔　　〕　　　知识界〔　　〕

其他〔　　〕

4. 您在家里是：

女主人〔　　〕　　　男主人〔　　〕　　　家属〔　　〕

亲戚〔　　〕

5. 受访者姓名：_____　住址：_____　电话：_____

_____年_____月_____日　调查员_____

6. 豆花食品含有丰富营养，您注意过吗？

注意过〔　　〕　　　没有〔　　〕

7. 您对豆花食品有兴趣吗？

很有〔　　〕　　　　略有〔　　〕　　　　没有〔　　〕

8. 您吃豆花食品是：

每周吃〔　　〕　　　每月吃〔　　〕　　　从来不吃〔　　〕

9. 您喜欢哪种豆花食品？

素红烧排骨 〔   〕   素鱼香肉丝 〔   〕

素肉串 〔   〕   素什锦 〔   〕   其他 〔   〕

10. 您喜欢吃豆花食品的原因：

价钱便宜 〔   〕   口味好 〔   〕   营养丰富 〔   〕

素食 〔   〕

11. 您不经常吃豆花食品的原因：

不喜欢吃 〔   〕   携带不便 〔   〕   不易买到 〔   〕

不知其营养价值高 〔   〕   其他 〔   〕

12. 您喜欢吃豆花食品的方法：

凉拌 〔   〕   炖 〔   〕   炒 〔   〕

汤 〔   〕   其他 〔   〕

请按 1，2，3，4，5，6……次序填写，表示喜欢的程序，最高为 10。

13. 您食用豆花食品的量将来会比现在：

增加 〔   〕   不变 〔   〕   减少 〔   〕

14. 您认为豆花食品是否需要包装？

需要 〔   〕   不需要 〔   〕

15. 如需要包装，以何种包装为好？

塑料真空袋 〔   〕   玻璃瓶 〔   〕   纸盒 〔   〕

16. 您是否可以经常买到豆花食品？

经常能买到 〔   〕   有时能买到 〔   〕

偶尔能买到 〔   〕   根本买不到 〔   〕

17. 您对豆花食品的销售有什么要求和改进意见？

增设网点 〔   〕   走街串巷 〔   〕   提高质量 〔   〕

新鲜卫生 〔   〕   供应充足 〔   〕   其他 〔   〕

调查员：_____   开始时间：_____   结束时间：_____

审核员：_____   调查地点：_____

编码员：_____   录入员：_____   项目负责人：_____

第六节　营销弊病的追踪诊断

在销售状况检查诊断过程中，虽然发现了销售生产中存在一些弊病，但产生根源并未深入了解。要害问题并未把握，追踪检查诊断就是在销售状况检查诊断基础上，根据发现线索，作进一步追踪检查诊断，为整顿治理提供依据。

（一）营销弊病追踪诊断的步骤

（1）根据诊断销售弊病发现的各种线索，进行整理，列出调查重点；

（2）根据列出重点，拟定调查提纲，确定需要调查诊断内容；

（3）按照调查提纲列出内容，逐项检查分析，查明问题所在；

（4）根据查明问题进行归纳分类，综合分析，找出弊病产生的主要原因，确定弊病性质和症状。

调查提纲是开展追踪调查销售弊病的首要环节。根据提纲列出需要追踪检查的内容，可采用提问或列表方式逐一列出，然后由诊断人员逐项检查分析，直到把问题弄清为止。为使追踪检查分析取得较好效果，在拟定调查提纲时，应注意以下各点：

· 提纲内容必须有针对性，与追踪调查无关问题不能列入；

· 提纲既要简明扼要，又要全面周详，防止遗漏及重复；

· 检查中如发现新问题，应对提纲进行适当修改或补充；

· 提纲应结合企业情况，切合问题实质，有利于调查实施；

· 追踪检查应深入现场实际，分析要深入细致，发现问题时应取得证据；如有不同意见，应虚心听取，反复调查，直到查明为止，切忌主观片面；

· 追踪检查出问题，不要立即下结论，要全面分析主客观因素后，经过讨论后再决定；

· 追踪检查中如发现多发性弊病，应作进一步检查分析，查清主要弊病及产生原因。

（二）营销环境的追踪诊断

营销环境主要指企业销售的外部条件。追踪调查的目的是要查明企业适应外界经济条件变化的能力和应变措施的实施状况。

销售环境追踪调查的主要内容有：

（1）近年来国家和本地政策、法令和制度的重大变革或重要事件发生。

（2）随着科学技术的迅猛发展，新技术、新工艺、新材料的应用对本企业生产和销售的影响。本企业采取了哪些对策？

（3）近年来消费者观念、消费习性、消费水平的变化和消费变化趋势；对本企业生产、销售带来的影响，企业采取的应变措施。

（4）近年来人口增长，人口结构变化，城乡居民搬迁，劳工移动等对本企业产品及销售的影响，企业采取的政策及应变措施。

（5）近期市场出现新产品、新款式、新功能产品对本企业的影响，本企业采取的应变政策与措施。

（6）近年来，市场竞争对手是谁？竞争对手的目标和战略是什么？采用什么手段和策略，本企业采取应对策略和措施，效果如何？

（7）市场发展变化趋势的估计，近期市场会出现新动向，本企业有哪些相应措施和对策。

（8）本企业依靠哪些经销商、中间商、代理商进入市场？各经销商、代理商的销售能力与效益如何？近几年有什么变化？其原因是什么？本企业采取的对策及措施。

（9）本企业生产所需主要原材料和供货方发生了哪些变化，所需材料在品种、质量、价格、数量等方面有无变化，能否满足生产经营需要，如有变化企业采取哪些应变措施？

（10）社会公众舆论和媒体对企业的形象和产品如何认识和宣传的，对企业销售是否产生积极影响和消极威胁？本企业采取哪些有效措施和对策，如何有效地利用各种宣传工具提高企业形象？

通过以上各项调查，可以了解企业的竞争实力和应变能力，以及适应市场需求变化的经营意识状态，从而为销售的治理提出切实可行的方案。

（三）销售条件的追踪诊断

销售条件包括提供产品、产品价格、销售方法、销售计划、促销手段和销售人员，通过对销售条件的追踪诊断，摸清存在问题，从而为拟定治理方案奠定基础。

1. 现有产品的追踪诊断

产品投入市场后，一般都存在一个生命周期，这一周期通常分为介绍期、成长期、成熟期和衰退期四个阶段。针对产品不同阶段，企业应采取的措施，适时开发新产品，果断淘汰老产品，不断优化产品组合，调整产品结构，改善销售战略和策略，促使企业的销售持续增长，产品的追踪检查分析目的就是分析现有产品所处"生命周期"哪个阶段，产品组合是否科学，产品决策是否正确，以便为改善提高销售能力提出有效的治理方案。追踪检查的具体内容和方法如下：

（1）企业现有哪些产品，各处于生命同期哪个阶段，哪几种适销？哪几种滞销？原因何在？

（2）哪几种产品销量大？哪几种产品获利水平高？近几年有些变化，采取哪些措施，有何效果？

（3）各种产品销售额占总销售额的比例是多少，创利水平如何，近几年销售产品结构发生了哪些变化？

（4）目前有哪些滞销产品，造成原因是什么，采取哪些有效措施，以及准备采取的措施？

（5）对现有产品生命力是否作过市场调查？有无产品优化组合计划？有无

开发研究新产品、改良老产品、淘汰落后产品的计划，计划执行如何？

（6）研制新产品是单一产品，还是多样化、系列化？属于第几代产品，研制前对市场需求方面，如款式、规格、性能、质量、功能、色泽、包装、价格等是否作过调查研究？

（7）对研制新产品的销路、成本、价格、盈利等是否做过可行性研究，研究结果如何？

（8）本企业主要产品的市场占有率，同类产品生产厂家有多少？本企业名列多少位？企业哪些产品具有较好竞争力？

（9）主要产品竞争对手，采用哪些竞争手段，企业是怎样进行竞争的，今后竞争对手会采用什么方式进行竞争？

在追踪检查竞争对手策略时，应从下列几方面入手，把握企业自身优缺点：

①产品具有的功能、质量、款式、价格及售后服务情况；

②销售渠道及采用促销方式与手段；

③产品广告宣传的形式；

④产品形象。

针对企业与竞争对手的各自优势和弱点，已经或准备采取哪些竞争对策和措施，同竞争对手展开竞争？已采取措施及对象，效果怎样？

2. 产品价格的追踪诊断

产品价格的制定，既要考虑成本补偿、盈利水平，也要考虑消费者的接受能力，还要考虑竞争的需要。价格制定是根据销售目标和利润目标的要求，既不能随意变动，但又有一定灵活性，是销售过程中的一个重要环节。

价格追踪检查的目的是价格的合理性。具体内容如下：

（1）产品价格制定目的是否明确？是为了追求利润最大化，还是为了扩大市场占有率，或两者兼而有之。

（2）价格制定时是否考虑了成本费用的高低、销售数量多少、资金周转快慢、产品竞争能力、客户需求价格、产品质量及性能的优劣，产品和生命周期、时令季节变化和市场的供求状况等因素，明确制定价格主要根据是什么？

（3）产品价格是由谁制定的，是本企业还是上级主管部门？或是由批发商、代理经销商决定的。如是本企业是经理，还是哪个部门决定？

（4）本企业制定价格的策略是什么？是薄利多销，还是高价厚利，效果如何？

（5）本企业是否实行降价销售政策，如实行，是属季节性减价、清仓减价，还是定期特价或减价，效果如何？

（6）是否实行销售回扣制度。如实行是现金回款，还是销售回扣，效果如何？

（7）企业价格是否作过调整，调整后效果如何？是扩大了销售、增加了盈利，还是减少了销售及盈利；是提高了企业形象及知名度，还是损害了企业形象。

3. 销售方法和追踪诊断

销售方法是为实现扩大销售目的而采取的一种方式，销售方法的种类很多，但无论何种，只要运用得当，对企业销售有重要作用。但若运用不当会起不好作用。销售方法追踪检查主要从销售方法产生的效率、效果和效益三方面入手。销售方法的效率是指该方法能否实现快销的目的；效益是指该方法能否引起顾客的购买行为，建立良好企业形象、扩大销售额目的；效果是指该方法能否增加销售收入、减少销售费用，增加企业盈利。

销售方法和追踪检查具体内容主要有下列几方面：

（1）本企业采用的是密集型经销、代销、包销，还是自行销售，其效果如何？

（2）本企业常用销售方法有委托代销、特约经销、来客订购、上门推销、集市设点、超市零售、展销会等。本业采用哪几种方法，效果如何？

（3）本企业是采用现销、赊销、分期付款，还是售后付款等销售方式，其效果如何？

（4）本企业采用何种货款结算方式？是现金、转账支票、期票或商业汇票、信用贷款、预收订金等，效果如何？

4. 销售计划的追踪诊断

销售计划是为实现销售目标而预先制定的一种行动方案，规定着企业在一定经营期内应完成和实现销售任务和目标。是评价企业销售业绩的标准，也是考核销售部门和销售人员业绩的依据。

销售计划追踪检查的目的，是查明销售计划和有效性及计划的权威性，以及计划完成情况，从中发现问题，为拟定治理方案提供依据。检查时应抓住下列主要内容：

（1）本企业有无销售计划。包括年度的、半年的、季度的、月度的。本企业销售采取哪种计划形式？

（2）销售计划由谁制定，是经理、厂长，还是责任部门制定？

（3）销售计划的指标有几种，是否细分为销售额、销售品种和数量三种？

（4）销售计划，除总销售计划外，有无细分为产品品种类别、销售地区和网点等？

（5）销售计划制定前，有无作过市场需求的调查和预测，是否征求过下边的意见？

（6）销售计划制定后，有无将销售计划指标分解给各个销售部门、销售网点或个人？

（7）销售计划的执行态度如何，完成情况如何，未完成计划的原因是什么？

（8）有无建立销售计划的分析检查制度，是否作为奖惩依据？

5. 促销手段的追踪诊断

促销手段是开展销售活动，扩大销售的关键环节。不仅是向顾客宣传介绍企业产品，传递产品信息，扩大销售的手段，而且是实施销售计划，保证销售计划完成的必要措施。促销的追踪检查就是要查明促销方式和活动是否有利于扩大销售，提高销售效率和效益。此项检查的具体内容主要有：

（1）本企业有无根据销售计划要求制定促销计划（方案），采用哪几种促销方式？

（2）本企业的产品有无广告宣传计划，采用哪几种传媒进行广告宣传，如报刊、电视、广播、广告牌、橱窗展示、展销会、现场表演、广告信函、图片等？

（3）广告宣传有无日程和费用的安排计划。哪几种传媒的广告宣传效果较好，哪几种传媒广告宣传效果不好？

（4）对顾客采用哪几种促销方式？如：①有奖销售；②赠送购货券；③赠送优惠券；④预售购货券；⑤让顾客试用新产品；⑥为顾客作现场示范表演；⑦设立商品陈列室；⑧向客户寄发宣传材料，提供商品信息；⑨向顾客提供商品咨询服务，指导消费；⑩为顾客现做现售，可订做销售等？

（5）本企业对各个经销商、代理商采取哪几种促销方式？如：①介绍商品知识，培训销售人员掌握商品的使用和保养方法，识别商品性能与假冒伪劣商品；②实行商品销售提成；③进行经营指导，提供销售用具和广告宣传样品；④向商店员工赠送样品礼品，鼓励他们的积极性；⑤开展销售网点之间的竞赛，鼓励多销；⑥寄发有关销售业务的内部刊物，沟通信息；⑦举办技术练兵、比武竞赛活动。检查时，应查明何种方法效果最好，何种方法效果较差？

（6）本企业销售部门和销售人员采用何种促销方式？如：①编制产品目录；②制定推销员守则；③开展推销员之间的竞赛；④向推销员提供销售用具和样品；⑤给成绩优异的推销员奖励或升迁机会；⑥培训推销人员，提高推销能力。

（7）本企业有无成立专门推销机构？有无专门举办以消费者、经销商为对象的展销会、订货会、商品信息发布会？有无免费赠送样品、实行减价销售、奖励销售等推广销售的方式？

（8）本企业有无派出销售公关人员与政府机构、电视机、电台、报社、中间商、零售商、批发商、主要用户建立联系制度，有无建立公众来信来访的接待处理制度？如有，其效果如何？

（9）本企业在促销活动中有无遇到竞争对手的干扰？是否采取措施，效果如何？

（10）本企业产品在生命周期的不同阶段，有无不同的促销策略？如有，效果如何？

（11）本企业的产品有无提供售后服务，诸如安装、修理、调换、包退包换包修等等？如有，效果如何？

（12）本企业有无建立网站，通过网络进行促销？如有，效果如何？

6. 销售人员的追踪诊断

此项检查较为简单，具体内容如下：

（1）录用销售人员的条件是什么？录用时，有无经过挑选、试用？如有，其效果如何？

（2）销售人员有无经过业务训练和职业道德教育？

（3）销售人员是否熟悉本企业产品的品种、规格、质量、性能和用途，是否熟悉本企业产品的使用和保养方法？

（4）销售人员的销售能力如何，年人均销售额多少，有无赊销权利和负责收回货款的任务？

（5）销售人员有无年度销售计划指标？如有，销售计划完成情况及奖励办法如何？

（6）销售人员的工作态度和责任心如何？有无建立岗位责任制度和销售报告制度？如有，执行的情况怎样？

（7）有无建立销售奖惩和职务升迁制度？如有，执行情况如何？

（四）进货的追踪诊断

进货虽不属于销售的要素，但此项工作做得好坏，却关系到产品生产和销售任务的完成。

进货中的弊病主要表现在商品购进的品种、质量、规格、数量、成本、费用，以及进货日期等七个方面。品种的弊病是指购进的商品品种不适合生产和销售的需要。质量的弊病表现在商品的残次变质，性能差，或外形不美观，色泽差等方面。数量的弊病表现在购进数量是否适合销售需要。购进数量过多，造成超贮积压；过少，则会影响生产或销售。成本和费用的弊病主要表现在进价高、费用多，使生产成本和销售成本增加，减少销售利润。进货日期的弊病表现在进货的时间选择上不能赶上生产需要期或销售需要期，造成脱供（停工待料）、脱销或滞销。所以，进货的追踪检查，重点应放在上述七个方面，具体内容如下：

（1）本企业有无进货计划，进货计划是根据什么制定的，如按客户需求，市场需求，货源多少，销售计划，生产计划，库存计划，价格涨跌趋势等？

（2）在进货计划中有无制定材料类别和主要商品的进货计划。制定计划前有无对种类商品和主要商品进行销量的预测分析？

（3）进货时虽按计划执行，但在市场价格行情和货源供求或市场销售发生变化时，有无采取相应的措施，实行灵活的进货政策？

（4）采用何种方式进货？是分期分批量进货，还是不定期进货；是大批量进货，还是小批量进货。订货时，有无签订合同，订货合同的条款是否齐全，订货合同有无鉴证机构审核或由有权人员核准？

（5）进货价格采用何种方式决定？是报价比较、竞争投标，还是由本企业与供货方议定。进货价格是否公平合理？如有高于市场价格的，应查明其原因？

（6）有无大批量进货？如有大批量进货，应查明是否经主管领导核准，有无优惠折扣，并查明经办人有无从中舞弊的行为发生？

（7）大批量进货时有无与供货方议定进货条件？例如，运费、途耗、短缺由谁负责；交货日期、地点、运输方式和双方对违约的责任与处理办法是否明确？

（8）进货时，由哪个部门和人员负责洽谈及签订合同？合同是否经主管领导核准，签订后有无专门机构或专职人员监督检查合同的执行情况？

（9）购进的商品有无专职部门和人员验收入库，有无购进伪劣商品和劣质材料；验收时发现与合同不符的商品，是否拒收，或办理退货？

（10）进货时，有无预付定金？预付定金是否经企业领导核准？有无对供货方的信用作调查？

（11）有无盲目进货，购进不适用或不适销的商品？如有，应查明原因，确定责任归属？

（12）进货时，有无考虑购进成本和潜在费用的问题？

（13）支付进货货款时，是否按规定程序和方法，经企业领导审核同意后支付？付款的凭证和进货凭证是否齐全；有无发生货款已付，但货物迟迟未到的情况，此事由谁经手；有无索赔或受骗之事发生？

（14）有无建立进货管理、报告和岗位责任制度；有无订明进货纪律？

（五）销售管理的追踪诊断

销售管理追踪诊断的主要目的是为了查明销售管理效率控制能力，以便发现弊病，及时采取措施，堵塞漏洞，改善管理。检查的具体内容如下。

（1）本企业有无建立专职的销售管理机构，配备必要的人员。

（2）已建立的销售管理机构和配备的销售管理人员，是否分工合理，权责明确。

（3）本企业有无建立销售内部控制制度，包括销售业务管理制度、销售管理报告制度、销售人员岗位责任制度、内部审计制度等。如已建立，实施情况和效果如何。

（4）销售业务管理制度是否按照销售活动过程的各个环节建立起来的。签订销售合同、开出发票、验单发货、核对送货（或提货）、货款结算、收取货款、记账等环节是否都包括在销售业务管理制度中。

（5）建立的销售业务管理制度中，有无明确规定各个销售环节的工作程序和操作规程。如有，其执行的情况和效果如何。

（6）销售管理报告制度中是否包括销售日报、旬报、月报、季报、年报；是否包括销售成本、销售费用、销售利润报告和可供销售的半成品、产成品和商品材料的出入库等情况的报告。有无规定销售管理报告的编写与报送的程序。如有，其执行情况和效果如何。

（7）本企业有无建立销售核算和记录制度。是否有专职人员核算、记录；销售核算和记录的方式是否按商品类别、品种、地区、销售网点、客户、销售人员进行分类明细记录、核算。

（8）本企业有无实行销售目标管理，是否将销售计划指标分配到责任部门及人员，实行的情况和效果如何。

（9）本企业商品是实行进价金额核算制，还是实行售价金额核算制，实施的情况和效果如何。

（10）本企业有无不适销、滞销、冷背呆滞、残次变质、不配套和超贮积压商品。其数量和金额多少，有无采取措施进行处理，处理的效果如何。

（11）有无建立销售应收账款的催收，记录制度。如有，由哪个部门和人员负责催收，其催收效果如何。在应收账款和应收票据中无法收回的呆账有多少。

（12）有无建立销售退回、折扣、折让和销售回扣的管理制度。如有，实施的情况如何。

（13）有无建立销售合同签订和执行的管理制度。如有，实施的情况和效果如何。

（14）有无建立销售内部审计制度，实施销售的监督检查。如有，实施的情况和效果如何。

（15）本企业销售人员有无发生利用职权，内外勾结营私舞弊、私吞货款的行为。

（16）本企业有无建立销售业绩分析、评价和对销售人员考核的制度。如有，实施的情况和效果如何。

（17）本企业是否建立了完善的销售及收款等业务流程，关键控制点是否明确。

（18）营销部是否建立了风险库，内容是否完善，风险控制点是否清晰、控制责任是否明确、内容是否更新。

（六）销售订货的追踪诊断

企业的销售订货方式一般有：与客户签订销售合同，客户签发订单，客户来电、来函订货，主管领导部门下达要货计划等几种。由于订货方式不同，诊断的方法和内容也有所不同。

1. 追踪诊断的内容

（1）本企业销售订货总金额，它与上期比较是增加，还是减少，增减的原因是什么？

（2）销售订货的客户量，它与上期相比是增加，还是减少，增减的原因是什么？

（3）订货的客户是新客户，还是老客户。老客户是否减少，原因是什么；新客户增加的原因是什么。

（4）销售订货中，哪几种产品订货额增加，哪几种产品订货额减少，增减的原因是什么。

（5）各种产品的订货额占全部订货额的比率。与上年比较，有无发生变化，其变化的趋势如何；有无采取相应的对策和措施，如有，效果如何。

（6）在订货的方式中，何种方式占订货总额的比重最大。如果以销售的方式所占的比重最大，那么，销售合同完成情况（用合同完成率表示）如何，有无发生违约或纠葛的事件，是否有无效合同，以及中途废止合同之事发生。

（7）对大宗销售的订货合同有无经鉴证机关鉴证；对订货客户的身份资格、经济实力、经营状况和信用程度事先有无经过调查了解；商品发出后，有无取得信用担保；有无规定货款结算方式和收取货款日期；有无发生逾期未收回货款。

（8）签订的销售合同，内容是否完整。合同内容应包括的货品名称、品牌、型号、规格、式样、色泽、质量、性能、数量、价格、交货日期、交货地点、运费与途耗责任、货款结算方式、收款日期、违约处理以及其他附加条件等合同条文，有无含糊不清、责任不明的地方。

（9）在销售订货中，商品发出后，有无发生销售退回和折让折扣之事。

（10）有无发生销售人员内外勾结，利用签订的销售合同骗取货物，或用企业名义在外私签合同从中牟利、营私舞弊之事；有无发生客户假借签订销售合同，骗取企业的货物之事。如有发生，采取何种措施进行处理，其结果如何。

（11）在销售订货中有无发生不相识的"客户"签订合同。如有，如何防止发生企业钱财被骗行为。

2. 追踪诊断的步骤和方法

为使销售订货追踪检查取得良好效果，检查时，应采用下列步骤和方法：

（1）检查企业的销售订货情况。根据提供的资料进行分析，以便发现异常情形进行追踪检查。

（2）查阅签订的销售合同。检查合同的内容是否完整，条文是否明确，责任是否分清。

（3）检查订货合同的手续是否完备。双方代表的资格，是否具有合法的身份。

（4）检查订货合同的执行情况。可通过查阅发货记录，销售发票和客户的收货回单，运输单据，并与合同对照，检查其内容是否与合同一致。

（5）检查客户的履约情况。有无发生违约或拖欠货款之事。此项检查可查阅收款账务记录，并向销售部门查问。

（6）检查有无发生营私舞弊的行为。此项检查可将发货记录与收款账务记录核对。如有发货，却无收款的，彻底追查当事人，即可查明情况。

（七）销售发货收款的追踪诊断

销售发货与收款是最易发生错误和弊端的环节。诊断时，发货与收款过程中的每个细节以及发货与收款的内部控制情况都要进行检查。

1. 开票发货的追踪检查

开票发货是实现销售、履行销售合同的首要环节。检查的目的，是查明开出的销售发票和发出的产品是否相符。检查重点是：

（1）本企业开票与发货的职能是否分立，有无发生开票与发货由一个人包办到底的行为。

（2）销售部门开出的发票内容，与销售合同的内容是否一致，客户名称、品名、牌号、型号、规格、数量、价格、金额、交货日期等内容有无错误之处。

（3）开出的发票有无签发人员签证。

（4）发货前，选配的商品是否与发票上注明的品种、规格、型号、牌号、款式和数量等相符。商品的质量是否完好，选配的商品有无不经过仓库，直接由成品车间选配之事发生。

（5）选配的商品包装是否完好，有无质次商品，选配产品人员在选配后有无签证。

（6）发货前，发货人与复核人是否分开，有无经复核人复核后签证。

（7）发货时是否由发货人先核对后发货，发货人和收货人在发票（发货单）上有无签证验收。如客户在外地时，发运时，有无取得运输部门的签收；如实行送货制的，在货物送到后有无取得购货方的收货签证或回执。

（8）发往外地客户的，有无为客户支付代垫运费的情况。如有，是否取得代垫运费的凭证，并收回代垫款项。

（9）凡实行提货制的，有无提货单。提货单的签发部门、签发人有无签证。

提货时，发货人和提货人有无签证。

以上各点均应逐一查明，检查其有无问题，如有发现，应查明原因和有关责任人员。检查的步骤和方法如下：

①将发票存根与销售合同进行核对，检查其是否一致；如不一致，应查明原因。

②将发票存根与销售账户贷方记录进行核对，检查其是否入账，如未入账或有错误，应查明原因，然后追查责任。

③将发票存根的提货单与仓库发货记录簿的记录逐笔核对，视其是否一致，如不一致，应追查原因和责任。

④将收货回执与发货记录簿、发票存根进行核对，视其是否一致，如不一致，应查明原因和责任。

如有发往外地客户或出口的商品，应将运输单据、海关报关出口货物清单与发货记录簿、发票存根、合同等分别进行核对，如不一致，应查明原因和责任。

2. 货款结算与收款的追踪诊断

此项检查的目的主要是查明产品销售出去后，货款是否均已收到和已经入账；有无少收、未收或收入不入账、少入账的情况。检查时，应重点查明以下问题：

（1）企业有无建立销售收款内部控制制度；有无专设销售收款机构和专职销售收款人员。

（2）企业销售商品采取哪几种结算方式，是现金结算、支票结算、商业汇票结算、托收承付结算，还是委托银行结算；或者兼有几种方式。

（3）企业销售部门在开出发票后，有无将记账联连同销售合同副本送交会计部门；仓库在发出商品后有无将发货单据送交会计部门；收款部门在收取货款后有无将收款单据送交会计部门。会计部门在收到销售、收款、仓库等部门交来的发票记账联、收款单据和发货凭证后，有无进行相互核对，核对结果是否相符；如有不符，应立即查明原因。

（4）销售部门开出发票后，收款部门应向购货单位收取货款。有无发票开出，货已发出、款未收到之事，如已经收到货款，会计部门是否已经全部入账；如未收到的，应查明原因和责任后由会计部门负责通知销售部门催收货款是否做到。

（5）企业销售部门开出发票后，此项交易属于赊销的，应通知会计部门作应收账款处理入账。然后再由销售部门负责催收，收款部门按期收回。此项检查应重点检查发生的赊销，有无经有权核准的领导人员核准，会计部门是否入账控制，销售部门有无负责催收，收款部门有无按期如数收回拖欠的货款。如收款部门已收回，有无将收款凭证交会计部门入账核销。此外，还应查明有无发生销售或收款人员私收应收账款，或将收到的货款推迟入账的行为；如有发生，应查清有关人员责任。

（6）收款部门的收款人员在收到货款后，是否全部解存银行，将送存银行的单据和收款单一并交出纳部门；然后，由出纳部门人员复核无误后再将单证送交会计部门入账。

（7）收款部门在收取现金时，有无发生多收少收之事。发生后，是否将多收或少收的现金出具报告，送会计部门入账处理。

（8）采用商业汇票结算方式的，企业在收到购货方出具的商业承兑汇票和银行承兑汇票后，有无登记入账，有无发生到期退票之事；如有，是否采取措施及时收回货款。

（9）采用托收承付结算方式的，企业在发出商品后，有无将发票、运输单据、合同副本送交银行办理托收手续；办完托收手续后，有无入账。货款有无按期如数收到，有无发生购货方拒付货款之事；如有，其原因是什么，有无及时采取措施解决。

（10）对于采用分期收款结算方式的，有无发生到期未收到货款之事，是什么原因，销售部门有无催收。对于收到的货款，是否均已入账。

（11）在应收账款中，有无发生客户久欠不付的货款，有无发生坏账损失；如有，应查明原因和责任，并采取措施，设法收回久欠不付的货款。

在检查上述各项内容时，可用下列步骤和方法进行检查：

①将销售发票与收款记录进行核对，并把银行存款、现金、应收账款、应收票据与分期发出的商品、销售额等账户进行分别核对。

②检查发货记录单据，并与销售账户贷方记录逐笔核对，视其有无货已发出而未作销售入账之事；如有，应查明原因，分别处理。如属于漏记的应补充登记入账；如属于分期收款的，应检查分期收款发出商品账户借方记录，视其是否已入账。

（八）销售入账的追踪诊断

销售账户的记录，是销售产品完整的记录。凡是已经完成的销售业务，均应如数登记入账。

销售入账追踪诊断的主要目的是查明销售账务处理和记账的准确性、真实性、合法性和合理性。如果发现问题，就应采取措施，及时治理和处理。检查的资料除企业的销售账务资料外，还包括与销售有关的其他账务资料。此外，还应检查销售内部控制制度的实施和执行情况。检查时，还需应用会计原则和会计制度对账务处理的情况进行对照。

检查的具体内容分两类。一类是销售账务处理，另一类是销售账务登记。

1. 销售账务处理追踪诊断的具体内容

销售账务处理是根据有关销售的原始凭证通过会计人员填制记账凭证进行

的。因此，此项诊断的依据是有关销售的原始凭证和记账凭证。具体的内容有：

（1）根据有关销售的原始凭证所列内容查明销售业务是否已经确立。预收货款的商品是否发出；采用托收承付方式货款是否收到；与外商交易按照惯例和合同订明，商品已发出，需要在收到货款后再开发票才能作为销售业务确认的，但货款尚未收到，发票也未开出情况下，在账务处理中是否列作销售业务。

（2）根据有关销售的原始凭证检查，在账务处理中有无将已经实现的销售收入不入账或少入账；有无将已经实现的销售收入转作负债列入应付账款或应收账款账户；有无将已实现的销售收入扣除销售成本或回扣后的差额作为销售收入入账；有无将已实现的销售收入借用其他企业的发票而不入账；有无将应属本期销售收入列作以后各期，或将应属以后各期的销售收入列作本期；有无将物物交换的交易不作进货和销售收入入账，或将物物交换结算的货款差额不列作销售入账；有无将本企业领用的商品或产品不作视同销售入账。对于上述各项情况，如有发生，应查明原因。

（3）根据有关原始凭证检查，有无发生销售人员将应属本企业销售收入和进货的，未予入账；如发现有，应追究责任，建议调账。

（4）采用现金销售和收银机收款的，每天销售额的累计总额有无在加总时发生错误；有无发生现金收入的溢长和短缺，如有，是如何处理的。

（5）根据有关原始凭证检查记账凭证。对于采用托收承付、委托收款、支票、本票、商业汇票、汇票以及赊销、分期收款销售等方式进行销售的，其销售账户的对应账户有无使用错误。此项检查，应先检查原始凭证的内容，然后，再检查记账凭证使用的账户（科目）是否发生错误。

（6）根据预收货款账户的贷方记录，逐笔检查有无商品已发而未作销售处理的；有无根据应收账款中托收承付款和分期收款发出商品账户的借方记录，逐笔检查有无款已收到而未转作销售处理的。如发现有，应查明原因，建议更正调整。

（7）逐笔检查应收账款、应付账款的贷方记录。检查有无属于销售收入或其他业务收入的；如有，应查明原因，建议调整更正，并查究行为人的责任。

2. 销售账户登记追踪诊断的具体内容

销售账户登记追踪检查的具体内容较为简单，主要有以下几个方面：

（1）销售账户和有关销售的对应账户的设置是否正确、合理与完整。

（2）登记的账户有无错记，有无将销售的甲商品误记入乙商品销售明细账户。

（3）账户的登记方向有无错误，有无借贷记错误方向现象。

（4）账户登记的金额有无错误。

销售入账追踪检查使用的方法主要采用检查、核对、查询等方法。销售入账追踪检查的步骤：首先，检查账户的设置。其次，检查销售账务的处理。最后，检查账户的记录。在检查中如发现问题，必须追查到底，直到查明原因和解决问题为止。

（九）委托销售和销售退回的追踪诊断

企业销售入账的追踪诊断，还应对委托代销、受托代销，销售退回，销售折扣、折让和销售回扣等账务处理和记录实施追踪检查。具体内容如下：

1. 委托代销追踪诊断

企业委托其他企业代销产品时，必须与受托方签订代销合同。合同的内容应包括代销产品的品名、货款结算方式和日期，以及代销手续费的支付方法和金额。检查时，主要查明下列问题：

（1）代销产品发出后，企业有无单独设账记录和控制。

（2）商品或产品销售后，受托方是否按期将代销收入编表，连同货款送交本企业。本企业收到代销收入表和货款后有无立即作为销售入账；如有未入账的，应予入账。

（3）支付代销手续费是否列作销售费用处理入账，是否将代销手续费减除销售收入入账。如有应予纠正。

2. 受托代销的追踪诊断

受托代销必须签订代销合同。明确代销的商品品名、货款结算方式和日期、手续费的收取办法。此项检查内容是：

（1）企业收到代销商品有无单独设账控制（此类商品不作本企业所有，应列作账外代管资产处理），记录是否完整。

（2）受托代销商品销售后有无作为本企业销售收入入账；如有，应予纠正。

（3）受托代销收取的手续费是否作为销售收入入账；未入账的，应予更正。

3. 销售退回、折扣、折让的追踪诊断

（1）销售退回的追踪诊断。销售退回的发生，表明企业在销售发货和销售管理中存在着某些弊病，必须引起重视，认真研究发生原因，制定有效措施，尽量避免退货的发生。

销售退回在账务处理中，应作减少销售收入处理。企业有的设专户核算，有的未设专户，其追踪检查主要查明下列问题：

①核查销售退回的账务记录，并与销售退回凭证进行核对，检查其有无错误，货款如何处理的；

②核查销售退回的产品是否如数入库，有无短缺，退货的手续是否完备；

③查明销售退回的原因和责任。

（2）销售折扣和折让的追踪诊断。销售折扣和折让发生的主要原因：一是企业为扩大销售采取的促销策略，给客户优惠发生的折扣；二是商品发出后购货方发现商品质量等问题，为避免发生销售退回而给购货方的价格折让。不论是折扣和折让，在账务处理中，均作减少销售收入处理。检查时，主要查明下列问题：

①核查销售折扣和折让的账务处理和记录是否正确，有无减少销售收入，税务上是如何处理的；

②查明发生销售折扣和折让的原因是什么；

③查明销售折扣和折让是否经过有权人员审查同意。

4. 销售回扣的追踪诊断

销售回扣是一种促销手段，必须在完成销售业务、收到货款后方能支付。

销售回扣有两种：一种是商品回扣；另一种是现金回扣。回扣的支付一般都是给购货单位的，也有给介绍人的。现行制度规定现金回扣应在财务费用列支，商品回款应冲减销售收入。检查时重点查明下列问题：

（1）销售回扣有无经有权人员批准；

（2）发生的销售回扣账务处理是否正确；

（3）查明有无发生销售人员内外勾结，利用销售回扣营私舞弊，中饱私囊的行为发生，如有，应查明情况和责任。

第七节　营销部成员自我诊断

一、营销经理自我诊断

类别	诊断项目	诊断记录	问题点	评级
营销战略	1. 你在经营什么，目标是否明确			
	2. 你的产品策略如何			
	3. 你的产品处于产品周期的哪个阶段			
	4. 你的经营内外部环境如何			
	5. 你今后 3 ~ 5 年的经营方向			
	6. 你明年的营销目标是什么			
	7. 什么因素可能妨碍你达到这些目标			
	8. 你的经营优势是什么			
	9. 你的经营弱点是什么			
	10. 你所处的行业前景如何			
	11. 至今你发现了什么重大营销问题			
	12. 你计划怎样解决这些重大问题			

类别	诊断项目	诊断记录	问题点	评级
	1. 是否有任何人口发展趋势对企业产生机会或威胁			
	2. 对于这些发展中的趋势是否已采取多种反应行动			
	3. 企业使用的自然资源与能源，在成本及取得上是否会遭遇问题			
	4. 企业对环保生态的问题如何应对			
	5. 产品技术及工程技术的发展趋势程度如何？企业在这些技术里处于何种地位？是否有预做准备			
	6. 是否有主要的替代品可能会取代此项产品			
	7. 是否有技术提升的方法或渠道			
	8. 哪些法令的修订可能影响营销策略及战术的运用			
	9. 对于影响营销策略的消费者保护法、公平就业机会、配额、进口限制、产品安全性、广告等项目，有哪些会影响到企业的发展			
	10. 顾客生活形态及价值发生的变化，是否会影响企业目前的营运？有无对应行动			
	11. 是以网络营销占领市场？还是以代理营销占领市场			
	12. 市场规模、成长、地理分布和利润发生何种变化			
营销环境	13. 主要的市场区隔为何？次要市场为何			
	14. 顾客对本企业及竞争者的声誉、产品品质、服务、销售力和价格评价名次如何			
	15. 是否了解不同市场区隔的顾客购买的原因为何			
	16. 客户的需求、口味、态度、购买能力是否有所改变，企业产品能否适应			
	17. 主要竞争者是谁？竞争者的目标和策略如何？它的优势、弱势以及规模和市场占有率如何			
	18. 何种趋势将影响此产品未来的营销			
	19. 是否有新的竞争者加入市场，企业如何应对			
	20. 是否有竞争者在过去的一年中，在某个市场做得特别好？为什么			
	21. 产品是由哪几种通路销售给顾客？各通路的销售额比率如何			
	22. 各个配销通路的效率水准和成长潜力如何			
	23. 单位配销成本与竞争者比较如何			
	24. 生产所需要的关键资源，未来的取得是否有风险			
	25. 供应商是独家供应？还是多家供应？主控权是在自己手中还是供应商手中			

续表

类别	诊断项目	诊断记录	问题点	评级
营销策略	1. 企业经营使命是否有明确的以市场导向的词句表达？表达是否合适			
	2. 公司现有的营销机会与资源，企业的使命是否可行			
	3. 公司的目标是否明确？是否能够合理地指引营销目标的方向			
	4. 是否以明确的营销方针与目标，指引营销规划和绩效衡量			
	5. 在企业现有的竞争地位、资源及机会条件下，营销目标是否恰当			
	6. 是否清楚地定出营销策略？此策略的执行性是否可能			
	7. 其他部门人员是否充分了解营销策略的重要性，如何配合营销策略的执行			
	8. 拟定策略时是否考虑资源分配和自己所处的竞争地位及产品的生命周期阶段			
	9. 策略是否合于企业的现有政策及企业文化			
	10. 策略的执行是否向下展开到各个相关部门人员			
营销组织	1. 在影响顾客满意程度的企业活动中，营销部门是否占主导的地位			
	2. 营销活动是否以如何满足客户为主旨，依据功能性、产品、最终使用者以及区域范围作最佳的组织结构			
	3. 组织是否能配合营销策略的需要而变动			
	4. 营销与销售在组织规划上，是否能做到良好的沟通及密切配合			
	5. 营销、制造、研究、发展、采购、财务、会计等部门间是否都能以客户导向沟通问题协调工作			
营销功能	1. 产品线的目标如何？是否适当？目前的产品能否符合这些目标？与竞争者比较，各目标市场的优劣如何			
	2. 产品线是否该扩充或紧缩？为什么			
	3. 是否有该取消的产品及该增加的产品			
	4. 买者对于企业及其竞争者的产品品质、特色、名称以及品牌的偏好如何？产品策略的哪些范围能够改善			
	5. 各个产品的成本的生命周期如何？是否依生命周期而管理			
	6. 各个产品的成本结构及获利状况如何			
	7. 产品的最大产能如何			
	8. 是否有专利及商标上的问题发生			
	9. 品牌策略是否合乎长、短期的利益			

类别	诊断项目	诊断记录	问题点	评级
	10. 产品正式上市前，是否有试销？是否有评估试销的程序及方法			
	11. 是否以定价的目标、政策、策略及程序作业？价格以成本、需求以及竞争标准来决定的程序如何			
	12. 定价前您是否知道各个产品的实际成本及销管费用			
	13. 顾客是否认为企业的定价与提供的产品价值相吻合			
	14. 客户认为您的定价比竞争者高或低？谁是价格领导者			
	15. 价格政策是否能配合经销商、零售店的需求			
	16. 通路的目标及策略如何			
	17. 通路的范围及服务是否足够			
	18. 直销和经销的市场是否区分得清楚			
	19. 经销商、制造商业务代表、经纪商和代理商等配销通路成员的有效程度如何			
	20. 经销商等的配合度如何			
营销功能	21. 配销的效率是否高于竞争者			
	22. 广告的目的是什么？是否能配合行销策略			
	23. 如何决定广告预算			
	24. 广告的主题和文案的创新程序如何			
	25. 是否测试各项媒体的效果			
	26. 广告质量竞争者比较如何			
	27. 广告促销是有效地达到目标市场			
	28. 促销预算与广告预算如何分配			
	29. 新闻报道的预算是否足够？公关的主题是否能呼应社会的脉动			
	30. 销售人员的数量与素质是否能够保证达成公司的目标			
	31. 销售人员是以特性市场（如区域、市场别、产品别）还是以组织			
	32. 销售薪资水准及奖金是否有足够的激励作用			
	33. 是否有多项激励销售人员士气的办法			
	34. 设定配额及评估绩效的作业是否合理			
	35. 公司的销售员与竞争者的销售员数量相比业务素质如何			
	36. 销售人员的招募能力如何，通过哪些渠道招募			
	37. 销售人员的离职率是多少，是否偏高？有何改善对策			

续表

类别	诊断项目	诊断记录	问题点	评级
营销系统	1. 营销情报系统对顾客、潜在购买者、配销及经销商、竞争者、供应商是否能提供真实、及时的信息			
	2. 企业是否要求每一位员工都负起提供营销情报的责任，做得如何			
	3. 营销计划是否遵循计划程序而制定			
	4. 销售预测和市场潜力的衡量是否经过大家同意的方法，预测科学度如何			
	5. 销售计划是否保留弹性？是否检讨修正的期间			
	6. 是否定期分析产品、市场、区域以及配销通路的执行状况，并提出问题改善的方法			
	7. 是否定期检查各项营销费用与预算的差异性			
	8. 企业是否有一个新产品发展系统，能聚集、产生及筛选新产品构想			
	9. 是否以设计中心的方式发展产品开发系统			
	10. 新构想投资前，企业是否做了充分的市场调查及事业分析			
	11. 在量产导入，产品全面上市前，企业是否做过足够的产品及市场测试，效应如何			
营销效果	1. 是否能够明确计算出不同的产品、市场、区域以及配销通路的获利能力状况			
	2. 企业是否评估过进入、扩张、缩小或退出任何产品或业务经营范围？对于长、短期利润会带来什么影响			
	3. 营销费用是否以能产生的营销效果进行评估			
	4. 每百元广告促销费能提供多少销售额，近几年变化如何			
	5. 每百元营销费用能产生多少销售额，近几年变化如何			
	6. 每百元销售工资及奖金能产生多少销售额，近几年有什么变化			
评价				

二、销售人员自我诊断

（一）你对推销的产品真正了解吗

不论销售的是什么，从有形的电视机到无形的服务业务，销售成功的关键之一，就是你到底对你提供的产品或服务业务了解多少？其中还包括与同行竞争者产品的优劣比较。

1. 问题诊断

下列问题可以帮助你解答这个重要而关键的问题，请坦诚地作答：

（1）你是否知道你的产品超过竞争者的所有利益？

是□ 否□

（2）你是否知道你的产品的所有缺点？你是否有说服性强的论点加以补充？

是□ 否□

（3）你是否知道你的产品或服务经常被顾客误用或误解的可能方式？

是□ 否□

（4）你是否了解你的产品如何独特及为何独特？它有哪些特点为其他产品所无法比拟？

是□ 否□

（5）你是否对有关你行业的最新改革或发展养成随时吸收新知的习惯？

是□ 否□

（6）你是否了解你的产品是如何制造的，例如使用何种材料等等？

是□ 否□

（7）你是否知道就你的每个顾客来说，你的产品对每位顾客而言哪些特性最重要？

是□ 否□

（8）你是否对主要竞争者的产品充分了解，而能将它们与你的产品做明智的比较？

是□ 否□

（9）你是否对公司发给你的每份产品说明或手册仔细阅读并存档备查？

是□: 否□

（10）你是否检查自己对产品知识中最弱的一环而努力阅读材料、书籍或向专家求教？

是□ 否□

（11）你是否了解你的顾客使用你的产品后的所有问题及抱怨？你能否帮助他们解决这些问题？

是□ 否□

（12）你是否有资格作为使用你的产品的顾问，而能提供咨询服务，以使他们的购买获得最大价值？

是□ 否□

请把你所有答"是"的乘以5，如果你的总分是55分或以上，恭喜你对你的产品知识十分丰富！如果你获得50分，也算不错，40~45分尚可，40分以下有待加油。

2. 问题解析

（1）首先你必须了解你的产品的所有利益，从而建立信心，在推销时有系统地介绍给顾客，以免挂一漏万，而不能满足顾客的需要，或不能激发其兴趣及创造其需要！真正的推销重点不仅是介绍产品的特点，更重要的是能直接打动顾客的心。例如推销香水，茉莉花香是特点，而"迷人"、"吸引异性"则是利益，许多推销人员在推销产品时都特别强调产品的特点，如使用材料、构造、功能等，而往往忽略了更重要的"利益推销"。你确实了解你的产品优于竞争产品的所有利益，就更能深深打动顾客的心。

（2）天下事是有利必有弊，你的产品不可能十全十美，在推销时硬向顾客强迫式地宣称自己的产品无懈可击，是会招致反感的。你必须完全了解你的产品的所有缺点，在推销时如遇到顾客的询问，必须以极具说服性的论点加以补充，并以本产品的其他优点扭转其注意力。强辩或否认你的产品的缺点于事不利，尽量减少其不利影响才是上策。

（3）一项良好产品如被误用或误解，则不能达到其应有的效果，例如冷气机是否骤开骤关而来依次进行？润滑油是否在工厂中误添在不适合的机器中，只有知道各种不同可能误用的方式，才能预先警告顾客而避免错误。

（4）一项产品或服务能够成功，必有其独特之处，而为其他竞争者无法抗衡（当然，你的竞争产品亦必有独到之处），好好把握这些独特之处加以发挥，必可奠定成功的基础。

（5）在科学考核日新月异的今天，一个专业推销工作者必须不断求知，以免与时代脱节，也只有具备最新知识，才能显示你对产品的充分认识，而赢得顾客的尊敬与信心。

（6）你必须清楚产品的制造过程，才能对顾客生动地描述及解释，而使顾客脑海中浮起一幅动人的图画，进而产生兴趣及信心。

（7）每一顾客对产品有不同要求。如有的顾客关心产品效率，有的重视其美观大方、有的重视产品价格、有的重视产品寿命等，不一而足。因此，你必须设法使每位顾客的要求都能满足。否则你就会失去既有的顾客。请记住，开发一个新客户很难，失去一个旧客户，却很容易。

（8）"知己知彼，百战百胜。"你必须充分地明了竞争产品的优劣点，如价格、特性、利益、要点、制造、材料等，并能清楚地与你的产品加以比较，使顾客能有系统地被诱导至对你有利的方向。

切忌对竞争产品谩骂，更不可批评得体无完肤，因为这样会使顾客看不起你的人格，你宁可使用"X产品的这些利益很好，Y产品的那些特点不错，但我们的产品更好，因为……"的说法。

（9）有些推销人员不注意自己公司发给的产品说明、手册，需知这些资料不是废物，往往对你有某些帮助，而且顾客也可能在不决定之前加以阅读并向你提出问题。尤其甚者，你的竞争对手也可能千方百计地得到这些资料，而对顾客将你的产品大加批评，以达到销售它产品的目的。公司的产品说明、手册看过后应存档备查，以供不时之需。

（10）产品知识具有多样性，如所用材料、制造、功能、用途、定价、原理根据、国内外文献等，你必须检查自己对最弱的一环加以改进，阅读、不耻下问，甚至向顾客求教等都会很有帮助。

（11）最好能对顾客使用你的产品后，可能发生的问题先做预防，如不要连续开动过久，不要超过负荷，不要忘了定期保养等等。一旦出了问题也不可设法逃避或推卸责任，将错误完全归于客户。需知发生问题后最主要的不是争执谁是谁非，而是如何解决问题。

切记发生问题而引起顾客抱怨时，你的态度及处理方法，常是能否争取其成为连续顾客的关键，即危机 = "危" → "机"。

（12）请你反躬自问，你在你自己这一行业里是否能称得上是专家？是否能成为顾客的顾问，而不只是销售产品？你能否指导顾客获得最大的"投资报酬"？你是否真正关心顾客的使用结果及利益，而不是"卖出了事"？你如果真能像使用自己金钱一样的态度来提供顾客投资、选择、使用产品的顾问及服务，则你必能成为顾客的朋友！

（二）你的推销介绍是否富有灵活性

一场令人烦闷的"推销介绍"主要错误之一是不够具有弹性。当一个推销员对他自己说的话都感到烦闷时，就不可避免地把这种烦闷传染给正在听他做介绍的准顾客们。

一位非常成功的推销员曾经说过，我尽量使自己不发表一篇与以前完全相同的推销介绍，我尽力想一些能够特别引起顾客兴趣的事物，经常删去顾客不感兴趣的事物，尽力在成功的推销介绍中加上一些新东西，如果我不这样做，很快我就会把烦闷带给顾客！

1. 问题诊断

为了测验你在推销介绍时的弹性，为你设计了以下问题，请坦诚作答：

（1）你的推销介绍是否经过事前精心设计，使它对特定的顾客能够产生特定的兴趣？

是□　否□

（2）你是否删去某些准顾客没有特别兴趣的事情？

是□　否□

（3）你是否把谈话尽量精简，但是决不遗漏任何要点？

是□　否□

（4）你是否能在与顾客见面前几分钟内就发觉顾客的需要和欲望，而在接下去的推销介绍中能够准确回答或满足顾客需要？

是□　否□

（5）你是否经常能够注意到客户从事行业状况的改变，而同时也能改变你的推销介绍？

是□　否□

（6）你是否尝试在每次的推销访问中，加一些不同的或是新的事情？

是□　否□

（7）当你感觉或认为顾客准备购买的那一刹那，你是否立刻就能要求顾客下订单？

是□　否□

（8）你是否对你推销简介中感到沉闷或缓慢的部分设法加速带过？

是□　否□

（9）你是否经常练习创造出一种诚实的印象，使顾客对你的稳重、自信及友善感到信心十足？

是□　否□

（10）你是否能够对一个困难的问题找出几种不同的方法来回答，而从中找出一个最有效的回答方法？

是□　否□

请把你答"是"的题目给 10 分、答"否"的题目给 0 分，如果你的总分低于 80 分，那就表明你在推销介绍上需要加上更大的弹性。

2. 问题解析

（1）每个顾客所感兴趣的问题必然不同，因此，如果你千篇一律发表你的推销介绍，固然能够吸引某些人，但另外一些人可能感到厌烦，所以你必须在事前针对顾客的行业、个性及特殊性，设计一个能够吸引他的介绍内容，成功希望才较大。

（2）即使你准备了一些要讲的内容，但是如果发觉顾客对某要点不感兴趣，你必须当机立断删除这些要点，不要一味非把自己准备的讲完，以免弄巧成拙。

（3）由于现在工商界人士非常繁忙，所以你在发表推销介绍时不可啰里啰唆，但是你在精简之余也必须把所有要点包括进去，以免挂一漏万。

（4）当你会见顾客时要利用敏锐的观察力，或设计一些问题，在几分钟内就了解顾客的需要及他想要的，在以后简介中就应想尽办法来满足顾客需要，这样才能引起顾客的购买欲望及冲动。

（5）目前的工商业都处在变动状态，否则不能应付日益剧烈的竞争。因此，你必须清楚了解顾客所从事的行业变动，你的推销介绍也必须随之改动，以适应顾客的变动，否则你的推销知识及介绍，就必然落伍。

（6）不要老生常谈，总是那么一套推销介绍，这样的话会使你自己及顾客都失去兴趣，你要不断地求知、求新，在你的推销介绍里加上一些新的及不同的事物，这对你固然是一项挑战，但也是使你日新又新，更上一层楼的好方法。

（7）当你感觉顾客想要购买的那一刹那，你必须当机立断地要求顾客给你订单。很多推销员因为碍于情面或是没有经验，常常在顾客发出购买信号的时候，不能立即要求顾客购买，致使良机错过，后悔莫及。因此，一个好推销员绝对不必一定要把自己所准备的推销内容全部介绍完毕，才来进行缔结，在任何时候，当你发觉顾客有购买欲望时，就要停止一切介绍，而进行缔结。

（8）当你在做一个推销介绍时，如果发现自己或顾客有一种厌倦或是缓慢感的时候，必须把这一部分加速进行，以免让大家都失去兴趣而不能集中精神。

（9）许多顾客在购买某种商品或服务时，并不全是由于商品的本身，而经常是由于推销员的人格，也就是所谓的人格推销。因此一个好的推销员必须经常的练习、创造一个良好的印象，使顾客感觉他诚实、稳重、自信和友善。

（10）任何产品都有它的优点及缺点，对于缺点不可加以掩饰，只有想出好的方法回答顾客的询问来化解，你必须要想出几种不同的回答方式，经常加以运用，然后从其中找到一种最有效的方法，不要只用一种方法来回答顾客！

（三）你能不耻下问吗

销售成功的最重要因素是能够满足顾客的需要，使交易双方都各获其利。但是，要达到这个目标，需要足够的知识，你必须知道顾客想要什么！而什么是最直接而又是最有效的方法，使你能够获得成功的销售情报呢？最简单的方法就是询问适当问题而获取答案。

1. 问题诊断

下列 12 个题目是为了测试你是否能对准顾客及顾客们适当而有效地发出问题而设计的。

（1）在任何一个推销访问之前你是否都仔细想过需要哪些与准顾客有关的资料？

是□　否□

（2）你是否设计一新表格，把想要获得有用资料的问题列下来，以备在不同场合，勾出你所需要的资料而加以询问？

是□　否□

（3）你能否技巧地询问一些问题，使顾客很自然地表达出他与你的竞争者之间所发生的问题及不满之处？

是□　否□

（4）你能否询问一些与业务无关的问题，为的是想了解顾客个人的兴趣及喜好？

是□ 否□

（5）当你做推销访问时，能否设计一些问题，以了解顾客是否在仔细倾听，并明白你所说的话？

是□ 否□

（6）你是否能够询问一些使顾客感到骄傲及自我满足的问题，而使双方关系更加融洽？

是□ 否□

（7）你是否能找一些直接或间接对顾客的困扰或问题表示同情或关切的问题？

是□ 否□

（8）你是否能设计一些问题以鼓励顾客谈论有关他的困难与需要？

是□ 否□

（9）你是否能够询问一些问题，以鼓励买方人员透露主要采购者的资料及目的？

是□ 否□

（10）你是否能够询问"战略性"的问题，例如"你认为合理吗？""你觉得有帮助吗？"以了解顾客对你的观点是同意或不同意？

是□ 否□

（11）你是否有时能运用有效的"反射问题"？譬如"如果我做了这些，你是否也愿意这样做呢？"目的在于加速引导购买的决定？

是□ 否□

（12）你是否能够在时机成熟时询问有效的问题来加速销售的促成？譬如"一切都没有问题了吧？""一切都很清楚吗？"

是□ 否□

请把所有答"是"的问题，加起来乘以5，如果你的分数是55分，表示你是个询问问题的高手，50分表示问题中上，40~45分尚可，40分以下就要努力加油了。

2. 问题解析

（1）很多推销员在访问客户前不加准备，自以为经验丰富，可应付自如。殊不知顾客种类很多，每个人的需要及状况也不一样，一个有效地推销员必须在访问准顾客之前就要先做一番研究，以获得需要的资料，到时才能得心应手，同时这也可使顾客对你的敬业精神感到尊敬，顾客在交谈中很容易知道你是有备而来的。

（2）许多推销员在做完推销访问后，常发觉忘了一些重要的问题，如访问的次序、时间等等。要避免再度犯错误，最好的方法是准备一张表格，把重要的问题一条条列下来，然后针对不同顾客及不同场合，挑选所要询问的问题，这就会万无一失了。

（3）一个好的推销员绝不恶意或肆意攻击、批评他的竞争者。但是为了知己知彼，有效地强调自己的产品或服务的优点，你可以技巧地询问一些问题，使顾客自然表露出他对你的竞争者的产品或服务所产生的问题或不满之处，这种信息对你非常有用，可用来加强自己产品的长处。

（4）推销员不仅要把产品推销出去，更应该怀抱愿意多交朋友、多关心别人的志趣。询问一些顾客个人喜好、兴趣方面的问题（但不要探寻隐私），以增加彼此之间的了解及感情，这种私人之间的感情，对你的业务有意想不到的效果。

（5）常见有些业务代表滔滔不绝、口若悬河，但不能引起顾客兴趣，或使顾客精神集中。因此必须设计一些问题，在交谈当中有效提出以测验顾客是否注意倾听及了解你所说的话。一些简短的反问句就是很好的例子，譬如"你现在的情况是不是这样呢？""你想这样能否解决问题呢？""这样做比那样做是否更好呢？"

（6）每个人都有他觉得自豪的事情，你是否能有效询问一些使顾客感到骄傲及肯定自我的问题，使顾客对你惺惺相惜而增加彼此关系，这对你的销售是否成功有着极为重要的影响。因此，你应仔细观察顾客办公室及办公桌上的布置，譬如对顾客奖牌、家人照片、办公室整洁、工厂成绩效率等等，加以诚挚的赞赏，因为任何人摆在大家都看得到的地方的东西如证书、奖牌、相片、纪念品等，必定是他感到自豪或有意义的东西，这是一条很好的线索，请不要忽略。

（7）推销员必须时时对顾客的困难或问题表示关切或同情，但却不能流于肉麻或无礼，可询问一些技巧的问题来表示关切，譬如："听说贵厂的第三号机器最近发生故障，哎！做厂长的最怕的就是机器突然运转不顺，现在修好了吧。"

（8）每位顾客都有他特殊的问题及需要，但是对生疏的人是不肯轻易透露的，因此你要设计一些问题鼓励顾客谈及这些特殊需要，使你了解顾客，进而满足顾客。

（9）有时你可对顾客公司中的其他人询问一些问题，使他们透露有关主要采购者资料，这样当你与采购者交谈时，就可从容不迫、攻无不克了。

（10）要顾客自己说出他对你或产品的观感是不容易的，但你可技巧地询问一些"战略性"的问题，譬如"听起来很有道理吧？""这样不是很实用吗？"

"这样就改进很多了!"等等。使顾客能表示同意或不同意,这样你就能真正了解顾客的心态而采取下一步行动。

(11)"反射问法"是加速顾客决定购买的有效方法。譬如"如果我们按旧价卖给你,你是否能马上决定?""如果我挑最好的产品给你,你是否能把期限缩短一点?""如果我能提供给你满意的售后服务,你是否愿意长期给我们订单?"等等。

(12)当时机成熟时,最重要的问题就是加速销售,促成获得订单,因此一些重要问题必须经常演练,譬如"我们彼此了解了吧?""没有其他问题了吧!""你对一切都满意吗?""还有什么需要我补充或加以说明的吗?""你愿意怎么开始呢?"等等。

(四)在推销业务中你注意倾听吗

希腊哲人艾皮科蒂塔(Epictetus)曾说过一句名言:"自然赋予人类一个舌头却有两只耳朵,使我们可以从别人那儿听取能取信于我们所说的话。"

你是否能够有效地倾听准顾客的谈话呢?这实在是一个不容忽视却又一时难以作答的问题。

1. 问题诊断

下列 15 个测试题,可帮助你提高能力,请尽量诚实坦白地选择答案。

(1)你是否能在顾客说话时,抱以仔细、礼貌、赞赏性的关注,并把它当成推销员应有的态度?

是□ 否□

(2)当顾客找到某些你不完全了解的事物时,你是否会经常提出问题?

是□ 否□

(3)如果方便的话,你在倾听时是否会把顾客给予你的启示或灵感,记录下来?

是□ 否□

(4)你是否随时都能够保持开放的心胸去倾听顾客的讲话?

是□ 否□

(5)你是否尽量不使你的情绪影响你倾听时的态度与反应?

是□ 否□

(6)当顾客说话时,你是否使自己尽量不分心?

是□ 否□

(7)你是否以友善而诚恳的眼光注视对方,并且以赞许的反应譬如点头、称是、称好等,鼓励说话者?

是□ 否□

（8）你是否努力对顾客所说的话，加以分析与评估？

是□　否□

（9）你是否会以言语的反应，譬如"这真是一个好主意！""我怎么早没想到？""对于这点我深表赞同"等来赞赏说话者？

是□　否□

（10）倾听的时候，除了注意顾客陈述的事实之外，你是否尝试去捕捉其中的含义？

是□　否□

（11）你是否特别注意倾听顾客所提及的销售要点，并将之记录下来加以发挥？

是□　否□

（12）你是否了解你在倾听上所花费的时间与你在说服上所花的时间，同样都是"推销时间"？

是□　否□

（13）当你倾听时，你是否能在发生歧见之前，先为顾客设身处地地想一想？

是□　否□

（14）当你发觉顾客所谈论的问题太远时，你是否能够巧妙引他回到主题？

是□　否□

（15）当顾客像上了发条似的无休止地长谈下去时，你是否能够巧妙而礼貌地让对方知道你的时间非常宝贵？

是□　否□

请把你所有答"是"的项目加起来，总数乘以5，如果这个数目等于70分或更高的话，你真是一个善于聆听的专家；60或65分表示你比一般推销员好；45～55分表示中等；45分以下非加油不可。

2. 问题解析

（1）只有诱导顾客说话，才能达成"双向式"的沟通，并提高顾客参与的兴趣。因此，必须对顾客的谈话表示关注，使对方感受到重视，以作为使其"一吐真言"的前导，你才能真正了解顾客的需要及意见，这种态度必须随时保持，不能只在高兴时偶尔为之，努力养成尊重别人谈话的好习惯，久而久之你表现起来就十分自然了。尤其是中国人大多天性保守，对陌生人不肯多言，心中好恶更不轻易表述。有些顾客心中不同意或感到怀疑时，口中只说："很好、很好，我考虑考虑。"因此如何使顾客畅所欲言，就完全靠推销员的诱导了。

（2）切记孔夫子所言："知之为知之，不知为不知，是知也！"提出问题请教顾客至少有以下几点好处：①能够导引、了解顾客所谈的事物。②表示感兴趣，愿意参与。③满足顾客"好为人师"的欲望。④避免误解或以后出丑。

（3）记录下重要的启示或灵感，一方面可以避免遗忘，另一方面可以表示对顾客意见的重视。

（4）不要胸有成见地去倾听顾客谈话。"先入为主的观念会使你拒绝对方的思想与意见，同样地，也促使顾客拒绝你。"

（5）人有七情六欲，这些因素常会影响你每天的情绪，但是，千万别让这些情绪干扰你倾听时的态度与反感，以免宝贵的倾听机会变成情绪的牺牲品。

（6）如果你分心的话，则会表现出一副漫不经心或茫然的样子，而引起顾客的反感。同时，你也无法切实地掌握交谈的气氛与主题。

（7）倾听时注视对方的眼睛，表示自己的专心及兴趣。这点非常重要。倾听时眼睛四处环视是极不礼貌的行为。同时还应辅以适当的言辞及配合适当的动作，使顾客愿意与你建立进一步的关系。

（8）顾客往往在谈话时有意无意地透露出一些重要的情报或资料，这时候，你应该对谈话的内容加以分析、评估，研判其价值，以制定自己的对策。

（9）倾听时光是点头、摇头等还不够，必须进一步地以言语来加强，言语必须简练而自然。对顾客自豪的事物、成就或观念、意见要特别地加以注意，表示赞赏，但是不可做得太勉强或做作，让对方怀疑你的动机，这就弄巧成拙了。

（10）不同的人对同一事物的表达方式往往不同，因此，你除了注意顾客陈述的事实之外，还要切实地了解其中的含义。

（11）顾客在畅谈时往往有时与你某些推销要点不谋而合，必须记下来加以发挥，譬如"我最重视品质了"、"现在的推销人员大都不讲信用"、"我们喜欢采用新产品！"、"我们公司最重视售后服务"均可以有效掌握运用。

（12）不要以为你花在倾听上的时间是一种浪费而感到不耐烦，须知"倾听"与"说服"同样是推销的两个基石，缺一不可。大部分的成功推销员都是遵循下列程序完成的：

说服（提出意见、论点、事实、说明、强调、引起兴趣、欲望）。

倾听（听取对方意见、反应、需要、判断对策，掌握好恶）。

讨论（综合、妥协、解释、印证、加强、诱导、同意）。

缔结（协助完成决定，达成销售目的）。

（13）设法扩大自己的范围，不要画地自限，坚持自己的意见；了解对方的立场，包容对方的意见，衍生出兼容并蓄的立论，才能够让顾客接受。有时顾客的反对意见并非完全尖锐，也许只需稍为修正自己的观点，即可争取对方的同意。

（14）离题太远使你难以掌握主题，且不能成功地促成交易。因此，你必须在不伤感情的情况下，诱导顾客回到主题。

（15）漫无边际的长谈只有浪费时间，对促销毫无帮助，因此，必须设法中止，并使顾客尊重你的时间。然后，他才会尊重你的访问与服务，否则他会以为你是一位"无所事事"的人。

（五）你是否具有成功的商谈技巧

不论你是多么"高才干"的推销员，都会知道"完美无瑕"的促销商谈之不可得，就像不可能每一次的促销都能获得订单一样。因此，你的商谈技巧必须有可改进之处。不仅如此，时代与社会习惯的变迁，也会导致促销商谈技巧的改变。有时甚至是非常微妙的改变而已，即可能影响全面输赢。

推销员求好心切，常倾心地愿向其他推销员学习促销商谈技巧，不过需要注意的是："天下没有任何两个推销员应该使用完全一致的商谈技巧，因为天下还没有任何两个人的个性是完全相同的。"成功的专业推销员懂得利用其个性的特点，巧妙地配合其促销商谈技巧，以事半功倍，切记"画虎不成反类犬！"同时，推销朋友们应该经常检讨自己在做促销商谈时的弱点，而尽最大努力加以改进。

1. 问题诊断

下面是些简单的自我测试题，可帮助你改善促销商谈技巧，请对每一个问题诚实地回答。

（1）你的开场白是否立刻就为你吸引了顾客的注意及兴趣？

是□　否□

（2）对不同形态的顾客，你是否准备了不同的接近方式？

是□　否□

（3）当你进入促销主题时，你是否能够肯定顾客对你的诚实及能力已具有信心？

是□　否□

（4）你的商谈主题是否能够说服性地表明，你的产品或服务所能够提供的所有利益？

是□　否□

（5）在商谈过程中，顾客是否对某些部分感到麻木或缺乏兴趣？

是□　否□

（6）你的促销商谈中是否有某些部分较其他部分对顾客缺乏说服力？

是□　否□

（7）你是否在商谈中，使顾客有更多的参与？

是□　否□

（8）在商谈中你的产品或服务有无一套有效的示范方式？

是□　否□

（9）每个推销员都宣称自己的产品比别人的好，但你能否有极具说服性的证明呢？

是□　否□

（10）在你的商谈中有无某些地方经常遭到顾客反对？

是□　否□

（11）你能否不陷入争论的泥沼或引起顾客的反对？

是□　否□

（12）你是否有一套好而快的结论？

是□　否□

（13）对不同形态的顾客，你是否以不同的方式要求订购？

是□　否□

（14）万一你的商谈没成功，你是否有一套好方法能够使你重新再获机会做一次促销访问？

是□　否□

根据上述问题的答案，可发现你在促销商谈中，应加以改善之处。同时为各位读者作如下解析作为更进一步的参考。

2. 问题解析

（1）在初访一位重要客户之前，尽可能了解其各项背景，包括个性、好恶、个人经历、公司历史、产品、市场、竞争对手等，并在进入顾客办公室后，二三分钟内就其办公室布置、气氛、个人衣着、神态、谈吐等很快地判断，决定你应采用的开场白，以求立刻吸引其注意及兴趣。"好的开始"在商谈时，往往是成败的关键。

（2）在商谈时，"大小通吃"、"老少皆宜"、"放之四海而皆准"的开场公式是不存在的，必须因人而异，同时，因地而宜。

（3）在商谈中你必须主动地掌握、控制气氛，你的诚实及能力必须在短时间内表露，经过商谈而赢得顾客的信心，诚实代表你的品德、可靠；能力显示顾客可以获得的服务、效益、顾问协助，二者缺一不可。你自己必须敏锐地运用"感觉"随时调整气氛，逐步消除顾客的"初次疑惧感"。你可以把你的信心借你的神态、举止、眼睛、声音、商谈内容"传染"给顾客，使顾客无法拒绝。我们都知道，相同的商谈内容经过不同的人往往有不同的结果，这不仅是"会不会说话"的问题，更重要的是推销员的"气质"，这种气质，可称为"推销员的魅力"。因此，推销员除了必须具备专业知识之外，更须自尊自重，革除一般人对推销员"浮而不实"、"不择手段"、"言而无信"、"过河拆桥"等恶劣印象。"诚信不欺"可培养你"堂堂正正"的气质，奠定长久成功的基础，除了利润，并能赢得尊敬，享受乐趣，此非高调，而是许多成功推销员所积累的切身体验，切不可贪图便宜、小利，请深思之。

（4）不要忽视产品所有的利益，某些利益对甲有吸引力，但不见得对乙产生感光作用。必须逐点说明，然后敏锐地从顾客神态、反应中找出其真正兴趣所在，并加以发挥。

（5）如顾客对某部分不感兴趣，或表情茫然，则删除或修改之，以免浪费时间。

（6）加大这些部分使之"面面俱到"、"言之成理"，否则顾客会转向欠缺说服性部分，甚至借题发挥，用作拒绝的理由。

（7）把商谈从一般性的"单向式"设计为"双向式"，使用开放式的问答，让顾客亲自操作，触摸产品，诱导其发问，跟顾客坐在一起，一同念产品的要点说明；举出顾客熟悉的朋友或竞争者为例证，使其感觉亲切或感情激动等，都是鼓励顾客参与的可行方法。

（8）"眼见为真"，有效的示范可作为论点的有力支柱，以免落入"空谈"之讥。

（9）"老王卖瓜，自卖自夸"、"口说无凭"，因此你必须证明它！如客户的推荐、不同品牌的比较、国内外文献的说明、使用的结果、客户查证等都是很好的佐证。

（10）对一些无用东西删除之，不要自找麻烦。

（11）千万不要与顾客发生争论，甚至引起敌对态度，"赢得口舌之辩，赔上自己的生意，又有什么益处呢？"尊重客户的立场，对于顾客的错误不要采取故意试探的言论。意见的妥协方面要清楚，有礼而坚定地说明自己的信念及观点，但避免引起不快。

（12）好而快的结论可以有条理而迅速地组织。说明内容应简明扼要地加强顾客的了解及印象，并成熟而巧妙地将顾客引导至成功的缔结。

（13）对一般人而言下决定已十分困难，而购买的决定更是难上加难——踌躇、彷徨、患得患失，情感与理智的挣扎。因此，推销员必须不断地试探顾客的"购买信号"，把握成熟时机，针对不同顾客的性格，协助其尽可能"轻易"地做成购买决定，进而使该决定化为购买后的快感与成就感。

（14）不要切断后路，要创造再回头的机会，即使顾客暂时不购买，但至少不讨厌你，甚至还有点喜欢你。这是退而求其次的起码要求。

请君不妨再次复习，检讨你所准备的商谈内容，而且对上述提示的14点反复地演练，你必成功。

（六）你是否能把握销售促成的信号

一个杰出的推销员对整个推销过程的销售促成信号都非常警觉，只要这些信号一出现，他必定立刻停止推销介绍而迅速导入促成销售的行动。许多经验较差者，不能够很敏锐地感觉新销售促成信号，而滔滔不绝地非把他已准备好的推销介绍说完不可，否则好像顾客就不会完全信服。但是，要知道每位顾客对产品的要求不同，产品吸引顾客的特点也各不相同，因此，推销员是否能够很敏锐地立即捕捉住销售促成信号，而停止不必要的推销介绍，迅速转入销售促成方向，引导客户下订单，这实在是一位优秀推销员不可或缺的技巧。

1. 问题诊断

下列 7 个问题请读者按照自己的常识及经验选择最适当的答案，同时，请读者了解下列 7 个题目中，每个题目都是推销过程中顾客可能发出的销售促成信号，请千万不要忽略它们，并且把握先机，迅速击中顾客的"要害"，否则销售促成信号稍纵即逝，殊为可惜。

（1）这种产品的价格如何？（A）给予确定的报价。（B）你要多少数量？（C）你要何种品质的价格？

（2）什么时候你可以送货？（A）说明一个明确的送货时间。（B）你希望我们何时送货？（C）送货时间取决于订单的大小。

（3）你有红色的产品吗？（A）有。（B）你希望要红色的吗？（C）我们有六种不同颜色的产品，其中包括有红色。

（4）我需要订购多少才能够打折扣？（A）说明一个特定的订货数量。（B）你希望订购多少量的货？（C）说明各种数量与价格的对照表。

（5）我们能订购的尝试性订货量是多少？（A）说明一个特定的数量。（B）你愿意订购的最少数量是多少？（C）提出各种不同规格的订货量。

（6）你们何时能有新产品？（A）说明一定的时间。（B）你想要我们的最新产品吗？（C）我还不知道。

（7）你们的付款条件如何？（A）说明特定的付款条件。（B）你用什么条件来付款？（C）条件是大家可以商量的。

上述 7 个题目，每个问题都是一个特别需要注意，而且能够有效导致推销成功的销售促成信号，每个问题都以"B"的回答为最佳，因该答案是以一个开放性反问句方式来回答顾客问题，而这个反问句答案本身就是一种"部分的承诺"。换句话说，当顾客回答了你的反问句后，也就等于对你的推销作了部分决定。

2. 问题解析

（1）一个准顾客对推销员最初的反应可能是好奇、怀疑，甚至拒绝。对于一个推销员的推销介绍，大多是在开始时表现出冷漠的态度，但是当推销员的技巧达到高潮时，顾客可能被推销介绍中关于产品的某些特点所吸引并产生兴趣及注意，如这时经推销员的进一步诱导，而使顾客发生购买欲望，顾客可能指出一些问题，从这些问题及顾客态度，推销员可以推销、了解顾客购买欲望的强弱程度，如某题中顾客问价格如何，就是一个非常好的销售促成信号，因为顾客如果对产品根本没有兴趣，则绝对不会问价格。所以当他问价格时，大致表示他对产品有更进一步认识的意愿，或是正在考虑自己的收入或预算。推销员此时必须把握时机，询问他需要多少量，这会使顾客反问，衡量自己所需要的数量，然后，再回答推销员的问题。这样回答就能使推销成功。如果推销员以"A"开放方式回答的话，则不能诱导顾客开放的态度。这时顾客可能回答说："让我先考虑考虑!"而使一个大好的销售促成机会溜掉。

（2）当顾客问及送货的时候，表明顾客心中对产品已经有"需要"或"想要"的欲望了，这时如果你以"B"方式反问对方何时需要送货，顾客会告诉你他想要送货的日期，这时推销员只要再运用一点技巧，促成销售就容易多了。

（3）当顾客询问你有无某种颜色或类型的产品时，如果你以"B"的类型反问他，"你想要这种类型或颜色的吗?"，这时大部分顾客会回答："是。"这就是说，顾客已在不知不觉中对你作允诺了，此时你只要回答他说："是的，我们正有你所要的类型，你看这不是红色的吗?"那就很容易促成销售了。

（4）本题答案也是反问顾客想要订购多少数量，因此，像第一题一样，以"B"方式回答，最能够获得成功。

（5）这个问题是许多推销员都会遇到的，因为许多顾客在开始时不愿意订购太多的数量，但是对你的推销介绍又感兴趣，此时有可能发生像本题的问题，最好的答案是反问他的希望，或是所需要最少的数量是多少? 让他由自己口中说出对你的承诺。

（6）当顾客问你何时有新产品时，表示顾客已经注意你的产品了，但又想获得不过时的产品，这时你如果以"B"方式反问他，"想要一种最新的产品吗?"当顾客说"是"的时候，推销员可以很自豪地说："你看，这就是我们的最新产品，是经过许多次研究、改良，最近才开发成功的。"这样便能满足顾客求新求变的心理而获得成功。

（7）当顾客问到付款条件时，与第一题一样表明顾客对产品已经发生兴趣，产生购买欲望了，这时很多推销员都会以"C"——"我们可以一起商量付款条件"来回答，以向顾客示好，但是最佳的回答方式还是"B"，因为反问顾客需要什么样的付款条件，可以让顾客说出他心中确实想要的条件。而且在以后的讨论中不好意思再推翻自己说过的话，推销员此时就可以根据这些条件来进行磋商，否则不易真正了解顾客心中的欲望。如果不了解顾客的欲望，就很难满足顾客的需要了。

上述 7 种销售促成信号的回答，都是希望以开放性的问句反问顾客，一方面让对方回答他需要或想要的条件，数量、价格等，而自己加以肯定；另一方面也可以使推销员真正了解顾客的意愿，从而进行销售促成的尝试。千万不要忽略这些信号而一味地滔滔不绝，口若悬河，结果白忙了半天却没有抓住要领，不了解顾客的心理，想要销售成功，这只是缘木求鱼。事实是这种开放性回答方式会产生意想不到的效果。

（七）你能处理好顾客的"价格抱怨"吗

顾客对"价格太高"的抱怨自古以来便存在，尤其在通货不断发生膨胀时。如果你使用方法正确，则顾客对价格太高的抱怨会很容易克服。然而，太多的推销员因为不断听到顾客对产品价格的抱怨而导致推销员本身也相信价格太高这回事是真的了。许多推销员往往忽略了一项事实，就是一个信誉卓著的公司很少会把价格定得太离谱，但是它们对产品的售价往往会做过期性调整。因此一个好的推销员必须学习如何轻易克服客户对这种现象的抱怨及反对。

1. 问题诊断

下列问题可以帮助你解决产品价格的抱怨。如果你对下列题目回答"是"的话，那么填上题目后面所标示的分数；如果你的答案是"不"的话，在分数栏上填零，最后把你所有的分数加起来。

（1）当你听到顾客对价格抱怨时，你是否立刻就能够分辨这是一种真正的反对，或仅仅是顾客想对价格情报多一份了解及要求？

10 分□□

（2）你自己是否确实相信你产品的价格并不是太高？

10 分□□

（3）你是否清楚而且了解你所有竞争者的价格及他们的品质？

10 分□□

（4）你是否十分了解你所销售产品的原始价格，以及在你销售产品后你仍需付出全部费用？

10 分□□

（5）你是否知道你公司在广告方面所花的费用以及其对于准顾客的价值？

10 分□□

（6）售后修理的服务费用是否也包括在你的价格计算中？

10 分□□

（7）对于竞争者价格及服务的优点，你是否擅长加以弥补及争取优势？

10 分□□

（8）如果你的价格对于那些位于"边缘界限"的准客户们（只差一点就可

以变成真正的顾客）而言确实是太高的话，你是否能够立刻觉察出来？

5 分□□

（9）如果顾客认为或暗示你在价格上欺骗他，而这却不是事实的话，你是否能坚定的不予让步？

5 分□□

（10）在极少的机会中，假如你实在不能克服一个价格上的抱怨或拒绝，你是否能够立刻与你的销售部经理联络以求解决或帮助？

10 分□□

（11）你是否把你自己的服务也尽量当成商品价值的一部分而推销出去？

5 分□□

（12）你是否能够把你所代表公司的名誉也尽力当成是商品价值的一部分而推销出去？

10 分□□

如果你的分数是 100 分，恭喜你，表示你对于处理顾客价格抱怨是一个十足的专家。85 分以上几乎可以说是一个专家，如果分数低于 75 分，表示你实在需要好好的改进了。

2. 问题解析

（1）客户对价格的反对或抱怨可分为两种形态：一是真正对价格不满，二是隐藏性的拒绝。即顾客对于这种产品的其他条件或是对于一个推销员所做的推销介绍不能完全相信或满意，而采取的一种迂回、推托战略，或是顾客为了杀价，或想对你的产品价格结构有进一步的认识，或想试探你对产品的信心，以及你所提供价格的公正可靠性而提出来的反对意见。所以，一个好的推销员必须明白顾客对于价格的反对，到底是真正的，还是故意借题发挥的。如果是真正的就要同顾客一起研究是否改进，如付款方法、订购数量等等。如果是隐藏性反对，则推销员必须加强顾客对产品的信心，强调自己产品的优越性，以克服顾客的怀疑。

（2）作为一个推销员，首先必须对自己产品的价格建立十足的信心，因为如果连你都对公司的定价政策及产品的真正价值感到怀疑，那么怎么能够要求顾客相信你的产品及价格呢？

（3）"知己知彼，百战不殆。"对于竞争者的产品价格及品质，你都需要非常清楚。因为，顾客经常会对几家产品的公司提出询价，所以你的定价及产品必须超过竞争者才有更大获胜希望。

（4）许多产品都有售后服务，如对顾客产品使用的调查追踪，对顾客不断提供咨询、顾问、服务等等。因此，你要对你产品价格中哪些部分是产品的真正成本、哪些部分是售后服务的成本有一个了解，那么当顾客提出反对意见的时候，你才比较容易的应对得体。

（5）每个公司一般都有广告活动。有些广告非常昂贵，因此，你必须了解公司在广告方面的费用，以及这些广告对顾客的价值，譬如对顾客使用的引导、对产品的介绍、对产品特性的描述、使顾客较易选择适当的产品等。总之你对产品的各种销售费用知道的越详细，就越能够了解所以定这个价格的理由，才能加强信心及对顾客的说服力。

（6）有些公司对修理性的服务是每次计件算酬的，但也有些公司在某一特定期限如保修期是免费的，因此你应了解这种修理费用及人工服务费用是否计算在售价之内。

（7）好的推销员不能一味地说自己的产品一定比别人好。也许竞争者的产品及服务有比你强的地方。因此你必须想出方法来，弥补你自己在价格或产品品质上的弱点。

（8）如果你的产品价格对于许多边缘性准顾客而言确实太高，这就需要研究怎样增加更多的顾客，使销量增加而减少固定费用，而变更产品价格。

（9）如果顾客认为你在价格上有欺骗行为，而实际上没有的话，你必须坚持你的立场，绝对不能为了订单向顾客妥协，否则这个顾客必认定你欺骗他，而轻视你的人格。所以这时坚持立场是非常必要的。

（10）如果你能做到上述9点，那么对于大部分的价格反对能轻易克服。如果在许多场合中推销员无法克服价格上的困境，最好的办法是向顾客解释自己权限不够，必须向上级请示，这时就可以由上级出面而完成任务。

（11）无论销售何种产品，你都不能忽略你自己的服务，这种服务也许是形式上的，譬如个人顾问、个人对顾客的关心，也可能是实际的，譬如定期的拜访、资料的提供、产品使用的示范、协助成本分析等等。如果你对顾客提供的服务越周详，对顾客而言购买你的产品就增加一分价值。

（12）众所周知，商誉是一个很重要的因素，因此，把公司的名誉也当成商品的一部分。事实上对顾客而言，购买信誉卓著公司的产品会觉得放心，这种"放心"就是商品价值的一部分。一个公司的商誉是经过许多人长期共同努力的结果。代表一个公司无形资产的一部分，所以把公司的商誉当成产品价值的一部分是非常合理的，而一个好的推销员，也必须让顾客了解这一道理。

（八）你懂得"重视时间"的推销技巧吗

不论你提供什么产品，只要你从事的行业是推销，则善于利用时间的推销技巧都具有极大的价值。当然，你在推销时如能发挥更好的想象力及创造力，必可启发更多更好的创意，而使你在与同行竞争中脱颖而出。然而你如果无法找出某种独特的创意，只要能够善于利用时间，你必然还是能够成功的。

1. 问题诊断

下列测试题可以帮助你决定，有多少成功的重点你已经加以运用，或为你所忽略或不予重视。

（1）你是否尽可能地安排最多的推销访问？

是□　否□

（2）你是否把每周的每一个工作日都安排得满满的？

是□　否□

（3）每次的销售促成，你是否尽最大的努力说服顾客，使顾客感到与你进行交易，能够使他获得利益？

是□　否□

（4）你是否经常而且有计划的使用电话，以减少不必要的亲自访问。

是□　否□

（5）每次进行亲自访问之前，你是否尽可能的先用电话预约？

是□　否□

（6）你是否了解获得一个客户的订单，仅仅是顾客与推销员之间关系的开始，而只有高质量的服务，才能确保顾客？

是□　否□

（7）你是否定期性地要求那些关系良好的顾客推介新顾客，或提供有关新顾客资料、情报？

是□　否□

（8）你主要的销售重点是否永远都以顾客需要为主？

是□　否□

（9）你是否经常努力地为顾客发掘可能的问题所在，然后帮助顾客解决它们？

是□　否□

（10）你在花费时间及努力进行推销之前，是否先确定要拜访的人，具有下订单权利？

是□　否□

（11）你是否认为"给予顾客一种专业的印象"是天经地义的职责？

是□　否□

（12）你是否经常牢记：你与顾客共同拥有最具价值的资产就是时间？

是□　否□

请你把答"是"的答案加起来，总数乘以 5，如果你的分数是 50 分或更高，那么你就是善于利用时间的推销员；40 分表示成绩中上；35 分以下则表示还无法确实地把握时间，同时表示推销业绩一定不理想。

2. 问题解析

（1）推销人员应尽力进行更多的推销访问，因为访问的越多，可带来越多的成功。但它所说的多次推销访问并不是指盲目地进行推销，而是指有计划、有内涵、有技巧的推销访问，否则访问次数虽多，也不能达到预期目的。

（2）"业精于勤"对推销人员来说，再适用不过了。推销人员由于工作性质紧张，易于产生倦怠感，对工作前途产生怀疑，成功推销员都能加以克服而努力地鞭策自己做更多的工作。把每天工作排得满满的，这表明你在准备、学习、计划、行动上都比同事或竞争者更周详，因此，成功的机会越高，产生信心越强。一个推销员切不可草率地安排每天工作，敷衍了事。这种自欺欺人的态度在推销行业中注定了失败。

（3）顾客最关心的是他购买的产品或服务能获得的利益是多少。因而要想完成多而且成功的推销访问，就必须让顾客完全了解，他与你进行交易所能获得的最大利益有哪些。所以，一个推销员在销售促成前，一定要先使顾客完全明了他获得的各项利益。

（4）有些推销员不太乐意使用电话，认为用电话不如亲自访问顾客来得亲切而具有诚意。但周期性电话访问的好处是：①可避免许多交通上的不便及困扰；②减少费用；③一次亲自访问时间可作二三十次的电话访问；④电话访问也可节约顾客时间；⑤对尢时间接见访问的顾客来说，电话访问是一项利器。因此，推销员必须注意电话访问的技巧，首要的态度及语气，谈话内容精简扼要。一个推销员如果能够"亲自访问"、"电话访问"及"书信往返"交错使用，则不但成功率大大增加，而且可以显著地减少不必要的时间及成本。何乐而不为呢？

（5）许多推销员在做推销访问时，没有事前约定访问时间常使顾客不悦，认为推销员不懂礼貌，或是碰巧顾客有事外出，或因工作繁忙而无暇接见，或草草敷衍未达效果。因此，推销员在访问之前应以电话预约，得到顾客的允许，但要切记，在电话中不要试图进行推销，因为推销与访问是两个目的，不要混淆。

（6）许多推销员的大目标是取得客户订单。一旦订单到手、货银两清，便以为与顾客的关系大半结束，所以，造成一般顾客对推销员的"过河拆桥"的恶劣印象。殊不知获得订单仅仅是推销员与顾客建立关系的开始，而只有高品质的服务才能确保交易关系的延续。

（7）顾客一句赞美的话可胜过推销人员十句，因此，千万不要忘记拜托你的顾客介绍他的朋友、同行或相关企业作你的新顾客，不要一味地采用单打式的推销方法。让你的顾客介绍新顾客会使你的市场越来越大。

（8）推销员训练自己推销的"焦点"永远集中在顾客的"需要"上。只有顾客获得其需要的满足，你的推销才能成功、持续。许多推销员以为只要凭关系、技巧，甚至旁门左道能使自己生意建立在不败之地，殊不知这些只能作为敲门砖。如果想要使你与顾客的良好关系持续，使顾客的需要得到满足是唯一的法宝。

（9）当顾客发生问题时，你必须尽力帮助解决；当顾客尚未发生问题，而你凭经验预测问题可能发生时，你必须尽最大努力向顾客指出潜在问题而帮他预防。"善意的警告"往往可以赢得顾客的好感与信任。

（10）准备销售之前，你一定要弄清楚谁是订购的权力者，否则会浪费很多时间。如你费尽九牛二虎之力做完详细的说明之后，被拜访人会说，"很好！很好！但必须报告我们的副总经理"，当你使尽浑身解数再说明一项时，这时副总经理也许会说，"很好！我需要向总经理报告"。与其采用这种迂回渐进方式，倒不如你事先找到关键人物，充分准备，直接进去，很可能迅速达到目的。因此，每个推销员应抓住这个重点。

（11）推销员应有个专业推销员的样子。必须注重适当的仪表、态度、谈吐、衣着及专业知识，必须让顾客尊重你的专业精神。因此，你必须注意培养自己的专业气质，只有相信自己是一个专业推销员，你的行动才能够像一个专业推销员。然后，顾客才能尊敬你，不把你当个泛泛推销员。

（12）推销员必须树立时间成本观念，同时也必须让顾客确实明了推销员自己时间的重要。一位优秀的推销员对自己的计划及行动都会随时算出时间成本，进而衡量自己所应采取的步骤，以及预期的经济效益。如果你切实地掌握时间成本的观念，那么你与顾客都能互获其益。

（九）你能否做到时间以顾客为主

推销员所犯的最大错误，莫过于未给旧客户应有的关怀。殊不知在市场竞争激烈的情况下，许多竞争者非常努力地使用许多新的方法及战略，企图说服我们的客户。

1. 问题诊断

你是否做到时时以顾客为主？或者由于你工作繁忙而削弱了你的敏感度，以至于使你忽略了旧客户的重要性？以下的问题可帮助你诊断自己做的程度。

（1）你是否同意"对待自己的顾客应该像对待自己的顶头上司一样"的说法？

是□　否□

（2）你是否在心中牢记：无论一个客户如何地忠诚，仍然没有永久、连续性的订单，而且保证百分之百的不变？

是□　否□

（3）你是否为客户提供他们应该获得的关怀？

是□　否□

（4）你是否经常运用自己的想象力，想出一些新的方法，来改善你为客户所提供的各种服务？

是□　否□

（5）你是否感觉到一项事实，即在你与顾客的每场口舌之辩中永远不能获得胜利？

是□　否□

（6）也许顾客会有一些错误的观念，但是，你是否信服："天底下没有一个愚笨的顾客？"

是□　否□

（7）你是否认为："客户没有任何义务要和你继续做生意，但你有义务使顾客永远得到满意？"

是□　否□

（8）你是否愿意为顾客提供属于自己责任以外的特别服务？

是□　否□

（9）小客户如果经营成功，在未来可能会变成大客户，你是否把所有的客户都当成非常重要的客户看待？

是□　否□

（10）如果客户对产品或服务产生抱怨，你是否会追踪、确定这个客户对你或你的公司所提供的解决方法感到满意？

是□　否□

（11）当你的客户遇到问题的时候，他们是否会请求你帮助？

是□　否□

（12）你是否经常对客户提供节省他们的金钱和时间的建议？

是□　否□

请把回答"是"的问题加起来乘以5，如果你的成绩在55分以上，那么你已具有职业性的敏感度；如果成绩是50分，那么你仍比一般推销员好；如果成绩为40~45分，表示尚可；40分以下表示你已经忽视了旧客户，而且很可能某些客户对你的产品或服务已产生不满了。

2. 问题解析

（1）许多男士在追求异性时总是十分殷勤，以获得青睐，但是婚后态度就有了差别，不像往日那样"甜蜜"；许多推销员也有类似倾向，他们对准顾客总是十分殷勤，尽量博得好感。但是准顾客变成客户之后，时间一久就会掉以轻心，不似当初那样亲热，许多旧客户由于受到冷落而转向其他公司。因此，每个推销员应该时时警惕自己，对待客户是否也像对待自己的上司一样。

（2）推销员对旧客户的忽视，往往由于他们认为旧客户的订单绝对逃不掉，殊不知要获得一个新客户比丢掉一个旧客户困难得多。所以，你要切记"没有一个永久、继续性的订单是百分之百地确定，你必须付出努力及关切才能确保订单"。

（3）旧客户与新客户一样需要你的时间及努力，你必须经常检讨，是否给予客户适当的关怀。

（4）有些顾客对你例行性提供的服务，可能会感到厌倦或丧失兴趣。因此，你必须经常运用自己的经验及想象力，设计出一些新方法来改善你对顾客的服务，这样才能够不断地满足客户的需要及加强客户对你的依赖。

（5）推销人员应牢记"如果赢得口舌之辩，却失掉一个顾客或一份订单，那么在这场辩论中，推销员仍旧是输家"。因为推销员的最终目的是卖出产品获得订单，而不是获得口舌上的胜利。所以，成功的推销员应该是稳重、体贴、有礼、关怀，而不是冲动、意气用事的。

（6）许多推销员自视很高，甚至把顾客当成傻瓜看待，而不能诚心诚意对待顾客。须知这是非常危险的。因为顾客对产品及专业技术方面可能没有你好，但他绝对不是傻瓜。如果你自作聪明，最后变成傻瓜的必定是你自己。

（7）许多推销员认为旧客户会与自己继续维持生意上的往来，实际上没有一个旧客户有义务和你继续维持生意上的关系，除非你能满足他们的需要。反过来倒是你有义务让顾客获得满足，这样才能永远保持现有的客户。否则你会一方面不断地开发新客户，另一方面又不断地丢失旧客户，忙得焦头烂额而事倍功半。

（8）许多公司对推销员的责任规定得很清楚。因此，许多推销员对于分外工作不甚熟悉。对顾客提出的问题或要求常常回答"这不属于我的责任"，往往招致顾客的不满。一个推销员必须知道，他最重要的责任就是满足顾客的需要，因而没有分内分外的工作。因此，作为推销员必须全力以赴，达成满足顾客的要求。

（9）有些推销员对规模小的客户往往掉以轻心，或表示冷漠，引起小客户的不满。固然，推销员对时间的分配，应依据顾客大小而有所调整，但顾客就是顾客，绝对不应对小客户表示冷漠或歧视的态度，尤其对于有潜力的小客户更须表示重视，所有大公司，哪个不是由小逐渐扩充发展而成的呢？假如你能在规模尚小时就奠定了关系，提供满意的产品及服务，将来扩展为大公司时，必定成为你的忠实客户。因此，在时间上应有所调整，而态度上应一视同仁。

（10）当客户对你的产品或服务产生抱怨时，千万不要想办法逃避或想尽各种理由搪塞，应想方设法解决问题满足顾客，并且事后经常追踪回访，了解客户对解决问题的办法是否满意。如对顾客的诉怨处理不当，往往会使老顾客变为竞争对手的新顾客，如果你能够较好地处理顾客诉怨问题，那么这个顾客会为你宣传，替你招来更多的新顾客。

（11）有些推销员当客户发生问题向他寻求帮助时，常常感到厌烦，认为顾客故意找麻烦。须知客户向你寻求帮助表示对方重视你，你应该欣然地担负起顾问的角色，想尽办法提供帮助。当客户十分倚重你时，表明你已经赢得对方的尊敬，继而这位客户必成为你忠实可靠的客户；如果你的建议及服务不能让客户满意的话，你就很可能失去这位顾客。当你的客户发生问题不再求你帮助，而设法自己解决或求助他人时，这就是向你响起警钟的时刻了。

（12）任何顾客最重视的不外是节省时间及金钱。因此，你要满足顾客需要不妨从时间及金钱上入手，任何能够使顾客省时省钱的方法，你都应该不遗余力的提供给客户。如能做到这一点，则你对顾客的服务态度距离理想的境地，可谓："虽不中，亦不远矣！"

（十）　业绩下跌时你的态度如何

每位业务人员都有顺利和不顺利的时候，对业务代表而言，经常会碰到业绩下降的打击。但是业务人员本身到底所能控制的下跌程度是多少呢？一种"积极"的态度，可以帮助你以相当快的速度摆脱销售下降的困境；而"消极"的态度，就可能把销售下跌的时间延长。

1. 问题诊断

在你业绩下降及自己意志消沉的时候，你是否能很熟练而且很有技巧地扭转这种颓势？下列题目是特别为帮助你回答这个问题而设计的。

（1）当销售不景气的时候，你是否积极努力地去防止自己有悲观的思想及言论？

是□　否□

（2）当销售不景气时，你是否帮助顾客朝着事物及环境的光明面和愉快面去看？

是□　否□

（3）你是否能谨慎防卫，使自己不掉入因自怜而产生的颓废"陷阱"里？

是□　否□

（4）在业务不景气时，你是否能够尽你所能地介绍给顾客一些特别的付款条件或交易方法?

是□ 否□

（5）你是否能在业务不景气时，利用多余的时间来寻找并访问新的准客户?

是□ 否□

（6）你是否能善用不景气的机会，使那些在景气时忙碌不堪，而不能对你注意的顾客们，能够静下心来仔细地听你讲解产品及服务?

是□ 否□

（7）你是否能运用想象力找出一些富有创意的方法，把不景气的时光转变为有利的销售条件呢?

是□ 否□

（8）你是否能够想出一些新的战略，使顾客觉得有义务而向你购买呢?

是□ 否□

（9）你是否能利用不景气的机会，努力鞭策自己学习工作中需要的新知识及情报?

是□ 否□

（10）你是否能善用不景气的时候，对你的推销介绍多加精益求精的提升与改善?

是□ 否□

（11）你是否保持往日辉煌推销战果的精神，而不把整个注意力过分集中在目前不景气的"灾难"上?

是□ 否□

（12）你是否尽力使自己看起来仍旧精神抖擞，不论景气多么"严寒"，你仍旧能够在脸上挂着似阳光一般明亮的笑容?

是□ 否□

请把以上回答"是"的题目加起来乘以5，如果分数为55分或更高，表示你的勇气及坚毅的精神，在所有推销员中是顶尖的，并说明你可以把不景气的状况利用到极致；如50分表示你的成绩中上；如40～45分表示平平；40分以下表示你让不景气给"拖"了下来，使你心智不宁、精神不振，同时可能使你自己不景气的时间延长，应积极改变态度。

2. 问题解析

（1）在业务不景气时，销售业绩降低当然忧虑，但是更值得忧虑的是业务代表本身的斗志，因为在不景气时，推销人员就更需要付出勇气和毅力克服困难。否则推销员本身就已丧失斗志，又怎能从困境中创造一番新局面呢?

（2）在不景气环境中，顾客同推销员一样会受到影响。因此，顾客会向你发牢骚，甚至有悲观看法，这时作为业务代表的你，就应想尽一切办法使顾客能看到事情的光明面、重振雄心朝光明面去努力。则顾客成功才能带给业务代表成功。

（3）在业务不景气情况下，有些业务人员常常因业绩不振找许多理由来自怜。业务人员一旦掉入自怜的陷阱，往往会一蹶不振，自艾自怨起来，最终越陷越深，不能自拔。

（4）在不景气时，推销人员就更要千方百计想出一些特别的条款或优待办法来刺激、引导顾客的购买，不可守旧或一成不变，这是每个推销人员都必须具备的知识。如分期付款、化整为零等等。

（5）在业务不景气时，因业务少剩余时间多，这时推销人员应充分利用这些时间去搜集顾客资料并加以拜访，为未来景气时铺路。一旦景气好转，你的顾客必然增多。

（6）许多客户在业务景气时，无暇接见一般推销员，即使接见也只有三言两语敷衍过去，没有真正听取推销员介绍产品及内容。好的推销员应抓住不景气时机向他仔细介绍产品及特性等，获得青睐的机会就大大增加。

（7）想象力对一个推销人员来说是相当重要的，有时似乎是一种幻想或梦想，但好的推销员常常可以把想象化为现实，所以在不景气时你必须善用想象力。想出一些由高度想象力产生的方法来扭转销售颓势。

（8）你应该在不景气时找出一些出奇制胜的方法。比如虽说业务不好但通过加强对顾客服务，使他对你或产品产生好感，或帮助他收集资料，或者提供市场及国外的行业情报等，使他感激你，一旦有业务愿与你或多或少做交易。一个推销员千万不能太现实，"晴天借伞，雨天收伞"这种做法顾客是不可能满意的。

（9）在不景气时，推销员绝不可因不景气而坐困愁城，整日无精打采。这时推销员应善用时间，把一些平时忙碌而无暇阅读的书籍、资料等用功阅读，使自己符合时代潮流要求，在自己从事的行业中做一个专业知识佼佼者。

（10）在不景气时可利用时间对你的推销简介及商谈技巧进行精益求精。看书、参加各种讲习，或以录音带反复练习，或说给家人听，请他们给予指点，利用此时间使推销技巧更上一层楼。切不可浪费这宝贵时光。

（11）推销人员固然不能沉溺于往日光荣之中，但一味烦恼于目前"灾难"，也于事不利，应以以往光荣的事迹及成功经验，鼓舞士气，为未来做好准备。

（12）即使在经济极端不景气的严酷状态下，作为推销员也应面带笑容，像充满信心的斗士，为前途而奋斗，这样顾客必定会受到你的影响也感到振奋，而你自己，因为士气的高昂有时也可以克服许多困境。古语曰"攻心为上"，对推销员来讲"心"的作用最大，不管你的"心"还是顾客的"心"，都要使之充满乐观、进取的精神，事业是会成功的。

（十一）你能够扮演几种角色

角色的扮演与专业有重要关系。就职业而言，一个焊工只了解焊接就可以了，一个司机只了解开车就可以了。但是一个业务代表却不同，如果他想要表现得十分专业（专业优即代表成功），就必须能扮演各种不同的角色。

1. 问题诊断

在你的推销生涯中，到底你能扮演几种专业化推销员所能扮演的角色呢？下列一些问题就是为你诊断自己而设计的。

（1）一个好的推销员对于他们所拜访及交谈客户的购买意愿必须能够敏捷地反应——你是否能扮演心理学家的角色？

是□　否□

（2）一个好的推销员必须能够与其他的生意人说同样的专业术语及惯用语——你是否能扮演企业家的角色？

是□　否□

（3）分析能力是极具价值的——你是否能扮演分析家的角色？

是□　否□

（4）当你的公司偶尔犯错时，有时你必须在不伤害公司利益的情况下理解顾客的感受——你是否能够扮演仲裁者的角色？

是□　否□

（5）面对脾气不好、喜欢争斗的顾客，极端耐性是非常重要的——你是否能扮演哲学家的角色？

是□　否□

（6）说些什么话及你如何说这些话都是非常重要的——你能够扮演一个健谈者的角色吗？

是□　否□

（7）还有一个重要的因素来决定你是否是一个专业的推销员，那就是你对于他人利益的真心关心度——你是否能够扮演一个朋友的角色？

是□　否□

（8）当顾客与你争辩或反对你的意见时，高雅的机智是必需的——你是否能够扮演外交家的角色？

是□　否□

（9）当你在推销而突然需要高度策略的时候，你的想象力是十分重要的——你是否能够扮演一个发明家的角色？

是□　否□

（10）你越相信你的公司，你的顾客就会越相信你——你是否能扮演一个忠贞者的角色？

是□　否□

（11）自由企业制度的基础，就是对自由制度及企业的强烈信仰和信心——你是否能够扮演爱国者的角色？

是□　否□

（12）一个好的推销员永远努力找寻对于新产品的促销——你是否能够扮演一个鼓舞者、带头者的角色？

是□　否□

请你把全部答"是"的加起来乘以 5，如果你的分数是 55 分或更高，你可以把许多不同角色扮演好；50 分表示你比一般人好了许多；40 分表示平平；40 分以下就必须要迎头赶上去。

2. 问题解析

（1）一个好的推销员必须能够掌握商谈气氛，洞察顾客心理，对顾客的意愿、感觉、反应，都应该有深刻而敏锐的了解。因此一位推销员应像心理学家一样来观察推断顾客心理。

（2）不同行业对同一事物往往有不同的术语及说法。如果你想成为一个成功的推销员，就必须具有企业家的胸襟及知识，对你所接触的行业有充分的认识及了解，一举一动，一言一行都有企业家的风度，才能赢得行业尊敬。

（3）分析能力是发掘问题、解决问题、推广应用等不可或缺的，故一个好的推销员必须能够扮演分析家的角色，对困难或可能遇到的问题，能够冷静、周详地分析，而不是一个呆头呆脑、粗心大意的推销员。

（4）任何一个公司在经营中都可能偶尔犯错误，如送错货物、品质出问题等等，引起顾客不满，这时你必须当一个公平仲裁者、协调者。一方面不损害公司信誉，另一方面又要考虑到顾客的感觉，平息顾客的怒火，建议公司改进，才能称为一个称职的推销员。

（5）我们的顾客形形色色，遇到好争辩或脾气不好的顾客，推销员必须像哲学家一样，表现出无比的耐性与涵养，而不为之动气。一个好的推销员，宁可争千秋，而不要争一时。

（6）一个专业推销员必须言之有物、态度适当，该诚恳的时候应该诚恳，该慷慨激昂的时候必须慷慨激昂，失望的时候又应该表现得很失望。对一个推销员来说，说话的态度与说话的内容同样重要。因此一个专业推销员必须能扮演健谈者的角色，主动掌握商谈的内容，如果被顾客牵着鼻子走不能控制商谈的主题，那么这位推销员的"下场"就令人担忧了。

• 455 •

（7）一个好推销员不能只管把产品推销出去，更重要的他必须真正的关心别人的利益，赢得顾客欢心，这样完成生意才能持久，才能在交易之外获得更多精神上的满足，试试看，把顾客当朋友。

（8）推销员会经常遇到顾客的争辩或反对的论点。这时常见一些推销员脸红脖子粗大声为自己辩解，这是很不理智的，在这种情况下，推销员应像一位外交家一样保持优雅的风度，化暴戾为祥和，平息顾客的意气用事，达成对彼此都有利的结果。

（9）想象力是发明家必备的条件，否则他只能模仿不能创造。推销员的想象力要能给顾客描绘出一幅美丽动人的画面，对交易成功是非常重要的，也是赢得顾客向往，诱导顾客购买的最佳方法。因此必须充分发挥其想象力。

（10）一个专业推销人员对自己的公司有着无比的信心，顾客也会感受到这种信心。时下常见到一些推销人员在外面对顾客发表不满公司的言论，说公司苛刻呀、福利不好啦等等，顾客听后，表面上可能同情你，但心底下会瞧不起你。因为你对公司都不尊敬，就表明你没有专业精神，不能成为一个敬业的推销员。

（11）一个专业推销员，一定相信自由企业是最好的制度，因而他也必定爱他的国家和维护这个制度，他必定相信他的工作、他的努力有益于这个社会、这个国家。那么这种贡献感及成就感必定能感染顾客，对整个社会都有益。

（12）一个好的推销员对于新而且好的产品，永远会热衷于积极的促销，而不会跟随他人后边去摇旗呐喊；而是主动的、带头的做一个鼓舞者，这是推销员的基本点。

每位推销人员通过上述自我诊断，明确自己的不足，采取有效的措施，加以改进，你的推销事业会更上一层楼。

自我评价	你认为自己____级。你的体会是：

第八节　企业营销内控与风险防范诊断

一、营销业务内控状况调查评价

企业应当加强市场调查，合理确定定价机制和信用方式，并根据市场变化及时调整营销策略，灵活运用销售折扣、销售折让、信用销售、代销和广告宣传等多种策略和营销方式，促进销售目标实现，不断提高市场占有率。

（一）营销业务内控状况调查测试

调查问卷如下，问卷以外的事项，可用文字补充说明，见表4-9。

表4-9 营销业务内部控制状况调查测试

调查测评内容	是	否	评级	说明
1. 企业销售与收款业务流程及制度是否完善，风险点是否明确，防范措施是否可靠，责任是否落实				
2. 销售目标是否清楚，指标是否分解，责任及审批权责是否明确				
3. 是否定期编制市场分析/销售计划，保持与经营/战略目标一致				
4. 销售人员对销售程序及目标是否清楚，个人有无具体销售指标				
5. 企业是否与销售人员签订协议书，明确职业道德要求及考核标准				
6. 销售市场存在的风险是否进行评估，对高风险是否提出应对策略				
7. 对重要客户是否建立了信用档案，并收集信息及时更新内容				
8. 对客户是否进行信用调查、建立信用政策和制度，并严格执行				
9. 企业是否定期分析销售计划执行情况，对已进入预警值的制定应对措施				
10. 发生佣金、销售折扣与折让是否严格按照内部授权审批执行				
11. 对应收账款的管理是否落实到个人，并进行严格追踪/考核				
12. 销售发票、产品出库单、产品发运单是否与合同核对后发货				
13. 销售人员收入是否与销售额、回款、货款逾期未回等指标挂钩				
14. 外出销售人员是否按规定填写工作记录，负责人严格检查				
15. 企业是否通过函证等方式核对账款、应收票据及预收账款等款项				
16. 是否存在销售政策和策略不妥，市场预测不准、销售渠道不通				
17. 销售凭证填制、销售台账设置、销售各环节记录及手续是否完善				
18. 是否详细记录销售合同、销售通知、发运凭证、商业票据情况				
总评 分 等级 级 评价：				

（二）营销业务内控状况评价

通过调查、访谈、测评等，在销售业务方面，内部控制状况测评结果，见表4-10。

表4-10 销售业务内部控制状况评价

领域/流程	控制缺失及风险描述	控制能力
1. 授权批准	在授权批准信用额方面存在较松现象，发现有大量货款不能如期收回、坏账损失可能性大	差
2. 职责划分	未发现职责不清，可能某些子循环未回答，或答题存在偏差	良
3. 会计记录	发现手续不完善，有个别原始凭证经办人未签字，一旦发生纠纷或追查原因，找不到责任者	差

续表

领域/流程	控制缺失及风险描述	控制能力
4. 资产保全	对逾期应收账款，无专门的催收制度，导致收款工作效率低下，应收账款占用资金过多	差
5. 内部稽核	公司对应收账款对账周期没有明确规定，导致应收账款管理人员长期不与债务人对账	中
6. 其他方面	调查中发现销售产品手续不严谨，有的送货单没有收货人签字（身份不明确），收货单位未盖章	差

（三）综合评价

综上所述，公司在营销业务方面，仍存在一些缺陷，内控整体评价为60分，内部控制等级为"中"。

二、营销业务风险及应对

企业为了避免营销风险威胁的发生，平日应将可能发生的潜在的交易风险加以系统地整理分类，采取措施制定完整的业务流程管理与严谨的内部稽核手续，建立风险库，落实风险控制责任，从而提高营销活动质量、降低营销风险损失。企业经常发生的营业风险及防范措施如下：

1. 对市场变化及消费者习性的变化重视不足，导致产品滞销

（1）有系统地及时收集各种市场相关信息，深入研究探讨市场出现的新动向、新变化，做好营销策略与营销方案并落实执行，以挽回市场不利趋势。

（2）深入探讨企业成长策略，并有计划地付诸行动。

2. 企业产品寿命周期处于成熟阶段，市场竞争日趋激烈，产品销售受到影响，利润受到损失

（1）企业应对产品谨慎地进行再定位，寻求新的顾客群或产品的新市场；

（2）持续地进行产品性能的再改善，强化产品功能；

（3）产品新用途的再寻求及新市场的开发。

3. 企业市场整体营销策略不完善，丧失市场竞争优势

（1）培养企业营销人员权益、策略管理意识及思维模式，以智取胜；

（2）经常收集竞争者的相关资料做到知己知彼，以拟定有效的竞争策略；

（3）深入研究消费者购买行为与消费特性的变化趋势，拟定差异化之营销策略；

（4）寻求企业优势，设法避免产业进入障碍。

4. 企业缺乏产品营销组合观念与做法，导致销售下降、营销利润偏低

（1）进行产品营销利润边际贡献分析，选择重点行销产品，降低低利润产品的行销；

（2）致力于产品附加价值的提升，提高产品利润贡献；

（3）全力延长产品生命周期，提升产品利润贡献。

5. 违反政府相关法规，遭受政府部门处罚，导致企业形象受损

（1）彻底研究法律法规规定，如公平交易法、有关税法，避免遭受处罚；

（2）自觉遵守各项法规制度。

6. 顾客资料的流失，造成不必要的同业竞争，影响企业销售

（1）顾客数据库的建立并建立顾客资料保密防卫体系；

（2）彻底的员工信息保密教育，认清顾客资料是企业最重要的无形资产。

7. 销售给予无偿债能力的客户，造成坏账损失

（1）建立客户信用管理制度，拟订客户征信与授信办法落实的执行；

（2）充分利用外部征信资料，协助做好征信工作。

8. 销售人员以低于成本的价格对外销售

（1）商品定价一定要有正确成本资料及市场同业价格作为商品的定价基础；

（2）建立定价控制系统。

9. 国际贸易因币值发生变化，没有进行外汇避险措施，发生汇兑损失

（1）企业深入探讨外汇风险，并依风险特性做好规避外汇风险管理的应对作业措施；

（2）建立外汇风险预测系统。

10. 行销人员售价低于企业既定的底价，却无法约束，造成无谓的削价竞争

业务人员的售价低于底价销售，是否经过行销经理的同意，并注意其决定，应避免引发市场同业的价格竞争。

11. 客户订货事宜处理错误，客户拒绝接受交易事宜

（1）企业业务流程管理制度完善的建立，要求业务处理相关人员依规定谨慎行事；

（2）严格要求业务代表不可勉强向客户进行推销出货。

12. 轻易接受无法制造的产品或无法达到品质标准的订单，造成交易纠纷

（1）加强业务人员的商品知识及避免过分注重业绩，增加业务人员的工作压力，以防止滥卖情况发生；

（2）实行合同监督制。

13. 客户变更订单内容迟迟没做有效的处理

（1）订立客户变更订单业务处理流程，并要求相关人员协调落实执行；

（2）实行岗位责任制。

14. 未经授权的交易频繁，业务人员从中舞弊

（1）建立业务流程制度，加强企业内部稽核，尤其要做好计算机化内部稽核；

（2）实行损失责任追究制，严惩内部蛀虫。

15. 交货管理有缺失，常发生不能准时交货情况，导致发生交易纠纷

（1）拟订出货业务流程管理，要求出货人员忠实执行，尤其企业要做生产进度管理；

（2）交货方式与有关事宜要写进合同，明确购销双方责任。

16. 交易记录故意错误，或虚构交易，从中舞弊

（1）行销业务流程管理制度建立及落实的执行，加强计算机化的内部控制；

（2）加强销售人员的责任制建设，提高销售人员个人道德素质。

17. 销售行为没有开发票，增加企业赋税风险

（1）所有发货行动一定随货附送内容相同之发票；

（2）发票存根联与客户联之内容要相符；

（3）发票作废理由是否合理，不可随意作废，并做好作废发票处理，避免无谓的赋税风险发生。

18. 预收货款未及时调账，造成销货收入虚假

（1）建立预收货款业务流程管理办法并落实执行；

（2）定期或不定期作预收货款稽核，提升工作质量；

（3）统一发票申报时要做必要的调整。

19. 商品无端被偷窃，造成损失

（1）加强警卫能力，增强仓管人员应有的责任感；

（2）仓库保全措施要全力做好；

（3）内部稽核制度的踏实执行。

20. 客户账款被业务人员挪用，造成呆账损失

（1）定期或不定期进行应收账款对账工作，如有疑问则进行深入调查；

（2）定期或不定期实施业务人员工作轮调；

（3）业务人员要求忠诚保险，及保证人制度的实施。

21. 行销人员未积极进行账款回收工作，导致坏账损失增加和现金流量减少

（1）专人负责追踪账款回收情况，避免行销人员借故推拖收回账款；

（2）按客户类别提供应收账款账龄分析表，并彻底研讨账款有效回收策略与实施奖惩办法。

22. 客户抱怨事项处理迟缓，损害企业形象，甚至导致顾客流失

（1）企业建立客户抱怨管理制度，是业务改善最好的建议；

（2）企业设立客户抱怨处理专门机构，依据客户抱怨类别由指定部门处理；

（3）将处理结果一方面通知顾客，另一方面让相关部门做业务改善之用；

（4）建立责任追究制度，并严格执行。

23. 销售退货作业缺失，导致客户抱怨

（1）仓库收到顾客退货后，及时依销货退回作业规定办理销货退回事项；

（2）仓库应将退回商品及时修理、恢复，减少商品损失；

（3）会计部门正确执行销货退回事宜；

（4）统一增值税发票是否交回。

24. 销货折让作业缺失，增加企业税金负担

（1）销售折扣和折让是否与销售该批商品开在同一张发票上，开在同一张发票上可按净额纳税；

（2）销售折扣与折让发生是否经主管核准；

（3）建立健全销售人员收款制度、训练如何降低销货折让及折扣损失的方法。

25. 退货理赔作业缺失，导致无谓经济损失

（1）查清退货理赔原因，明确责任者，企业只负责企业不当造成的退货理赔支出；

（2）深入研究退货理赔原因，并制定相关对策、完善相关制度，杜绝退货理赔发生。

26. 未经授权进入计算机操作系统操作，篡改营销数据，从事舞弊行为

（1）严格计算机终端机进出系统，健全计算机系统管理制度；

（2）每天进行计算机日结作业，确保计算机数据库资料的安全性。

27. 相关业务人员集体作弊

（1）改善营销业务流程管理制度，并严格实施；

（2）对营销人员的品格及生活进行严格考核，及时给予教育；

（3）建立健全企业内部控制及稽核作业制度，加强内部监督。

表4-11 市场营销诊断分析综合评价

	项目	权重	综合得分	实测分	评议分	
营销指标状况	1. 营业收入完成率	12				
	2. 销售利润率	10				
	3. 应收账款周转率	10				
	4. 坏账损失率	8				
	5. 人均销售额	10				
	小计	50				

续表

	项目	权重	综合得分	实测分	评议分	
营销管理功能	1. 营销制度完善度	8				
	2. 业务流程及标准化	6				
	3. 机构设置情况	4				
	4. 岗位职责人员配备	6				
	5. 制度执行力度	6				
	小计	30				
风险管控能力	1. 风险库建设完善度	8				
	2. 主要风险清晰明确	6				
	3. 风险控制责任与措施	6				
	小计	20				
合计得分		100				
综合评价						

附件 ××公司营销部业务目标实例

表4-12 ××公司营销部业务目标及运行状况（参考模式）

指标	权重	重要程度	预警临界值(%)	目标值(万元)	容限(%)	预测完成值(万元)	风险评估			完成目标(%)		运行状况	风险等级=[预计（实际）完成值/目标值×100]					目标指标计量说明
							E	P(%)	R	等级	标	状况	5（双红）	4（红）	3（黄）	2（绿）	1（双绿）	
1.营业收入总额	30	A	25500	30000	±5	28000	5000	40	2000	3	93.00	黄	90%以下	90%~95%	95%~100%	100%~105%	105%以上	不含增值税收入
其中：出口收入		B	13600	18000	±5	14000	10000	40	4000	5	77.80	双红	90%以下	90%~95%	95%~100%	100%~105%	105%以上	不含税收入
内销收入		B	12000	12000	±5	14000	10000	20	2000	1	116.70	双绿	90%以下	90%~95%	95%~100%	100%~105%	105%以上	不含税收入
××产品收入	3	B	6500	8000	±10	6200	4500	40	1800	5	77.5	双红	90%以下	90%~95%	95%~100%	100%~105%	105%以上	不含税收入
2.新产品收入率	3	B	35%	40%	±8	38%	10%	20	2%	4	95.0	红	90%以下	90%~95%	95%~100%	100%~105%	105%以上	新产品收入/营业收入
3.现销比率	10	C	50%	60%	±5	55%	50%	10	5%	3	91.70	黄	80%以下	80%~90%	90%~100%	100%~110%	110%以上	现款销售额/营业收入
4.库存商品额	8	B	3300	3000	±5	3100	500	20	100	3	103.3	黄	110%以上	100%~110%	90%~100%	80%~90%	80%以下	库存可以对外出售商品
其中超过一年	1	B	130	100	—	98	20	10	2	3	98.0	黄	110%以上	100%~110%	90%~100%	80%~90%	80%以下	超过一年以上产品

续表

指标	权重	重要程度	预警临界值(%)	目标值(万元)	容限(%)	预测完成值(万元)	E	P(%)	R	等级	完成目标(%)	运行状况	1(双绿)	2(绿)	3(黄)	4(红)	5(双红)	目标指标计量说明
5.存货周转期	2	B	60	50天	±5	52天	20	10	2天	2	104	绿	110%以上	100%~110%	90%~100%	80%~90%	80%以下	360/(年销售成本/平均库存)
6.降价损耗额	1	C	1000	900	±5	970	175	40	70	4	107.8	红	80%以下	80%~90%	90%~100%	100%~110%	110%以上	正常售价-实处理价
7.应收账款占用额	20	A	1200	1000	±5	1200	400	30	120	5	112.0	双红	80%以下	80%~90%	90%~100%	100%~110%	110%以上	包赊欠货款及代销货款
8.应收账款周转期	8	B	35	30天	±5	34天	20	20	4天	5	113.3	双红	80%以下	80%~90%	90%~100%	100%~110%	110%以上	360/(年收回平均额/应收平均额)
9.超信用期限	5	B	20	15天	±5	14天	10	10	1天	3	93.3	黄	80%以下	80%~90%	90%~100%	100%~110%	110%以上	超约定信用期限应收贷款
10.一年以上	2	A	130	100	±5	98	10	20	2	3	98.0	黄	80%以下	80%~90%	90%~100%	100%~110%	110%以上	赊欠一年以上未还货款
11.坏账损失额	5	C	80	60	±5	65	10	50	5	4	108.3	红	80%以下	80%~90%	90%~100%	100%~110%	110%以上	经批准已作环账处理金额
12.销售退回率	1	C	4%	3%	-5	37%	3%	10	0.3%	5	123.3	双红	80%以下	80%~90%	90%~100%	100%~110%	110%以上	销货退回额/营业收入
13.客户投诉数	1	B	45次	36次	±2次	38次	4	50%	2次	4	105.6	红	80%以下	80%~90%	90%~100%	100%~110%	110%以上	接客户投诉次数
14.合同履约率	3	C	96%	98%	±1	98%	-	-	-	1	100.00	双绿	100%	95%~98%	90%~95%	85%~90%	85%以下	未履约合同/全部合同
合计	100																	

注：风险评估等级是根据预测风险值，偏离目标值的比例及设计的等级标准确定。

第五章　企业生产运作诊断

第一节　生产运作诊断的意义、方法与标准

一、生产运作诊断的意义

生产是企业活动的基础，企业为社会提供的一切产品都是生产创造出来的。在国内外激烈的市场竞争中，企业产品的成本、质量、交货期三大竞争优势的建立都与生产运作的状况密切相关。

生产运作状态的优劣与企业的生产运作管理密切相关。生产运作管理的目的是有效地协调并保证生产系统的正常运作，它同财务管理、市场营销管理和人力资源管理一同被视作企业管理的重要职能。这些管理职能的正常发挥保证企业的生产、财务、市场营销、人力资源系统健康地存在和协调地发展，也构建了企业蓬勃发展和持久繁荣的基础。

但是，社会、经济、文化和科学技术日新月异的进步总是不断地改变着企业的生存环境，企业的生产系统也总是面临着严峻的挑战：生产周期缩短、产品更新换代加快、社会的消费水平不断地提高、质量要求更严、需求多样化、日趋激烈的竞争以及必须关注环境保护、职业健康安全、社会责任的要求等，都在挑战着旧的生产模式。社会就是这样明确无误地宣示着：没有任何一种生产的组织形式和生产运作的模式是万能和可保永世不变的，不管你的企业正处于春风得意盈利丰厚的阶段还是沦落到经营困难行将倒闭的地步，懈怠了前进的脚步，墨守成规和故步自封都将导致企业被淘汰，只有自我更新不断进步才能满足变化的市场需求。

严酷的现实是：社会主义市场经济环境下的中国企业普遍提高了对市场营销管理的关注，但却产生了轻视生产运作管理的倾向，例如，有些企业可以高薪聘

用能签下订单的业务员，可以大把地给订货商以回扣，可以不惜行贿和犯罪，却对购置新设备开发新产品应用新技术和改善劳动条件十分吝啬，以至于生产体系带病运行，污染环境危害健康，最终造成工伤或死亡；在市场上不考虑产品的更新和换代，只靠压低、拖欠甚至不发工资和不上保险的手段降低成本，得以生产出世界上最便宜的产品，出口国外大获盈利，这样的企业不可能积极主动地在技术更新和生产改造上花钱，这样企业的老板也将越来越心狭量窄，抠抠搜搜地谋划着短期利益，瞪大眼睛紧盯着贫困地区的农民工，小肚鸡肠地算计着克扣他们的工资，甚至合伙人之间都互相琢磨好暗算，这样的企业怎么能够长久？若世风如此，振奋的民族精神和积极向上的文化氛围都将在这样的环境下泯灭和堕落。这样经济体制的国家也只能靠"劳动密集型"企业苟延残喘。在世界经济的大格局中，永远龟缩在世界经济分工的最底层受制于人，把最大份额的利润让渡给"智力密集型"和"资金密集型"的西方大企业。世界经济繁荣时吃一点儿人家施舍的残羹剩饭，经济风暴到来了，眼看着强权们转嫁到头上的危机碾压着自家的企业而束手无策，挨宰几刀也只能忍气吞声地安抚亏损的企业苟延残喘，承受着财政税收的下降，对于失业者只能是能救济的救济一些，救济不了的就叫他们自生自灭了。

2011年开始的"十二五"规划制定了科学发展的模式，生产转型升级，提高技术创新能力，将成为企业发展的主要途径。在此大潮之中，企业自觉和主动地通过企业诊断的方式发现并医治生产系统和生产运作管理中存在的弊病，提高生产运作的管理水平将是必须进行的程序。

企业诊断起源于19世纪30年代的美国。经过100多年的实践和探索，企业诊断在美国得到很大的发展，在日本和欧洲也日益普及，成为一项成熟的服务。提供这项服务的不仅有高智商的教授、企业管理研究机构的人员，还有经验丰富的企业高管。如：美国已有企业咨询公司2500多家，每年的营业额高达20多亿美元。日本的企业诊断专业人士已有3万多人，欧洲也有众多的企业咨询机构，它们的服务对企业生存和发展起了重要作用。很多国际知名大企业，不管企业处于何种经营状态，都定期邀请管理咨询公司对企业各系统进行管理诊断，挖掘存在的管理问题，提升管理能力，提高经营管理和盈利能力。

处于竞争日益激烈的经济环境，为了适应生产、科技、社会和消费观念的变化，中国企业也必须关注生产领域的不断自我完善，企业家也应该掌握生产运作诊断的方法，主动、自觉和经常性地对本企业的生产运作状况进行诊断。这样的自我诊断不仅在企业处于困难时期，企业已经明确显示出生产系统出现了问题，弊病已经威胁到企业生存的时期要进行，以便企业及早发现问题之所在，进而迅速医治好生产运作中的弊病，使企业走出困境。在企业发展顺利时，也不能躺倒在利润上面忘情享乐，也要通过自我诊断去发现潜在的或是被胜利的花朵掩盖着的弊病，在它们尚未发作时，提前消灭在萌芽状态。

生产运作诊断作为企业诊断的重要组成部分，对企业生产经营还具有以下五个方面的重要意义：

（1）开展企业生产运作诊断，特别是企业最高领导者亲自主持的生产运作诊断，可帮助掌握企业生产经营运作的现状，对企业经营管理的强项、弱点和问题点的掌控可使企业经营扬长补短，也可以针对问题点及时调整经营战略，采取相应的对策措施，改善管理，提高企业经营运作成效的水平。

（2）掌握年度经营方针和经营目标进展情况，发现实施中存在的重大问题，通过诊断报告中对生产系统和生产运作管理弊病的描述，提出对生产、生产运作管理，以及企业其他系统的改进建议和要求，可对实现年度经营方针和目标起到重大的促进作用，提高目标的实现率。

（3）企业经营现状，企业生产组织体系和企业生产运作管理的能力和具备的条件是企业制订或调整经营战略和编制企业发展规划的重要基础。通过对企业和企业生产运作的诊断和编写的诊断报告，为制定适宜的企业发展规划提供了基础。

（4）企业领导承担着企业发展方向性全局性决策的责任，有时难以亲自去各个经营工作领域中进行调查和推动。通过对企业生产体系的状态和生产运作管理的诊断，可为领导提供生产系统、管理系统的运作，以及其他各经营领域中存在的主要问题和改善的方案，有助于弥补领导由于受到知识、时间和能力的限制而对实际情况了解的欠缺。

（5）企业领导亲自参与生产运作的诊断还为企业的管理带来四大好处：企业领导主持诊断将弥补诊断领域的专业知识，从而促进企业领导提高自身的素质。由于领导直接参与诊断，深入企业各个领域进行调查，可以掌握企业内部的实际情况，特别是有问题而不愿汇报的实际管理情况。通过企业领导亲自诊断，使领导与员工的关系得到改善。企业领导亲自诊断深入各部门进行调查，与基层领导和员工研究改进管理工作的途径和方法，对员工是一个很大的鼓舞和激励。

综上所述：企业诊断任务有四项：一是找出或判断生产运作中存在的薄弱环节和主要问题，找出"短板"与"瓶颈"，找出产生的原因。二是提出切实可行的改进方案；三是指导实施改进方案；四是传授经营管理理论和科学方法，培训各级管理人员，从根本上提高企业素质。

二、生产运作弊病的诊断分析的方法与工具

（一）生产运作弊病的资料收集

对企业的生产系统进行分析和诊断，用以判断生产运作存在什么弊病，就像医生诊断病情首先要问诊一样，要进行深入的调查。其中，弊病诊断分析的调查与社会调查最大的区别在于：为了全面掌握情况，对被诊断领域的调查工作不能采用抽样调查的方式，必须进行全面调查。

分析和诊断资料的收集采用调查研究法，具体的方法可概括成四个字：看、听、问、查（恰好与中医"望闻问切"的诊断手法有相似之处）。

（1）资料调查：一般是通过观察的手段，察看被诊断企业或部门的生产工作领域相关的现场、文件资料和实物，包括企业各种现有资料，如有关生产、材料、设备、人员管理等方面的资料进行综合研究，并且分析企业的健康状况和管理能力，此外，还可利用工作标准、产品标准、相关规章制度等来整体了解分析企业的生产体系内部存在的问题点。

（2）征询调查：征询调查之前，应根据企业生产的特点和诊断资料的要求编写"调查提纲"，请诊断工作领域的有关人员按"调查提纲"进行介绍；要点之处除了要介绍工作状况外，还应提供书面的证实文件、资料或记录。企业的情况千差万别，对中小型企业，由于所处情况、经营方针、经营者想法及其他经营条件的影响，其管理形态和管理特点、管理制度、管理规则等差别极大。为了在短期内进行有效而又确切的诊断，首先要掌握企业的特性，并采取相应的措施，"调查提纲"所列项目及需现场询问的问题应简单明确，易写易读易答。

（3）管理现状和能力的调查：此调查属实态调查的性质，主要内容包括企业生产系统管理能力的调查和分析。这是经由了解企业生产运作各方面的管理实态及现状上查明管理成效和管理方法的运用等来谋求企业变革及基础管理、规范管理的途径。其特点是借助管理诊断的标准（由诊断人员根据诊断学识、经验等参考行业内的标杆企业管理情况确定）来确定诊断的方向和目标，以此来具体表明企业的管理水平和管理能力。

（4）接触调查：或者可以称作征询调查的补充调查，由于调查的内容受到询问事项的限制，接触调查可以就特定的课题进行深入调查，因为它是依据调查对象的情况选择话题，接触调查适用于对多数人集体进行综合调查，也适用于在有限的调查对象和询问项目之内进行重点调查。

（二）生产运作弊病的诊断分析的方法与工具

通过调查得到企业的大量资料，真实地反映了企业生产运行过程中存在的问题。这些问题有的很大，涉及企业生产运作的全局和关键的结点；有的实际上很小，只影响生产的局部或很小的范围；有的问题已长期存在，有的是可以瞬间解决的；有的问题单纯而明确，有的问题错综复杂互相交织牵一发而动全身；有的问题是由其他的问题引起，只解决它而不触动更深层次的矛盾起不到作用；有的问题会引起另一方面出现其他的问题。

分析诊断不是头痛医头脚痛医脚的就事论事，而是要从表面存在的问题中找到根源性的弊病。用得着伟大领袖所说的：对现象进行"去粗取精去伪存真由此及彼由表及里"的加工，抓住主要矛盾和矛盾的主要方面，通过大脑的思维、推理、归纳、升华，使认识实现由感性向理性的飞跃，得出符合事实的结论，找到影响企业生产运作中存在的病根，即薄弱环节和重要问题，才实现了对生产运作分析诊断的目的。

1. 数学处理工具

在生产管理的实践中，有一些已经证明成熟有效的资料处理工具，可以帮助诊断分析，得出科学的结论。常用的具体方法有：作业相关图法、从里至表试验法、甘特图法、生产流程图法、加工周期法、工序周期分析法、成组技术方法、代表产品法、假定产品法、产品生产周期图表法、看管期法、在制品定额法、最小批量法、经济批量法、以期定量法等。

企业诊断应用调研法时，还可应用一些科学的统计工具，例如调查表法、KJ法等，以问卷调查、民意测验等方式来收集数据和情况。对调查收集的数据、资料和情况，在新老 QC 七种工具中选用适用的统计工具，例如排列图、因果分析图进行统计分析，使收集的数据、资料和情况形成信息，供评价和确定问题时使用。

2. 资料加工技法

评价确定问题点技法综合分析获得的信息，按"诊断调查和评价提纲"逐项进行评价打分，并依据打分结果确定其是不是问题点。

评价打分一般分为五档：

0：未做；0.2：才开始做或做得很差；0.5：及格的下限，即才达到及格的水平；0.8：做得较好，但还有缺点需要改进；1.0：做得很好，挑不出毛病。

根据评价打分结果和"调查表"规定职能或活动的重要度，确定其是否是问题点。

A 级职能或活动，未评满分即为问题点；B 级职能或活动，评为 0.8 级以下即为问题点；C 级职能或活动，评为 0.5 级以下即为问题点。

上述这些工具和技法是组织生产计划、控制、质量管理、物资和人事管理中业已证明其有效性，它们也是生产运作的弊病诊断和分析的有效工具。通过与历史的或其他公司的效益的对比，就能发现生产运作管理中存在的弊病。

第二节 指标完成动态诊断分析

一、指标的偏离是生产运作出现健康问题的信号

生产制造企业的生产目的是为顾客提供满意的产品或服务。这种满意一方面取决于产品生产或服务提供企业所拥有生产手段的技术水平；另一方面，这一产品也达到了当今大多数企业所能提供产品的平均质量水平。

长期以来，一个企业，或一个行业总是千方百计地在当今所拥有的技术、设备、原材料、人员和管理所构建的工业基础上，生产尽可能完好的产品，提供尽可能完美的服务，以实现在市场上更好的地位。在本企业以及众多企业的共同努力下，更好的产品和服务在市场上出现即实现了。不过，这种技术、设备、原材料、人员和管理的水平也反过来为产品的质量和成本的进步设置了限制，以至于执掌这一代技术的各个企业再也难以做得更好，或必须花费大得多的代价才能制造出更高水平的产品。经过长期的生产实践，产品生产者逐渐总结出一个标准或者指标，标志着大多数企业经过努力可以达到的水平。

从这个意义上讲，指标产生于企业的生产实践，它反过来服务于生产，成为反映企业的生产和经营状况的标准。达到了这个指标，就可以基本判断这个企业的生产体系的运作是正常的，是能够生产出满足人们消费需求的产品的。反之，达不到这个指标也可以基本判断，这个企业的生产运作体系，或者这个体系的某个方面有了毛病。对于企业生产运作体系的诊断，更加重视对生产的指标和标准的关注，因为企业生产体系或这个体系的某一个环节出现弊病，最直接的和首先表现出来的就是生产指标出现了变化。反之，人们也可以最先从生产指标的变化中发现企业的生产体系有了弊病。

二、生产运作诊断的特点

生产是制造性企业生产经营过程的主要环节，制造性企业通过生产运作活动，既生产出具有使用价值的物质产品或服务以满足消费者的各种需要，为社会和企业创出新的物质财富，同时也消耗一定社会物质财富和活劳动。这一运作过程是企业提高经济效益的源泉。任何一个制造性企业，都应当围绕提高经济效益为中心，根据市场需求来组织生产，做到少投入、多产出、速度快、质量高、成本低、利润多，使企业积累不断扩大，沿着健康道路持续发展。为此，企业必须具有良好的生产运作条件，使生产运作活动正常进行。

企业要进行生产运作活动，必须具备一定生产运作条件：如生产设备、原材

料、生产人员、生产技术、资金、信息和管理。如果其中某一条件不佳，生产运作就难以正常进行。为此，企业必须不断努力，使各种生产条件处于良好状态，确保生产运作活动的正常运行和企业经济效益的不断提高。可见生产运作诊断与治理的对象、内容及目的，与其他诊断治理相比较既有相同点又有不同点。其主要特点有：

（1）生产运作诊断的主要目的是及时发现生产运作活动中薄弱环节和突出问题，及时予以解决，确保生产运作活动的正常进行，不断提高企业的经济效益。

（2）生产运作诊断的对象是生产运作中的七要素，即生产设备、生产对象、生产人员、生产技术、资金、信息及管理中存在的弊病及缺欠，设备利用不足、维修保管不好，产品质量不高，残次品过多，材料利用率低、单位耗用高，员工技术不过硬，生产调度不灵，生产周期过长，物资供应不足，发生停工待料等企业内部弊病严重影响企业健康状况。

（3）生产运作诊断的标准大部分属企业内部自定或形成的。如产品消耗定额、材料利用率、设备完好率、设备利用率、劳动定额、工时利用率、产品生产周期、产品合格率、产品返修率、产品成本降低率、成本计划完成率、资金周转率等。有了这些标准就有了判断生产运作是否健康的依据。

（4）生产运作诊断的侧重点应放在产品质量、产品附加值、产品成套性比例、产品生产成本、机器设备利用状况、劳动生产率、产品质量、生产资金占用等指标的检查分析，从而发现存在的弊病。

（5）生产运作诊断需要吸收相关技术人员参加。因为生产运作中产生的诸多弊病往往与生产技术、生产人员、生产工艺、生产技术与设备性能有关，而且又有其特殊性。因此，诊断时应吸收专业的技术专家参加，从而找准"短板"与"瓶颈"，实现诊断目的。

三、生产运作弊病的种类

生产运作弊病是指在生产过程中发生的，影响生产运作正常运行，以及影响生产效益提高的各种问题。其中包括生产决策失误、生产计划不周、产品设计错误、工艺选用不当、生产组织不合理、材料供应不及时、外协不配套、产品质量低、次品增多、服务质量差、生产资金调度安排不当等等。生产运作中产生的弊病大部分属于工作上失误和管理不善、技术素质低等引起的，很少发生舞弊行为。

生产舞弊就其表现形态来看，可分为生产运作条件的弊病、生产运作过程的弊病和生产运作管理的弊病三类。

生产运作条件的弊病，按其构成要素可分为生产设备、生产人员、资金、材料、技术设备、信息和生产运作管理等方面的弊病。

生产运作过程的弊病，按其形成环节可分为产品设计，工艺流程组织，操作技术，成套性比例安排，材料投入的期、量、质，产品产出的期、量、质，质量检验，成本包装入库等方面的弊病。

生产运作管理的弊病，按其管理职能可分为生产决策、计划制定、材料购发方式、生产记录统计、成本计算、岗位定员定岗、生产调度、生产人员考勤考核以及工资福利制度等方面的弊病。

根据以上生产运作弊病的表现，可具体细分为以下几方面：

1. 生产设备方面的弊病

生产设备方面常见的弊病有：

（1）没有根据生产运作的需要，盲目购建或租赁机器设备，占用大量资金、增加企业利息支出，影响企业经济效益。

（2）生产技术落后、设备陈旧。对落后设备和技术不能及时淘汰、更新，设备性能差，生产产品质量低、功能差，不能适应市场需要。

（3）生产设备不能充分利用，有些从国外购置的先进设备，性能良好、技术先进，但不能充分利用，增加大量折旧费用，严重影响企业效益。

（4）有些企业设备超负荷运转，不能定期维修，维护保养不善，维修技术落后、缺乏零配件，使设备不能正常运作。

（5）生产设备使用、维护、保养责任制不健全，内容不完善，没有引进国外设备检修制度等，影响设备使用效果。

2. 原材料方面的弊病

原材料（零配件）方面常见的弊病有：

（1）没有根据生产计划需求进行盲目采购、关系采购，造成大量材料积压，使资金不能充分利用。

（2）材料储备不足，不能按量、按质、按品种的适时采购，造成停工待料；或者购入材料质次价高，技术参数不符合要求，妨碍生产运作正常进行。

（3）库存呆滞、积压、转产不用、剩余以及不合格的材料、零配件、半成品等，未及时处理、出售，从而造成仓储费用增加，大量资金浪费。

（4）材料消耗使用没有定额，领用没有严格控制，不按规定配料比例标准投料，造成大材小用、优材劣用，超额耗用，严重影响产品成本。

3. 生产人员方面的弊病

生产人员方面常见的弊病有：

（1）生产人员中新手多、熟练工少，高级技师更少，不仅生产效率低，更为重要的是产品质量差、材料浪费大、安全生产受威胁、事故发生多。

（2）用人制度不完善，生产人员流动性大、职业不稳定、职工离职率高，短期行为多。技术不能适应生产技术的要求。

（3）生产计划安排不当，生产经常加班加点，劳动强度大，人员疲劳过度，既影响生产人员身体健康，又影响生产质量，容易酿成生产事故和质量事故。

（4）普遍存在技术骨干不足，技术培训不够，没有长期有效的技术培训、考核升级的措施，造成后继乏人，不仅影响产品质量，也严重影响新产品的试制、开发及技术改革进行。

（5）对生产人员缺乏激励制度，责任不清，赏罚不明，滥罚、滥扣、滥压工资及奖金，影响生产人员情绪，不利调动职工积极性，妨碍生产正常进行。

4. 生产资金方面的弊病

生产资金方面常见的弊病有：

（1）期、量标准安排不当，产品不配套、生产周期过长，使生产占用过多资金，生产周期过长、生产资金周转过慢。

（2）生产材料储备管理不善，没有库存限额，库存材料控制不力，造成无效无用呆滞积压材料、半成品过多；同时对急需材料又无钱购买，不能充分有效地使用资金。

（3）成本无标准，消耗无定额，生产成本处于失控状态，造成产品成本高，缺乏竞争力，甚至出现亏本销售，使企业营运资金造成严重损失。

5. 生产技术方面的弊病

生产技术方面常见的弊病有：

（1）技术水平低，业务素质差，产品技术设计落后，跟不上技术迅速发展需要，影响产品竞争力。

（2）对新技术、新工艺、新材料、新设备的应用缺少吸收及研究，不能及时运用出现的新材料和新技术，影响生产发展和技术进步。

（3）思想保守落后，习惯于墨守成规，缺乏创新精神，不能适应形势需要。对研制成功的新产品、新技术、新材料不能及时投入生产使用，产品更新换代较差。

6. 信息方面的弊病

信息方面常见的弊病有：

（1）对外界生产技术发展状况不调查、不重视、不研究、不收集生产技术资料，不能充分利用外界信息资料，造成信息滞后。

（2）对市场与客户对本企业产品使用后的意见和反映不重视，没有建立市场信息统计分析制度，对市场反馈信息不能充分利用。

（3）企业内部各部门之间的生产、技术状况不能及时传递与沟通，造成企业生产活动不协调、不衔接、影响生产运作正常进行。

7. 生产运作管理方面的弊病

生产运作管理方面常见的弊病有：

（1）生产组织体系建立不合理，未形成集中统一指挥与分层组织管理责任制，导致各生产部门和生产人员职责不清、分工及权限不明，甚至出现多头指挥及无人指挥、出了问题相互推诿的混乱局面。

（2）生产操作未形成规范化和程序化，导致工序混乱、操作随意、质量要求不统一，造成废品、次品增多、工效不高等。

（3）产品未实行标准化或产品质量标准过低，使产品功能、质量等不能满足消费者需要，使企业产品形象受损、有碍产品销路扩大。

（4）缺乏严格、科学的质量管理和检验制度，质量责任不明确，质量奖惩手段不力，必然导致质量下降、返修率高，使产品形象和企业声誉受到影响，不利产品销售。

（5）未能从上到下建立严格的生产岗位责任制，实施职能分立和纪律控制，使后道工序自动监督检查前道工序，使企业产品质量受到影响。

（6）工序的生产记录和报告制度不健全、不完善，半成品移交手续不齐全、记录不完善，导致生产信息混乱，影响生产正常进行。

（7）生产工艺、生产图纸、生产准备等管理未形成切实可行的管理规范，使用保管不善，给生产造成影响。

（8）对生产设备、生产工卡具缺乏专人管理和维修保养制度、定期预检责任制度，致使生产设备不能保持良好的运行状态。

（9）未能建立完善、科学、强有力的生产调度制度，生产调度不灵、生产过程失控，导致生产过程各环节之间不能很好地衔接，影响生产周期。

（10）产品成本管理制度不健全，事前未制定出标准，没有落实成本控制责任；事中未实施严格成本控制、消耗定额不科学形成消耗无标准；事后未实行严格核算与分析，寻找问题原因，不断降低产品成本。

（11）未建立或健全生产、质量、成本分析制度，或虽有分析，但无专人负责。不能及时发现生产过程中存在的弊端，采取有效措施，及时给予更正，影响企业效益。

（12）没有建立"冷"和"热"两种不同的生产组织方案，当市场出现景气或不景气变化时，往往措手不及，造成不应有损失。

（13）没有一套科学、经充分讨论的生产决策和生产计划，没有根据市场需求安排生产，使计划脱离实际，使产品与市场需求脱节，给经济造成损失。

以上各种弊病，应通过表现寻找产生原因，再制定改进方法与措施。

四、评价企业生产运作健康状况的经济指标

1. 生产运作分析诊断的具体指标

构成生产运作系统正常运行的要素是生产设备、生产人员、材料、资金、技术、信息及管理，此外还包括产品结构。因此，在分析诊断时，必须紧紧抓住与上述要素有关的技术经济指标的变化状况，以便找出异常现象，实施追踪检查。反映生产运作活动的技术经济指标主要有：

（1）生产计划完成率，包括产品品种、生产量、产值及附加值、交货期计划完成情况；

（2）产品产量（产值）及附加值（净产值）增长率，包括各种产品产量和附加值增长率；

（3）产品合格率、优质品率，包括产品内部返修率、外部返修率；

（4）产品成本利润率及其利润增长率；

（5）人均产值（附加值）和人均产值（附加值）增长率；

（6）物资保留适当率、原材料周转率；

（7）物资采购计划、采购价格完成率；

（8）单位产品成本计划完成率，产品生产成本增、减比率；

（9）机器设备完好率、利用率，停歇时间率，搬运设备开动率；

（10）各种产品的产销比率；

（11）产品生产周期、生产资金周转率；

（12）安全生产，如不发生人员伤亡、不发生重人事故等。

2. 分析诊断应用的资料及标准

分析诊断所有资料主要来自企业的计划统计、会计核算和生产记录等方面。具体内容有：

（1）产品目录；

（2）年度及月度的生产计划、生产作业计划和反映计划完成情况的统计资料；

（3）各种产品及零部件的质量标准和日常质量统计资料，其中包括合格品率、次品率、返修率，特别要注意外部返修率；

（4）物资采购计划及其完成情况，物资储备资金占用定额及周转率计划及实际完成情况；

（5）库存物资损耗情况，年终盘盈盘亏明细表；

（6）产品生产成本计划资料及实际完成报告资料，责任成本计划与实际完成有关资料；

（7）生产事故和生产损失报告资料，生产对环境有无污染资料；

(8) 生产设备利用计划及实际利用统计资料，设备大、中、小修理记录资料；

(9) 劳动生产率计划及实际完成资料，劳动定额执行情况资料；

(10) 新产品开发研制试制计划及实际完成统计资料；

(11) 产成品、半成品及在制品的资金占用额、资金周转率计划，实际占用额及实际周转率资料；

(12) 年度和月度的总产值、净产值（附加值）的计划及实际完成的统计资料（包括本期及上期的）。

分析诊断标准是用来判断企业生产运作是否健康的准绳。这些标准主要来自企业内部。个别指标也可同社会上同行业、同类型企业或行业标准进行比较，从而发现差距，找出不足，采取措施，加以改进，促进生产效益提高。

3. 生产运作弊病诊断的方法步骤

生产运作弊病诊断的具体方法有：比较分析法、比率分析法以及因素分析法。具体步骤和做法是：①收集与生产运作相关的各种资料；②将收集的各种资料进行分类整理；③根据规定计算公式，分别计算出各种经济技术指标完成情况；④对各项指标完成情况进行分析检查，查看有无异常差异；⑤根据异常现象及提供线索，寻根求源再进一步实施追踪诊断；⑥制定治理措施及方法。现将主要经济指标的分析诊断介绍如下：

(1) 生产计划完成情况的分析诊断。生产计划完成情况，一般是通过生产计划完成率指标反映。其计算公式为：

$$生产计划完成率 = \frac{本期生产总产值实际数}{本期生产总产值计划数} \times 100\%$$

其完成率为 100% 或超过 100% 时属于完成计划，超过越多，完成越好；如果低于 100% 表明未完成计划，属异常情况，有问题存在，需要进一步查明原因。

(2) 产值增长情况的分析诊断。产值（产量）增长情况是通过产值（产量）增长率指标反映的。其计算公式为：

$$产值（产量）增长率 = \left(\frac{本期生产总产值（产量）实际数}{上期生产总产值（产量）实际数} - 1 \right) \times 100\%$$

计算结果比率为正数，表明其产值（产量）有所增长；数值越大，表明增长越快。如比率为负数，表明为负增长，即生产下降；负比率越大，表明生产下降速度越快。说明企业生产出现异常情况，有问题存在，需要进一步查明。

(3) 产品质量情况的分析诊断。产品质量情况主要通过合格率指标来反映。其计算公式为：

$$合格品率 = \frac{本期每种产品合格数量}{本期每种产品全部产量} \times 100\%$$

计算结果，其比率为 100%，属于质量良好；比率越小，表明产品质量越差，说明产品出现异常，有问题存在，需要详细查明原因。

（4）生产效益情况的分析诊断。生产效益情况是通过净产值（或附加值）额和净产值（附加值）率来反映。计算公式如下：

$$净产值 = 本期总产值额 - 本期生产物质消耗部分总额$$

$$净产值率 = \frac{本期净产值额}{本期总产值额} \times 100\%$$

计算结果，净产值额越多、净产值率越高，表明经济效益好，属正常情况；如净产值额少或净产值率比去年有所降低，表明本年经济效益不佳。如净产值额与净产值率均比去年有所增加，表明本年经济效益好。

（5）产值利润情况的分析诊断。产值利润情况是通过产值成本率和产值利润率两个指标来反映的。计算公式如下：

$$产值成本率 = \frac{本期产品生产总成本额}{本期产品生产总产值额} \times 100\%$$

$$产值利润率 = \frac{生产总值 - 生产总成本额}{生产总值} \times 100\%$$

计算结果，产值成本率表明每百元产值中发生了多少成本，成本率越低，说明生产效益越好；相反，产值成本率越高，说明生产消耗高，生产效益不好。产值利润率说明每百元产值中创造了多少生产利润（剩余价值）；产值利润率越高，生产经济效益越好；相反，产值利润率越低，表明生产耗费高，生产效益不好。如计算结果与上期产值成本率和产值利润率指标相比，产值成本率低于去年，产值利润率高于去年，表明本年生产效益好；相反，表明本年生产效益比上年有所下降，效益不好。可能有问题存在，需要进一步检查诊断。

（6）劳动生产率的分析诊断。劳动生产率情况是通过人均产值额和人均利润额指标来反映的。计算公式如下：

$$人均产值额 = \frac{生产总值额}{生产人员总数}$$

$$人均利润额 = \frac{产值利润额}{生产人员总数}$$

计算结果，如人均总产值额及产值利润额越大，说明劳动生产率高，劳动效果好；反之，说明劳动生产率低，劳动效果差。计算结果与上年对比，如为增加，则增加越多，说明劳动效率提高，劳动效益也提高；反之说明生产中存有问题，有待进一步分析检查，寻找原因，给予治理。反映劳动生产率提高的指标是：

$$劳动生产率提高百分比 = \left(\frac{本年实际劳动生产率}{上年实际劳动生产率} - 1 \right) \times 100\%$$

计算结果如为正数表明比上年有所增加，提高越多说明劳动效果越好；反之，表明劳动效果比上年有所降低。

劳动生产率的计算除用价值量指标外，还可用实物量指标反映，计算方法有两种：

$$劳动生产率 = \frac{合格产品产量}{劳动时间}$$

该指标说明在单位劳动时间内生产某种合格产品的数量，生产数量越多，表明劳动效率越高，效果越好。反之，劳动效率低，劳动效果差。通常称该指标为正指标。

$$劳动生产率 = \frac{劳动时间}{合格产品产量}$$

该指标说明生产一件合格品需要多少劳动时间，耗费劳动时间少，说明劳动效率高，劳动效果好。反之，说明劳动生产率低，劳动效果差。通常称该指标为反指标。

劳动生产率的两种表达形式在实质上是相同的，因为增加单位时间内的产量与减少单位产品的劳动消耗，在经济上是相同概念。它们从不同角度反映了劳动生产率的水平，各有其不同的作用。"正指标"意义易于理解，在编制劳动计划时被广泛采用。"反指标"主要用来表示劳动效率，制定劳动定额，一般在企业内部使用。

（7）每种产品产、销比例的分析诊断。产销比例指标是反映每种产品适销程度。计算公式如下：

$$产品产销比例 = \frac{本期该产品销售量}{本期该产品生产量}$$

计算结果，若该产品比例系数为"1"或大于"1"，说明企业该产品产、销两旺，产品适应市场需要。若产、销比例系数小于"1"，则说明该产品产大于销，小于"1"越远，说明该产品越不适应市场需求，对差距较大的异常现象，应进一步深入分析研究，寻找产生根源，给予对症治理。

（8）设备使用状况的分析诊断。设备分析诊断主要通过生产设备生产能力利用率、生产设备完好率、生产设备实际产量等指标的实际完成数，与计划数或上年实际数（或标准值）进行对比，当比值大于1时，说明本期设备利用率高，经济效益好。设备诊断另有介绍。

（9）产品成本及其构成项目比重的分析诊断。产品生产成本完成情况通过成本降低额及成本降低率来反映。计算公式如下：

单位产品成本降低额 = 单位产品计划成本 - 单位产品实际成本

总成本降低额 = ∑（实际产量 × 计划单位成本）- ∑（实际产量 × 实际单位成本）

上式中实际产量及计划单位成本是每种产品的实际产量及其计划单位成本。如果与目标成本对比，可将计划成本改为目标成本；如果与上年实际成本对比，可将计划成本改为上年实际成本。

$$成本降低率 = \left[1 - \frac{\sum（实际产量 × 实际单位成本）}{\sum（实际产量 × 计划单位成本）} \right] \times 100\%$$

计算结果，成本降低额或降低率为正值时，说明实际成本比计划成本或目标成本、上年成本降低额或降低率。降低额或降低率越大，说明其经济效果越好。反之，说明其经济效果越差。效果较差时应进一步深入分析诊断产生根源，采取有效措施，给予有效治理。

成本项目比重分析诊断是将构成产品成本的材料、人工、制造费用占成本额的比重分别与上期的材料、人工、制造费用占成本比重进行对比分析。如果本年某成本项目所占比重大于去年，说明该成本项目耗费有所上升，其消耗中存在一定问题，应进一步分析诊断，找出导致成本上升的根源。

（10）资金运用情况的分析诊断。生产领域涉及的资金项目有原材料资金占用及运用效率和在制品资金占用及运用效率。

反映原材料资金运用情况的指标主要有原材料资金占用额和原材料资金周转率。

原材料资金占用额完成情况 = 计划占用额 - 实际占用额

计算结果为正值时，说明实际库存占用额低于计划库存占用额。反之，为实际占用额大于计划占用额。

$$原材料资金实际周转率（次数）= \frac{本期实际耗用总金额}{本期实际平均占用额}$$

$$原材料资金计划周转率（次数）= \frac{本期计划耗用总额}{本期计划平均占用额}$$

原材料资金周转率（次数）完成情况 = 原材料资金实际周转率（次数）- 原材料资金计划周转率（次数）

计算结果：当完成情况为正值时，表明实际周转率（次数）快于计划周转率，资金周转越快，说明资金运用效率越高，效果越好。反之，说明资金使用效果比计划差。如发现差异较大，应进一步查明原因，寻找根源。

反映在制品资金运用情况的指标主要有在制品资金占用额和在制品资金周转率。

在制品资金占用额完成情况 = 计划占用额 - 实际占用额

计算结果为正值时，说明生产过程实际占用资金额小于计划占用资金额，表明在制品量少。反之，为实际占用资金额大于计划占用资金额，差异较大时应查明问题所在，分析产生原因，是客观所致（如产量增大），还是主观（如管理不善）造成，从而制定出有效改进措施。

$$在制品资金实际周转率（次数）= \frac{本期实际完工产品成本总额}{本期在制品实际平均占用额}$$

$$在制品资金计划周转率（次数）= \frac{本期实际完工入库产成品成本总额}{本期在制品计划平均占用额}$$

在制品资金　　　在制品资金　　在制品资金
周转率（次数）＝实际周转率 − 计划周转率
完成情况　　　　（次数）　　　（次数）

计算结果：当完成情况为正值时，表明生产资金实际周转率（次数）、快于计划周转率（次数），资金周转率越快，说明资金利用效率越高，经济效益越好。反之，说明生产资金使用效率低、效果差，应查明原因。

通过以上各种经济指标的分析诊断，就可以发现企业生产运作过程健康状况，可以发现产生弊病线索，然后根据线索，再进一步追踪诊断，直到把产生弊病的原因弄明白为止，为治理打好基础。

五、生产运作弊病的追踪诊断

制造企业在生产运作活动中，一方面要有产出，另一方面也必须有投入，投入越少、产出越多，企业的生产效益就越好。因此判断一个制造企业是否健康，可通过投入产出比值来说明；但生产投入是由原材料、设备、人员、技术、信息及生产管理要素所构成，所以要摸清生产运作领域弊病产生根源，还需要对各个要素的投入和产出进行分析诊断，从而抓住要害给予治理。

1. 投入产出的追踪诊断

对投入产出效益如何进行分析诊断？从理论上讲可通过下列两种公式进行反映分析：

投入产出比率（生产性）＝产出量/投入量

这一公式既可以用价值量指标反映，也可以用实物量指标反映，如果用价值量指标来反映，其比率越高越好，当然不同行业、不同企业都有其自身的特点，因此其具体标准值不能千篇一律，应从历史发展水平及现状结合起来考虑。

产出投入差＝产出 − 投入

在这一公式指导下，从综合角度考虑产出可用销售收入（或标销价）来反映，投入可用成本来反映。两者之差为效益，差额越大效益越好。当然标准值应根据行业及企业的特点而定。

投入产出检查诊断的主要内容包括产品生产的投入，产出的期、量、质，产品品种，产品成本，产值利润，总产值，净产值和产品生产周期等。检查诊断的步骤和方法如下：

（1）生产总值及其增长趋势的诊断。生产总值是产品量的表现，它反映企业生产的总规模。生产总值增长是质的表现，它反映生产发展的速度和趋势。此项检查诊断从两方面着手：一方面，检查生产总值的计算是否正确，其中计算的口径，即总产值的构成项目前后期是否一致；计算的产量与应用的价格是否正确。另一方面，查证生产总值与上期和以往各期比较是否有增加。如发现计算错误或产值下降很多，表明有问题存在，并且要查明原因。

（2）净产值（附加价值）的诊断。净产值也称附加价值，是企业在生产运作中创造的价值。它是以生产总值减去生产的物质消耗部分的价值（生产费用中的原材料、物料、燃料、外购动力等的消耗费用、固定资产折旧费、包装材料费用、修理费用、零配件消耗费用、低值易耗品摊销费等的合计数）求得的净值。净产值是质的指标，反映生产总效益。此项检查从两方面着手：一方面，检查净产值的计算是否准确。由于生产总值前面已经检查，所以这一方面的检查重点放在物质消耗部分价值的构成和计算是否准确。另一方面，计算净产值率，并将本期净产值率与上期和以往各期净产值率进行比较。如本期净产值率低于上期和以往各期的，则表明净产值下降，可能有问题存在，因此，要查明这些问题发生的原因和表现所在。

净产值的计算有生产法和分配法两种：

①生产法。它是从工业产品的全部价值中扣除生产工业产品时所消耗的劳动资料的价值，然后求出净产值，用公式表示如下：

净产值 = 工业总产值 − 全部物质消耗价值

②分配法。它是用工业企业中属于国民收入初次分配的各个项目相加的办法来计算净产值，用公式表示如下：

净产值 = 工资 + 职工福利劳保金 + 应缴税金 + 应支付利息 + 净利润 + 其他

（3）净产值率的诊断。净产值率是指净产值占销售额的比率，计算公式如下：

净产值率 = （净产值/销售额）×100%

净产值率越高，说明新创造价值越多，企业可供分配的那部分价值也越多。将本期净产值率与以前年度及同行业相比，分析产生原因，寻找发生根源，针对病情给予治理。

（4）产品成本的诊断。产品成本是反映生产一定产品及数量所耗各种资源，是反映投入水平的重要指标。此项诊断应从以下三方面着手：

①先检查产品成本构成项目和成本计算的方法，前期与后期是否一致；如不

一致，应予调整更正。

②检查间接的成本费用分配是否合理，即各种产品负担的间接材料费、工资和制造费用是否合理；如有不合理部分，应作适当调整。

③将各种产品的单位成本与上期和以往各项的单位成本进行比较。如本期高于上期和以往各期的，表明有问题存在，应查明原因和表现所在。

④将各种可比产品单位成本同上期及目标成本进行对比分析，检查其变化水平及趋势，分析产生原因，查明造成的责任。

（5）产值利润的诊断。产值利润是以生产总值减去产品总成本求得的余额，它是企业生产效益的表现所在。对于产值利润的诊断，除对总产值利润进行检查外，还应按产品品种分别检查每种产品的产值利润，并计算其产值利润率。这样，就可以分清本企业产品的利润构成情况，就能发现低利产品存在的问题。

在检查产值利润时，还应将本期产值利润率与上期和以往各期产值利润率进行比较。如本期产值利润率低于上期和以往各期的，则表明有问题存在，并且可以据此查明其原因和表现所在。

（6）投入产出的追踪诊断。此项诊断，应对每批产品的材料投产期、量、质、品种和每批产品的产出期、量、质、品种进行检查。检查时，应采用下列步骤和方法：

①先检查每批产品的材料投产日、数量、质量和品种，与计划投产日、数量、质量和品种的要求是否一致；如不一致，应查明原因和问题所在。

②检查每批产品产出期、数量、质量和品种与计划产出期、数量、质量和品种的要求是否一致；如不一致，表明未完成计划，应查明原因和表现所在。

③将各批产品的投入—产出期，即生产周期进行比较，检查其生产周期的长短。如果生产周期延长，则表明有问题存在，应查明原因和表现所在。

2. 生产运作要素的追踪诊断

生产运作要素的追踪诊断应以生产设备、原材料、生产人员、生产技术、生产资金及生产信息为重点，具体诊断操作方法如下：

（1）生产设备的追踪诊断。生产设备弊病的追踪检查诊断，主要从设备实际生产能力和使用状况两个方面进行。

①生产设备实际生产能力的检查诊断。设备生产能力可以用每台机器每小时的产量来衡量。实际生产能力的大小既反映着机器设备的性能及其使用的状况，也反映着生产计划完成和产值增长与否的情况。检查诊断主要通过实际生产能力与理论生产能力的比较，找出其异常差异。然后再进一步检查影响生产能力（产量）提高的原因，即可查明原因。检查时，可用月理论产量与实际产量比较。月理论产量的计算公式为：

每台机器月理论产量 = 每小时产量 × 每班工作时数 × 每日班次 × 月工作日数

例如，某台机器每小时理论产量为 200 件产品，每日两班，每班工作时数 7.5 小时，月工作日 22 天。那么，月理论产量为 66000 件。若实际产量为 60000 件，两者比较可知，月实际产量比月理论产量少 6000 件。实际产量低于理论产量的原因，不外乎下列几个方面：

1）机器设备陈旧，功能低下；或经常发生故障。

2）原材料或能源供应不足，发生停工待料现象，从而导致减产。

3）前道工序未按期按量完成，影响后道工序生产。

4）生产人员缺勤多，或消极怠工，或责任心不强。

5）废次品增多，影响产量提高。

②生产设备总体使用状况检查诊断。生产设备使用状况还应从总体上加以检查诊断。检查内容应包括以下几方面：

1）主要的机器设备种类、用途和数量；

2）在用的和未使用的各有多少，有无尚未安装的机器设备；

3）在用的机器设备性能如何，开工率足不足；

4）主要机器设备月理论产量多少，实际月产量多少；

5）现有机器设备是否配套；

6）有无转产、损坏未修或陈旧过时的机器设备；

7）有无更新改造机器设备计划。

③生产设备利用状况追踪诊断。

此项诊断主要查明有无闲置的机器设备。通常以生产设备利用率来反映，计算公式为：

$$生产设备利用率 = \frac{正在利用生产设备}{企业拥有生产设备} \times 100\%$$

该指标比率越高，表明设备利用越充分。如有闲置未使用的机器设备必然会影响生产能力的提高和计划的完成。其原因主要有下列几个方面：

1）机器性能差，不适用；

2）备用的机器设备尚未安装；

3）机器损坏，未修理，不能用；

4）机器属转产剩余的设备。

诊断时，除逐项查询、查看实物外，还应采用检测方法进行功能检测。

随着科学技术发展，现代生产设备越来越复杂，使用、维护要求越来越高，形成了专门学科。详见本章附件一。

（2）原材料的追踪诊断。此项诊断，重点应放在原材料是否适用和满足生产需要的程度两个方面。

①检查原材料的适用性。

1）原材料的品种、规格、型号与生产所需的品种、规格、型号是否一致；有无造成积压，使资金造成浪费。

2）原材料质量与生产所需的质量是否一致。

②检查原材料满足生产需要的程度。

1）原材料的供应期是否与生产的投产期保持一致，有无脱期供应，发生停工待料的现象；

2）原材料的数量是否与生产所需的材料数量保持一致；

3）原材料质量是否符合产品设计要求，有无因质量不合格造成大批材料积压。

上述检查，可以按生产计划每批产品投入生产的日程与仓库发料的日程，逐项进行比较，即可查明是否有问题存在。也可按本项材料品种进行，检查有无长期积压不用的材料，如有应查明原因及责任。

（3）生产人员的追踪诊断。此项追踪诊断，主要根据人均产值与生产人员结构两方面进行检查分析。

①人均产值的追踪诊断。人均产值是表明劳动生产率的状况，即生产效果好坏的质量指标。人均产值越多，生产效果越好。检查时，将本期的人均产值与以往各期和上期人均产值进行比较。如本期人均产值高于以往各期和上期的人均产值，表明生产效果提高；反之，则下降，表明有问题存在，需要查明原因。

诊断时还可将职工人数与净产值结合起来进行。具体计算方法有两种：

劳动生产率（Ⅰ）＝净产值/职工人数

劳动生产率（Ⅱ）＝净产值/工资总额

指标（Ⅰ）表明每一职工年均创造多少净产值，创造越多，说明效率越高，效益越好。但是以职工人数作为分母，忽略了员工构成上存在的差异（如工种、熟练程度、文化程度、性别差异等），因此，为了综合反映职工劳动效率，可用价值量（工资总额）的方式来反映投入产出的效率，这就是劳动生产率（Ⅱ）。

为了深入细致地追踪诊断劳动生产率升降原因，还可把它分解如下：

$$\frac{\text{净产值}}{\text{职工人数}} = \frac{\text{净产值}}{\text{净销售额}} \times \frac{\text{经营资金}}{\text{职工人数}} \times \frac{\text{净销售额}}{\text{经营资金}}$$

（劳动生产率）＝（净产值率）×（资本集约度）×（经营资金周转率）

从公式中看出：净产值率反映了净产值占销售净额的比率，比率越高说明企业新创造的可供分配的价值越多，企业越健康。资本集约度反映了投入资本量与劳动量的比率，即资本与劳动率的构成。比率越高企业实力越强，创造净产值越多。经营资金通常指企业资产总额减去证券及对外投资、非利用资产（基建及预付款等）和递延资产后的余额，是投入企业自身经营活动的资本。经营资金周转率说明经营资金的利用效率，表明企业职工运用所控制资产使用的能量，周转越快，说明劳动效率利用效果越好、越高。

②生产人员结构的追踪诊断。人员结构是指各类生产、技术人员和管理人员占全部人员的比重。各类人员占全部人员比重的大小，取决于企业生产类型和规模大小以及机械化、自动化程度高低。高新技术企业一般技术人员占的比重在40%以上；生产工人占的比重在30%左右，其中熟练工应占生产工人的90%以上；管理人员占的比重一般在30%左右。其中，中级以上职称的管理人员应占管理人员的40%以上。劳动密集型生产企业一般是技术人员占的比重在20%左右；管理人员占的比重在15%左右；生产人员占的比重在65%左右。其中熟练工应占生产人员的80%以上。人均产值的高低取决于生产人员的素质，即生产技能的水平和熟练程度。检查时，主要查明技术人员和熟练工占的比重。

③生产人员的综合追踪诊断。此项检查诊断的方法主要用调查提纲法逐项进行检查。调查提纲的内容，主要有以下几个方面：

1）本期的人均产值是多少。同去年与以往各期相比是增加，还是减少。

2）人员构成情况。其中技术人员、生产人员和管理人员各有多少，占全部人员的比重是多少。

3）生产工人中熟练工占生产人员的比重是多少。

4）技术人员、管理人员和生产人员的聘用方式。

5）生产人员工资制度。它是计时工资，还是计件工资；有无激励措施和安全保障措施；有无晋升和特别奖励制度。

6）有无实行合理化建议制度，开展合理化建议活动；或定期不定期召开座谈会，听取生产人员的意见和建议。

7）在新产品试制或批量生产前，以及新技术、新工艺、新材料和新设备推广应用前，有无对生产人员进行技术培训或举办示范操作表演，帮助生产人员提高生产技术水平和能力。

8）生产人员有无严格的生产纪律。对于违反纪律的生产人员采用何种方式处理，是行政处罚，还是经济处罚；有无滥罚滥扣工人工资和奖金或随便辞退工人的现象。

（4）生产技术的追踪诊断。此项追踪诊断，可从下列几方面着手：

①对同行业同类产品的构造、性能、功能、外形、体积和质地（材料）等方面与本企业产品进行分析比较，找出技术上的差异。这是因为从产品的构造、性能、外形、体积、质地等方面的分析比较，可以反映出技术的优劣程度。凡产品构造良好，安排合理，性能独特，功能多样，外形美观新颖，体积轻巧，质地

优良，使用寿命长，则表明产品的设计、制造工艺技术先进；反之，则表明技术落后。通过比较分析，如属于后者，应作深入检查，以查明原因和表现所在。

②对产品质量指标进行追踪诊断。产品的优质品率、合格品率、返修率和次品率等方面，都反映着企业生产技术的优劣程度。如产品优质率高、合格品率高，即表明产品质量优良。反之，合格品率和优质品率很低，返修率和次品率高，就表明生产技术不过关。

③对机器设备的技术性能进行追踪检查诊断。企业的技术先进与否表现在生产人员技术水平的高低和设备技术性能两个方面。检查时，从机器设备的生产能力、用途、精密度、光洁度和功率等方面检查，如性能高的，表明良好；如性能不好，则表明有问题。

由于机器设备的性能有一个设计标准（理论参数），这些标准有国际性、全国性、部颁性、厂际性之分。检查时，应用这些标准进行对照。凡是性能符合标准的，属于良好；反之，属于不佳。

④从生产人员操作技能和设计方面追踪诊断。生产人员操作技能和产品设计水平与能力的高低，既反映着生产人员技术素质的好坏，也反映着企业的技术实力和创新能力、竞争能力的强弱。检查时，可从产品设计、工艺操作方面进行检查，如产品技术设计不够先进，工艺技术操作方法落后，表明有问题存在，即可据以深入检查其原因和表现所在。

⑤对技术管理进行追踪诊断。首先，检查技术目标、技术创新计划的制定依据是否准确可靠；其次，检查产品技术设计方案的先进性和可行性；再次，检查工艺技术操作程序和规程的科学性；最后检查技术情报资料管理和保密制度的严密性。通过上述检查，即可查明技术管理方面有无弊病存在。如果存在这些问题，即据以深入检查，查明其原因和表现所在。

（5）生产资金的追踪诊断。制造性企业的生产资金应当包括原材料贮备资金以及生产过程中所需的其他各种资金。其表现的形态有原材料、辅助材料、包装材料、半成品、在制品、产成品以及生产周转用的货币资金。追踪诊断可从两方面进行。

①从生产资金周转率追踪诊断。反映生产资金周转率的指标有：

1）储备资金周转率 $= \dfrac{（原材料、辅助材料、包装材料）耗用金额}{（原材料、辅助材料、包装材料）平均占用额}$

2）在制品资金周转率 $= \dfrac{已完工入库全部产品生产成本}{在制品资金平均占用额}$

3）产成品资金周转率 $= \dfrac{销售产品成本额}{产成品平均占用额}$

4）存货周转率 $= \dfrac{销售产品成本额}{存货平均占用额}$

上述指标计算的结果，表明各项资金在一定时期内的周转次数，周转次数越多，资金运用效果越好。同时还要明确资金周转快慢反映了生产领域材料物资周转快慢，利用率的高低。

通过本期周转率与前期或与相类似同行业对比，就能发现存在差异，其差异有有利差异，也可能有不利差异。因此，还应对差异再深入跟踪检查，成绩应加以肯定。缺点，找出原因后制定改进措施，以提高资金使用效率。

②从生产资金供需追踪诊断。一般企业在资金运用上，经常发生下列几方面弊病：

1）生产需要的流动资金量大，但可供量小，资金供应不足。

2）企业的流动资金过多地用于购置机器设备，致使固定资产投资过大，影响资金的正常供应。

3）不根据生产需要，盲目购进大量的或不适用的原材料，造成资金积压、流动资金周转困难。

4）不根据市场需求的变化，盲目生产不适销的产品，或生产难以销售出去的质次、不配套产品，造成大量的流动资金积压。

（6）生产信息的追踪诊断。生产信息包括生产日报、产品质量检验报告、产品入库通知单等生产统计资料。它对指导生产、调度生产运作有重要作用。信息不灵，就必然影响生产指挥，使整个生产不能协调有序进行。生产信息追踪诊断，应从下列几方面入手。

①有无专责机构和人员负责生产信息的收集、整理、储存和传递。

②有无建立生产信息传递、处理的程序和方法，以及建立生产信息网络，沟通和处理生产信息。

③检查生产信息的内容是否完整。如行业内外同类产品的品牌、型号、生产情况和新技术、新工艺、新材料的应用情况，以及新产品上市与销售情况；本企业的生产进程及各种产品的产量计划完成情况和产品的销售、储存情况；产品设计和新产品试制情况；生产工艺流程和机器设备使用以及生产人员培训情况；等等。

④检查生产信息沟通和应用处理产生的效果。正确处理信息，不失时机地利用收集到的各种生产信息，为企业的生产服务。但是，如果不能利用，或利用不及时，或处理不当，就可能会失去机会，甚至给企业带来某种危害。所以，从信息沟通和处理效果来检查，就能发现信息沟通和处理中的弊病。

（7）生产运作管理的追踪诊断。

①生产运作管理追踪诊断的内容、检查的内容主要包括下列几个方面：

1）新产品的开发、试制和研究的管理；

2）产品技术设计管理，设计文件保管使用；

3）产品生产计划的制定和管理，包括产品品种、产量、投入产出日期的制定和执行情况等几个方面；

4）各种产品材料消耗和工时消耗定额的制订与执行的管理；

5）工艺流程和操作规程的制定与执行的管理；

6）原材料领发与投料、配料制度的制订与执行的管理；

7）产品标准成本的制定与产品成本核算的管理；

8）产品质量标准和检验制度的制定与执行的管理；

9）产成品、产成品入库储存制度的制定与执行的管理；

10）生产调节与内部监督检查制度的制定与执行的管理；

11）产品生产组织机构职能、人员配备和岗位责任制的建立与执行的管理；

12）除上述内容外，安全生产、消除对环境污染，也是生产运作诊断的重要内容，也要进行追踪诊断，针对存在问题给予治理。

以上所述的生产运作管理的内容纷繁复杂。为使生产运作管理的追踪诊断有条不紊，取得良好的检查效果，应该抓住各种生产运作管理制度的建立、执行及其效果三个关键环节进行。因为生产管理的弊病主要是在制度的建立和执行过程中发生的。所以，检查时，能抓住这三个关键环节，就能很快发现生产运作管理的种种弊病及其表现和原因，便于对症治理，使追踪诊断起到事半功倍的作用。

②生产运作管理追踪诊断的步骤和方法如下：

1）检查各种生产管理制度，包括管理报告制度、岗位责任制和内部监督检查制度的建立情况，视其是否健全、完善和严密，有无薄弱环节和不适合生产管理和控制需要的方面。此项检查，可以查看各种生产管理制度的建立是否按该种生产活动的程序和方法制定日常管理办法和规程，检查其是否完善、严密，有无漏洞。

2）检查各种管理制度，包括报告制度、岗位责任制和内部监督检查制度的贯彻执行情况。此项检查，可以对各种生产管理制度，包括报告制度、岗位责任制和内部监督检查制度的执行情况及其运作过程进行查看和观察，检查各种有关的管理资料，查看其是否被严格执行。

3）检查各种管理制度，包括报告制度、岗位责任制和内部监督检查制度实施后的作用。生产管理产生的作用是多方面的，既有某个方面的，也有综合方面的。

六、生产运作弊病的分类

1. 生产运作弊病的分类整理

经上述追踪诊断后，应根据生产运作弊病的不同性质和表现，进行整理归类，列出重点，抓住主要病因，给予对症治理。就一般企业而言，生产运作领域弊病，主要有以下六类：

（1）产品生产决策的失误。此类弊病，可分为产品生产的方针错误，产品组合错误，新产品开发错误，新技术、新工艺、新材料应用推广错误，产品技术设计方案选择错误和生产设备投资、技术改造决策错误等等。

（2）生产计划制定的错误。此类错误，可分为制定生产计划原则的应用错误，或生产计划不周密，期量标准不科学，生产定额和标准的制定错误等。

（3）生产条件不佳。此类错误，主要有生产人员素质欠佳，机器设备购置不当、性能不佳、维修保养不善，材料供应、资金运用不足，技术水平不高，信息处理不当等方面的弊病。

（4）组织生产和计划实施的错误。此类错误，有工艺流程、操作规程、任务分配、劳动力安排等方面的弊病。

（5）质量管理体系尚未建立，或已建立但执行不认真，使产品质量无保证方面的弊病。

（6）生产管理和内部控制不严，制度不健全、不完善、不严密；或有制度不认真执行，使制度流于形式等方面的弊病。

2. 生产运作弊病的治理

生产运作弊病的治理，由于生产弊病大部分是在企业内部的生产活动和管理活动过程中发生的。因此，在治理中只要能"对症治理"，一般能取得良好效果。

生产运作弊病可以采取下列措施进行治理：

（1）根据科学技术发展和市场需求变化的趋势。发展高新技术产品的生产，改革生产经营方向，优化产品组合，改进产品结构。

（2）充分利用和开发现有的人力、财力、技术、设备等经济资源，研究新技术、新工艺、新材料，引进新设备，不断更新和改进现有的产品，发展新产品，提高产品竞争能力。

（3）充分挖掘现有设备、人员、技术、材料等经济资源的潜力，改进工艺流程和技术操作方法，增强适合市场需求的花色品种。

（4）根据生产经营发展的要求，改进生产组织，改善生产环境与条件，提高创新能力与应变能力，增强经济实力。

（5）运用现代科学技术，加强现代化管理水平。运用电脑、现代通信、视听、监控、检测等设备，建立信息网络，加强生产调度，不断改进生产管理，完善生产管理体制。

（6）根据生产目标和产值利润目标管理的要求，加强成本核算和财务管理，加强对库存材料、半成品、在产品和产成品的管理和存量的控制。同时，开展生产分析，其中包括对产品品种、产量、存量、产值、净产值，产品成本，产值利润，人均产值，材料供应，以及设备使用和人员安排等情况的分析。

（7）完善生产管理报告制度，及时传递沟通生产信息，开发利用生产信息资源，提高处理信息的能力和效率。

（8）建立健全生产运作及其管理的规章制度，推行现代生产运作管理方法，提高生产运作管理水平。

七、判断企业生产运作健康状况的标准

这既是诊断者非常关心的内容，也是一个非常复杂的问题，对企业来说又是一项商业机密，而且每个企业具体情况各异，数据只能供参考。

（一）国内企业判断生产运作健康状况的标准

国务院国资委制定的《企业绩效评价标准值》中共有 27 个指标的标准值。其中涉及生产运作的指标只有存货周转率和不良资产比率。如黑色金属冶炼企业，2010 年存货周转次数是：优劣值为 12.7 次、良好值为 9 次、平均值为 5 次、较低值为 3.2 次、较差值为 1 次。而不良资产比率是：优秀值为 0.1%、良好值为 2.2%、平均值为 5.0%、较低值为 6.7%、较差值为 8.9%。这两个指标综合反映了企业生产运作的效率及效果。其他指国家权威部门未曾公布过优劣的标准。

（二）发达国家企业运作诊断的指标

美日欧发达国家，针对它们更为复杂的生产模式——更多的以自动化生产线的方式组织生产要素：工序高度专业，衔接交织融汇，关系错综复杂，如果一条生产线出了问题，那么弊病出在哪道零部件生产工序？哪个技术环节？哪张设计图纸的哪条标准？哪台设备？是购入的原料还是管理的指令……迅速诊断和分析出发生弊病的环节和位置就更为困难。

但是，美日欧国家的企业有近 200 年的开展企业诊断的历史，在长期的实践中，积累了丰富的企业诊断分析的知识和经验，也逐渐总结了适合发达国家企业的诊断技法和判断企业生产健康状况的指标，列于本节之后供中国企业家们参考。一方面，中国的企业可以计算自己的这些指标，并与美日欧等西方发达国家企业相对应的指标作对比，找出差距。另一方面，随着生产技术、设备装备、原材料、生产的工艺水平和管理水平的提高，我们的企业也会发展到美日欧发达国家那样的地步，也将会遇到它们现在正面临的问题。在发现我们早已熟悉的指标过于简单，不能有效地反映企业生产运作的状态时，可以试着运用这些指标分析、观察和诊断自己的企业，可能会有效地找到存在的弊病，达到解决问题改善生产的效果，实现自身管理水平的提高。

八、企业的各项生产体系正常运作的经济指标和判别标准

欧美国家衡量现代企业生产运行的指标一般包括：

（1）成品下仓数：通常指某一时间段进入成品仓库的合格成品数量。

（2）生产力（生产率）：每单位时间每个人生产出的合格品数量。

计算公式：产出/操作者的工作时间

（3）物料收益率：合格品在所有物料中所占的比率。

计算公式：合格品/（合格品＋废品）

（4）总收益率：货物从首道工序至下仓，最后合格品所占比率。

计算公式：（劳动产出＋返修加工产出＋返修支付的成本）/劳动投入

（5）单收益率：货物第一次从生产线首道工序流至生产线终点，最后合格品所占比率。

计算公式：劳动者产出/劳动者投入

（6）工序收益率：工序中（可以指整个工序流程，也可以指其中一道工序）合格品所占比率。

计算公式：工序产出/工序投入

（7）工序初次收益率：整个工序中的各工序的乘积，用于衡量整个工序的能力与收益率。

计算公式：首道工序收益率×次道工序收益率×第三道工序收益率×…×末道工序收益率

（8）每日工作中心在制品区（存储货位）平均数与每日产业平均数的比率。

计算公式：每日平均工作中心在制品存储货位/每日平均产出

（9）批次可接受率。计算公式：合格批次数/被查批次数

（10）每百万个货中的坏品数。

计算公式：坏品数量/被查产品数量×1000000

表5-1　企业生产运作指标完成情况诊断表

指标	权重	计划数	实际完成	完成（%）	换算值
1. 生产计划（产值）	15				
2. 产品产量	10				
3. 产品合格率	12				
4. 成本利润率	10				
5. 人均净产值	8				
6. 原材料周转率	8				
7. 物资采购计划	8				
8. 单位成本计划	12				
9. 设备完好率	6				
10. 产品生产周期	6				
11. 产销比例	5				
合计	100				

第三节　生产管理功能诊断分析

企业进行生产活动须具备七个必要的要素：设备、原材料、人员、技术、资金、信息和管理，它们是生产运作缺一不可的。实际上，能够导致生产体系运作不良的弊病也只有出在这七个要素或环节上。如果说第二节关于指标完成动态的诊断的职能是发现有没有问题，那么从本节开始的以下内容就是发现弊病出现在生产运作的哪个环节。它们分别是对生产运作管控能力、品质管理现状、物资采购仓储库存、管理运行状态、安全生产管控现状、风险管控状态的诊断和分析，以判断生产运作系统的组成环节的健康状况。

本节的调查表格用以分析诊断企业生产运作管控能力的健康状态，判别管理环节是否存在弊病。

应当提请注意的是，企业诊断和分析是繁重的脑力劳动，是一项高智商的人通过慎思严考，归纳推理得出的合乎实际的结论。基于这个结论，给出解决问题医治弊病的办法，或促企业更加繁荣，或救企业于倒闭边缘。有些类似于拯救病人的医生，所以人们借用了"诊断"这个词给这种工作命名，但企业医生面对的是企业而不是人，也因此比医院医生有更多的困难。医院医生不论医治过多少病人，他们面对的都是由皮肤、骨骼、肌肉、肠胃、大脑、心脏和血液等器官构成的"人"，只有规模的不同，没有本质的区别。诊断企业的医生则没有那么幸运：诊断所要面对的企业千差万别，大小不等，状态不一，经营内容各异，它们分属于不同的行业和地区，诊断之前不可能预先知道企业存在什么问题，而是通过艰苦的调查研究、收集资料，并经过脑力加工将存在的弊病找出来，并提炼升华，确定其主要"疾病"。

也正因为如此，当阅读随后的表格和问题时，万不可僵化地对待它们。这些表格只是一种格式，最多只是一个可供参考的例子。当企业医生亲临存在问题的企业时，必得根据企业的实际情况和待解决的问题开动脑筋，编制适合要求和实现目的的表格来。这里的"适合要求"所指的是，不要提问与解决弊病无关的问题，也不要积累空泛和用不着的资料，这样的资料浪费时间、耗散精力，只能添乱，它们最好的下场就是尽早地被抛到垃圾箱中。

也正因为如此，我们才敢于在本节的后面专门列举一些问题，只是为了启发思路，供人挑选，并提请挑选问题的企业医生注意：应本着惜题如金的原则，如同寻找一把开启企业秘密的金钥匙那样，慎选、精选，反复推敲所提问的问题。

在拍板定下编制的提纲之前，有必要逆向思维，设想自己被问到这样的问题会不会如实地回答，会不会有所顾忌，是不是清楚，是不是会误解……或以此为参考，启发更切中要害的问卷。

一、生产系统诊断调查

表 5-2 生产系统诊断调查表

序号	诊断项目	诊断记录	问题点	等级
1	各种与产品生产有关的制度是否已建立			
2	制度的执行是否到位，哪些制度执行不力、阻力来自何方			
3	相关部门协调配合的程度，协调不好的原因			
4	生产部门内部的利益分配合理性，存在哪些问题			
5	生产部是否开展经常的培训来提高业务人员的业务素质，最近一年培训多少次			
6	生产部有无自己的外协网络及延伸的深度			
7	生产部门内人员的控制方式与控制程度是否恰当			
8	生产部各层次人员素质情况			
9	生产人员的技术组成状况，能否适应现代生产的要求			
10	生产设备配备情况，能否适应生产要求			
11	企业生产能力（年产量或产值）多大，实际生产能力完成多少			
综合	分　　等级　　级	评价：		

二、生产运作管理诊断调查

表 5-3 生产运作管理诊断调查表

区分	调查项目	主要调查事项	记事	等级
1. 作业分析	（1）工程分析（主要产品）	把握改善重点		
		改善着眼点的实例		
	（2）工作研究（主要工程）	工作条件与动作改善		
		制定标准时间（实例表示）		
	（3）工作率分析	机械工作率、把握工作效率		
		宽放率及效率标准的控制		

续表

区分	调查项目	主要调查事项	记事	等级
2. 人员设备建筑	（1）工作者（职种、技术别）	各部门各工程能力的均衡		
		技术之合适性及其训练		
	（2）机械设备（台数、能力）	工程别能力的均衡、精确度的合适性		
		过忙或闲暇分析		
		机械工作率是否合适		
	（3）工厂布置（设备、建筑）	流程图工厂布置是否合适		
		工作面积及工作环境是否合适		
3. 设计	（1）设计管理	设计改善与降低成本的关系		
		生产设计之实施情形		
	（2）产品研究	提高产品品质问题		
		其他公司同类产品品质的比较		
4. 生产计划	（1）一般情形	由谁、以何方法立案的		
		销售计划及资金计费是否配合		
	（2）程序计划	工程程序的指定问题		
		标准工作量的确定		
	（3）日程计划	目前负荷量的控制		
		装配顺序、宽放时间的考虑、缓急顺序的决定		
	（4）工时计划	生产预定案与工时的配合		
		工时太多或不足的对策		
5. 工程管理	（1）生产预定表	部门别、产品别的工程进度指示		
		何范围的人员认识此进度		
	（2）进度管理完成品管理	预定的进度表与实际绩效相较		
		工作单迅速确实的传送		
		完成品的收付与保管		
	（3）绩效资料	每日生产量与工作时间的记录		
		生产计划与成本计算的利用		
	（4）管理机械	计划的统一管理		
		办公室与现场的控制		
		举行生产会议与工作会议		
	（5）表单	所使用表单之梯式合适否		
		预定表与进度表的式样		
		一次书写制度		

续表

区分	调查项目	主要调查事项	记事	等级
6. 工作管理	（1）工作标准	是否订有工作标准		
		是否清楚		
		工作条件与时间是否明确		
		工作标准的形式		
	（2）工作指导	工作者的指导方法与程度		
		工作者的委任是否充分		
		品质与生产的管制		
	（3）工作改善	工作简化、对工具与设备改良		
		积极改善的实例		
		奖励工作改善的实例		
	（4）整理整顿	整理整顿是否充分		
		不良品与废料是否散乱		
7. 检查	（1）检查方法	检查基准是否合适		
		收货检查与工程检查		
		检查者及检查制度		
		检查工具是否合适		
	（2）不良率	检查结果之记录		
		不良率的工程别、原因别		
		不良品的处置及防止对策		
		现在的不良率是否太高		
	（3）可用率	总体可用率		
		应付可用率提高的对策		
8. 机械工具管理	（1）机械设备管理	管理的负责人		
		预防保养		
		定期检查的实施		
	（2）工具管理	工具的研磨等管理		
		工具的保管是否适当		
		外借工具是否确实记录		
	（3）工具类型	设计、采购、制造的方法是否适当		
		保管方法是否适当、负责人是否明确		

续表

区分	调查项目		主要调查事项	记事	等级
9. 动力热	（1）电力		电力管理的重点是否明确		
			节省电力的对策是否清晰		
	（2）燃料		燃料费的比例、成本、单位消费量及管理重点		
10. 工作环境	（1）搬动管理		搬运工具的利用、通路状态		
	（2）环境条件		影响工作的条件如何		
			是否有适当的管理		
	（3）安全管理		有无安全统计、安全对策		
			火灾的防止是否适当		
综合	分	级别 级	评价：		

三、生产部经理自我检查诊断

表5-4　生产部经理自我检查诊断表

序号	诊断项目	诊断记录	问题点	等级
1	企业内主管生产的部门是哪一个？职责和权限有哪些			
2	生产计划、组织和实现的相关部门有哪些？有无结构图和职能分工表			
3	企业主要生产的产品品种有哪些，年更换率多大			
4	主要产品有几种、批量有多大、年产量、产值有多大、比率是多少			
5	有无制定年度、季度、月度生产计划，如有，完成情况如何			
6	生产计划由哪个部门带头制作？哪些部门参与？谁审批（有无制作流程）			
7	生产计划制定的依据是什么			
8	生产计划的主要指标有哪些、完成得如何			
9	生产作业计划由谁编制？依据是什么，执行如何			
10	新产品生产计划下达后，如何进行生产准备工作			
11	生产计划的执行，如何进行有效控制			
12	有无生产调度工作制度（调度值班制度、调度会议制度、调度报告制度），如有执行如何			
13	生产计划和生产作业计划完成情况如何跟踪反映			
14	有哪些生产统计报表和分析报表（有无生产日报、月报、年报）、是否向职工公布			
15	有无生产工艺文件和作业指导书，执行如何			

续表

序号	诊断项目	诊断记录	问题点	等级
16	有无安全操作手册和上岗证、贯彻如何			
17	生产所需的材料、零配件能否保证及时供应			
18	生产所需的能源、动力能否保证			
19	生产所需用动力资源是否足够？人员素质如何保证			
20	生产中有无出现停工待料或其他异常情况，如有什么原因			
21	生产中设备技术性能是否能保证现行生产需要			
22	生产过程中各种信息如何收集和反馈			
23	目前生产过程中信息的收集、处理和反馈是否能满足生产控制的要求？有无使用计算机系统进行辅助管理			
24	有无制定各工序各种消耗（人工、材料、能源、工具）定额、定额执行如何			
25	有无制定各工序工艺标准、检验标准、安全标准，如有执行如何			
26	有无制定生产期量标准（批量、生产周期、生产提前期、在制品定额等）执行如何			
27	有无制定设备修量时间定额			
28	生产设备有无编码，每台设备的责任者是否明确			
29	生产设备有哪些？有无设备一览表和台账，账实是否相符			
30	生产设备如何管理、有无实施统一管理？哪个部门负责统一管理			
31	设备购置或制造由哪个部门负责？审批程度怎样进行			
32	设备到货如何验收？由哪些部门及人员参加			
33	设备移交或转移有无办理手续？有无记录			
34	设备资产管理责任制是否明确？有无资产管理责任的记录			
35	设备技术管理由谁负责？有无设备技术资料档案			
36	设备有无"年度检修计划"？如何实施和控制			
37	设备日常使用维修、保养由谁负责？有无制定计划？实施情况怎样			
38	设备大修、检验有无记录			
39	日常维修、保养有无记录			
40	设备的健康状况有无进行评价			
41	设备更新改造有无进行			
42	设备报废是如何进行的，怎样进行技术鉴定			

综合	分	等级	级	评价：

四、制造管理诊断调查

表 5−5　制造管理诊断调查表

项目	题目（提问点及症状）	答题方式	给分标准	答案	
				选择	得分
1. 生产排程	（1）生产计划执行完成率＿＿＿	A. 95%～100% B. 90%～95% C. 85%～90% D. 85%以下	A＝3　B＝2 C＝1　D＝0		
	（2）有无《生产排程管理办法》及相关规定	A. 有　B. 无	A＝2　B＝0		
	（3）有无执行《生产排程管理办法》？（执行效果力度如何）？	A. 未执行 B. 偶尔执行 C. 通常执行 D. 严格执行	A＝0　B＝1 C＝2　D＝3		
2. 生产线存货管理	（1）有无成立专门委员会或相关组织推行5S（标识、区域规范等）	A. 有　B. 无	A＝2　B＝0		
	（2）物料、在制品在车间有无按区域标识分区存放	A. 有　B. 大部分 C. 无	A＝2　B＝1 C＝0		
	（3）在制品转序有无流转单据	A. 有　B. 无	A＝2　B＝0		
	（4）物料领用、发放是否按生产排程执行	A. 是　B. 大部分是 C. 不是	A＝2　B＝1 C＝0		
	（5）不配套积压产品是否得到退料和及时处理	A. 是　B. 大部分是 C. 未	A＝2　B＝1 C＝0		
3. 生产进度管制	有无《在制品、材料进销存台账》和《出货进销存台账》	A. 有　B. 无	A＝2　B＝0		
4. 工艺管理	（1）有无作业指导书	A. 有　B. 无	A＝2　B＝0		
	（2）有无设备定期维护保养计划	A. 有　B. 无	A＝2　B＝0		
	（3）有无《设备安全操作规程》及相关培训制度	A. 有　B. 无	A＝2　B＝0		
	（4）有无设备管理程序或相关规定	A. 有　B. 无	A＝2　B＝0		
5. 设备工艺管理	（1）有无建立设备台账（如设备一览表、设备履历表等）	A. 有　B. 无	A＝2　B＝0		
	（2）有无建立模具台账	A. 有　B. 无	A＝2　B＝0		

续表

项目	题目（提问点及症状）	答题方式	给分标准	答案	
				选择	得分
5. 设备工艺管理	（3）有无建立《模具领用发放管理办法》	A. 有　B. 无	A = 2　B = 0		
	（4）机器设备有无悬挂操作说明书	A. 有　B. 无	A = 2　B = 0		
6. 多能工训练	（1）在重要工序或关键工序有无多能工训练	A. 有　B. 无	A = 2　B = 0		
	（2）在特殊工序有无多能工训练	A. 有　B. 无	A = 2　B = 0		
	（3）有无多能工训练计划	A. 有　B. 无	A = 2　B = 0		
7. 生产效率	（1）有无设备 IE 工程师，开展流程改造、工艺改进工作	A. 有　B. 无	A = 2　B = 0		
	（2）是否存在瓶颈工序和工序能力不平衡	A. 有　B. 无	A = 2　B = 0		
	（3）是否有工序产能规划或有无书面的产能定额	A. 有　B. 无	A = 2　B = 0		
	（4）有无定期或不定期的生产协调会或建立生产例会制度	A. 有　B. 无	A = 2　B = 0		
8. 品质管制	（1）物料过程损耗是否与个人工资挂钩或有无落实到生产一线员工，损耗水平有无与相关企管员的收入挂钩	A. 全有　B. 部分有 C. 无	A = 2　B = 1 C = 0		
	（2）不合格品处理权责是否明确？有无形成书面制度文件	A. 明确，有书面文件 B. 其他	A = 2　B = 0		
	（3）不合格品是否被标识、隔离或管制	A. 管制　B. 隔离 C. 其他	A = 2　B = 1 C = 0		
	（4）返工、返修产品是否有相关检验与测试并留下记录资料	A. 有相关检验和测试记录 B. 有测试无记录 C. 其他	A = 2　B = 1 C = 0		
	（5）特采品是否加以标识隔离管制	A. 隔离管制 B. 隔离未处理 C. 其他	A = 2　B = 1 C = 0		
9. QCC 活动	针对制造过程重大质量问题或严重不合格项有无成立 QCC 活动小组，进行品质攻关	A. 成立 QCC 小组或有专门组织去解决 B. 其他	A = 2　B = 0		

项目	题目（提问点及症状）	答题方式	给分标准	答案 选择	答案 得分
10. 作业管制	（1）产品在所有阶段是否均有明确标识	A. 全有标识 B. 部分有 C. 没有	A＝2　B＝1 C＝0		
	（2）特殊制程作业员是否经过资格确认	A. 有资格确认 B. 无资格确认	A＝2　B＝0		
	（3）有无品质、产量评比及目视管理	A. 有评比，有目视管理 B. 有评比，无目视管理 C. 全无	A＝2　B＝1 C＝0		
	（4）有无紧急任务通告专版（栏）	A. 有　B. 无	A＝2　B＝0		
11. 生产调度	（1）有无产能定额规划工作？有无书面产能定额	A. 有　B. 无	A＝2　B＝0		
	（2）出现异常有无生产协调调度会	A. 有　B. 无	A＝2　B＝0		
	（3）是否制定有关物料在进料制程及成品运输时的搬动管理程序	A. 进料、制程、成品全有 B. 部分有　C. 全无	A＝2　B＝1 C＝0		
	（4）是否提供了指定的搬运工具或其他防止物料产品损伤或劣化的搬运方法和手段	A. 是　B. 否	A＝2　B＝0		
	（5）是否有《样品管理办法》及《样品编号一览表》	A. 有 B. 有其中一样式 C. 无	A＝2　B＝1 C＝0		
12. 生产协调	（1）有无制定材料及产品储存管制程序，如提供安全储存场所	A. 有　B. 无	A＝2　B＝0		
	（2）是否制定物料收发管制办法、制定各种产品之包装保存及标记的明确规定，如先进先出、定期盘点、对账、物料摆放存放是否井然有序等等	A. 4项全有 B. 仅有前3项 C. 有1～2项 D. 全无	A＝3　B＝2 C＝1　D＝0		
	（3）是否制定实施书面规定及实施设备预定	A. 是 B. 未实施	A＝2　B＝0		

续表

项目	题目（提问点及症状）	答题方式	给分标准	答案	
				选择	得分
12. 生产协调	（4）各项统计手法"两图一表"，或工具是否已被正确无误使用	A. 是 B. 有"两图一表"，但未正确使用 C. 其他	A = 3 B = 1 C = 0		
	（5）是否有各阶段（物料、接受、制程、最终产品出货）的检验与测试作业程序和标准书	A. 全部有 B. 有其中 3 个 C. 其他	A = 3 B = 2 C = 0		
	（6）待验的物料、制程、最终产品出货是否有明显的标识加以识别	A. 全有 B. 其中 2 项有 C. 无	A = 3 B = 2 C = 0		
	（7）特准放行的产品是否完成特殊程序？是否有相关标识及可追溯性	A. 有 B. 无	A = 2 B = 0		
	（8）进料制程及成品验收阶段有无建立抽样方案	A. 有 B. 无	A = 2 B = 0		
综合	分	等级	级	评价：	

注：生产计划完成率 = 实际完成数/计划数×100%

说明：满分为100分，其中：90～100分为优，75～89分为良，60～74分为中，45～59分为差，45分以下为较差。

五、生产现场诊断

扼要说明：

这是一份对生产现场可能发生的问题从各个角度着眼检查，以便发现应当改进之处的审核作业表。要找出生产现场的问题，分别就现状审核出其所呈现的水准，并且仔细搜寻是否隐藏着什么样的缺点，这样一点一点地去追究诊断。而后将查证的结果记录下来，如此就能够掌握住实际的全貌。

表 5 - 6

查核要项	现状的水准与缺点	诊断记录	等级	治理方案
生产计划方面	评定水准（A·B·C·D·E）			
生产技术方面	评定水准（A·B·C·D·E）			
机械设备方面	评定水准（A·B·C·D·E）			
生产工具方面	评定水准（A·B·C·D·E）			
质量管理方面	评定水准（A·B·C·D·E）			

续表

查核要项	现状的水准与缺点	诊断记录	等级	治理方案
降低成本方面	评定水准（A·B·C·D·E）			
工程管理方面	评定水准（A·B·C·D·E）			
资料管理方面	评定水准（A·B·C·D·E）			
外协管理方面	评定水准（A·B·C·D·E）			
作业环境方面	评定水准（A·B·C·D·E）			
安全管理方面	评定水准（A·B·C·D·E）			
作业方法方面	评定水准（A·B·C·D·E）			
技能训练方面	评定水准（A·B·C·D·E）			
劳动纪律方面	评定水准（A·B·C·D·E）			
综合	分	等级	级	评价：

说明：评定水准：A ＝（与同业的其他厂商相比）非常优越， B ＝稍优越， C ＝普通程度， D ＝稍劣， E ＝非常拙劣。

六、产品制程诊断检查

表 5 – 7　产品制程诊断检查表

序号	诊断项目	诊断记录	问题点	等级
1	制程检验人员配备是否合理			
2	制程检验人员素质是否达到要求			
3	制程检验的力度能否达到企业预防产品出现不合格品的需要			
4	制程产品出现不合格品如何处置			
5	产品出现不合格时信息是否得到及时传递			
6	生产出现不合格品的原因及责任由谁来分析确定			
7	制程中所运用的统计技术是否能满足企业的需要			
8	制程检验人员与各车间的沟通如何，是否形成产品质量是制造出来的，而不是检验出来的理念			
9	产品订单的特殊要求是否能及时传递到制程品质组			
10	制程检验人员配备是否合理			
综合	分	等级	级	评价：

七、作业现场巡查诊断

扼要说明：

如果未能掌握作业现场的状况，那就可以说是生产作业诊断的失职了。事实上，生产诊断应从各种角度来查核现场的作业状况。在此，不妨利用下面的查核表，一旦发现缺点（得分仅为 1 分或 2 分者）所在，必须即刻研究出对策才行。

表 5－8

工作单位名称：

审 查 日 期：＿＿＿年＿＿月＿＿日

查核项目		评分	诊断记录	等级
整理、整顿方面	原料或零件是否摆放在标准的定点位置？			
	作业用的工具是否摆放在标准的定点位置？			
	工作台上是否整理得条理井然？			
	工作环境是否整理就绪，走道是否通畅无阻？			
工作态度方面	工作中是否有人偷懒闲聊？			
	员工是否保持正确的作业姿势？			
	是否按规定的服装穿着整齐？			
处理设备方面	是否按照说明正确地操作机械？			
	是否正确地使用工具？			
	机械、工具是否摆放在妥当之处，易于取用？			
工程进度方面	有无停工待料的事情，全体人员是否都能顺利地进行作业？			
	整个工程是否都按照原定计划顺利地进行？			
	各个工程之间是否能够顺利衔接无碍？			
安全方面	是否正确地使用保护的器具或防范安全的器具？			
	危险物品是否都能够保管得非常妥当？			
	安全标志类是否都能按照规定执行？			

（评分标准）	非常好 5 分 好 4 分 普通 3 分 差劲 2 分 甚差 1 分	综合得分	共得＿＿分
			巡视者（　　　　）

八、生产调度诊断调查

表 5 - 9   生产调度诊断调查表

项目	题目（提问点及症状）	答题方式	给分标准	选择	得分
1. 合同评审	（1）有无每一张订单交货期都经过生产调度部门确认	A. 有 B. 无	A = 3 B = 0		
	（2）有无对产品的使用要求、交货要求等予以鉴定	A. 有 B. 无	A = 3 B = 0		
	（3）有无制订合同签订管理审查程序？有无标准合同	A. 全部有 B. 部分有 C. 无	A = 3 B = 1 C = 0		
	（4）合约或订单内容是否能明确产品名称规格、交货期等事项	A. 全部是 B. 部分是 C. 否	A = 3 B = 2 C = 0		
	（5）针对合约或订单的变更、修改或作废，是否已制定完整的作业程序？①与客户沟通；②交货期更改后协调生产；③取消计划等	A. 全有 B. 部分有 C. 无	A = 3 B = 1 C = 0		
	（6）逾期交货是否有专人跟踪处理	A. 有 B. 无	A = 3 B = 0		
2. 生产计划	（1）准时交货率的完成情况	A. 98% ~ 100% B. 90% ~ 98% C. 80% ~ 90% D. 80% 以下	A = 4 B = 3 C = 2 D = 0		
	（2）有无书面生产计划	A. 有 B. 无	A = 3 B = 0		
	（3）每日的生产计划有无经过技术、销售、制造、品质相关部门评审确认	A. 全部有 B. 有供应部、制造部 C. 无	A = 3 B = 1 C = 0		
	（4）生产计划分解到哪个级别（如系列成品、半成品、零部件）	A. 分解到零部件 B. 分解到半成品 C. 无	A = 3 B = 2 C = 0		
	（5）有无完成率的书面统计？有无统计管理制度	A. 全部有 B. 有书面统计完成率 C. 无	A = 3 B = 2 C = 0		
	（6）有无定期分析检讨有关统计资料	A. 有 B. 无	A = 3 B = 0		
	（7）公司的生产能力是否能满足公司销售要求	A. 基本满足 B. 有盈余 C. 不能满足	A = 3 B = 1 C = 0		

续表

项目	题目（提问点及症状）	答题方式	给分标准	答案 选择	答案 得分
3. 台账管理	（1）对供应商的交货及品质状况有无书面分析报告	A. 两者都有，且有书面分析 B. 两者有，无书面分析 C. 有其中之一 D. 无	A = 3　B = 2 C = 1　D = 0		
	（2）有无书面统计公司的品质合格率	A. 有书面 B. 无	A = 3　B = 0		
	（3）有无《半成品、成品、生产日报表》或《库存日报表》	A. 有　B. 无	A = 3　B = 0		
	（4）有无订单台账	A. 有　B. 无	A = 3　B = 2		
	（5）欠料管理方式：①有书面《每日欠料跟催一览表》；②口头催料	A. 答① B. 答② C. 无	A = 3　B = 1 C = 0		
	（6）有无材料、半成品、流转单据管理	A. 有书面《管理办法》 B. 有报告，无书面 C. 无	A = 3　B = 2 C = 0		
	（7）有无书面《常规产品BOM清单》	A. 有书面的 B. 有，不健全 C. 无	A = 3　B = 2 C = 0		
	（8）有无《在制品定额明细表（含劳动定额、物料损耗定额、能耗定额或工时定额)》	A. 全有 B. 有物料定额或劳动定额 C. 无	A = 3　B = 2 C = 0		
	（9）有无《产品生产周期一览表》? 有无修订程序	A. 两者都有 B. 有《产品生产周期一览表》 C. 其他	A = 3　B = 2 C = 0		
	（10）有无书面《日出货统计表》	A. 有　B. 无	A = 3　B = 0		
4. 交货期管理	（1）是否存在由于缺料影响如期出货	A. 因缺料占影响交期出货5%以下 B. 5% ~10% C. 10% ~20% D. 20%以上	A = 3　B = 2 C = 1　D = 0		

项目	题目（提问点及症状）	答题方式	给分标准	答案	
				选择	得分
4. 交货期管理	(2) 是否有相关部门制作的《原材料来料时间表》	A. 有　B. 无	A = 3　B = 0		
	(3) 是否严格按预定投产期投产	A. 95%以上 B. 90%~95% C. 80%~90% D. 80%以下	A = 3　B = 2 C = 1　D = 0		
	(4) 是否存在设备工装夹具未能及时修复而不能使用，影响如期交货	A. 不存在 B. 轻微 C. 严重	A = 3　B = 2 C = 0		
5. 组织协调	(1) 企业内部相关部门有无生产调度例会制度	A. 有　B. 无	A = 3　B = 0		
	(2) 出现异常是否无组织召开生产协调会	A. 是　B. 否	A = 3　B = 0		
	(3) 有无专人负责物料统计及跟踪工作	A. 有　B. 无	A = 3　B = 0		
	(4) 有无专人负责生产进度统计及跟踪工作	A. 有　B. 无	A = 3　B = 0		
	(5) 有无专人负责品质异常统计及跟踪工作	A. 有　B. 无	A = 3　B = 0		
	(6) 有无专人负责出货统计及跟踪工作	A. 有　B. 无	A = 3　B = 0		
综合	分	等级	级	评价：	

说明：满分为 100 分。其中：90~100 分为优，75~89 分为良，60~74 分为中，45~59 分为差，45 分以下为较差。

表 5 – 10　生产管理功能诊断评价

诊断项目	权重	综合得分	实测得分	评议得分	说明
1. 生产系统诊断评价					
2. 生产运作管理诊断评价					
3. 生产部自我诊断评价					
4. 制造管理诊断评价					

续表

诊断项目	权重	综合得分	实测得分	评议得分	说明
5. 生产现场诊断评价					
6. 产品制程诊断评价					
7. 作业现场巡查诊断					
8. 生产调度诊断评价					
合计	100				
评价					

第四节　产品品质管理诊断分析

提供优良品质的产品或服务实际上是企业生产的终极目标，因此，提高产品的品质向来是企业十分重视的工作，这一观点无可置疑地应被所有企业家接受。但是如何保证产品的品质则肯定有不同的认识。

现代企业管理认为：产品品质的保证不应当只由质量部门负责，而是由企业所有部门的优良工作保证的。产品品质出了问题，其原因当然可能由于生产的设备、加工的材料、劳动者技能与态度、检验的工具等方面的问题造成，但也可能是由其他环节的弊病引起，如：设计不合理，原材料不合格，技术不精，工艺路线错误……甚至是工作人员的情绪，等等，总之，企业任何一项工作出现的问题和弊病都对产品的品质保证造成直接或间接的影响。

在这一现代产品品质保证的观念下，国际上推行并被引入国内有 ISO9000 质量保证体系的认证的工作，以及适用于各行业的专业认证，如：食品卫生，家用电器，通信器材等所着眼的均是企业全员和所有部门的工作质量。

对企业的诊断也秉承这一思想，它并不将诊断工作局限于质量和生产部门，而是对所有部门的所有环节健康状况的诊断。限于表述的安排，本节也未完全僵化地按照全员质量保证体系的原则表述诊断的内容。

如下的表格也仅仅列举了对少数行业可能有效的表格，仅供参考。诊断"评价"分5级表示，每级20分。最低为"1级"，最高为"5"级。最终等级与得分计算，采用综合评价法模式，详见本书第一、二章。

·507·

一、品质部诊断调查

表5－11　品质部诊断调查表

序号	诊断项目	诊断方法	等级	说明
1	查看组织的体系文件（手册、程序文件、作业指导书等）、质量方针、质量目标的现状，以及质量目标的分解等	查看品质部有无体系文件以及质量目标达成状况		
2	有无对供方进行评价，有无合格供方清单	查相关程序文件及合格供方清单		
3	合格供方的评价方法是否适宜，有无定期对合格供方进行再次评价	通过交谈，查看2～3种重要资料供方的评价方法及评价记录		
4	采购材料产品有无进行检验或验证	交谈、现场查看		
5	采购的产品中有无采取紧急放行的情况，如有，有无可靠途径追回（当检验结果出来后发现有问题时）	通过交谈，并现场查看		
6	有无对产品、检验状态、监视状态进行标识	查看体系文件，并到现场查看		
7	有无制订《可追溯性产品清单》明确追溯的具体内容，追溯的途径等相关事宜	查看清单或产品流转卡等相关资料		
8	有无对产品的搬运、包装、储存、交付和防护进行控制	通过交谈，并到现场查看		
9	有无定期对检测设备进行校准，有无检测设备一览表	查看体系文件，抽查2～3份检测设备校准记录		
10	发现检测设备偏离校准状态时，有无对需重新检测的产品范围进行确定，并重新进行检测	通过交谈，询问或查看相关记录		
11	有无制定顾客满意度调查管理办法，并定期收集顾客信息	通过交谈或查看相关文件记录资料等		
12	对顾客反馈的信息，如投诉等是否进行及时处理	查看2～3份顾客投诉处理记录		
13	有无制定《内部体系年度审核计划》定期进行内部审核	查看2份最近的内部审核记录		
14	对内审中发现的不合格有无以《不合格报告》的形式下发到相关部门进行整改，并对整改情况进行跟踪监督	查看2～3份内审不合格项关闭情况		

续表

序号	诊断项目	诊断方法	等级	说明
15	有无对生产过程进行测量和监控，确认每一工序的生产能力	通过交谈，并对现场进行查看		
16	有无对重要的工序进行工序能力分析，统计一次生产合格率，机器设备故障，生产计划完成率，停产时间和次数等	查看 2~3 份重要工序的统计记录		
17	对过程能力不足或异常的工序有无采取相应的纠正措施，并实施和跟踪验定	查看 2~3 份异常处理记录		
18	品质部有无编制各类检验指导书，明确检验点、检验频率、抽样方案、允收水准、检验项目、检验方法、判别依据、使用的检测设备等内容	抽看 2~3 份检验指导书		
19	检验员有无按检验指导书的要求对最终产品进行检验并填写检验记录	现场查看，并抽查 2~3 份检验记录		
20	检验结果的判定，有无经授权的检验人员的签字或盖章	现场抽查 2~3 种产品检验结果证明		
21	对于作业者自检，顾客退回及检验员检验所发现的各类不合格品，有无进行隔离和标识	现场查看 2~3 种不合格品的标识和隔离情况		
22	对各类不合格品的处理方式有哪些? 对不合格品进行返工或返修后，有无按原检验规定进行重新检验	通过交谈，并查看 2~3 份返工、返修后的处理过程		
23	当产品不符合规定要求，办理让步接收时，有无证得顾客的书面同意	查看 2~3 个产品让步接收实施情况		
24	有无判定管理评审计划，有无按计划实施管理评审	查看最近的一次管理评审计划及实施记录		
25	有无对管理评审的内容进行总结，编写《管理评审报告》并跟踪记录措施的实施情况	查看《管理评审报告》，并跟踪 2~3 项的实施情况		
26	在下列情况下，有无采取纠正措施消除不合格的原因，防止其再次发生 (1) 同一供方同一种产品连续两批（次）严重不合格 (2) 过程、产品、质量出现重大问题，或超出公司规定值 (3) 顾客投诉 (4) 内审、管理评审出现不合格 (5) 其他不符合方针、目标或体系文件要求的情况	通过交谈，询问并查看相关的记录		

续表

序号	诊断项目	诊断方法	等级	说明
27	有无对纠正措施的实施情况进行跟踪验证，并对其有效性做出评价	查看 2 ~ 3 份纠正措施实施情况		
28	有无在数据分析的基础上，识别必要的预防措施，以消除潜在的不合格品	查看 2 ~ 3 份预防措施实施情况		
29	品质部的组织架构是否适应需要	通过交谈、询问		
30	有无对质量记录采取控制措施	查看 2 ~ 3 份记录的传递、保管、归档工作		
综合	分	等级	级	评价：

二、品质管理诊断调查

表 5 - 12 品质管理诊断调查表

项目	题目（提问点及症状）	答题方式	给分标准	答案 答题	答案 得分
1. 文件化	(1) 有无文件化的品质管理组织结构	A. 有　B. 无	A = 1　B = 0		
	(2) 有无文件化的职责权限	A. 有　B. 无	A = 1　B = 0		
	(3) 有无文件化的进料检验标准	A. 有　B. 无	A = 1　B = 0		
	(4) 有无文件化的半成品检验标准	A. 有　B. 无	A = 1　B = 0		
	(5) 有无文件化的成品检验标准	A. 有　B. 无	A = 1　B = 0		
	(6) 有无文件化的抽样标准	A. 有　B. 无	A = 1　B = 0		
2. 培训	(1) 质检员上岗前有无经过必要的培训	A. 有　B. 无	A = 1　B = 0		
	(2) 仪器检验员有无进行上岗前培训	A. 有　B. 无	A = 1　B = 0		
	(3) 质控点品质管理员有无受到相关的培训	A. 有　B. 无	A = 1　B = 0		
	(4) 内审员有无相关知识培训	A. 有　B. 无	A = 1　B = 0		
	(5) 如何确定培训内容	A. 申请表 B. 上司安排 C. 根据需求规划	A = 1　B = 0 C = 0. 5		

续表

项目	题目（提问点及症状）	答题方式	给分标准	答题	得分
				答案	
3. 质控点	（1）除进料检验、半成品检验外有无其他质控点	A. 有　B. 无	A＝1　B＝0		
	（2）发现不合格品或不合格事项后是否采取必要纠正措施	A. 是　B. 否	A＝1　B＝0		
4. 仪器校验	是否定期对检验仪器进行校验	A. 是　B. 否	A＝1　B＝0		
5. QCC 活动	内部是否定期开展 QCC 活动	A. 是　B. 否	A＝1　B＝0		
6. 供应商考核	（1）有无对供应商是否合格的考核方法	A. 有　B. 无	A＝1　B＝0		
	（2）有无对不合格供应商的淘汰制度	A. 有　B. 无	A＝1　B＝0		
7. 进料检验	（1）虽经进料检验把关，但有无不良品入库频繁发生现象	A. 有　B. 无	A＝1　B＝0		
	（2）有无进料检验记录	A. 有　B. 无	A＝1　B＝0		
	（3）有无定期对进料检验记录进行分析	A. 有　B. 无	A＝1　B＝0		
8. 过程检验	过程检验有无明确的书面依据	A. 有　B. 无	A＝2　B＝0		
9. 统计技术	（1）是否在关键控制点处采用统计技术来控制品质的波动	A. 有　B. 无	A＝2　B＝0		
	（2）是采用比例抽样还是采用 GB2828 抽样标准抽样	A. 前者　B. 后者	A＝0　B＝2		
10. 质量报告	有无每月（或季度）质量报告	A. 有　B. 无	A＝2　B＝0		
11. 品质工程	（1）有无品质工程图	A. 有　B. 无	A＝1　B＝0		
	（2）有无品质工程师	A. 有 B. 无	A＝2　B＝0		
12. 实验室	有无专门的实验室	A. 有　B. 无	A＝1　B＝0		
13. 品质考核	（1）有无品质考核制度（或质量责任制度）	A. 有　B. 无	A＝2　B＝0		
	（2）是否将产品的漏检率与品质检验员经济利益挂钩	A. 是　B. 否	A＝2　B＝0		
14. 售后服务	（1）有无将售后服务的质量纳入质量管理的范围	A. 有　B. 无	A＝2　B＝0		
	（2）售后服务人员上岗之前有无经过相关的培训	A. 有　B. 无	A＝2　B＝0		

续表

项目	题目（提问点及症状）	答题方式	给分标准	答案	
				答题	得分
15. 管理职责	（1）有无制定质量方针	A. 有 B. 无	A = 1 B = 0		
	（2）质量方针怎样贯彻到员工中去	A. 宣传 B. 培训 C. 死记硬背	A = 0.5 B = 1 C = 0		
	（3）当怀疑品质有问题时，品管员能否有权下令暂停相关工序生产	A. 可以 B. 不可以	A = 2 B = 0		
	（4）高层领导是否关注产品质量	A. 是 B. 有时	A = 2 B = 0		
16. 质量计划	（1）是否在接单前由相关人员评审新订单（合同）以保证客户要求得到满足	A. 是 B. 不是	A = 2 B = 0		
	（2）是否评审供方满足客户要求的能力	A. 是 B. 否	A = 2 B = 0		
	（3）是否对关键工序进行识别和控制	A. 是 B. 否	A = 2 B = 0		
	（4）是否对新产品的品质保证计划进行策划	A. 是 B. 否	A = 1 B = 0		
17. 可追溯性	（1）检验和测试是否标明从原料到成品均需检验和标识	A. 是 B. 否	A = 2 B = 0		
	（2）是否从原料直到成品的追溯性报告（或记录）均被保留	A. 是 B. 否	A = 2 B = 0		
18. 工序控制	（1）有无对短期和长期的工序能力进行研究	A. 有 B. 无	A = 2 B = 0		
	（2）有无关键工序的控制计划	A. 有 B. 无	A = 2 B = 0		
	（3）关键工序的控制计划包括哪几个方面	A. 关键质量特性 B. 采样频率 C. 所需工具	A = 2 B = 1 C = 1		
	（4）有无采用SPC图对关键工序进行控制	A. 有 B. 无	A = 2 B = 0		
19. 计量工作	（1）检验、测量仪器是否能满足精度需要	A. 满足 B. 不能满足	A = 2 B = 0		
	（2）仪器校验的记录是否完整	A. 完整 B. 不完整	A = 1 B = 0		

续表

项目	题目（提问点及症状）	答题方式	给分标准	答案	
				答题	得分
19. 计量工作	（3）当测量仪器失控（或经校验不合格时）有无采取有效措施	A. 对以前的测试结果的有效性进行重新评价 B. 标识、隔离	A＝2　B＝1		
	（4）是否定期对检验仪器进行校验	A. 是　B. 否	A＝2　B＝0		
20. 纠正/预防措施	（1）是否对不合格品进行标识、评价和处置	A. 是　B. 否	A＝2　B＝0		
	（2）是否有纠正/预防措施的实施程序	A. 有　B. 无	A＝2　B＝0		
	（3）是否对纠正/预防措施的有效性进行验证	A. 是　B. 否	A＝2　B＝0		
	（4）纠正措施有无相关负责人以及完成的具体日期	A. 有　B. 无	A＝1　B＝0		
21. 搬运、包装、储存、交付	（1）有无搬运，包括存储和交付的程序文件	A. 有　B. 无	A＝1　B＝0		
	（2）材料在接收前是否先检验数量、标识以及运输损坏情况	A. 有　B. 无	A＝1　B＝0		
	（3）产品出货前是否检查数量、标识、包装是否适当	A. 是　B. 否	A＝1　B＝0		
22. 品质成本	（1）有无品质成本控制计划	A. 有　B. 无	A＝1　B＝0		
	（2）是否对品质成本的各组成部分进行分析和控制	A. 是　B. 否	A＝1　B＝0		
	（3）有无采取措施来降低品质成本	A. 有　B. 无	A＝1　B＝0		
	（4）有无对品质成本趋势进行分析	A. 有　B. 无	A＝1　B＝0		
23. 持续改善	（1）是否有关键工序流程图并标明责任者	A. 是　B. 否	A＝2　B＝0		
	（2）有无证据表明工序在成本质量上的改善	A. 有　B. 无	A＝2　B＝0		
	（3）有无对不良品的原因加以分析并采取改善措施	A. 有　B. 无	A＝2　B＝0		
	（4）是否对员工进行品质改善工作的培训	A. 是　B. 否	A＝2　B＝0		

续表

项目	题目（提问点及症状）	答题方式	给分标准	答案	
				答题	得分
24. 内部质量审核	（1）有无年度内部质量审核计划	A. 有　B. 无	A = 2　B = 0		
	（2）有无按时进行内部质量审核评定	A. 有　B. 无	A = 2　B = 0		
	（3）有无保留审核记录	A. 有　B. 无	A = 2　B = 0		
综合	分	等级	级	评价：	

说明：满分为100分。其中：90～100分为优，75～89分为良，60～74分为中，45～59分为差，45分以下为较差。

三、成品质检诊断调查

表 5 - 13　成品质检诊断调查表

序号	诊断项目	诊断记录	问题点	等级
1	合格成品是否有明确的检验标识			
2	成品检验人员素质能否达到相应的要求			
3	成品检验的抽样是否合理，怎样抽样			
4	每一个订单的特殊要求是否都能准确无误地传递到成品质检组			
5	成品不合格是如何处置的，由谁批准			
6	成品检验结果由谁批准			
7	成品是否可以特别放行，如可以特别放行应达到怎样的程度才可特别放行，审批权限是否得到明确的规定			
8	成品的包装是否有特殊的要求			
9	成品检验报告是否清晰，保存是否合理，能否通过成品检验报告追溯到相应的生产组、批号、日期及重要原材料等			
10	库存积压产品出厂前是否进行重新检验确认			
11	成品是否有明确的检验标准			
12	品质经理及成品检验组长是否明确了解不同的客户对品质要求的宽严程度			
综合	分	等级	级	评价：

四、品质部经理自我诊断

表 5－14　品质部经理自我诊断表

项　目	诊断项目	诊断记录	问题点	等级
1. 品管组织	（1）有无文件化的品质管理组织及隶属			
	（2）有无文件化的各品质管理人员职责分工及隶属			
	（3）有无文件化的品质管理权限，例如货物通行判断权			
	（4）所有品质管理人员有无经过专业培训后上岗，有无相应记录			
	（5）组织有无文件化的奖惩制度，奖惩工作是否纳入薪资			
	（6）评定制造单位质量不良状况的数据是否来源于品质部，品质状况是否纳入部门绩效作考核			
2. 进料检验	（1）有无文件化的进料检验标准			
	（2）进料检验标准有无明确规定所参考资料及物品，例如样板、BOM 表、订单等			
	（3）当材料本厂无法验证时有无购入材料的材质证明或外检证明			
	（4）有无文件化的规定进料验收异常处理的程序			
	（5）进料验收记录是否准确、明确及归档保存			
	（6）进料放行的权限有无明确规定，由何种人员或级别控制			
	（7）检验状态标示有无区分？执行如何			
	（8）有无参与供应商评定，品质所占比例是否合适			
3. 制程检验	（1）有无制程作业标准且完整、完善			
	（2）有无制程检验的标准且完整、完善			
	（3）有无明确制程检验流程即各质量控制点			
	（4）有无制程检验记录且真实可行			
	（5）有无文件化制程异常处理的程序			
	（6）制程中的半成品放行权有无明确规定，事实上在哪一人员或级别控制			

项目	诊断项目	诊断记录	问题点	等级
3. 制程检验	(7) 有无文件化的制程中检验状态标准及区分且执行			
	(8) 有无相关品质问题及统计分析			
4. 成品检验	(1) 有无成品检验的规范及验收标准			
	(2) 有无文件化的规定成品异常的处理程序			
	(3) 有无文件化的规定成品的标示处理及确定执行			
	(4) 有无成品出货检验记录且记录完整			
	(5) 有无有效防止成品漏检的有效方法			
	(6) 有无文件化规定成品出货放行的权限在某人、某级别控制			
5. 仪校管理	(1) 各检测设备的精确及所需精度有无明确规定，执行如何			
	(2) 各品质检验流程有无明确规定所使用仪器及名称			
	(3) 检测设备有无定期校正/校验			
	(4) 检测设备操作书是否完整			
	(5) 检测设备有无定期保养且建档			
6. 品质保证能力	(1) 有无完整的质量保证体系（从设计—出货—服务）			
	(2) 整体管理架构是否完整，各级管理职能是否明确			
	(3) 是否以文件形式规定质量目标（量化）且为员工所理解及各部门执行			
	(4) 各相关质量保证单位有无对质量记录的收集、发放、借阅等进行管制			
	(5) 产品生产过程中各产品的状态有无标识并有追溯性			
	(6) 客户抱怨处置是否及时，有无对客户进行客户满意度调查			
7. 品质计划	(1) 生产前有无完善的品质计划，尤其是特殊的产品，有无特别的规定			
	(2) 客户之要求有无被相关质量问题人员知道			

续表

项目	诊断项目	诊断记录	问题点	等级
7. 品质计划	（3）各相关人员有无岗位培训，且考试通过方可上岗，有无相应记录			
	（4）是否对可能发现的异常进行分析识别，并采取预防措施			
	（5）公司有无有助于质量提升的 5S、QCC、FMEA 等活动，效果如何			
	（6）涉及产品更改，有无书面联络，并做相应品质再检验确认且有相应记录			
	（7）品质控制各阶段（IQC、IPQC、FQC、OQC）能否保证未有漏检发生，有无相应方法或程序支持			
8. 成本	（1）公司有无对品质成本进行识别，并做相应核算			
	（2）有无定期对品质成本的控制进行检讨并改善，效果如何			
综合	分　　等级　　级　　评价：			

五、品质部经理进料自我诊断

表 5－15　品质部经理进料自我诊断表

序号	诊断项目	诊断记录	问题点	等级
1	进料检验标准是否明确、有无明文规定			
2	进料流程是否清晰、有无程序图			
3	抽样的方法是否正确			
4	有无定期对供应商进行现场评估			
5	供应商的品质状况是否定期进行了统计			
6	供应商的产品品质异常有无及时与其沟通			
7	是否有明确的供应商考核办法，执行如何			
8	供应商连续出现质量问题是否有相应的处理办法			
9	供应商产品质量进行改善后有无及时跟踪			
10	因供应商原材料质量问题造成损失的责任承担办法有无规定，执行如何			

序号	诊断项目	诊断记录	问题点	等级
11	进料检验组人员的素质是否达到要求			
12	进料检验报告是否清晰,并得到合理的保存			
13	原材料存在轻微质量问题,而生产车间又急需用时,特采有哪些程序,由谁来批准			
14	紧急放行是否明确由谁批准			
15	原材料不合格品是否有明确处置方式			
16	规定退回供应的产品是否及时退回仓库			
综合	分 等级 级 评价:			

六、客户投诉和实物样品诊断调查

表5-16　客户投诉和实物样品诊断调查表

序号	诊断项目	诊断记录	问题点	等级
1	每一次客户投诉是否以最快的速度回复,并尽量让顾客满意			
2	客户投诉的处理流程及由谁来处理是否有明确规定			
3	客户投诉回复内容是否适当,由谁批准			
4	每次客户投诉是否均进行了相应的原因分析,并作了必要的纠正和预防措施			
5	客户投诉是否进行定期统计和分析			
6	企业交货方面是否准时,有无交货投诉			
7	当不便用文字表达或用文字表达不清楚时,有无形成实物样品			
8	实物样品是否分为合格限度样品与不合格限度样品,让员工明确判断标准			
9	实物样品是否定期确认和更新			
10	进料、制程、成品各过程中是否均有便于参照的实物样品			
11	实物样品保存是否合理,使其不易变质			
综合	分 等级 级 评价:			

七、综合诊断评价

表 5 – 17

诊断项目	权重	综合得分	实测得分	评议得分	说明
1. 品质部诊断评价					
2. 品质管理诊断评价					
3. 成品质检诊断评价					
4. 品质部经理诊断评价					
5. 品质部进料诊断评价					
6. 客户投诉和实物样品诊断评价					
综合					

第五节 设备计量及安全诊断分析

一、设备管理诊断调查

表 5 – 18 设备管理诊断调查表

项目	题目（提问点及症状）	答题方式	给分标准	答案	
				答题	得分
1. 管理制度	（1）企业有无设备管理制度	A. 有 B. 无	A＝2 B＝0		
	（2）设备管理制度内容是否完备（有无以下内容）	A. 设备申请购买管理 B. 设备验收 C. 设备使用记录 D. 设备维修、保养记录 E. 设备报废制度 F. 设备档案管理	每一项加1分		
	（3）设备档案内容是否完备	A. 设备使用说明 B. 设备验收校正记录 C. 设备使用记录 D. 安全及操作规程	每项1分		
	（4）有无设备台账与财务账务是否相符	A. 有且相符 B. 有不相符 C. 无	A＝3 B＝2 C＝0		

续表

项目	题目（提问点及症状）	答题方式	给分标准	答案	
				答题	得分
1. 管理制度	(5) 有无模具夹具工装管理制度	A. 有　B. 无	A = 1　B = 0		
	(6) 有无模具使用维修记录	A. 有　B. 无	A = 2　B = 0		
	(7) 有无建立三级保养制度及职责划分	A. 有 B. 有制度无责任划分 C. 无	A = 2　B = 1 C = 0		
2. 设备管理人员状况	(1) 有无专职设备管理人员	A. 有　B. 无	A = 2　B = 0		
	(2) 设备管理人员的文化水平	A. 本科以上 B. 中专 C. 大专 D. 其他	A = 4　B = 3 C = 2　D = 1		
	(3) 有无专职维修人员	A. 有　B. 无	A = 1　B = 0		
	(4) 有无经过专门的设备维修培训	A. 全部有 B. 大部分有 C. 少部分有 D. 无	A = 3　B = 2 C = 1　D = 0		
3. 设备现场管理	(1) 设备现场整洁度自我评价	A. 好　B. 一般 C. 差	A = 4　B = 3 C = 1		
	(2) 现场设备有无以下内容	A. 编号 B. 维护工具 C. 运行记录 D. 维修记录 E. 安全操作规程	每项加 1 分		
	(3) 现场设备完整性（部件完备无缺）	A. 全部设备不缺 B. 大部分设备不缺 C. 少部分设备不缺 D. 全缺	A = 6　B = 4 C = 2　D = 0		
	(4) 现场设备完好性	A. 全部设备完好 B. 大部分完好 C. 少部分完好 D. 无一完好	A = 6　B = 4 C = 2　D = 0		
	(5) 操作人员安全防护设施使用比例	A. 全部有 B. 大部分有 C. 少部分有 D. 全无	A = 6　B = 4 C = 2　D = 0		

续表

项目	题目（提问点及症状）	答题方式	给分标准	答案	
				答题	得分
4. 操作人员水平	（1）操作人员有无经过设备安全操作培训	A. 全部有 B. 大部分有 C. 少部分有 D. 无	A = 6　B = 4 C = 2　D = 0		
	（2）培训后有无经过考试	A. 有　B. 无	A = 2　B = 0		
5. 备件状况	（1）有无备件台账	A. 有　B. 无	A = 2　B = 0		
	（2）台账与库存记录是否一致	A. 一致 B. 不一致	A = 2　B = 0		
6. 设备上配备的仪表计量校验	（1）有无校验计划	A. 有　B. 无	A = 2　B = 0		
	（2）使用是否在有效校验期限内	A. 全部是 B. 大部分是 C. 少部分是 D. 全部不是	A = 6　B = 4 C = 2　D = 0		
7. 统计管理	（1）有无设备使用寿命统计及分析	A. 有统计有分析 B. 有统计无分析 C. 全无	A = 3　B = 2 C = 0		
	（2）有无设备维修统计	A. 有　B. 无	A = 2　B = 0		
	（3）平均无故障工作时间	A. <100 小时 B. 101～200 小时 C. 200～600 小时 D. 600 小时以上	A = 1　B = 2 C = 4　D = 5		
	（4）设备利用率	A. >75% B. 50%～75% C. <50%	A = 5　B = 3 C = 1		
8. 事故处理	（1）有无"设备/安全事故"管理制度	A. 有　B. 无	A = 3　B = 0		
	（2）事故后有无纠正、预防措施	A. 有　B. 有时有 C. 无	A = 3　B = 2 C = 0		
	（3）年事故损失金额	A. 1‰ B. 1‰～1% C. >1%	A = 2　B = 1 C = 0		
综合　　分	等级　　级	评价：			

说明：满分为100分。其中：90～100分为优，75～89分为良，60～74分为中，45～59分为差，45分以下为较差。

二、计量设备与定额诊断调查

表 5 – 19　计量设备与定额诊断调查表

序号	诊断项目	诊断记录	问题点	等级
1	计量设备是否登记台账统一管理			
2	计量设备的精确度能否达到测量的使用要求			
3	计量设备能否追溯到国家基准或国际基准			
4	计量设备是否按要求定期进行校验			
5	计量设备所使用的环境是否达到其设备本身要求的环境条件			
6	计量设备的使用状态标识是否明确			
7	复杂的计量设备是否形成操作指导书，指导员工进行操作			
8	生产过程中原始记录是否齐全完整			
9	生产耗费物资是否有消耗定额			
10	消耗定额是否定期检查修改			
11	消耗定额执行情况是否有人定期检查			
12	超定额耗费是否与个人奖金挂钩			
13	生产统计报表是否齐全真实			
14	生产产品是否都有工时定额			
15	工时定额执行情况是否按月检查			
16	工时定额执行情况是否在成本中反映			
17	工时定额是否定期调整			
18	劳动定额执行情况是否与奖金挂钩			
综合	分　　等级　　级　评价：			

三、生产安全诊断调查

表 5 – 20　生产安全现场检查诊断表

	检查诊断项目	评价	诊断记录	等级
机械设备	1. 各防护罩有无未用损坏、不合适？			
	2. 机械运转有无震动、杂声、松脱现象？			
	3. 机械润滑系统是否良好、有无漏油？			
	4. 压力容器是否保养良好？			
电气设备	1. 各电器设备有无接地装置？			
	2. 电气开关护盖及保险丝是否合乎规定？			
	3. 电气装置有无可能短路或过热起火？			
	4. 厂内外临时配用电是否合规定？			

续表

检查诊断项目		评价	诊断记录	等级
升降机起重机	1. 传动部分之润滑是否适当？操作是否灵活？			
	2. 安全装置是否保养良好？			
攀高设备（梯、凳）	结构是否坚牢？			
人体防护用具	1. 工作人员是否及时佩带适当之防护用具？			
	2. 防护用具是否维护良好？			
消防设备	1. 灭火器材是否按配置地点吊挂？			
	2. 消防器材设备是否保养良好？			
环境	1. 通道楼梯及地区有无障碍物？			
	2. 油污废物是否置于密盖之废料桶内？			
	3. 衣物用具是否悬挂或存于指定处所？			
	4. 物料存放是否稳妥有序？			
	5. 通风照明是否情况良好？			
	6. 厂房门窗屋顶有无缺损？			
	7. 木板平台地面或阶梯是否整洁？			
急救设备	1. 急救箱是否堪用？药品是否不足？			
	2. 急救器材是否良好？			
	3. 快速淋洗器是否保养良好？			
人员动作	1. 有无嬉戏、喧哗、狂奔、吸烟等事情？			
	2. 有无使用不安全的工具？			
	3. 有无随地乱置工具、材料、废物等？			
	4. 各种工具的用法是否妥当？			
	5. 工作方法是否正确？			
	6. 是否有负病上班者？			
综合　　　分	等级　　　级	评价：		

表 5 – 21　厂区用电安全检查诊断表

项次	检查项目	良好	不良	缺点事实	诊断记录	等级
1	电气设备及马达外壳是否接地					
2	电气设备是否有淋水或淋化学液脏之虞					
3	电气设备配管配线是否有破损					
4	电气设备配管及马达是否有过载使用					

项次	检查项目	良好	不良	缺点事实	诊断记录	等级
5	高压马达短路环、电限器是否良好					
6	配电箱处是否堆有材料、工具或其他杂物					
7	导体露出部分是否容易接近？是否挂有"危险"之标示牌					
8	D.S 及 Bus Bar 是否因接触不良而发红					
9	配电盘外壳及 P.T.C.T 二次线路是否接地					
10	转动部分是否有覆罩					
11	变电室灭火器是否良好					
12	临时线之配置是否安全					
13	高压线路之碍子等绝缘支持物是否不洁或有脱落现象					
14	中间接线盒是否有积棉或其他物品					
15	现场配电盘是否确实关妥					
16	电气开关之保险丝是否合乎规定					
17	避雷针是否良好可用					
综合	分	等级	级	评价：		

表 5-22 设备、计量、安全综合诊断评价

诊断项目	权重	综合得分	实测得分	评议得分	说明
1. 设备管理诊断评价					
2. 计量设备与定额诊断评价					
3. 固定资产/无形资产管理诊断评价					
4. 生产安全管理诊断评价					
合计					
综合	分	等级	级	评价：	

四、固定资产/无形资产管理诊断调查

企业应当加强房屋建筑物、机器设备等各类固定资产的管理，重视固定资产维护和更新改造，不断提升固定资产使用效能，积极促进固定资产处于良好运行状态。

1. 固定资产/无形资产控制状况诊断调查

表5-23 固定资产/无形资产内部控制诊断调查

调查测评项目	诊断记录	问题点	等级
1. 是否建立固定资产目录,对资产进行编号/建卡。记录资产的来源、使用地点、责任单位和责任人、维修/折旧/盘点等内容			
2. 是否建立固定资产/无形资产岗位责任制及不相容岗位相互分离制			
3. 办理固定资产业务人员是否具有良好的业务知识和职业道德			
4. 是否建立规范的固定资产业务授权批准制度及执行情况			
5. 是否制定明确合理的固定资产业务流程,并认真实施执行			
6. 是否建立固定/无形资产交付使用验收制度,完善产权手续			
7. 固定资产折旧政策/无形资产摊销,是否符合国家相关规定			
8. 是否建立固定资产维修/大修/保养及清查盘点制度,并认真执行			
9. 固定资产的盘盈、盘亏、报废清理及处理,是否符合内控要求			
10. 重要固定资产是否有严格的安全防护设施与制度,执行如何			
11. 是否定期检查固定资产使用状况、分析使用效果、防止闲置			
12. 固定资产总账/明细账/登记卡及相关记录与实物等是否相符			
13. 是否强化关键设备运转的监控,严格操作流程,实行岗前培训和岗位许可制度,执行是否到位			
14. 是否充分利用自主创新政策,加大技术投入,促进技术升级,淘汰落后设备,保持技术的先进性和发展的可持续性			
15. 是否制定专有技术管理办法,明确管理责任,促进有效利用			
16. 无形资产权属关系是否清楚、严防泄露及保护措施是否严密			
17. 是否重视品牌建设,不断打造和培育主业品牌,提升认可度			
18. 固定资产管控风险是否评估,主要风险是否明确,防控措施是否科学,责任是否落实			

综合		分		等级		级	评价:

2. 固定资产/无形资产内控状况评议

通过调查、访问、测评等,固定资产/无形资产在内控状况测评。

表 5-24　固定资产/无形资产内控状况评价

领域/流程	控制缺失及风险描述	控制能力评议
1. 授权批准	机械设备报废操作时未经过授权批准，未留下记录	中
	固定资产的大修理（如运输汽车），未经过申请批准	差
2. 职责划分	设备内部调拨制度及手续未明确规定，手续欠缺	差
	专有技术为建立严格保密制度，保管责任不明确	差
3. 会计控制	固定资产后续支出记录不健全、金额记录不准确	中
	租赁资产的租赁费用，会计未按租用期间分配摊销	中
	资产处置的手续欠缺、价格不合理，收入没入账	差
4. 资产安全	固定资产/无形资产使用保管责任制不健全，人调离，责任卡片名字未变更	中
	年终固定资产盘点不准确，电脑有漏盘/重记现象，没有设置清盘过的标识	中
	不需用及准备处置的机器设备管理不善、账户未作单独记录，也未交给责任部门保管	中
5. 内部稽核	对年终清查盘点、资产处置内审部门审查核对	良
6. 法规遵循	固定资产的购置及折旧未发现违规现象，分类清楚	良
7. 其他方面	固定资产与低值易耗品的划分执行不严格，有的资产如空调有的列入固定资产账，有的列入低值易耗品。有些家具购入后一次列入费用，有详细明细登记	中
综合	分　　　等级　　　级　　　评价：	

第六节　质量体系诊断分析

一、质量体系调查计分诊断

等级标准：没有正式的方法——1 级；有反应式的方法——2 级；有稳定的、正式的系统方法——3 级；重视持续的改进——4 级；最好的运作级别——5 级。

表 5-25

项目	项次	过程	等级
4.1	1	管理者如何应用过程方法有效和高效地控制过程，以改进其业绩	
4.2	2	文件和记录如何支持组织过程的有效和高效运作	

续表

项目	项次	过程	等级
5.1	3	最高管理者如何证实其领导作用，承诺和参与	
5.2	4	组织如何持续地识别顾客的需求和期望	
	5	组织如何识别其人员对在得到承认、工人满意、能力和个人发展等方面的需求	
	6	组织如何考虑与其供方建立合作关系而带来的潜在利益	
	7	组织如何识别与其建立目标有关的其他相关方的需求和期望	
	8	组织如何确保考虑法律法规的要求	
5.3	9	质量方针如何确保顾客和其他相关方的需求和期望得到理解	
	10	质量方针如何导致可见的、预期的改进	
	11	质量方针如何考虑组织的未来设想	
5.4	12	目标如何将质量方针转化为可测量的指标	
	13	如何将目标分解到每个管理层，以保证每个人都为实现目标做出了贡献	
	14	管理者如何确保获得为达到目标所需的资源	
5.5	15	最高管理者如何确保对职责作出明确规定并传达到组织的人员	
	16	质量要求、目标和其完成状况的沟通如何对组织业绩的改进做出贡献	
5.6	17	最高管理者如何确保获得管理评审有用的输入信息	
	18	管理评审活动如何对信息做出评价，以提高组织过程的有效性和效率	
6.1	19	最高管理者如何对及时获得资源进行策划	
6.2	20	为提高组织的有效性和效率，管理者如何促进和支持其人员的参与	
	21	管理者如何确保组织人员的能力以满足当前和将来的需求	
6.3	22	管理者如何确保基础设施适于实现组织的目标	
	23	管理者如何考虑与基础设施有关的环境问题	
6.4	24	管理者如何确保工作环境能促进组织人员的能动性、满意程度、发展和业绩	
6.5	25	管理者如何确保易于获得有用的信息，以便做出事实为依据的决策	
	26	管理者如何让供方参与采购需求的识别和联合战略的开发	.
	27	管理者如何促进供方的合作关系	
6.6	28	组织如何确保获得产品实现过程所必需的自然资源	

续表

项目	项次	过程	等级
6.7	29	管理者如何确保保持有效和高效的质量管理体系以及确保实现组织目标所需的财务资源进行策划、提供、控制和监视	
6.8	30	管理者如何确保组织的人员认识到质量和成本的关系	
7.1	31	最高管理者如何使用过程方法确保产品实现和支持过程以及相关过程网络有效和高效地运作	
7.2	32	管理者如何确定与顾客有关的过程，以确保考虑了顾客需求	
	33	管理者如何确定与其他相关方有关的过程，以确保考虑了他们的需求和期望	
7.3	34	最高管理者如何确定设计和开发过程，以确保对其顾客和其他相关方的需求和期望作出反应	
	35	组织在实践中如何管理设计和开发过程，包括确定设计和开发要求以及如何达到预定的输出	
	36	在设计和开发过程中，如何考虑诸如设计评审、验证、确认和技术状态管理等活动	
7.4	37	最高管理者如何对确保采购产品满足组织需求的采购过程作出规定	
	38	组织如何对采购过程进行管理	
	39	组织如何确保采购产品从制定规范到接收各阶段都符合要求	
7.5	40	最高管理者如何确保产品实现过程的输入考虑了顾客和其他相关方的需求	
	41	从输入到输出，组织如何就产品的实现过程进行管理	
	42	组织如何在产品的实现过程中对诸如验证和确认等活动作出规定	
7.6	43	管理者如何控制其测量和监视装置，以确保获得和使用正确的数据	
8.1	44	管理者如何宣传测量、分析和改进活动的重要性，以确保组织的业绩使相关方满意	
8.2	45	管理者如何确保收集与顾客有关的数据以便进行分析，从而为改进获得信息	
	46	管理者如何确保从其他相关方处收集数据，以便分析并进行可能的改进	
	47	组织如何利用质量管理体系的自我评定方法，以提高组织的整体有效性和效率	
8.3	48	组织如何对数据做出分析，以总结经验并对过程和产品进行改进	
8.4	49	组织如何对数据做出分析，以便评价组织的业绩并识别改进的区域	

续表

项目	项次	过程	等级
8.5	50	管理者如何采用纠正措施，以便评价并消除已记录的影响其业绩的问题	
8.6	51	管理者如何采取预防措施以预防损失	
	52	管理者如何采用系统的改进方法和工具改进组织的业绩	
综合	分	等级　　　　级　　评价：	

二、质量管理体系经理自我诊断

表 5－26

要素	诊断项目	诊断记录	问题点	等级
1	对建立 ISO 9001 质量管理体系如何认识			
2	ISO 9001 质量管理体系要求对本公司适用吗			
	本公司质量管理体系对 ISO 标准的剪裁是否合理			
3	本公司 ISO 9001：2000 质量管理体系文件在编写时有无注意到供应链所使用的术语的含义			
4.1	公司是否识别了质量管理体系相应的过程			
	对质量管理体系的这些过程是否确认			
	对质量管理体系这些过程是否进行了管理			
	对公司外包的相关重要过程是否进行了相应的控制			
4.2	标准要求形成质量管理体系文件的地方是否已形成文件			
	质量管理体系标准没有要求形成文件的地方是否根据过程的重要性形成了文件，并能满足体系的需要			
	质量手册的章节、条款是否体现了质量体系的范围、删减、对程序文件的引用及过程的相互关系			
4.3	文件发放前是否得到了相关人员的批准			
	相关的文件内容是否清晰、明确			
	文件的发放手续是否齐全，是否通过合理的渠道发放			
	文件的修订状况、版本是否易于识别，并在各使用场所均能得到相应文件的有效版本			
	外来的文件是否得到有效合理的控制，保留的作废文件与其他文件是否明确区分			
	质量记录是否建立起管理程序，执行如何			
	各种质量记录是否按文件规定填写规范，并合理保存			
	各种质量记录的保存年限是否作了明确规定			

要素	诊断项目	诊断记录	问题点	等级
5.1	最高管理者对组织内外在质量管理方面是否做了具体承诺			
	组织是否确保考虑法律法规的要求			
	组织是否识别与其建立目标有关的其他相关方的需求和期望			
5.2	组织是否持续地识别顾客的需求和期望			
	最高管理者是否将顾客导向理念传递给员工			
	组织是否考虑与其顾客建立合作关系而带来的共同潜在利益			
5.3	质量方针是否形成了文件			
	质量方针是否确保顾客和其他相关方的需求和期望得到理解			
	质量方针如何导致可见的、预期的改进			
	质量方针如何考虑组织的未来设想			
	质量方针是否为质量目标提供方向,并在组织内部得到沟通与理解			
5.4	质量目标如何将质量方针转化为可测量的指标			
	是否将目标分解到每个管理层,以保证每个人都为实现目标做出贡献			
	质量目标是否量化,并且与公司的现状相结合,具有可达成性			
	质量目标完成状况的信息是否及时反馈到最高管理者			
	质量管理体系设计与变更时是否能确保其完整性			
	管理者如何确保获得为达到目标所需的资源			
5.5	组织结构是否合理			
	最高管理者是否确保对职责做出明确规定,并传达到组织的相关人员			
	最高管理者是否明确任命了管理者代表,并规定其具体的权限与职责			
	管理者代表是否按任命要求履行了相应的权限与职责			
	内部沟通有哪些形式			
	信息的沟通是单向的还是具有双向功能的反馈机制			
	信息在各次进行沟通时能否准确无误地传达			
5.6	管理评审是否定期进行			
	最高管理者是否确保能获得管理评审有用的输入信息			
	管理评审活动是否对信息做出分析与评价,以提高组织过程的有效性和效率			

续表

要素	诊断项目	诊断记录	问题点	等级
5.6	管理评审中提出的质量问题是否采取了改进措施,并跟踪了其有效性			
	管理评审的记录是否保存			
6.1	最高管理者是否对及时获得资源进行策划			
6.2	管理者是否促进和支持其人员参与工作能力的提高			
	组织是否采取相应的措施确保组织人员的能力以满足当前和将来的需求			
	人力资源有无长期计划,是否有充分的能力适应岗位需要			
	人力资源有无系统培训方案计划			
	人力资源有无质量意识,有无"质量持续发展"的理念			
6.3	是否确保基础设施适于实现组织的目标			
	设备是否建立了统一的台账,统一管理			
	工模夹具是否建立了统一的台账,使用前得到确认其能力			
	是否规定了基础设施的使用、维护与保养等方面的要求,并在组织中得到了实施			
6.4	管理者是否确保工作环境能促进组织人员的能动性,且工作环境不影响产品形成过程中的质量			
7.1	产品实现的过程中是否对相关过程进行了策划,并能提供相关证据			
	产品的目标是否确定			
	过程、文件、资源、检测方法、设备等是否均得到确认			
	产品实现策划的记录是否得到适当的保存			
7.2	合同在承诺前是否得到评审,评审的内容是否全面,参加评审的人员是否合理			
	合同的更改是否经过重新评审			
	合同更改后的内容是否及时传递到相关部门			
	合同评审的记录是否进行合理的保存			
	顾客要求的变更、信息的反馈是否有专人负责,并能及时转达到组织内相关部门与人员			
7.3	组织是否确定设计和开发过程,以确保对其顾客和其他相关方的需求和期望作出反应			
	设计开发的过程中,人员的职责、过程的接口是否得到明确的规定,并有利于信息的沟通			

续表

要素	诊断项目	诊断记录	问题点	等级
7.3	设计开发是否委派有相应能力的人员参加			
	设计开发的输入是否有明确的要求，且要表达的内容详尽			
	设计开发的输出是否能够满足输入的要求，且在发放之前得到相关人员的批准			
	设计开发的输出除满足输入的要求外，其他相关要求是否得到满足			
	在设计和开发过程中，是否考虑诸如设计评审、验证、确认和技术状态管理等活动			
	设计开发的更改是否通过后续的手续来评价更改后的相关因素的变动情况			
	设计开发的相关记录是否得到合理的保存			
7.4	组织是否对供应商进行了控制，其控制程度与类型是否是根据原材料对最终产品的重要性所进行的			
	公司是否对供应商建立了评价准则，并定期对供应商进行评价			
	公司的采购信息是否能准确无误地传递给供应商			
	采购订单的下达有无得到批准			
	采购资料是否受控			
	如需在供应商处进行验证时，有无在采购信息中对验证的要求和产品放行的方法做出具体规定			
7.5	组织在生产过程中的各过程是否处于受控状态			
	生产的过程中相关的信息与设备设施是否得到保证			
	生产过程中是否进行了必要的监控			
	生产过程中的关键过程和特殊过程是否得到确认			
	生产过程中的关键过程和特殊过程是否有相应的作业标准书			
	关键过程和特殊过程人员是否具备相应的资格			
	是否进行测量并记录重要参数，使其处于受控状态			
	生产过程中产品是否进行了适当的标识			
	有可追溯性要求时，产品是否具有可追溯性			
	顾客财产在提供至本公司时有无明确相关的处置方法			
	顾客财产进公司时有无进行检验			
	顾客的各种财产是否进行了合理的储存、使用与保管，在发生异常时有无及时向客户报告			

续表

要素	诊断项目	诊断记录	问题点	等级
7.5	产品在组织内部是否提供了适当的防护			
	产品的搬运是否能够保证产品的质量不受损			
	产品的储存周期与储存条件是否得到了规定			
	产品在储存过程中能否保持账、卡、物三者相一致			
7.6	自制的计量设备是否形成相应的校验准则			
	计量设备的精确度能否达到测量的使用要求			
	计量设备能否追溯到国家基准或国际基准			
	计量设备是否按要求定期进行校验			
	计量设备所使用的环境是否达到其设备本身要求的环境条件			
	计量设备的使用状态标识是否明确			
	复杂的计量设备是否形成作业指导书，指导员工如何操作			
8.1	组织是否策划并实施证实产品符合性的监视、测量、分析和改进			
	组织是否策划并实施持续改进质量管理体系有效性的监视、测量、分析和改进			
	组织是否策划并实施质量管理体系符合性的监视、测试、分析和改进			
8.2	是否策划出顾客满意程度的监视与测量的方法			
	顾客满意程度的监视与测量方法是否适当			
	是否对顾客满意程度测量的结果进行分析并加以利用			
	是否形成了文件的程序来规定内部质量体系审核			
	内部质量管理体系审核是否按规定的时间间隔进行，跟踪措施有无进行			
	内部质量管理体系审核人员是否具备相应的资格，并确保与其所审核的范围没有直接的责任关系			
	内部质量体系管理审核的相关记录是否得到合理的保存			
	相关的重要过程有无监视、测量与分析			
	原材料、半成品、成品在各个过程中有无检验			
	各种检验有无明确的准则			
	产品检验的抽样是否合理			
	产品放行前是否均得到了检验			
	产品有无例外放行，例外放行有无明确的规定			

要素	诊断项目	诊断记录	问题点	等级
8.3	不合格品控制有无形成文件的程序			
	不合格品有无及时进行处置，并消除已发生的不合格品			
	不合格品返工之后有无重新检验			
	不合格品有无采取预防措施，以防止其非预期使用			
8.4	组织是否对顾客满意、产品要求的符合性、过程和产品的发展趋势、供方等采取数据做出分析，以便评价组织的业绩并识别改进的机会			
	数据分析中运用了哪些统计技术，能否满足企业实际运作的需要			
8.5	组织是否在质量方针、质量目标、内审、数据分析、纠正和预防及管理评审等方面进行了持续改进			
	纠正措施是否形成了程序			
	纠正措施是否与所遇到的问题的严重程度相一致			
	纠正措施是否有分析到产生问题的原因，并对纠正措施进行了评审			
	预防措施是否形成了程序			
	预防措施是否与潜在问题的影响程度相适应			
	管理者如何采用系统的改进方法和工具改进组织的业绩			
	采取的预防措施是否对其进行了评审			
综合	分 等级 级	评价:		

三、质量管理体系运行状况调查诊断

表 5 - 27

诊断项目	诊断内容	诊断方法	诊断结果	等级
4.2.2 质量手册	质量手册说明的删剪细节是否合理 质量手册内容的覆盖面是否完整 质量手册中各过程的描述是否反映了组织所提供产品的特点	质量手册的编写格式未作具体要求，可通过现场审核了解其实际效果 对质量手册进行审查时，可以同时请组织提供程序文件和主要文件清单，以审查质量管理体系是否能全面覆盖标准的所有要求 审查质量手册和明示的6个程序文件，在质量手册中包含的对标准要求剪裁的说明、引用或含有程序、过程顺序和相互关系的表述、支持性文件清单，确定其是否满足认证标准的要求		

续表

诊断项目	诊断内容	诊断方法	诊断结果	等级
4.2.3 文件控制	组织是否制定了形成文件的程序？组织的质量体系文件包括哪些？文件是否符合组织的产品特点和质量管理体系要求？文件发布前是否得到批准？文件的修订是否及时？修订后是否被重新批准？识别文件现行修订状态的方法是什么？是否满足要求？使用文件是否得到有效版本的适用文件？作废文件是否从发放场所及时撤回？外来文件是否得到识别？发放文件如何控制？保留作废文件的标识是否清晰	向负责文件管理的部门负责人索取文件控制的程序文件，了解实施情况 检查程序文件是否符合标准的要求，是否与质量手册相协调 审查文件控制的范围是否包括了管理性文件、技术性文件及外来文件 了解有关文件审批、发布、发放记录的规定以及控制文件有效版本和作废文件方法的适用性和有效性 检查质量管理体系文件清单，抽查数份，了解其编号及受控情况检查文件更改情况，了解其通知时间、更改时间、失效文件的处理情况		
4.2.4 记录的控制	是否制定了质量记录的控制程序 质量记录的标识是否清楚？检索是否方便 是否规定了质量记录的保存期限	向负责管理质量记录的部门负责人索阅记录控制程序，了解其实施情况 检查程序内容是否符合标准的要求，是否与质量手册相协调 了解是否对质量记录的标识、储存、检索、保护、保存期限和处置作了明确规定，其适用性和有效性如何		
5.1 管理承诺	最高管理者对其建立和改进质量管理体系的承诺能提供哪些证据？最高管理者如何认识满足顾客的要求和法律、法规要求的重要性 最高管理者采取了哪些相应措施将满足顾客要求和法律、法规要求的重要性传达给组织的成员？组织的成员如何认识这种重要性	通过与最高管理者座谈，了解最高管理者是否知道满足顾客要求和法律、法规要求的重要性。在质量管理体系中是如何体现的 对顾客要求的识别、产品要求的评审、设计开发、顾客满意的测量和监控、数据分析以及持续改进等方面的要求		
5.2 以顾客为关注焦点	组织如何确定顾客的需求和期望 将顾客的需求和期望转化为要求的形式是什么 组织如何证实将顾客需求转化为相应要求并得到了满足	通过与最高管理者座谈，了解其对以顾客为关注焦点的质量管理原则的理解 在审核与顾客有关的过程、设计开发过程、顾客满意的测量和监控过程及持续改进方面寻找证据予以证实		

诊断项目	诊断内容	诊断方法	诊断结果	等级
5.3 质量方针	最高管理者是如何认识质量方针的重要性的？制定的质量方针能否满足标准的要求？质量方针与质量目标的关系是否明确？组织采用什么措施传达质量方针？组织各层次对质量方针的理解程度如何？质量方针的评审及修改状态是否符合文件控制的要求	审核最高管理者对制定的质量方针内涵的说明，是否为制定质量目标提供了框架，怎样在适当层次上达到沟通与理解，是否在持续适宜性方面得到评审		
5.4 策划 5.4.1 质量目标	质量目标的设定是否在相关层次上得到建立？建立是否适宜？质量目标是否与质量方针给定的框架一致？质量目标是否具有可测量性？测量方法是否明确	从产品特性及服务质量特性中，从作为框架的质量方针所对应的内容中识别建立质量方针的适宜性 质量目标对于有形产品和无形产品来说都应是可测量的，考察其测量方法的合理性		
5.4.2 质量管理体系策划	质量管理体系策划的输出是否形成了文件 实现质量目标的资源是否齐备？质量目标实现的程度如何 质量管理体系策划是否体现了质量管理体系的持续改进 质量管理体系策划的更改是否受控 更改期间是否保持了质量管理体系的完整性	审查质量管理体系文件是否能反映质量管理体系策划的结果，并体现持续改进的要求 质量目标实现的效果可通过内审、过程及产品的测量和监控、数据分析、管理评审等方面的审核来了解 审查改进计划的有效性，如果有效性不好，是否有替代的改进计划？审查如何传达至相关部门的		
5.5 职责、权限和沟通 5.5.1 职责和权限	对应组织质量管理体系各过程的职能，是否明确了相应的职能和岗位 部门和岗位的职责、权限及相互关系是否清楚、协调 各部门负责人及各岗位员工是否明确了自己的职责、权限及相互关系	查阅组织结构图及规定各部门、各岗位职责、权限及相互关系的有关文件，并到有关部门、岗位进行询问、了解，予以证实		
5.5.2 管理者代表	最高管理者是否任命了管理者代表 管理者代表采取什么措施来实现自己的职责和权限？效果如何 如果管理者代表是一组人，职责是否清楚	询问管理者代表是如何建立并保持质量管理体系的，如何评价质量管理体系的有效性 查阅有关规定，并通过询问、了解予以证实		

续表

诊断项目	诊断内容	诊断方法	诊断结果	等级
5.5.3 内部沟通	组织内部沟通工具有哪些各类人员是否了解组织的质量管理体系的运行状况	审核组织是否对信息沟通的职责和方法做出明确的规定，是否使用了恰当的技术和工具，信息是否被有效地利用 审核内部沟通时，目的是检查组织管理层对内部沟通的保证作用和效果。主要检查组织是否对信息内容、职责、方法、渠道、工具等方面做出了规定；是否在相关部门和管理过程中按规定开展了必要的活动；管理层是否对不同层次和职能间进行沟通的效果进行评价		
5.6 管理评审	最高管理者如何认识管理评审的重要性 是否保存了管理评审的记录 管理评审的执行人、时间间隔、输入及输出是否符合标准的规定 上次管理评审的改进措施是否得到实施？有效性如何 对本次管理评审输出的改进措施是否进行了跟踪验证	查阅有关评审的规定，了解最高管理者是否亲自主持了管理评审活动 管理者代表及质量管理部门和其他部门的相关人员是否参加了管理评审活动，做了哪些管理评审的准备工作 管理评审的输入是否完备，输出是否明确 抽查1~2次管理评审活动的全部记录资料，主要包括会议通知、会议签到表、管理评审计划、会议记录、管理评审报告等 向部门负责人了解参与管理评审的情况及纠正、预防措施的实施情况，要求其出示有关证据		
6. 资源管理 6.1 资源提供	最高管理者采取了何种途径确定所需提供的资源 为满足实现质量方针和质量目标的要求，提供了哪些资源 提供的资源是否能确保提供的产品达到顾客满意	针对部门职能所涉及的过程，检查使得输出满足输入要求时所需资源的适宜性 审核领导层对资源的安排和承诺及其落实情况 结合实现质量方针、质量目标、满足顾客期望及持续改进的要求综合判定所需资源的必要性，识别是否有资源短缺或资源过剩的情况 通过产品不合格情况，反推是否存在资源提供不足或提供不及时的因素		
6.2 人力资源	组织是否识别了从事影响质量活动的各类人员的能力 是否对人员能力的胜任情况进行了考核？人员的安排是否满足需求	在人力资源主管部门检查人力资源的需求、资格要求和满足情况，并在关键部门加以验证 通过考试、谈话、业绩评价、能力测试等其他有效方法来评定培训的有效性		

诊断项目	诊断内容	诊断方法	诊断结果	等级
6.2 人力资源	是否按需求安排了培训 是否评价了培训的有效性 员工的质量意识如何 是否保持了与产品质量相关的人员适当的教育培训技能和经验的记录	通过考试、面谈观察工作态度、询问对"以顾客为中心"、"持续改进"等质量管理原则和对质量方针和质量目标的理解来评价人员的质量意识		
6.3 基础设施	为使产品符合要求,组织提供了哪些设施、设备,设施、设备是否符合产品实现的需要?是否得到了维护	通过阅读申请材料及在现场审核时结合产品的工艺过程来评价提供的设施是否能确保产品能符合要求 观察现场,并查阅维护记录,考察设施、设备的维护情况		
6.4 工作环境	组织所处的工作环境条件是否满足需要?是否得到了管理	检查组织是否识别了为产品实现过程所提供的人的因素和物的因素,如何管理的?有效性如何?		
7. 产品实现 7.1 产品实现的策划	是否确定了产品实现过程?对产品实现过程是否形成了必要的文件?对于没有形成文件的过程和活动,如何实施?是否明确了必要的资源 是否规定了相应的验证和确认活动以及验收准则 是否规定了必要的质量记录 是否针对具体的产品、项目或合同编制了必要的质量计划	由专业人员确认质量管理体系所覆盖的产品范围并识别过程和过程网络 审查质量手册中质量体系覆盖的过程,在现场审查时进一步确认其实际情况,包括剪裁的合理性查阅相关文件并结合现场审核,了解组织是否规定了相应验证和确认活动、验收准则、必要的质量记录,实施效果如何? 审查组织所提供的产品是否均被组织的质量管理体系所覆盖,对于超出质量体系覆盖范围的产品、项目或合同,是否制定了相应的质量计划,是否满足要求		
7.2 与顾客有关的过程 7.2.1 与产品有关的要求的确定	组织如何确定顾客的要求?顾客要求是否形成了文件?强制性标准和法律、法规要求有哪些?是否进行了有效控制?	组织应从产品明示规定的要求、隐含的要求和法律、法规等方面来识别顾客的要求 审核组织关于识别顾客要求的相关规定,包括职责、识别方法、识别结果的提供形式及实施的证据 索取与组织提供产品相关的法律、法规及强制性标准清单,判定其文本的有效性 审核结果应能表明,组织已从明示规定、隐含要求和法律法规要求等方面识别了顾客的要求		

续表

诊断项目	诊断内容	诊断方法	诊断结果	等级
7.2.2 与产品有关的要求的评审	对与产品有关的要求的评审的时间、内容和结果是否满足本标准规定的要求评审的结果和后续的跟踪措施是否予以记录产品要求更改后，相关文件是否被及时更改？相关人员是否了解了更改情况	向负责产品要求评审的部门索要有关产品要求评审的文件，检查其规定内容是否符合标准的要求，是否包含组织确定的附加要求，组织确定的附加要求的目的是什么，能否达到预期效果抽取数份产品要求评审的记录，检查其是否按规定要求进行了评审，并检查其后续的跟踪措施记录，了解产品要求评审的效果询问是否存在产品要求发生更改的情况，当更改发生时，组织是否按规定要求将更改内容通知相关部门和人员，并到相关部门核实其是否收到了产品要求更改的通知单		
7.2.3 顾客沟通	组织对有关产品信息、问询、合同或订单的处理，包括对其修订、顾客反馈，包括顾客投诉诸方面与顾客的沟通做了哪些安排这些安排是否得到了实施，实施的效果如何	检查组织是否在产品提供的前、中、后都安排了与顾客的有效沟通，以了解顾客要求并获取顾客满意的信息。检查组织是否对安排与顾客沟通作出的规定，包括沟通时机、渠道、人员和职责、方法及期望获取的信息；检查实施这些活动的结果，包括产品提供是否能获得与产品有关信息，产品提供过程中是否能获得合同/订单修改的信息，产品提供后是否能获得顾客对产品满意或不满意的反馈意见		
7.3 设计和开发7.3.1 设计和开发策划	组织对产品设计和开发是否进行了策划？策划的阶段是否符合产品的特点策划的输出是否形成了文件？是否包含了策划的阶段、活动和职责权限对参与设计、开发不同组别之间的接口规定是否明确？是否进行了管理？沟通的效果如何必要时，策划的输出是否随设计和开发的进展而更新	向设计和开发部门的负责人索阅有关控制设计和开发活动的文件，并询问其实施情况抽查数份正在进行或已完成的设计计划表，查看活动、职责、人员、进度、资源配备及计划批准等情况询问负责人关于部门内各设计开发组（机械、电器、液压、自控、工艺等）之间的接口如何规定，并核查沟通的有效性查阅数份各组间沟通信息的文件，并追溯其评审记录，如有其他部门参与设计和（或）开发活动（如检验部门、组织以外的研究所等），则查阅与这些部门的接口文件		

诊断项目	诊断内容	诊断方法	诊断结果	等级
7.3.2 设计和开发输入	设计和开发是否形成文件 是否及时评审了设计和开发输入的适宜性 设计和开发的输入是否完整	询问设计和开发部门的负责人是如何规定设计输入的，设计输入的形式是什么 在设计和开发部门查阅数份设计和开发输入记录（如设计任务书），并追溯到销售部门检查是否满足产品要求，是否满足相关法律、法规及强制性标准的要求，是否有含混、矛盾之处 检查数份设计和开发输入的评审记录，其内容是否适当，相关部门的人员是否参加了评审		
7.3.3 设计和开发输出	设计和开发输出的文件有哪些 设计和开发输出的文件在发放前是否进行了评审和批准 设计和开发输出是否满足输入的要求？如何证实	在设计和开发部门检查数套设计和开发输出文件，检查总目录中列出的输出文件的完整性是否满足规定要求，设计和开发输入中所规定的产品性能指标和有关法律、法规要求是否得到满足，检验测试及监控规程是否齐全，并查阅设计说明书中是否有安全操作、维护等特性的说明 到检验部门了解这几套设计和开发输出规定的检验验收规范是否齐全、合理，是否可以作为验证和确认的依据 到采购部门了解设计和开发部门是否为这几套产品提供了采购材料或元器件的清单，清单是否与图纸相符 查看这几套设计和开发输出文件发放前的评审记录		
7.3.4 设计和开发评审	在设计和开发过程中是如何体现系统的设计和开发的评审 设计和开发评审的阶段、目标、参加人员等是否符合策划规定的要求 在评审中识别出的问题是否得到了解决 评审记录是否包括了评审结果和跟踪措施	设计和开发部门审查设计和开发评审记录的总目录，判定是否进行了各阶段的评审 索要数套设计和开发文件，查看有无各阶段（方案阶段、第一次设计阶段、样品试制阶段、定型设计阶段）设计评审计划 查看这几套设计和开发过程中各阶段的评审记录，查看参加会议的名单，是否有专家和部门代表，评审内容是否适当 查询评审结论是否在下阶段设计中得到贯彻，样品设计中发现的问题是否在定型设计中得到解决？到销售、采购、检验、制造等部门了解是否参加了这几套产品设计和开发阶段的评审会议，对设计有什么意见		

诊断项目	诊断内容	诊断方法	诊断结果	等级
7.3.5 设计和开发验证	是否实施了设计和开发的验证？验证活动能否确保输出满足输入的要求？要否记录了验证的结果及跟踪措施	查看数套产品设计和开发各阶段（首次设计阶段、样品试制阶段和定型设计阶段）的设计验证记录。查看记录中是否记载了验证方法（用其他计算方法、与类似设计比较、实验和证实等） 查看验证记录中的决定是否得到落实		
7.3.6 设计和开发确认	是否实施了设计和开发确认？确认的时间、方法是否符合规定要求？如果实施局部确认，局部确认的范围、时间、方法是否符合规定要求？是否记录了确认结果及跟踪措施	查看数个产品的设计和开发记录，记录中是否反映了满足顾客要求的问题(如使用方便、操作灵活、运行可靠、维修方便、美观、耐用等)，这些问题是否得到了解决 向检验、销售、质量管理等部门了解设计和开发确认活动进行的情况以及顾客的要求和意见		
7.3.7 设计和开发更改控制	设计和开发更改是否形成了文件 是否对更改进行了评价 如有验证和确认活动，采取的方法是否符合规定要求 实施更改前是否得到了批准 是否记录了更改的结果及跟踪措施	查看数套产品设计和开发图纸中更改的标识和批准情况，查看这几个产品设计和开发相关文件的修改情况 查阅数份修改通知单以及修改后的验证和确认记录，以核实是否满足规定要求 到相关部门查看这几套产品设计和开发文件修改后的下达情况		
7.4 采购 7.4.1 采购进程	是否规定了对供方的选择和定期评价准则？实施情况如何 对供方的控制是否体现了采购产品对随后实现过程及其产品的影响程度 是否记录了评价的结果和跟踪措施	索要合格供方名录，从中抽查数个合格供方的有关记录、业绩，包括是否都进行了评审，并且按采购合同要求的能力选择了不同的评价方法，有关部门是否参加了评价，是否对其进行了有效控制，控制的方法和程度是否考虑了采购产品对成品质量的影响程度以及对供方质量管理体系能力的证实情况，是否有控制记录 抽查数份采购合同，是否均在合格供方范围内		
7.4.2 采购信息	是否清楚、明确规定了采购产品的信息 规定应该具备哪些采购文件 采购文件发放前，是否对规定	抽查数套采购文件，包括标准产品、非标准产品、关键产品或批量大的产品，判定其采购文件是否齐备，是否经审批，其中标准产品是否写明了规格和型号、非标准		

诊断项目	诊断内容	诊断方法	诊断结果	等级
7.4.2 采购信息	要求的适宜性进行了评审？评审的方式是否有效	产品是否写明了具体要求，并考虑了顾客要求，对于关键产品或批量大的产品是否在写明具体要求的基础上提出了质量管理体系能力的要求		
7.4.3 采购产品的验证	组织是否识别了对采购产品验证所需的活动？这些活动是否得到了实施 当需方在供方的现场实施验证时，是否在采购文件中做出了符合标准要求的规定？实施情况如何	向检验部门和质量管理部门了解采购产品的验证情况 查阅有关采购产品验证的规定及验证记录，以核实是否满足规定要求 当存在于供方现场进行验证的情况时，查阅相应的采购合同，是否在合同中作了安排，对这类采购产品，组织是否按规定进行了正常控制，是否存在相关的控制记录		
7.5 生产和服务提供 7.5.1 生产和服务提供的控制	是否确定了生产和服务提供的全过程？是否规定了相应的信息？包括必要的作业指导书 是否按规定要求实施了对生产和服务提供过程的控制 生产和服务的设计、设备是否符合控制的要求？是否进行了维护和保养 测量和监控设备是否齐备，其测量能力是否满足所需要求 生产和服务提供过程中设定了哪些关键和特殊过程？对其实施的监控活动是否满足规定要求 生产和服务提供过程中设定了哪些监控点？监控活动是否满足规定要求 运作过程中产品的放行、交付和交付后的服务是否符合规定的要求	向生产和服务部门的负责人索要有关控制过程的文件及数份作业指导书（包括监控点和关键过程和特殊过程），并向其了解实施情况 检查生产和服务过程的控制文件是否符合标准要求，是否与质量手册相协调，重点检查文件是否涉及了所有生产和服务的过程，是否对人员、设备、执行文件、监控要求等作了规定，是否对主要设备、设施和关键、特殊岗位的人员作了认可规定 在生产现场抽查数名操作者，观察其操作过程，对照相应的作业指导书，核实其是否按规定进行操作 索阅设备、设施保养计划，并在现场抽查数台设备、设施（其中包括重要设备、设施）检查其维护保养情况，并核实记录 抽查数个监控点，索阅相关的控制文件，了解是否对监控点的设定和控制提出了具体要求，通过查看记录，评定其是否对关键参数进行了监控，环境条件是否符合规定要求 抽查数个关键过程和特殊过程，索阅相关的控制规定，观察操作人员是否按规定进行操作，查问操作人员的资格		

续表

诊断项目	诊断内容	诊断方法	诊断结果	等级
7.5.2 生产和服务提供过程的确认	组织规定了哪些特殊过程对这类特殊过程是否实施了确认？对确认的安排是否作了规定？是否满足标准的要求是否进行了再确认是否对特殊过程的更改进行了控制	考察生产和服务控制的全过程，了解具有哪些特殊过程查看有关文件，对这些特殊过程的确认是如何规定的，查看确认时过程参数的鉴定记录，设备能力和人员的资格以及其他记录，评定是否符合规定要求了解在什么情况下需进行再确认，在规定的时间间隔、发生问题时或过程发生更改时，是否进行了再确认		
7.5.3 标识和可追溯性	是否在生产和服务提供的全过程对产品进行标识（包括在运作过程中对产品的测量状态进行标识）。当有可追溯性要求时，是否控制和记录了产品的唯一性标识	向负责标识和可追溯性要求部门的负责人索要相关文件，并了解其实施情况是否规定了在接收、生产、安装、交付等各阶段对产品进行标识，并且对标识的移植作了规定，以保证每一产品具有唯一性标识，有可追溯性要求时，能否实现抽取数份伴随产品的标识记录（如入库单、过程卡、跟踪卡等），检查是否有标识记录抽取数个有可追溯性要求的产品进行追溯，评定是否能达到目的。查看生产现场的使用的各种物料、过程中产品、成品是否有明确的测量状态标识以及对状态标识的保护情况		
7.5.4 顾客财产	对顾客财产是否进行了标识、验证、保护和维护当顾客财产出现问题时是否有记录？是否向顾客报告	向主管顾客财产部门的负责人了解对顾客财产的管理情况，并到现场核实具体的实施情况查看如何对顾客财产进行标识、验证及维护，是否有适当的记录，当顾客财产出现问题时，如何向顾客报告		
7.5.5 产品防护	在生产和服务的全过程中是否明确了需实施防护（包括标识、搬运、包装、储存和保护）的产品类别和要求产品防护的实施是否符合要求？是否有效	向主管产品防护部门的负责人了解有关产品防护的规定，重点了解是否对标识、搬运、储存、包装和保护作了具体的规定，并到现场了解实施情况		
7.6 监视和测量装置的控制	是否对确保产品符合规定要求所需的监视和测量装置进行了识别？是否配备了必要的监视	向计量部门负责人了解有关监视和测量装置的规定，根据产品验收准则及测量要求，判定所规定的监视和测量装置的测量		

续表

诊断项目	诊断内容	诊断方法	诊断结果	等级
7.6 监视和测量装置的控制	和测量装置 监视和测量装置的测量能力是否与测量要求相一致 对监视和测量装置的控制是否满足标准中规定的各项要求发现监视和测量装置偏离校准状态时,对先前测量结果的有效性采取了哪些复评方式?是否根据复评结果采取了相应的纠正措施 用于监视和测量的软件,在使用前是否进行了确认	能力及数量是否足够?是否建立了统一的校准系统,规定了维护保养方法 查阅监视和测量装置清单,抽查数种监视和测量装置,检查其有效期、编号、在用、停用、禁用、限用标志,观察监视和测量装置的保管情况、工作环境是否符合规定要求 除定期校准外,是否存在不定期校准和调整的情况?对这种情况的控制是否得当 是否有文件规定,发现监视和测量装置偏离校准状态时,对先前测量结果的有效性应采取的复评方式,怎样根据复评结果采取相应的纠正措施 对于用监视和测量的软件是如何进行控制的?是否规定了在使用前进行确认的方法是否合理?并查确认记录		
8. 测量、分析和改进 8.1 总则	是否对保证质量体系运行所需的测量和监控活动进行了规定、策划和实施 在测量、分析和改进活动中是否采用了统计技术 监视和测量活动是否能确保满足要求和实现改进	查阅相关文件,了解对保证质量管理体系正常运转和不断改进而规定的监视和测量活动的合理性及充分性 询问质量管理部门,在测量、分析和改进活动中采用了哪些统计技术(包括描述性的和分析性的),效果如何?并查阅运用统计技术的记录 是否有对持续改进的机会的识别方法以及对持续改进的文件规定,实施情况如何 询问最高管理者是如何考虑实施持续改进的,是如何策划的		
8.2 测量和监控 8.2.1 顾客满意度	对顾客满意程度的信息规定了哪些收集和分析方法 这些收集和分析方法是否适用?组织是否按规定要求执行 对顾客满意程度的分析结果对改进起到了哪些作用	检查组织是否收集并分析了顾客满意和不满意的信息,并作为评价质量管理体系业绩的依据之一 检查组织是否制定了获取和利用顾客满意和不满意信息的有关规定,这些规定是否包括获取信息的时机、职责、方式、内容、分析信息的方法及其客观性和可信程度 检查组织获取的顾客满意和不满意信息,检查对这些信息进行综合分析的证据和结果		

续表

诊断项目	诊断内容	诊断方法	诊断结果	等级
8.2 测量和监控 8.2.1 顾客满意度		审核时应注意，组织的有关规定可能是口头的，应着重从"过程"和"结果"来检查顾客的满意程度 对不满足隐含的要求和习惯上的要求，适当时，应提出不合格报告		
8.2.2 内部审核	是否制定了形成文件的程序？程序文件是否符合标准要求 是否对内部审核方案进行了策划？策划的结果是否适合组织的现状 是否按规定要求实施 审核人员是否具备独立性？是否记录了审核中发现的问题？是否及时采取了纠正措施？是否对纠正措施进行了验证和报告？效果如何	向主管内部审核部门的负责人索要程序文件，了解实施情况 检查程序内容是否符合标准要求，是否与质量手册相协调，重点了解内部审核是否涉及了产品、过程及体系，实施步骤安排是否合理，对内审人员是否提出了具体要求，对审核结果的落实与跟踪是否提出了要求 查阅内审计划，是否覆盖了质量管理体系的所有过程、部门抽查 1~2 套内部审核的全套资料（主要有：会议通知、会议签到、会议记录、审核计划、检查表、不合格报告、审核报告、纠正措施跟踪报告），了解内部审核的实施情况		
8.2.3 过程的监视和测量	是否明确了为满足顾客要求所必须进行的产品实现过程测量和监控方法 是否按规定的要求进行了实施？效果如何	"过程的监视和测量"活动是否覆盖了全部的产品实现过程 是否识别了过程监视和测量环节，如测量点、控制点、见证点、停止点、巡回检查点、自动监控点和报警系统等 是否确定了监视和测量方法，如测量、验证、见证、检查、评价、记录分析和定期评审等 是否对每一过程"持续满足其预期目的"的能力进行评审和评价，如何进行查对在过程进行监视和测量时是否运用了统计技术		
8.2.4 产品的监视和测量	是否明确了在产品实现过程的哪些阶段需进行监视和测量？对监视和测量作了哪些规定？形成了哪些文件 是否对产品特性按要求进行了监视和测量符合验收准则的证	向主管产品检验部门负责人索要有关产品监视和测量的控制文件，检查是否规定了需进行监视和测量的产品实现阶段，是否对这些阶段安排了检测点，是否对实施检验的人员资格、检验方法、使用的监视和测量装置、工作环境以及应留下的记录作		

续表

诊断项目	诊断内容	诊断方法	诊断结果	等级
8.2.4 产品的监视和测量	据是否形成了文件？是否表明经授权负责产品放行的责任者有无顾客批准放行产品和交付服务的特例情况？是否满足要求	了明确规定 通过现场审核，观察检验人员是否遵照规定对产品特性要求进行了监视和测量检查检验记录是否能证实满足符合验收准则的要求，是否有负责产品放行责任者的签名对于顾客批准放行和交付服务的特例情况，组织是如何进行控制的		
8.3 不合格品控制	是否制定了程序文件？在程序文件中是否规定了对不合格品的识别和控制 是否明确了对不合格品的评审方式？评审结果是否得到了实施 不合格品是否得到了纠正？纠正后是否对其进行了再次验证对交付和开始使用后发现产品不合格时，组织是否采取了措施？有效性如何 是否明确让步处理需报告的场合和部门？让步处理时是否向顾客和有关部门报告	向主管不合格品控制部门的负责人索要不合格控制程序文件，检查程序内容是否符合标准要求，是否与质量手册相协调。重点了解是否对不合格品的标识、记录、隔离、评审及处置作了规定；对不合格品实施纠正后是否规定了不合格品的重新验证；对交付和开始使用后发现的不合格品如何处置；如何了解顾客对处置结果的满意程度；是否规定了让步处理的条件以及应向哪些部门报告，在什么情况下，就将让步处理的结果向顾客和有关部门报告抽查数份不合格品处置记录，检查相应的不合格报告中是否有参加评审和处置人员的签字，是否按评审后决定进行处置，是否有纠正后重新验证的记录？让步申请书是否有顾客签字或授权人签字，让步处理时向顾客或有关部门报告的形式是什么，等等		
8.4 数据分析	组织对哪些数据进行了分析？采用了哪些统计技术分析的结果提供了哪些信息？信息的利用程度如何	检查组织是否收集了有关数据，通过分析数据得到顾客满意程度、产品符合性、产品特性及其趋势以及过程和体系的信息组织是否能及时利用这些信息来评价体系的有效性和适宜性，寻找对体系改进的机会检查组织对数据收集作出的规定，包括数据来源、数据内容、人员职责、渠道和方法；检查组织对数据分析的有关规定，是否明确可获得产品、过程、体系和顾客满意程度等方面的信息；检查在收集和分析数据的规定中，是否确定正确使用统计技术；检查组织利用数据分析的信息进行质量管理体系评价和寻找改进机会的结果		

诊断项目	诊断内容	诊断方法	诊断结果	等级
8.5 改进 8.5.1 持续改进	最高管理者如何认识"持续改进" 组织策划和管理了哪些持续改进的过程	询问最高管理者是如何考虑实施持续改进的，是如何策划的 通过询问和查阅有关文件，检查持续改进的范围是否涉及质量管理体系、过程和产品，持续改进的内容是否涉及质量特性、特征和组织长远的、日常的改进，持续改进的职责是否涉及组织各层次，持续改进的结果是否达到了提高效率和有效性的目的 检查对持续改进机会的识别方法和对持续改进的文件规定 检查在组织的相关职能和层次上展开的质量目标是否包括持续改进的内容，不求在某一段时间内全部的质量目标都在改进，但至少应有进行日常活动的改进证据		
8.5.2 纠正措施	是否制定了程序文件？程序文件是否包括了标准规定的要求 是否对包括顾客投诉在内的不合格按规定的要求实施了纠正措施 纠正措施是否有效 重大的纠正措施是否成为管理评审的输入	向主管纠正措施部门的负责人索要纠正措施控制程序文件，检查程序内容是否符合标准规定的要求，是否与质量手册相协调 重点了解是否对纠正措施的制定和实施作了明确规定，是否有效地利用了信息来源，是否对纠正措施的实施进行了控制，对实施的效果进行了评价 抽查数份不合格报告（其中包括重大的不合格），并查看相应的制定的纠正措施报告、跟踪验证报告及文件更改记录（必要时），评定实施情况是否符合程序规定的要求 检查管理评审输入，是否包括重大的纠正措施内容		
8.5.3 预防措施	是否制定了程序文件？程序文件是否包含了标准规定的内容 如何识别和分析潜在不合格 实施了哪些预防措施？是否符合规定要求？对组织的改进是否起到作用？是否保存了相应的记录	向主管预防措施部门的负责人索要预防措施控制程序文件，检查程序内容是否符合标准规定的要求，是否与质量手册相协调？重点了解是否对预防措施的制定和实施作了明确规定，是否有效地利用了信息来源，是否对预防措施实施进行了控制，对实施的效果进行了评价		

续表

诊断项目	诊断内容	诊断方法	诊断结果	等级
8.5.3 预防措施	重大的预防措施是否成为管理评审的输入	检查如何通过收集相应的信息制定适宜的预防措施，并查看制定的预防措施报告、跟踪验证报告及文件更改记录（必要时），评定实施情况是否符合程序规定的要求 检查管理评审输入，是否包括重大的纠正措施内容		
综合	分 等级 级	评价：		

第七节　采购、仓储管理诊断分析

在社会化大生产的经济框架下，企业只不过是维系社会和经济运转的细胞。正像人也是由无数的细胞组成，任何一个单独的细胞都不能脱离身体，脱离了就只有死亡。每个细胞都从机体内获取营养和水分，也发挥自己的功能，为身体做出自己的贡献。企业也为社会生产产品，从市场上购入原材料、半成品、劳动工具和手段，等等。经验警示我们：购置非常重要，同时又是企业最容易出问题的，在当今社会采购欺诈到处可见。对企业出产的产品影响最大。

物资采购常见的"疾病"有：物资供应方是否是能产出合格原材料或半成品的企业和条件（经营许可、合格、检验证），采购信息是否明确（采购人员对采购物质量和技术要求的认知或有未明确之处），采购产品的验证或检验是否有效，库存制度或保管制度是否科学，等等。经营案例早有警示：企业购置了有欠缺的材料或半成品，造成整个工程或整批产品的报废，其"占小便宜"所造成的"吃大亏"真正令人扼腕。

按照现代质量体系的观点：业务外包也属于对外采购的范畴，所以，业务外包也会有物资采购通常出现的问题。本节专门采录了有关外包业务的表格，虽不足以涵盖所有外包业务可能存在的弊病的诊断，但表述了在外包业务中所应关注的焦点，也不失提醒的意义。

一、采购诊断调查

表 5 - 28　采购诊断调查表

项目	题目（提问点及症状）	答题方式	给分标准	答案	
				答题	得分
1. 部门组织	有无文件化的组织架构图	A. 有，且与实际相符　B. 有，但与实际不相符　C. 没有	A = 3　B = 1　C = 0		
2. 采购人员水平	（1）文化水平	A. 大专以上为主　B. 高中或中专为主　C. 初中以下为主	A = 3　B = 2　C = 1		
	（2）在相同岗位平均工龄	A. 1～2 年　B. 3～5 年　C. 9 年　D. 10 年以上	A = 1　B = 2　C = 3　D = 4		
3. 采购制度	（1）有无制定采购程序	A. 有　B. 无	A = 2　B = 0		
	（2）是否按照采购程序作业	A. 是　B. 否	A = 2　B = 0		
4. 采购计划和预算	（1）有无定期编制采购计划	A. 有　B. 无	A = 2　B = 0		
	（2）有无制定物料清单（BOM）	A. 有　B. 无	A = 2　B = 0		
	（3）制定采购计划的根据是什么	A. 以生产计划　B. 凭经验	A = 2　B = 0		
	（4）公司采用什么技术计算采购批量	A. 概率法　B. 经济批量法　C. 凭经验	A = 2　B = 1　C = 0		
5. 采购信息	（1）有无采购资料	A. 标准件手册（需要否，有无）　B. 金属材料手册（需要否，有无）　C. 化工手册（需要否，有无）　D. 电子元器件手册（需要否，有无）　E. 电线电缆手册（需要否，有无）　F. 供应商名册　G. 外协件验收标准	A～E 需要，且有的加 1 分；需要，无的扣 1 分；F～G有 1 项加 1 分，无不扣分		
	（2）有无采购统计资料	A. 价格变化记录　B. 供应商供货质量记录　C. 供应商供货数量记录　D. 供应商供货时间记录　E. 采购员定购采购记录　F. 采购合同记录统计　G. 其他	每有一项加 1 分		
6. 电脑化	（1）采购作业有无实现电脑化	A. 有　B. 没有	A = 2　B = 0		
	（2）有无系统软件	A. 有 MRP Ⅱ 或 ERP　B. 有专用采购软件　C. 进销存软件　D. 无	A = 3　B = 2　C = 1　D = 0		
	（3）有无使用电子商务采购	A. 有　B. 无	A = 3　B = 0		

续表

项目	题目（提问点及症状）	答题方式	给分标准	答案	
				答题	得分
7. 供应商管理	（1）是否定期评估供应商	A. 是　B. 不是	A = 2　B = 0		
	（2）受控的供应商占总供应商的比例	A. 100% 全部　B. 50% 以上大部分　C. 50% 以下　D. 0	A = 3　B = 2　C = 1　D = 0		
	（3）有无合格厂商一览表	A. 有　B. 无	A = 2　B = 0		
	（4）对服务性供应商是否一并列入管制	A. 是　B. 无	A = 3　B = 0		
	（5）同一材料平均有几个合格供应商	A. 1 个　B. 2 个　C. 3 个以上	A = 1　B = 2　C = 4		
8. 采购控制	（1）对采购物料的议价、签约及订单发出有无完整的作业程序	A. 有　B. 无	A = 3　B = 0		
	（2）物料的规格、品质要求或特殊要求是否有文件说明	A. 全部有　B. 大部分有　C. 少部分有　D. 无	A = 3　B = 2　C = 1　D = 0		
	（3）是否向合格供应商采购	A. 全部是　B. 大部分是　C. 少部分　D. 无	A = 3　B = 2　C = 1　D = 0		
	（4）供应商交货准时率	A. 95% 以上　B. 85% ~ 95%　C. 60% ~ 85%　D. 60% 以下	A = 3　B = 2　C = 1　D = 0		
	（5）有无交货期进度及跟催制度	A. 有　B. 无	A = 2　B = 0		
	（6）供应商多次延期交货时如何处置	A. 不采取任何行动　B. 与供应商沟通促其改进　C. 罚款　D. 将其列为不合格供应商不再向其采购	A = 0　B = 1　C = 2　D = 3		
9. 采购产品之验证	（1）是否对所有采购物料都要检验后才可进仓	A. 全部是　B. 大部分是　C. 少部分是　D. 全部不是	A = 3　B = 2　C = 1　D = 0		
	（2）有无责成供应商提供有关物料的证明文件（如材质证明、出厂商检验合格证明等）	A. 有　B. 无	A = 2　B = 0		
	（3）有无与供应商签订验证方法及品质保证的协定？（如抽样标准、重要检查项目等）	A. 全部有　B. 大部分有　C. 少部分有　D. 无	A = 3　B = 2　C = 1　D = 0		

续表

项目	题目（提问点及症状）	答题方式	给分标准	答案	
				答题	得分
10. 采购绩效	（1）贵公司对采购绩效是否进行评估工作	A. 是　B. 否	A = 2　B = 0		
	（2）呆料资金比	A. 5% 以上　　B. 3% ~ 5% C. 0% ~ 3%　　D. 0%	A = 0　B = 1 C = 2　D = 4		
	（3）错误采购率	A. 10% 以上　B. 5% ~ 10% C. 1% ~ 5%　D. 1% 以下	A = 0　B = 1 C = 2　D = 4		
11. 培训	（1）采购人员经过哪些培训	A. 材料常识（制造质量）　B. 检验标准　C. 抽验标准　D. 采购文件及制度　E. 采购技巧	每项加 1 分		
	（2）对培训结果是否进行评估	A. 是　B. 否	A = 2　B = 0		
综合	分　　　等级　　　级	评价：			

说明：满分为 100 分。其中：90 ~ 100 分为优，75 ~ 89 分为良，60 ~ 74 分为中，45 ~ 59 分为差，45 分以下为较差。

二、物流控制部经理自我诊断调查

表 5 - 29　物流控制部经理自我诊断调查表

序号	诊断项目	诊断记录	问题点	等级
1	公司物料部门组织是否合理？资源是否允分			
2	公司是否制定了订单订购流程			
3	是否依订购单收料规定点收物料			
4	物品存放场所 5S 执行情况			
5	是否对材料出入库进行记录，记录是否完整			
6	是否对物料定期进行盘点			
7	采购部门对公司每项物品供货源是否了解			
8	采购是否规定了对供方的选择和定期评价的准则？实施情况如何			
9	对物料管理是否进行分类和编号			
10	公司对采购业绩是否定期进行评估			
11	采购产品品质是否稳定			
12	对供方的评价结果和跟踪措施是否有记录			
13	组织是否识别了对采购产品验证所需活动			
14	仓库是否定期对呆废料进行统计？并即时处理			
15	仓库安全情况是否良好，防火设备是否齐全			
16	物料的采购，请购部门是否提出请购单？检查请购单			
综合	分　　　等级　　　级　　　评价：			

三、采购业务内控状况调查评价

采购业务应当集中、避免多头、分散采购，采购人员应定期岗位轮换，重要和技术性较强的采购，应组织相关专家论证，并实行集体决策和审批。

1. 采购业务内控状况调查测评

采购业务内控状况的调查、测评可通过访谈、调查问卷、抽查测试等方式进行，其具体内容见下表。

表 5 – 30　采购业务内控状况调查测评

调查测评内容	诊断记录	问题点	等级
1. 是否建立了符合企业特点的采购管理制度及流程，风险控制点及控制责权是否明确，监督机制是否完善			
2. 企业是否与采购人员签订了职业道德保证书、内容是否完善			
3. 企业所有采购是否都集中在采购部门，是否都经过授权批准			
4. 企业是否建立了供应商准入制度、选择是否符合程序要求			
5. 列入准入名册的供应商档案是否及时/定期审核更新			
6. 超过一定金额的采购是否都签订了采购合同/或采用招标方式			
7. 原材料及零部件采购请购单，是否由生产/维修部门提出			
8. 采购物资是否根据库存情况经保管员核批后实施采购			
9. 是否进行各种采购物资对成本费用预算影响的价值分析			
10. 近两年是否出现过重大采购风险、原因是否明确教训是否吸取			
11. 付款流程是否完善、审核人责/权、审核内容及要求是否明确			
12. 付款凭证的编制是否根据供应商发票/仓库验收单/合同书约定			
13. 会计记账是否及时、正确，付款是否按合同约定并经授权批准			
14. 与付款/定金管控程序是否明确，大额/长期有无追踪审核			
15. 退货条件/手续/货物出库/退货款回收等制度是否完善			
16. 采购业务风险点是否明确，风险度是否评估，应对措施是否完善			
综合　　　分　　等级　　　级　　评价：			

2. 采购业务内控状况评价

通过调查、访问、测评等，采购业务方面的内部控制状况测评结果见下表。

表 5-31　采购业务内控状况测评结果

领域/流程	控制缺失及风险描述	控制能力
1. 授权批准	有的以紧急需要为理由，绕过正常采购审批，甚至先采购后审批，使审批控制失效	差
	关联交易逾越董事会监管，导致采购管理失控，给公司造成大量物资积压	很差
2. 职责划分	存在利益冲突的采购人员没有回避，可能损害公司利益。而且已发生过类似重大事例	很差
	采购申请单执行手续欠缺不能有效进行跟踪监督盲目采购导致过量积压	中
3. 会计控制	材料采购申请单没有连续编号，无法保证材料采购事项申请的完整性及有效性	中
	公司订单格式及内容未经律师审查，潜在巨大法律风险，给企业造成经济损失	差
4. 资产安全	预付货款未进行及时分析，造成长期挂账，有的预付货款已长达 13 个月，可能导致坏账损失	差
	付款支票/汇票不是财务部门交给供应商，而是由采购人员付给，可能为采购人员向供应商索取好处提供条件，也加大了票据遗失、被挪用/窃取的可能性	中
5. 内部稽核	公司无统一的管理人员签名样本，可能出现假冒领导签字而未被发现，使公司财产受到损失	差
	公司对采购环节未进行过全面深入的内部审计。库房大批积压物资形成原因未进行分析，责任未追究	差
6. 其他方面	公司对与采购相关的关键人员未进行利益冲突调查，对采购人员约束不足，可能导致当利益冲突发生时得不到及时有效的控制，最终损害公司利益	差
	公司缺乏采购轮岗措施，可能导致采购人员与供应商过于亲热，发生不正当甚至腐败行为，损害公司利益	中
	主要原材料由一家供应商供货，依赖性过大、潜在风险较大，且不利于价格谈判；有时提前或拖后送货，导致材料库存积压/或生产中断情况在调查中有些提问，如采购人员背景情况，与企业高层不清管理人员关系等，未得到满意答复，难以做出正确判断	差

3. 综合评价

综上所述，公司在采购与付款业务流程中的内部控制仍存在部分缺陷，整体评价为 45 分，内部控制等级为"差"。

四、业务外包内控状况调查评价

1. 业务外包内控状况调查测评

业务外包管控状况的调查测评可通过访谈、调查问卷、抽查测试等方式进行，其具体内容见下表。

表5-32　业务外包内控状况调查测评

调查测评内容	诊断记录	问题点	等级
1. 企业是否建立业务外包管理制度与工作流程。规定业务外包范围、方式、条件、程序和实施等相关内容			
2. 业务外包相关的部门和岗位的职责/权限是否明确。是否按照规定的权限和程序审核批准，监管是否到位			
3. 重大外包是否经董事会审核批准，总会计师是否参与决策			
4. 是否建立对承包方的资格审核制度，审核内容是否全面具体			
5. 业务外包合同内容是否齐全，保密义务和违约责任是否明确			
6. 是否对业务外包实施严格的监控制度，加强与承包方沟通与协调，密切关注承包方的履约能力，并建立相应的应急机制			
7. 是否建立业务外包合同完成后的质量验收，及其评审制度			
综合　　　分　　　等级　　　级　　　评价：			

2. 业务外包内控状况评价

通过调查、访问、测评等，业务外包内部控制的现状仍存在部分缺陷。

表5-33　业务外包内控状况评价

领域/流程	控制缺失及风险描述	控制能力
1. 授权批准	业务外包制度及业务流程不完善，业务内容不明确	差
2. 职责划分	业务外包主管部门及权限未明确，业务发生后何人批准	差
3. 会计控制	财务部门未参与决策，按合同规定及程序实施付款控制	中
4. 资产安全	对承包方资质未严格审核，合同履行情况没有跟踪检查	差
5. 内部审计	未进行跟踪审计、××合同未能按要求实施，已经影响进度	差
6. 其他方面	有人反映业务外包中含有欺诈行为需要深入调查取证	差

3. 综合评价

综上所述，企业在业务外包内控管理方面，仍存在一些缺陷，须进一步地完善与加强。整体评价为40分，内部控制等级为"差"。

五、仓储管理诊断调查

表5－34 仓储管理诊断调查表

项目	题目（提问点及症状）	答题方式	给分标准	答案	
				答题	得分
1. 组织架构	有无文件化职责管理规范和架构图	A. 有，且与实际相符 B. 有，且与实际不符 C. 无	A＝3 B＝1 C＝0		
2. 标识	（1）有无仓库平面示意图	A. 有 B. 无	A＝3 B＝0		
	（2）有无储工分区规划（合格区、不合格区、待检区等）	A. 合格品区 B. 不合格品区 C. 待检区 D. 特采	每有一项加1分		
	（3）物品所处状态是否标明且放置于所属储区	A. 全部是 B. 大部分 C. 少部分 D. 无	A＝3 B＝2 C＝1 D＝0		
	（4）有无分区的物品状态（待检、合格、不合格、特采）标识	A. 全部有 B. 大部分有 C. 少部分有 D. 无	A＝3 B＝2 C＝1 D＝0		
3. 搬运	（1）公司有无制定有关物料在进料、制程及成品运送时的搬运管制程序和规范	A. 有 B. 无	A＝3 B＝0		
	（2）公司有无提供正确的栈板、容器或搬运工具，搬运路线及载高载重限制，以防止物料在搬运过程中因震动、冲击、摩擦、重压及温度等状况所引起的损坏	A. 有 B. 无	A＝3 B＝0		
4. 储存	（1）公司有无制定材料及产品的储存管制程序和规范	A. 有 B. 无	A＝3 B＝0		
	（2）有无防火安全设施	A. 消防栓 B. 灭火器 C. 安全灯 D. 其他	每项加1分		
	（3）是否提供安全储存条件和设施以防止物料及产品变质	A. 防高温（需要否，有无） B. 防化学腐蚀（需要否，有无） C. 防潮湿（需要否，有无） D. 防光照 E. 其他	需要，且有的加1分，需要，无的扣1分，其余为0分		
	（4）有无制定物料收发的管制办法，以明确物料领用、入库、退库等核决权责	A. 有 B. 无	A＝3 B＝0		

项目	题目（提问点及症状）	答题方式	给分标准	答题	得分
				答案	
4. 储存	（5）对呆废料有无制定相应的措施以及时处理	A. 有　B. 有措施无执行　C. 无	A = 3　B = 1　C = 0		
	（6）有无具体措施以保证物料发放执行先进先出程序	A. 是　B. 否	A = 3　B = 0		
	（7）对有储存寿命的材料及产品，是否明确规定储存期限	A. 是　B. 否	A = 3　B = 0		
	（8）物料摆放是否井然有序	A. 是　B. 否	A = 2　B = 0		
5. 检验	（1）是否定期对库存材料及产品进行复检	A. 是　B. 否	A = 2　B = 0		
	（2）对过期材料有无鉴定处置程序	A. 有　B. 无	A = 3　B = 0		
6. 盘点	（1）公司是否定期盘点	A. 是　B. 否	A = 2　B = 0		
	（2）对盘盈、盘亏有无相应处理措施	A. 有　B. 无	A = 2　B = 0		
	（3）物料账、物、卡是否一致	A. 全部是　B. 大部分是　C. 少部分一致	A = 2　B = 1　C = 0		
	（4）盘点账目准确率（账实、账账相符）	A.99.9%以上　B.99% ~ 99.9%　C.95% ~ 99%　D.95%以下	A = 3　B = 2　C = 1　D = 0		
	（5）调账审批权有无规定	A. 有　B. 无	A = 3　B = 0		
7. 包装	（1）选用的包装材料是否符合产品标准有关要求	A. 全部是　B. 大部分是　C. 少部分是　D. 全部不是	A = 3　B = 2　C = 1　D = 0		
	（2）有无附包装试装检验程序	A. 有　B. 无	A = 3　B = 0		
	（3）包装的标识（鉴别用）是否明确规定	A. 危险品标识（需要否，有无）　B. 防雨标识（需要否，有无）　C. 防震标识（需要否，有无）　D. 放置方向标识（需要否，有无）　E. 产品名称、型号　F. 件数　G. 重量　H. 公司名称	A ~ D 需要且有加1分，无扣1分 E ~ H 每有一项加1分		
8. 领、发料	（1）是否严格按生产作业计划发料	A. 是　B. 否	A = 3　B = 0		
	（2）对超领物料有无严格的审批程序	A. 有　B. 无	A = 3　B = 0		

续表

项目	题目（提问点及症状）	答题方式	给分标准	答案	
				答题	得分
9. "5S" 管理	（1）贵公司库区有无推行 "5S" 管理活动	A. 有　B. 无	A = 3　B = 0		
	（2）有无设定 "5S" 责任区	A. 有　B. 无	A = 3　B = 0		
	（3）是否定期对 "5S" 活动进行检查	A. 是　B. 否	A = 3　B = 0		
10. 计算机化	（1）仓储管理是否已实现电脑化管理	A. 是　B. 否	A = 3　B = 0		
	（2）有无使用 MRP、ERP 或其他库存软件	A. 有　B. 无	A = 3　B = 0		
综合	分	等级	级	评价：	

说明：满分为 100 分。其中：90～100 分为优，75～89 分为良，60～74 分为中，45～59 分为差，45 分以下为较差。

六、存货内控状况诊断调查

企业应当采用先进的存货管理技术和方法，规范存货管理流程，明确存货取得、验收入库、原料加工、仓储保管、领用支出、盘点处置等环节的管理要求。充分利用信息系统，强化会计、出入库等相关记录，确保存货管理全过程的风险得到有效控制。

1. 存货内控状况诊断调查

存货控制状况调查、测评可采用访谈、现场抽查、测试等定性及定量方法，其内容如下。

表 5－35　存货内控状况调查测评

调查测评内容	诊断记录	问题点	等级
1. 存货管理流程是否清晰、岗位责任/相关部门职权划分/不相容岗位分离、制约和监督是否明确			
2. 对入库存货的数量、质量、技术规格是否进行严格检验			
3. 产品在正式投产前是否有计划成本？对实际成本是否进行测算			
4. 产品在各生产部门/环节之间的传递，有无流程图、交接记录是否完善			
5. 生产日报内容是否健全，已完工产品数量与质量，是否经计划部门复核			
6. 生产部门是否按规定编制生产/成本完成分析报告，分析存在问题			
7. 入库的材料/产品/物资是否都有验收单/合格证/入库单及签章			
8. 车间领用材料/零部件，是否经过计划部门或其他授权部门批准			

调查测评内容	诊断记录	问题点	等级
9. 库存产品/物资是否按品种建立存储卡片及明细账，并采用永续盘存			
10. 委托加工的材料是否单独设账记录，并经常与对方核对数量			
11. 仓库是否定期分析存货的账龄，并提出处理报告，并及时处理			
12. 拒收的材料物资/退库产品/零部件/废品废料是否及时退库，并完整登记			
13. 企业对交付发运的商品、存放在外地的商品、借出产品是否有适当控制			
14. 仓库存货明细账与会计账设置口径是否一致，是否经常核对账目			
15. 内部审计是否定期对仓储物资、收发凭证进行监督/审查与核对			
16. 存货在不同仓库之间流动是否办理出入库手续			
17. 仓库是否按物资储存要求，健全防火/防盗/防病虫害/防变质措施			
18. 对代管、代销、暂存、受托加工的存货，是否单独存放和记录			
19. 是否建立存货盘点清查制度，年终实施全面盘点清查			
20. 存货采购是否综合考虑当前库存、经营计划，合理确定采购期量			
21. 存货风险点及其重要性是否评估，措施是否恰当，责任是否落实			
综合	分	等级	级	评价：

2. 存货管理内控状况评价

通过调查、访谈、测评等，存货管理内部控制状况测评结果，见表5-36。

表5-36 存货内控状况评价

领域/流程	控制缺失及风险描述	控制能力
1. 授权批准	有的产品投产未经授权批准，原材料的领用未按程序报经授权批准	差
	请购依据不充分，采购批量、采购时点不合理，造成物资积压，影响资金的使用效率	中
2. 职责划分	在产品管理职责不清，有个别在制品长达半年之久，仍在车间存放，处于无人管理状况	中
3. 会计控制	库存材料/产品的会计账簿与库存账，核算口径一致，个别品种抽查一致	良
4. 资产安全	产品生产领用材料，产品已完工入库，剩余原材料已作退库处理，月末也未作假退料	良
	抽查发现个别材料账实不符，有白条抵库现象、不合格的原材料与合格材料混合存放，防火设施欠缺	差
5. 法规遵循	库存易燃、易爆材料物资，没有按消防部门要求实施安全管理，存有风险隐患	差
6. 内部稽核	做了大量抽查稽核工作，但仍存有不足有待加强	中
7. 其他方面	产品耗用材料没有定额，消耗无限制月末有考核	中

3. 综合评价

综上所述，存货在内部控制中仍存在缺陷，总体评价 70 分，内部控制等级为 "4 级"。

表 5 - 37

诊断项目	权重	综合得分	实测得分	评议得分	说明
1. 采购诊断评价					
2. 物流控制自我评价					
3. 采购业务内控评价					
4. 业务外包诊断评价					
5. 仓储管理诊断评价					
6. 存货内控诊断评价					
综合					

第八节　生产系统综合诊断分析

生产系统诊断分析包括生产系统设计、生产规划和生产控制这些功能发挥如何直接影响到企业效率和效果，因此，通过诊断，找出存在的薄弱环节和重点问题，加以解决，将会提高企业效益。

表 5 - 38　生产基本条件诊断分析表

诊断项目	是	否	等级	说明
1. 厂房布置				
(1) 厂建规划:				
①工厂用地是否足够?				
②厂房建设是否足够?				
③机器设备是否足够?				
④机器设备是否需要添购?				
⑤以产能为基准，人员是否足够?				
⑥是否曾作销售预测?				
⑦是否以销售预测作生产规划?				
⑧是否曾对工厂扩展趋向予以考虑?				
⑨是否曾对投资问题予以考虑?				

诊断项目	是	否	等级	说明
⑩是否考虑到工厂技术要求?				
⑪物料搬运及人员运动路径是否最短?				
⑫物料搬运或产品流程是否顺畅?				
⑬是否充分利用空间?				
⑭是否安全?				
⑮环境是否舒适?				
⑯重新布置时,是否不需大量的人力、物力及财力?				
(2)产品、机器、物料、实体环境等:				
①是否对生产方式进行了研究(订单生产、定量生产、混合生产等)?				
②是否对产品生产种类进行了研究(仅产一种产品,或生产多种产品)?				
③是否对产品产量进行了探究(有关机器设备数量、仓库容积等)?				
④是否对产品销售情形进行了分析(具季节性者,需要较大的仓库容积,以备储存淡季中制造的产品供旺季销售)?				
⑤是否对产品结构进行了考虑(复杂性、坚强度等)?				
⑥是否对产品性能进行了分析(如灵敏度、互换性等)?				
⑦是否分析了产品对环境的敏感性(耐潮湿、耐腐蚀、耐污染等)?				
⑧是否对产品用途予以考虑(工业用或非工业用)?				
⑨生产计划中有无制造途程安排?				
⑩按照制造途程所需的机器设备是否已准备就绪?				
⑪对机器设备的性能是否查核?				
⑫对精密机器设备是否作特殊保护?				
⑬对有振动状态的机器设备是否作特殊措施?				
⑭对有污染发生的机器设备是否有特殊措施?				
⑮对有害气体发生的机器设备是否有特殊措施?				
⑯对有噪声发生的机器设备是否有特殊措施?				
⑰是否对具不相容性的机器设备已作分隔阻绝设施?				
⑱是否对机器重量予以考虑?				

诊断项目	是	否	等级	说明
⑲是否对机器大小予以考量？				
⑳是否对机器高度予以考虑？				
㉑是否对加工机件的装卸予以考虑？				
㉒是否对工具的装卸予以考虑？				
㉓是否对机器设备操作状态（是否可由一人操作多台机器等）予以考量？				
㉔是否对机器设备所需的设施（电、液压、气压等）予以考虑？				
㉕是否考虑环境污染防护设施？				
㉖是否对机器设备的发热量予以考虑？				
㉗是否对机器设备的维修作业予以考虑？				
㉘是否对安全予以考虑？				
㉙有无设定的材料表？				
㉚有无设定的零组件表？				
㉛有无设定的附件表？				
㉜是否对上列资料分析予以考虑？				
㉝材料、零组件的获得是否方便？				
㉞是否制定安全存量？				
㉟是否考虑物料的化学性质？				
㊱是否考虑物料的物理性能？				
㊲是否考虑物料的几何特性（大小、形状等）？				
㊳是否考虑物料的周转状态？				
㊴是否考虑物料的输送方法？				
㊵是否考虑物料的类型多寡？				
㊶是否虑及物料的验收方式？				
㊷是否考虑物料的领发方式？				
㊸是否虑及物料的储存方式？				
㊹是否对特殊物料采取特殊措施？				
㊺是否对仓库建筑予以考虑？				
㊻是否考虑环境、气候因素？				
㊼是否对储存场所的地势予以考虑？				
㊽厂房位置是否易与其他部门有良好联系？				

续表

诊断项目	是	否	等级	说明
⑭建筑物的构造能否配合作业情形？				
⑮是否有厂房基础地层试验记录（导电性、承荷能量、化学性等）？				
⑯建筑容积是否足够？				
⑰是否能充分利用自然通风？				
⑱照明是否良好？				
⑲厂房地坪设施是否与作业要求配合？				
⑳厂房门户能否配合运输要求？				
㉑厂房门窗能否配合安全要求？				
㉒是否要求装置空调设备？				
㉓厂房隔热设施是否良好？				
㉔厂房颜色是否予以考虑？				
2. 产品效能				
①各项产品是否确无专利纠纷？				
②各项产品是否经由预测，评估证实具有拓销潜力？				
③是否具有制造各种产品的能力？				
④生产各种产品必要的投资，是否已加估算？				
⑤是否已考虑投资报酬率？				
⑥各种产品是否有长期市场？				
⑦各种产品品质是否能与用途相当？				
⑧各种产品品质是否能与价格相当？				
⑨各种产品价格是否与消费者的购买力配合？				
⑩各种产品是否曾作精密的成本计算？				
⑪各种产品的经济生产量是否明悉？				
⑫销售量是否曾作预估？				
3. 制造作业与计划				
①是否制定制造作业程序？				
②是否填发工作流程单？				
③是否填发工作命令？				
④是否准备材料领用单？				
⑤是否制定装配程序？				
⑥是否准备装配零件单？				

诊断项目	是	否	等级	说明
⑦是否制定总进度？				
⑧是否制定装配进度？				
⑨是否制定零件制造进度？				
⑩工具准备是否与制造计划配合？				
⑪制造计划是否具有弹性？				
⑫产品的加工方法是否曾经分析？				
⑬产品的制造是否曾加以分析？				
⑭产品的加工时间是否曾经估测？				
⑮产品加工所需的机器是否足够？				
⑯产品加工所用的机器，性能是否配合？				
⑰产品加工所需的作业员工是否足够？				
⑱是否会对客户要求分析？				
⑲是否对存货数量确实查核？				
⑳是否曾对零组件外包（或外购）考虑？				
㉑制品的材料采购，是否已加考虑？				
4. 制造标准及相关资料				
①是否有材料标准，包括产品制造材料及工具制造材料？				
②是否订有工时标准，包括制造工时及机器安装或准备工时标准？				
③是否有制造方法标准，包括方法及程序？				
④是否订有工具标准，包括工具名称、编号及规范？				
⑤是否订有计划标准，包括机器及厂房编号、工作部门编号、成本项目编号、工作类别编号、生产日期编号等？				
⑥是否有计划资料，如单位成本、机器性能表、材料单价以及计划人员手册等？				
5. 生产预测				
①预测项目范围是否周延？				
②调查抽样是否经过慎重研拟？				
③预测时间是否合理？				
④是否估计可能误差？				

诊断项目	是	否	等级	说明
⑤准确性是否足够?				
⑥成本是否合理?				
⑦能否适时完成?				
⑧所得结果是否容易了解?				
⑨预测的目的及用途是否明确?				
⑩是否依产品类别归并?				
⑪各类别的销售因素是否适当制定?				
⑫是否尽可能搜集资料?				
⑬是否对资料分析?				
⑭是否将分析相互核对?				
⑮是否考虑并设定无法预测的内外在因素?				
⑯是否将预测的结果配合生产计划工作?				
6. 制造规划				
①产品的制造程序与方法是否慎重研究?				
②使用现有设备是否可顺利完成生产?				
③使用现有设备能否获得合理成本?				
④生产关联设置产能与配置是否适当?				
⑤现有设备的性能需否增加?				
⑥产品每一制造途程的时间曾否测定?				
⑦有无替代或补充方案以防现有设备发生故障影响生产?				
⑧生产设备的产能是否适当?				
⑨是否有零件组件表?				
⑩是否订有总制造途程表?				
⑪是否有分件制造途程表?				
⑫是否制作工作说明卡?				
⑬各操作方法是否已标准化?				
⑭生产线的人员配备是否曾作研究?				
⑮是否曾对现有制造途程作研究分析?				
⑯原料、半成品及成品的运送曾否考虑使用机具或专用容器?				
⑰原料、半成品及成品的流程是否顺畅?				

续表

诊断项目	是	否	等级	说明
⑱操作人员能否依据标准程序作业而无需自行计划或请示？				
7. 生产排程				
①是否曾作销售预测？				
②是否曾对客户订单分析？				
③是否曾对消费者需求研究？				
④曾否对批发商存货检核？				
⑤曾否对零售商存货检核？				
⑥是否依照制造程序安排？				
⑦是否考虑生产空当如何利用？				
⑧是否有可资利用的设备、工具？				
⑨是否有可资利用的材料？				
⑩是否考虑经济批量？				
⑪是否依照制造日程总表厘定制造日程表？				
⑫制造日程表是否规划月别生产量？				
⑬是否依照制造日程表决定产品或零件的开工及完工日期？				
⑭制定制造日程表是否考虑产品或零件的全部必要时间？				
⑮是否依据机器负荷工时，决定各产品、各零件、各装配开工时间与完成时间？				
⑯是否以中期生产日程预定表制定各产品、各零件的完工与开工日期？				
⑰是否以短期生产日程预定表制定各作业，各机器的完工与开工期？				
8. 生产控制				
(1) 业务部门：				
①营业部门对工厂产能是否确实明了？				
②营业部门是否接受过多的订单？				
③营业部门是否不接受紧急订单？				
④产品规格是否在订约后不常变更？				
⑤制造日程安排是否添加10%左右的时间弹性？				

诊断项目	是	否	等级	说明
⑥是否可利用外包加工以消化紧急订单？				
⑦是否可利用加班或增加临时工增产以消化紧急订单？				
（2）设计部门：				
①设计是否制定进度及依照进度实施？				
②是否时常变更设计？				
③产品或零件的设计，是否曾考虑制造上的困难或问题？				
④产品或零件的设计，是否增订有制造途程？				
⑤产品或零件的设计，是否具效率？				
⑥产品或零件所用的材料，是否采购困难？				
（3）生产部门：				
①操作技术是否精良，具效率且不良品少？				
②员工情绪是否高涨，提高作业效率？				
③员工流动率是否稳定，能使操作技术日渐进步？				
④制造日程安排是否顺利？				
⑤是否赶工不多？				
⑥是否安排制造途程？				
⑦制造途程是否适当？				
⑧工作准备是否妥善？				

表 5 - 39 生产管理功能综合诊断评价表

诊断项目	权重	综合得分	测评得分	评议得分	说明
1. 厂房布置					
2. 产品效能					
3. 制造作业与计划					
4. 制造标准及相关资料					
5. 生产预测					
6. 制造规程					
7. 生产排程					
8. 生产控制					
合计					
综合评价					

第九节 研究开发诊断分析

企业应当重视研发工作，结合市场开拓和技术进步的要求，科学制定研发计划，强化研发全过程管理，规范研发行为，促进研发成果的转化和有效利用，不断提升企业自主创新的能力。

一、技术开发部经理自我诊断调查

表5-40 技术开发部经理自我诊断调查表

序号		诊断项目	诊断记录	问题点	等级
1	一、组织	1. 有无文件化的组织结构及隶属关系			
2		2. 有无文件化的设计人员职责及权限			
3		3. 设计人员有无文件化资格要求			
4		4. 设计人员上岗前是否经过培训并留存相应记录			
5		5. 组织是否有文件化奖惩制度，其绩效有无与薪资挂钩			
6	二、资源	1. 设计现有工具及仪器设备能否满足设计需要			
7		2. 设计人员编制及专业技术经验能否满足设计要求			
8		3. 有无外界资料及培训、学习以提升设计开发人员能力			
9		4. 相关部门是否提供该设计部相应市场调查状况，以利新产品开发			
10	三、设计过程控制	1. 有无文件化设计过程控制程序			
11		2. 有无设计策划（计划）及实现计划活动实施相关人员及职责规定			
12		3. 在设计计划或程序中有无文件化接口说明			
13		4. 有无明确的设计输入表，输入表有无确定合同要求及法规要求			
14		5. 设计输出有无一一满足输入的要求			
15		6. 设计各阶段有无评审，评审有无参照合同要求及相关法规			
16		7. 在设计的相应阶段有无设计验证			
17		8. 设计确认的权限有无明确规定、有无确认			
18		9. 设计更改的权限有无明确规定，设计更改有无通知相关人员及部门有无确认			

序号		诊断项目	诊断记录	问题点	等级
19	四、技术文件管制	1. 有无技术文件管制程序（含归档、发行、更改等）			
20		2. 技术文件有效，版本是否涉及控制			
21	五、设计结果适应性	1. 设计输出的资料是否完善（例有无相应图纸及标准BOM表单）			
22		2. 有无相应工艺流程及操作方法			
23		3. 有无检验验证的标准			
24		4. 技术文件能否满足客户要求及制造单位要求			

填表人：　　　　　　　　审核人：

二、技术开发管理诊断调查

表 5－41　技术开发管理诊断调查表

项目	题目（提问点及症状）	答题方式	给分标准	答案	
				答题	得分
1. 技术文件完整性	（1）产品设计图纸的完整性	具有整套图纸文件的产品品种数量÷总的产品品种数量	<0.2＝1 0.8～1＝2 0.2～0.6＝3 0.6～0.8＝4 0＝0		
	（2）工艺文件的完整性	具有整套工艺文件的产品品种数量÷总的品种数量	<0.2＝1 0.8～1＝2 0.2～0.6＝3 0.6～0.8＝4 0＝0		
2. 信息资料管理	（1）本行业的国家标准，部颁标准（包括相关标准）	A. 有完整 B. 部分有 C. 无	A＝3　B＝2 C＝0		
	（2）本行业的国际标准	A. 有完整 B. 部分有 C. 无	A＝2　B＝1 C＝0		
	（3）相关基础标准	A. 有完整 B. 部分有 C. 无	A＝2　B＝1 C＝0		
	（4）行业刊物（国内）	A. 内部有 B. 部分有 C. 无	A＝2　B＝1 C＝0		

续表

项目	题目（提问点及症状）	答题方式	给分标准	答案	
				答题	得分
2. 信息资料管理	（5）国际行业刊物	A. 全部有 B. 部分有 C. 无	A = 2　B = 1 C = 0		
	（6）国内行业前五名厂商产品资料	A. 全部有 B. 部分有 C. 无	A = 2　B = 1 C = 0		
	（7）国际行业前五名厂商资料	同上	A = 2　B = 1 C = 0		
3. 新产品效益	（1）每年完成开发新产品品种速度比	当年开发新品种数量÷上年开发新产品数量	<0.9 = 1 = 0.9～1.1 = 2 >1.1 = 3		
	（2）每年新产品销售收入比	直接填当年投产的新产品销售收入÷全部产品销售收入	<1 = 0 1～2 = 1 2 以上 = 2		
	（3）新产品中仿造的品种数比	仿造产品品种数量÷新产品品种数量	1 = 1 0.3～1 = 2 0.3 以下 = 3		
	（4）专利产品营业收入比	专利产品销售收入÷全部产品销售收入	0～0.2 = 1 0.2～0.5 = 2 0.5～1 = 3		
4. 开发过程管理	（1）有无新产品开发计划及进度表	A. 有 B. 55% 以上 C. 45%～55% D. 45% 以下	A = 3　B = 2 C = 1　D = 0		
	（2）按计划完成的品种比例	A. 大部分 B. 约一半 C. 小部分	A = 3　B = 2 C = 1		
	（3）开发费用占总收入的比例	A. 2% 以下 B. 2%～5% C. 5% 以上	A = 1　B = 2 C = 3		

续表

项目	题目（提问点及症状）	答题方式	给分标准	答案	
				答题	得分
5. 制度与组织	（1）有无开发程序管理文件及相关审批制度	A. 有，执行较好 B. 有文件，执行不好 C. 没有	A = 3　B = 2 C = 0		
	（2）有无工艺管理制度和执行记录	A. 有文件，执行较好 B. 有文件，无记录 C. 全无	A = 2　B = 1 C = 0		
	（3）有无组织架构岗位职责规范	A. 有　B. 无	A = 1　B = 0		
	（4）有无技术文件管理制度	A. 有　B. 无	A = 1　B = 0		
	（5）有无标准化管理制度	A. 有　B. 无	A = 1　B = 0		
	（6）有无专职标准化管理人员	A. 有专职 B. 兼职 C. 无	A = 2　B = 1 C = 0		
6. 人员素质状况	（1）技术人员覆盖专业比例	A. >80% B. 40%～80% C. <40%	A = 4　B = 2 C = 1		
	（2）技术人员学历状况	A. 中专比例最多 B. 大专比例最多 C. 本科比例最多 D. 硕士以上比例最多	A = 1　B = 2 C = 3　D = 4		
	（3）技术人员占职工总数的比例	A. 1%以下 B. 1%～5% C. 5%以上	A = 1　B = 2 C = 3		
	（4）没有工艺员的车间比例	A. 大部分车间有 B. 小部有 C. 没有	A = 2　B = 1 C = 0		
	（5）技术人员的平均厂龄	A. 1～2 年 B. 3～4 年 C. 5 年以上 D. 8 年以上	A = 1　B = 2 C = 4　D = 1		

续表

项目	题目（提问点及症状）	答题方式	给分标准	答案	
				答题	得分
6. 人员素质状况	（6）部门经理厂龄	A. 3 年以下 B. 3~5 年 C. 5 年以上	A = 1　B = 2 C = 4		
	（7）部门经理学历	A. 中专 B. 大专 C. 本科 D. 硕士以上	A = 1　B = 2 C = 3　D = 4		
7. 开发设施	（1）设计人员使用电脑状况	A. 全部 B. 大部分 C. 小部分 D. 无	A = 4　B = 2 C = 1　D = 0		
	（2）有无专用的基础研究实验室	A. 有 B. 无	A = 1　B = 0		
	（3）有无专用的新产品试制设备及组织	A. 有 B. 无	A = 1　B = 0		
8. 行业活动	（1）是否行业协会成员	A. 是 B. 不是	A = 3　B = 0		
	（2）参加行业协会活动次数	A. 每次都参加 B. 大部分 C. 小部分	A = 3　B = 2 C = 1		
	（3）每年在各类专业刊物上发表的论文数	A. 3 篇以上 B. 1~3 篇 C. 没有	A = 2　B = 1 C = 0		
9. 信息沟通与共享	（1）参加产品展览会	A. 有 B. 无	A = 2　B = 0		
	（2）市场调研情况	A. 有 B. 无	A = 2　B = 0		
	（3）内部标准化资料共享	A. 有推荐标准手册 B. 有常用部件图库 C. 有常规工作时间定额标准及计算办法	每一项加 1 分		

续表

项目	题目（提问点及症状）	答题方式	给分标准	答案 答题	得分
9. 信息沟通与共享	（4）有无加入国家或国际标准化网络会员	A. 有 B. 无	A = 1　B = 0		
综合	分	等级	级	评价：	

说明：满分为100分。其中：90~100分为优，75~89分为良，60~74分为中，45~59分为差，45分以下为较差。

三、技术部诊断调查

表 5 - 42　技术部诊断调查表

序号	诊断项目	诊断记录	等级
1	检查设计输入、输出、评审验证、确认等各阶段有无进行划分并明确各阶段主要工作内容	查看设计计划书或提供的有关资料	
2	检查有无明确各阶段人员分工、责任人、进度要求以及配合部门	查看设计计划书或提供的有关资料	
3	不同设计人员之间的接口是如何处理的	查看有无设计信息联络单或其他有效沟通方式	
4	在设计输入时有无明确设计产品功能描述、主要技术参数和性能指标	查看设计任务书或其提供的有关资料	
5	在设计输入时有无确定该产品适用的相关标准、法律法规、顾客的特殊要求等	查看设计任务书或其提供的有关资料	
6	在设计输入前有无进行市场调研，了解社会的需求	通过交谈或查阅其提供的有关资料	
7	有无参考以前类似设计的有关要求以及设计和开发所必需的其他要求，如安全防护，环境等方面的要求	通过交谈或查阅其提供的有关资料	
8	设计输出文件中的重大设计特性是否明确或做出标识，以及输出文件的发放管理状况	通过交谈或抽看2~3份设计文件	
9	有无组织与设计阶段有关的职能部门代表对设计输出文件进行评审	查看2~3份评审记录	
10	对评审中发现的缺陷和不足有无整改，整改完成后有无再进行评审	根据查看的评审记录追踪其整改落实情况	
11	有无做成设计评审报告，以及评审报告的发放管理状况	查看2~3项的评审报告，并通过交谈，了解其发放流程	

续表

序号	诊断项目	诊断记录	等级
12	设计评审通过后，有无进行设计验证，设计任务中每一技术参数，性能指标都要有相应的验证记录	通过交谈，查看2~3个项目的设计验证记录	
13	对于设计验证中发现的问题，有无整改措施并进行落实	通过交谈，根据验证记录跟踪措施的执行情况	
14	通过何种方式对最终产品进行设计确认工作，如顾客试用报告、新产品鉴定报告等	通过交谈，了解设计确认的方式并查看2~3份项目的确认报告	
15	设计更改有无按规定流程去做，如填写《设计更改申请单》，审批后更改等	查看2~3份设计更改记录并追踪其更改申请单	
16	设计文件和资料的归档管理工作	有无文件资料登记清单、借阅清单等	
17	设计部的组织架构	通过交谈	
18	新品开发周期、新品所占比例	通过交谈	
19	工艺文件、检验标准的编制与归档	查看2~3份工艺文件，检验标准的清单发放、保管情况	
20	老产品的技术质量问题有无进行管理	通过交谈、询问	
21	有无完整的产品目录清单及其产品标准（包括样品保管）	查看清单，并抽看2~3份产品标准	
22	新产品的达成率、优良率分别是多少	通过检查计算	
23	有无技术创新奖励活动	查看奖励制度	
综合	分　　　等级　　　级	评价：	

四、研究与开发内控状况诊断评价

企业应当重视研发工作，根据发展的战略，结合市场开拓和技术进步要求，科学制订研发计划，强化研发全过程管理，规范研发行为，促进研发成果的转化和有效利用，不断提升企业自主创新能力。

1. 研究/开发内控状况调查测评

研究/开发控制状况的调查可采用问卷调查、凭证抽查、现场测试、走访等多种方式，调查主要内容，见表5－43。

表5－43　研发/开发内控诊断调查

调查测评内容	诊断记录	问题点	等级
1. 公司是否制订了产品的研发及成果的保护制度，内容是否完善			
2. 重大新产品/新技术开发方案是否报经权力机构集体讨论审批			

续表

调查测评内容	诊断记录	问题点	等级
3. 研发项目是否精心设计，是否经科学论证并正式立案纳入预算			
4. 公司从研发立项到投产流程是否清晰、风险点/应对策略是否明确			
5. 研发资源配备是否合理，过程管理是否完善，预算经费是否支持			
6. 企业与核心研发人员是否签订合同，研发成果归属、离职条件、移交程序、离职后保密义务、竞业限制年限及违约责任等内容是否约定			
7. 企业是否建立研发成果验收制度，组织专业人员进行独立评审			
8. 公司在研发过程中对过时无效的相关技术文件是否进行严格处理			
9. 对保管重要技术资料的电脑，是否采取风险防范措施，是否有效			
10. 专利权、非专利技术，商业秘密及研发过程中形成的各类涉密图纸，程序、资料等，是否实行严格的授权管理			

综合	分	等级	级	评价：

2. 研究/开发项目内控状况评价

通过调查、访问、测评等，研究与开发项目内控状况及存在缺陷。

表 5-44　研究/开发项目内控诊断评价

领域/流程	控制缺失及风险描述	控制能力
1. 授权批准	研究与开发制度及流程尚未建立，风险点尚不明确	较差
2. 职责划分	项目立项具体内容、手续欠缺、负责人变更无记录	差
3. 会计控制	研发预算严重超支，有些费用非研发所用处于失控状态	差
4. 资产安全	研发物资设备管理不善/手续不清，曾发生过严重被盗现象	差
5. 内部审计	未进行跟踪审计、××项目未能按要求进行，影响研发进度	中
6. 法规遵循	研发新产品未及时申请专利权，研发资料存在泄露漏洞	差
7. 其他方面	研发项目论证不充分、可能导致成本过高或研发失败风险	差

3. 综合评价

综上所述，公司在研究与开发的内部控制，仍存在一些缺陷，如不及时改进与加强将影响企业经济效益。整体评价为 50 分，内部控制等级为"中"。

表 5-45

研发综合评价	

第十节 风险管控诊断评价

风险已成为当今世界非常关注的重大课题，风险已渗入到企业的各个层面各项业务活动中去，加强风险管控，可以抓住机遇防范威胁实现预期目标，管理风险的最有效工具是建立和完善。因此，通过检查诊断各部门风险库建设情况，可以判断该部门管理业务的健康状况，现将某公司生产部的风险库列示如下供诊断参考。

表 5-46 产品安装风险库

序号	关键控制点	涉及部门及岗位	活动描述	风险评估	风险级别	应对措施	控制责任者
1	接受核实任务单	生产部与安装人员	根据相关信息、核实营销合同、销售人员、客户地址、场地大小、工程要求等，指派现场工作人员	合同订单审核粗心大意、内容及要求没有搞清、图纸没有认真审核，派出人员不能胜任，现场安装不能顺利进行	四级	根据销售合同，认真了解核实客户地址、场地大小、工程施工图、客户要求、所需材料、完工日期，选派有胜任能力的人员	
2	填写备料单	生产部与现场工作负责人	按照合同及图纸的要求、填写备料单、列出所需各种材料、设备及所需资源	图纸未搞清、备料填写有误、所需材料欠缺单实不符，审核人员不认真，发行地搞错	三级	根据合同及施工图纸要求，弄清所需的各种材料及设备，认真填写，并经第二者审核后交主管人员	
3	生产主管核实	生产部主管生产人员	根据合同及图纸要求、审查核实备料单填写内容的完整性、所需材料的正确性	审核工作不认真、对备料单中的错误未审核出来，备料出错有碍工程的顺利施工、造成浪费、影响工期的风险	三级	根据销售部提供的相关信息，认真审查核对备料单填写有无错误，发现错误及时更正，并对填写的责任者记过	
4	生产部安排施工	生产部主管及项目负责人	确定现场施工负责人、交代工艺施工单、提出工程进度及相关要求，备料款交仓库	现场施工人员选择不妥、施工要求交代不清、生产工艺不完善，仓库备料发运欠完备	三级	选派适合人员，认真交代生产工艺及图纸要求，时间进度，提出施工应当注意的事项及操作规范	

序号	关键控制点	涉及部门及岗位	活动描述	风险评估	风险级别	应对措施	控制责任者
5	现场组织施工	项目负责人及现场工作人员	依据施工图及工艺要求验收发运材料是否齐全、依据施工现场及环境组织施工、做好人员调度、关注施工质量与安全、做好考核记录，及时向主管汇报情况	发来材料没有认真检查，运输中出现丢失，施工现场组织调度不得力，与相关方协调欠妥，施工现场质量注意不够、进度不能按时完成，影响工程质量，造成合同误期风险	四级	施工负责人认真组织施工，做好物资的验收及保管，调动组员的积极性，群策群力共同配合，能按工艺要求组织施工，发现问题及时和主管联系，协调解决	
6	质量验收	项目负责人及质检人员	根据工程施工图及工艺要求、质量标准等，对工程质量进行验收，发现问题及时组织解决，做好检验记录	质量检验不认真、未按质量标准及工艺要求检验，使不合格的工程混过质量关，造成恶劣影响	四级	质量验收负责人根据质量标准认真组织验收，严防走过场，做好完整检验记录，对发现的问题及原因搞清楚，及时纠正	
7	组织交工（客户验收）	项目负责人及销售专管人员	验收合格后经过试运行，合格后组织工程移交，进行培训，客户满意后办理手续	试运行不合格、组织培训欠缺，未实现客户要求，移交手续不完善、客户有意见	四级	组织好运行试验，组织好技术培训，经客户操作满意、办理好工程移交记录及手续、清理现场	
8	事后维修	生产部及质检人员	如发生质量问题，及时到现场维修，找出存在问题、找出原因，及时解决，做好维修记录，记入风险库	现场维修不认真、事故根源没搞清、质量问题不能彻底解决、出现反复维修、造成经济和商誉的损失	四级	现场维修必须认真负责，找出产生的原因、有针对性地解决问题，总结经验教训，做好分析记录、完善风险库，避免类似事故发生	

表 5 - 47 物资采购风险库

序号	采购流程关键控制点	涉及岗位	活动描述	风险评估	风险级别	防范措施	制度文件及责任者
1	提出采购申请表	需求单位及库房管理	根据仓库存储填写采购申请	库房存储不清，填写产生错误、造成资源浪费	二级	根据需求申请，认真核实库存有无后，再填写申购清单	
2	采购计划	生产部采购人员	编制年度采购预算和采购计划	计划不合理导致资金浪费、资产损失	一级	正确了解生产需要及市场供需状况、价格变动及库存情况	
3	供应商评审	采购专责	对供应商的选择、评审、复评、授信、归档，清楚供应商情况	不合格或错误授信的供应商成为交易对象，会造成损失	三级	随时跟踪供应商有效信息，掌握供应商的内部变化情况，合同履约时紧密跟踪货物出货信息。严格检查质量	
4	传递采购需求	采购专责	将自己的采购需求信息传递给供应商	决策错误造成采购的资源无法利用，造成损失	三级	采购人员正确判断市场后，提出采购需求建议，由相关部门和领导进行讨论和决策	
5	合同生效	采购专责	签订采购合同，跟进合同执行情况	采购合同已生效，由于对执行情况不了解，造成采购失败，和客户签订的合同无法履行	二级	采购人员应当在采购成功后跟踪合同进度，检查合同履行情况；发现问题，及时上报并采取措施加以解决	
6	支付货款	财务资金管理、资金专管、采购专责人员	付款申请	付款申请不及时，会延误采购，甚至失去采购的机会	三级	对于准确无误、有效的采购合同，应立即提出付款申请	
			审批	审批不严格会给合同执行造成风险	二级	对于采购付款申请，管理层认真审核，确认供应商，并决定是否授信或付款	
			付资金	未及时拨付资金	二级	对于已审批通过的采购付款申请，财务部应立即调拨资金，支付价款	

序号	采购流程关键控制点	涉及岗位	活动描述	风险评估	风险级别	防范措施	制度文件及责任者
7	采购变更	合同审核管理、采购专责	对于已经生成、有效的采购合同，需方或供方在合同履行过程中，由于某种原因中途提出的变更	变更前后信息不符或变更未得到对方确认，供应商不接受变更条款	二级	变更操作执行前，必须和供应商、客户确认变更内容	
				没有供应商提出变更的原始单据或供应商确认的变更依据，造成合同变更责任不清	三级	在合同变更前，需要有本公司或供应商出具书面变更申请，或单方提出并双方同意的文件作为变更合同依据，并备案保管	
8	物资入库	仓储管理	仓库系统根据验收单、出入库单直接确认入库物资名称、数量及质量，并更新仓库管理系统	入库不及时，验收不认真，影响物资调配使用	二级	仓库在收到验收单、出入库单后，在2个工作日内进行货物入库信息的确认	
				对于已采购货物长时间未入库存在货物遗失风险	二级	按交货日跟踪已采购未入库的合同，若出现发票已到货未到的情况要及时联系供应商	
9	采购结算	结算管理、采购专责	对于采购合同审核实物入库数量、质量及付款情况	采购结算前不确定实物入库量，可能产生货权风险及结算出错的风险	二级	收到供应商的结算信息后应在1~2个工作日内列出结算清单，按合同交货日期统计未收到采购结算发票的清单，并向供应商催讨采购发票	

表5-48 研发业务风险库

序号	关键控制点	部门及岗位	活动描述	风险评估	风险级别	防范措施	制度及责任者
1	新产品可行性论证	生产部科研人员	生产部对新品开发建议做充分的可行性分析后，编制新产品开发方案交相关领导审核	新产品开发定案过于草率，考虑不够全面，导致新产品不符合市场需求或技术上不可行	二级	调研分析生产可行性，生产目标客户群和同类产品定位；调研资金、人员和技术储备的可行性	研发项目管理制度

序号	关键控制点	部门及岗位	活动描述	风险评估	风险级别	防范措施	制度及责任者
2	研发课题立项	管委会及董事长	管委会对申请研发项目，进行分析，决定是否立项及拨付资金	没有认真听取意见，对立项申请审核草率作出错误决策	三级	认真听取汇报，广泛征求意见，严格审核立项申请，作出正确决策	
3	新产品研发进程	研发参与者	配备人员及资源进行设计开发，相关授权人员在授权范围内实施研发方案、进行新产品试验	人员及资源配备不足，导致研发中断、可能导致新产品不符合市场需求或技术上不可行	二级	配备必要资源，小样试制后先交销售部相关业务人员进行市场调研，反馈修改意见、不断完善	研发项目管理制度
4	新产品验收	研发人员及相关人员	生产部组织相关人员进行项目验收，填写《产品鉴定报告书》作出投产或失败的结论	组织验收不认真，未能及时提出存在缺陷，可能导致未来的经济损失	二级	按程序组织相关人员进行项目验收，详细测试各项指标，关注潜在的质量问题，把好验收关	
5	新产品推广	销售部及业务人员	试产后的新产品分发到各业务部门进行推广，业务部门填报《新产品销售反馈单》	未持续收集用户反馈导致新产品没有市场，给公司生产经营带来严重损失后果	三级	业务部门必须填报《新产品销售反馈单》，研发人员根据销售情况及客户意见及时进行调整改进	研发项目管理制度
6	项目结束	研发及财务人员	新产品开发成功后，做好经济核算审核。整理资料进行专利申请	经济核算不正确会导致产品不符合投入产出原则，专利未申请，可能导致资产流失	三级	关注产品的投入产出比，在充分考虑自己承受能力的基础上，做好新产品经济核算，确定合理成本。及时进行专利申请	研发项目管理制度

综合评价：

表 5 - 49　生产运作诊断综合评价

	项目指标	权重	综合分	实测分	评议分	
生产运行状况	1. 生产计划完成率	10				
	2. 产品合格率	8				
	3. 劳动生产率	8				
	4. 设备利用率	8				
	5. 单位成本降低	10				
	6. 生产周转率	6				
	小计	50				
管理功能	1. 生产机构设置	6				
	2. 制度完善情况	8				
	3. 生产流程、标准化	6				
	4. 制度执行力度	6				
	5. 岗位、人员配备	4				
	小计	30				
风险管控	1. 风险库完善状况	8				
	2. 主要风险明确性	4				
	3. 风险控制责任性	4				
	4. 风险评估执行性	4				
	小计	20				
合计得分		100				
综合评价						

附件一 ××公司生产风险控制有效性自我诊断评价

一、成本费用风险控制有效性自我诊断测评要点

序号	测评具体内容	测评方式	测评结果	重要性	说明
1	公司采用何种成本计算方法、与客观经济活动是否相符	抽查账务、抽查凭证	4	3	
2	成本费用的确认和计量是否符合会计准则及会计制度的规定及防范违规风险发生	抽查账务、抽查凭证	4	3	
3	成本费用是否以实际发生的金额计量？有无人为因素增加或减少成本费用？形成虚假成本风险	抽查账务、抽查凭证	5	3	
4	一定期间的成本费用是否与相应的收入相匹配？有无人为因素将成本费用在不同会计期间进行调节	抽查账务、抽查凭证	5	3	
5	成本费用预算是否按年、分月编制，计划是否经董事会批准，并作为考核经营业绩的重要指标	抽查账务、抽查凭证	5	3	
6	成本开支范围是否符合会计准则规定，有无扩大支出范围或减少应列支的成本费用	抽查账务、抽查凭证	4	3	
7	各种产品共同耗用费用，或其他服务部门提供服务费用，采用的分配标准在产品之间的分配是否合理	抽查账务、抽查凭证	3	3	
8	公司费用控制是否执行分级归口责任制及考核评价制度？哪些指标分解落实到个人	检查、询问	4	3	
9	各种产品有无计划成本，是否按月考核分析成本计划的完成情况？发现较大差异如何处理	抽查财务报告	3	3	
10	期间费用预算指标是否根据各部门具体情况分解落实到部门作为责任指标控制，并定期进行考核？与奖金是否挂钩	检查、询问	4	3	
11	各部门发生期间费用是否严格按计划数控制？超预算的费用支出如何处理？是否采用弹性预算制度	检查、询问	4	3	
12	差旅费支出是否严格按标准支付？超标准如何处理	抽查账务、抽查凭证	4	3	

序号	测评具体内容	测评方式	测评结果	重要性	说明
13	办公费是否有统一包干标准？如果有节约费用如何处理	抽查账务、抽查凭证	4	3	
14	公司是否建立成本费用内部报告制度，实施严格的监控成本费用的支出情况	抽查财务报告	4	3	
15	公司是否对成本费用计划的完成情况进行分析，弄清成本费用升降原因，寻找降低成本费用途径	抽查记录	3	3	
16	公司是否建立成本费用考核制度，对相应的成本费用责任主体进行考核和奖惩	抽查记录及制度	4	3	
17	公司对设备维修费用是否制定有维修费定额，并下达到相关部门，作为责任实体进行定期考核	抽查记录	3	3	
18	公司是否为降低成本费用、加强成本控制对职工进行培训？提高全体职工的成本意识，传授交流降低成本费用经验	抽查记录询问	4	4	
综合评价：成本费用风险控制综合评价4级，为良。					

二、固定资产业务风险控制诊断测评要点

序号	测评具体内容	测评方式	测评结果	重要性	说明
1	企业固定资产投资计划是否都经投资管理部门审核，有无可行性分析报告，并经董事会批准	检查	5	4	
2	固定资产的增加是否属年度预算之内的项目，是否有严格的审批手续，实际支出与年度预算相差多少，怎样解决的	检查	4	4	实际支出作为下年预算编制的依据，本年预算一般不作调整
3	增加的固定资产预期经济效益是否进行了可行性分析，实际投产后的经济效益如何？对经营目标实现有何影响	检查、询问	4	4	生产经营部有进行可行性分析，财务部未对该项进行分析
4	固定资产购买申请是否与批准职责相分离，是否按投资额大小分层审批	检查、询问	5	4	

续表

序号	测评具体内容	测评方式	测评结果	重要性	说明
5	固定资产的购买是否都进行了询价，实施竞争性报价，运用招投标方式	检查、询问	5	4	由生产经营部负责
6	工程合同在工程开工前是否已经最后确定，工程范围合同内容的改变在改变之前是否得到批准	检查、询问	4	4	生产经营部负责
7	企业是否定期对在建项目进行监督考查，延期投产对经营目标实现造成多大影响，对责任者是否实施问责制	检查、询问	5	4	生产经营部负责
8	项目工程进度有无时间进度安排，项目建设的完成情况及遇到问题，是否定期向决策层报告	检查、询问	5	4	生产经营部负责
9	所有工程的进度付款，财务部在付款前是否负责审核包括数量、质量、合同说明及合同价格	抽查凭证	4	4	
10	外购的固定资产有无采购合同、发票、验收单等原始凭证？固定资产的采购是否坚持比质比价，择优选购	抽查凭证	5	4	
11	自建、改扩建购入的工程物资是否建立了严格的验收、核算、发放和保管手续	检查、询问	5	4	生产经营部负责
12	自建、改扩建增加的固定资产是否有竣工结算单和验收单是否经指定部门和人员验收	检查、询问	5	4	
13	对已交付使用但尚未办理竣工结算的固定资产，是否按暂估价入账，计提固定资产折旧	检查、询问	3	3	
14	调入固定资产是否有批准手续，价值怎样确定？调入资产质量价值比是否合理				不适用
15	是否所有的固定资产都有本企业的法定名称的标识、编号，并进行了完整的记录	检查、询问	5	2	
16	企业是否建立了严格、合理的固定资产验收程序、标准及规范？实际验收记录、设备资料、文件是否完整归档保存	抽查凭证	4	3	
17	企业是否定期对已完工项目的实际效果进行评价，考核是否达到预期经济效益	检查、询问	5	3	生产经营部负责

续表

序号	测评具体内容	测评方式	测评结果	重要性	说明
18	对固定资产的验收与采购是否进行了不相容职务分离?实际实施如何,有无逾权审批及未批也购情况发生	抽查凭证	5	4	
19	固定资产的出售、报废、对外投资是否经过技术鉴定和批准?相关的账务处理是否及时	抽查凭证	5	3	
20	正常损耗报废的固定资产,是否有鉴定书和"固定资产报废报告表",是否由有关部门组成评审小组进行评议审批	抽查凭证	4	3	有完整的审批手续,无评审小组
21	人为事故造成固定资产损坏、丢失需要报废的,是否追查原因、追究责任,并提出处理意见上报评审小组	抽查凭证	4	3	无评审小组
22	固定资产盘亏,物管部门是否填制"固定资产盘亏报告表",并将盘亏原因写成书面报告按规定的审批权限批准后交财务部门进行财务处理	检查、询问	4	3	无盘亏
23	固定资产折旧方法的选用和折旧年限的确定,是否符合现行法律、法规的规定	抽查凭证	5	3	
24	折旧方法的选用是否合理并保持一贯性	抽查凭证	5	3	
25	不同资产的折旧年限是否合理并保持一贯性	抽查凭证	4	3	
26	改扩建的固定资产是否重新确定折旧基础和折旧年限	检查、询问	4	3	
27	固定资产清理的结果是否及时在账上反映	抽查凭证	4	3	
28	固定资产清理收入是否及时、如实记入相关账户	抽查凭证	3	3	
29	批准处理和维护固定资产的职责是否与记录的职责相分离	抽查凭证	4	3	
30	固定资产修理授权与验收职能是否分离	抽查凭证	5	3	
31	固定资产修理每次的修理费达到规定金额的,固定资产使用部门是否填制"固定资产修理申请表"并经审批后修理	抽查凭证	3	3	
32	修理费发票是否附有明细清单并有经办人、审核人及主管领导的签名	抽查凭证	5	3	

续表

序号	测评具体内容	测评方式	测评结果	重要性	说明
33	是否建立了防止人为因素造成固定资产减值的控制措施	检查、询问	4	3	
34	管理资产实物的人是否未经资产记录的调整或授权调整，就进行处理	检查、询问	4	3	
35	固定资产管理部门是否对本部门的经营业务进行过风险评估？是否对重要的高风险领域实施了必要的控制措施	检查、询问	3	3	未进行过评估
36	企业的固定资产和经营是否满足控制风险的要求，或根据风险管理的要求进行投保	检查、询问	4	3	
37	固定资产购置的报价批准文件、选择供应商等资料是否进行了归档保管	检查、询问	4	3	
38	固定资产计价是否客观公正，资料是否齐全，记录是否完整	检查、询问	4	3	
39	固定资产修理授权与验收职能是否分离	检查、询问	5	3	
40	重要固定资产是否有严格的安全防护设施，操作人员是否需经专门培训，持证上岗	检查、询问	5	3	生产性部门负责
41	是否定期检查现有固定资产的使用状况，防止闲置、技术老化或过时，检查有无完整记录	检查、询问	4	3	
42	是否限制未经授权的人接触固定资产登记卡片或相关记录	检查、询问	4	3	
43	企业是否有规定确保所有固定资产每年通过实物盘点核实一次	检查、询问	4	3	
44	固定资产盘盈、盘亏的会计处理是否符合企业会计制度的规定	检查、询问	5	3	
45	固定资产发生内部转移是否经过批准？重要固定资产是否有严格的安全防护设施	检查、询问	4	3	
46	是否定期或年终对固定资产、在建工程进行全面检查，合理预计资产的可回收金额，相应计提资产减值准备	检查、询问	4	3	
综合评价	固定资产业务风险控制能力综合评价4级，为良。				

三、采购管理风险控制诊断测评要点

序号	测评具体内容	测评方式	测评结果	重要性	说明
1	物资请购单是否有编写、审核、批准人签字	抽查	3	5	
2	是否首先由生产部门根据生产计划提出原材料或备品备件的立项单？立项是否合理	抽查	3	5	
3	采购立项清单编制后是否经相关部门进行审核	抽查	3	5	无记录
4	在订购之前，是否向市场咨询价格，货比三家？询价记录是否完整	抽查询问	3	5	
5	未实行三家询价的是否已经书面陈述并得到相应的批准	抽查	4	5	
6	订购单上签字手续、日期是否完整	抽查	3	5	
7	订购单是否连续编号，妥善保管	抽查	2	5	
8	对于生产急需物资申请部门是否询价，物资分部是否同意，并随后补办相关手续	抽查询问	3	4	
9	是否建立供应商管理制度	抽查询问	4	5	
10	物资采购人员是否组织物资的验收工作	询问	2	5	
11	审批人是否存在超越授权规定审批的现象	询问	4	5	
12	是否根据物资性质确定相应的采购方式、选择供应商	询问	4	5	
13	对验收不合格的采购物资是否及时查明原因并作出相应处理	检查询问	2	4	较差
14	针对计算机环境下物资采购信息处理的安全，控制标准和措施是否完善	询问	3	5	
15	物资分部编制付款凭单时，是否检查了供应商发票的内容，与相关验收单、订购单的内容是否一致	检查	5	5	
16	物资分部编制付款凭单时，是否检查了发票的真伪、内容的正确	检查	3	4	
17	是否对拒付的材料款设立了专门的登记簿	检查	2	3	
18	应付账款明细账是否与供应商对账	检查	4	5	
19	是否建立供应商档案，收集供应商信息是否完善	检查	3	5	
20	新进入的供应商是否经相关的审核程序？信息内容是否完善？记录是否完整	检查	4	5	
21	供应商产品质量确认依据是否合法和完善	询问	3	4	
22	供应商最近三年的诚信守则记录是否完善	检查	2	5	
23	是否对供应商业绩状况与资金结构、现金流量实施审查	检查	2	3	
综合评价	采购管理风险控制能力综合评价3级，为中。需要加强。				

四、仓储管理风险控制诊断测评要点

序号	测评具体内容	测评方式	测评结果	重要性	说明
1	公司对进厂物资的入库、储存、出库、退料管理、料账管理、安全管理、废料管理、物资分类、编码管理等相关内容是否做了规定	询问检查	4	5	
2	物资是否进行定额管理	询问检查	2	3	
3	物资入库验证是否按规定工作时间和程序完成	询问检查	3	5	
4	随物资附来的说明书、图纸、合格证以及化验单、材质证明等原始资料等，是否齐全	询问检查	3	5	
5	库存物资是否做到账、卡、物一致？与会计账是否一致	询问检查	4	5	
6	存货盘点人与批准存货调整人是否职责分离？是否经批准	询问检查	4	5	
7	物资出入库手续是否完备、内容是否真实	询问检查	4	5	
8	仓管员在物资发放后是否将相关信息录入 Q4W–STOCK 系统，并办完出账手续	询问检查	5	5	
9	仓管人员是否授权签名式样等要求，审核领料单据的真伪，防范物资冒领事件	询问检查	4	5	
10	仓管人员因事不能到岗，是否指定经领导授权的代管人代理仓管业务？事后交接手续是合完备	询问检查	4	5	
11	退库物资手续是否完备，是否符合规定	询问检查	5	5	
12	物资报废的手续是否健全？废旧物资登记是否齐全	询问检查	3	4	
13	大小修后的废钢铁、废铜铝等是否按规定纳入仓库管理	询问检查	3	5	
14	废品出售、装车、过磅是否符合公司规定	询问检查	3	5	
15	仓库保管人员是否根据库存定额同意或提出采购立项要求	询问检查	3	3	
16	是否建立物资退库管理制度，对物资退库条件、手续及物资出库等做出明确规定	询问检查	4	5	
17	是否有物资接触和记录适用的控制措施	询问检查	5	5	
18	是否有专人审查退货的处理	询问检查	3	5	
19	是否编制退货清单	询问检查	4	5	
20	生产经营部、财务部是否对本部门的经营业务进行过风险评估，是否对重要的高风险领域实施了必要的控制措施	检查询问	3	2	
21	产品出厂计量是否准确，计量仪器是否定期检验	检查询问	5	3	

序号	测评具体内容	测评方式	测评结果	重要性	说明
22	公司销售业务年度目标完成情况是否经常检查	检查询问	4	3	
23	企业编制产品销售计划依据是否充分	检查询问	4	3	
24	销售发票的内容（产品名称、规格、数量、金额、合计数）是否与产品的计量单位一致	检查询问	5	3	
25	企业是否对客户进行定期信用调查与评级	检查询问	4	4	
26	企业是否对产品销售计划的执行情况进行考核	检查询问	5	3	
27	废、旧及其他物资处理手续是否符合规定	检查询问	5	5	
综合评价	仓储管理风险控制能力综合评价4级，为良。				
评价：经自我检查评价：总评级为4级，"良"。但仍存在不足，需加以改进。					

附件二 化工企业"节能减排"投资绩效评价指标体系

"节能减排"是指节约物质资源和能量资源，减少废弃物和环境有害物（包括"三废"和噪声等）排放。化工行业能源消耗大、废弃物多、产品有毒性、技术创新快的特点决定了化工行业是国家"节能减排"的九大重点行业之一，做好化工企业的"节能减排"工作，对于实现江苏乃至全国的"十二五"节能减排目标，加快建设资源节约型、环境友好型社会，促进经济发展和生态文明建设意义重大。

近几年来，为实现"节能减排"目标，我国各级政府和企业都加大了资金投入，然而对于企业"节能减排"项目投资普遍缺乏科学的绩效评价指标体系，从而在一定程度上影响企业"节能减排"工作的效果，影响各级政府及企业所投"节能减排"资金的使用效益。化工企业要提高"节能减排"投资效益，首先应建立健全"节能减排"投资绩效评价指标体系，及时准确地评价化工企业"节能减排"投资的效果，发现企业生产经营和"节能减排"工作中存在的问题，以便及时采取措施，加以改进，从而促进企业持续稳定发展。本文主要探讨化工企业"节能减排"投资绩效评价指标体系的构建原则和指标设计。

一、化工企业"节能减排"投资绩效评价指标体系的构建原则

化工企业"节能减排"投资绩效评价指标体系不是一系列指标的简单堆积和随意组合，而是根据一定的原则设计的，能从不同侧面、不同层次反映化工企业"节能减排"投资效果的相关指标构成的有效组合。因此，该评价指标体系应当内容全面、层次清晰，必须坚持以下几个基本原则。

（一）科学性

科学性指应针对企业"节能减排"的内涵设计评价指标，设计的指标概念要科学，含义要明确，范围界定要清楚，统计口径要一致。或者说，企业"节能减排"投资绩效评价指标体系必须根据企业"节能减排"的含义，结合化工企业的生产经营特征进行设计，要能体现投资带来的节能和减排的效果。

（二）系统性

企业"节能减排"投资绩效评价指标体系是一个系统，因此该指标体系要涉及"节能减排"的各个方面，在不同方面选取不同的指标，各指标既相互联系，又相互独立，以利于全面评价企业"节能减排"投资的效果。

（三）综合性

化工企业"节能减排"投资绩效评价指标体系的设计，应广泛考虑各种可能影响到化工企业"节能减排"的因素，尽可能将那些较为重要的影响因素适

当地引入指标体系中，要力求全面、客观地反映和描述化工企业"节能减排"投资的效果。

（四）代表性

化工企业"节能减排"投资绩效评价指标的选择应力求精简明了，所选的指标要具有代表性，能够较好地说明化工企业"节能减排"资金使用效益，相同或类似的指标不能重复出现。

（五）可比性

化工企业"节能减排"投资绩效评价指标体系应适当考虑不同时期的纵向对比以及不同企业之间横向对比的需要，同一时期同行业的不同企业，同一企业不同时期各指标的计算口径必须一致，便于进行纵向或横向的比较分析和评价。

（六）可操作性

为了使化工企业"节能减排"投资绩效评价指标体系能够有效地应用于化工企业"节能减排"投资绩效评价实践，指标的计算方法尽量简单明确，具有易测性，具备相应的数据支持，数据容易获得，并且较为可靠。

二、化工企业"节能减排"投资绩效评价指标体系设计

根据"节能减排"的含义，结合化工企业"节能减排"投资绩效评价的要求和原则，化工企业"节能减排"投资绩效评价指标体系主要应从节能效果、减排治污效果、经济效益和社会效益四方面设计。

（一）节能效果指标

节能效果指标主要反映化工企业通过"节能减排"投资，加强能源、资源的循环利用、生产余热的回收利用等所产生的能源、资源节约的效果，充分利用可再生资源代替不可再生资源等所产生的对不可再生资源的保护效果。

1. 能源、资源循环利用率

能源、资源循环利用率是指一定时期内，循环使用的能源、资源量占消耗能源、资源总量的百分比。能源、资源循环利用是指在企业生产经营的过程中，对已经使用过的能源、资源（如：水、气、生产余热等）经过回收（处理），再用于企业的后续生产过程。

能源、资源循环利用率 = 循环使用的能源、资源量/消耗能源、资源总量 × 100%。该指标越高，表明企业能源、资源循环利用率越高，企业能源、资源节约意识越强，加大了对能源、资源的循环利用，同时节约了能源、资源，减少了对能源、资源的耗费。

2. 单位能耗（或材料消耗）收入

单位能耗（或材料消耗）收入是企业一定时期消耗单位能源（或材料）所实现的收入额。

单位能耗（或材料消耗）收入 = 营业收入/能耗量（或材料消耗量）

单位能耗（或材料消耗）收入指标反映了企业每消耗单位能源、资源所实现的收入。单位能耗（或材料消耗）收入越大，表明企业每消耗单位能源、资源所获得的收入越多，实现一定收入所消耗的能源、资源越少，企业能源、资源利用效率越高，节能效果越好，企业在"节能减排"方面的投资效果也越好。

3. 可再生能源、资源利用率

可再生能源、资源利用率是指企业一定时期利用可以再生的能源或资源量占同期企业能源或资源消耗总量的比重。

可再生能源、资源利用率 = 可再生能源、资源消耗量/能源、资源消耗总量 ×100%

可再生能源、资源利用率指标反映了企业在生产过程中对可再生能源、资源使用比率的大小。该指标越大，说明企业对可再生能源、资源的消耗越多，不可再生能源、资源消耗越少，表明企业对不可再生能源、资源的保护越重视。

4. 投资节能率

投资节能率是指企业年单位收入节电（水、煤或气）量占年单位收入节能减排投资额的比率。

投资节能率 = 年单位收入节电（水、煤或气）量/年单位收入节能减排投资额 ×100%

年单位收入节电（水、煤或气）量 = 上年单位收入耗电（水、煤或气）量 - 本年单位收入耗电（水、煤或气）量

单位收入"节能减排"投资额 = "节能减排"项目年均占用资金额/年营业收入

投资节能率指标反映化工企业"节能减排"投资产生的能源节约效果。该指标越大，说明企业在节电、节水、节煤、节气等方面的投资效果越好，也反映企业的"节能减排"投资效果越好。

（二）减排、治污效果指标

减排、治污效果指标主要反映化工企业通过"节能减排"投资，加强"三废"回收利用、加强"三废"综合治理等所产生的"三废"达标率的提高、"三废"排放减少和污染治理的效果。

1. "三废"回收利用率

"三废"回收利用率是指一定时期内化工企业废气（废水、废渣）回收利用量占废气（废水、废渣）排放总量的百分比。废气（废水、废渣）排放总量是指企业厂区内燃料燃烧和生产过程中产生的各种废气（废水、废渣）总量。

"三废"回收利用率 = 废气（废水、废渣）回收利用量/废气（废水、废渣）排放总量 ×100%

"三废"回收利用率指标反映了化工企业在生产过程中产生的废水、废气、废渣的回收使用能力。企业加强"三废产品"的回收利用，将废气（废水、废渣）作为资源回收利用，减少废气（废水、废渣）对环境的影响，既节能又环保。该指标越大，说明企业对"三废"的回收利用越重视，企业的减排、治污效果越好；该比率越小，说明企业减排治污的效果越差。

2. "三废"排放达标率

"三废"排放达标率是指一定时期内，化工企业已达标的废水（气、渣）排放量占废水（气、渣）排放总量的百分比。废水（气、渣）排放达标量是指企业一定时期排放的各项指标都达到国家和行业排放标准的外排工业废水（气、渣）量，这其中包括经过处理的外排达标废水（气、渣）量和未经过处理外排达标废水（气、渣）量两个部分。废水（气、渣）排放总量是指一定时期内经过企业厂区的所有排放口排出的废水（气、渣）量。

"三废"排放达标率＝排放达标的废水（气、渣）量/废水（气、渣）排放总量×100%。该比率越小，说明企业"节能减排"的投资效果越差；该比率越高，说明企业"节能减排"的投资效果越好。

3. 单位"三废"排放收入

单位"三废"排放收入是指一定时期企业的营业收入与企业年"三废"（废水、废气或废渣）排放总量之比。

单位"三废"排放收入＝营业收入/废水（气或渣）排放量

单位"三废"排放收入指标反映化工企业每排放单位废水、废气或废渣给企业带来的收入。单位废水（气、渣）排放收入越大，表明企业每排放单位废水、废气或废渣给企业带来的收入越多，或者说企业实现一定收入所排放的废水（气、渣）越少，企业减排效果越好。

4. 投资减排率

投资减排率是指年单位收入"三废"排放降低量占年单位收入"节能减排"投资额的百分比。

投资减排率＝年单位收入"三废"降低量/年单位收入节能减排投资额×100%

年单位收入"三废"排放降低量是指上年单位收入"三废"排放量与本年单位收入"三废"排放量之差。单位收入"节能减排"投资额是"节能减排"项目或投资年均占用资金额与年营业收入的比率。投资减排率指标反映了化工企业节能减排投资在治理"三废"方面的效果。该指标越大，企业耗用单位"节能减排"投资所产生的减排效果越好。

（三）经济效益指标

"节能减排"投资所实现的经济效益主要包括企业投入"节能减排"项目使

得企业节约能源、材料等而降低的成本，增加的净收益；企业"节能减排"项目投资运营后，充分回收利用"三废"产品，减少的成本，获得的净收益；通过"节能减排"，企业将一些"三废"产品加工为可销售的附产品而获得的净收益等。

1. "节能减排"投资收益率

"节能减排"投资收益率是指化工企业年"节能减排"投资相关的净收益额占"节能减排"投资项目年平均占用资金额的百分比。

"节能减排"投资收益率 = "节能减排"相关净收益额/"节能减排"项目占用资金额×100%。该指标越高，表明企业对"节能减排"投入的资金使用效率越高，带来的经济效益越好。

2. "节能减排"成本费用收益率

"节能减排"成本费用收益率是指化工企业一定时期"节能减排"产生的净收益额占企业当年"节能减排"设备的折旧修理及项目的运营支出等成本费用的百分比。

"节能减排"成本费用收益率 = "节能减排"相关净收益额/"节能减排"成本费用额×100%

"节能减排"成本费用收益率指标反映，企业"节能减排"相关耗费所实现的收益率。"节能减排"成本费用收益率越大，表明企业"节能减排"耗费给企业带来的收益越大。

（四）社会效益指标

1. 环境质量优化度

化工企业"节能减排"工作的直接目标是促进其产品生产过程节能降耗，减少有害物的排放。化工企业的"节能减排"工作效果越好，其所在地区的大气环境、水环境、土壤环境受企业的影响应越来越小，环境质量应不断优化。环境质量优化度可以由环保部门定期或不定期检测确定。所以若化工企业所在地区的环境质量越好，企业"节能减排"投资的社会效益越好；反之，则企业"节能减排"投资的社会效益往往越差。

2. 居民生活环境满意度

居民生活环境满意度，是指在化工企业周围一定范围内居住的居民对自身周围生活环境的满意程度，以及对企业的满意程度。该指标为定性指标，可以通过居民评议调查确定。如果化工企业将生产经营过程中产生的废水，未经任何处理或处理不达标就随意排放出去，污水横流；或者将未经过处理的烟尘、粉尘、废气直接排放到大气当中，污染空气；或化工企业的噪声不断，干扰居民的正常生活，这样居民对该企业满意程度一定很低。该指标越高，表明居民的生活环境越好，对企业满意程度也越高，同时也反映企业"节能减排"投资的社会效益越好。

三、"节能减排"投资绩效评价指标体系有效应用的条件

（一）增设"节能减排"投资相关的会计核算账户

在"固定资产"账户增设"节能减排用固定资产"明细账，在"累计折旧"账户增设"节能减排用固定资产累计折旧"明细账，便于核算节能减排项目年均占有资金额。在收入类、成本类相关账户中增设节能减排收入或费用明细账，便于准确计算企业与节能减排项目有关的成本费用和收益。安装专门的仪器测算企业年循环利用的能源或资源数量及企业年回收利用的废水、废气或废渣量。

（二）建立环境检测和居民调查制度

建立化工企业周边环境监测制度，由环保部门定期或不定期（至少每个月一次）对化工企业周边一定范围内的大气、水、土壤等进行抽样检测，监测化工企业周边环境的变化。建立化工企业周边居民调查制度，由社区居委会或相关环保部门定期或不定期（至少三个月一次）对化工企业周边一定范围内的居民进行评议调查，了解化工企业生产经营对周围群众生活的影响状况，以便进行化工企业节能减排投资的社会效益评价。

（三）数据资料真实可靠，检测、调查由第三方独立进行

化工企业提供的会计账簿、报表等资料必须真实，计算的"节能减排"投资绩效评价指标才可靠，相关的评价才准确；环境检测或居民调查必须独立于化工企业之外进行，每次检测或调查前相关工作进程或计划不应让化工企业知晓，避免化工企业的干预，影响检测或调查的准确性和可靠性。

综上所述，本文从"节能减排"和投资绩效评价的定义出发，从节能效果、减排效果、经济效益和社会效益四个方面设置评价指标，构建"节能减排"投资绩效评价指标体系。化工企业"节能减排"投资绩效评价指标的准确确定，还必须及时提供企业"节能减排"投资项目运营相关的会计核算资料，建立环境检测制度、居民调查制度，提高会计核算资料的真实性和检测、调查制度的独立性。对化工企业节能减排投资绩效的全面综合评价还必须建立科学的综合绩效评价方法。

第六章　人力资源管理诊断

第一节　人力资源管理诊断意义、内容与方法

一、人力资源管理意义

从人类历史的开创到现代文明人的信息时代，人们日益认识到：人是生产诸要素中最重要的因素，人也是企业各种资源中最宝贵的资源，因而企业活力的源泉正是企业中的"人"。于是乎，人力资源的管理日益成为企业盛衰的重要因素，也成了企业管理的焦点之一。

传统的人事管理功能，着重于人事行政的业务处理，诸如员工的招聘、训练、薪酬、福利、退补、升迁、保险等等，侧重于作业程序与作业方法，缺乏人本理念的融合。而现代的人力资源管理，则首要应重视人力资源观念，即将"人"视为企业的最重要的资源，"事在人为，物在人用，财在人管"。"人"是一种取之不尽的资源而非成本。因此，应将各种人事制度融入企业整体策略之中，树立以"人"为中心，建立健全人力资源系统，从事人力资源的规划与发展，调动人的积极性，满足企业发展的需要。使个人需求与企业目标均能满足，并获得双赢。

但是有的企业，似乎总摆脱不了庄稼汉的习气，选聘人才时往往"惜金如命"，坚持"勤俭持家"，不肯下大力气招贤纳士。用人时固守"家业"绝不让外人掺和一脚，严重阻碍企业的发展。在当今世界只有掌握技术和拥有人才，才是真正的优势，企业才能"做强做优，世界一流"。

二、人力资源诊断内容

根据人力资源特点，其内容主要包括下列各方面：

1. 组织机构设置及人员配备方面

组织是由一定的人员按照一定的程序、为着一定的目标而组成的合作性统一

体。当组织规模大时就需要构建一个组织机构来强化管理，提高组织运作效率，达到组织预定目标。这就是设置机构的目的。一个企业，组织机构设置的是否科学合理，人员配备是否精干，机构职责分工是否明确？对这个企业运行及实现企业预定目标有重要意义。因此，企业组织机构设置及管理人员的配备、职责划分、管理人员特别是高层管理人员的素质状况，是人力资源诊断的首要任务。

在对企业高层领导进行诊断时应注重的问题是：招募政策、替换政策、薪酬政策及退休政策。

2. 员工招聘与选拔方面

招聘就是招收人员，补充机构中的位置或满足扩大经营的需要。招聘政策及方式，对招收什么人有一定影响，招什么样的人才进企业，对企业的发展至关重要。选拔是从众多候选人中选出一个或几个最符合职位要求的人，它是组成有效人力资源队伍的第一步。一旦决定雇用一个人，就应根据该员工的特长及爱好安排适当的工作岗位，充分发挥其作用。如果对人才使用不当，会成为企业包袱。因此，对企业招聘、录用、选拔、定向方面的政策及规定也是诊断的一项内容。

3. 工薪报酬及福利待遇

合理而具有吸引力的薪金制度及福利制度是激励员工的重要手段，它不仅能激励员工积极性、创造性，降低企业成本，创造较好效益，而且还有利于吸引人才、留住人才，否则人才会流失，可见它关系到员工利益与企业利益，目前利益与长远利益问题。因此，也是诊断的一项重要内容。

4. 绩效评估与考核方面

绩效评估是对员工在工作岗位上的行为表现进行测量、分析和评价的过程，以形成客观、公正的人事决策。科学的评估方法、明确的评估目的、周密的评估计划和完整的评估过程，是得出正确评估结果，发挥评估作用，调动人的积极性的前提。因此，它也是诊断的一项内容。

5. 人员培训方面

培训可以提高员工的知识和技能，使其以较少的失误和浪费得到更多的产出。而且员工技能水平的改善，会带来岗位充实，最终将使个人和组织均能受益。特别在技术进步快、生产经营国际化的今天，加强员工培训也是当务之急。但是培训也要发生成本。如何培训，培训什么，怎样培训？其内容不同结果也会不同。因此，对员工培训制度、培训内容、方式及效果，也是诊断的一项内容。

6. 人员结构方面

为了获得人力资源的最佳利用，企业必须了解每一员工的年龄、学历、常识、工作经历、技术程度等。这对实现企业长期发展规划需求，确保拥有一支较强技术骨干队伍，对企业健康发展有重要意义。因此，也是人力资源诊断的一个方面。

7. 劳动力的利用方面

从人力资源开发与管理角度看，其最基本的任务是调动员工积极性，促进企业效益的提高。但积极性是否发挥，发挥程度如何？主要表现在劳动力充分利用和劳动效率的提高。劳动力利用是否充分要通过出勤率及工时利用率来表示。劳动效率高低要通过劳动生产率或单位产品消耗工时来反映。当然，产品返修率及产品质量水平，也是反映员工技术水平及责任心的重要指标。因此，通过企业历年来劳动力利用情况、劳动生产率变动趋势，来发现人力资源开发中存在的弊病，也是诊断的内容。

8. 员工移动率方面

员工移动率或称员工离职率是指在一定时间内离职的员工人数除以平均雇用员工人数。如果每年招募 18～20 岁员工进厂，工作到 60 岁退休，其平均移动率约为 2.5%。如果高学历人员入厂，其移动率就高些。除此之外，企业也要招募一些技术短缺工种员工；也有些员工由于种种原因可能辞去职务，另谋新职。所以每年都要发生离职员工。但移动率多少为好，每个企业都应结合自己的特点确定一个近似值。如果移动率过高，不仅表明企业的业务骨干发生流失，对企业生存发展不利，而且也说明企业在人力资源政策及开发与管理方面存在一定问题，因此企业诊断也应对员工移动率进行检查分析，看有无异常现象发生，从而找出病因加以解决。

除上述内容外，还有安全生产、职工劳动保险等等。

三、人力资源诊断方法步骤

根据人力资源开发与管理的特点，其诊断步骤与方法叙述如下：

1. 搜集资料

首先要搜集与诊断对象有关的资料，如组织结构设计图，近几年的劳动统计资料，有关财务报表资料、生产任务完成资料、产品质量资料、人员进出资料、劳动保险资料、薪酬及福利资料、培训资料以及人力资源有关的规章制度。

2. 深入调查

诊断人员要深入员工进行调查研究。调查可采用面对面座谈调查，也可设计成问卷发给员工填写，为打消员工顾虑，问卷可采用无记名方式，为了摸清病情还可对问卷列出事项给予打分。对调查问卷要进行分类整理，以便得出正确结论。

3. 整理分析

根据收集调查资料按类别进行分类整理，有关定量指标要进行计算分析。观察有无异常变化，如有应进一步深入调查，弄清真相。有关建议性意见及重要事项，应另行处理。最后列出弊病清单。

4. 综合治理

根据整理的人力资源弊病清单，逐项进行分析，摸清产生根源。然后有针对性地提出治理意见，将意见向委托单位进行汇报，听取领导意见。个别治理方案，还应听取相关部门及相关人员的意见，确保治理方案科学、完整、简便、易行，达到诊断治理的目的。

5. 提出报告

在经过充分讨论、广泛听取意见后，可着手编制人力资料诊断治理报告书，诊断人员签名盖章交委托单位。

6. 事后回访

诊断目的是为了改进管理运作，发挥人的积极性，提高效率，增加效益。诊断治理方案是否切实可行？能否达到预期效果，实现诊断目的，要通过实践来检验。因此，提交诊断报告只完成了任务的一部分。而另一部分要在实施中完成。诊断报告交出后，诊断人员应定期或不定期进行回访。听取各方面意见，检查方案落实情况及弊病治理结果。针对出现新情况可进一步补充治理方案，达到诊断目的，获得较好经济效益。

第二节　人力资源指标基础诊断分析

一、人力资源基本指标完成状况诊断

人力资源潜能是否充分发挥？体现在劳动成果上，也是评价企业是否健康的核心指标，具体指标列示于表 6-1。各企业应根据自身具体情况增减指标。

表 6-1　人力资源基本指标完成状况

基本指标	计划标准	实际完成	计算公式
1. 职工人数（人）			按年平均数
2. 营业收入额			按净收入
3. 人均营业额			营业收入/职工人数
4. 劳动生产率			总产值/职工人数
5. 人均附加价值			（营业额－材料）/职工人数
6. 人均产量			标准产量/职工人数

续表

基本指标	计划标准	实际完成	计算公式
7. 人均薪酬额			职工薪酬总额/职工人数
8. 薪酬营业收入比			薪酬总额/营业收入额
9. 人均费用额			（销售＋管理费用）/职工人数
10. 人均装备率			机器设备总额/职工人数
11. 职工离职率			离职人数/职工平均人数
12. 人均教育经费			教育经费支出/职工人数
13. 人均创利额			净利润/职工人数
综合评价			

二、人力资源开发与管理基本情况调查表

人力资源开发管理调查应通过调查表，从劳务状态、薪酬制度、职位与教育、劳资关系四个方面进行。人力资源开发与管理调查表见表 6-2。

表 6-2　人力资源开发与管理调查表

区分	调查项目	主要检查事项	记事	是	否	评级
1. 劳务状态	（1）年龄分布	年龄结构与性别结构是否适当				
		特殊事项的影响				
	（2）续勤年数分布	续勤年数分布是否适当				
		平均经验年数				
		员工流动率多大				
	（3）出勤率	出勤率低的原因				
		特殊事项的考虑				
	（4）勤务时间	勤务时间是否适当				
		闲暇时间是否太多				
		时间、效率与收入的关系如何				
2. 薪金制度	（1）一般制度	劳动、考勤、工资制度是否健全				
		基本薪酬与奖金的给付是适当				
		奖金的给付方法是否明确				
		是否彻底按规定进行				
		初任薪酬及升任薪酬是否确定				

区分	调查项目	主要检查事项	记事	是	否	评级
2. 薪金制度	（2）付款方式	薪酬水准是否过低				
		加班有无加班费				
		薪酬是否迟延给付				
	（3）劳工生产力	过去的绩效是否表示生产的提高				
		人工成本占成本的比例				
		经营上支付薪酬的能力				
		增薪对生产力的影响如何				
3. 职教与教育	（1）职责制度	职责制度是否与薪酬配合				
		人事考核制度是否健全				
	（2）教育训练	新进员工的训练课长级的教育				
4. 劳资关系	（1）工会关系	工会的意识与活动情形				
		工会之外的劳资商谈情形				
	（2）福利关系	福利设施				
		娱乐活动				
	（3）生产士气	生产士气是否充分				
		何种方法提高士气				
评价						
综合评价						

第三节　人力资源综合诊断分析

一、人力资源病症表现诊断分析

根据日常的调查了解，许多企业在组织、人事管理方面存在诸多弊端，主要表现为下列各种，分析诊断时可对照参考。分析诊断采用评级打分方法，共分5级，最低"1"级，给"1"分；最高"5"级，给"5"分。级别越高、分数越高，疾病也越严重。

人力资源分析诊断明细列示如下：

病症表现	记事	评分
1. 企业组织机构臃肿，人浮于事。更重要的是机构设置不合理、不科学、人浮于事、政企不分，职责不清，奖惩不明。		
2. 机制不合理，没有抓住关键岗位的关键人物，没有体现核心人物在企业中的巨大作用。		
3. 部门职责不清。部门职责往往会引起业务部门之间的业务争夺或职责推诿。特别是当业务部门之间存在内部竞争的时候，业务争夺会造成企业资源的浪费，并且可能给客户留下不良印象。		
4. 业务衔接不畅。如业务流程中相互紧密衔接的两个环节分别归属于两个部门，而且两个部门对于各业务定单的重要性排序判断存在差异，导致部门间矛盾的产生。		
5. 内部协作困难，导致为客户服务不够。		
6. 忽视工作研究和职务分析工作，导致组织结构、部门任务、人员编制等冗余，责权利不清。		
7. 公司组织信息及营运流程不通畅，办公效率低下，忙于应付人事事务性工作。		
8. 薪酬制度方面主要问题是：品位分类而非职位分类；资历而非能力和绩效导向；结构而非水平问题突出；几乎没有工资制度。		
9. 人才测评在国内企业招聘中应用极差。未曾运用西方国家先进的测试方法。		
10. 考评机制沿袭传统的理论和经验数据，方式不科学，导致考评流于形式，不公平、不公正等结果，不但没有起到较好的监控、协调、激励和开发的作用，反而使员工产生抵触情绪，影响公司运营的稳定性，阻碍了营运目标和战略规划实现的速度。		
11. 素质偏低，以1995年国际竞争力排行榜的数据为例，在48个主要国家和地区中，中国竞争力排名第34位，但人员素质一项则排在第40位。		
12. 人才结构不合理。表现为"三多三少"：长线专业的人才过多，短线专业的人才过少；中、初级人才过多，高层次、外向型、复合型人才过少；企业内部人才布局不平衡，有的单位相对太多，有的单位相对太少。		
13. 人才流失现象严重。由于目前国有企业人事制度改革还正在推进中，分配上吃"大锅饭"现象依然存在，再加上"三资企业"、乡镇企业优厚待遇的吸引，致使国有企业人才大量流失。		
14. 人力资源管理工作滞后。一是没有把人力资源开发利用工作提到应有的高度加以重视，对人才问题缺乏系统的理论研究和探讨；二是不清楚人力资源管理如何为公司创造价值；三是不清楚人力资源管理如何支持公司的目标实现；四是对人力资源管理认识欠缺。		
15. 人才管理"八重八轻"。即重使用轻培养、重学历轻实力、重年龄轻水平、重留学归国人员轻本土人才、重本地轻外地、重男性轻女性、重当前轻长远、重个体轻群体。		
16. 在人员的选拔与配置方面。选拔上，大多数国有企业领导人仍由行政机关委任；配置上，盲目升级，既增加了人工成本，又造成了人才的浪费。		
17. 在人员培训方面，仍不够重视。没有固定的培训场所和时间，没有严格的培训制度和目标，使培训仅限于一种短期行为。		
18. 在激励机制方面。有些企业对职工提供的福利不是作为激励职工的手段，而是对职工的义务，这是与市场经济相悖的，不但影响了部分职工积极性的发挥，也易造成职工在福利上的无节制支出。		
19. 人才使用方面。在传统思维方式的影响和用工体制下，有相当一部分人不能根据自己的特点、爱好和理想来选择合适的工作单位。这不仅造成了人才的浪费，给国家带来了巨		

病症表现	记事	评分
大的损失，更重要的是国家白白在这个专业里进行了大量的前期投资和努力。		
20. 人才开发方面。从全国来看有1亿多人是文盲或半文盲；全国人口平均受教育水平刚刚是小学毕业；尽管我国有近3000万专业技术人员，但是他们只占人口总数的2.3%，与发达国家的10%~20%还有很大差距；我国的专业技术人员普遍存在知识老化，缺乏创新意识和思维；高级管理人才和高新技术人才严重短缺；对人力资源的资本投资低于世界平均水平……		
21. 人才调节方面。由于缺乏市场调节的功能，加之许多单位在分配上的平均主义，因此人们在求职过程中热衷于寻找地理位置优越的地区和福利待遇较好的单位。		
22. 人才开发与管理方面。管理思维僵化。有不少单位还存在着"我是管你的，你就必须听我的"的传统思维方法。创新思想缺乏，创造意识不强。不少管理者还是习惯于"文件上怎样说，我就怎样做，这样就不会犯错误"。有些单位管理方法单调，尤其是对人的管理生硬，不讲情理，不会科学管理。如年底考核时，不管是高级管理者或中层管理人员，还是普通员工，统统用一个标准，不分层次的"德、能、勤、绩"来进行考核。许多单位对人才和人力资源的管理还处于比较原始的命令式的管理模式中，以至于出现了许多不该出现的问题，发生了许多不该发生的事情。如有的单位不能解决职工生活方面的问题，导致职工破坏单位设施、伤害单位领导等事件；管理者的本身素质不高，给现代的人力资源管理带来极大的负面影响。		
23. 科技方面。在现代人力资源开发中是大量使用计算机。目前我国的计算机开发使用率相当低。		
24. 咨询收效甚微。花巨额费用聘请顾问公司来解决人力资源管理工作中的难题，但没有结合企业实际未取得理想成效。		
25. 人力资源开发与管理投入较少。认为人力资源部是个成本中心，不是利润中心，对人力资源管理与开发投入不够。		
26. 资源难以共享。对于那些按照地域或客户划分部门，但各部门都具有相似核心技术的部门来说，其知识积累也需要通过跨部门的机制来推行。如果上述部门之间无法进行良好的内部沟通，那么就可能导致企业核心能力的流失。		
27. 除此之外，企业的人力资源开发与管理还处于传统行政性人事管理阶段；企业普遍缺乏人力资源规划与相关政策；人力资源管理的框架体系尚未建立起来，仍有许多人力资源管理的功能远未完善；人力资源部门定位太低，无法统筹管理整个公司的人力资源；在开发与管理人力资源的过程中，并不缺乏先进的人力资源管理思想，但是，却十分缺乏如何将这些先进的人力资源管理思想转化为适合中国企业特点的、可操作的制度、措施的技术手段和途径；人才选拔、任用缺乏标准依据；企业缺少凝聚力和向心力等问题依然存在。		
综合评价		

二、病因诊断分析

病症表现	记事	评分
人力资源病因不外乎是：聘人、用人、晋升、培训、退出等存有弊病，这些弊病产生与存在，以及实施有效治理，与"人才观"即怎样看待"人"有直接关系。眼如果有疾病就不能正确看待人，就会出问题，在选人和用人上难免不发生偏差和失误。常见眼疾病有：		
1. 近视眼病。有些企业在选人才时视野狭窄，犹如井底之蛙，坐井观天，绕不出自己的小圈子，看来看去都是自己熟悉的面孔，并习惯于用目光反复照视那些平常接触较多，或者有事没事就如走马灯似的在自己面前晃荡的人。如果坐在那口井中找不到合适的人选，便感叹"蜀中无人"，他不懂"天外有天"。所以选不上、招不来企业需要的人才。		
2. 远视眼病。有的企业管理者崇"洋"媚外心理严重，信奉外来的和尚会念经，总觉得外面的世界很精彩，外面的人才是猛虎，自己的人才是不行的，于是乎，不惜长途跋涉，过千山万水，花千金万银，到处烧香拜佛，到外单位挖墙脚。有时候欢天喜地归来，自以为抢来个宝，殊不知是拣了根草。影响企业健康发展。		
3. 弱视眼病，有的企业管理者信奉"姜还是老的辣"，把"多年媳妇熬成婆"奉为信条，注重论资排辈。选拔人才时"不看政绩看年纪，不看能力看资历"，习惯于"按资历往下排，一茬接着一茬来"，更有甚者是不准别人比他高。对能力比自己强的人，视若无睹，更别提重用。当他在企业内发现能力比自己强的人才，觉得会对自己职务产生威胁时，就千方百计压制，甚至想方设法将其赶走，或制造他的谣言使他抬不起头来，让人无心思干事业发挥自己的能力。这种嫉贤妒才，导致企业缺乏人才造成不景气，难以健康发展下去。		
4. 斜视眼病，患此病的企业有三种特征：一是一叶障目，不见泰山，抓住一点长处或不足不放，以此作为认识依据，不加分析地无限地扩大到其他所有方面，形成定论，到时凭你跳进黄河也洗不清；二是注重关系，顾及背景，好像招的不是人才本身，而是他的亲疏远近以及后台，这种公关意识固然很时髦，但以人才选拔作为赌注，其代价未免太大；三是唯文凭与学历，对于有文凭的人，不加深入细致的考察和了解，不顾其实际工作能力和领导才能，就给予重用；对于没有文凭的人，只能是靠边站。有的公司要求保安人员都要大学毕业生。殊不知，人才闲置是企业滑坡的前兆。		
5. 色盲眼病，有的企业管理者，由于自身水平知识有限，缺乏识人选人的本领，难以明辨是非。选拔人才时，主观臆断相当严重，甚至对的被说成错的，而错的却说成对的，良莠不分，俊丑不明，一些有真才实学的人得不到提拔重用，而少数德才平庸的人却被委以重任。古人言"得十良马，不如得一伯乐"，所谓"仁者见仁、智者见智"是有道理的，不学无术的领导者，使用的往往是平庸之辈。		
总之，企业要发展壮大，造就成优秀企业，首先要有优秀的一流员工。一流员工的造就与形成，要靠人力资源部工作，靠人力资源部的人。因此，人力资源诊断，切不可轻视对人力资源部管理功能的诊断分析，查清病因，加以治疗。		
综合评价		

第四节 企业组织人事诊断分析

一、企业组织关系，分析诊断

自古以来组织是推动社会进步的主要角色，组织是由人构成的，人的信念、态度、价值观等均有差异，如何将人的积极性和主动性调动起来，组织关系有一定的作用，因此要诊断企业的组织结构是否符合生产经营的需要，组织机构内部职责分工是否明确，组织机能发挥是否有力，应加以分析。

（一）组织结构调查分析

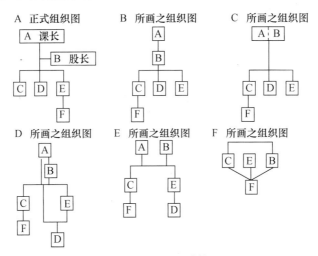

图6-1 组织结构

该企业的组织关系为何种？请填入（　）。

（二）组织机能调查分析

表6-3 组织分类上的机能分配

部门区分\企业管理机能	横的阶层区分				纵的阶层区分						
	受托层	执行层			确定政策机能与一般参谋	研究开发技术	销售	采购	生产	财务	人事
		最高层	中层	监督层							
企业与产品的选择；授予企业的先天性强度	基本方针的指示与最终决定	基本计划的决定	提供决策所需的资料	大致上不涉及	基本方针；基本计划最终决定	提供技术与产品的基本资料	市场调查资料	市场采购价格的情报	制造基础资料	适当规模适当财务比率，资金财源的资料	劳动，市场资料，工资动态

续表

部门区分 / 企业管理机能	横的阶层区分				纵的阶层区分						
	受托层	执行层			确定政策机能与一般参谋	研究并发技术	销售	采购	生产	财务	人事
		最高层	中层	监督层							
革新,开发,市场投资,启发人才,授予推进力,以备企业将来的发展	基本方针的指示与最终决定	基本计划的决定	依上司指示实施计划	参与企划具体的实施业务	基本方针,最终决定	产品计划,新产品开发,设备的投资	产品计划,市场开发公共关系	开发有利的采购途径	设备之更新	开发有利的资金财源	启发管理者,技术训练
确保信用声望提高经济强度等潜在力	利益分配;再投资计划的基本方针与最终决定	基本计划的决定	依上司指示实施计划	参与企划具体的实施业务	经济财务计划的基本方针最终决定	技术研修	确保交货日期,品质保证,售后服务价格	活用有利的采购以减少存量价格	维持品质交货日期	偿还借款,推行适当的分红政策	公共关系
计划,预定的推行	授权	长期及基本计划的最终决定	实施计划与管制	细部的计划管制	授权	设计	分配销售量,应账款的收回	调查采购市场,采购计划	推行生产计划,库存量计划,日计程计划	推行利益计划,资金计划	雇佣及其他
改善求进	授权	委托	实施计划与管制	细部的计划管制	授权	变更设计	销售手续,销售方法	减低采购价格	制造程序的改善	财务及资本结构的改善	各种人事管理制度
结论:											

二、组织关系调查分析

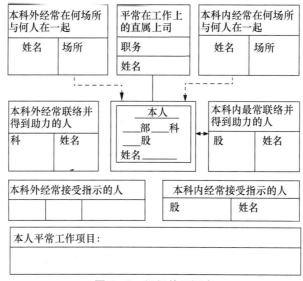

图6－2　组织关系调查

三、人力资源开发与管理调查诊断

表 6 - 4 诊断检查表

项目（问题方面）	题目	选择答案	给分标准	答案填写栏	
				答题	得分
1. 组织结构	（1）有无本部门文件化的组织结构及职务规范（包括责任和权力）	A. 有，且与实际相符 B. 有，与实际不符 C. 无	A = 2　B = 1 C = 0		
	（2）有无书面岗位任职资格（学历、资历、技能、年龄等标准）	A. 有 B. 无	A = 1 B = 0		
	（3）岗位标准有无以下要求	A. 学历要求 B. 资历要求 C. 技能要求 D. 培训要求	每一项增加0.5 分		
	（4）有无建立人事档案	A. 有 B. 无	A = 1　B = 0		
	（5）人事档案有无以下内容	A. 培训记录 B. 考核记录 C. 奖罚记录 D. 升降换岗记录 E. 升降薪记录	每一项增加0.5 分		
	（6）有无《员工手册》	A. 有 B. 无	A = 1　B = 0		
	（7）本部门经理（或工作主持人）的级别地位	A. 副总经理级 B. 比其他部门经理高半级 C. 部门经理同级	A = 2　B = 1 C = 0		
	（8）部门经理有无用人任免权	A. 有部分干部任免权 B. 有审核权 C. 无	A = 2　B = 1 C = 0		
	（9）与其他部门的工作关系	A. 监督（评价考核） B. 协作 C. 服务	A = 2　B = 1 C = 0		
	（10）有无文件化的岗位描述	A. 有 B. 无	A = 1　B = 0		
	（11）有无文件化的责权描述	A. 有 B. 无	A = 1　B = 0		

续表

项目（问题方面）	题目	选择答案	给分标准	答案填写栏	
				答题	得分
2. 人员结构	（1）中层领导大专以上文凭的比例	A. 全部 B. 大部分 C. 少部分 D. 无	A = 4　B = 3 C = 1　D = 0		
	（2）管理人员大专以上文凭的比例	A. 全部 B. 大部分 C. 少部分 D. 无	A = 3　B = 2 C = 1　D = 0		
3. 招聘	（1）有无文件化的招聘管理制度	A. 有 B. 无	A = 1　B = 0		
	（2）是否要经面试和笔试	A. 面试、笔试都要 B. 只要面试 C. 都没有	A = 2　B = 1 C = 0		
	（3）有无面试及笔试题库	A. 有 B. 无	A = 1　B = 0		
	（4）有无使用心理测评技术	A. 有 B. 无	A = 1　B = 0		
	（5）新员工有无试用效果评估及记录	A 有 B. 无	A = 1　B = 0		
4. 培训	（1）有无专职培训管理人员	A. 有 B. 无	A = 1　B = 0		
	（2）有无常规培训教材	A. 有 B. 临时组织 C. 无	A = 2　B = 1 C = 0		
	（3）新员工接受培训比例	A. 全部 B. 大部分 C. 少部分 D. 无	A = 3　B = 2 C = 1　D = 0		
	（4）管理人员平均每年接受培训的次数	A.5 次以上 B. 3～5 次 C.1～2 次 D. 无	A = 3　B = 2 C = 1　D = 0		

项目（问题方面）	题目	选择答案	给分标准	答案填写栏	
				答题	得分
4. 培训	（5）有无培训效果考评及记录	A. 全部有 B. 大部分有 C. 少部分有 D. 无	A = 3　B = 2 C = 1　D = 0		
	（6）有无鼓励员工参加培训的措施	A. 有 B. 有，没执行 C. 无	A = 2　B = 1 C = 0		
	（7）有无正常的培训费用预算	A. 有 B. 无	A = 1　B = 0		
	（8）接受专职培训（顾问）公司培训	A. 经常（每年5人次以上） B. 很少（每年1~2人次） C. 没有	A = 2　B = 1 C = 0		
	（9）有无岗位培训标准	A. 有 B. 无	A = 1　B = 0		
5. 业绩考核	（1）有无业绩考核标准 注：所谓岗位培训标准是指明确各个不同的岗位必须接受培训的内容要求及培训后的效果。现在在实施ISO9000：2000版对这一点都有明确的要求	A. 有，落实到岗位 B. 有，落实到部门 C. 无	A = 2　B = 1 C = 0		
	（2）考核频率	A. 每月一次 B. 每季一次 C. 很少有 D. 无	A = 3　B = 2 C = 1　D = 0		
	（3）考核是否与奖罚挂钩	A. 是 B. 无	A = 1　B = 0		
	（4）考核是否与升降职、换岗、辞退挂钩	A. 是 B. 无	A = 1　B = 0		
	（5）工资结构是否完整	A. 有基本工资 B. 有资金 C. 有工龄工资 D. 其他 E. 计件工资	A ~ D 每一项加0.5分 E 为2分		

续表

项目（问题方面）	题目	选择答案	给分标准	答案填写栏	
				答题	得分
6. 内部调动换岗	（1）有无内部调动手续规范	A. 有 B. 无	A＝1　B＝0		
	（2）换岗手续是否完备（有记录）	A. 物资交接 B. 文件交接 C. 账务交接 D. 工作交接	每一项加0.5分		
	（3）换岗人员有无接受新岗位培训	A. 全部有 B. 大部分有 C. 少部分有 D. 无	A＝3　B＝2 C＝1　D＝0		
7. 离职管理	（1）有无离退职管理规范	A. 有 B. 无	A＝1　B＝0		
	（2）离退职交接手续是否完备（有记录）	A. 物资交接 B. 文件交接 C. 账务交接 D. 工作交接	每一项加0.5分		
	（3）有无管理人员离职分析	A. 有 B. 无	A＝1　B＝0		
	（4）员工离职率（年）	A. <5% B. 5%～10% C. 10%～20% D. >20%	A＝3　B＝2 C＝1　D＝0		
	（5）管理人员离职率（年）	A. <5%　　B. 5%～10% C. 10%～20%　　D. >20%	A＝3　B＝2 C＝1　D＝0		
8. 贯彻《劳动法》	（1）有无执行法定最低工资标准	A. 有 B. 无	A＝1　B＝0		
	（2）有无执行劳动法规定的加班限制	A. 有 B. 无	A＝1　B＝0		
	（3）有无依法执行发放加班费	A. 有 B. 有比例，不完全合法 C. 计件工资 D. 无	A＝2　B＝1 C＝1　D＝0		

项目（问题方面）	题目	选择答案	给分标准	答案填写栏	
				答题	得分
8. 贯彻《劳动法》	（4）是否依法执行离职支付	A. 是 B. 不完全 C. 无	A = 2 B = 1 C = 0		
	（5）参加社会保险人员比例	A. 全部 B. 大部分 C. 少部分 D. 无	A = 3 B = 2 C = 1 D = 0		
	（6）员工签订劳动合同比例	A. 全部 B. 大部分 C. 少部分 D. 无	A = 3 B = 2 C = 1 D = 0		
	（7）是否有拖欠工资现象	A. 经常（每年有 8 个月以上的月份）拖欠工资 B. 偶尔有（每年有 1～4 个月）拖欠工资 C. 没有	A = 0 B = 1 C = 2		
9. 福利及劳动保护	（1）有无以下福利制度	A. 年终双薪 B. 产假工资 C. 哺乳时间保证 D. 病假补贴 E. 伙食补贴	每项 0.5 分		
	（2）有无特殊岗位（有害岗位）待遇规定	A. 岗位津贴 B. 定期换岗 C. 定期体检	每项 0.5 分		
	（3）其他福利设施	A. 职工食堂 B. 提供住宿 C. 内部医疗所或医院	每项 0.5 分		
	（4）对职工食堂的评价	A. 好 B. 一般 C. 不好	A = 2 B = 1 C = 0		
	（5）对住宿条件和管理的评价	A. 好 B. 一般 C. 不好	A = 2 B = 1 C = 0		

续表

项目（问题方面）	题目	选择答案	给分标准	答案填写栏	
				答题	得分
9. 福利及劳动保护	（6）对内部医院的评价	A. 好 B. 一般 C. 不好	A = 2　B = 1 C = 0		
10. 部门经理的激励措施	（7）对内部控制评价	A. 固定奖金 B. 业绩奖金 C. 年薪制 D. 期权制	A = 1　B = 2 C = 3　D = 4		
	合计				
综合评价					

注：满分为100分；其中90～100分为优，75～89分为良，60～74分为中，45～59分为差，45分以下较差。

第五节　管理者自我诊断分析

每位领导都关心自己所领导企业的健康状况，企业如同人一样，在成长过程中会不断地生病。因此，领导者应经常检查企业的健康状况，发现"疾病"及早治理，防止"小病酿成大病"，甚至发展成"不治之症"。为此列出一份供企业董事长、总经理、副总经理及管理人员等诊断用表。如果通过自我诊断，发现自测结果与自己想法差距较大，建议领导们转换一下看问题、分析问题的观点、角度，重新审度，可能获得意外收获。

一、企业高层领导自我诊断表

表6-5　企业高层领导自我诊断表

问题方面	问题	选择答案	给分标准	答题	
				答案	得分
1. 总经理概况	（1）学历及管理专业学历	A. 博士，MBA B. 硕士，EMBA C. 学士 D. 其他	A = 3　B = 2 C = 1　D = 0		

续表

问题方面	问题	选择答案	给分标准	答题	
				答案	得分
1. 总经理概况	（2）相同岗位工龄	A. 5 年以上 B. 3 ~ 4 年 C. 1 ~ 2 年	A = 2　B = 1 C = 0		
	（3）参加培训状况（听经济或管理专家讲课、顾问师讲课等）	A. 经常 B. 很少 C. 没有	A = 2　B = 1 C = 0		
	（4）最高领导曾用过哪些常用的、科学的方法进行决策	A. 决策树（概率树）法 B. 量本利法 C. 德尔菲法 D. 博弈论法	每一项加 0.5 分		
2. 企业形象	（1）有无完整的"企业视觉识别系统"	A. 厂标 B. 厂牌 C. 厂服 D. 信笺等印刷品	每一项为 0.5 分，可累加		
	（2）有无全公司的"5S"管理规范	A. 有 B. 有，无执行 C. 无	A = 1　B = 0.5 C = 0		
	（3）企业形象自我评价	A. 好 B. 一般 C. 差	A = 1　B = 0.5 C = 0		
3. 企业文化	（1）有无文件化的"企业口号"及"理念"	A. 全有 B. 有口号，无理念 C. 无	A = 2　B = 1 C = 0		
	（2）有无《员工手册》	A. 有 B. 无	A = 1　B = 0		
	（3）公司文件或培训教材中有无以下内容	A. 公司创业史 B. 英雄榜 C. 远景规划 D. 厂歌 E. 行为准则	每一项为 0.5 分，累加计算		

续表

问题方面	问题	选择答案	给分标准	答题	
				答案	得分
3. 企业文化	（4）公司有无以下宣传活动	A. 公司报刊 B. 宣传栏 C. 广播	每一项为 0.5 分，累加计算		
	（5）公司有无组织员工文体活动	A. 经常 B. 节假日有 C. 没有	A = 2　B = 1 C = 0		
	（6）有无定期评选优秀员工活动	A. 有 B. 无	A = 1　B = 0		
4. 企业组织架构	有无文件化的组织架构机制规范	A. 有文件，且与公司现状相符 B. 有文件，但与公司现状不符 C. 无	A = 2　B = 1 C = 0		
5. 公司战略规划	（1）有无企业战略规划	A. 有，且形成文件 B. 无文件，有构想 C. 无	A = 2　B = 1 C = 0		
	（2）公司的核心竞争力是什么	A. 营销能力 B. 开发能力 C. 制造能力 D. 服务 E. 品牌 F. 不明确	A ~ E 为正确答案，2 分，F 可认为不明确，0 分		
	（3）有无对本公司进行 SWOT 分析	A. 有 B. 无	A = 1　B = 0		
	（4）有无长期经营目标	A. 5 年以上的目标 B. 3 ~ 4 年目标 C. 只有今明年的目标 D. 无	A = 3　B = 2 C = 1　D = 0		
	（5）目标达成水平	按期完成的项目/总项目数	0.6 ~ 1 = 3 0.2 ~ 0.6 = 2 0.2 以下 = 1		

问题方面	问题	选择答案	给分标准	答题	
				答案	得分
5. 公司战略规划	（6）竞争策略的选择是什么	A. 低成本策略 B. 差异化策略 C. 高档次策略 D. 多元化策略 E. 其他	A～D=2分 E=1分		
6. 基础管理	（1）有无定期例会制度	A. 每周一次 B. 每月一次 C. 几个月一次 D. 没有	A=3　B=2 C=1　D=0		
	（2）例会的质量	A. 有会议记录，有执行检查 B. 有记录，无检查 C. 无记录	A=3　B=2 C=0		
	（3）有无定期工作计划	A. 有月计划 B. 有周计划 C. 无	A～B=2 C=0		
	（4）计划完成水平	按计划完成项目/总项目数	0.6～1，4分 0.2～0.6，3分 0.2以下，1分 0，0分		
	（5）有无建立目标责任考核制度	A. 有 B. 无	A=1　B=0		
	（6）考核力度	A. 每月4次以上 B. 每月2～4次 C. 每月1次	A=3　B=2 C=1		
	（7）文件化管理制度的完整性	A. 完整 B. 不完整 C. 没有	A=2　B=1 C=0		
	（8）文件管理状况	A. 有专人管，有收发记录 B. 无专人管，有记录 C. 无	A=3　B=2 C=0		

续表

问题方面	问题	选择答案	给分标准	答题	
				答案	得分
7. 信息化管理	（1）电脑普及使用水平	电脑数量/管理人员数量	0.6 以上 = 4 0.2 ～ 0.6 = 2 0.2 以下 = 1 0，1 = 0		
	（2）有无内部局域网	A. 有 B. 无	A = 2　B = 0		
	（3）有无建立企业网站（或网页）	A. 有，且定期更新内容 B. 有，很少更新内容 C. 无	A = 2　B = 1 C = 0		
	（4）公司内部有无使用 OA 软件	A. 有 B. 无	A = 2　B = 0		
	（5）有无使用 MRPⅡ 或 ERP	A. 有 B. 无	A = 2　B = 0		
	（6）外部信息收集	有无以下内容： A. 政府文件汇总管理 B. 行业政策文件汇总管理 C. 行业经济信息的收集管理 D. 国家标准的汇总管理 E. 技术性刊物的汇总管理	每一项加 1 分		
	（7）有无定期信息发布	A. 有 B. 无	A = 1　B = 0		
8. 法人治理结构	（1）董事会组织是否健全（有无以下职务、组织、文件）	A. 董事长 B. 监事会 C. 独立董事 D. 董事会章程 E. 监事会工作规范	每一项加 1 分		
	（2）董事会有无正常活动	A. 每年召开股东大会 B. 定期召开董事会 C. 监事会定期报告 D. 内部审计 E. 外部审计	每一项加 1 分		
	（3）对总经理及副总经理薪酬的激励措施	A. 年薪加奖励 B. 月薪加奖励 C. 期权制 D. 其他	C 为 2 分，其他为 1 分		

问题方面	问题	选择答案	给分标准	答题	
				答案	得分
9. 经济效益	(1) 销售利润率＝年净利润/年销售总额	A. ＜5% B. 5%～10% C. 10%以上 D. 亏损	A＝1　B＝2 C＝3　D＝0		
	(2) 资本负债率＝负债总额/资本总额	A. ＜0.2 B. 0.2～0.4 C. 0.4～0.8	A＝0　B＝1 C＝2		
	(3) 速动比率	A. 0.5以下 B. 0.5～0.9 C. 0.9以上	A＝0　B＝1 C＝2		
	(4) 流动资产负债率	A. ≤50% B. ＞50%	A＝1　B＝0		
10. 团队精神	部门之间的互相协作精神	A. 好 B. 一般 C. 不好	A＝2　B＝1 C＝0		
综合评价					

通过以上10部分自我诊断打分，可以诊断确定企业的健康状况。该题满分为100分。当然，哪个企业也难以达到满分，如果得分在80分左右，比较健康，对不足部分，应分析产生原因，针对存在问题及时给予治理，使健康水平提高一步。如果得分在60～70分，勉强可以维持，但应及时采取措施。治理已发现问题，如果得分在60分以下，企业就危险了。如果自己治理不了，应请专家给予诊断治理，使企业早日恢复健康。千万不能"讳疾忌医"，自作聪明，导致无可救药。

二、企业的经营者业绩评估问卷调查

通过本"调查问卷"，旨在了解企业员工对本企业经营者经营业绩的基本判断，为专家科学地考核企业领导班子提供基础素材。这类"调查问卷"一般应由企业外部人员发放和收集，并由有一定数量或比例的企业中层管理人员和普通员工填答，填答结果不与企业领导人见面，不署名。模拟"调查问卷"内容如下：

（1）您认为本企业总经理（总裁）敬业精神如何？

好□　中□　差□　不知道□

（2）本企业领导班子的年龄结构是否合理？

年龄偏大□　过于年轻□　年富力强□　年龄梯度结构合理□

（3）您觉得本企业领导班子是否团结？

团结□　一般□　不团结□　不清楚□

（4）您认为本企业领导班子的专业知识水平怎样？

很高□　比较高□　一般□　较差□

（5）您认为本企业主要领导的管理能力怎样？

很强□　比较强□　一般□　较差□

（6）您觉得本企业领导班子的重大决策是否正确？

决策基本正确□　大部分决策正确□　经常决策失误□　不清楚□

（7）您认为本企业总经理（总裁）在决策时的民主意识怎样？

经常征求下属意见□　有时征求下属意见□　偶尔征求下属意见□　从不征求下属意见□

（8）您认为本企业总经理（总裁）属于什么样的决策风格？

凭感觉决策，雷厉风行□　苦思冥想，优柔寡断□　注重前期调研，看准了当机立断□　不清楚□

（9）您认为本企业总经理（总裁）是否具有威信？

威信很高□　有一定威信□　一般□　没有威信□

（10）您认为本企业领导班子的创新理念怎样？

比较因循守旧□　对新理念表示理解□　勇于创新□　说不上□

（11）您认为本企业总经理（总裁）属于哪一类管理者？

经验型□　专家型□　实干型□　关系型□　兼备型□

（12）您认为本企业领导班子是否廉洁奉公？

比较廉洁□　一般□　有的腐败□　比较腐败□

（13）总体来看，您对本企业领导班子的工作是否满意？

满意□　比较满意□　一般□　不满意□

（14）如果您对本企业领导班子成员有意见，您将采取哪种措施？

向上级有关部门反映□　与领导交换意见□　藏在心里□　给有关方面写匿名信□

（15）如果您找领导提合理化建议，会出现什么结果？

领导热情接待，注重采纳建议□　领导接待，但采纳不多□　领导不认真听□　很难找到领导□

（16）您认为本企业在用人方面有什么特点？

注重德才兼备□　任人唯亲□　重德不重能□　重才不重德□

（17）现任总经理（总裁）的能力与前任总经理（总裁）相比，您是什么判断？

比前任强□　与前任差不多□　比前任差□　不清楚□

（18）您认为企业去年的经营状况是否有所改善？

显著改善□　有所改善□　还是老样子□　比以前还差□

（19）您认为本企业组织机构和岗位设置属于哪种类型？

机构设置合理，岗位精简高效□　机构设置合理，但同一岗位人员过多□
因人设岗，机构庞大□　一人多岗，职责不清□

（20）您认为本企业的管理方式是否先进？

管理方式先进□　管理方式落后□　谈不上先进，属于传统管理而已□　不清楚□

（21）您认为本企业基础管理制度是否健全？

制度过多过滥□　制度有空缺□　制度精简有效□　相关制度不配套□

（22）您认为本企业领导班子的收入水平怎样？

低，与其贡献不相称□　比较高，与其贡献相称□　一般，与其贡献不相称□　一般，与其贡献相称□　比较高，与其贡献不相称□

（23）您觉得在本企业工作是否有一种优越感？

很荣耀□　混口饭吃而已□　迟早要跳槽□　说不上来□

（24）您认为自己的能力是否得到了发挥？

得到了很好发挥□　得到了一定发挥，还有很大潜力□　没有得到发挥□
无法判断□

（25）在近两年之内您接受过几次有组织的培训？

1~2次□　3~4次□　4次以上□　没有□

（26）您认为本企业员工的向心力如何？

具有很强的向心力□　具有一定的向心力□　一般□　各打各的主意□

（27）您认为本企业是否为当地的龙头骨干企业？

是□　不是□　过去是现在不是□　现在不是但相信将来是□

（28）您认为本企业是否重视环境保护问题？

很重视，并采取了切实措施□　重视，但因资金问题无力彻底解决□　不重视□　本企业没有污染□

（29）您认为本企业有无明确的经营发展战略？

有，但不切实际□　没有，经营比较盲目□　有一个好的战略，我们正在为之努力□　虽然年年制定战略，但形同虚设□

（30）假如由您给去年整个领导班子打分（100分为满分），您会打多少分？

90分以上□　75~89分□　60~74分□　45~59分□　45分以下□

综合评价	

三、企业管理人员诊断表（中高层）

表 6 - 6

姓名：_____　职称：_____　日期：_____

序号	项目	评核	得分
1	对本职的专业知识	□卓越□优□尚可□差□很差	
2	对上下属有无采取激励措施	□卓越□优□尚可□差□很差	
3	对下属经常做教育训练	□卓越□优□尚可□差□很差	
4	自己经常充实，以求能力提升	□卓越□优□尚可□差□很差	
5	下达的工作指示，是否经努力可达成	□卓越□优□尚可□差□很差	
6	对于工作是否经周详的计划及准备	□卓越□优□尚可□差□很差	
7	乐观进取，愿与部属解决私人问题	□卓越□优□尚可□差□很差	
8	是否不断培养下属能力，并委以权限	□卓越□优□尚可□差□很差	
9	考核部属是否客观、公正、公平	□卓越□优□尚可□差□很差	
10	部属的成果，是否有负最后责任的想法	□卓越□优□尚可□差□很差	
11	是否不断地发现问题、解决问题、预防问题	□卓越□优□尚可□差□很差	
12	在工作中与下属相处，有无过分随便	□卓越□优□尚可□差□很差	
13	是否乐于接受下属的建议	□卓越□优□尚可□差□很差	
14	对下属反映的事情，是否及时处理并协助消除困难	□卓越□优□尚可□差□很差	
15	是否易情绪用事，在众人面前责骂下属	□卓越□优□尚可□差□很差	
16	是否喜欢阿谀奉承，不听正言	□卓越□优□尚可□差□很差	
17	每日有无充分的时间做思考性工作	□卓越□优□尚可□差□很差	
18	是否时时想到工作改善，创新工作	□卓越□优□尚可□差□很差	
19	与其他部门是否易于协调配合	□卓越□优□尚可□差□很差	
20	判断与处理问题是否从大局着想	□卓越□优□尚可□差□很差	
21	决定事情模棱两可或犹豫不决	□卓越□优□尚可□差□很差	
22	日常管理工作是否做好控制，并做回馈矫正	□卓越□优□尚可□差□很差	
23	是否经常考虑降低成本	□卓越□优□尚可□差□很差	
24	对上司交办工作是否经充分思考再展开工作	□卓越□优□尚可□差□很差	
25	是否视工作为一种磨炼与自我挑战	□卓越□优□尚可□差□很差	
	合计		
综合评价			

注：卓越 4 分，优 3 分，尚可 2 分，差 1 分，很差 0 分，满分为 100 分，根据得分情况作为素质评价参考。

四、管理人员诊断表（基层）

表 6 - 7

姓名：_____   职称：_____   日期：_____

序号	项目	评核	得分
1	对本职的专业知识	□卓越 □优 □尚可 □差 □很差	
2	对上司有无采取合理化建议	□卓越 □优 □尚可 □差 □很差	
3	对上司经常沟通	□卓越 □优 □尚可 □差 □很差	
4	自己经常充实，以求能力提升	□卓越 □优 □尚可 □差 □很差	
5	下达的工作指示，是否经努力可达成	□卓越 □优 □尚可 □差 □很差	
6	对于工作是否经周详的计划及准备	□卓越 □优 □尚可 □差 □很差	
7	乐观进取，愿与同事解决私人问题	□卓越 □优 □尚可 □差 □很差	
8	是否不断培养同事能力，并委以权限	□卓越 □优 □尚可 □差 □很差	
9	对待同事是否公正、公平	□卓越 □优 □尚可 □差 □很差	
10	与同事的成果，是否有负最后责任的想法	□卓越 □优 □尚可 □差 □很差	
11	是否不断地发现问题、解决问题、预防问题	□卓越 □优 □尚可 □差 □很差	
12	在工作中与上级相处，有无过分随便	□卓越 □优 □尚可 □差 □很差	
13	是否乐于接受上级、同事的建议	□卓越 □优 □尚可 □差 □很差	
14	对同事反映的事情，是否及时处理并协助消除困难	□卓越 □优 □尚可 □差 □很差	
15	是否易情绪用事，在众人面前责骂同事	□卓越 □优 □尚可 □差 □很差	
16	是否喜欢阿谀奉承，不听正言	□卓越 □优 □尚可 □差 □很差	
17	每日有无充分的时间做思考性工作	□卓越 □优 □尚可 □差 □很差	
18	是否时时想到工作改善，创新工作	□卓越 □优 □尚可 □差 □很差	
19	与其他部门是否易于协调配合	□卓越 □优 □尚可 □差 □很差	
20	判断与处理问题是否从大局着想	□卓越 □优 □尚可 □差 □很差	
21	决定事情模棱两可或犹豫不决	□卓越 □优 □尚可 □差 □很差	
22	日常管理工作是否做好控制，并做回馈矫正	□卓越 □优 □尚可 □差 □很差	
23	是否经常考虑降低成本	□卓越 □优 □尚可 □差 □很差	
24	对上司交办工作是否经充分思考再展开工作	□卓越 □优 □尚可 □差 □很差	
25	是否视工作为一种磨炼与自我挑战	□卓越 □优 □尚可 □差 □很差	
	合计		
综合评价			

注：卓越4分，优3分，尚可2分，差1分，很差0分，满分为100分，根据得分情况作为素质评价参考。

第六节　人事管理功能诊断分析

诊断分析内容	是	否	评级	说明
（1）组织结构与人员配置				
①是否以投资者（或股东）为行使最高决策的机构？				
②是否有专人承受决策机构的授权总理管理经营业务？				
③是否有专人负责生产、营销、财务、人事及研究发展等各项职务？				
④在生产功能中是否有专人负责下列工作：				
·是否有人负责产品制造及对所属人员实施管理、考核及训练？				
·是否有人负责产品品质及对所属人员实施管理、考核及训练？				
·是否有人负责制造方法的研究改进及对所属人员进行管理、考核及训练？				
·是否有人负责产品设计的研究改进及对所属人员进行管理、考核及训练？				
·是否有人负责生产管制及对所属人员的管理、考核及训练？				
·是否有人负责物料管理及对所属人员的管理、考核及训练？				
·是否有人负责物料管理、机器设备安装及维护、水电气等，对所属人员实施管理、考核及训练？				
·是否有人负责原物料及外包件的购买，并对所属人员作管理、考核及训练？				
·是否有人负责工业安全，以及对相关工作人员训练？				
·是否有人负责一般性行政工作，诸如事务、警卫、福利等，对所属人员作管理、考核及训练？				
⑤营销功能中是否有专人负责下列工作：				
·是否有人负责产品营销，能领导所属人员达成预定营业目标，并对所属人员作管理、考核及训练？				
·是否有人负责市场动向、顾客特性、价格情报、促销活动等资料的收集及分析，进而制定销售策略，以及对所属人员作管理、考核及训练？				
·是否有人负责产品使用指导及售后服务，并对所属人员进行管理、考核及训练？				
⑥在财务功能中是否有专人负责下列工作：				
·是否有人负责执行规定的会计制度，适时提供业务概况，并对异常情况提出说明、分析及建议，以及对所属人员作管理、考核及训练？				
·是否有人负责财务调度、预算编拟及控制、报表编制、税负规划等，并对所属人员作管理、考核及训练？				
·是否有人负责成本结算、稽核及分析，以及对所属人员作管理、考核及训练？				
⑦在人事功能中有无专人负责人事任用、奖惩升迁、员工训练、薪资管理、员工福利等制度的制定并协调、执行，以及对所属人员的管理、考核及训练？				

续表

诊断分析内容	是	否	评级	说明
（2）招募任用				
①任用员工是否依一定程序且有专人负责？				
②应征人员是否踊跃？				
③应征人员是否均能符合要求条件，且具发展潜力？				
④选用人员经过 3~6 个月试用后，是否多数满意？				
⑤经约谈后，是否多数人愿应聘参加工作？				
⑥公开征聘人员，同仁是否乐于推荐？				
⑦使用单位决定人选时，意见是否被尊重？				
⑧每次征聘人员相关资料是否分析建档，以供今后应用？				
⑨主管人员对人事行政是否十分重视，亲自参与？				
⑩人事单位对人员招聘有否困难？				
（3）人事升迁				
①升迁管道是否畅通？				
②升迁人选的选定是否经多层次讨论评定？				
③发布升迁人选时，一般员工是否一致认同？				
④升迁前，是否告知当事人并征询其意见？				
⑤升迁后，具备相同条件的员工是否被告知选择他人的原因？				
⑥升迁是否不受私情影响？				
⑦对升迁人选是否制定培养计划？				
⑧职位是否制定职务说明，以便相关人员获知标准？				
⑨是否实施职务轮岗，使员工增加工作经验？				
⑩升迁人的待遇是否相对调整？				
（4）人员训练				
①训练计划是否推行至各阶层？				
②是否编有固定比例的经费预算？				
③是否订有发展性训练？				
④是否订有技能训练？				
⑤新进员工是否接受职前训练？				
⑥员工训练是否设有专责机构或专人负责？				
⑦员工对训练是否乐于接受，且能主动合作？				
⑧主管是否认为训练对业务确有助益？				
⑨一般性训练师资是否由内部人员担任？				
⑩特定人员是否可送至外界专门机构受训？				
⑪训练绩效是否检查考核？				
⑫员工是否认为享有充分的受训机会？				

诊断分析内容	是	否	评级	说明
（5）领导				
①是否甚少发生越级报告、匿名控告等事件？				
②如有上述事件发生时，主管是否以积极而理性的态度分析状况，加以处理？				
③有关公司政策目标是否经由相关主管研究讨论决定？				
④是否经常向员工说明公司目标及政策？				
⑤公司的规章制度是否明示，有利于职工了解？				
⑥各级主管间的权责关系是否清楚确定？				
⑦各主管间意见不一致时是否检讨差异原因并协调解决？				
⑧是否经常对员工予以鼓励？				
⑨是否经常调查员工意愿，并能尊重、参考采行？				
⑩是否经常研讨未来领导模式以求改进？				
（6）沟通				
①决策阶层对员工意见是否主动听取？				
②决策阶层对员工意见是否认真考虑？				
③是否将结果回馈员工？				
④中级主管是否能成为上下沟通的桥梁，对员工转达公司的经营方针与要求，对上级可代表员工意见与感受？				
⑤员工对公司提出建议或表达其感触时，是否能毫无隐瞒地告诉主管？				
⑥企业对员工所提意见，被采纳者是否给予鼓励？				
⑦企业对员工所提意见，认为不成熟或太偏颇而无法采纳时，是否告知原因所在？				
⑧企业每当宣布重要决策且影响全体员工时，是否由各部门主管召集员工作详细说明？				
⑨有关企业内员工意见是否有专门部门或专人负责处理？				
⑩企业内员工意见沟通是否畅通？				
⑪企业内各主管间有不同意见时，是否经由协调解决？				
⑫企业内是否有微小的劳资纠纷发生，经解释双方立场互被接受？				
（7）薪资制度				
①企业内有关薪资制度的决策、执行及检核是否明确区分？				
②薪酬制度制定及调整是否详细调查外界情形后才实施？				
③员工对薪酬制度的反映意见，是否受到重视？				
④薪酬制度的设定及执行情形，是否列入公司重大决策之一？				
⑤主管对其所属人员的薪酬所提意见是否被上级重视？				
⑥是否常因薪酬问题发生新进人员不易招募，在职人员离去？				
⑦现行的薪酬制度是否为多数绩优员工认为公平合理？				
⑧员工对现行奖酬制度的反映是否普遍良好？				
⑨员工是否以实际绩效争取较高待遇？				

续表

诊断分析内容	是	否	评级	说明
⑩薪酬制度与其他措施如升迁、考评、福利、训练等是否配合？				
⑪是否无同工异酬的事？				
⑫是否无异工同酬的事？				
⑬加班计酬是否依适当制度办理？				
（8）员工福利				
①是否遵照法令规定给予休假？				
②是否遵照法令规定对女性员工给予产假？				
③员工结婚是否遵照法令规定给予婚假？				
④员工遇丧事是否遵照法令规定给予丧假？				
⑤员工是否依规定申请病假？				
⑥员工是否依规定申请事假？				
⑦是否依照法令规定提取福利金？				
⑧是否依照法令规定制定退休办法？				
⑨是否依照法令规定办理福利事宜？				
⑩是否依照法令规定办理劳工教育？				
⑪是否依照法令规定办理劳工保险？				
（9）奖惩				
①员工奖惩规则是否已适当制定？				
②员工奖惩规则是否公布？				
③员工奖惩规则是否明定作业程序及权责？				
④过去3年内是否奖多于惩？				
⑤奖惩措施是否有效？				
⑥受奖员工是否认为受到重视？				
⑦受罚员工是否认为公平而能心服口服？				
综合评价：				

第七节　人力资源调查问卷诊断分析

一、一类问题调查问卷

下表备注栏中标"☆"者，是需要重视和需要被调查研究的问题。

表6-8　问卷调查表

题号	内容	几乎无 A	不经常 B	有时 C	经常 D	总是 E	备注
1	本单位各部门之间有着充分的沟通和交流，信息能够分享						☆
2	单位的目标和个人的工作具有有效性和挑战性						
3	管理人员高度民主关注生产情况，并有效地让有关人员了解						☆
4	员工有忠诚和归属感						
5	员工可以参加并影响决策						☆
6	单位关心照顾为之工作的员工						
7	"政策"不会妨碍个人目标和组织目标的实现						
8	与本部门其他同事之间的关系是令人满意的、有益的						
9	我的工作能提供发展提高的机会						
10	单位里有一种相互支持和信任的气氛						
11	我的工作能提供一种成就感						☆
12	单位能积极寻求并愿意接受改革意见						
13	我所在部门的员工之间能相互合作，没有破坏性的冲突						
14	员工工作积极性高（每个人能独立开展工作）						
15	为使每个人有出色的绩效，上层管理人员将单位的有关目标、问题、缺点、策略等信息自上而下地沟通						
16	各级员工都感到对整个单位的目标负有责任，并通过行动去实现						
17	各部门对单位的目标都非常了解						
18	与其他部门之间的关系是令人满意和有益的						
19	人们能拧成一股绳，相互之间充分合作以实现组织的有关目标						
20	我的工作能得到别人的承认						
21	全体员工参与决策，而不是几个头头说了算						
22	单位十分清楚其目标是什么，并知道如何去实现它						
23	单位各部门之间有着良好的合作关系，而没有破坏性的冲突						
24	员工能自由地与上司讨论工作问题						
25	主管们行动果断，个人决定事项，从不征求下属意见						
26	主管们向下布置工作不说理由						
27	下属与自己在工作上有不同意见时，主管们表现很不满意						
28	主管们从不越权直接指挥下属手下的人						☆
29	主管们鼓励下属对工作经常提出批评、建议						☆
30	主管们在工作、生活中及业余时间与下属经常保持较多的接触						☆
	合计						
	评价						

注：A=4分，B=3分，C=2分，D=1分，E=0分，满分为120分，根据得分情况进行分析诊断健康状况及疾患所在。

二、二类问题调查问卷

下表带"☆"者，是需要重视和需要被调查研究的问题。

表 6-9　问卷调查表

题号	题目	是	非	备注
1	你认为你的公司的发展前景是很好的吗			
2	你认为你在本公司工作个人是有奔头的吗			☆
3	你认为你公司的管理者是有足够的能力把企业办好的吗			
4	你个人的前途与本公司的兴衰是紧密相连的吗			
5	你认为本公司兴旺发展后个人可得较高利益吗			☆
6	你愿意为本公司的发展献出个人毕生精力吗			
7	你在本公司工作感到自豪吗			
8	你的亲属对你在本公司工作感到满意吗			☆
9	公开场合你愿意戴公司徽章或表明是公司职员吗			
10	你与你的上级能融洽相处吗			
11	你与你周围的同事们在一起感到很愉快吗			
12	你与同事们一起参加业余文娱、郊游等感兴趣吗			
评价				

三、是非题调查问卷

下表带"☆"者，是需要重视和需要被调查研究的问题。

表 6-10　问卷调查表

题号	调查内容	是	非	备注
1	你认为你与上司、同事之间是相互信赖吗			
2	在工作中，你是否有个人成就感			
3	公司是否举办过一些文化活动			
4	在工作中你是否不怕失败			
5	当你向上级提出建议时，上司的态度如何？你的建议是否常被采纳			
6	上司对你的工作了解吗？是否不断加以指导			
7	内部人员的流动是否顺利？个人的发展空间是否无限			☆
8	你在工作上是否受人尊重			
9	你认为你的潜力被挖掘了吗			☆
10	公司经营理念是否已被员工所共识			
11	你认为公司最高管理者的经营决策正确吗			
评价				

对需要调查研究的重要问题需另做分析。然后做出健康状况的评价及疾病症结所在。

四、个别员工调查问卷

性别：男＿＿＿ 女＿＿＿ 年龄：＿＿＿ 已婚：＿＿＿ 未婚：＿＿＿

教育程度：小学＿＿＿ 初中＿＿＿ 高中＿＿＿ 大学＿＿＿

　　　　　　　其他＿＿＿

工作单位：＿＿＿＿＿＿＿ 何种工作：＿＿＿＿＿＿＿

　　　　　　　　　　到厂年月：＿＿＿＿＿＿＿

何种方式进入本厂：考试＿＿＿＿ 面谈＿＿＿＿

　　　　　　　介绍＿＿＿＿＿

月薪：1000 元以内＿＿＿＿　　1000～2000 元＿＿＿＿

　　　2000～3000 元＿＿＿＿　　3000 元以上＿＿＿＿

（一）下面的问题，假如适合你的感觉，请在（　）中做一记号（○）

1. 我感觉这个工厂是我的工厂 ……………………………………（　）

2. 假如我努力工作，没有人会免我的职 …………………………（　）

3. 我知道该如何应付我的直接上司 ………………………………（　）

4. 一般说来厂方待我们相当合理（薪水、管理、工作方面）……（　）

5. 我想厂方要多训练工人，使他们有熟练的技术 ………………（　）

6. 我对厂方的人事政策始终不能了解 ……………………………（　）

7. 现在我所做的工作，不可能使用到我的能力与经验 …………（　）

8. 我和我的直接上司有感情上的隔阂 ……………………………（　）

9. 我想许多工人在本厂中都是待机的，只要别的地方有更好的工作，

   他们都会跑掉 ……………………………………………………（　）

10. 我想工厂对我们的待遇和尊重是太苛刻了 …………………（　）

（二）请依你的感觉找个适当的答案：

1. 你的主管对你关心吗？

   关心（　），不关心（　），不知道（　）

2. 你的主管了解你的工作吗？

   了解（　），不了解（　），不知道（　）

3. 当你工作认真时，你的主管夸奖你吗？

   常常（　），偶尔（　），从来也不（　）

4. 你的主管待你们好吗？

   好（　），不太好（　），不知道（　）

5. 当你抱不平时，敢在工厂领导面前说吗？

敢（　），不敢（　），不知道（　）

6. 当你对工厂鸣不平时，你的主管会为你保密吗？
　　会（　），不会（　），不知道（　）

7. 你对主管感觉怎么样？
　　他是我的好朋友（　），没有往来（　）
　　他待我不好（　），不知道（　）

8. 其他工厂与你的工厂比较时，你的工厂比其他工厂如何？
　　好（　），差不多（　），不太好（　），不知道（　）

9. 工厂的政策都考虑到工人吗？
　　考虑到（　），有时（　），不考虑（　），不知道（　）

10. 你曾介绍过你的朋友到你的工厂来工作吗？
　　有（　），没有（　）

11. 你在你的工厂中，可以稳定工作下去吗？
　　可以（　），不可能（　），不知道（　）

12. 当厂方亏本时，你担心吗？
　　担心（　），不担心（　），不知道（　）

13. 你的工作，依你的感觉对工厂有贡献吗？
　　有（　），没有（　），不知道（　）

14. 你在工厂里，有升级的机会吗？
　　有（　），没有（　），不知道（　）

15. 其他工厂的工人，待遇比你好吗？
　　一样（　），好（　），差（　），不知道（　）

16. 你们同部门，做同样工作的同事，得同等薪水吗？
　　一样（　），不一样（　），不知道（　）

17. 工厂中的薪水制度，你觉得公平吗？
　　公平（　），不公平（　），不知道（　）

18. 你的工厂所制定的薪水制度适当吗？
　　适当（　），不适当（　），不知道（　）

（三）选择问题

1. 你对你现在的工作：
　　（　）厌恶
　　（　）喜欢
　　（　）不喜欢
　　（　）非常喜欢

（　　）没有考虑过喜欢或不喜欢

2. 你在本工厂上班中：

（　　）每天都觉得满足

（　　）常常感觉到满足

（　　）一半的时间感觉到满足

（　　）偶尔感觉到满足

（　　）感觉到不满足

3. 假如你现在有许多机会选择工作，你要选择：

（　　）现在你做的工作

（　　）其他工厂的同性质工作

（　　）改行做别的工作

4. 你一天最快乐的时间：

（　　）在工厂中

（　　）在家庭中

（　　）下班后与朋友在一起

（　　）空闲的时间，你做你自己的事

5. 请你从下列项目中选择三项是你觉得最需要的：

（　　）工作稳定

（　　）有在职训练的机会

（　　）不受严格的节制

（　　）在工厂有更多的权利

（　　）较少工作时间

（　　）有升级的可能

（　　）增加工作的责任

（　　）增加薪水

（　　）工作环境的改善

（　　）更多的员工福利

根据上述调查表的内容，可以分析诊断企业健康状况及疾病症结所在。

评价	

五、个别人才调查

（一）人才调查表

表 6 - 11　调查表

人才调查表
姓　　　　名：
现 任 职 位：
出生年月日：
婚　　　　姻：
下面所叙述为上列人员个人资料，知识程度和其他因素用下列方式表示：欠佳——尚可——良好——甚佳——特优
1. 体格
2. 个人特性摘要
仪容和习惯
自信心
态度
可靠性
虚心
判断力
进取心
组织能力
待人接物
成本控制
3. 对本工作的兴趣和抱负
4. 学历
5. 经历
6. 专业知识
全面工厂作业
集中购买方面
物料方面
物料来源方面
采购方面
运输方面
7. 其他重要资料
8. 评定
现职（是否适任）：
晋升的可能性：
可否调任其他工作：

（二）人才考核与发展调查

表 6 – 12

姓名：＿＿＿职称＿＿＿厂别＿＿＿科股别＿＿＿考核日期＿＿＿年＿＿＿月＿＿＿日

说明：请按本表所列项目考核现职人员，在适当的方格内作（∨）记号，并将理由或事实填入说明栏内，每个项目分为五种程度："良好"为一般水准，低于一般水准为"尚可"，高于一般水准为"甚佳"，特低为"欠佳"，特高为"特优"。上栏由直接主管填，下栏由上级主管填。

考 核 项 目		欠佳	尚可	良好	甚佳	特优	说明	评分
学识	1. 基本知识 担任本职所必须具备的基本学识及一般常识。	□ □	□ □	□ □	□ □	□ □		
	2. 专业知识 学有专长，对本职有关业务知识丰富。	□ □	□ □	□ □	□ □	□ □		
才能	1. 智力 学习能力与理解能力，及了解与吸收新事物的能力。	□ □	□ □	□ □	□ □	□ □		
	2. 领导能力 知人善用，领导有方，以身作则，信赏必罚，促进团体工作精神。	□ □	□ □	□ □	□ □	□ □		
	3. 创造能力 具有思考力、创造力，对于所任工作，能研究新途径，发展新观念，建立新制度。	□ □	□ □	□ □	□ □	□ □		
	4 计划能力 对本职有关业务，能预先计划，安排工作，把握时间，如期完成。	□ □	□ □	□ □	□ □	□ □		
	5. 组织能力 有效应用组织，分层负责，发挥人力、物力，提高工作效能。	□ □	□ □	□ □	□ □	□ □		
	6. 分析能力 把握事实，分析问题，了解症结所在，作出正确结论。	□ □	□ □	□ □	□ □	□ □		
	7. 判断能力 对于重要问题，能考虑周详，适时作妥善之决定，并采取适当措施。	□ □	□ □	□ □	□ □	□ □		
	8. 表达能力 言语简明扼要，语意中肯，能充分表达意见及说服他人。 文字畅达，说理有条不紊，能有效表达思想及撰写报告。	□ □	□ □	□ □	□ □	□ □		

续表

考 核 项 目		欠佳	尚可	良好	甚佳	特优	说明	评分
才能	9. 适应能力 　能把握时机,适应环境,遇有紧急事变,能机警果断,镇定处理。	☐☐	☐☐	☐☐	☐☐	☐☐		
	10. 人群关系 　与上级及属员维持和谐协调的关系,并能应用人群关系原则,激发属员的潜能。	☐☐	☐☐	☐☐	☐☐	☐☐		
工作	1. 工作的量 　工作的数量是否合于水准。	☐☐	☐☐	☐☐	☐☐	☐☐		
	2. 工作的质 　工作的品质是否合于水准。	☐☐	☐☐	☐☐	☐☐	☐☐		
	3. 成本控制 　节省人工物料控制成本,稽核经费开支能杜浮滥。	☐☐	☐☐	☐☐	☐☐	☐☐		
	4. 建议改进 　对本职有关业务,具有正确见解,并能提出建议,力求改进。	☐☐	☐☐	☐☐	☐☐	☐☐		
品德	1. 诚实 　说实话,做实事,笃实履践,以诚待人,不欺蒙,不取巧。	☐☐	☐☐	☐☐	☐☐	☐☐		
	2. 负责 　勇于负责,贯彻命令,自动自发,劳怨不辞,遇有困难能自行设法解决。	☐☐	☐☐	☐☐	☐☐	☐☐		
	3. 公正 　大公无私,正直不阿,明辨是非,考核严正。	☐☐	☐☐	☐☐	☐☐	☐☐		
	4. 廉洁 　公私公明,取予不苟,律己清廉,涓滴归公。	☐☐	☐☐	☐☐	☐☐	☐☐		
评价								

注:满分为100分;可根据得分多少,评定其素质水平。欠佳=1分,尚可=2分,良好=3分,甚佳=4分,特优=5分

第八节　人力资源内部控制诊断分析

一、人力资源控制状况诊断评价

调查可根据不同对象，采用座谈、访问、调查等定性及定量的多种方法进行。调查测评内容见表 6 – 13。

表 6 – 13　人力资源内控状况调查测评

调查测评内容	是	否	评级	说明
1. 人力资源政策是否有利于企业可持续发展和内部控制的有效执行				
2. 企业是否存在人力资源缺乏或过剩、开发机制不健全，可能导致企业发展战略难以实现的风险				
3. 是否明确各岗位职责权限、任职条件和工作要求，选拔是否公开、公平、公正，是否因人设岗、以岗选人				
4. 是否制定并实施关于员工聘用、培训、辞退与辞职、薪酬、考核、健康与安全、晋升与奖惩等方面的管理制度				
5. 是否存在激励约束制度不合理、关键岗位人员管理不完善，可能导致人才流失、经营效率低下、关键技术/商业秘密丢失等				
6. 高管人员引进是否符合企业当前和长远发展需要，是否有明确的岗位设定和能力要求，是否设定了公平、公正、公开的引进方式				
7. 专业技术人员的引进与开发是否既要关注人才的专业素质、科研能力，又要注意其道德素质、协作精神以及价值观、事业心及责任感				
8. 关键岗位和紧缺人才的聘用、选拔是否制度化、规范化				
9. 对掌握国家秘密和重要的商业秘密的员工离岗是否有限制性的规定				
10. 是否设置科学的业绩考核指标体系，并严格考核与评价，并依据业绩考核作为薪酬/奖金分配、职务调整/员工退出依据				
11. 是否将有效执行内部控制纳入企业绩效考核体系				
12. 关键岗位员工是否有强制休假制度和定期轮岗制度等方面的安排				
13. 是否建立员工培训长效机制，培训是否能满足员工和业务岗位需要，是否存在员工知识老化				
14. 年终是否对人力资源工作情况进行评估，总结经验、完善政策				

总评	分	等级	级	评价:

二、人力资源内控状况诊断评价

通过调查、测试及访谈，人力资源方面存在主要缺陷，见表 6 – 14。

表 6 – 14   人力资源内控状况评价

领域/流程	控制缺失及风险描述	控制能力
1. 规章制度	企业人力资源需求计划不完善，流程欠清晰，招聘流程不完善、晋升、离职制度、流程欠完善	差
2. 政策制定	人力资源政策不够完善、急需技术人才难以引进	差
3. 劳动薪酬	业绩考核指标体系欠科学，薪酬奖金发放、职务提升与业绩考核未直接挂钩，影响劳动效率提高	差
4. 业绩考核	劳动考核不严谨、劳动纪律松懈、有迟到脱岗现象	中
5. 奖惩制度	公司没有完善的激励约束机制；未确定合理目标及考核标准，责、权、利未实现有机结合	差
6. 职业教育	经常开展培训，但与生产需求联系不密切，职工没兴趣	良
7. 职工离职	职工离职未签技术保密、竞业限制期限协议有泄密风险	很差

三、综合评价

通过访问、调查、测试，公司在人力资源方面的内部控制，仍存在不少缺陷，未能充分调动人的积极性，促进团队充满生机与活力，综合评定为 50 分，控制等级定为"中"。

表 6 – 15   人力资源健康状况诊断综合评价

	项目	权重	综合得分	实测分	评议分	备注
劳动指标状况	1. 营业收入额	8				
	2. 人均营业收入	8				
	3. 劳动生产率	8				
	4. 人均附加价值	14				
	5. 人均创利润	12				
	小计	50				
人事管理功能	1. 人事制度完善度	8				
	2. 业务流程及标准化	6				
	3. 机构设置情况	4				
	4. 岗位职责人员配备	6				
	5. 制度执行力度	6				
	小计	30				

续表

	项目	权重	综合得分	实测分	评议分	备注
风险管控能力	1. 风险库建设完善度	8				
	2. 主要风险清晰明确	6				
	3. 风险控制责任与措施	6				
	小计	20				
合计得分		100				
综合评价						

附件 ××公司人力资源风险控制实例

一、人力资源管控风险及控制环节

1. 人力资源流程及潜在风险（见表6-16）

表6-16 人力资源流程及潜在风险

序号	潜在的风险因素
1	人力资源政策违反国家法律、法规，可能遭受外部处罚、经济损失和信誉损失
2	人员需求计划不合理，岗位职责安排不科学，可能导致缺少生产经营需要的人力
3	员工业务能力或者道德素养无法满足所在岗位要求，可能导致企业目标无法实现
4	人力资源激励政策和薪酬制度不合理，可能挫伤员工积极性或者业绩低下
5	薪酬方式不恰当、执行有偏差，可能导致企业资金损失或信用受损

2. 人力资源业务关键环节控制（见表6-17）

表6-17 人力资源业务关键环节控制

序号	关键环节
1	人力资源政策制度符合国家法律法规
2	岗位职责和任职要求应当明确规范，人力资源需求计划应当科学合理，人员外部招聘和内部晋升采取竞争择优的机制
3	培训工作应能提高员工总体素养和专业胜任能力
4	人员考评制度应科学合理，能引导企业员工实现企业目标
5	薪酬制度符合12条有关法律法规、发放标准及程序的要求

3. 职责分工及不相容职责分离（见表6-18）

表6-18 职责分工及不相容岗位职责

控制岗位	主要职责	不相容岗位职责
1. 总经理	审批人力资源部政策、制度和方案 审核年度人员需求计划 确定招聘拟录用人员 审批员工调出、离职、辞退处理决定 审批绩效评估结果和薪酬分配方案 审批薪酬发放表 审批教育培训计划和方案	拟定人力资源各项计划 制订人力资源各项制度、标准 制订人力资源管理方案

续表

控制岗位	主要职责	不相容岗位职责
2. 主管副总经理	审核人力资源部政策、制度和方案 审核招聘拟录用人员 审核员工调出、离职、辞退处理决定 审核绩效评估结果和薪酬分配方案 审核薪酬发放表 审核教育培训计划	审批人力资源各项计划 审批人力资源各项制度、标准 制订人力资源管理方案
3. 人力资源部部长	制定人力资源管理规章制度和工作流程 组织制定年度人员需求计划 组织招聘拟录用人员 拟订员工调出、离职、辞退处理决定 制定绩效考评方案 审核绩效评估结果 制定薪酬分配方案 制定教育培训计划 批准教育培训方案	批准人力资源需求计划 ➤批准员工招聘、调出、离职、辞退处理决定 批准绩效考评方案和薪酬分配方案 ➤制定薪酬发放表 批准教育培训计划
4. 人力资源部专责	起草人力资源管理规章制度和工作流程 编制年度人员需求计划 参与组织招聘拟录用人员 草拟员工调出、离职、辞退处理决定 拟订绩效考评方案 汇总绩效评估结果 拟订薪酬分配方案 草拟教育培训计划 拟订教育培训方案	制定人力资源政策和相关制度 审批员工招聘、调出、离职、辞退处理决定 批准绩效考评方案和薪酬分配方案 核定薪酬发放表 批准教育培训计划和方案
5. 财务部部长	审核薪酬发放表 批准发放工资和绩效奖金	执行具体结算工作
6. 付账款会计	核对薪酬发放表并入账	批准付款
7. 出纳	支付工资和绩效奖金	编制记账凭证
8. 各职能部门	拟订各部门年度人员需求计划 参与招聘 审核 审核本部门绩效评估结果 建议部门员工薪酬分配方案 提出教育培训需求计划	批准本部门员工调出、离职、辞退处理决定

二、人力资源需求计划、外部招聘流程与关键控制点

1. 具体流程（略）

2. 关键控制活动分析及说明（见表 6－19）

表 6－19　人力资源需求计划及外部招聘流程关键控制点

序号	关键控制点	涉及岗位	活动描述	风险分析	风险级别	防范措施	制度援引
1	制定年度人员需求计划	人力资源部	征求并制定年度人力资源需求	年度人员需求配置计划不合理，未考虑到公司的长远发展	二级	制定年度人员需求计划有详细的分析过程	
2	人员需求计划申请	相关部门	各部门人员提出需求申请	本部门人员需求不清晰、不准确	二级	提供详细分析本部门人力资源配置状况的说明，分析上提出需求申请	
3	公司领导审核	公司领导	公司领导对人力资源需求计划进行审核	越权审核或未经审核	二级	严格按照审核权限进行审核	
4	报上级公司人力资源部审批	上级公司人力资源部	对各分公司递交的年度人力资源需求计划进行审批	越权审批或未经审批	二级	严格按照审批权限进行审批	209.015
5	根据年度需求计划制定外部招聘方案	人力资源部	制定公司外部招聘方案	方案制定不合理导致无法招到合适的人员	三级	设定筛选、初试、复试程序，全方位评估应聘人员	
6	应届毕业生初步筛选	上级公司人力资源部	应届毕业生简历筛选	拟招聘毕业生的个性及基本素质不符合公司要求、企业文化及价值观取向	三级	审核应聘资料，确保应聘毕业生基本符合公司的招聘要求、筛选符合公司文化和价值观取向的应届毕业生	
		上级公司人力资源部	应届毕业生第一轮笔试	拟招聘人员不具备基本专业知识和技能	三级	笔试测试应聘人员的一般能力及专业知识技能	
7	集团内部招聘初步筛选	人力资源部	集团内部招聘简历筛选	拟招聘人员的专业任职能力要求、个性及基本素质不符合公司要求	三级	审核应聘资料，确保应聘人员符合公司的专业任职要求	

续表

序号	关键控制点	涉及岗位	活动描述	风险分析	风险级别	防范措施	制度援引
7	集团内部招聘初步筛选	人力资源部	拟招聘人员背景调查	应聘人员经历、职业道德不符合公司企业文化及价值观取向	三级	筛选符合公司文化和价值观取向的应聘人员	
	初试	人力资源部、用人部门	初试	拟招聘人员的基本素质和职业道德不符合公司要求	三级	检查个人资料和证书的真实性，设定面试内容深入了解招聘人员的个性、经历及职业道德	
	复试及体检	用人部门、人力资源部	复试及体检	招聘对象的专业知识及技能、身体健康状况不满足任职要求，应聘人员对于岗位要求、薪资等认识不清，容易导致违约风险	三级	说明公司人力资源政策，对于岗位专业任职要求和薪资待遇进行进一步的沟通、体检，提高招聘成功率	
	拟录取人员确定	公司领导	确定拟录取人员	拟录取了不适合的人员	三级	综合评估应聘人员，确定拟录取人员	209.015
8	拟招聘人员审批、备案	上级公司人力资源部	拟录取人员审批	不符合上级公司对于人力资源素质的要求	三级	严格审批	
		市人才服务中心	将拟招聘应届毕业生到市人才服务中心备案	不符合地方人员引进要求	三级	及时备案	
9	办理人员录用手续	人力资源部	办理人员录用手续	应届毕业生签订三方协议后违约	三级	签订协议前要明确学生的意向，同时明确违约金等一系列条款；一旦发生违约，立即开展补充招聘	

3. 内部控制自我评价（见表 6－20）

表 6－20　人力资源需求计划及外部招聘流程内控测试矩阵

关键控制活动	相关表单	控制活动痕迹	测试程序	测试方式	发生频率	备注
制定年度人员需求计划——人力资源部	年度人员需求计划通知	下发的计划的制定是否有依据	人员需求配置计划是否基于基于公司的长远发展进行分析，与公司的战略目标、生产经营要求是否相适应	检查是否有分析文档	1 年	
人员需求计划申请——用人部门	人员需求申请表	是否考虑部门自身的需求情况	是否有部门正常人员需求和人才储备的详细分析	检查是否有分析文档	1 年	
公司领导审批——公司领导	公司年度人员需求和招聘计划	领导审核痕迹	是否有审核痕迹	抽查凭据	1 年	
报上级公司人力资源部审批——上级公司人力资源部	公司年度人员需求和招聘计划	审批痕迹	是否有审批痕迹	抽查凭据	随机	
制订公司外部招聘方案——人力资源部	招聘方案	面试内容、复试内容	抽查招聘方案	检查招聘方案设定方案	随机	
初试——人力资源部、用人部门	面试成绩评估表	面试记录	面试内容设定	检查面试记录	随机	
复试——人力资源部、用人部门	复试综合评估表	复试记录	询问有无在招聘过程中与应聘人员进行充分的信息沟通	询问	随机	
确定拟录取人员——公司领导	拟录取人员名单	领导审批痕迹	询问招聘人员有无详细地了解应聘人员的信息	询问	随机	
拟录取人员审批——上级公司	上级公司批复	上级公司批复发文	上岗前应聘人员有无进行职业健康体检	抽查凭据	随机	
办理人员录用手续——人力资源部	入职手续清单	办理人职流程过程中各部门签字	抽查拟录取人员申请报告，检查有无经过领导审批	抽查凭据	随机	
			抽查拟录取人员集团批复，检查有无经过集团批复	抽查凭据	随机	
			检查三方协议/劳动合同中有无明确违约金等条款	抽查凭据	随机	
			检查有无针对违约事项的弥补措施	检查凭据	随机	

三、公司内部晋升、招聘流程及风险控制

1. 具体流程（略）

2. 关键控制活动分析及说明（见表 6-21）

表 6-21 内部晋升、招聘流程关键控制点

序号	关键控制点	涉及岗位	活动描述	风险分析	风险级别	防范措施	制度援引
1	确定内部岗位空缺需求	公司领导、人力资源部、用人部门	确定公司内部职位空缺	需求不准确，内部招聘计划未考虑到公司的长远发展	三级	详细分析岗位空缺原因及用人需求	
2	发布招聘通告	人力资源部	制订招聘方案、发布招聘通知	方案制定不合理，导致无法招聘、选拔到合适的人员	三级	设定人员筛选、笔试、部门考评等综合测评程序，全方位评估应聘人员	
3	任职资格审核	人力资源部	任职资格审核	拟招聘人员不符合任职条件	三级	根据部门绩效考评结果和空缺岗位《岗位说明书》任职要求进行严格审核，安排符合条件的应聘者参加选拔	209.015
4	笔试	人力资源部、用人部门	笔试	拟招聘人员不具备岗位所需的专业技术知识和技能	三级	利用笔试测试应聘人员的专业技术知识和技能	
5	综合测评	人事管理委员会、用人部门、人力资源部	综合测评	拟招聘人员的综合素质不符合空缺岗位要求	三级	利用面试、竞聘演讲和问答、民主推荐等程序综合测评、深入了解招聘人员的综合素质、工作方法和思路	
6	确定拟任用对象	人事管理委员会	确定拟任用对象	重要职位录取了不适合的人员	三级	综合评估应聘人员，确定任用对象	
7	办理人员任用手续	薪酬及绩效管理专责、人力资源部人事专责	调整调动晋升人员薪资、人事档案存档				

3. 内部控制自我评价（见表 6 – 22）

表 6 – 22　内部晋升、招聘流程内控测试矩阵

关键控制活动	相关表单	控制活动痕迹	测试程序	测试方式	发生频率	备注
确定内部岗位空缺需求	填补职位空缺申请表	内部岗位空缺需求分析	抽查《填补职位空缺申请表》	抽查凭据	随机	
发布招聘通告	招聘通告	招聘通告	抽查内部招聘方案	检查招聘方案	随机	
任职资格审核	空缺岗位双向选择申请表		询问有无对应聘人员任职资格进行详细审核，抽查《空缺岗位双向选择申请表》	抽查凭据	随机	
综合测评	应聘人员综合测评成绩单	综合测评记录	询问综合测评机制是否公正、透明，检查综合测评记录	抽查测评方案、面试记录表、民主测评表、综合评估表	随机	
确定拟调配、任用对象	人事变动审批表	公司逐级审批	检查人事变动审批记录	抽查凭据	随机	

四、调出、离职与辞退员工流程与风险控制

1. 具体流程（略）
2. 关键控制活动分析及说明（见表 6 – 23）

表6－23　调出、离职、辞退员工流程关键控制点

序号	关键控制点	涉及岗位	活动描述	风险分析	风险级别	防范措施	制度援引
1	受理员工调出、离职、辞退申请	用人部门	个人或部门提出员工调出、离职、辞退申请	员工未提前告知辞职导致生产经营正常工作受影响	三级	制度规定员工辞职需要提前30天提交辞职申请和辞退报告	
				涉密岗位、重要岗位人员流失	三级	详细分析辞退员工离职、辞退原因	
				辞退员工的法律风险	三级	用人部门因员工违纪等原因提出辞退申请的，应该根据国家法律法规提出违纪事实报告，员工签字确认后方可辞退	
2	审批员工调出、离职、辞退处理决定	公司领导	审批员工调出、离职、辞退处理决定	审批程序不严导致责任缺失	三级	严格按照人事变动审批程序进行审核	
3	发出人事变动通知	人力资源部	通知各部门人事变动情况	各部门不清楚人事变动，未按规定办理离职相关手续和交接工作	三级	发出人事变动通知的同时，通知各部门协助办理离职相关手续	
4	办理员工离任手续，交接工作	用人部门、相关部门	办理离职手续，交接工作	涉密、敏感岗位（公司各级管理人员、财会、采购、仓管等），重要岗位任职导致泄密、财务风险	三级	涉密、敏感岗位（公司各级管理人员、财会、采购、仓管等），实际需要确定是否进行离任审计	209.015
5	交接工作完毕，相关部门签字确认	相关部门	相关部门确认交接工作结束	员工离任前未归还公司财务、信息，未退还培训费和协议违约金	三级	员工离任前清还公司借款、电话费、退还培训协议未履行部分的费用和违约金，归还公司卡和其他财物，相关部门签字确认	
				特殊岗位员工离岗前未进行职业健康念查导致职业病纠纷法律风险	三级	接触职业健康风险岗位员工离岗前接受职业健康检查，人力资源部确认	
6	发出解除劳动通知书	人力资源部	签订、公示、送达解除劳动合同通知书	未及时签订、公示、送达解除劳动合同导致劳动纠纷法律纠纷	三级	及时签订、公示、送达解除劳动合同通知书	
				未及时结清工资待遇，经济补偿金和违约金导致劳动法律纠纷	三级	及时结清工资待遇，经济补偿金和违约金	
7	转移并处理离任员工档案	人力资源部	人事档案整理转移	人事档案遗失风险	三级	及时整理，转移离任员工人事档案	

3. 内部控制自我评价（见表 6 – 24）

表 6 – 24 调出、离职、辞退员工流程内控测试矩阵

关键控制活动	相关表单	控制活动痕迹	测试程序	测试方式	发生频率	备注
个人或部门提出员工调出、离职、辞退申请	员工辞职报告、离职员工反馈表	员工辞职报告和离职原因分析	询问有无对员工调出、离职、辞退原因进行调查分析	询问离职反馈结果	随机	
审批员工调出、离职、辞退处理决定	人事变动审批表	员工调出、离职、辞退逐级审批	抽查内部审批文件	抽查凭据	随机	
通知各部门人事变动情况	人事变动通知单	人事变动通知	抽查人事变动通知单	抽查凭据	随机	
办理离职手续、交接工作	离职手续确认单	清偿、归还、退还公司财物和其他规定的物品	抽查离职手续确认单	抽查凭据	随机	
相关部门确认交接工作结束		公司各部门签字确认离职手续和交接工作结束	抽查签名确认表单、职业健康检查记录	抽查凭据	随机	
确认解除劳动合同	解除劳动合同通知书	签订、公示、送达解除劳动合同通知书	抽查解除劳动合同通知书	抽查凭据	随机	
人事档案整理转移	人事档案转移通知单	人事档案转移通知	抽查人事档案转移通知单	抽查凭据	随机	

五、职工薪酬确定与发放流程及风险控制点

1. 具体流程（略）

2. 关键控制活动分析及说明（见表 6-25）

表 6-25 薪酬确定与发放流程及风险控制点

序号	关键控制点	涉及岗位	活动描述	风险分析	风险级别	防范措施	制度援引
1	效益工资、奖金分配方案审批	用人部门、人力资源部、公司领导	根据用人部门的绩效考评结果，制定效益工资和奖金分配方案，提交公司领导审批	效益工资和奖金分配方案不符合公司政策，不能有效激励员工的工作积极性	三级	薪酬与绩效考评结果挂钩，及时沟通，认真执行公司绩效考评和薪酬分配制度	无
2	制作薪酬发放表	人力资源部	人力资源部根据效益工资、奖金分配方案以及考勤结果制作月度薪酬发放明细表	工资或社保、住房公积金等代扣代缴项计算错误	三级	计算人员工作认真仔细，核表人员注意核对	无
3	领导审核	人力资源部、公司领导	薪酬发放表审签	不符合公司政策的薪酬发放表获得审核通过	三级	加强与公司领导、财务部门的沟通	无
4	将薪酬发放表交财务部计算交税、出账、发放、出账	人力资源部、财务部	财务部计算、出账、发放	个税计算错误，相关人员非法篡改发放工资金额	二级	计税人员工作认真仔细，核对审批后发放，加强职业操守	无
5	银行向员工银行卡转账	财务部	银行根据公司资料向员工银行卡转账	银行向员工转账金额不符	三级	每月核对银行对账单，出现错误，及时交涉	无
6	薪酬查询系统导入月度薪酬发放清单	财务部	财务部将每月薪酬发放明细导入薪酬查询系统供员工查询	薪酬计算或发放错误	三级	员工查看工资单复核	无

3. 内部控制自我评价（见表6-26）

表6-26 薪酬确定与发放流程内控测试矩阵

关键控制活动	相关表单	控制活动痕迹	测试程序	测试方式	发生频率	备注
根据用人部门的绩效考评结果制定效益工资和奖金分配方案，提交公司领导审批	效益工资和奖金分配方案	效益工资和奖金分配方案与绩效考评结果一致	询问员工薪酬是否与绩效考评结果挂钩，薪酬是否具有激励作用	询问员工激励和薪酬制度实施情况	每季度1次	
人力资源部根据效益工资、奖金分配方案以及考勤结果制作月度薪酬发放明细表	薪酬发放表	薪酬发放审签记录	检查薪酬发放表是否计算正确，是否有涂改现象	抽查凭据	每月1次	
薪酬发放表审签	薪酬发放表	薪酬发放审签记录	检查薪酬发放表有无领导审核痕迹	抽查凭据	每月1次	
财务部计税、出账、发放	薪酬发放表		检查薪酬发放表是否有不符合公司政策的修改痕迹	抽查凭据	每月1次	
银行根据公司资料向员工银行卡转账	薪酬发放表		检查确认银行对账单同公司提供的薪资资料是否一致	抽查凭据	每月1次	
财务部将每月薪酬发放明细导入薪酬查询系统供员工查询	薪酬发放表		抽查薪酬查询系统数据是否与薪酬发放明细一致	抽查凭据	每月1次	

六、职工教育培训流程与关键控制点

1. 具体流程（略）

2. 关键控制活动分析及说明（见表6-27）

表 6－27 教育培训流程与关键控制点

序号	关键控制点	涉及岗位	活动描述	风险分析	风险级别	防范措施	制度援引
1	汇总员工需求并根据公司需要形成初步计划	各部门员工、人力资源部	人力资源部汇总各部门及员工提出的培训需求	员工申报培训需求时过分随意，后果不参加培训导致资源浪费	二级	归纳汇总员工个性化培训需求。从公司角度统一设计课程体系，尤其是核心体系中的部分课程	无
			人力资源部提出初步培训计划	需要相关岗位资质的员工未获得应有培训，导致员工未参加从业资格考试	二级	提醒和要求员工获得上岗证书，编列相应培训计划。通报警告未获证书者	无
2	审批	人力资源部、公司领导、公司	公司领导审批	初步培训计划未获得领导有效审批	三级	与公司领导及时沟通相关的信息	无
			公司审批	初步培训计划未获得公司有效审批	三级	与公司领导及沟通相关信息沟通	202.001
3	策划培训方案	人力资源部	人力资源部根据年度培训计划策划培训方案	策划的培训方案不完善，导致培训组织混乱	二级	提高人员素质，加强培训组织能力	无
4	培训效果评估	各部门员工、人力资源部	人力资源部组织开展培训评估	培训活动不能满足员工需要，导致培训重复或缺失	二级	加强与部门及员工沟通、拓展评估方法	无
			人力资源部将员工培训记录存档	员工培训记录存档发生缺失遗漏，导致相关信息不全	三级	提高人员素质，加强培训组织能力	无
5	培训信息维护	人力资源部	人力资源部负责维护培训信息	培训信息维护混乱，导致聘用同主题重复培训，反复聘用不合格培训师	二级	加强培训信息维护的管理	无

3. 内部控制自我评价（见表 6 - 28）

表 6 - 28　教育培训流程自评矩阵

关键控制活动	相关表单	控制活动痕迹	测试程序	测试方式	发生频率（次/年）	备注
汇总员工需求并根据公司需要形成初步计划——人力资源部	员工培训的书面申请表 部门培训计划需求表	员工提出培训申请后，根据员工培训计划需求表抽查是否参加培训	抽查凭据，核对员工培训申请和员工培训记录档案	1	
审批——公司领导	初步培训计划	公司领导审批	抽查需岗位资质员工是否获得上岗资质	抽查上岗证书	1	
			检查有无领导审核批准的痕迹	抽查凭据	1	
策划培训方案——人力资源部	年度培训计划	N/A	检查培训方案的底稿	抽查培训方案底稿	5 ~ 10	
培训评估——人力资源部	进行培训评估	培训评估表	检查培训评估结果	抽查培训评估结果	5 ~ 10	
培训信息维护——人力资源部	员工培训记录存档	EHR 系统	观察培训信息维护结果	抽查培训记录、询问		

附录一 18个行业绩效评价国际标准值（2010）

石油石化工业

项　　目	优秀值	良好值	平均值	较低值	较差值
净资产收益率（%）	12.0	6.6	1.2	-13.3	-22.2
总资产报酬率（%）	8.7	4.9	1.1	-4.8	-10.8
销售（营业）利润率（%）	15.5	8.4	1.3	-12.9	-22.1
盈余现金保障倍数	2.9	2.2	1.6	1.0	0.5
成本费用利润率（%）	16.8	8.7	0.6	-9.1	-18.6
资本收益率（%）	37.6	19.0	0.4	-18.8	-38.0
总资产周转率（次）	0.9	0.6	0.4	0.2	0.1
应收账款周转率（次）	8.9	7.4	5.9	4.5	3.1
流动资产周转率（次）	3.8	3.0	2.2	1.6	1.0
资产现金回收率（%）	14.8	12.2	9.6	6.2	2.8
资产负债率（%）	41.4	48.8	56.2	66.6	77.0
已获利息倍数	8.3	4.6	0.9	-2.9	-6.6
速动比率（%）	139.5	111.3	83.1	65.7	48.2
现金流动负债比率（%）	121.7	85.8	55.6	32.9	10.2
带息负债比率（%）	30.8	41.3	51.7	62.6	73.5
销售（营业）增长率（%）	-13.7	-23.7	-33.7	-40.6	-47.5
资本保值增值率（%）	120.3	111.1	101.9	87.5	73.1
销售（营业）利润增长率（%）	0.1	-29.5	-47.3	-70.7	-98.9
总资产增长率（%）	17.1	9.7	2.2	-7.5	-17.2
技术投入比率（%）	4.2	3.0	1.0	0.7	0.2

黑色金属冶炼业

项　　目	优秀值	良好值	平均值	较低值	较差值
净资产收益率（%）	12.4	7.3	2.3	−5.6	−13.5
总资产报酬率（%）	6.6	4.3	2.0	−1.9	−5.8
销售（营业）利润率（%）	7.0	4.5	1.9	−2.2	−6.3
盈余现金保障倍数	3.8	2.7	1.5	0.4	−0.6
成本费用利润率（%）	6.8	4.1	1.4	−2.9	−7.1
资本收益率（%）	28.5	16.7	5.0	−12.2	−29.4
总资产周转率（次）	1.2	1.0	0.9	0.7	0.6
应收账款周转率（次）	7.6	6.4	5.2	4.1	3.1
流动资产周转率（次）	2.5	2.2	1.8	1.5	1.2
资产现金回收率（%）	12.2	8.7	5.1	1.1	−2.9
资产负债率（%）	42.8	51.5	60.3	70.0	79.8
已获利息倍数	13.0	7.4	1.9	−5.0	−11.8
速动比率（%）	142.0	110.8	79.7	60.5	41.3
现金流动负债比率（%）	48.8	33.6	18.3	3.7	−10.8
带息负债比率（%）	32.5	44.1	55.6	66.7	77.8
销售（营业）增长率（%）	6.6	−6.2	−18.9	−31.2	−43.5
资本保值增值率（%）	110.6	102.9	95.1	86.4	77.6
销售（营业）利润增长率（%）	−4.7	−34.7	−64.6	−76.8	−92.9
总资产增长率（%）	5.5	−0.4	−6.3	−13.8	−21.2
技术投入比率（%）	2.5	1.6	1.3	0.9	0.4

有色金属业

项 目	优秀值	良好值	平均值	较低值	较差值
净资产收益率（%）	10.1	5.8	1.5	-9.2	-19.9
总资产报酬率（%）	7.0	4.3	1.7	-1.8	-5.2
销售（营业）利润率（%）	7.4	4.6	1.9	-1.7	-5.3
盈余现金保障倍数	4.2	2.8	1.4	0.2	-1.0
成本费用利润率（%）	6.2	3.8	1.5	-2.7	-6.9
资本收益率（%）	18.9	11.3	3.7	-12.3	-28.4
总资产周转率（次）	1.2	1.1	0.9	0.7	0.5
应收账款周转率（次）	6.9	5.8	4.8	3.9	3.0
流动资产周转率（次）	2.3	2.0	1.7	1.4	1.0
资产现金回收率（%）	12.3	9.0	5.7	1.4	-2.9
资产负债率（%）	38.5	47.4	56.2	66.4	76.7
已获利息倍数	10.3	6.1	1.9	-1.2	-4.4
速动比率（%）	151.0	118.7	86.5	68.8	51.2
现金流动负债比率（%）	44.4	30.2	15.9	4.2	-7.5
带息负债比率（%）	30.3	41.2	52.1	63.5	74.8
销售（营业）增长率（%）	-3.4	-12.8	-22.3	-31.0	-39.7
资本保值增值率（%）	114.5	107.0	99.5	89.1	78.8
销售（营业）利润增长率（%）	22.8	-14.8	-52.5	-76.7	-97.2
总资产增长率（%）	9.2	2.9	-3.5	-11.3	-19.1
技术投入比率（%）	2.3	1.9	1.3	0.9	0.1

煤炭工业

项　　目	优秀值	良好值	平均值	较低值	较差值
净资产收益率（%）	23.2	18.9	12.6	8.3	2.6
总资产报酬率（%）	15.0	11.7	8.3	5.4	2.5
销售（营业）利润率（%）	28.0	19.6	11.2	6.7	2.3
盈余现金保障倍数	2.5	1.9	1.3	0.8	0.3
成本费用利润率（%）	28.2	19.5	10.8	4.1	−2.6
资本收益率（%）	56.6	39.0	21.4	12.3	3.1
总资产周转率（次）	1.0	0.8	0.6	0.5	0.4
应收账款周转率（次）	13.8	11.1	8.4	6.5	4.5
流动资产周转率（次）	4.1	3.2	2.3	1.7	1.1
资产现金回收率（%）	19.1	14.8	10.5	6.4	2.3
资产负债率（%）	39.0	50.6	62.3	70.7	79.2
已获利息倍数	21.5	12.1	5.4	3.1	0.9
速动比率（%）	178.7	133.6	88.4	61.4	34.4
现金流动负债比率（%）	109.3	80.3	51.3	28.7	6.1
带息负债比率（%）	16.3	30.1	43.9	53.9	63.9
销售（营业）增长率（%）	15.7	7.0	−1.8	−11.2	−20.6
资本保值增值率（%）	124.7	118.1	111.4	100.1	88.7
销售（营业）利润增长率（%）	46.6	20.8	−5.0	−34.6	−64.2
总资产增长率（%）	19.4	11.3	3.2	−6.0	−15.2
技术投入比率（%）	2.5	1.9	1.5	1.0	0.5

电力生产业

项 目	优秀值	良好值	平均值	较低值	较差值
净资产收益率（%）	13.4	10.6	7.7	4.3	0.9
总资产报酬率（%）	7.2	5.8	4.4	2.4	0.4
销售（营业）利润率（%）	19.7	15.7	11.7	6.4	1.1
盈余现金保障倍数	3.2	2.6	2.0	1.6	1.2
成本费用利润率（%）	20.7	15.4	10.1	5.3	0.5
资本收益率（%）	31.3	21.7	12.0	6.4	0.7
总资产周转率（次）	0.5	0.4	0.3	0.3	0.2
应收账款周转率（次）	8.9	7.2	5.5	4.2	2.9
流动资产周转率（次）	3.1	2.6	2.0	1.5	1.0
资产现金回收率（%）	9.8	8.4	6.9	5.2	3.4
资产负债率（%）	54.8	62.6	70.4	76.9	83.4
已获利息倍数	4.9	3.5	2.2	0.9	-0.4
速动比率（%）	116.6	99.3	81.9	62.6	43.2
现金流动负债比率（%）	71.4	57.5	43.5	30.0	16.6
带息负债比率（%）	41.4	48.7	56.0	66.2	76.3
销售（营业）增长率（%）	9.8	2.1	-5.5	-12.9	-20.2
资本保值增值率（%）	116.9	111.1	105.3	96.0	86.6
销售（营业）利润增长率（%）	23.1	7.5	-8.0	-36.8	-65.7
总资产增长率（%）	18.4	11.4	4.4	-2.4	-9.2
技术投入比率（%）	1.9	1.2	0.8	0.3	0.1

电力供应业

项　　目	优秀值	良好值	平均值	较低值	较差值
净资产收益率（％）	17.7	13.4	9.1	4.9	0.8
总资产报酬率（％）	7.7	6.4	5.1	3.4	0.7
销售（营业）利润率（％）	18.6	14.5	10.3	6.0	1.8
盈余现金保障倍数	2.8	2.3	1.7	1.3	1.0
成本费用利润率（％）	20.6	15.8	10.9	6.1	1.2
资本收益率（％）	42.2	28.8	15.4	8.5	1.6
总资产周转率（次）	0.6	0.5	0.4	0.3	0.2
应收账款周转率（次）	7.5	6.1	4.7	3.4	2.2
流动资产周转率（次）	3.3	2.8	2.3	1.7	1.1
资产现金回收率（％）	11.8	9.4	6.9	5.0	3.0
资产负债率（％）	49.2	59.3	69.4	74.5	79.7
已获利息倍数	5.6	4.1	2.7	1.2	−0.4
速动比率（％）	134.1	107.1	80.2	66.5	52.8
现金流动负债比率（％）	73.7	58.2	42.7	28.3	14.0
带息负债比率（％）	31.9	40.4	48.9	59.3	69.7
销售（营业）增长率（％）	7.8	2.3	−3.3	−7.9	−12.6
资本保值增值率（％）	117.7	111.6	105.5	96.8	88.0
销售（营业）利润增长率（％）	9.7	0.7	−8.3	−31.5	−54.8
总资产增长率（％）	13.0	8.4	3.8	−3.3	−10.4
技术投入比率（％）	1.0	0.8	0.6	0.4	0.2

通信业

项　　目	优秀值	良好值	平均值	较低值	较差值
净资产收益率（%）	22.7	15.4	8.1	−2.5	−13.2
总资产报酬率（%）	12.2	9.2	6.1	2.3	−1.5
销售（营业）利润率（%）	22.4	16.9	11.3	4.6	−2.0
盈余现金保障倍数	4.3	3.4	2.5	2.0	1.4
成本费用利润率（%）	22.9	16.0	9.1	2.0	−5.1
资本收益率（%）	32.5	20.8	9.1	0.6	−7.9
总资产周转率（次）	0.7	0.6	0.5	0.5	0.4
应收账款周转率（次）	9.5	7.8	6.2	4.9	3.6
流动资产周转率（次）	3.7	3.1	2.6	2.1	1.6
资产现金回收率（%）	18.3	15.8	13.3	9.9	6.5
资产负债率（%）	49.4	58.1	66.7	79.3	92.0
已获利息倍数	10.4	6.9	3.3	1.4	−0.6
速动比率（%）	121.8	101.8	81.8	64.5	47.2
现金流动负债比率（%）	94.0	74.8	55.5	37.4	19.4
带息负债比率（%）	29.7	39.2	48.7	59.8	70.9
销售（营业）增长率（%）	5.7	0.9	−4.0	−9.5	−15.0
资本保值增值率（%）	115.7	109.0	102.3	90.6	78.9
销售（营业）利润增长率（%）	30.5	12.0	−6.6	−27.3	−47.9
总资产增长率（%）	11.9	6.5	1.1	−6.1	−13.3
技术投入比率（%）	4.0	2.6	1.5	0.9	0.3

商贸业

项　　目	优秀值	良好值	平均值	较低值	较差值
净资产收益率（％）	15.8	11.1	6.4	1.6	−3.3
总资产报酬率（％）	10.0	7.3	4.6	2.0	−0.6
销售（营业）利润率（％）	6.2	4.3	2.4	1.1	−0.2
盈余现金保障倍数	3.1	2.4	1.7	1.2	0.7
成本费用利润率（％）	5.7	3.9	2.0	0.8	−0.4
资本收益率（％）	36.6	24.9	13.1	1.5	−10.1
总资产周转率（次）	2.4	2.0	1.6	1.2	0.9
应收账款周转率（次）	18.0	13.7	9.1	6.6	4.1
流动资产周转率（次）	5.1	4.2	3.2	2.6	1.9
资产现金回收率（％）	13.8	10.8	7.8	4.5	1.1
资产负债率（％）	49.4	56.5	63.7	72.1	80.4
已获利息倍数	14.6	9.5	4.4	1.4	−1.6
速动比率（％）	120.5	99.6	78.7	59.3	39.9
现金流动负债比率（％）	47.7	34.6	21.5	12.1	2.7
带息负债比率（％）	19.3	29.5	39.7	51.0	62.3
销售（营业）增长率（％）	8.8	2.3	−4.1	−11.8	−19.6
资本保值增值率（％）	115.4	109.2	103.0	93.8	84.6
销售（营业）利润增长率（％）	23.0	5.0	−13.1	−48.0	−83.0
总资产增长率（％）	10.6	4.9	−0.7	−7.9	−15.1
技术投入比率（％）	1.0	0.6	0.4	0.3	0.2

航空工业

项 目	优秀值	良好值	平均值	较低值	较差值
净资产收益率（%）	18.6	14.0	9.5	4.1	-1.2
总资产报酬率（%）	10.1	7.3	4.6	2.6	0.6
销售（营业）利润率（%）	11.3	9.2	7.2	3.9	0.7
盈余现金保障倍数	2.1	1.7	1.4	0.9	0.4
成本费用利润率（%）	12.4	9.7	7.1	3.8	0.5
资本收益率（%）	36.4	28.2	20.1	9.9	-0.3
总资产周转率（次）	1.0	0.9	0.8	0.6	0.5
应收账款周转率（次）	6.7	5.9	5.2	4.1	3.1
流动资产周转率（次）	2.2	2.0	1.7	1.4	1.0
资产现金回收率（%）	10.3	8.7	7.0	4.4	1.8
资产负债率（%）	52.3	57.2	62.1	73.6	85.0
已获利息倍数	10.2	8.2	6.1	4.2	2.2
速动比率（%）	159.3	131.6	103.9	80.6	57.3
现金流动负债比率（%）	53.0	40.1	27.2	15.3	3.5
带息负债比率（%）	19.1	30.4	41.8	51.7	61.7
销售（营业）增长率（%）	6.4	1.7	-3.1	-10.7	-18.3
资本保值增值率（%）	122.2	116.6	110.9	104.7	98.6
销售（营业）利润增长率（%）	12.1	-6.3	-24.7	-52.4	-80.2
总资产增长率（%）	12.9	7.3	1.7	-1.7	-5.1
技术投入比率（%）	5.8	4.3	3.0	2.2	0.9

航天工业

项　　目	优秀值	良好值	平均值	较低值	较差值
净资产收益率（％）	15.6	12.8	10.1	4.4	−1.2
总资产报酬率（％）	10.2	7.5	4.8	2.7	0.5
销售（营业）利润率（％）	11.8	9.5	7.3	3.9	0.6
盈余现金保障倍数	2.0	1.7	1.4	0.9	0.4
成本费用利润率（％）	11.9	9.3	6.8	3.6	0.4
资本收益率（％）	36.4	28.7	21.1	10.4	−0.3
总资产周转率（次）	1.0	0.9	0.8	0.6	0.4
应收账款周转率（次）	7.1	6.1	5.1	4.1	3.0
流动资产周转率（次）	2.2	1.9	1.7	1.2	0.8
资产现金回收率（％）	10.1	8.2	6.2	4.4	2.6
资产负债率（％）	52.0	56.7	61.5	71.8	82.1
已获利息倍数	13.4	9.7	5.9	4.2	2.4
速动比率（％）	135.0	116.0	97.0	77.0	57.0
现金流动负债比率（％）	44.7	32.5	20.3	12.8	5.3
带息负债比率（％）	16.4	25.0	33.6	47.7	61.8
销售（营业）增长率（％）	6.9	1.6	−3.6	−11.1	−18.5
资本保值增值率（％）	122.2	116.3	110.5	104.3	98.0
销售（营业）利润增长率（％）	15.4	−0.2	−15.9	−49.3	−82.8
总资产增长率（％）	15.7	9.0	2.4	−1.1	−4.7
技术投入比率（％）	6.3	4.5	3.0	2.2	0.9

造船工业

项　目	优秀值	良好值	平均值	较低值	较差值
净资产收益率（％）	21.6	14.6	7.5	−2.2	−11.9
总资产报酬率（％）	7.8	5.4	3.0	0.0	−2.9
销售（营业）利润率（％）	16.5	11.0	5.6	0.1	−5.3
盈余现金保障倍数	2.3	1.5	0.8	−0.5	−1.7
成本费用利润率（％）	20.0	12.1	4.3	−1.2	−6.6
资本收益率（％）	47.3	31.6	15.8	−2.3	−20.4
总资产周转率（次）	1.0	0.8	0.6	0.5	0.3
应收账款周转率（次）	9.1	6.6	4.1	2.8	1.6
流动资产周转率（次）	1.5	1.3	1.2	0.8	0.5
资产现金回收率（％）	8.6	6.1	3.6	−1.7	−7.0
资产负债率（％）	57.8	62.6	67.3	76.4	85.5
已获利息倍数	15.8	9.2	2.8	−2.8	−8.5
速动比率（％）	100.9	90.9	80.8	61.7	42.6
现金流动负债比率（％）	18.0	12.3	6.6	−6.0	−18.7
带息负债比率（％）	8.0	15.6	23.2	37.8	52.5
销售（营业）增长率（％）	19.2	6.8	−5.5	−19.1	−32.8
资本保值增值率（％）	122.0	110.0	98.0	91.6	85.1
销售（营业）利润增长率（％）	32.0	2.8	−26.4	−59.6	−93.5
总资产增长率（％）	12.5	7.4	2.3	−8.4	−19.1
技术投入比率（％）	5.0	3.5	2.8	2.0	0.4

航空运输业

项　　目	优秀值	良好值	平均值	较低值	较差值
净资产收益率（％）	14.6	9.3	4.0	−13.5	−18.6
总资产报酬率（％）	6.2	4.0	1.9	−1.6	−5.0
销售（营业）利润率（％）	8.6	5.2	1.8	−2.4	−6.6
盈余现金保障倍数	4.0	2.9	1.8	1.3	0.9
成本费用利润率（％）	8.1	4.8	1.6	−3.0	−7.6
资本收益率（％）	27.7	16.7	5.6	−23.2	−52.1
总资产周转率（次）	1.2	1.0	0.8	0.6	0.5
应收账款周转率（次）	15.5	11.2	8.6	6.7	4.7
流动资产周转率（次）	4.3	3.6	2.9	2.3	1.7
资产现金回收率（％）	9.8	7.8	5.8	1.4	−3.1
资产负债率（％）	53.7	64.8	75.9	84.7	93.4
已获利息倍数	9.0	5.2	1.5	−1.0	−3.5
速动比率（％）	125.5	104.8	84.2	58.5	32.8
现金流动负债比率（％）	42.2	29.3	16.4	2.9	−10.6
带息负债比率（％）	18.2	31.1	44.0	52.3	60.6
销售（营业）增长率（％）	1.0	−3.7	−8.4	−16.7	−25.0
资本保值增值率（％）	121.5	110.4	99.2	80.0	66.4
销售（营业）利润增长率（％）	65.7	13.9	−38.0	−58.2	−89.8
总资产增长率（％）	8.9	3.3	−2.3	−9.8	−17.4
技术投入比率（％）	1.4	1.0	0.8	0.5	0.3

水上运输业

项　　目	优秀值	良好值	平均值	较低值	较差值
净资产收益率（％）	13.6	9.3	4.9	−3.2	−11.4
总资产报酬率（％）	7.0	5.0	2.9	0.1	−2.7
销售（营业）利润率（％）	21.6	13.7	5.8	−0.2	−6.1
盈余现金保障倍数	2.6	2.0	1.5	1.1	0.6
成本费用利润率（％）	26.2	15.3	4.5	−2.4	−9.3
资本收益率（％）	39.6	25.0	10.5	−5.4	−21.2
总资产周转率（次）	0.7	0.5	0.3	0.2	0.2
应收账款周转率（次）	13.4	9.9	6.4	5.0	3.5
流动资产周转率（次）	3.3	2.5	1.8	1.3	0.9
资产现金回收率（％）	10.2	7.9	5.6	2.8	0.0
资产负债率（％）	44.7	52.7	60.8	69.2	77.6
已获利息倍数	10.9	6.6	2.2	0.6	−1.1
速动比率（％）	175.8	137.4	99.0	73.6	48.3
现金流动负债比率（％）	90.2	62.5	34.9	17.3	−0.3
带息负债比率（％）	41.3	53.7	66.2	74.7	83.2
销售（营业）增长率（％）	6.7	−4.2	−15.2	−26.6	−38.0
资本保值增值率（％）	114.9	108.3	101.8	91.4	81.1
销售（营业）利润增长率（％）	2.2	−21.3	−44.8	−65.7	−84.6
总资产增长率（％）	11.7	5.9	0.1	−5.5	−11.1
技术投入比率（％）	0.9	0.6	0.4	0.2	0.1

建筑业

项　　目	优秀值	良好值	平均值	较低值	较差值
净资产收益率（％）	15.1	10.9	6.8	3.7	0.5
总资产报酬率（％）	7.7	5.7	3.7	2.1	0.4
销售（营业）利润率（％）	8.3	6.2	4.2	2.3	0.5
盈余现金保障倍数	2.9	2.1	1.3	0.3	-0.6
成本费用利润率（％）	8.1	5.8	3.6	2.0	0.4
资本收益率（％）	31.8	22.3	12.8	7.0	1.1
总资产周转率（次）	1.3	1.1	0.9	0.7	0.5
应收账款周转率（次）	4.8	4.0	3.2	2.7	2.2
流动资产周转率（次）	2.1	1.8	1.5	1.2	0.9
资产现金回收率（％）	8.8	6.4	4.0	0.3	-3.5
资产负债率（％）	50.4	60.1	69.8	75.9	81.9
已获利息倍数	20.1	12.4	4.7	2.5	0.4
速动比率（％）	170.2	139.0	107.7	87.7	67.8
现金流动负债比率（％）	23.6	16.3	9.0	0.2	-8.6
带息负债比率（％）	14.8	24.6	34.3	49.3	64.4
销售（营业）增长率（％）	22.7	14.1	5.6	-4.0	-13.7
资本保值增值率（％）	117.9	110.0	102.2	94.4	86.6
销售（营业）利润增长率（％）	36.8	16.6	-3.5	-32.9	-62.2
总资产增长率（％）	19.4	10.1	0.9	-6.2	-13.2
技术投入比率（％）	1.4	1.2	1.0	0.8	0.6

汽车工业

项　　目	优秀值	良好值	平均值	较低值	较差值
净资产收益率（%）	8.7	3.9	-1.0	-11.6	-17.7
总资产报酬率（%）	5.2	3.0	0.9	-2.6	-6.1
销售（营业）利润率（%）	4.9	2.9	0.9	-2.2	-5.3
盈余现金保障倍数	4.5	3.3	2.0	1.3	0.6
成本费用利润率（%）	4.9	2.5	0.1	-3.3	-6.7
资本收益率（%）	24.8	11.0	-2.9	-29.1	-55.3
总资产周转率（次）	1.3	1.2	1.0	0.8	0.7
应收账款周转率（次）	7.1	6.1	5.2	4.3	3.4
流动资产周转率（次）	2.8	2.4	2.1	1.7	1.3
资产现金回收率（%）	10.4	8.3	6.2	2.6	-0.9
资产负债率（%）	44.7	55.4	66.1	73.8	81.5
已获利息倍数	7.7	4.1	0.6	-4.9	-10.5
速动比率（%）	128.5	107.0	85.6	68.3	50.9
现金流动负债比率（%）	34.2	26.1	17.9	8.0	-1.9
带息负债比率（%）	25.3	34.3	43.3	52.2	61.1
销售（营业）增长率（%）	-0.5	-6.0	-11.4	-22.0	-32.6
资本保值增值率（%）	106.5	98.5	90.4	79.3	68.2
销售（营业）利润增长率（%）	-10.6	-43.6	-53.6	-79.2	-98.8
总资产增长率（%）	5.1	-2.3	-9.7	-15.2	-20.7
技术投入比率（%）	5.4	4.1	3.3	2.3	1.2

化学工业

项　　目	优秀值	良好值	平均值	较低值	较差值
净资产收益率（%）	14.5	9.6	4.7	-1.0	-6.7
总资产报酬率（%）	10.3	7.0	3.7	0.7	-2.4
销售（营业）利润率（%）	10.2	7.1	3.9	0.3	-3.2
盈余现金保障倍数	3.2	2.4	1.6	1.1	0.5
成本费用利润率（%）	11.0	7.1	3.3	-0.2	-3.6
资本收益率（%）	36.0	22.5	9.0	-3.3	-15.7
总资产周转率（次）	1.2	1.0	0.9	0.7	0.6
应收账款周转率（次）	7.0	5.8	4.7	3.9	3.0
流动资产周转率（次）	2.5	2.2	1.9	1.6	1.3
资产现金回收率（%）	12.6	9.6	6.5	3.6	0.6
资产负债率（%）	39.6	48.4	57.3	66.5	75.7
已获利息倍数	17.2	10.0	3.1	-0.4	-4.0
速动比率（%）	162.9	130.9	99.0	78.1	57.3
现金流动负债比率（%）	54.8	38.6	22.3	12.1	1.9
带息负债比率（%）	26.3	36.3	46.4	57.0	67.6
销售（营业）增长率（%）	8.1	0.6	-6.9	-16.2	-25.4
资本保值增值率（%）	110.6	104.2	97.7	89.6	81.5
销售（营业）利润增长率（%）	8.2	-13.3	-34.7	-66.5	-92.1
总资产增长率（%）	6.5	1.2	-4.1	-10.8	-17.5
技术投入比率（%）	3.2	2.4	1.5	0.9	0.5

机电设备制造业

项　　目	优秀值	良好值	平均值	较低值	较差值
净资产收益率（%）	11.7	7.7	3.7	-6.9	-17.6
总资产报酬率（%）	8.4	5.8	3.2	-0.8	-4.8
销售（营业）利润率（%）	9.2	6.5	3.9	-1.6	-7.1
盈余现金保障倍数	2.8	2.1	1.3	0.7	0.1
成本费用利润率（%）	9.5	6.5	3.5	-2.0	-7.5
资本收益率（%）	30.4	18.7	7.1	-10.7	-28.4
总资产周转率（次）	1.0	0.9	0.8	0.7	0.5
应收账款周转率（次）	4.9	4.2	3.5	2.8	2.2
流动资产周转率（次）	1.8	1.6	1.4	1.1	0.9
资产现金回收率（%）	10.2	7.5	4.7	1.3	-2.1
资产负债率（%）	39.0	48.1	57.3	66.3	75.3
已获利息倍数	18.7	10.9	3.9	-4.1	-12.0
速动比率（%）	160.8	134.9	108.9	88.4	67.8
现金流动负债比率（%）	39.4	26.0	12.6	3.9	-4.9
带息负债比率（%）	17.4	26.5	35.7	46.4	57.1
销售（营业）增长率（%）	5.0	-2.9	-10.8	-21.3	-31.7
资本保值增值率（%）	110.8	104.4	98.1	89.3	80.6
销售（营业）利润增长率（%）	2.1	-22.4	-46.8	-70.8	-93.3
总资产增长率（%）	4.6	-0.3	-5.2	-11.1	-17.0
技术投入比率（%）	5.4	3.6	2.8	2.2	1.2

通信设备制造业

项　　目	优秀值	良好值	平均值	较低值	较差值
净资产收益率（%）	12.8	8.0	3.2	−9.2	−17.3
总资产报酬率（%）	8.5	5.9	3.3	−3.8	−11.0
销售（营业）利润率（%）	8.1	5.4	2.7	−4.6	−12.0
盈余现金保障倍数	2.6	2.0	1.3	0.9	0.5
成本费用利润率（%）	9.7	6.0	2.3	−4.2	−10.7
资本收益率（%）	19.5	12.2	4.9	−6.3	−17.5
总资产周转率（次）	1.2	1.0	0.9	0.7	0.5
应收账款周转率（次）	6.2	5.2	4.3	3.7	3.1
流动资产周转率（次）	1.9	1.7	1.4	1.1	0.8
资产现金回收率（%）	13.5	10.1	6.7	3.3	−0.2
资产负债率（%）	31.9	40.6	49.4	58.8	68.2
已获利息倍数	18.5	12.9	5.4	−2.0	−9.4
速动比率（%）	191.0	164.0	139.9	118.4	81.4
现金流动负债比率（%）	54.0	38.6	23.2	11.3	−0.5
带息负债比率（%）	8.4	22.1	35.8	51.9	68.1
销售（营业）增长率（%）	8.8	0.9	−7.0	−15.6	−24.3
资本保值增值率（%）	113.9	107.7	101.4	90.7	79.9
销售（营业）利润增长率（%）	26.9	0.0	−26.8	−53.9	−90.6
总资产增长率（%）	7.3	6.5	−1.0	−8.6	−16.2
技术投入比率（%）	7.3	6.1	4.1	2.7	1.5

附录二 各行业主要指标平均值对照表（2010）

单位：%

行业名称	净资产收益率	总资产报酬率	成本费用利润率	资产负债率	销售增长率
全国国有企业	6.2	4.6	4.8	65.2	15.0
一、工业	6.7	5.9	5.7	63.9	18.0
（一）煤炭工业	8.1	6.9	9.7	54.2	23.7
（二）石油石化工业	6.8	5.8	7.9	59.9	28.8
1. 天然原油和天然气开采业	11.9	10.1	9.1	50.6	40.4
2. 石油加工及炼焦业	2.8	2.0	3.9	58.9	18.6
（三）冶金工业	4.7	3.5	2.1	56.0	20.0
1. 黑色金属矿采选业	4.7	2.0	3.7	68.5	30.5
2. 有色金属矿采选业	0.7	0.6	1.2	65.0	20.0
3. 黑色金属冶炼业	4.2	3.0	3.0	55.0	23.0
4. 有色金属冶炼业	0.9	0.6	2.3	63.9	20.9
（四）建材工业	6.5	5.0	7.5	69.0	25.3
1. 建筑用矿石采选业	5.1	3.6	8.2	44.0	11.8
2. 水泥制造业	6.8	4.1	8.6	58.8	16.9
3. 水泥及石膏制品制造业	6.5	5.1	5.9	74.0	23.0
4. 砖瓦石材及其他建筑材料制造业	5.9	1.7	3.3	65.0	11.0
5. 平板玻璃制造业	6.1	2.5	5.0	70.0	3.9
6. 结构性金属制品业	4.9	1.9	2.1	65.0	2.6
7. 建筑用金属制品业	3.1	1.6	1.9	60.0	8.1
（五）化学工业	3.5	2.9	5.0	60.0	15.8
1. 基础化学原料制造业	4.2	2.8	1.6	61.8	14.2
2. 肥料制造业	4.9	2.8	5.2	56.9	16.3

行业名称	净资产收益率	总资产报酬率	成本费用利润率	资产负债率	销售增长率
3. 日用和化学产品制造业	1.1	0.7	1.3	62.1	8.6
4. 化纤制造业	1.1	0.9	0.3	61.0	6.8
5. 橡胶制品业	3.6	1.4	1.8	68.2	12.1
6. 塑料制品业	3.3	2.3	3.1	64.7	11.8
7. 农药制造业	3.9	2.6	3.0	76.8	11.9
(六) 森林工业	1.9	1.2	1.3	66.0	11.9
(七) 食品工业	4.2	3.1	4.1	62.3	10.4
1. 食品加工业	5.4	4.3	3.7	61.6	11.9
2. 食品制造业	4.7	3.7	3.5	57.8	14.6
(八) 烟草工业	12.3	10.1	14.1	50.7	16.2
卷烟制造业	14.5	13.3	14.5	53.2	13.7
(九) 纺织工业	1.7	1.2	1.3	67.3	7.2
1. 棉化纤纺织业	2.3	1.2	1.3	69.8	9.6
2. 毛纺织业	2.8	1.6	1.5	62.4	7.6
3. 麻纺织业	1.2	0.9	1.2	68.7	6.1
4. 丝绢纺织业	2.2	1.2	2.4	74.8	7.9
(十) 医药工业	9.1	7.2	10.1	55.3	16.0
1. 化学药品制造业	6.9	6.3	8.6	56.8	12.4
2. 中药材及中成药加工业	8.9	6.3	11.4	51.9	11.7
(十一) 机械工业	5.0	3.4	5.1	69.5	7.6
1. 金属制品业	5.2	3.5	3.5	57.0	15.0
金属工具制造业	5.0	3.4	4.5	59.7	12.0
2. 通用设备制造业	8.1	4.2	6.2	65.5	12.5
(1) 锅炉及原动机制造业	8.2	5.6	5.8	69.7	10.2
(2) 金属加工机械制造业	6.2	3.6	5.0	60.0	12.3
(3) 其他通用设备制造业	8.1	6.2	7.6	60.0	11.0
(4) 轴承制造业	6.5	5.0	5.3	57.0	18.7
3. 专用设备制造业	6.4	3.5	4.2	62.8	18.7
(1) 冶金矿山建筑设备制造业	9.2	5.6	6.6	66.0	18.2
(2) 化工木材非金属加工设备制造业	8.2	4.2	4.9	64.0	15.0

续表

行业名称	净资产收益率	总资产报酬率	成本费用利润率	资产负债率	销售增长率
（3）轻纺设备制造业	2.3	2.1	3.8	54.2	26.7
（4）农林牧渔水利业机械制造业	4.8	4.3	3.3	59.0	15.6
（5）医疗仪器设备制造业	10.3	6.8	7.0	52.0	22.0
4. 交通运输设备制造业	10.2	9.1	7.1	60.5	21.4
（1）铁路运输设备制造业	8.5	5.9	5.5	60.1	24.5
（2）汽车制造业	13.4	10.5	7.5	60.0	30.0
（3）摩托车制造业	3.5	2.2	1.8	60.0	8.7
（4）自行车制造业	0.5	0.4	1.3	69.0	9.3
（5）船舶制造业	9.0	5.0	7.0	69.5	12.0
5. 电气机械及器材制造业	10.2	5.3	6.4	65.0	17.5
（1）电机制造业	12.8	6.5	7.3	69.2	16.4
（2）输配电及控制设备制造业	11.0	8.2	7.5	61.3	18.0
（3）电工器材制造业	1.6	1.4	2.8	62.0	16.0
（4）家用电器制造业	9.4	5.8	4.0	68.0	14.0
（5）照明器具制造业	5.0	4.2	4.5	56.0	9.3
6. 仪器仪表及文化办公用制造业	5.2	4.0	5.8	63.0	14.6
（1）通信仪器仪表制造业	7.8	4.5	5.4	66.0	13.0
（2）专用仪器仪表制造业	6.8	4.5	6.7	60.0	18.3
（3）文化办公用机械制造业	2.7	2.1	4.0	68.0	12.0
（4）钟表制造业	6.0	3.0	7.0	59.0	12.0
（十二）电子工业	3.0	2.6	1.8	48.0	19.0
1. 通信设备制造业	3.5	2.5	3.0	48.0	12.0
2. 广播电视设备制造业	3.1	3.0	3.0	48.0	15.8
3. 电子计算机制造业	9.0	4.5	1.8	55.0	22.0
4. 电子元器件制造业	5.8	3.0	4.0	44.0	20.7
5. 家用影视设备制造业	5.5	3.2	3.2	55.0	18.0
（十三）电力燃气工业	3.0	2.5	3.0	71.7	18.3
1. 电力生产业	2.9	2.8	5.3	71.9	18.7
（1）火力发电业	1.7	1.4	2.7	75.7	14.6
（2）水力发电业	5.9	4.0	16.3	67.6	13.3

行业名称	净资产收益率	总资产报酬率	成本费用利润率	资产负债率	销售增长率
2. 电力供应业	4.3	3.1	2.2	67.4	17.9
3. 燃气生产和供应业	3.4	2.5	3.3	55.2	16.5
(十四) 水生产与供应业	1.6	1.3	3.2	57.7	10.6
(十五) 轻工业	5.0	3.2	6.0	65.8	9.2
1. 采盐业	4.5	3.6	6.4	66.8	5.8
2. 酒和饮料制造业	8.4	7.3	9.9	56.2	15.3
(1) 白酒制造业	13.8	12.4	9.0	49.2	16.9
(2) 啤酒制造业	6.9	6.2	8.8	54.7	13.1
(3) 制茶业	1.1	0.4	0.7	75.5	4.7
3. 服装鞋帽制造业	4.7	3.1	3.2	69.0	6.1
4. 皮革毛皮羽绒及其制造业	2.4	2.2	2.0	65.3	6.7
5. 家具制造业	1.6	0.4	1.8	55.0	4.0
6. 造纸及纸制品业	1.7	1.5	3.2	66.0	7.0
7. 印刷业记录媒介的复制业	1.5	1.4	2.3	50.8	1.3
8. 文教体育用品制造业	3.4	3.2	4.4	56.4	2.2
9. 工艺品及其他制造业	3.1	3.0	4.6	52.0	8.8
(十六) 其他工业	5.6	2.8	3.5	73.8	13.2
二、建筑业	6.5	2.2	1.9	71.8	9.6
(一) 房屋和土木工程建筑业	6.0	2.7	2.5	76.2	16.8
1. 房屋建筑业	5.3	2.4	1.5	76.0	16.2
2. 土木工程建筑业	5.5	2.6	2.2	74.0	25.8
(二) 建筑安装业	6.1	2.2	1.9	73.8	16.5
(三) 建筑装饰业	7.4	2.4	2.3	68.4	18.5
三、交通运输仓储及邮政业	4.4	4.1	5.2	62.7	9.2
(一) 铁路运输业	1.5	1.4	3.5	48.0	15.0
地方铁路	2.0	2.0	3.5	51.0	14.2
(二) 道路运输业	4.5	4.0	5.2	61.0	10.5
高速公路	5.5	4.2	3.2	55.0	20.1
(三) 城市公共交通业	1.3	1.2	1.0	55.2	12.0
(四) 水上运输业	2.1	1.8	4.5	65.0	15.2

续表

行业名称	净资产收益率	总资产报酬率	成本费用利润率	资产负债率	销售增长率
港口业	8.5	7.0	13.7	52.0	11.0
（五）航空运输业	6.8	5.0	8.0	70.0	20.0
机场	2.4	2.2	11.0	53.0	12.2
（六）仓储业	2.3	2.1	1.5	76.0	2.9
四、信息技术服务业	5.9	4.7	18.5	52.0	5.4
（一）电信业	3.2	2.1	6.2	58.2	3.5
（二）计算机服务与软件业	6.2	5.7	8.3	54.0	7.8
五、批发和零售贸易业	5.4	3.6	2.7	71.0	16.8
（一）商业贸易	7.6	4.1	4.2	74.2	9.7
1. 商业批发	9.1	5.6	5.6	71.5	9.9
2. 商业零售	6.5	3.6	3.5	74.0	10.5
3. 图书报刊批发及零售业	6.3	4.9	3.8	69.0	8.5
（二）粮食业	1.9	1.1	1.8	79.8	2.8
1. 粮油批发	3.9	3.3	1.5	82.0	0.7
2. 粮油零售	1.0	0.4	1.2	82.0	0.9
3. 粮油仓储	1.9	1.0	1.7	82.0	5.8
（三）物资贸易	9.3	4.9	2.4	74.8	-5.5
1. 物资批发	9.1	4.8	2.4	74.0	1.2
2. 物资零售	4.8	2.7	1.6	75.7	3.8
六、住宿和餐饮业	1.4	1.3	2.2	55.8	9.8
（一）住宿业	1.3	0.7	1.4	57.3	9.8
（二）餐饮业	2.3	2.2	2.9	55.6	11.1
七、房地产业	7.8	4.4	9.8	74.9	16.9
（一）房地产开发业	8.5	3.8	12.4	75.0	17.1
（二）物业管理业	3.3	2.2	5.9	70.6	15.8
八、社会服务业	5.0	4.5	6.5	60.0	17.0
（一）信息咨询服务业	12.5	7.0	25.0	55.0	12.0
（二）公共设施管理业	1.5	0.6	3.0	70.0	15.0
（三）科研设计企业	12.0	5.2	7.4	63.8	15.0
（四）大旅游	4.0	2.7	2.3	60.6	11.6

续表

行业名称	净资产收益率	总资产报酬率	成本费用利润率	资产负债率	销售增长率
（五）投资公司	4.1	3.3	8.9	67.1	7.2
（六）地质勘查业	4.4	3.3	6.5	62.1	18.4
九、传播与文化业	7.0	6.5	10.3	51.0	5.8
（一）出版业	7.5	5.7	10.5	54.1	2.8
（二）广播电影电视业	6.4	4.3	7.6	54.5	25.1
（三）文化艺术业	1.7	0.9	2.7	60.0	2.2
十、农林牧渔业	2.2	1.9	2.6	73.6	9.3
（一）农业	5.1	3.4	5.3	70.8	5.6
（二）林业	0.7	0.5	1.5	73.1	11.4
（三）畜牧业	3.8	2.5	1.9	65.7	12.5
（四）渔业	0.5	0.3	1.3	63.1	11.9

附录三 18 个行业绩效评价 国际标准值（2011）

石油石化工业

项 目	优秀值	良好值	平均值	较低值	较差值
净资产收益率（%）	15.84	11.31	6.77	-0.55	-7.86
总资产报酬率（%）	10.41	8.12	5.82	2.00	-1.83
销售（营业）利润率（%）	24.16	15.27	6.38	0.14	-6.09
盈余现金保障倍数	2.56	1.85	1.14	0.91	0.67
成本费用利润率（%）	38.51	24.68	8.12	2.35	-3.42
资本收益率（%）	45.20	27.68	10.15	1.17	-7.80
总资产周转率（次）	0.93	0.65	0.36	0.27	0.19
应收账款周转率（次）	9.17	7.83	6.48	5.12	3.76
流动资产周转率（次）	3.93	3.14	2.34	1.70	1.06
资产现金回收率（%）	15.78	12.81	9.84	6.02	2.19
资产负债率（%）	41.88	48.93	55.99	65.47	74.95
已获利息倍数	13.64	8.77	3.91	0.95	-2.01
速动比率（%）	135.83	108.74	81.65	65.87	50.09
现金流动负债比率（%）	89.38	72.12	54.86	30.67	6.47
带息负债比率（%）	29.80	38.60	47.39	58.61	69.82
销售（营业）增长率（%）	39.75	31.00	22.25	13.31	4.38
资本保值增值率（%）	121.13	114.93	108.74	99.73	90.73
销售（营业）利润增长率（%）	38.99	29.50	20.00	-2.56	-25.12
总资产增长率（%）	22.77	16.86	10.96	3.87	-3.22
技术投入比率（%）	2.51	1.44	1.10	0.80	0.10

黑色金属冶炼业

项　　目	优秀值	良好值	平均值	较低值	较差值
净资产收益率（%）	12.37	8.92	5.47	1.30	-2.87
总资产报酬率（%）	8.27	6.30	4.34	2.17	0.00
销售（营业）利润率（%）	6.97	5.08	3.18	1.41	-0.35
盈余现金保障倍数	1.34	0.98	0.62	-0.51	-1.64
成本费用利润率（%）	8.81	6.50	4.19	2.10	0.01
资本收益率（%）	28.36	18.97	9.58	1.66	-6.26
总资产周转率（次）	1.27	1.09	0.90	0.74	0.57
应收账款周转率（次）	8.63	7.13	5.62	4.55	3.48
流动资产周转率（次）	2.71	2.33	1.96	1.61	1.26
资产现金回收率（%）	6.45	3.96	1.46	-3.16	-7.79
资产负债率（%）	47.19	54.90	62.61	70.15	77.69
已获利息倍数	8.13	5.29	2.44	1.47	0.50
速动比率（%）	128.15	102.71	77.27	58.50	39.74
现金流动负债比率（%）	20.31	12.19	4.07	-7.74	-19.55
带息负债比率（%）	36.82	46.63	56.45	67.20	77.96
销售（营业）增长率（%）	40.86	30.02	19.18	9.72	0.25
资本保值增值率（%）	120.04	115.17	110.31	103.21	96.12
销售（营业）利润增长率（%）	57.27	38.64	20.00	-11.01	-42.02
总资产增长率（%）	22.43	17.34	12.25	6.45	0.65
技术投入比率（%）	2.80	2.10	1.50	1.20	0.90

有色金属业

项　　目	优秀值	良好值	平均值	较低值	较差值
净资产收益率（%）	13.80	10.44	7.07	1.80	-3.46
总资产报酬率（%）	9.27	7.30	5.33	3.22	1.12
销售（营业）利润率（%）	8.35	6.16	3.98	2.42	0.86
盈余现金保障倍数	1.20	0.88	0.56	-0.36	-1.28
成本费用利润率（%）	9.48	6.96	4.44	2.66	0.89
资本收益率（%）	29.76	20.30	10.84	4.19	-2.45
总资产周转率（次）	1.42	1.20	0.97	0.76	0.55
应收账款周转率（次）	8.16	6.76	5.36	4.27	3.18
流动资产周转率（次）	2.77	2.30	1.84	1.46	1.07
资产现金回收率（%）	6.91	4.53	2.15	-1.97	-6.10
资产负债率（%）	44.13	52.32	60.51	69.90	79.29
已获利息倍数	10.76	7.47	4.18	2.69	1.20
速动比率（%）	147.16	116.78	86.41	68.88	51.35
现金流动负债比率（%）	21.15	12.90	4.66	-4.78	-14.22
带息负债比率（%）	32.23	43.22	54.20	65.20	76.20
销售（营业）增长率（%）	49.90	37.84	25.77	15.38	5.00
资本保值增值率（%）	121.52	115.38	109.25	102.85	96.44
销售（营业）利润增长率（%）	68.26	44.13	20.00	-6.67	-33.33
总资产增长率（%）	24.21	17.74	11.28	5.38	-0.52
技术投入比率（%）	2.30	1.90	1.30	0.90	0.10

煤炭工业

项　　目	优秀值	良好值	平均值	较低值	较差值
净资产收益率（％）	26.70	19.27	11.83	3.21	-5.42
总资产报酬率（％）	15.74	12.87	10.00	5.50	1.01
销售（营业）利润率（％）	25.41	18.69	11.97	7.01	2.04
盈余现金保障倍数	1.63	1.31	1.00	0.74	0.48
成本费用利润率（％）	34.07	24.38	14.70	8.38	2.07
资本收益率（％）	54.96	38.04	21.12	7.92	-5.28
总资产周转率（次）	0.95	0.78	0.61	0.47	0.33
应收账款周转率（次）	12.02	9.77	7.51	5.45	3.39
流动资产周转率（次）	3.22	2.49	1.76	1.35	0.94
资产现金回收率（％）	16.67	13.34	10.02	5.24	0.46
资产负债率（％）	37.57	46.54	55.51	66.22	76.93
已获利息倍数	19.14	12.26	5.38	3.11	0.84
速动比率（％）	185.79	145.60	105.42	76.91	48.40
现金流动负债比率（％）	80.31	58.55	36.79	19.01	1.24
带息负债比率（％）	14.18	26.42	38.66	51.50	64.34
销售（营业）增长率（％）	41.67	31.54	21.41	13.68	5.95
资本保值增值率（％）	128.19	122.57	116.95	107.74	98.54
销售（营业）利润增长率（％）	46.31	33.16	20.00	-5.97	-31.93
总资产增长率（％）	29.89	22.56	15.23	7.78	0.32
技术投入比率（％）	1.60	1.30	1.00	0.70	0.30

电力生产业

项　　目	优秀值	良好值	平均值	较低值	较差值
净资产收益率（%）	11.32	9.21	7.10	3.62	0.14
总资产报酬率（%）	6.66	5.65	4.64	2.94	1.25
销售（营业）利润率（%）	19.48	15.30	11.12	6.30	1.49
盈余现金保障倍数	2.65	2.14	1.63	1.23	0.83
成本费用利润率（%）	27.82	22.03	16.23	9.81	3.38
资本收益率（%）	22.66	16.78	10.91	5.51	0.12
总资产周转率（次）	0.47	0.40	0.32	0.25	0.18
应收账款周转率（次）	8.89	7.38	5.87	4.56	3.26
流动资产周转率（次）	3.20	2.69	2.17	1.57	0.97
资产现金回收率（%）	8.56	7.39	6.21	4.36	2.51
资产负债率（%）	57.41	63.58	69.75	75.95	82.15
已获利息倍数	5.79	4.35	2.90	1.90	0.90
速动比率（%）	126.63	104.86	83.09	62.07	41.06
现金流动负债比率（%）	70.12	55.37	40.62	24.50	8.39
带息负债比率（%）	42.00	48.23	54.46	64.25	74.05
销售（营业）增长率（%）	19.44	13.55	7.67	1.44	-4.78
资本保值增值率（%）	113.02	108.85	104.68	99.36	94.04
销售（营业）利润增长率（%）	22.63	12.87	3.11	-17.46	-38.04
总资产增长率（%）	14.50	9.44	4.37	1.00	-2.37
技术投入比率（%）	1.90	1.20	0.80	0.30	0.10

电力供应业

项　　目	优秀值	良好值	平均值	较低值	较差值
净资产收益率（%）	16.42	12.21	7.99	4.10	0.21
总资产报酬率（%）	8.90	7.13	5.36	3.50	1.63
销售（营业）利润率（%）	18.69	13.50	8.32	4.38	0.44
盈余现金保障倍数	2.38	1.80	1.22	0.86	0.49
成本费用利润率（%）	24.38	17.29	10.19	5.30	0.41
资本收益率（%）	41.96	27.27	12.58	6.32	0.05
总资产周转率（次）	0.84	0.65	0.46	0.35	0.23
应收账款周转率（次）	8.99	7.34	5.69	4.25	2.82
流动资产周转率（次）	4.18	3.51	2.84	2.07	1.30
资产现金回收率（%）	10.94	8.75	6.57	2.75	−1.06
资产负债率（%）	55.65	62.39	69.12	76.76	84.40
已获利息倍数	9.74	6.69	3.65	2.48	1.31
速动比率（%）	127.94	112.94	97.94	77.28	56.61
现金流动负债比率（%）	69.28	51.57	33.87	15.95	−1.96
带息负债比率（%）	31.99	39.44	46.89	56.32	65.76
销售（营业）增长率（%）	23.90	17.19	10.48	4.49	−1.50
资本保值增值率（%）	116.22	110.84	105.47	100.32	95.17
销售（营业）利润增长率（%）	28.12	17.41	6.70	−13.29	−33.27
总资产增长率（%）	15.01	10.86	6.71	1.84	−3.03
技术投入比率（%）	1.00	0.80	0.60	0.40	0.20

通信业

项　　目	优秀值	良好值	平均值	较低值	较差值
净资产收益率（%）	21.66	15.72	9.78	-3.29	-16.36
总资产报酬率（%）	11.28	8.66	6.05	2.01	-2.02
销售（营业）利润率（%）	19.29	14.40	9.52	3.13	-3.26
盈余现金保障倍数	2.70	2.11	1.51	1.26	1.00
成本费用利润率（%）	29.28	21.04	12.79	5.29	-2.21
资本收益率（%）	35.24	21.78	8.32	-3.04	-14.40
总资产周转率（次）	0.76	0.65	0.54	0.45	0.35
应收账款周转率（次）	9.72	7.90	6.08	4.68	3.28
流动资产周转率（次）	3.74	3.09	2.44	1.91	1.38
资产现金回收率（%）	17.45	14.48	11.52	7.54	3.57
资产负债率（%）	49.70	57.44	65.18	79.75	94.33
已获利息倍数	11.31	7.30	3.30	1.15	-1.00
速动比率（%）	123.16	103.96	84.76	67.16	49.57
现金流动负债比率（%）	84.89	67.95	51.01	31.57	12.13
带息负债比率（%）	24.88	35.06	45.25	56.55	67.85
销售（营业）增长率（%）	13.83	8.86	3.90	-1.05	-6.00
资本保值增值率（%）	117.07	110.09	103.12	89.34	75.57
销售（营业）利润增长率（%）	20.00	10.00	0.00	-19.58	-39.16
总资产增长率（%）	12.24	6.78	1.31	-5.31	-11.93
技术投入比率（%）	3.70	2.40	1.40	0.80	0.30

商贸业

项　　目	优秀值	良好值	平均值	较低值	较差值
净资产收益率（％）	15.27	10.93	6.58	1.83	−2.91
总资产报酬率（％）	9.39	6.87	4.35	2.09	−0.17
销售（营业）利润率（％）	6.27	4.44	2.62	1.30	−0.02
盈余现金保障倍数	2.02	1.51	1.00	0.48	−0.04
成本费用利润率（％）	6.77	4.74	2.72	1.29	−0.13
资本收益率（％）	33.72	22.81	11.91	4.12	−3.66
总资产周转率（次）	2.11	1.77	1.43	1.11	0.78
应收账款周转率（次）	24.38	16.46	8.54	6.13	3.73
流动资产周转率（次）	4.55	3.66	2.77	2.18	1.59
资产现金回收率（％）	10.60	7.76	4.93	1.46	−2.00
资产负债率（％）	45.39	53.88	62.36	71.25	80.14
已获利息倍数	17.82	11.31	4.80	2.65	0.50
速动比率（％）	125.47	102.75	80.03	59.03	38.02
现金流动负债比率（％）	33.35	22.93	12.51	4.08	−4.34
带息负债比率（％）	12.98	23.81	34.64	46.17	57.70
销售（营业）增长率（％）	18.34	13.26	8.18	2.62	−2.94
资本保值增值率（％）	119.37	114.69	110.02	102.22	94.43
销售（营业）利润增长率（％）	32.39	24.29	16.19	−7.07	−30.33
总资产增长率（％）	18.05	13.02	7.99	1.85	−4.29
技术投入比率（％）	1.00	0.70	0.50	0.30	0.20

航空工业

项　　目	优秀值	良好值	平均值	较低值	较差值
净资产收益率（％）	17.50	12.30	7.10	1.89	−3.31
总资产报酬率（％）	8.41	6.64	4.87	0.06	−4.75
销售（营业）利润率（％）	10.32	8.27	6.22	0.18	−5.87
盈余现金保障倍数	1.72	1.36	1.00	0.34	−0.33
成本费用利润率（％）	14.19	10.98	7.78	0.83	−6.12
资本收益率（％）	33.28	20.45	7.62	−0.16	−7.94
总资产周转率（次）	0.95	0.81	0.68	0.50	0.32
应收账款周转率（次）	6.93	5.74	4.55	3.29	2.02
流动资产周转率（次）	1.79	1.46	1.14	0.86	0.58
资产现金回收率（％）	7.99	5.82	3.64	−1.63	−6.91
资产负债率（％）	48.13	56.28	64.42	75.63	86.84
已获利息倍数	13.45	8.68	3.91	2.06	0.20
速动比率（％）	125.90	102.90	79.89	58.77	37.64
现金流动负债比率（％）	28.79	18.86	8.93	−1.13	11.19
带息负债比率（％）	11.42	25.31	39.20	50.23	61.27
销售（营业）增长率（％）	17.84	10.74	3.64	−2.04	−7.72
资本保值增值率（％）	114.66	110.97	107.28	99.88	92.48
销售（营业）利润增长率（％）	34.22	23.46	12.71	−8.14	−28.99
总资产增长率（％）	10.80	7.09	3.38	−2.10	−7.57
技术投入比率（％）	4.00	3.70	3.10	2.30	0.90

航天工业

项　　目	优秀值	良好值	平均值	较低值	较差值
净资产收益率（%）	18.21	13.39	8.58	4.64	0.70
总资产报酬率（%）	8.62	7.19	5.77	3.49	1.21
销售（营业）利润率（%）	10.46	8.43	6.39	3.61	0.83
盈余现金保障倍数	2.02	1.56	1.10	0.55	0.00
成本费用利润率（%）	13.10	10.79	8.49	5.40	2.30
资本收益率（%）	37.82	27.81	17.79	8.94	0.08
总资产周转率（次）	0.87	0.80	0.73	0.54	0.35
应收账款周转率（次）	6.99	5.82	4.65	3.34	2.03
流动资产周转率（次）	1.78	1.46	1.14	0.90	0.66
资产现金回收率（%）	9.41	7.07	4.74	1.45	−1.83
资产负债率（%）	53.56	61.12	68.68	76.33	83.97
已获利息倍数	18.24	11.44	4.63	2.88	1.13
速动比率（%）	121.07	100.86	80.64	62.80	44.96
现金流动负债比率（%）	29.03	21.16	13.30	4.53	−4.24
带息负债比率（%）	12.67	24.11	35.55	45.72	55.89
销售（营业）增长率（%）	15.70	9.65	3.61	−0.16	−3.93
资本保值增值率（%）	114.51	110.93	107.35	99.51	91.68
销售（营业）利润增长率（%）	33.09	23.43	13.77	−5.05	−23.86
总资产增长率（%）	11.79	7.61	3.44	−1.71	−6.85
技术投入比率（%）	4.73	3.70	3.10	2.30	0.90

造船工业

项 目	优秀值	良好值	平均值	较低值	较差值
净资产收益率（%）	18.17	12.44	6.72	-7.15	-21.02
总资产报酬率（%）	7.18	5.45	3.72	-2.12	-7.97
销售（营业）利润率（%）	10.82	7.82	4.82	-7.09	-19.00
盈余现金保障倍数	1.39	1.19	1.00	0.02	-0.96
成本费用利润率（%）	13.15	9.72	6.30	-6.70	-19.70
资本收益率（%）	42.32	26.67	11.02	-9.35	-29.72
总资产周转率（次）	0.87	0.70	0.53	0.40	0.28
应收账款周转率（次）	7.43	5.39	3.35	2.47	1.58
流动资产周转率（次）	1.45	1.19	0.93	0.74	0.54
资产现金回收率（%）	9.41	5.84	2.27	-3.17	-8.60
资产负债率（%）	49.49	59.66	69.83	79.01	88.20
已获利息倍数	18.81	11.16	3.51	-2.54	-8.60
速动比率（%）	124.79	101.86	78.92	61.76	44.59
现金流动负债比率（%）	18.06	11.63	5.20	-5.53	-16.26
带息负债比率（%）	14.22	21.93	29.63	36.15	42.66
销售（营业）增长率（%）	21.70	11.41	1.13	-14.49	-30.11
资本保值增值率（%）	122.33	118.36	114.39	99.23	84.08
销售（营业）利润增长率（%）	23.56	15.48	7.41	-17.33	-42.06
总资产增长率（%）	24.23	14.28	4.32	-8.65	-21.62
技术投入比率（%）	4.90	4.30	3.60	2.80	1.20

航空运输业

项　　目	优秀值	良好值	平均值	较低值	较差值
净资产收益率（%）	22.03	15.53	9.03	−3.48	−15.99
总资产报酬率（%）	9.05	6.96	4.86	2.36	−0.13
销售（营业）利润率（%）	8.85	6.51	4.18	2.08	−0.02
盈余现金保障倍数	2.87	2.15	1.44	1.06	0.69
成本费用利润率（%）	11.06	8.33	5.59	2.70	−0.20
资本收益率（%）	30.87	21.01	11.15	−0.24	−11.62
总资产周转率（次）	1.41	1.11	0.81	0.71	0.60
应收账款周转率（次）	19.56	14.83	10.09	7.77	5.45
流动资产周转率（次）	4.46	3.73	3.00	2.61	2.21
资产现金回收率（%）	12.02	10.09	8.16	3.82	−0.52
资产负债率（%）	64.77	69.88	74.99	85.07	95.14
已获利息倍数	7.14	5.02	2.90	1.36	−0.18
速动比率（%）	121.09	100.71	80.34	60.10	39.87
现金流动负债比率（%）	39.48	32.01	24.55	11.54	−1.46
带息负债比率（%）	17.07	27.59	38.11	47.80	57.49
销售（营业）增长率（%）	28.35	21.26	14.17	7.00	−0.18
资本保值增值率（%）	125.57	119.25	112.92	98.18	83.44
销售（营业）利润增长率（%）	52.31	36.15	20.00	−2.22	−24.44
总资产增长率（%）	19.08	12.68	6.28	1.85	−2.57
技术投入比率（%）	1.50	1.10	0.90	0.60	0.40

水上运输业

项 目	优秀值	良好值	平均值	较低值	较差值
净资产收益率（%）	12.50	8.74	4.98	−0.82	−6.62
总资产报酬率（%）	7.54	5.71	3.88	1.97	0.05
销售（营业）利润率（%）	18.90	12.84	6.79	2.46	−1.86
盈余现金保障倍数	2.02	1.59	1.17	0.95	0.74
成本费用利润率（%）	28.52	18.68	8.85	4.53	0.21
资本收益率（%）	30.38	19.82	9.25	−0.97	−11.18
总资产周转率（次）	0.67	0.50	0.33	0.25	0.16
应收账款周转率（次）	12.94	10.14	7.33	5.42	3.50
流动资产周转率（次）	3.08	2.43	1.78	1.38	0.98
资产现金回收率（%）	9.62	7.70	5.77	3.54	1.31
资产负债率（%）	44.71	52.52	60.32	68.94	77.55
已获利息倍数	11.11	7.07	3.02	1.62	0.22
速动比率（%）	173.22	141.98	110.74	81.67	52.60
现金流动负债比率（%）	69.07	50.80	32.52	19.23	5.93
带息负债比率（%）	41.19	52.11	63.02	72.36	81.69
销售（营业）增长率（%）	26.99	18.01	9.04	0.47	−8.10
资本保值增值率（%）	116.24	111.47	106.70	98.15	89.59
销售（营业）利润增长率（%）	34.31	25.72	17.14	−16.66	−50.46
总资产增长率（%）	16.71	11.42	6.13	−0.14	−6.41
技术投入比率（%）	1.00	0.70	0.50	0.30	0.20

建筑业

项　　目	优秀值	良好值	平均值	较低值	较差值
净资产收益率（%）	14.41	10.25	6.08	2.78	−0.52
总资产报酬率（%）	7.39	5.46	3.54	1.75	−0.04
销售（营业）利润率（%）	9.66	6.90	4.14	2.03	−0.09
盈余现金保障倍数	1.66	1.21	0.76	−0.19	−1.15
成本费用利润率（%）	11.87	8.23	4.58	2.24	−0.11
资本收益率（%）	32.45	22.44	12.43	5.29	−1.85
总资产周转率（次）	1.14	0.92	0.70	0.46	0.23
应收账款周转率（次）	5.43	4.27	3.12	2.39	1.65
流动资产周转率（次）	1.80	1.49	1.18	0.83	0.48
资产现金回收率（%）	6.57	4.38	2.18	−1.79	−5.76
资产负债率（%）	52.83	60.62	68.42	75.50	82.58
已获利息倍数	12.23	7.81	3.40	1.95	0.50
速动比率（%）	149.40	125.57	101.73	81.90	62.07
现金流动负债比率（%）	17.04	10.99	4.95	−4.51	−13.96
带息负债比率（%）	16.37	25.97	35.57	48.81	62.06
销售（营业）增长率（%）	23.00	14.02	5.04	−4.52	−14.08
资本保值增值率（%）	121.70	116.68	111.65	103.79	95.92
销售（营业）利润增长率（%）	36.98	23.16	9.35	−19.39	−48.12
总资产增长率（%）	22.12	15.10	8.07	1.30	−5.46
技术投入比率（%）	3.60	2.50	1.30	1.10	0.90

汽车工业

项 目	优秀值	良好值	平均值	较低值	较差值
净资产收益率（%）	17.64	13.14	8.64	4.35	0.06
总资产报酬率（%）	10.11	7.96	5.81	3.53	1.25
销售（营业）利润率（%）	8.37	6.64	4.91	3.06	1.20
盈余现金保障倍数	2.28	1.69	1.11	0.75	0.39
成本费用利润率（%）	9.71	7.68	5.65	3.45	1.25
资本收益率（%）	49.89	34.04	18.18	9.39	0.60
总资产周转率（次）	1.42	1.25	1.08	0.89	0.70
应收账款周转率（次）	7.28	6.45	5.62	4.58	3.54
流动资产周转率（次）	2.92	2.55	2.17	1.77	1.36
资产现金回收率（%）	12.08	9.90	7.72	4.46	1.20
资产负债率（%）	48.26	56.54	64.81	73.20	81.59
已获利息倍数	16.34	10.32	4.30	2.65	1.00
速动比率（%）	129.71	110.28	90.86	73.10	55.33
现金流动负债比率（%）	34.24	26.86	19.48	10.92	2.35
带息负债比率（%）	20.79	29.46	38.13	47.88	57.62
销售（营业）增长率（%）	42.01	33.02	24.03	15.79	7.55
资本保值增值率（%）	124.25	118.52	112.80	106.47	100.14
销售（营业）利润增长率（%）	80.36	50.18	20.00	10.83	1.66
总资产增长率（%）	21.89	16.16	10.43	5.05	-0.33
技术投入比率（%）	5.60	3.80	3.10	2.10	1.10

化学工业

项　目	优秀值	良好值	平均值	较低值	较差值
净资产收益率（%）	16.84	12.72	8.60	4.65	0.69
总资产报酬率（%）	11.29	8.75	6.21	3.69	1.17
销售（营业）利润率（%）	10.90	8.34	5.78	3.39	0.99
盈余现金保障倍数	1.68	1.34	1.00	0.54	0.09
成本费用利润率（%）	13.06	10.03	7.00	4.21	1.42
资本收益率（%）	47.93	32.11	16.29	8.69	1.10
总资产周转率（次）	1.25	1.08	0.92	0.76	0.60
应收账款周转率（次）	7.93	6.62	5.30	4.31	3.33
流动资产周转率（次）	2.71	2.35	1.99	1.64	1.28
资产现金回收率（%）	10.33	8.07	5.81	2.13	−1.54
资产负债率（%）	40.31	48.77	57.22	66.35	75.48
已获利息倍数	18.81	12.09	5.37	3.24	1.12
速动比率（%）	153.90	127.02	100.14	78.60	57.06
现金流动负债比率（%）	39.90	28.85	17.81	7.16	−3.49
带息负债比率（%）	25.03	35.88	46.72	57.32	67.92
销售（营业）增长率（%）	31.94	24.06	16.19	9.87	3.55
资本保值增值率（%）	121.92	117.03	112.15	105.72	99.29
销售（营业）利润增长率（%）	55.82	37.91	20.00	−3.15	−26.30
总资产增长率（%）	20.44	15.54	10.64	4.88	−0.88
技术投入比率（%）	3.70	3.30	2.80	1.10	0.50

机电设备制造业

项　目	优秀值	良好值	平均值	较低值	较差值
净资产收益率（%）	15.06	11.34	7.63	2.86	−1.91
总资产报酬率（%）	9.78	7.49	5.20	2.75	0.31
销售（营业）利润率（%）	10.67	8.21	5.74	2.97	0.21
盈余现金保障倍数	1.58	1.29	1.00	0.45	−0.10
成本费用利润率（%）	12.59	9.60	6.61	3.47	0.34
资本收益率（%）	35.89	24.86	13.83	5.49	−2.85
总资产周转率（次）	1.07	0.94	0.81	0.68	0.54
应收账款周转率（次）	5.53	4.68	3.83	3.06	2.29
流动资产周转率（次）	1.87	1.61	1.35	1.10	0.85
资产现金回收率（%）	9.34	7.03	4.72	1.30	−2.12
资产负债率（%）	39.95	47.68	55.40	64.37	73.33
已获利息倍数	21.56	14.17	6.78	3.94	1.11
速动比率（%）	164.00	138.09	112.17	92.97	73.77
现金流动负债比率（%）	29.99	21.11	12.22	3.60	−5.02
带息负债比率（%）	15.01	24.47	33.93	45.28	56.63
销售（营业）增长率（%）	36.51	25.73	14.94	6.64	−1.66
资本保值增值率（%）	122.10	117.01	111.92	105.74	99.57
销售（营业）利润增长率（%）	46.13	33.06	20.00	−1.14	−22.27
总资产增长率（%）	24.09	17.85	11.61	4.88	−1.85
技术投入比率（%）	4.50	3.90	3.10	2.40	1.80

通信设备制造业

项　　目	优秀值	良好值	平均值	较低值	较差值
净资产收益率（％）	13.20	9.10	5.00	−3.67	−12.33
总资产报酬率（％）	8.57	6.28	4.00	0.19	−3.61
销售（营业）利润率（％）	8.45	6.05	3.65	0.08	−3.49
盈余现金保障倍数	1.35	1.14	0.94	0.34	−0.25
成本费用利润率（％）	9.56	6.61	3.66	−0.08	−3.82
资本收益率（％）	21.23	13.83	6.42	−2.50	−11.43
总资产周转率（次）	1.28	1.10	0.92	0.75	0.59
应收账款周转率（次）	6.05	5.25	4.46	3.53	2.61
流动资产周转率（次）	1.97	1.69	1.41	1.14	0.86
资产现金回收率（％）	8.53	5.94	3.35	−0.92	−5.19
资产负债率（％）	33.81	41.96	50.11	61.16	72.20
已获利息倍数	19.80	12.77	5.73	0.03	−5.68
速动比率（％）	190.43	161.65	132.87	108.06	83.26
现金流动负债比率（％）	28.13	18.26	8.38	−1.13	−10.64
带息负债比率（％）	5.00	15.84	26.68	38.33	49.97
销售（营业）增长率（％）	33.22	22.14	11.06	1.53	−8.00
资本保值增值率（％）	117.84	113.42	108.99	100.63	92.27
销售（营业）利润增长率（％）	39.48	29.74	20.00	−23.09	−66.18
总资产增长率（％）	8.54	17.29	9.81	3.40	−3.01
技术投入比率（％）	8.54	5.96	4.50	3.90	2.90

附录四 企业绩效评价标准值摘录（2011）

全国国有企业

范围：全行业

项　　目	优秀值	良好值	平均值	较低值	较差值
一、盈利能力状况					
净资产收益率（％）	13.1	9.6	6.0	0.5	-8.6
总资产报酬率（％）	8.5	6.2	4.2	0.4	-5.9
主营业务利润率（％）	20.6	14.1	9.2	2.4	-5.2
盈余现金保障倍数	10.9	5.2	1.0	-1.2	-4.0
成本费用利润率（％）	11.4	8.0	4.5	0.9	-5.4
资本收益率（％）	13.6	9.9	6.5	0.9	-5.6
二、资产质量状况					
总资产周转率（次）	1.6	1.0	0.5	0.3	0.1
应收账款周转率（次）	22.4	13.0	8.5	4.2	2.1
不良资产比率（％）	0.2	1.0	3.0	5.9	13.5
流动资产周转率（次）	3.0	1.9	1.5	1.0	0.6
资产现金回收率（％）	21.2	9.5	3.4	-3.0	-9.4
三、债务风险状况					
资产负债率（％）	43.5	54.0	64.0	79.5	91.5
已获利息倍数	5.7	4.3	3.0	0.5	-1.9
速动比率（％）	134.9	98.2	75.0	57.6	36.7
现金流动负债比率（％）	25.6	18.8	9.3	-4.4	-11.0

续表

项　　目	优秀值	良好值	平均值	较低值	较差值
带息负债比率（%）	23.7	35.2	50.3	69.6	82.6
或有负债比率（%）	0.3	1.5	4.8	11.4	17.6
四、经营增长状况					
销售（营业）增长率（%）	29.4	22.1	17.5	4.2	-7.4
资本保值增值率（%）	112.0	107.5	104.7	100.8	89.6
销售（营业）利润增长率（%）	21.9	14.9	9.9	-3.6	-12.6
总资产增长率（%）	21.2	17.2	11.1	-3.5	-11.0
技术投入比率（%）	3.0	2.0	1.5	1.2	0.2
五、补充资料					
存货周转率（次）	18.3	11.8	5.1	2.5	0.7
三年销售平均增长率（%）	25.1	18.0	11.0	-4.1	-15.6
成本费用占主营业务收入的比率(%)	88.7	92.7	96.6	99.2	102.1
期间费用占主营业务收入的比率（%）	3.3	5.8	9.5	15.4	21.5
经济增加值率（%）	8.6	3.9	0.2	-4.1	-10.1
EBITDA率（%）	29.8	18.2	10.2	2.6	-1.5

全国国有企业

范围：大型企业

项　　目	优秀值	良好值	平均值	较低值	较差值
一、盈利能力状况					
净资产收益率（%）	15.2	12.0	8.0	1.5	-4.9
总资产报酬率（%）	10.6	8.8	5.5	0.9	-3.8
主营业务利润率（%）	25.2	19.8	13.2	7.9	0.7
盈余现金保障倍数	11.6	5.0	1.3	-0.3	-3.5
成本费用利润率（%）	14.0	11.0	7.5	3.3	-2.5
资本收益率（%）	17.8	13.3	8.6	3.2	-1.2

续表

项　目	优秀值	良好值	平均值	较低值	较差值
二、资产质量状况					
总资产周转率（次）	1.5	1.0	0.5	0.4	0.1
应收账款周转率（次）	25.9	18.3	10.3	6.0	2.6
不良资产比率（%）	0.1	0.4	1.3	4.2	10.4
流动资产周转率（次）	2.9	1.9	1.5	1.1	0.7
资产现金回收率（%）	21.9	14.1	5.7	-1.7	-6.3
三、债务风险状况					
资产负债率（%）	40.5	50.2	57.5	73.8	85.5
已获利息倍数	6.6	4.8	3.2	0.9	-1.6
速动比率（%）	145.2	118.1	77.5	65.1	45.4
现金流动负债比率（%）	30.9	24.1	14.4	-3.4	-9.4
带息负债比率（%）	22.1	31.3	45.7	67.6	79.9
或有负债比率（%）	0.2	1.4	5.3	11.3	17.3
四、经营增长状况					
销售（营业）增长率（%）	37.7	30.4	23.0	12.1	0.1
资本保值增值率（%）	114.2	110.3	105.9	101.3	93.5
销售（营业）利润增长率（%）	21.1	14.2	9.2	-2.6	-11.1
总资产增长率（%）	20.6	16.8	10.0	-2.1	-8.7
技术投入比率（%）	3.5	2.3	1.9	1.6	0.8
五、补充资料					
存货周转率（次）	21.2	13.4	5.9	2.8	0.8
三年销售平均增长率（%）	25.8	18.6	12.1	1.2	-11.8
成本费用占主营业务收入的比率（%）	87.4	91.8	95.4	98.3	101.3
期间费用占主营业务收入的比率（%）	2.4	4.7	8.6	13.0	18.7
经济增加值率（%）	9.7	6.1	0.9	-3.2	-6.3
EBITDA率（%）	30.6	19.4	11.2	4.0	0.5

全国国有企业

范围：中型企业

项　　目	优秀值	良好值	平均值	较低值	较差值
一、盈利能力状况					
净资产收益率（%）	13.5	10.2	5.6	-0.7	-7.8
总资产报酬率（%）	7.9	5.3	2.9	-0.6	-5.7
主营业务利润率（%）	22.5	16.2	9.5	2.9	-4.1
盈余现金保障倍数	12.3	5.6	1.0	-1.3	-5.9
成本费用利润率（%）	13.1	9.2	4.9	0.1	-8.2
资本收益率（%）	15.3	10.6	5.8	-2.0	-9.2
二、资产质量状况					
总资产周转率（次）	1.6	1.1	0.7	0.4	0.1
应收账款周转率（次）	26.0	17.1	7.2	3.2	1.4
不良资产比率（%）	0.2	1.1	2.5	7.5	18.8
流动资产周转率（次）	3.7	2.7	1.5	0.9	0.6
资产现金回收率（%）	19.6	12.0	3.8	-3.7	-8.5
三、债务风险状况					
资产负债率（%）	44.0	54.2	62.0	74.1	87.6
已获利息倍数	4.5	3.3	1.9	0.6	-1.1
速动比率（%）	126.3	94.9	74.3	64.3	39.8
现金流动负债比率（%）	26.9	18.3	7.0	-6.8	-12.0
带息负债比率（%）	24.5	35.7	49.7	73.5	84.7
或有负债比率（%）	0.3	1.8	4.7	12.0	19.8
四、经营增长状况					
销售（营业）增长率（%）	35.7	27.9	21.5	3.9	-6.5
资本保值增值率（%）	111.1	106.3	103.2	97.9	90.6
销售（营业）利润增长率（%）	24.2	17.7	10.3	-2.3	-11.4
总资产增长率（%）	23.3	17.6	11.4	-4.1	-11.3
技术投入比率（%）	2.6	1.8	1.5	1.2	0.4
五、补充资料					
存货周转率（次）	16.8	9.3	4.2	2.4	0.7
三年销售平均增长率（%）	23.5	16.3	9.7	-7.9	-18.3
成本费用占主营业务收入的比率（%）	89.1	93.3	97.0	100.4	102.8
期间费用占主营业务收入的比率（%）	3.6	6.0	10.6	16.8	21.9
经济增加值率（%）	7.9	4.1	0.1	-4.3	-7.9
EBITDA率（%）	26.2	18.7	8.9	2.4	-0.1

全国国有企业

范围：小型企业

项　　目	优秀值	良好值	平均值	较低值	较差值
一、盈利能力状况					
净资产收益率（%）	10.4	7.5	4.7	-2.7	-9.7
总资产报酬率（%）	5.9	4.3	2.4	-1.6	-5.9
主营业务利润率（%）	18.3	13.1	7.4	1.6	-7.6
盈余现金保障倍数	10.9	5.5	0.3	-3.0	-6.3
成本费用利润率（%）	9.2	5.2	2.6	-2.5	-11.1
资本收益率（%）	11.1	7.8	4.9	-3.7	-12.0
二、资产质量状况					
总资产周转率（次）	1.8	1.2	0.5	0.2	0.1
应收账款周转率（次）	21.0	12.3	6.7	2.9	1.6
不良资产比率（%）	0.3	1.3	3.3	11.1	22.5
流动资产周转率（次）	3.3	2.3	1.6	1.0	0.6
资产现金回收率（%）	18.0	9.0	0.1	-6.3	-14.3
三、债务风险状况					
资产负债率（%）	47.1	56.3	67.1	84.6	91.5
已获利息倍数	3.7	2.6	1.5	-1.1	-3.2
速动比率（%）	154.8	124.8	87.3	55.7	34.4
现金流动负债比率（%）	19.3	11.7	3.2	-7.8	-15.8
带息负债比率（%）	28.9	39.8	53.0	73.3	89.5
或有负债比率（%）	0.4	1.8	5.6	12.0	18.0
四、经营增长状况					
销售（营业）增长率（%）	25.4	18.3	7.5	-6.2	-14.6
资本保值增值率（%）	107.1	105.0	102.7	95.1	88.4
销售（营业）利润增长率（%）	21.3	13.8	5.0	-7.4	-16.3
总资产增长率（%）	22.3	14.0	5.8	-6.0	-14.4
技术投入比率（%）	1.6	1.4	1.1	0.8	0.1
五、补充资料					
存货周转率（次）	18.2	10.4	2.9	1.6	0.7
三年销售平均增长率（%）	18.1	10.7	4.0	-13.7	-24.2
成本费用占主营业务收入的比率（%）	89.8	94.5	98.1	101.2	103.3
期间费用占主营业务收入的比率（%）	1.9	3.2	6.5	12.5	20.1
经济增加值率（%）	3.1	1.3	-2.4	-6.8	-11.4
EBITDA 率（%）	24.4	16.5	6.9	1.2	-1.8

工　业

范围：全行业

项　目	优秀值	良好值	平均值	较低值	较差值
一、盈利能力状况					
净资产收益率（%）	13.3	9.5	6.5	−0.6	−8.1
总资产报酬率（%）	9.8	7.1	5.2	−0.5	−3.8
主营业务利润率（%）	23.4	16.8	11.8	3.8	−2.3
盈余现金保障倍数	10.9	5.5	1.5	0.5	−1.8
成本费用利润率（%）	13.0	9.2	5.4	0.8	−8.5
资本收益率（%）	15.2	11.1	7.0	1.5	−6.8
二、资产质量状况					
总资产周转率（次）	1.6	1.1	0.6	0.4	0.2
应收账款周转率（次）	18.1	11.2	7.2	4.4	3.1
不良资产比率（%）	0.1	0.8	2.4	6.4	12.2
流动资产周转率（次）	4.1	2.8	1.8	1.0	0.5
资产现金回收率（%）	14.7	10.6	5.0	−2.4	−7.1
三、债务风险状况					
资产负债率（%）	42.9	52.6	62.9	79.7	89.5
已获利息倍数	6.2	4.7	3.5	1.5	−0.9
速动比率（%）	136.3	110.7	76.0	53.0	30.2
现金流动负债比率（%）	30.8	22.3	13.3	−3.1	−9.0
带息负债比率（%）	30.4	40.1	53.0	65.6	78.6
或有负债比率（%）	0.2	1.0	5.0	12.2	21.0
四、经营增长状况					
销售（营业）增长率（%）	32.3	25.4	19.2	4.4	−8.1
资本保值增值率（%）	113.5	108.2	105.6	99.9	92.6
销售（营业）利润增长率（%）	22.5	16.3	10.8	−4.7	−12.2
总资产增长率（%）	21.1	15.5	10.5	−2.1	−10.5
技术投入比率（%）	3.1	2.1	1.6	1.2	0.3
五、补充资料					
存货周转率（次）	17.2	9.8	5.0	2.7	0.8
三年销售平均增长率（%）	22.9	17.3	11.6	−2.3	−14.1
成本费用占主营业务收入的比率（%）	80.6	89.8	95.7	101.1	107.9
期间费用占主营业务收入的比率（%）	2.9	4.8	7.9	12.7	17.7
经济增加值率（%）	8.5	4.0	1.0	−3.3	−6.6
EBITDA率（%）	30.1	20.1	12.4	5.6	−0.5

工 业

范围：大型企业

项 目	优秀值	良好值	平均值	较低值	较差值
一、盈利能力状况					
净资产收益率（%）	13.8	10.4	7.1	1.2	-4.6
总资产报酬率（%）	12.8	8.9	6.0	0.2	-3.6
主营业务利润率（%）	23.5	17.0	11.9	3.9	-0.9
盈余现金保障倍数	13.2	7.2	2.3	1.3	-0.7
成本费用利润率（%）	15.1	11.6	7.4	2.1	-6.4
资本收益率（%）	19.1	14.4	9.4	2.6	-4.8
二、资产质量状况					
总资产周转率（次）	1.5	1.1	0.5	0.4	0.2
应收账款周转率（次）	27.4	19.9	12.4	6.4	3.2
不良资产比率（%）	0.1	0.8	2.3	5.9	9.7
流动资产周转率（次）	4.3	3.1	1.9	1.2	0.5
资产现金回收率（%）	16.0	10.9	5.2	0.6	-5.1
三、债务风险状况					
资产负债率（%）	42.9	50.4	59.9	74.9	89.1
已获利息倍数	6.7	5.0	4.1	2.9	0.7
速动比率（%）	134.3	108.4	75.3	53.4	29.8
现金流动负债比率（%）	32.0	26.2	17.1	8.3	-5.7
带息负债比率（%）	33.3	43.6	54.7	64.4	76.9
或有负债比率（%）	0.2	1.0	4.9	11.2	19.0
四、经营增长状况					
销售（营业）增长率（%）	35.9	30.0	23.7	7.7	-4.7
资本保值增值率（%）	113.7	109.5	107.7	101.4	96.3
销售（营业）利润增长率（%）	25.3	18.5	14.6	-1.6	-10.0
总资产增长率（%）	22.5	15.6	11.1	0.8	-8.0
技术投入比率（%）	3.2	2.6	2.1	1.6	0.7
五、补充资料					
存货周转率（次）	17.5	10.3	5.1	2.7	0.9
三年销售平均增长率（%）	23.7	18.1	12.4	-1.1	-13.4
成本费用占主营业务收入的比率（%）	79.3	89.3	95.4	100.6	105.4
期间费用占主营业务收入的比率（%）	2.4	4.3	7.4	10.2	15.4
经济增加值率（%）	8.6	4.6	1.3	-3.1	-5.3
EBITDA率（%）	30.6	21.3	12.8	6.2	0.8

工 业

范围：中型企业

项　目	优秀值	良好值	平均值	较低值	较差值
一、盈利能力状况					
净资产收益率（％）	13.3	9.1	4.9	−1.6	−9.6
总资产报酬率（％）	9.1	5.9	2.7	−1.1	−4.2
主营业务利润率（％）	22.3	16.9	10.6	4.2	−3.5
盈余现金保障倍数	12.4	6.8	2.5	0.8	−0.1
成本费用利润率（％）	12.6	8.8	4.5	0.4	−9.8
资本收益率（％）	18.1	12.2	6.1	−2.7	−9.7
二、资产质量状况					
总资产周转率（次）	1.8	1.3	0.8	0.5	0.1
应收账款周转率（次）	25.9	16.8	9.1	5.4	3.1
不良资产比率（％）	0.5	2.2	3.6	8.2	18.1
流动资产周转率（次）	3.9	2.5	1.5	1.1	0.7
资产现金回收率（％）	14.4	9.2	2.6	−2.7	−6.4
三、债务风险状况					
资产负债率（％）	44.4	56.9	64.9	81.9	94.9
已获利息倍数	5.5	4.2	2.7	1.0	−1.0
速动比率（％）	138.5	114.6	76.3	51.4	31.6
现金流动负债比率（％）	27.5	18.6	7.9	−4.6	−9.8
带息负债比率（％）	24.8	35.9	47.4	68.2	81.6
或有负债比率（％）	0.3	1.8	4.5	11.2	18.0
四、经营增长状况					
销售（营业）增长率（％）	30.7	24.2	18.3	−2.5	−12.6
资本保值增值率（％）	112.5	108.3	104.4	98.0	90.5
销售（营业）利润增长率（％）	22.8	15.9	9.4	−6.6	−19.0
总资产增长率（％）	18.5	14.2	7.9	1.5	−7.4
技术投入比率（％）	2.7	1.8	1.5	1.2	0.4
五、补充资料					
存货周转率（次）	16.2	9.3	3.4	1.8	0.8
三年销售平均增长率（％）	23.0	17.7	11.2	−8.7	−19.4
成本费用占主营业务收入的比率（％）	80.1	89.7	96.3	103.0	113.2
期间费用占主营业务收入的比率（％）	2.7	4.7	8.1	13.1	18.0
经济增加值率（％）	8.9	4.9	0.6	−3.2	−5.7
EBITDA 率（％）	29.7	20.4	11.6	3.7	−0.6

工 业

范围：小型企业

项 目	优秀值	良好值	平均值	较低值	较差值
一、盈利能力状况					
净资产收益率（%）	10.0	6.8	4.1	-2.9	-11.8
总资产报酬率（%）	6.4	3.9	2.2	-2.3	-6.9
主营业务利润率（%）	23.7	16.7	7.9	1.6	-5.9
盈余现金保障倍数	10.2	5.4	1.1	-0.7	-2.7
成本费用利润率（%）	10.8	6.3	2.7	-2.3	-14.0
资本收益率（%）	12.8	10.2	4.6	-3.0	-9.3
二、资产质量状况					
总资产周转率（次）	2.0	1.2	0.8	0.4	0.2
应收账款周转率（次）	17.9	10.5	7.0	4.3	2.9
不良资产比率（%）	0.3	1.6	3.1	12.7	24.3
流动资产周转率（次）	3.2	2.3	1.1	0.7	0.5
资产现金回收率（%）	16.4	7.9	1.6	-4.1	-7.2
三、债务风险状况					
资产负债率（%）	43.9	58.4	71.2	83.2	94.9
已获利息倍数	4.4	2.7	1.4	-0.4	-4.2
速动比率（%）	140.3	111.5	72.6	48.7	30.1
现金流动负债比率（%）	20.9	14.4	5.4	-6.3	-13.4
带息负债比率（%）	33.1	45.4	56.3	70.6	82.5
或有负债比率（%）	0.3	1.8	5.0	13.2	21.0
四、经营增长状况					
销售（营业）增长率（%）	22.4	16.4	6.9	-8.4	-17.5
资本保值增值率（%）	110.2	106.5	103.9	97.7	88.4
销售（营业）利润增长率（%）	18.9	13.5	5.6	-8.4	-19.2
总资产增长率（%）	18.1	13.0	6.8	-5.3	-15.4
技术投入比率（%）	1.8	1.5	1.2	0.8	0.1
五、补充资料					
存货周转率（次）	16.2	8.9	3.4	1.7	0.6
三年销售平均增长率（%）	19.9	14.3	5.2	-10.1	-19.8
成本费用占主营业务收入的比率（%）	80.9	90.0	97.3	104.0	117.0
期间费用占主营业务收入的比率（%）	3.1	4.9	8.7	13.4	18.5
经济增加值率（%）	5.3	2.3	-1.2	-4.8	-7.7
EBITDA率（%）	29.1	19.6	10.0	2.4	-1.3

机械工业

范围：全行业

项　　目	优秀值	良好值	平均值	较低值	较差值
一、盈利能力状况					
净资产收益率（%）	13.5	7.3	4.8	1.2	-6.0
总资产报酬率（%）	11.6	4.0	2.7	1.1	-3.0
主营业务利润率（%）	20.3	13.5	10.2	5.8	-1.7
盈余现金保障倍数	6.5	3.0	1.0	0.6	-0.5
成本费用利润率（%）	9.6	6.0	4.3	2.0	-8.4
资本收益率（%）	13.9	10.4	6.0	3.0	-6.2
二、资产质量状况					
总资产周转率（次）	0.5	0.4	0.3	0.2	0.1
应收账款周转率（次）	7.1	3.9	2.4	1.8	0.8
不良资产比率（%）	1.0	1.9	3.4	6.1	8.9
流动资产周转率（次）	2.0	1.7	0.5	0.4	0.2
资产现金回收率（%）	15.4	9.4	3.0	-0.3	-3.1
三、债务风险状况					
资产负债率（%）	54.0	57.9	65.0	78.8	85.0
已获利息倍数	5.5	3.1	2.1	0.3	-5.0
速动比率（%）	100.8	83.4	65.0	51.6	37.5
现金流动负债比率（%）	16.8	10.0	3.4	-0.5	-3.9
带息负债比率（%）	6.0	18.4	33.0	46.3	62.3
或有负债比率（%）	0.9	1.9	8.3	16.6	26.0
四、经营增长状况					
销售（营业）增长率（%）	10.9	6.9	4.6	3.0	1.0
资本保值增值率（%）	108.6	105.8	103.5	100.1	92.1
销售（营业）利润增长率（%）	33.0	13.5	10.8	6.4	2.1
总资产增长率（%）	18.0	11.0	8.4	4.7	2.0
技术投入比率（%）	3.3	3.1	2.6	1.8	1.3
五、补充资料					
存货周转率（次）	10.4	6.8	4.2	2.7	1.6
三年销售平均增长率（%）	21.8	14.8	9.6	-3.4	-9.4
成本费用占主营业务收入的比率（%）	84.1	88.7	95.3	100.8	108.7
期间费用占主营业务收入的比率（%）	1.4	4.2	7.9	13.7	21.1
经济增加值率（%）	10.5	6.7	0.8	-8.6	-14.0
EBITDA率（%）	20.5	14.4	8.5	0.4	-5.0

机械工业

范围：大型企业

项　　目	优秀值	良好值	平均值	较低值	较差值
一、盈利能力状况					
净资产收益率（%）	12.9	7.6	5.5	4.9	-1.0
总资产报酬率（%）	12.8	4.0	2.8	2.3	-0.1
主营业务利润率（%）	23.4	14.2	10.2	7.9	1.4
盈余现金保障倍数	6.3	3.0	0.9	0.3	-0.5
成本费用利润率（%）	9.7	6.7	4.7	2.4	-7.7
资本收益率（%）	13.9	10.3	5.9	5.0	-0.6
二、资产质量状况					
总资产周转率（次）	0.5	0.4	0.3	0.2	0.1
应收账款周转率（次）	7.0	3.9	2.5	2.3	1.6
不良资产比率（%）	1.0	1.9	2.8	6.0	8.6
流动资产周转率（次）	2.1	1.5	0.4	0.3	0.2
资产现金回收率（%）	15.9	10.3	3.6	-3.0	-9.5
三、债务风险状况					
资产负债率（%）	47.9	56.6	67.6	75.0	81.2
已获利息倍数	5.8	3.8	2.4	1.8	0.4
速动比率（%）	107.3	84.0	66.3	58.9	38.5
现金流动负债比率（%）	18.1	11.0	3.8	-3.2	-9.7
带息负债比率（%）	6.3	20.1	33.3	46.5	61.3
或有负债比率（%）	0.6	2.0	8.1	16.4	25.4
四、经营增长状况					
销售（营业）增长率（%）	10.9	6.8	4.5	2.2	0.5
资本保值增值率（%）	108.8	106.5	105.2	100.1	97.7
销售（营业）利润增长率（%）	32.1	13.5	10.6	5.8	1.5
总资产增长率（%）	18.6	12.2	8.9	5.0	2.3
技术投入比率（%）	5.3	4.3	3.2	2.0	1.4
五、补充资料					
存货周转率（次）	10.1	7.3	4.7	2.9	1.9
三年销售平均增长率（%）	22.0	15.1	9.8	2.0	-7.9
成本费用占主营业务收入的比率（%）	84.6	88.5	94.8	100.2	106.5
期间费用占主营业务收入的比率（%）	1.9	4.4	7.7	12.6	18.9
经济增加值率（%）	10.3	6.7	1.0	-8.7	-14.3
EBITDA率（%）	23.1	15.9	9.1	1.6	-2.6

机械工业

范围：中型企业

项　目	优秀值	良好值	平均值	较低值	较差值
一、盈利能力状况					
净资产收益率（%）	14.2	7.8	5.8	5.0	-2.6
总资产报酬率（%）	13.9	5.6	2.6	1.9	-0.1
主营业务利润率（%）	20.0	13.9	10.9	8.7	0.5
盈余现金保障倍数	9.4	4.2	1.1	0.7	-2.7
成本费用利润率（%）	9.9	7.0	4.8	2.2	-7.6
资本收益率（%）	14.3	11.2	6.4	5.1	-4.2
二、资产质量状况					
总资产周转率（次）	1.2	0.9	0.5	0.3	0.2
应收账款周转率（次）	11.4	7.3	3.2	1.6	0.8
不良资产比率（%）	1.3	2.0	4.7	7.5	8.8
流动资产周转率（次）	2.0	1.7	0.7	0.4	0.3
资产现金回收率（%）	12.0	7.6	3.0	-0.3	-3.1
三、债务风险状况					
资产负债率（%）	55.0	61.5	65.0	78.0	87.1
已获利息倍数	4.6	3.4	2.1	0.2	-0.9
速动比率（%）	100.7	72.4	57.6	48.5	37.8
现金流动负债比率（%）	16.5	9.9	3.2	-0.5	-3.4
带息负债比率（%）	3.1	9.8	26.5	45.9	61.5
或有负债比率（%）	1.0	1.7	8.3	16.6	26.9
四、经营增长状况					
销售（营业）增长率（%）	11.2	7.3	4.8	3.0	1.0
资本保值增值率（%）	111.8	107.8	105.5	100.3	94.8
销售（营业）利润增长率（%）	33.2	13.0	10.9	6.5	2.2
总资产增长率（%）	17.8	10.9	8.3	4.6	1.8
技术投入比率（%）	3.3	3.0	2.5	1.6	1.0
五、补充资料					
存货周转率（次）	10.8	7.3	4.0	2.4	1.2
三年销售平均增长率（%）	19.6	14.3	9.3	-3.5	-11.4
成本费用占主营业务收入的比率（%）	82.1	88.2	95.8	101.3	108.6
期间费用占主营业务收入的比率（%）	1.2	3.3	8.5	15.7	22.4
经济增加值率（%）	11.0	6.9	0.7	-6.5	-13.9
EBITDA率（%）	20.1	13.8	7.5	0.8	-3.3

机械工业

范围：小型企业

项　　目	优秀值	良好值	平均值	较低值	较差值
一、盈利能力状况					
净资产收益率（％）	12.0	7.1	4.5	0.4	-6.8
总资产报酬率（％）	9.4	5.9	2.8	-0.1	-4.1
主营业务利润率（％）	19.1	13.3	10.3	5.6	-5.8
盈余现金保障倍数	7.9	2.8	0.7	-2.3	-6.5
成本费用利润率（％）	9.2	5.6	4.0	0.3	-11.5
资本收益率（％）	12.5	8.4	4.6	-2.2	-9.7
二、资产质量状况					
总资产周转率（次）	1.2	0.9	0.6	0.4	0.2
应收账款周转率（次）	9.1	6.1	2.2	2.1	1.2
不良资产比率（％）	0.9	1.5	3.7	6.2	8.9
流动资产周转率（次）	2.0	1.4	0.8	0.5	0.3
资产现金回收率（％）	10.8	6.7	2.1	-1.2	-8.3
三、债务风险状况					
资产负债率（％）	51.6	62.1	71.5	78.9	88.4
已获利息倍数	4.2	2.5	1.2	-0.6	-5.7
速动比率（％）	100.2	72.1	59.1	48.3	35.4
现金流动负债比率（％）	15.7	9.7	3.3	-4.9	-8.4
带息负债比率（％）	3.4	11.8	24.2	51.4	71.0
或有负债比率（％）	0.5	1.7	8.3	16.9	25.8
四、经营增长状况					
销售（营业）增长率（％）	11.0	6.9	4.4	2.0	0.2
资本保值增值率（％）	108.5	105.6	102.6	100.1	90.2
销售（营业）利润增长率（％）	33.7	14.9	10.2	6.2	2.0
总资产增长率（％）	18.1	10.6	8.0	4.3	1.2
技术投入比率（％）	3.3	3.0	2.2	1.7	1.1
五、补充资料					
存货周转率（次）	10.7	6.7	3.1	2.0	1.4
三年销售平均增长率（％）	20.2	13.9	8.6	-5.8	-13.8
成本费用占主营业务收入的比率（％）	85.6	92.7	98.7	105.0	117.8
期间费用占主营业务收入的比率（％）	1.3	3.8	8.8	18.4	30.7
经济增加值率（％）	10.3	6.8	0.5	-6.7	-13.7
EBITDA率（％）	23.3	14.5	4.9	-0.1	-6.4

通用设备制造业

范围：全行业

项　　目	优秀值	良好值	平均值	较低值	较差值
一、盈利能力状况					
净资产收益率（%）	16.3	12.7	8.0	-0.6	-6.5
总资产报酬率（%）	8.1	6.2	3.8	0.5	-5.3
主营业务利润率（%）	24.1	19.3	11.5	9.1	2.3
盈余现金保障倍数	6.9	3.7	0.5	-1.3	-3.7
成本费用利润率（%）	11.4	8.5	6.0	0.1	-10.8
资本收益率（%）	16.4	12.9	8.8	2.8	-3.9
二、资产质量状况					
总资产周转率（次）	1.4	0.8	0.6	0.4	0.2
应收账款周转率（次）	11.7	7.4	4.2	2.9	2.3
不良资产比率（%）	0.2	0.9	2.6	9.0	16.8
流动资产周转率（次）	2.5	1.9	0.9	0.6	0.4
资产现金回收率（%）	11.4	4.9	1.8	-5.8	-9.7
三、债务风险状况					
资产负债率（%）	48.3	56.9	65.0	78.1	89.1
已获利息倍数	6.4	5.5	3.3	1.6	-1.6
速动比率（%）	129.9	108.3	79.0	54.7	31.5
现金流动负债比率（%）	14.6	9.6	2.4	-8.0	-10.2
带息负债比率（%）	7.3	17.9	32.0	45.8	60.4
或有负债比率（%）	2.6	4.3	8.0	16.5	25.8
四、经营增长状况					
销售（营业）增长率（%）	25.1	18.6	12.5	4.8	-7.3
资本保值增值率（%）	113.3	110.1	105.0	99.6	92.5
销售（营业）利润增长率（%）	25.9	18.2	10.3	-1.6	-10.8
总资产增长率（%）	19.4	14.9	9.8	-2.4	-12.8
技术投入比率（%）	4.5	4.0	3.5	2.8	2.1
五、补充资料					
存货周转率（次）	7.5	4.6	2.8	2.1	1.5
三年销售平均增长率（%）	24.4	17.9	11.6	3.8	-8.4
成本费用占主营业务收入的比率（%）	85.8	89.4	95.3	101.2	107.9
期间费用占主营业务收入的比率（%）	2.5	4.6	8.9	15.0	22.3
经济增加值率（%）	16.0	8.7	0.4	-7.4	-11.2
EBITDA率（%）	15.7	11.1	5.1	-1.8	-10.3

通用设备制造业

范围：大型企业

项　　目	优秀值	良好值	平均值	较低值	较差值
一、盈利能力状况					
净资产收益率（%）	20.9	16.7	12.9	3.8	-4.2
总资产报酬率（%）	9.0	7.9	5.4	2.1	-2.4
主营业务利润率（%）	24.2	19.9	13.6	12.4	7.7
盈余现金保障倍数	8.1	3.2	-0.1	-1.7	-5.2
成本费用利润率（%）	14.1	12.2	7.6	3.0	-2.4
资本收益率（%）	21.2	16.9	13.4	7.7	-0.1
二、资产质量状况					
总资产周转率（次）	1.3	0.8	0.6	0.4	0.2
应收账款周转率（次）	11.5	8.1	4.7	3.5	2.9
不良资产比率（%）	0.3	1.0	2.3	6.9	13.4
流动资产周转率（次）	2.1	1.7	0.7	0.6	0.4
资产现金回收率（%）	10.0	3.7	-1.1	-5.9	-10.1
三、债务风险状况					
资产负债率（%）	47.9	58.5	70.3	81.3	90.6
已获利息倍数	7.5	5.8	4.3	2.9	-1.3
速动比率（%）	127.9	102.1	71.3	56.1	37.0
现金流动负债比率（%）	12.4	6.1	-1.7	-8.3	-17.8
带息负债比率（%）	7.0	14.0	26.8	42.3	59.7
或有负债比率（%）	2.6	4.3	8.0	16.5	25.8
四、经营增长状况					
销售（营业）增长率（%）	27.2	22.4	16.0	7.4	-2.2
资本保值增值率（%）	118.6	114.1	110.4	101.8	95.5
销售（营业）利润增长率（%）	21.3	13.6	5.6	-4.2	-13.0
总资产增长率（%）	19.4	15.4	10.3	4.5	-3.5
技术投入比率（%）	5.2	4.1	3.7	2.9	2.2
五、补充资料					
存货周转率（次）	6.2	4.6	2.8	1.9	1.4
三年销售平均增长率（%）	26.8	21.3	14.8	6.1	-3.7
成本费用占主营业务收入的比率（%）	86.8	89.4	94.5	100.6	106.7
期间费用占主营业务收入的比率（%）	2.6	4.4	7.7	12.7	16.3
经济增加值率（%）	19.1	9.9	0.5	-7.5	-10.7
EBITDA率（%）	15.9	11.1	5.3	-0.3	-4.1

通用设备制造业

范围：中型企业

项　　目	优秀值	良好值	平均值	较低值	较差值
一、盈利能力状况					
净资产收益率（%）	15.7	12.2	6.3	−0.7	−5.9
总资产报酬率（%）	7.4	6.8	4.1	0.3	−5.0
主营业务利润率（%）	25.8	20.4	12.4	6.3	5.7
盈余现金保障倍数	10.7	6.2	2.7	0.8	−0.5
成本费用利润率（%）	12.3	8.3	4.0	0.3	−8.9
资本收益率（%）	16.3	12.6	6.7	1.1	−5.0
二、资产质量状况					
总资产周转率（次）	1.5	1.1	0.8	0.6	0.4
应收账款周转率（次）	11.4	7.9	4.2	3.0	2.6
不良资产比率（%）	0.3	1.0	3.6	10.7	17.9
流动资产周转率（次）	2.9	2.0	1.0	0.8	0.5
资产现金回收率（%）	15.3	9.3	4.2	−2.2	−8.3
三、债务风险状况					
资产负债率（%）	48.9	54.2	64.9	76.4	87.3
已获利息倍数	7.0	4.4	2.8	1.4	−1.4
速动比率（%）	116.3	90.5	71.6	49.5	32.1
现金流动负债比率（%）	19.7	13.7	6.9	−2.7	−9.7
带息负债比率（%）	16.2	28.9	40.5	52.3	64.9
或有负债比率（%）	2.6	3.3	8.0	16.5	25.8
四、经营增长状况					
销售（营业）增长率（%）	24.4	17.8	10.1	−4.5	−14.0
资本保值增值率（%）	112.7	109.4	103.3	97.5	91.0
销售（营业）利润增长率（%）	31.7	22.5	14.0	0.5	−8.8
总资产增长率（%）	20.7	14.9	8.8	−0.3	−8.0
技术投入比率（%）	8.0	6.5	5.6	4.5	3.3
五、补充资料					
存货周转率（次）	5.9	4.6	3.1	2.3	1.6
三年销售平均增长率（%）	24.0	17.2	9.5	−5.3	−14.7
成本费用占主营业务收入的比率（%）	85.7	90.4	96.4	101.8	110.1
期间费用占主营业务收入的比率（%）	3.0	5.6	10.8	18.1	24.2
经济增加值率（%）	14.8	9.0	0.4	−5.5	−13.0
EBITDA率（%）	15.6	11.0	4.8	−1.4	−5.8

通用设备制造业

范围：小型企业

项　　目	优秀值	良好值	平均值	较低值	较差值
一、盈利能力状况					
净资产收益率（%）	14.8	11.1	6.8	-0.2	-8.9
总资产报酬率（%）	8.0	6.1	3.6	0.1	-6.0
主营业务利润率（%）	21.6	17.9	9.6	5.2	-2.9
盈余现金保障倍数	6.1	2.5	0.2	-0.7	-2.5
成本费用利润率（%）	7.8	5.1	2.3	0.1	-17.3
资本收益率（%）	15.3	11.3	7.0	0.7	-13.7
二、资产质量状况					
总资产周转率（次）	2.0	1.2	0.7	0.4	0.2
应收账款周转率（次）	12.1	7.0	3.0	1.7	1.2
不良资产比率（%）	0.2	0.6	2.9	10.3	14.8
流动资产周转率（次）	2.7	2.1	0.8	0.5	0.4
资产现金回收率（%）	11.1	6.4	0.9	-4.1	-8.9
三、债务风险状况					
资产负债率（%）	45.1	53.6	63.4	78.1	91.5
已获利息倍数	4.8	3.9	2.1	0.3	-3.2
速动比率（%）	135.3	110.7	79.5	41.5	29.4
现金流动负债比率（%）	15.9	8.5	1.9	-4.8	-10.3
带息负债比率（%）	11.6	24.1	36.5	47.5	60.3
或有负债比率（%）	2.6	3.3	8.0	16.5	25.8
四、经营增长状况					
销售（营业）增长率（%）	19.9	10.8	1.3	-19.0	-27.1
资本保值增值率（%）	112.9	107.5	103.9	97.4	88.8
销售（营业）利润增长率（%）	26.1	18.3	10.3	0.6	-6.3
总资产增长率（%）	17.6	9.3	2.0	-7.0	-15.6
技术投入比率（%）	2.8	2.2	1.8	1.4	1.1
五、补充资料					
存货周转率（次）	9.4	5.5	2.7	1.9	1.3
三年销售平均增长率（%）	20.1	10.8	1.2	-18.9	-26.8
成本费用占主营业务收入的比率（%）	79.5	88.7	97.1	104.4	118.4
期间费用占主营业务收入的比率（%）	2.4	5.1	11.0	21.3	33.8
经济增加值率（%）	14.2	7.9	0.1	-6.2	-10.0
EBITDA率（%）	15.0	11.0	4.6	-3.4	-12.8

轻工业

范围：全行业

项　　目	优秀值	良好值	平均值	较低值	较差值
一、盈利能力状况					
净资产收益率（％）	13.0	9.0	5.3	－2.6	－7.5
总资产报酬率（％）	9.6	5.9	3.5	0.8	－6.3
主营业务利润率（％）	33.8	22.3	14.5	8.0	3.3
盈余现金保障倍数	10.5	3.8	1.1	0.2	－1.8
成本费用利润率（％）	15.6	11.2	6.5	－3.6	－14.1
资本收益率（％）	15.0	10.0	5.9	－4.4	－11.5
二、资产质量状况					
总资产周转率（次）	1.6	1.1	0.5	0.3	0.1
应收账款周转率（次）	21.6	13.8	8.0	5.3	2.9
不良资产比率（％）	0.1	1.0	2.2	9.9	24.9
流动资产周转率（次）	3.2	2.2	1.3	0.8	0.5
资产现金回收率（％）	15.0	8.8	3.0	－0.5	－3.4
三、债务风险状况					
资产负债率（％）	39.1	47.0	63.0	75.4	85.3
已获利息倍数	5.9	3.7	1.5	0.1	－4.4
速动比率（％）	145.9	115.6	79.0	53.0	36.6
现金流动负债比率（％）	19.2	12.8	6.0	－1.4	－7.1
带息负债比率（％）	27.9	41.3	53.0	74.2	87.3
或有负债比率（％）	0.4	1.3	8.0	16.2	25.1
四、经营增长状况					
销售（营业）增长率（％）	22.2	14.4	9.0	－8.3	－23.4
资本保值增值率（％）	110.3	107.2	104.0	96.5	89.9
销售（营业）利润增长率（％）	18.9	12.9	7.5	－16.1	－27.1
总资产增长率（％）	20.0	10.9	5.5	－2.3	－14.9
技术投入比率（％）	1.3	0.8	0.6	0.4	0.2
五、补充资料					
存货周转率（次）	16.0	8.4	4.0	2.7	1.3
三年销售平均增长率（％）	25.9	17.1	8.5	－8.9	－29.3
成本费用占主营业务收入的比率（％）	57.4	81.4	95.0	101.8	112.6
期间费用占主营业务收入的比率（％）	3.5	6.6	15.0	26.4	33.1
经济增加值率（％）	12.0	7.2	2.5	－6.2	－11.8
EBITDA率（％）	33.7	21.0	10.0	2.0	－10.6

轻工业

范围：大型企业

项　　目	优秀值	良好值	平均值	较低值	较差值
一、盈利能力状况					
净资产收益率（%）	14.3	12.4	7.4	1.4	-5.5
总资产报酬率（%）	12.1	8.6	5.8	1.3	-2.1
主营业务利润率（%）	35.6	30.5	22.1	12.9	5.3
盈余现金保障倍数	11.9	3.9	1.0	0.4	-0.2
成本费用利润率（%）	19.8	15.9	9.0	2.1	-10.5
资本收益率（%）	22.4	15.8	9.0	1.5	-1.6
二、资产质量状况					
总资产周转率（次）	0.7	0.6	0.4	0.2	0.1
应收账款周转率（次）	20.1	15.0	8.6	6.3	2.7
不良资产比率（%）	0.1	1.0	1.7	8.7	26.0
流动资产周转率（次）	2.8	2.1	1.5	1.0	0.5
资产现金回收率（%）	13.7	7.7	4.4	2.1	1.5
三、债务风险状况					
资产负债率（%）	38.5	42.8	55.6	70.6	83.1
已获利息倍数	9.1	6.4	3.2	1.9	-0.1
速动比率（%）	150.1	105.6	79.7	57.0	38.9
现金流动负债比率（%）	24.8	19.3	7.8	4.0	1.6
带息负债比率（%）	26.5	39.4	53.4	75.0	89.6
或有负债比率（%）	0.4	1.3	8.0	16.2	25.1
四、经营增长状况					
销售（营业）增长率（%）	31.1	23.7	16.7	7.0	-5.6
资本保值增值率（%）	111.2	109.4	106.2	100.6	91.3
销售（营业）利润增长率（%）	23.8	17.7	13.5	9.6	0.8
总资产增长率（%）	20.6	13.4	7.9	4.9	-2.8
技术投入比率（%）	1.6	1.5	1.4	0.7	0.5
五、补充资料					
存货周转率（次）	9.1	6.3	3.8	2.7	1.1
三年销售平均增长率（%）	33.3	25.3	17.0	6.3	-6.6
成本费用占主营业务收入的比率（%）	71.5	86.8	95.7	101.3	112.3
期间费用占主营业务收入的比率（%）	3.0	6.1	15.6	26.1	30.9
经济增加值率（%）	14.0	12.1	3.7	-2.1	-8.2
EBITDA率（%）	33.6	24.0	11.3	3.7	-6.4

轻工业

范围：中型企业

项　　目	优秀值	良好值	平均值	较低值	较差值
一、盈利能力状况					
净资产收益率（%）	16.4	11.1	5.5	0.5	−10.0
总资产报酬率（%）	11.5	8.0	4.2	0.4	−4.4
主营业务利润率（%）	30.4	24.3	17.3	10.4	−1.6
盈余现金保障倍数	11.0	4.9	1.3	0.6	−0.6
成本费用利润率（%）	15.3	11.5	5.0	0.9	−12.0
资本收益率（%）	19.0	12.6	6.6	1.1	−11.7
二、资产质量状况					
总资产周转率（次）	1.5	1.1	0.6	0.4	0.2
应收账款周转率（次）	25.8	16.9	8.2	6.0	4.2
不良资产比率（%）	0.2	1.1	2.3	8.2	21.2
流动资产周转率（次）	3.1	2.4	1.4	1.0	0.7
资产现金回收率（%）	17.0	10.5	3.9	0.9	−2.6
三、债务风险状况					
资产负债率（%）	39.4	51.3	70.9	80.9	88.7
已获利息倍数	6.7	4.6	1.7	0.4	−1.5
速动比率（%）	133.9	108.7	73.5	50.4	34.0
现金流动负债比率（%）	25.1	16.7	5.8	1.0	−4.5
带息负债比率（%）	33.6	43.7	53.7	76.3	86.5
或有负债比率（%）	0.4	1.3	8.0	16.2	25.1
四、经营增长状况					
销售（营业）增长率（%）	31.9	22.2	12.3	−7.9	−16.3
资本保值增值率（%）	113.6	107.9	103.1	100.6	86.9
销售（营业）利润增长率（%）	20.6	12.5	3.9	−12.9	−22.6
总资产增长率（%）	22.9	16.8	8.4	−0.3	−6.5
技术投入比率（%）	1.3	1.0	0.7	0.5	0.4
五、补充资料					
存货周转率（次）	11.7	7.7	4.1	2.9	1.7
三年销售平均增长率（%）	32.5	23.2	11.7	−5.0	−23.8
成本费用占主营业务收入的比率（%）	51.0	66.2	91.6	101.6	111.7
期间费用占主营业务收入的比率（%）	5.3	8.2	15.0	26.3	37.2
经济增加值率（%）	15.0	10.0	1.3	−5.3	−11.1
EBITDA率（%）	41.4	20.0	10.2	−2.9	−10.9

轻工业

范围：小型企业

项　目	优秀值	良好值	平均值	较低值	较差值
一、盈利能力状况					
净资产收益率（%）	11.7	7.8	2.9	-3.2	-9.9
总资产报酬率（%）	7.0	4.3	0.7	-2.1	-7.0
主营业务利润率（%）	33.1	22.2	11.9	4.8	-3.0
盈余现金保障倍数	10.2	3.2	0.6	-0.3	-2.1
成本费用利润率（%）	13.5	9.3	3.0	-4.0	-16.2
资本收益率（%）	13.0	8.3	4.1	-5.2	-13.8
二、资产质量状况					
总资产周转率（次）	1.9	1.3	0.7	0.4	0.2
应收账款周转率（次）	20.8	13.6	6.5	4.7	2.7
不良资产比率（%）	0.2	0.8	4.7	12.8	30.7
流动资产周转率（次）	3.4	2.6	1.3	0.7	0.5
资产现金回收率（%）	14.9	8.2	1.8	-3.4	-9.4
三、债务风险状况					
资产负债率（%）	40.1	53.7	74.7	84.5	89.6
已获利息倍数	5.9	2.9	0.2	-1.3	-5.6
速动比率（%）	147.2	119.6	71.5	51.2	34.6
现金流动负债比率（%）	17.2	8.9	1.9	-6.4	-11.9
带息负债比率（%）	26.2	38.0	50.3	69.8	85.4
或有负债比率（%）	0.4	1.3	8.0	16.2	25.1
四、经营增长状况					
销售（营业）增长率（%）	21.4	12.8	-6.7	-21.6	-30.5
资本保值增值率（%）	108.2	106.1	101.3	96.1	87.4
销售（营业）利润增长率（%）	16.9	6.6	-6.6	-26.4	-34.5
总资产增长率（%）	17.0	8.6	2.4	-9.0	-19.6
技术投入比率（%）	0.9	0.7	0.6	0.3	0.2
五、补充资料					
存货周转率（次）	19.8	11.3	4.5	2.8	1.9
三年销售平均增长率（%）	20.9	12.4	-7.3	-22.3	-34.0
成本费用占主营业务收入的比率（%）	73.1	86.7	98.7	104.1	115.7
期间费用占主营业务收入的比率（%）	2.8	5.7	12.8	28.5	44.5
经济增加值率（%）	10.0	6.5	-1.3	-6.9	-13.7
EBITDA率（%）	28.6	18.0	4.7	-1.8	-6.7

附录五 全国国有企业按行政区域划分

华北地区

范围：全行业

项　　目	优秀值	良好值	平均值	较低值	较差值
一、盈利能力状况					
净资产收益率（％）	12.5	8.6	6.7	−1.3	−6.3
总资产报酬率（％）	8.4	6.2	4.5	−0.2	−4.2
主营业务利润率（％）	21.1	15.2	10.8	2.9	−13.3
盈余现金保障倍数	11.5	4.8	0.9	−2.4	−4.0
成本费用利润率（％）	11.5	8.0	5.8	−1.3	−3.5
资本收益率（％）	14.6	9.3	7.0	0.9	−4.6
二、资产质量状况					
总资产周转率（次）	1.7	1.2	0.5	0.3	0.1
应收账款周转率（次）	24.1	12.9	11.0	5.2	3.8
不良资产比率（％）	0.2	0.7	1.2	5.4	9.6
流动资产周转率（次）	3.4	2.3	1.4	1.3	1.2
资产现金回收率（％）	19.7	8.6	0.9	−4.7	−10.6
三、债务风险状况					

项　目	优秀值	良好值	平均值	较低值	较差值
资产负债率（%）	55.2	60.1	66.5	73.2	85.1
已获利息倍数	6.5	5.2	4.0	0.3	-2.3
速动比率（%）	139.1	104.2	79.5	65.7	43.7
现金流动负债比率（%）	25.6	20.3	2.8	-5.5	-10.9
带息负债比率（%）	7.5	23.8	41.8	67.1	81.2
或有负债比率（%）	0.1	1.0	2.5	7.0	10.0
四．经营增长状况					
销售（营业）增长率（%）	24.3	18.5	11.0	2.4	-10.2
资本保值增值率（%）	110.2	107.8	106.2	99.8	89.4
销售（营业）利润增长率（%）	19.1	10.7	10.6	-7.7	-15.3
总资产增长率（%）	15.2	10.7	8.0	-10.6	-15.9
技术投入比率（%）	1.7	1.4	1.1	0.8	0.2
五、补充资料					
存货周转率（次）	19.8	12.3	6.7	3.0	1.5
三年销售平均增长率（%）	27.7	19.9	4.8	-4.2	-16.8
成本费用占主营业务收入的比率（%）	71.9	88.0	94.8	101.4	108.8
期间费用占主营业务收入的比率（%）	1.2	2.5	6.0	15.7	28.8
经济增加值率（%）	7.3	4.8	0.1	-4.8	-8.2
EBITDA率（%）	32.1	19.5	9.2	2.3	-1.1

东北地区

范围：全行业

项　　目	优秀值	良好值	平均值	较低值	较差值
一、盈利能力状况					
净资产收益率（%）	14.7	8.9	3.1	−0.8	−8.3
总资产报酬率（%）	7.5	4.1	1.8	−0.7	−7.8
主营业务利润率（%）	21.5	14.3	10.6	1.8	−2.7
盈余现金保障倍数	15.8	4.3	1.6	1.2	−2.5
成本费用利润率（%）	11.9	8.0	5.0	2.9	−6.9
资本收益率（%）	16.7	12.4	5.5	2.9	−9.3
二、资产质量状况					
总资产周转率（次）	1.4	0.8	0.6	0.3	0.1
应收账款周转率（次）	21.2	12.2	8.0	4.1	3.1
不良资产比率（%）	0.2	0.7	1.2	4.6	8.1
流动资产周转率（次）	3.7	2.4	1.0	0.5	0.2
资产现金回收率（%）	18.8	7.9	2.8	−2.6	−6.8
三、债务风险状况					
资产负债率（%）	46.7	52.0	56.0	76.9	88.2
已获利息倍数	4.4	2.6	1.8	−0.4	−6.0
速动比率（%）	126.1	89.5	77.0	55.2	37.5
现金流动负债比率（%）	23.0	16.0	7.6	−3.1	−7.6
带息负债比率（%）	24.9	38.2	41.2	63.5	76.5
或有负债比率（%）	0.4	1.5	3.5	9.7	16.2
四、经营增长状况					
销售（营业）增长率（%）	21.0	16.1	11.6	4.5	−10.1
资本保值增值率（%）	114.2	106.4	103.0	99.3	93.7
销售（营业）利润增长率（%）	22.3	17.9	14.1	−5.5	−13.5
总资产增长率（%）	19.9	13.8	9.6	−11.4	−14.3
技术投入比率（%）	1.6	1.2	0.9	0.5	0.3
五、补充资料					
存货周转率（次）	15.6	10.7	7.8	6.5	4.8
三年销售平均增长率（%）	25.4	17.7	3.4	−4.4	−16.3
成本费用占主营业务收入的比率（%）	65.6	82.3	96.0	104.6	115.9
期间费用占主营业务收入的比率（%）	2.3	4.4	7.5	19.2	32.3
经济增加值率（%）	11.0	6.7	1.0	−7.1	−11.7
EBITDA 率（%）	26.7	15.0	6.5	−3.1	−14.9

华东地区

范围：全行业

项　　目	优秀值	良好值	平均值	较低值	较差值
一、盈利能力状况					
净资产收益率（％）	12.8	10.0	5.8	1.7	−7.4
总资产报酬率（％）	10.5	7.3	4.6	1.5	−3.4
主营业务利润率（％）	22.2	15.4	11.0	2.8	−9.8
盈余现金保障倍数	10.0	5.1	0.9	−2.4	−4.4
成本费用利润率（％）	13.0	9.6	5.8	1.4	−3.3
资本收益率（％）	14.4	11.9	5.9	1.9	−4.4
二、资产质量状况					
总资产周转率（次）	1.7	1.0	0.6	0.5	0.1
应收账款周转率（次）	23.6	15.4	9.6	5.1	3.5
不良资产比率（％）	0.4	0.8	1.0	3.3	7.8
流动资产周转率（次）	3.0	1.9	1.4	1.1	0.7
资产现金回收率（％）	24.2	10.9	3.7	−2.2	−8.8
三、债务风险状况					
资产负债率（％）	44.8	53.7	57.0	76.8	88.2
已获利息倍数	5.3	4.2	2.8	0.7	−0.9
速动比率（％）	147.5	108.5	88.0	70.4	49.1
现金流动负债比率（％）	29.4	23.0	10.1	−2.5	−10.5
带息负债比率（％）	23.7	39.3	46.5	65.8	78.4
或有负债比率（％）	0.7	4.5	7.7	12.0	16.8
四、经营增长状况					
销售（营业）增长率（％）	25.2	18.5	15.0	14.4	−9.1
资本保值增值率（％）	114.1	109.3	105.6	100.4	90.7
销售（营业）利润增长率（％）	20.7	16.0	10.8	−4.7	−13.3
总资产增长率（％）	21.4	16.5	11.2	−6.0	−13.2
技术投入比率（％）	2.3	1.8	1.4	1.0	0.6
五、补充资料					
存货周转率（次）	19.4	12.6	4.1	2.4	0.8
三年销售平均增长率（％）	24.5	17.6	4.3	−3.7	−15.1
成本费用占主营业务收入的比率（％）	74.0	87.4	98.0	104.9	112.4
期间费用占主营业务收入的比率（％）	1.9	3.5	7.3	18.5	31.4
经济增加值率（％）	9.8	7.5	0.1	−4.6	−8.0
EBITDA率（％）	36.8	19.4	7.9	−0.3	−4.7

中南地区

范围：全行业

项　　目	优秀值	良好值	平均值	较低值	较差值
一、盈利能力状况					
净资产收益率（%）	12.2	9.7	5.9	1.4	−13.2
总资产报酬率（%）	8.6	6.3	4.7	−1.0	−6.8
主营业务利润率（%）	22.0	14.2	12.0	2.7	−5.2
盈余现金保障倍数	9.7	5.8	1.3	0.6	−3.1
成本费用利润率（%）	11.0	8.3	6.0	0.7	−6.3
资本收益率（%）	13.9	10.5	6.8	1.6	−6.0
二、资产质量状况					
总资产周转率（次）	1.4	0.8	0.6	0.3	0.1
应收账款周转率（次）	21.3	13.7	8.9	4.1	1.3
不良资产比率（%）	0.8	1.2	1.5	2.1	3.8
流动资产周转率（次）	2.8	1.8	1.5	1.1	0.8
资产现金回收率（%）	18.6	9.1	3.1	−3.1	−7.9
三、债务风险状况					
资产负债率（%）	48.8	57.6	59.0	79.2	89.9
已获利息倍数	4.4	3.0	2.4	0.3	−2.2
速动比率（%）	132.6	98.2	84.0	62.6	44.7
现金流动负债比率（%）	25.1	18.7	10.9	−3.6	−8.4
带息负债比率（%）	8.7	33.0	48.2	67.6	79.8
或有负债比率（%）	0.2	4.0	7.2	21.3	38.8
四、经营增长状况					
销售（营业）增长率（%）	22.7	17.0	14.0	5.9	−8.7
资本保值增值率（%）	112.5	108.1	105.8	101.3	87.0
销售（营业)利润增长率（%）	24.6	17.2	16.0	−1.3	−9.9
总资产增长率（%）	19.1	15.4	10.5	−8.0	−13.6
技术投入比率（%）	2.0	1.7	1.3	1.0	0.7
五、补充资料					
存货周转率（次）	19.1	13.7	6.8	5.5	3.2
三年销售平均增长率（%）	24.1	17.0	3.6	−3.9	−15.3
成本费用占主营业务收入的比率（%）	71.0	85.2	95.2	102.6	110.7
期间费用占主营业务收入的比率（%）	3.8	5.4	8.9	19.7	31.2
经济增加值率（%）	8.7	5.9	0.3	−5.6	−10.5
EBITDA 率（%）	34.9	20.1	11.2	1.3	−3.3

西南地区

范围：全行业

项　　目	优秀值	良好值	平均值	较低值	较差值
一、盈利能力状况					
净资产收益率（%）	10.8	7.6	4.0	1.8	−8.4
总资产报酬率（%）	8.3	5.4	3.2	0.5	−5.7
主营业务利润率（%）	20.9	14.1	13.0	3.4	−11.0
盈余现金保障倍数	11.4	6.8	1.5	0.7	−4.0
成本费用利润率（%）	12.1	8.1	5.4	1.6	−5.6
资本收益率（%）	13.0	9.4	4.8	1.9	−5.0
二、资产质量状况					
总资产周转率（次）	1.2	0.8	0.6	0.3	0.1
应收账款周转率（次）	22.5	14.1	7.2	3.5	1.6
不良资产比率（%）	1.6	1.9	2.3	5.4	13.3
流动资产周转率（次）	2.5	1.5	0.9	0.7	0.2
资产现金回收率（%）	21.7	8.8	3.5	−2.1	−7.5
三、债务风险状况					
资产负债率（%）	55.8	61.8	62.0	81.3	91.7
已获利息倍数	4.5	3.1	1.9	0.5	−1.5
速动比率（%）	143.7	108.6	79.0	62.9	51.9
现金流动负债比率（%）	27.8	19.4	10.1	−2.6	−9.5
带息负债比率（%）	8.1	22.9	45.0	69.1	79.2
或有负债比率（%）	0.6	2.5	3.4	5.2	8.7
四、经营增长状况					
销售（营业）增长率（%）	30.4	20.3	15.6	4.2	−7.1
资本保值增值率（%）	111.0	105.8	103.8	101.6	89.7
销售（营业）利润增长率（%）	21.3	13.8	10.7	−1.7	−12.0
总资产增长率（%）	21.8	17.1	14.2	−3.8	−10.9
技术投入比率（%）	2.3	1.9	1.6	1.3	0.9
五、补充资料					
存货周转率（次）	15.4	10.1	3.6	2.6	1.3
三年销售平均增长率（%）	26.9	19.7	5.8	−3.3	−14.3
成本费用占主营业务收入的比率（%）	70.9	86.1	96.0	103.0	112.6
期间费用占主营业务收入的比率（%）	3.6	5.5	9.6	20.9	32.2
经济增加值率（%）	6.3	3.4	−1.3	−5.8	−9.6
EBITDA率（%）	37.4	19.8	9.0	0.3	−5.2

西北地区

范围：全行业

项　　目	优秀值	良好值	平均值	较低值	较差值
一、盈利能力状况					
净资产收益率（%）	13.1	9.6	3.7	0.8	-7.6
总资产报酬率（%）	7.1	4.8	2.8	0.6	-6.5
主营业务利润率（%）	21.3	15.7	13.2	3.4	-11.6
盈余现金保障倍数	17.7	8.7	1.8	0.4	-6.8
成本费用利润率（%）	11.3	7.5	3.9	1.4	-7.8
资本收益率（%）	13.3	9.9	4.7	1.4	-6.1
二、资产质量状况					
总资产周转率（次）	1.2	0.8	0.6	0.5	0.1
应收账款周转率（次）	20.5	11.8	7.7	3.9	2.8
不良资产比率（%）	0.8	1.2	1.6	3.2	5.7
流动资产周转率（次）	2.5	1.5	1.1	0.8	0.3
资产现金回收率（%）	21.2	9.7	3.8	-1.8	-7.9
三、债务风险状况					
资产负债率（%）	52.0	62.6	66.0	81.6	90.9
已获利息倍数	6.3	4.5	3.1	0.8	-1.4
速动比率（%）	123.8	95.1	74.0	56.0	40.2
现金流动负债比率（%）	24.8	18.4	11.2	-2.2	-9.5
带息负债比率（%）	30.6	36.5	49.0	70.2	82.3
或有负债比率（%）	0.2	3.0	5.0	11.6	14.7
四、经营增长状况					
销售（营业）增长率（%）	27.5	21.3	19.7	6.6	-6.4
资本保值增值率（%）	114.8	108.9	103.5	100.6	86.6
销售（营业）利润增长率（%）	20.6	14.5	9.4	-1.6	-10.4
总资产增长率（%）	20.8	17.1	15.4	-3.5	-9.8
技术投入比率（%）	2.5	2.1	1.5	1.0	0.8
五、补充资料					
存货周转率（次）	16.6	10.8	6.2	4.9	3.2
三年销售平均增长率（%）	26.5	19.4	6.8	-2.4	-11.9
成本费用占主营业务收入的比率（%）	68.5	80.5	92.0	99.7	111.1
期间费用占主营业务收入的比率（%）	2.3	4.0	8.8	20.5	34.3
经济增加值率（%）	9.4	6.6	0.4	-6.0	-12.3
EBITDA率（%）	31.9	20.5	9.8	-0.3	-6.4

附录六　全国国有企业按属地划分

北京地区

范围：全行业

项　目	优秀值	良好值	平均值	较低值	较差值
一、盈利能力状况					
净资产收益率（％）	11.3	8.6	5.3	0.6	−5.9
总资产报酬率（％）	7.8	5.6	3.5	0.5	−4.2
主营业务利润率（％）	21.9	14.5	10.7	3.3	−3.9
盈余现金保障倍数	10.8	3.4	0.7	−2.2	−5.9
成本费用利润率（％）	11.2	8.4	6.2	1.3	−3.8
资本收益率（％）	16.5	11.8	7.2	1.2	−3.3
二、资产质量状况					
总资产周转率（次）	1.7	1.2	0.5	0.3	0.1
应收账款周转率（次）	24.1	12.9	11.5	5.3	2.3
不良资产比率（％）	0.1	0.8	2.2	5.2	8.9
流动资产周转率（次）	3.5	2.5	1.4	0.7	0.3
资产现金回收率（％）	19.9	8.8	1.6	−3.5	−8.8

续表

项　目	优秀值	良好值	平均值	较低值	较差值
三、债务风险状况					
资产负债率（%）	53.0	60.4	66.1	80.5	93.3
已获利息倍数	5.9	5.2	4.3	0.3	-2.4
速动比率（%）	133.3	102.8	82.7	65.9	41.5
现金流动负债比率（%）	28.7	20.8	9.5	-3.8	-11.9
带息负债比率（%）	28.8	39.3	49.7	65.4	81.7
或有负债比率（%）	1.2	2.5	4.6	10.1	17.6
四、经营增长状况					
销售（营业）增长率（%）	30.3	21.3	11.6	5.0	-8.4
资本保值增值率（%）	112.9	108.2	105.8	101.2	92.1
销售（营业）利润增长率（%）	22.0	15.6	10.5	-3.1	-11.3
总资产增长率（%）	21.0	16.6	11.2	-2.9	-10.8
技术投入比率（%）	2.9	2.2	1.1	0.8	0.1
五、补充资料					
存货周转率（次）	22.9	11.4	5.8	1.9	0.6
三年销售平均增长率（%）	26.9	20.8	10.2	-1.5	-12.4
成本费用占主营业务收入的比率（%）	84.9	90.3	94.7	99.7	102.8
期间费用占主营业务收入的比率（%）	3.1	5.0	6.1	16.0	21.0
经济增加值率（%）	5.7	4.0	0.5	-3.0	-9.0
EBITDA率（%）	27.2	16.9	8.8	2.7	-2.1

天津地区

范围：全行业

项　　目	优秀值	良好值	平均值	较低值	较差值
一、盈利能力状况					
净资产收益率（％）	14.0	10.6	6.5	1.3	-8.4
总资产报酬率（％）	8.9	6.6	3.4	0.3	-6.5
主营业务利润率（％）	21.7	13.9	9.3	3.0	-3.5
盈余现金保障倍数	11.3	5.1	1.1	0.2	-4.5
成本费用利润率（％）	11.3	7.2	2.7	0.4	-3.0
资本收益率（％）	15.6	11.7	8.0	2.5	-1.3
二、资产质量状况					
总资产周转率（次）	1.8	1.1	0.6	0.5	0.1
应收账款周转率（次）	18.3	12.7	6.9	3.1	1.4
不良资产比率（％）	0.6	1.0	1.8	4.7	12.8
流动资产周转率（次）	2.5	1.5	1.0	0.7	0.2
资产现金回收率（％）	23.5	10.9	3.5	-3.1	-8.8
三、债务风险状况					
资产负债率（％）	42.5	53.4	63.2	78.5	90.0
已获利息倍数	4.5	3.4	2.2	0.5	-1.1
速动比率（％）	130.8	105.9	100.1	62.8	43.5
现金流动负债比率（％）	25.9	18.1	10.3	-4.3	-9.0
带息负债比率（％）	23.9	35.1	52.5	72.0	79.5
或有负债比率（％）	0.2	1.0	2.7	10.1	18.1
四、经营增长状况					
销售（营业）增长率（％）	27.8	19.5	14.0	2.1	-9.8
资本保值增值率（％）	109.2	107.4	105.5	102.5	92.1
销售（营业）利润增长率（％）	21.1	15.8	12.2	-3.0	-11.5
总资产增长率（％）	21.7	18.5	12.6	-2.7	-10.4
技术投入比率（％）	3.3	2.5	2.2	1.4	0.4
五、补充资料					
存货周转率（次）	15.7	10.2	3.9	1.6	0.5
三年销售平均增长率（％）	17.7	10.6	5.6	-3.9	-14.3
成本费用占主营业务收入的比率（％）	85.3	89.8	94.6	98.8	101.7
期间费用占主营业务收入的比率（％）	2.9	5.2	6.9	13.2	17.7
经济增加值率（％）	8.3	5.0	0.2	-4.1	-10.5
EBITDA率（％）	26.4	16.3	8.9	0.2	-3.4

河北地区

范围：全行业

项　　目	优秀值	良好值	平均值	较低值	较差值
一、盈利能力状况					
净资产收益率（％）	12.9	9.4	4.0	0.4	−10.
总资产报酬率（％）	7.6	4.7	3.1	0.2	−8.
主营业务利润率（％）	17.9	13.2	8.3	2.3	−3.
盈余现金保障倍数	10.7	4.9	1.0	−3.6	−4.
成本费用利润率（％）	10.4	6.1	2.6	0.7	−4.
资本收益率（％）	13.3	10.9	4.3	0.9	−6.
二、资产质量状况					
总资产周转率（次）	1.8	1.1	0.8	0.6	0.
应收账款周转率（次）	22.9	13.3	8.9	3.8	2.
不良资产比率（％）	0.6	1.9	3.4	7.2	11.
流动资产周转率（次）	3.2	2.7	2.0	1.5	0.
资产现金回收率（％）	18.4	7.6	2.7	−3.1	−9.
三、债务风险状况					
资产负债率（％）	49.3	56.7	66.4	79.7	92
已获利息倍数	5.3	3.3	2.0	0.3	−2
速动比率（％）	121.1	96.6	74.6	52.9	35
现金流动负债比率（％）	22.5	13.2	7.3	−3.8	−11
带息负债比率（％）	23.9	33.5	42.4	58.4	74
或有负债比率（％）	1.1	2.0	3.2	7.4	13
四、经营增长状况					
销售（营业）增长率（％）	25.1	19.8	16.2	5.0	−8
资本保值增值率（％）	111.2	107.5	104.5	100.6	85
销售（营业）利润增长率（％）	24.5	18.4	12.3	−1.4	−12
总资产增长率（％）	19.8	14.7	10.8	−4.5	−12
技术投入比率（％）	2.8	2.5	1.9	1.2	0
五、补充资料					
存货周转率（次）	18.3	12.2	8.2	4.2	1
三年销售平均增长率（％）	25.6	20.5	15.9	1.1	−8
成本费用占主营业务收入的比率（％）	89.6	94.8	97.0	100.3	103
期间费用占主营业务收入的比率（％）	1.9	4.0	6.7	13.4	18
经济增加值率（％）	7.3	3.9	−1.0	−5.3	−15
EBITDA率（％）	27.4	14.6	5.0	−1.1	−0

山西地区

范围：全行业

项　　目	优秀值	良好值	平均值	较低值	较差值
一、盈利能力状况					
净资产收益率（%）	10.2	7.7	4.8	0.9	−8.6
总资产报酬率（%）	7.7	4.6	3.5	0.2	−7.5
主营业务利润率（%）	21.3	14.7	9.8	3.3	−3.8
盈余现金保障倍数	11.6	5.6	1.3	−0.9	−4.0
成本费用利润率（%）	9.2	6.4	3.0	0.5	−7.2
资本收益率（%）	13.8	11.1	7.5	1.9	−6.2
二、资产质量状况					
总资产周转率（次）	1.8	1.1	0.7	0.5	0.1
应收账款周转率（次）	19.7	12.7	7.7	2.7	0.9
不良资产比率（%）	0.3	1.7	3.1	8.6	16.7
流动资产周转率（次）	2.7	2.1	1.8	1.2	0.8
资产现金回收率（%）	21.7	9.7	4.1	−3.8	−8.4
三、债务风险状况					
资产负债率（%）	46.4	57.6	68.5	86.0	96.4
已获利息倍数	4.6	2.7	1.8	−0.7	−3.4
速动比率（%）	137.2	98.9	89.8	58.7	39.4
现金流动负债比率（%）	23.1	17.4	9.5	−4.3	−9.7
带息负债比率（%）	19.1	32.8	41.9	61.2	74.1
或有负债比率（%）	0.7	1.9	2.5	7.4	13.6
四、经营增长状况					
销售（营业）增长率（%）	29.9	22.6	17.7	8.3	−5.4
资本保值增值率（%）	111.2	109.3	108.7	102.3	90.5
销售（营业）利润增长率（%）	17.6	11.9	6.7	−5.3	−17.5
总资产增长率（%）	23.1	20.9	16.5	−4.8	−9.2
技术投入比率（%）	3.3	2.7	2.4	1.6	0.2
五、补充资料					
存货周转率（次）	20.7	12.9	8.3	3.2	1.4
三年销售平均增长率（%）	24.6	17.5	11.7	−1.4	−13.3
成本费用占主营业务收入的比率（%）	89.0	93.0	98.1	99.5	103.2
期间费用占主营业务收入的比率（%）	3.6	5.7	9.2	16.1	24.2
经济增加值率（%）	4.7	2.6	1.4	−4.9	−13.3
EBITDA 率（%）	23.6	10.4	5.6	1.3	−6.0

内蒙古地区

范围：全行业

项　　　目	优秀值	良好值	平均值	较低值	较差值
一、盈利能力状况					
净资产收益率（％）	11.1	8.9	5.2	1.6	-9.8
总资产报酬率（％）	8.6	6.3	5.0	1.3	-4.9
主营业务利润率（％）	21.8	17.5	16.9	4.2	-6.9
盈余现金保障倍数	12.0	5.7	1.5	0.6	-2.1
成本费用利润率（％）	13.1	9.5	5.7	1.3	-4.0
资本收益率（％）	13.2	11.4	5.7	2.0	-4.1
二、资产质量状况					
总资产周转率（次）	1.2	0.7	0.5	0.4	0.1
应收账款周转率（次）	24.7	14.1	8.6	4.2	2.1
不良资产比率（％）	0.2	1.5	2.2	5.9	8.3
流动资产周转率（次）	2.4	1.9	1.6	1.2	0.4
资产现金回收率（％）	20.5	9.7	5.9	-1.0	-5.6
三、债务风险状况					
资产负债率（％）	40.7	52.6	62.1	81.4	93.1
已获利息倍数	5.3	3.2	2.6	0.8	-0.3
速动比率（％）	136.4	98.0	74.8	58.9	40.6
现金流动负债比率（％）	27.4	20.5	14.3	-1.2	-6.7
带息负债比率（％）	25.7	37.4	53.5	67.9	85.7
或有负债比率（％）	0.5	2.6	5.2	12.5	17.3
四、经营增长状况					
销售（营业）增长率（％）	26.4	18.8	13.6	3.7	-10.3
资本保值增值率（％）	115.6	112.2	108.0	101.1	91.3
销售（营业）利润增长率（％）	30.6	22.1	18.7	4.9	-10.4
总资产增长率（％）	25.6	19.2	13.6	-0.2	-9.4
技术投入比率（％）	2.5	1.8	1.3	0.8	0.1
五、补充资料					
存货周转率（次）	17.5	11.1	5.1	3.5	0.8
三年销售平均增长率（％）	24.6	19.2	13.1	-0.6	-11.4
成本费用占主营业务收入的比率（％）	83.7	88.0	93.5	96.5	102.4
期间费用占主营业务收入的比率（％）	4.1	7.6	10.6	16.1	23.9
经济增加值率（％）	8.7	3.7	-0.3	-6.0	-8.3
EBITDA率（％）	30.3	23.4	12.9	3.3	-11.9

辽宁地区

范围：全行业

项　目	优秀值	良好值	平均值	较低值	较差值
一、盈利能力状况					
净资产收益率（%）	10.8	6.7	2.8	0.6	−9.2
总资产报酬率（%）	6.5	3.7	2.2	0.3	−8.7
主营业务利润率（%）	17.4	10.8	6.8	1.6	−6.8
盈余现金保障倍数	11.4	5.6	1.3	−2.6	−6.8
成本费用利润率（%）	10.2	6.7	3.0	0.2	−6.7
资本收益率（%）	11.3	7.3	2.9	1.3	−7.0
二、资产质量状况					
总资产周转率（次）	1.5	1.1	0.8	0.6	0.3
应收账款周转率（次）	20.5	11.2	6.9	3.2	1.7
不良资产比率（%）	0.1	2.1	3.5	8.2	14.7
流动资产周转率（次）	2.6	1.8	1.6	1.0	0.4
资产现金回收率（%）	17.2	8.7	3.2	−2.0	−6.0
三、债务风险状况					
资产负债率（%）	46.1	55.5	64.1	80.9	90.8
已获利息倍数	4.7	2.2	1.5	0.4	−2.7
速动比率（%）	132.8	96.7	73.9	58.9	40.3
现金流动负债比率（%）	21.0	15.4	7.4	−5.5	−10.3
带息负债比率（%）	23.3	33.6	46.7	60.6	72.9
或有负债比率（%）	0.1	1.5	3.3	9.6	16.2
四、经营增长状况					
销售（营业）增长率（%）	25.9	18.2	14.2	4.1	−9.1
资本保值增值率（%）	110.6	105.2	103.5	100.5	89.1
销售（营业）利润增长率（%）	21.9	15.0	10.5	−1.3	−11.6
总资产增长率（%）	19.9	14.6	10.5	−3.2	−13.7
技术投入比率（%）	3.3	2.9	2.0	1.2	0.1
五、补充资料					
存货周转率（次）	20.9	13.1	6.7	3.1	1.8
三年销售平均增长率（%）	22.8	15.6	8.3	−2.1	−13.1
成本费用占主营业务收入的比率（%）	90.0	93.5	96.0	100.2	104.4
期间费用占主营业务收入的比率（%）	2.9	5.4	7.9	13.8	20.6
经济增加值率（%）	7.4	2.6	−1.4	−6.8	−11.9
EBITDA率（%）	23.1	12.7	7.2	0.9	−2.9

大连地区

范围：全行业

项　　　目	优秀值	良好值	平均值	较低值	较差值
一、盈利能力状况					
净资产收益率（%）	12.0	8.2	3.3	0.3	−10.3
总资产报酬率（%）	10.1	6.5	3.1	0.2	−8.0
主营业务利润率（%）	15.9	9.3	6.5	1.3	−4.3
盈余现金保障倍数	9.2	4.0	0.7	−1.6	−4.5
成本费用利润率（%）	8.2	6.2	2.9	0.3	−5.2
资本收益率（%）	12.7	9.4	4.6	0.6	−6.6
二、资产质量状况					
总资产周转率（次）	1.7	1.1	0.7	0.2	0.1
应收账款周转率（次）	17.4	10.3	5.0	2.4	1.3
不良资产比率（%）	0.2	1.8	3.4	9.0	13.9
流动资产周转率（次）	2.7	1.5	1.0	0.6	0.3
资产现金回收率（%）	19.5	8.8	2.3	−2.2	−6.5
三、债务风险状况					
资产负债率（%）	41.5	51.7	57.3	72.7	86.3
已获利息倍数	5.9	4.8	3.5	0.3	−2.3
速动比率（%）	145.3	101.1	80.1	64.4	42.6
现金流动负债比率（%）	24.8	16.9	5.4	−4.6	−11.2
带息负债比率（%）	22.7	32.4	36.3	60.4	75.2
或有负债比率（%）	1.0	3.0	6.6	11.4	18.7
四、经营增长状况					
销售（营业）增长率（%）	19.6	14.8	9.0	2.2	−9.7
资本保值增值率（%）	111.8	109.5	105.5	101.8	89.6
销售（营业）利润增长率（%）	19.1	10.1	5.0	−6.4	−16.7
总资产增长率（%）	25.8	20.1	14.4	−2.3	−8.2
技术投入比率（%）	3.3	2.4	2.0	1.6	0.5
五、补充资料					
存货周转率（次）	16.8	10.7	3.5	2.9	1.1
三年销售平均增长率（%）	22.7	15.4	7.2	−6.4	−16.7
成本费用占主营业务收入的比率（%）	88.6	92.9	97.7	101.3	104.5
期间费用占主营业务收入的比率（%）	2.3	3.5	5.8	13.3	18.3
经济增加值率（%）	8.3	3.7	0.4	−3.3	−10.2
EBITDA率（%）	25.4	16.1	8.9	1.6	−1.6

吉林地区

范围：全行业

项　目	优秀值	良好值	平均值	较低值	较差值
一、盈利能力状况					
净资产收益率（％）	15.1	11.4	7.9	1.2	-5.3
总资产报酬率（％）	7.3	4.5	1.4	0.3	-1.4
主营业务利润率（％）	15.3	9.7	3.5	0.3	-8.9
盈余现金保障倍数	9.3	4.2	0.9	-2.4	-6.6
成本费用利润率（％）	9.8	6.6	1.3	0.3	-4.5
资本收益率（％）	17.3	13.9	11.0	2.1	-3.7
二、资产质量状况					
总资产周转率（次）	1.3	0.8	0.4	0.3	0.1
应收账款周转率（次）	19.4	11.8	6.5	3.3	1.6
不良资产比率（％）	0.4	2.0	3.2	9.1	15.3
流动资产周转率（次）	2.5	1.9	1.2	0.9	0.4
资产现金回收率（％）	18.2	9.1	2.6	-3.1	-9.7
三、债务风险状况					
资产负债率（％）	44.9	59.8	66.4	82.8	93.2
已获利息倍数	5.4	4.2	2.8	0.5	-3.7
速动比率（％）	124.1	93.0	74.2	57.2	36.6
现金流动负债比率（％）	23.0	16.9	7.6	-6.2	-11.4
带息负债比率（％）	26.5	31.7	34.5	59.3	69.1
或有负债比率（％）	0.3	0.7	1.8	5.1	14.5
四、经营增长状况					
销售（营业）增长率（％）	31.5	24.6	19.0	9.0	-6.2
资本保值增值率（％）	114.3	108.7	105.1	101.0	93.6
销售（营业）利润增长率（％）	19.3	15.7	9.6	-4.6	-11.2
总资产增长率（％）	23.2	18.8	12.2	-3.2	-14.2
技术投入比率（％）	2.7	1.9	1.1	0.7	0.1
五、补充资料					
存货周转率（次）	15.9	10.7	6.1	1.2	0.5
三年销售平均增长率（％）	20.1	16.8	10.1	-1.2	-10.2
成本费用占主营业务收入的比率（％）	89.7	94.1	98.3	103.7	108.3
期间费用占主营业务收入的比率（％）	2.7	5.9	8.4	14.0	19.2
经济增加值率（％）	4.6	2.7	0.2	-6.8	-13.2
EBITDA率（％）	23.1	15.3	6.7	-0.9	-4.1

黑龙江地区

范围：全行业

项　　目	优秀值	良好值	平均值	较低值	较差值
一、盈利能力状况					
净资产收益率（%）	12.5	8.0	3.3	0.3	−10.1
总资产报酬率（%）	7.1	5.8	2.3	0.1	−8.9
主营业务利润率（%）	16.4	10.3	5.3	1.3	−9.9
盈余现金保障倍数	10.2	5.3	0.9	−2.4	−4.7
成本费用利润率（%）	11.9	8.7	5.5	1.7	−5.1
资本收益率（%）	12.9	10.0	4.5	0.5	−6.0
二、资产质量状况					
总资产周转率（次）	1.3	0.8	0.6	0.5	0.2
应收账款周转率（次）	20.9	11.9	7.0	3.6	2.1
不良资产比率（%）	0.4	1.2	3.1	7.5	13.1
流动资产周转率（次）	2.5	1.9	1.7	1.1	0.4
资产现金回收率（%）	18.4	8.3	3.2	−2.7	−6.5
三、债务风险状况					
资产负债率（%）	44.6	53.8	60.1	76.3	90.8
已获利息倍数	3.5	2.5	1.8	0.5	−2.9
速动比率（%）	131.5	102.3	85.8	64.8	57.1
现金流动负债比率（%）	21.9	14.9	5.1	−6.0	−12.5
带息负债比率（%）	23.1	29.6	33.6	57.0	74.2
或有负债比率（%）	0.2	1.8	3.7	8.0	14.7
四、经营增长状况					
销售（营业）增长率（%）	28.4	19.2	10.6	3.3	−9.9
资本保值增值率（%）	112.9	107.7	104.6	101.3	87.6
销售（营业）利润增长率（%）	19.4	13.3	8.5	−4.5	−13.4
总资产增长率（%）	21.4	16.1	11.6	−3.2	−9.9
技术投入比率（%）	3.1	2.7	2.1	1.2	0.7
五、补充资料					
存货周转率（次）	17.9	10.9	5.0	3.3	1.9
三年销售平均增长率（%）	23.6	16.4	9.5	−4.5	−16.1
成本费用占主营业务收入的比率（%）	88.3	92.1	94.5	99.2	103.7
期间费用占主营业务收入的比率（%）	3.4	6.2	9.4	15.6	22.0
经济增加值率（%）	7.2	3.1	0.4	−5.4	−14.9
EBITDA 率（%）	25.8	14.6	9.1	1.9	−2.6

上海地区

范围：全行业

项　目	优秀值	良好值	平均值	较低值	较差值
一、盈利能力状况					
净资产收益率（％）	13.5	10.0	6.4	1.2	-6.7
总资产报酬率（％）	9.7	6.9	4.8	0.6	-4.7
主营业务利润率（％）	21.4	14.2	9.9	2.6	-9.8
盈余现金保障倍数	9.0	4.3	0.8	-1.6	-5.5
成本费用利润率（％）	12.4	10.4	6.5	1.9	-2.4
资本收益率（％）	15.2	11.8	7.3	2.4	-4.6
二、资产质量状况					
总资产周转率（次）	2.2	1.4	0.8	0.6	0.3
应收账款周转率（次）	22.4	14.6	7.9	4.7	2.2
不良资产比率（％）	0.2	0.8	2.2	7.2	14.3
流动资产周转率（次）	3.0	2.1	1.3	1.0	0.6
资产现金回收率（％）	20.5	9.7	3.1	-2.2	-10.3
三、债务风险状况					
资产负债率（％）	43.8	52.0	62.8	80.4	91.5
已获利息倍数	6.7	5.5	3.0	0.3	-1.5
速动比率（％）	135.3	108.9	89.0	69.9	48.2
现金流动负债比率（％）	27.6	18.1	8.1	-3.4	-13.2
带息负债比率（％）	22.6	33.7	41.9	66.8	80.3
或有负债比率（％）	0.6	2.0	5.3	13.1	18.6
四、经营增长状况					
销售（营业）增长率（％）	21.0	16.2	10.7	2.4	-11.2
资本保值增值率（％）	113.4	108.4	104.8	100.8	90.1
销售（营业）利润增长率（％）	20.6	14.2	9.3	-4.2	-15.3
总资产增长率（％）	19.5	14.1	9.0	-6.3	-15.7
技术投入比率（％）	3.3	2.7	2.2	1.8	0.8
五、补充资料					
存货周转率（次）	19.9	14.1	5.3	2.5	1.1
三年销售平均增长率（％）	25.0	18.4	11.1	-3.3	-15.0
成本费用占主营业务收入的比率（％）	87.5	91.5	95.9	98.6	101.1
期间费用占主营业务收入的比率（％）	1.7	3.5	7.0	13.7	19.7
经济增加值（％）	9.3	4.2	0.6	-3.4	-7.1
EBITDA率（％）	30.6	18.2	9.1	3.3	-1.2

江苏地区

范围：全行业

项 目	优秀值	良好值	平均值	较低值	较差值
一、盈利能力状况					
净资产收益率（%）	13.7	9.9	6.2	1.2	−7.5
总资产报酬率（%）	8.7	6.4	4.9	1.1	−4.6
主营业务利润率（%）	22.0	15.2	11.1	3.9	−4.0
盈余现金保障倍数	11.3	5.5	1.1	−1.2	−3.8
成本费用利润率（%）	12.7	10.5	6.9	1.7	−3.1
资本收益率（%）	14.6	10.7	7.4	1.8	−4.3
二、资产质量状况					
总资产周转率（次）	1.6	0.8	0.5	0.3	0.1
应收账款周转率（次）	23.3	13.9	8.0	4.5	2.5
不良资产比率（%）	0.2	0.5	1.6	4.6	10.5
流动资产周转率（次）	3.3	2.6	1.9	1.1	0.6
资产现金回收率（%）	21.1	10.2	3.3	−2.2	−9.6
三、债务风险状况					
资产负债率（%）	43.2	53.3	62.0	77.8	89.7
已获利息倍数	4.8	3.1	2.4	0.6	−2.1
速动比率（%）	134.5	102.3	83.5	65.2	47.3
现金流动负债比率（%）	25.9	20.1	9.9	−3.7	−10.6
带息负债比率（%）	25.8	36.3	51.0	70.0	81.3
或有负债比率（%）	0.3	2.4	5.1	13.4	17.7
四、经营增长状况					
销售（营业）增长率（%）	25.1	18.8	14.4	3.0	−7.8
资本保值增值率（%）	113.2	110.0	107.3	102.5	91.9
销售（营业）利润增长率（%）	21.2	14.6	9.9	−2.6	−12.0
总资产增长率（%）	22.3	16.4	12.0	−4.9	−10.3
技术投入比率（%）	2.7	2.0	1.6	1.3	0.4
五、补充资料					
存货周转率（次）	17.8	10.6	5.3	2.1	0.8
三年销售平均增长率（%）	23.8	17.2	10.7	−4.5	−15.9
成本费用占主营业务收入的比率（%）	88.3	91.2	95.0	98.5	101.3
期间费用占主营业务收入的比率（%）	3.2	5.4	8.9	15.4	20.5
经济增加值率（%）	8.5	4.3	0.5	−3.7	−8.7
EBITDA率（%）	27.8	18.3	9.0	1.3	−1.6

浙江地区

范围：全行业

项　　目	优秀值	良好值	平均值	较低值	较差值
一、盈利能力状况					
净资产收益率（%）	12.7	9.3	5.8	0.3	-7.6
总资产报酬率（%）	8.2	6.1	4.0	0.2	-5.9
主营业务利润率（%）	21.5	15.6	10.9	3.3	-7.3
盈余现金保障倍数	10.8	5.7	1.1	0.1	-3.7
成本费用利润率（%）	12.4	9.3	6.0	1.6	-5.7
资本收益率（%）	13.5	9.8	6.4	0.7	-4.4
二、资产质量状况					
总资产周转率（次）	1.7	1.1	0.7	0.5	0.1
应收账款周转率（次）	23.8	15.1	12.2	7.0	3.0
不良资产比率（%）	0.4	1.3	2.5	4.9	11.6
流动资产周转率（次）	3.1	2.1	1.5	1.0	0.5
资产现金回收率（%）	22.1	11.1	4.5	-1.2	-8.1
三、债务风险状况					
资产负债率（%）	43.4	53.1	62.1	79.3	91.2
已获利息倍数	6.1	3.6	2.7	1.0	-0.5
速动比率（%）	139.6	105.5	81.3	60.5	41.2
现金流动负债比率（%）	27.0	19.7	13.1	-1.9	-8.9
带息负债比率（%）	23.9	36.6	52.4	68.1	80.1
或有负债比率（%）	0.2	4.5	7.4	15.7	19.6
四、经营增长状况					
销售（营业）增长率（%）	27.8	20.1	14.7	4.3	-7.7
资本保值增值率（%）	112.7	109.1	106.1	100.5	89.3
销售（营业）利润增长率（%）	22.3	15.1	11.1	-3.6	-12.5
总资产增长率（%）	22.8	18.9	12.0	-2.5	-10.2
技术投入比率（%）	2.6	1.8	1.5	0.7	0.2
五、补充资料					
存货周转率（次）	17.6	11.2	4.6	2.0	0.9
三年销售平均增长率（%）	21.3	15.6	9.4	-4.5	-10.3
成本费用占主营业务收入的比率（%）	88.3	90.4	94.1	99.1	104.3
期间费用占主营业务收入的比率（%）	2.2	4.3	6.8	10.3	17.2
经济增加值率（%）	9.3	4.3	0.4	-3.9	-8.0
EBITDA率（%）	22.1	17.0	9.7	2.1	-2.4

宁波地区

范围：全行业

项　　目	优秀值	良好值	平均值	较低值	较差值
一、盈利能力状况					
净资产收益率（%）	12.2	8.9	5.5	0.7	-8.1
总资产报酬率（%）	9.5	6.9	4.2	0.1	-5.8
主营业务利润率（%）	20.1	14.3	10.3	2.5	-3.9
盈余现金保障倍数	9.4	4.0	0.5	-2.8	-4.5
成本费用利润率（%）	11.8	8.6	5.2	1.1	-5.8
资本收益率（%）	13.6	9.9	6.6	1.0	-3.4
二、资产质量状况					
总资产周转率（次）	2.0	1.3	0.6	0.5	0.1
应收账款周转率（次）	24.5	14.8	10.8	4.7	2.7
不良资产比率（%）	0.3	1.1	2.3	6.7	10.8
流动资产周转率（次）	3.1	2.3	1.2	0.7	0.5
资产现金回收率（%）	22.9	10.8	3.6	-1.9	-8.9
三、债务风险状况					
资产负债率（%）	43.3	53.8	60.3	77.7	89.3
已获利息倍数	5.7	3.6	2.2	0.3	-1.5
速动比率（%）	141.5	102.7	82.0	65.2	43.7
现金流动负债比率（%）	27.6	21.5	9.5	-4.1	-13.4
带息负债比率（%）	30.9	47.4	61.5	73.7	84.8
或有负债比率（%）	0.4	1.7	4.1	11.8	18.7
四、经营增长状况					
销售（营业）增长率（%）	20.1	14.3	10.1	3.1	-11.7
资本保值增值率（%）	112.3	108.5	104.0	101.2	92.8
销售（营业）利润增长率（%）	22.1	15.1	11.3	-3.9	-10.8
总资产增长率（%）	20.4	16.3	10.2	-4.2	-11.2
技术投入比率（%）	2.2	1.3	0.8	0.6	0.1
五、补充资料					
存货周转率（次）	14.5	9.7	3.8	1.7	0.8
三年销售平均增长率（%）	21.8	14.5	7.2	-5.6	-17.8
成本费用占主营业务收入的比率（%）	88.2	91.4	94.8	98.5	103.6
期间费用占主营业务收入的比率（%）	1.5	3.0	6.0	18.0	36.8
经济增加值率（%）	7.7	3.3	0.3	-5.3	-12.8
EBITDA率（%）	30.3	21.0	12.5	2.8	-2.2

安徽地区

范围：全行业

项　目	优秀值	良好值	平均值	较低值	较差值
一、盈利能力状况					
净资产收益率（%）	13.8	10.2	6.7	2.1	−7.7
总资产报酬率（%）	8.7	6.1	4.9	1.5	−4.0
主营业务利润率（%）	18.5	14.4	11.3	2.2	−5.8
盈余现金保障倍数	10.5	5.7	1.0	0.2	−4.2
成本费用利润率（%）	11.7	8.2	4.5	1.1	−5.0
资本收益率（%）	14.8	10.7	8.8	2.5	−5.1
二、资产质量状况					
总资产周转率（次）	1.4	0.9	0.7	0.6	0.2
应收账款周转率（次）	22.1	13.6	10.2	5.6	3.2
不良资产比率（%）	0.1	0.5	1.6	3.1	7.5
流动资产周转率（次）	3.0	1.7	1.5	1.3	0.6
资产现金回收率（%）	22.4	10.4	4.4	−2.2	−9.2
三、债务风险状况					
资产负债率（%）	46.2	56.6	65.6	82.7	93.7
已获利息倍数	5.5	4.2	2.2	0.7	−1.8
速动比率（%）	139.7	102.1	80.2	65.1	40.2
现金流动负债比率（%）	26.9	22.9	11.4	−2.8	−12.8
带息负债比率（%）	21.9	38.4	47.1	66.2	74.8
或有负债比率（%）	0.4	0.7	2.5	6.1	11.7
四、经营增长状况					
销售（营业）增长率（%）	25.6	18.8	15.2	3.7	−10.2
资本保值增值率（%）	116.1	111.8	107.1	100.4	90.4
销售（营业）利润增长率（%）	20.5	14.3	12.5	−7.2	−13.6
总资产增长率（%）	24.5	20.1	15.4	−4.4	−12.4
技术投入比率（%）	3.4	2.2	1.7	1.4	0.8
五、补充资料					
存货周转率（次）	19.1	11.7	5.0	3.6	0.9
三年销售平均增长率（%）	27.3	21.2	16.2	1.9	−8.7
成本费用占主营业务收入的比率（%）	89.3	92.1	95.7	99.6	104.2
期间费用占主营业务收入的比率（%）	2.9	4.5	8.2	14.5	22.3
经济增加值率（%）	9.1	6.2	1.7	−4.0	−13.7
EBITDA率（%）	25.5	15.7	7.1	1.4	−2.3

福建地区

范围：全行业

项　　目	优秀值	良好值	平均值	较低值	较差值
一、盈利能力状况					
净资产收益率（%）	11.3	7.9	4.7	0.4	-11.4
总资产报酬率（%）	8.7	6.1	3.3	0.3	-7.4
主营业务利润率（%）	21.1	14.5	11.4	3.4	-3.8
盈余现金保障倍数	10.0	5.6	1.2	-0.7	-4.0
成本费用利润率（%）	11.9	9.0	5.0	0.4	-4.8
资本收益率（%）	12.8	9.7	5.6	0.9	-4.1
二、资产质量状况					
总资产周转率（次）	1.4	0.8	0.7	0.5	0.1
应收账款周转率（次）	24.5	19.1	12.1	7.3	5.9
不良资产比率（%）	0.3	1.5	2.0	7.0	15.0
流动资产周转率（次）	3.2	1.9	1.4	1.3	0.5
资产现金回收率（%）	21.3	10.2	4.2	-1.7	-8.0
三、债务风险状况					
资产负债率（%）	43.4	56.3	64.1	80.4	92.0
已获利息倍数	6.8	3.8	2.4	0.4	-0.5
速动比率（%）	132.9	94.9	66.1	50.8	36.3
现金流动负债比率（%）	30.4	24.8	11.3	-1.9	-12.1
带息负债比率（%）	28.0	36.7	50.6	68.0	78.3
或有负债比率（%）	0.3	1.2	4.7	9.4	14.7
四、经营增长状况					
销售（营业）增长率（%）	30.3	21.2	15.1	1.5	-10.6
资本保值增值率（%）	111.7	108.4	104.7	101.6	91.5
销售（营业）利润增长率（%）	21.9	16.4	12.1	-1.0	-14.4
总资产增长率（%）	21.1	16.5	13.9	-2.0	-11.0
技术投入比率（%）	2.9	2.1	1.3	0.6	0.1
五、补充资料					
存货周转率（次）	17.9	11.1	3.2	1.7	0.8
三年销售平均增长率（%）	29.5	23.8	11.8	-0.2	-10.3
成本费用占主营业务收入的比率（%）	88.1	92.3	95.7	101.0	105.8
期间费用占主营业务收入的比率（%）	2.7	3.5	7.3	12.4	21.9
经济增加值率（%）	6.4	2.7	-0.1	-5.1	-15.0
EBITDA率（%）	28.4	15.5	7.2	1.5	-3.3

厦门地区

范围：全行业

项 目	优秀值	良好值	平均值	较低值	较差值
一、盈利能力状况					
净资产收益率（%）	13.5	9.8	6.5	1.0	-9.3
总资产报酬率（%）	8.5	6.1	4.1	0.4	-4.9
主营业务利润率（%）	21.1	14.2	9.3	3.0	-5.6
盈余现金保障倍数	9.3	5.3	0.5	-1.6	-4.7
成本费用利润率（%）	10.9	8.8	4.5	1.0	-5.6
资本收益率（%）	14.3	11.6	8.9	1.5	-6.0
二、资产质量状况					
总资产周转率（次）	1.9	1.1	0.9	0.8	0.2
应收账款周转率（次）	22.2	17.3	12.4	5.9	2.1
不良资产比率（%）	0.1	0.5	1.1	6.8	14.1
流动资产周转率（次）	2.6	1.8	1.3	0.9	0.3
资产现金回收率（%）	22.2	11.9	1.9	-2.4	-8.4
三、债务风险状况					
资产负债率（%）	46.5	56.9	70.2	82.8	92.7
已获利息倍数	7.5	6.1	4.4	2.0	-0.5
速动比率（%）	129.0	98.5	66.5	51.1	30.7
现金流动负债比率（%）	23.5	15.7	3.3	-5.4	-14.8
带息负债比率（%）	21.4	27.8	35.3	48.9	67.9
或有负债比率（%）	0.6	3.0	5.6	11.9	15.7
四、经营增长状况					
销售（营业）增长率（%）	27.3	20.1	14.5	3.1	-10.1
资本保值增值率（%）	114.5	110.3	107.0	102.9	91.2
销售（营业）利润增长率（%）	17.7	11.4	8.7	-5.5	-16.1
总资产增长率（%）	26.5	20.1	16.8	-4.5	-11.5
技术投入比率（%）	2.4	1.8	1.2	0.8	0.2
五、补充资料					
存货周转率（次）	14.5	9.7	2.2	1.1	0.5
三年销售平均增长率（%）	23.9	18.2	16.2	1.4	-10.8
成本费用占主营业务收入的比率（%）	89.6	92.8	96.6	99.1	104.5
期间费用占主营业务收入的比率（%）	2.4	3.9	6.0	13.1	19.4
经济增加值率（%）	7.8	3.5	1.4	-4.1	-14.7
EBITDA率（%）	21.4	12.2	5.5	2.8	-1.8

江西地区

范围：全行业

项　　目	优秀值	良好值	平均值	较低值	较差值
一、盈利能力状况					
净资产收益率（%）	11.4	7.6	3.3	0.4	-9.1
总资产报酬率（%）	8.6	5.1	3.1	0.3	-5.8
主营业务利润率（%）	20.2	15.6	11.9	3.6	-4.4
盈余现金保障倍数	12.3	8.3	1.4	-1.2	-5.4
成本费用利润率（%）	10.4	7.4	4.5	1.6	-5.4
资本收益率（%）	13.3	8.5	4.0	1.1	-4.5
二、资产质量状况					
总资产周转率（次）	1.2	0.8	0.6	0.3	0.1
应收账款周转率（次）	25.1	15.2	11.5	5.6	2.2
不良资产比率（%）	0.2	1.4	2.0	5.1	11.7
流动资产周转率（次）	2.7	1.6	1.5	1.3	0.6
资产现金回收率（%）	23.5	12.7	4.7	-1.6	-7.7
三、债务风险状况					
资产负债率（%）	41.8	50.6	58.6	77.7	89.3
已获利息倍数	4.9	3.1	1.9	0.3	-0.5
速动比率（%）	127.5	107.9	89.0	71.5	56.5
现金流动负债比率（%）	26.0	19.8	11.0	-3.0	-9.9
带息负债比率（%）	21.1	33.1	41.5	54.0	70.0
或有负债比率（%）	1.0	3.8	5.0	11.4	18.3
四、经营增长状况					
销售（营业）增长率（%）	28.7	21.5	17.4	5.4	-9.9
资本保值增值率（%）	112.6	109.2	106.8	100.4	92.3
销售（营业）利润增长率（%）	19.8	16.5	12.0	-3.3	-12.8
总资产增长率（%）	19.5	17.5	15.5	1.3	-8.9
技术投入比率（%）	2.6	2.3	1.6	0.8	0.2
五、补充资料					
存货周转率（次）	18.1	11.0	3.9	1.9	1.1
三年销售平均增长率（%）	21.9	18.4	14.1	0.5	-9.8
成本费用占主营业务收入的比率（%）	87.7	92.6	95.6	98.9	103.5
期间费用占主营业务收入的比率（%）	3.1	4.3	8.2	14.5	19.8
经济增加值率（%）	6.0	2.1	-0.8	-5.4	-14.6
EBITDA率（%）	23.0	13.9	7.0	0.8	-3.6

山东地区

范围：全行业

项　目	优秀值	良好值	平均值	较低值	较差值
一、盈利能力状况					
净资产收益率（％）	12.5	9.2	5.8	0.7	−9.4
总资产报酬率（％）	10.3	6.7	4.6	0.4	−6.8
主营业务利润率（％）	21.8	16.3	12.9	4.0	−3.7
盈余现金保障倍数	10.4	6.5	1.2	−0.9	−3.4
成本费用利润率（％）	12.3	8.6	6.0	1.1	−4.0
资本收益率（％）	14.1	11.5	7.5	1.1	−6.7
二、资产质量状况					
总资产周转率（次）	1.4	0.9	0.8	0.6	0.1
应收账款周转率（次）	23.2	13.1	8.6	3.5	1.7
不良资产比率（％）	0.2	0.9	2.3	4.8	14.2
流动资产周转率（次）	3.4	2.1	1.8	1.3	0.7
资产现金回收率（％）	22.8	11.0	4.6	−1.1	−7.0
三、债务风险状况					
资产负债率（％）	52.8	60.4	69.8	83.2	93.8
已获利息倍数	5.7	4.3	2.6	0.6	−2.3
速动比率（％）	125.9	95.5	80.4	62.5	47.0
现金流动负债比率（％）	26.3	20.2	9.3	−2.3	−9.0
带息负债比率（％）	21.5	29.9	39.8	59.9	75.5
或有负债比率（％）	0.1	1.0	2.6	8.4	14.3
四、经营增长状况					
销售（营业）增长率（％）	24.1	18.0	13.9	6.2	−8.4
资本保值增值率（％）	114.7	110.9	106.9	101.3	90.3
销售（营业）利润增长率（％）	20.2	15.8	8.7	−6.2	−14.3
总资产增长率（％）	22.1	18.0	12.2	−5.9	−12.2
技术投入比率（％）	15.8	10.4	3.3	1.8	1.0
五、补充资料					
存货周转率（次）	17.5	11.9	6.1	4.2	1.8
三年销售平均增长率（％）	31.0	24.1	12.6	0.3	−8.1
成本费用占主营业务收入的比率（％）	88.7	92.4	94.1	98.9	106.6
期间费用占主营业务收入的比率（％）	2.7	4.4	8.3	14.5	20.5
经济增加值率（％）	7.2	3.6	0.6	−4.6	−14.9
EBITDA率（％）	27.8	16.3	8.1	0.4	−5.9

青岛地区

范围：全行业

项　　目	优秀值	良好值	平均值	较低值	较差值
一、盈利能力状况					
净资产收益率（％）	12.2	9.8	6.0	0.9	-7.
总资产报酬率（％）	7.9	5.7	3.8	0.4	-5.
主营业务利润率（％）	18.5	14.6	9.5	2.9	-5.
盈余现金保障倍数	12.1	5.7	1.3	-1.2	-5.
成本费用利润率（％）	10.2	5.6	3.7	0.5	-3.
资本收益率（％）	14.8	11.0	7.1	1.3	-8.
二、资产质量状况					
总资产周转率（次）	1.6	1.0	0.7	0.5	0.1
应收账款周转率（次）	17.3	11.5	6.3	2.8	1.
不良资产比率（％）	0.5	1.5	3.3	7.5	15.8
流动资产周转率（次）	3.1	1.7	1.6	1.3	0.6
资产现金回收率（％）	19.0	10.0	4.6	-2.9	-9.8
三、债务风险状况					
资产负债率（％）	49.9	58.0	67.5	83.9	92.3
已获利息倍数	5.5	4.7	2.5	0.3	-3.0
速动比率（％）	131.5	101.7	83.3	64.6	47.4
现金流动负债比率（％）	24.2	14.2	7.9	-3.6	-11.0
带息负债比率（％）	23.4	29.0	38.9	60.9	76.5
或有负债比率（％）	1.1	3.0	6.9	13.8	17.9
四、经营增长状况					
销售（营业）增长率（％）	22.2	18.9	11.2	2.8	-10.4
资本保值增值率（％）	113.3	110.6	107.7	100.2	84.8
销售（营业）利润增长率（％）	22.0	17.6	10.8	-2.2	-12.0
总资产增长率（％）	21.8	18.7	13.5	-1.8	-10.3
技术投入比率（％）	2.5	1.6	1.0	0.6	-0.1
五、补充资料					
存货周转率（次）	19.2	14.1	7.5	4.3	1.2
三年销售平均增长率（％）	24.7	16.1	9.9	-5.6	-10.3
成本费用占主营业务收入的比率（％）	89.8	94.4	96.3	99.5	103.6
期间费用占主营业务收入的比率（％）	3.5	4.3	7.7	16.4	22.4
经济增加值率（％）	7.7	4.3	0.3	-5.7	-11.7
EBITDA率（％）	25.8	15.2	5.2	1.4	-7.6

河南地区

范围：全行业

项　　目	优秀值	良好值	平均值	较低值	较差值
一、盈利能力状况					
净资产收益率（%）	10.9	6.8	3.0	0.6	−9.8
总资产报酬率（%）	7.5	4.5	2.4	0.4	−7.2
主营业务利润率（%）	20.1	13.7	10.4	2.3	−7.5
盈余现金保障倍数	10.8	5.8	1.7	0.3	−3.3
成本费用利润率（%）	10.0	6.4	2.8	0.2	−6.7
资本收益率（%）	12.9	7.7	3.6	1.6	−8.6
二、资产质量状况					
总资产周转率（次）	1.8	0.9	0.8	0.6	0.2
应收账款周转率（次）	21.2	12.7	9.1	3.7	1.6
不良资产比率（%）	0.4	1.6	3.2	6.6	13.2
流动资产周转率（次）	3.2	1.9	1.8	1.2	0.4
资产现金回收率（%）	18.7	8.9	4.6	−2.3	−6.6
三、债务风险状况					
资产负债率（%）	48.7	59.6	71.6	83.5	92.9
已获利息倍数	3.2	2.3	1.5	0.3	−2.9
速动比率（%）	123.4	92.9	81.7	62.2	41.6
现金流动负债比率（%）	21.8	15.7	10.2	−2.7	−9.6
带息负债比率（%）	24.3	32.5	43.7	62.4	73.7
或有负债比率（%）	0.6	2.4	6.5	13.5	17.1
四、经营增长状况					
销售（营业）增长率（%）	21.0	17.8	14.9	3.6	−10.4
资本保值增值率（%）	111.5	107.2	102.3	100.8	90.2
销售（营业）利润增长率（%）	21.1	17.5	11.2	−1.6	−9.7
总资产增长率（%）	18.2	14.1	8.9	−7.3	−15.3
技术投入比率（%）	2.7	2.3	1.7	1.2	0.1
五、补充资料					
存货周转率（次）	18.7	12.7	7.9	2.7	1.3
三年销售平均增长率（%）	24.8	18.2	13.7	1.8	−8.3
成本费用占主营业务收入的比率（%）	89.3	93.6	97.7	99.8	105.2
期间费用占主营业务收入的比率（%）	2.7	4.5	8.0	13.2	19.7
经济增加值率（%）	5.7	1.4	−1.6	−5.0	−14.5
EBITDA率（%）	25.3	13.3	5.5	2.1	−1.7

湖北地区

范围：全行业

项　　目	优秀值	良好值	平均值	较低值	较差值
一、盈利能力状况					
净资产收益率（％）	13.7	10.4	6.4	1.3	-6.0
总资产报酬率（％）	8.9	7.2	4.8	0.7	-3.0
主营业务利润率（％）	20.3	15.6	12.9	3.6	-3.6
盈余现金保障倍数	9.7	5.7	1.3	-1.0	-3.8
成本费用利润率（％）	10.4	8.6	6.1	0.2	-4.4
资本收益率（％）	14.8	11.3	7.1	1.5	-3.0
二、资产质量状况					
总资产周转率（次）	1.1	0.8	0.6	0.3	0.1
应收账款周转率（次）	17.7	9.8	8.0	3.9	1.6
不良资产比率（％）	0.3	1.0	2.0	5.6	13.4
流动资产周转率（次）	2.4	1.8	1.4	1.0	0.6
资产现金回收率（％）	20.8	11.1	5.1	-1.2	-8.1
三、债务风险状况					
资产负债率（％）	42.1	52.3	62.5	78.6	89.2
已获利息倍数	6.9	3.2	2.7	0.2	-0.5
速动比率（％）	146.3	103.2	85.8	63.7	48.4
现金流动负债比率（％）	21.7	17.2	11.3	-1.9	-8.
带息负债比率（％）	21.4	34.5	47.7	69.7	83.2
或有负债比率（％）	0.3	1.6	4.8	11.5	17.
四、经营增长状况					
销售（营业）增长率（％）	24.7	19.6	14.7	3.2	-9.
资本保值增值率（％）	113.5	110.1	106.4	100.9	92.
销售（营业）利润增长率（％）	21.3	14.7	10.3	-0.4	-11.
总资产增长率（％）	21.5	15.0	13.9	0.4	-10.
技术投入比率（％）	2.7	2.1	1.7	0.8	0.
五、补充资料					
存货周转率（次）	17.4	10.9	5.6	2.6	1.
三年销售平均增长率（％）	22.4	18.5	13.0	-0.1	-9.
成本费用占主营业务收入的比率（％）	89.1	91.4	94.8	100.8	104.
期间费用占主营业务收入的比率（％）	2.1	4.4	7.5	16.5	25.
经济增加值率（％）	8.2	4.9	1.0	-4.8	-11
EBITDA率（％）	28.0	17.8	9.2	0.9	-4

湖南地区

范围：全行业

项　　目	优秀值	良好值	平均值	较低值	较差值
一、盈利能力状况					
净资产收益率（%）	12.5	8.2	4.9	0.7	−8.2
总资产报酬率（%）	8.8	6.5	3.4	0.3	−6.8
主营业务利润率（%）	21.2	15.5	12.3	3.0	−6.7
盈余现金保障倍数	10.8	5.3	1.1	−1.2	−4.9
成本费用利润率（%）	11.6	7.5	4.6	1.1	−5.1
资本收益率（%）	13.6	10.0	5.5	1.5	−7.3
二、资产质量状况					
总资产周转率（次）	1.1	0.7	0.6	0.3	0.1
应收账款周转率（次）	23.9	15.4	9.3	4.7	2.9
不良资产比率（%）	0.5	1.2	2.6	4.4	10.9
流动资产周转率（次）	2.7	1.8	1.7	1.2	0.4
资产现金回收率（%）	20.5	9.5	3.6	−2.7	−7.9
三、债务风险状况					
资产负债率（%）	43.3	55.8	62.0	78.1	90.7
已获利息倍数	4.2	2.8	1.6	0.5	−2.4
速动比率（%）	129.6	97.5	76.8	57.1	41.6
现金流动负债比率（%）	25.8	19.2	9.9	−3.6	−9.1
带息负债比率（%）	25.7	38.3	48.6	66.4	78.3
或有负债比率（%）	0.7	2.0	6.8	11.5	17.5
四、经营增长状况					
销售（营业）增长率（%）	27.3	21.5	16.8	6.2	−8.2
资本保值增值率（%）	112.1	108.0	104.9	100.6	91.8
销售（营业）利润增长率（%）	25.4	17.2	10.7	−1.1	−10.3
总资产增长率（%）	20.5	15.7	9.0	−5.9	−10.3
技术投入比率（%）	2.1	1.7	1.2	1.0	0.2
五、补充资料					
存货周转率（次）	18.5	11.9	5.2	2.6	0.9
三年销售平均增长率（%）	29.2	22.4	19.4	1.4	−11.5
成本费用占主营业务收入的比率（%）	88.2	92.3	95.0	98.7	102.1
期间费用占主营业务收入的比率（%）	3.8	5.5	8.9	14.0	21.6
经济增加值率（%）	7.0	2.7	−0.7	−4.9	−12.6
EBITDA率（%）	28.0	16.9	7.2	1.3	−2.7

广东地区

范围：全行业

项 目	优秀值	良好值	平均值	较低值	较差值
一、盈利能力状况					
净资产收益率（%）	12.9	9.7	6.2	1.6	−10.2
总资产报酬率（%）	8.8	6.7	5.2	0.5	−6.8
主营业务利润率（%）	22.1	17.1	12.5	3.7	−8.1
盈余现金保障倍数	8.2	4.5	1.0	−1.4	−6.5
成本费用利润率（%）	12.5	9.9	6.8	0.4	−6.7
资本收益率（%）	13.4	10.3	6.4	2.4	−5.6
二、资产质量状况					
总资产周转率（次）	1.6	0.9	0.6	0.3	0.1
应收账款周转率（次）	21.4	14.3	8.8	3.2	1.6
不良资产比率（%）	0.2	1.0	2.7	7.8	12.3
流动资产周转率（次）	3.2	2.2	1.7	1.3	0.8
资产现金回收率（%）	21.6	10.6	4.1	−2.4	−8.5
三、债务风险状况					
资产负债率（%）	43.6	54.4	66.9	80.3	91.7
已获利息倍数	4.6	3.9	3.4	0.6	−2.0
速动比率（%）	138.1	100.8	88.7	66.6	47.5
现金流动负债比率（%）	30.5	21.4	10.6	−2.5	−9.0
带息负债比率（%）	24.8	32.4	46.1	65.9	80.4
或有负债比率（%）	0.2	1.5	2.8	8.7	13.4
四、经营增长状况					
销售（营业）增长率（%）	24.4	17.5	10.8	3.4	−7.6
资本保值增值率（%）	112.8	107.4	103.5	100.6	89.2
销售（营业）利润增长率（%）	20.0	12.2	2.4	−6.2	−14.2
总资产增长率（%）	17.8	12.1	8.0	−4.2	−15.6
技术投入比率（%）	2.4	1.7	1.5	1.0	0.2
五、补充资料					
存货周转率（次）	20.3	13.7	5.5	3.1	1.2
三年销售平均增长率（%）	22.6	13.1	8.2	−3.8	−15.0
成本费用占主营业务收入的比率（%）	87.4	90.3	94.0	100.5	107.4
期间费用占主营业务收入的比率（%）	2.9	5.1	7.2	13.6	19.7
经济增加值率（%）	7.4	4.3	0.9	−4.9	14.4
EBITDA率（%）	37.2	18.3	10.3	2.7	−1.4

深圳地区

范围：全行业

项 目	优秀值	良好值	平均值	较低值	较差值
一、盈利能力状况					
净资产收益率（%）	14.3	11.4	7.6	1.6	-4.9
总资产报酬率（%）	10.3	8.0	5.7	1.0	-3.7
主营业务利润率（%）	21.1	15.3	12.1	3.9	-8.1
盈余现金保障倍数	11.8	6.4	4.8	1.3	-2.7
成本费用利润率（%）	25.6	18.3	12.0	4.5	-1.3
资本收益率（%）	17.0	14.4	10.0	2.2	-2.1
二、资产质量状况					
总资产周转率（次）	1.4	0.9	0.5	0.3	0.1
应收账款周转率（次）	20.1	12.3	7.1	2.3	1.1
不良资产比率（%）	0.4	1.5	2.8	8.9	12.6
流动资产周转率（次）	2.4	1.6	1.0	0.7	0.5
资产现金回收率（%）	23.6	10.2	1.3	-3.5	-9.6
三、债务风险状况					
资产负债率（%）	42.3	51.5	59.3	75.4	90.3
已获利息倍数	6.4	5.8	5.0	1.7	-1.1
速动比率（%）	153.1	107.6	95.0	72.8	49.8
现金流动负债比率（%）	23.8	14.7	2.5	-6.6	-12.6
带息负债比率（%）	22.2	33.1	41.5	60.6	76.5
或有负债比率（%）	0.4	1.5	3.0	6.1	11.4
四、经营增长状况					
销售（营业）增长率（%）	22.6	15.5	6.0	1.0	-9.4
资本保值增值率（%）	114.7	110.3	106.2	101.2	96.1
销售（营业）利润增长率（%）	19.6	12.0	5.4	-8.9	-16.4
总资产增长率（%）	19.4	15.0	7.3	-9.0	-12.5
技术投入比率（%）	3.2	2.2	1.4	1.2	0.3
五、补充资料					
存货周转率（次）	18.1	11.7	4.4	2.1	1.0
三年销售平均增长率（%）	23.8	17.5	5.4	-2.7	-13.7
成本费用占主营业务收入的比率（%）	80.2	85.7	90.8	95.5	100.3
期间费用占主营业务收入的比率（%）	1.9	4.4	8.3	12.4	20.4
经济增加值率（%）	9.7	6.1	3.6	-2.9	-9.4
EBITDA率（%）	32.3	19.4	11.2	2.5	-1.0

广西地区

范围：全行业

项　　目	优秀值	良好值	平均值	较低值	较差值
一、盈利能力状况					
净资产收益率（%）	9.8	7.0	3.2	0.2	−10.9
总资产报酬率（%）	5.6	4.1	2.0	0.1	−8.3
主营业务利润率（%）	18.9	11.6	9.3	1.9	−4.0
盈余现金保障倍数	13.0	7.5	1.5	0.4	−3.6
成本费用利润率（%）	8.6	5.9	3.1	1.1	−5.4
资本收益率（%）	11.8	7.2	4.5	0.8	−6.0
二、资产质量状况					
总资产周转率（次）	1.1	0.8	0.6	0.3	0.1
应收账款周转率（次）	20.6	13.6	8.9	4.7	1.7
不良资产比率（%）	0.2	1.5	2.7	4.8	8.2
流动资产周转率（次）	2.3	1.7	1.4	0.9	0.2
资产现金回收率（%）	18.5	9.0	4.7	−1.9	−7.3
三、债务风险状况					
资产负债率（%）	45.2	58.9	65.6	82.9	93.7
已获利息倍数	3.9	1.9	1.7	0.3	−3.1
速动比率（%）	124.0	96.4	85.1	71.0	50.9
现金流动负债比率（%）	25.0	18.9	10.7	−5.1	−11.6
带息负债比率（%）	23.3	34.9	52.9	71.6	85.8
或有负债比率（%）	0.5	1.9	3.4	12.5	18.0
四、经营增长状况					
销售（营业）增长率（%）	29.4	21.7	16.3	2.9	−7.6
资本保值增值率（%）	108.6	105.5	101.5	100.2	88.9
销售（营业）利润增长率（%）	19.0	12.7	7.6	−6.1	−10.9
总资产增长率（%）	28.8	23.7	19.1	3.9	−6.0
技术投入比率（%）	2.2	1.9	1.1	0.8	0.2
五、补充资料					
存货周转率（次）	17.6	10.7	5.3	3.6	0.5
三年销售平均增长率（%）	28.6	22.6	11.1	−0.3	−9.8
成本费用占主营业务收入的比率（%）	91.5	94.7	97.0	99.5	104.6
期间费用占主营业务收入的比率（%）	2.5	4.6	7.4	16.8	22.5
经济增加值率（%）	4.5	2.3	−0.4	−5.1	−15.1
EBITDA率（%）	23.0	14.3	6.2	1.9	−3.6

海南地区

范围：全行业

项　　目	优秀值	良好值	平均值	较低值	较差值
一、盈利能力状况					
净资产收益率（%）	13.5	9.1	6.4	1.0	−10.2
总资产报酬率（%）	9.5	6.1	4.4	0.6	−8.2
主营业务利润率（%）	24.5	19.3	15.0	5.0	−6.6
盈余现金保障倍数	11.6	5.7	0.6	−2.4	−5.3
成本费用利润率（%）	13.6	10.2	7.3	3.9	−6.0
资本收益率（%）	14.7	9.7	7.6	2.2	−4.8
二、资产质量状况					
总资产周转率（次）	1.8	0.9	0.5	0.3	0.2
应收账款周转率（次）	23.9	21.7	18.6	10.6	3.4
不良资产比率（%）	0.2	1.4	2.2	8.7	13.7
流动资产周转率（次）	4.1	2.9	1.5	0.8	0.6
资产现金回收率（%）	19.0	8.9	3.0	−2.9	−6.5
三、债务风险状况					
资产负债率（%）	43.1	48.4	56.9	77.8	87.3
已获利息倍数	7.0	5.8	4.0	1.6	−1.4
速动比率（%）	120.5	103.2	81.4	58.8	44.2
现金流动负债比率（%）	24.9	17.6	8.3	−7.6	−13.3
带息负债比率（%）	42.3	54.6	67.7	78.4	84.5
或有负债比率（%）	0.8	2.4	4.8	13.8	21.2
四、经营增长状况					
销售（营业）增长率（%）	26.6	19.0	14.3	3.8	−8.7
资本保值增值率（%）	112.5	107.1	103.8	100.4	88.9
销售（营业）利润增长率（%）	25.5	20.7	16.8	5.1	−3.1
总资产增长率（%）	17.1	15.8	13.1	−8.8	−13.6
技术投入比率（%）	1.9	1.0	0.4	0.2	0.1
五、补充资料					
存货周转率（次）	17.0	10.7	2.9	1.6	0.7
三年销售平均增长率（%）	27.1	18.0	6.5	−3.0	−15.2
成本费用占主营业务收入的比率（%）	80.4	85.8	90.4	96.5	101.2
期间费用占主营业务收入的比率（%）	2.9	3.3	7.0	13.6	23.9
经济增加值率（%）	7.6	3.7	0.7	−4.5	−13.1
EBITDA率（%）	32.4	21.1	13.5	3.3	−1.6

重庆地区

范围：全行业

项　目	优秀值	良好值	平均值	较低值	较差值
一、盈利能力状况					
净资产收益率（%）	12.0	7.0	3.2	1.1	-9.1
总资产报酬率（%）	6.8	4.0	2.2	0.5	-5.9
主营业务利润率（%）	21.4	16.5	12.5	3.1	-6.4
盈余现金保障倍数	7.0	4.5	1.1	-5.8	-9.6
成本费用利润率（%）	12.3	6.7	4.6	0.4	-4.6
资本收益率（%）	13.0	8.5	3.7	1.4	-6.3
二、资产质量状况					
总资产周转率（次）	1.1	0.9	0.4	0.2	0.1
应收账款周转率（次）	21.9	14.8	6.0	2.7	1.0
不良资产比率（%）	0.2	1.7	3.0	6.2	11.7
流动资产周转率（次）	2.6	1.6	0.8	0.5	0.3
资产现金回收率（%）	19.4	7.4	2.8	-0.4	-9.0
三、债务风险状况					
资产负债率（%）	45.0	52.5	64.9	80.9	91.6
已获利息倍数	5.4	3.0	1.9	0.3	-3.3
速动比率（%）	135.4	117.0	82.6	59.1	47.0
现金流动负债比率（%）	25.2	12.4	7.2	-2.2	-10.2
带息负债比率（%）	22.9	34.9	40.9	65.0	79.9
或有负债比率（%）	0.3	2.0	4.4	9.6	16.2
四、经营增长状况					
销售（营业）增长率（%）	28.8	21.9	16.9	5.8	-6.9
资本保值增值率（%）	110.3	106.1	103.6	100.8	89.9
销售（营业）利润增长率（%）	19.6	9.8	4.1	-3.0	-11.9
总资产增长率（%）	22.3	20.2	15.6	-2.8	-12.7
技术投入比率（%）	3.3	3.0	2.6	1.2	0.3
五、补充资料					
存货周转率（次）	16.1	8.8	2.4	1.4	0.5
三年销售平均增长率（%）	28.6	21.6	8.1	-2.3	-12.2
成本费用占主营业务收入的比率（%）	88.7	93.5	96.4	99.6	104.3
期间费用占主营业务收入的比率（%）	4.0	6.2	10.5	19.9	28.7
经济增加值率（%）	6.6	2.0	-1.7	-4.7	-14.6
EBITDA 率（%）	26.6	16.3	8.6	1.9	-4.1

四川地区

范围：全行业

项　　目	优秀值	良好值	平均值	较低值	较差值
一、盈利能力状况					
净资产收益率（%）	12.0	9.2	4.0	1.2	-9.0
总资产报酬率（%）	8.4	5.2	2.6	0.5	-5.7
主营业务利润率（%）	21.7	15.7	12.9	3.7	-8.3
盈余现金保障倍数	11.3	7.8	1.9	0.3	-2.8
成本费用利润率（%）	13.3	9.1	5.4	1.3	-4.7
资本收益率（%）	12.8	10.6	4.2	1.5	-4.0
二、资产质量状况					
总资产周转率（次）	1.2	0.7	0.4	0.3	0.1
应收账款周转率（次）	20.7	12.0	6.2	3.8	2.4
不良资产比率（%）	0.2	0.9	2.1	5.8	12.4
流动资产周转率（次）	2.5	1.5	1.0	0.7	0.5
资产现金回收率（%）	24.3	11.1	4.1	-2.1	-7.3
三、债务风险状况					
资产负债率（%）	43.0	52.1	63.0	82.6	92.5
已获利息倍数	4.0	2.7	1.9	0.3	-0.9
速动比率（%）	148.3	108.5	81.3	67.9	55.1
现金流动负债比率（%）	28.9	18.2	10.5	-2.3	-8.4
带息负债比率（%）	20.2	33.0	44.9	68.2	81.4
或有负债比率（%）	0 4	2.2	3.5	8.6	15.9
四、经营增长状况					
销售（营业）增长率（%）	28.6	20.2	13.8	4.0	-6.7
资本保值增值率（%）	111.7	108.7	103.7	101.0	90.1
销售（营业）利润增长率（%）	20.3	14.3	7.6	-4.7	-12.6
总资产增长率（%）	21.1	17.5	13.9	-4.7	-11.1
技术投入比率（%）	3.4	3.1	2.6	1.0	0.4
五、补充资料					
存货周转率（次）	14.6	9.8	3.3	2.3	0.8
三年销售平均增长率（%）	26.3	18.1	9.4	-1.8	-12.2
成本费用占主营业务收入的比率（%）	87.7	91.3	94.8	98.9	104.3
期间费用占主营业务收入的比率（%）	2.7	4.3	8.5	13.2	20.4
经济增加值率（%）	6.8	2.6	-1.2	-5.2	-14.3
EBITDA率（%）	24.1	17.2	8.3	1.1	-5.4

贵州地区

范围：全行业

项　　目	优秀值	良好值	平均值	较低值	较差值
一、盈利能力状况					
净资产收益率（％）	12.7	9.3	5.6	0.9	-9.3
总资产报酬率（％）	10.1	5.6	4.3	0.6	-7.2
主营业务利润率（％）	23.2	17.7	14.3	4.1	-8.2
盈余现金保障倍数	9.4	6.4	1.2	0.4	-5.8
成本费用利润率（％）	12.8	10.6	7.0	1.3	-5.6
资本收益率（％）	14.0	9.7	5.9	1.7	-5.9
二、资产质量状况					
总资产周转率（次）	1.4	0.7	0.5	0.3	0.1
应收账款周转率（次）	22.4	15.1	6.4	2.0	1.1
不良资产比率（％）	0.3	1.7	3.1	6.3	13.5
流动资产周转率（次）	2.7	1.5	1.1	0.8	0.5
资产现金回收率（％）	19.3	7.5	4.4	0.9	-7.0
三、债务风险状况					
资产负债率（％）	43.2	57.8	65.7	84.2	92.4
已获利息倍数	4.4	2.3	1.5	0.6	-2.0
速动比率（％）	140.5	96.8	82.4	63.7	43.9
现金流动负债比率（％）	25.9	16.1	12.5	3.0	-9.1
带息负债比率（％）	30.6	47.7	55.6	74.9	84.8
或有负债比率（％）	0.3	1.4	2.3	10.5	16.2
四、经营增长状况					
销售（营业）增长率（％）	30.3	23.9	17.0	2.1	-8.0
资本保值增值率（％）	111.6	109.1	105.3	100.9	90.1
销售（营业）利润增长率（％）	26.6	21.2	17.9	2.4	-9.0
总资产增长率（％）	26.7	21.5	17.4	-1.1	-10.4
技术投入比率（％）	2.8	2.3	1.3	0.9	0.2
五、补充资料					
存货周转率（次）	17.9	10.5	5.2	3.8	1.8
三年销售平均增长率（％）	28.7	20.6	12.5	0.1	-9.8
成本费用占主营业务收入的比率（％）	90.3	92.2	94.8	101.6	105.3
期间费用占主营业务收入的比率（％）	3.6	5.9	10.0	16.9	23.7
经济增加值率（％）	7.2	3.9	0.1	-5.8	-13.5
EBITDA率（％）	28.4	17.9	8.3	2.3	-2.8

云南地区

范围：全行业

项　　目	优秀值	良好值	平均值	较低值	较差值
一、盈利能力状况					
净资产收益率（%）	10.3	7.3	3.9	0.9	-9.5
总资产报酬率（%）	8.0	5.1	2.3	0.4	-5.0
主营业务利润率（%）	21.7	16.4	12.6	12.7	-5.3
盈余现金保障倍数	12.0	6.2	1.1	0.6	-3.9
成本费用利润率（%）	10.6	7.4	4.4	-1.6	-8.7
资本收益率（%）	12.5	9.7	4.9	1.4	-4.2
二、资产质量状况					
总资产周转率（次）	1.1	0.7	0.6	0.5	0.1
应收账款周转率（次）	28.3	18.4	9.0	2.9	1.2
不良资产比率（%）	0.4	1.4	2.8	5.6	13.0
流动资产周转率（次）	2.7	1.7	1.5	0.9	0.4
资产现金回收率（%）	21.3	9.7	3.4	-0.8	-6.0
三、债务风险状况					
资产负债率（%）	43.5	53.4	61.3	78.4	89.0
已获利息倍数	4.0	2.3	1.9	0.5	-2.2
速动比率（%）	135.0	101.5	78.0	54.5	35.6
现金流动负债比率（%）	30.4	22.4	10.7	-2.1	-9.8
带息负债比率（%）	31.7	44.3	52.9	65.4	82.9
或有负债比率（%）	0.6	1.3	3.0	12.4	18.7
四、经营增长状况					
销售（营业）增长率（%）	31.9	21.1	15.0	4.8	-7.8
资本保值增值率（%）	110.1	106.4	102.6	100.2	88.4
销售（营业）利润增长率（%）	26.1	18.2	13.4	1.9	-9.4
总资产增长率（%）	26.0	16.1	12.1	-2.4	-11.7
技术投入比率（%）	2.3	1.5	1.2	0.8	0.2
五、补充资料					
存货周转率（次）	16.2	11.7	5.7	5.6	4.4
三年销售平均增长率（%）	30.2	24.0	12.4	0.2	-8.6
成本费用占主营业务收入的比率（%）	89.7	92.7	96.6	99.5	107.8
期间费用占主营业务收入的比率（%）	2.5	4.8	9.0	15.0	21.2
经济增加值率（%）	5.3	2.8	-1.4	-5.6	-14.7
EBITDA率（%）	29.4	15.4	7.6	1.1	-3.3

西藏地区

范围：全行业

项　　目	优秀值	良好值	平均值	较低值	较差值
一、盈利能力状况					
净资产收益率（％）	9.9	5.6	1.0	−3.9	−10.4
总资产报酬率（％）	7.2	4.7	0.8	−3.5	−5.8
主营业务利润率（％）	28.4	23.8	18.6	4.1	−7.3
盈余现金保障倍数	9.9	4.2	0.7	−2.4	−2.8
成本费用利润率（％）	14.3	10.3	2.2	−2.1	−9.5
资本收益率（％）	11.1	8.8	1.6	0.9	−6.2
二、资产质量状况					
总资产周转率（次）	0.9	0.4	0.3	0.2	0.1
应收账款周转率（次）	18.3	10.2	6.2	3.0	1.8
不良资产比率（％）	0.3	1.5	2.7	5.7	14.4
流动资产周转率（次）	1.8	1.3	1.0	0.8	0.6
资产现金回收率（％）	17.0	6.0	2.9	−1.2	−4.8
三、债务风险状况					
资产负债率（％）	29.4	34.4	37.8	52.5	74.0
已获利息倍数	5.0	4.2	2.2	−1.7	−5.7
速动比率（％）	136.3	117.3	94.5	77.4	54.4
现金流动负债比率（％）	27.9	20.0	11.1	−2.3	−9.0
带息负债比率（％）	19.5	25.4	37.4	55.8	69.1
或有负债比率（％）	0.4	1.4	2.8	8.4	12.7
四、经营增长状况					
销售（营业）增长率（％）	23.4	18.6	12.0	6.0	−7.5
资本保值增值率（％）	109.1	103.3	100.3	96.7	86.3
销售（营业）利润增长率（％）	22.2	11.0	10.5	−3.6	−16.3
总资产增长率（％）	12.4	8.9	7.0	−6.6	−11.6
技术投入比率（％）	2.1	1.3	0.6	0.4	0.2
五、补充资料					
存货周转率（次）	12.6	8.1	6.1	3.0	1.8
三年销售平均增长率（％）	28.6	24.4	13.0	1.6	−8.8
成本费用占主营业务收入的比率（％）	85.6	90.7	98.7	102.5	110.4
期间费用占主营业务收入的比率（％）	4.2	6.4	10.3	17.1	25.1
经济增加值率（％）	4.0	0.3	−4.2	−9.5	−15.5
EBITDA率（％）	11.8	5.3	1.5	−5.3	−10.9

陕西地区

范围：全行业

项　　目	优秀值	良好值	平均值	较低值	较差值
一、盈利能力状况					
净资产收益率（%）	13.6	10.3	6.0	0.7	−8.3
总资产报酬率（%）	8.2	6.7	4.3	0.5	−4.4
主营业务利润率（%）	21.5	16.1	12.2	3.8	−4.7
盈余现金保障倍数	10.7	5.5	1.3	0.2	−4.6
成本费用利润率（%）	12.0	9.3	5.7	2.0	−7.0
资本收益率（%）	14.2	10.8	6.3	0.8	−7.4
二、资产质量状况					
总资产周转率（次）	1.3	0.9	0.6	0.4	0.1
应收账款周转率（次）	20.0	9.8	4.8	1.5	1.0
不良资产比率（%）	0.3	1.6	2.6	6.0	11.7
流动资产周转率（次）	2.4	1.7	1.4	0.8	0.5
资产现金回收率（%）	18.8	8.6	4.8	−1.8	−7.0
三、债务风险状况					
资产负债率（%）	44.9	55.6	64.5	80.3	92.5
已获利息倍数	6.5	5.0	3.1	0.6	−0.9
速动比率（%）	127.2	100.2	81.1	64.3	43.7
现金流动负债比率（%）	23.3	16.5	11.4	−2.4	−9.5
带息负债比率（%）	25.4	32.6	47.0	69.9	80.2
或有负债比率（%）	0.5	1.5	3.8	7.5	14.0
四、经营增长状况					
销售（营业）增长率（%）	28.9	20.1	15.1	6.4	−7.6
资本保值增值率（%）	113.2	110.7	106.0	101.7	93.3
销售（营业）利润增长率（%）	19.7	14.0	12.3	−2.5	−9.8
总资产增长率（%）	19.3	17.4	15.6	−1.3	−9.9
技术投入比率（%）	2.7	2.1	1.8	1.2	0.1
五、补充资料					
存货周转率（次）	15.6	9.9	5.2	3.5	1.7
三年销售平均增长率（%）	30.3	22.8	10.1	−1.2	−10.1
成本费用占主营业务收入的比率（%）	88.1	91.3	95.5	98.5	105.9
期间费用占主营业务收入的比率（%）	3.6	5.0	9.7	15.8	23.8
经济增加值率（%）	8.7	4.8	0.3	−4.6	−14.7
EBITDA率（%）	28.3	16.9	8.4	2.5	−2.2

甘肃地区

范围：全行业

项　　目	优秀值	良好值	平均值	较低值	较差值
一、盈利能力状况					
净资产收益率（％）	10.7	5.6	3.8	0.3	−11.0
总资产报酬率（％）	7.0	4.5	3.4	0.2	−7.0
主营业务利润率（％）	17.8	11.8	7.5	1.3	−7.2
盈余现金保障倍数	11.4	6.6	1.1	−1.4	−4.4
成本费用利润率（％）	6.8	4.0	1.8	0.2	−8.9
资本收益率（％）	11.3	7.2	4.3	1.2	−7.2
二、资产质量状况					
总资产周转率（次）	1.0	0.8	0.7	0.6	0.1
应收账款周转率（次）	19.8	14.5	10.3	7.2	2.8
不良资产比率（％）	0.4	1.5	2.4	6.3	9.7
流动资产周转率（次）	3.0	2.6	1.9	1.6	0.8
资产现金回收率（％）	19.5	10.5	3.8	−1.7	−6.8
三、债务风险状况					
资产负债率（％）	41.8	57.3	64.1	80.8	93.5
已获利息倍数	3.7	2.5	2.0	0.3	−2.2
速动比率（％）	112.1	83.2	62.4	46.7	33.1
现金流动负债比率（％）	25.6	19.1	9.6	−2.7	−9.9
带息负债比率（％）	26.1	37.7	54.5	69.4	83.3
或有负债比率（％）	0.3	1.7	4.5	10.5	17.0
四、经营增长状况					
销售（营业）增长率（％）	29.6	22.1	17.1	6.9	−7.0
资本保值增值率（％）	110.4	105.7	103.3	100.1	89.2
销售（营业）利润增长率（％）	18.1	14.0	10.7	−4.5	−10.9
总资产增长率（％）	20.7	17.1	10.1	−3.0	−6.9
技术投入比率（％）	1.8	1.2	1.0	0.8	0.1
五、补充资料					
存货周转率（次）	16.2	11.7	7.1	3.2	1.0
三年销售平均增长率（％）	29.8	23.5	12.9	0.8	−7.2
成本费用占主营业务收入的比率（％）	92.2	95.3	98.0	100.2	107.9
期间费用占主营业务收入的比率（％）	1.5	3.4	5.6	12.9	19.6
经济增加值率（％）	5.2	1.4	−0.7	−5.7	−16.2
EBITDA率（％）	21.8	11.5	5.0	0.7	−2.9

青海地区

范围：全行业

项　　目	优秀值	良好值	平均值	较低值	较差值
一、盈利能力状况					
净资产收益率（%）	11.5	8.4	5.0	0.6	-7.2
总资产报酬率（%）	7.5	6.0	3.4	0.4	-7.0
主营业务利润率（%）	23.5	17.2	13.6	3.1	-5.9
盈余现金保障倍数	21.4	10.4	1.4	-1.6	-6.2
成本费用利润率（%）	14.2	10.1	7.2	2.0	-4.6
资本收益率（%）	18.6	13.4	6.9	1.0	-3.8
二、资产质量状况					
总资产周转率（次）	1.1	0.5	0.4	0.3	0.1
应收账款周转率（次）	20.9	15.0	8.9	5.8	2.4
不良资产比率（%）	0.2	0.6	1.5	3.4	8.9
流动资产周转率（次）	3.2	1.4	1.1	0.9	0.2
资产现金回收率（%）	21.8	11.8	5.4	-0.4	-7.2
三、债务风险状况					
资产负债率（%）	43.8	54.7	63.1	75.2	87.0
已获利息倍数	6.5	4.5	3.2	1.0	-2.4
速动比率（%）	142.2	105.1	88.6	70.0	64.0
现金流动负债比率（%）	29.8	18.9	14.7	-1.9	-9.8
带息负债比率（%）	25.8	41.5	53.5	72.5	82.7
或有负债比率（%）	0.3	1.8	2.4	6.4	12.6
四、经营增长状况					
销售（营业）增长率（%）	27.3	18.4	14.5	3.6	-6.5
资本保值增值率（%）	115.7	108.0	104.9	100.8	93.8
销售（营业）利润增长率（%）	22.4	20.7	16.0	2.5	-7.2
总资产增长率（%）	25.7	16.0	14.0	-4.0	-8.0
技术投入比率（%）	2.3	1.7	0.7	0.4	0.1
五、补充资料					
存货周转率（次）	16.1	9.6	6.2	3.3	1.3
三年销售平均增长率（%）	28.1	22.9	12.3	0.5	-8.4
成本费用占主营业务收入的比率（%）	86.5	90.4	94.9	98.5	104.8
期间费用占主营业务收入的比率（%）	1.1	4.8	8.9	12.9	18.1
经济增加值率（%）	6.0	3.9	-0.5	-6.1	-12.1
EBITDA率（%）	24.7	17.1	10.4	2.1	-1.7

宁夏地区

范围：全行业

项　目	优秀值	良好值	平均值	较低值	较差值
一、盈利能力状况					
净资产收益率（%）	14.2	11.6	7.1	1.8	−7.1
总资产报酬率（%）	9.2	6.3	4.7	0.8	−4.2
主营业务利润率（%）	23.0	18.0	11.9	5.2	−3.6
盈余现金保障倍数	10.9	6.9	1.3	−1.6	−6.0
成本费用利润率（%）	15.4	12.5	10.5	2.5	−3.6
资本收益率（%）	15.3	12.3	8.7	2.6	−6.0
二、资产质量状况					
总资产周转率（次）	1.3	0.7	0.4	0.3	0.1
应收账款周转率（次）	21.3	14.4	10.5	4.6	2.8
不良资产比率（%）	0.4	1.4	2.0	4.7	11.8
流动资产周转率（次）	3.5	1.8	1.3	1.0	0.6
资产现金回收率（%）	20.2	9.9	5.2	−0.4	−7.3
三、债务风险状况					
资产负债率（%）	49.6	60.8	71.0	87.3	92.8
已获利息倍数	5.7	4.1	3.3	0.5	−1.8
速动比率（%）	132.1	95.7	69.3	56.2	35.6
现金流动负债比率（%）	23.1	19.8	10.1	−1.1	−7.6
带息负债比率（%）	24.2	35.9	48.1	67.2	83.6
或有负债比率（%）	0.4	1.4	1.8	8.9	14.5
四、经营增长状况					
销售（营业）增长率（%）	26.1	19.7	14.3	4.1	−8.3
资本保值增值率（%）	113.2	109.8	106.7	101.5	90.9
销售（营业）利润增长率（%）	32.1	28.4	20.1	6.7	−9.7
总资产增长率（%）	24.5	20.2	16.8	2.2	−12.0
技术投入比率（%）	1.6	1.2	0.9	0.7	0.1
五、补充资料					
存货周转率（次）	21.2	11.4	4.9	2.3	0.7
三年销售平均增长率（%）	28.6	23.2	13.9	1.6	−11.6
成本费用占主营业务收入的比率（%）	84.6	87.5	90.1	96.3	103.2
期间费用占主营业务收入的比率（%）	5.2	7.2	11.3	17.3	23.4
经济增加值率（%）	8.7	6.1	2.2	−3.7	−12.6
EBITDA率（%）	30.1	18.1	13.2	4.7	−0.5

附录七 关于中央企业开展管理提升活动的指导意见

国务院国有资产监督管理委员会文件

国资发改革〔1012〕23 号

关于中央企业开展管理提升活动的指导意见

各中央企业：

根据"十二五"时期中央企业改革发展总体思路，为进一步加强企业管理，夯实发展基础，国资委决定，从 2012 年 3 月起，用 2 年时间在中央企业全面开展管理提升活动。现就活动提出如下指导意见。

一、开展管理提升活动的重要意义

国资委成立以来，中央企业通过深化改革，转换机制，创新发展，管理水平有了较大提高，有力地促进了企业经济效益和竞争能力的大幅提升，为国民经济快速发展作出了较大贡献。但是，与党中央、国务院的要求及社会的普遍期望相比，与应对复杂市场和外部环境变化的要求相比，与参与国际竞争、增强国家整体实力的要求相比，中央企业在管理上还存在很大差距。尤其是一些企业管理基础薄弱、管理方面长期存在的一些突出问题得不到有效解决，已经成为严重制约企业做强做优、科学健康发展的"瓶颈"。

开展管理提升活动，全面提高管理水平，是中央企业更好地履行社会责任，完成党和国家赋予历史使命的必然选择；是中央企业应对内外部复杂环境变化，保增长、保稳定，提升市场竞争力和抗风险能力的重要"抓手"；是促进中央企业科学发展加快转变经济发展方式，深入实施转型升级，不断提升发展质量和效益，走内涵式发展之路的重要举措；是中央企业加快实现"做强做优、培育具有国际竞争力的世界一流企业"核心目标的重要步骤。

二、指导思想、活动主题和工作原则

（一）指导思想

中央企业开展管理提升活动，要高举中国特色社会主义伟大旗帜，紧紧围绕"十二五"改革发展"一五三"总体思路，坚持以科学发展为主题，以加快转变经济发展方式为主线，以解决企业管理中存在的突出问题和薄弱环节为重点，通过自主优化、引进吸收、创新发展，持续加强企业管理，积极推进管理创新，促进中央企业持续、稳定、健康发展。

（二）活动主题

中央企业开展管理提升活动的主题为：强基固本、控制风险，转型升级、保值增值，做强做优、科学发展。

（三）工作原则

中央企业开展管理提升活动，要把握以下原则：

一是立足自我与学习借鉴相结合。坚持以我为主、博采众长，广泛学习借鉴国内外先进经验，融合提炼，形成适合企业自身特点的管理提升方法。

二是重点突破与全面提升相结合。在以解决突出问题和薄弱环节为重点扎实开展短板消缺和"瓶颈"突破的同时，将管理提升活动覆盖到企业管理的各个领域，带动企业管理水平的全面提升。

三是从严治企与管理创新相结合。继承和发扬"三老四严"等优良作风，严格管理，严格执行，并通过优化资源配置、工作秩序和氛围，积极开展管理创新，不断扩大管理提升活动的实效。

四是加强管理与深化改革相结合。通过深化改革，创新机制，为进一步加强和改进管理提供动力保障和制度基础，促进企业持续改进管理方式，提高管理效益，深入开展管理提升活动。

三、主要目标、重点任务及阶段安排

（一）主要目标

力争用2年时间，通过全面开展管理提升活动，加快推进中央企业管理方式由粗放型向集约化、精细化转变，全面提升企业管理水平，为"做强做优、培育具有国际竞争力的世界一流企业"工作奠定坚实基础。

——基础管理明显加强。在解决长期制约中央企业发展的突出问题和薄弱环节上取得突破，企业管控机制进一步完善，管理制度进一步健全，流程进一步优化，管理的标准化、制度化、规范化水平明显提升。

——管理现代化水平明显提升。公司治理进一步科学完善，管理体系进一步系统高效，精益思想与管理活动广泛结合，先进管理理念、技术和方法得到有效应用，信息技术对管理提升的促进作用明显增强。

——管理创新机制明显完善。管理创新工作体系进一步健全，形成鼓励全员参与管理创新的文化与氛围，管理创新成果得到有效转化，内部资源配置能力进一步提升，管理创新促进企业管理水平持续提升的长效机制进一步健全。

——综合绩效明显改善。企业成本费用、管理漏洞、重大风险得到有效控制，财务绩效指标不断改善，管理人才队伍的国际化、市场化程度和素质能力进一步提高，价值创造能力、市场竞争能力明显提升，管理提升对企业科学发展、转型升级、转变发展方式、更好履行社会责任以及实现"十二五"改革发展核心目标的促进作用明显增强。

（二）重点任务

为全面落实管理提升活动的工作目标，中央企业要重点做好以下四项工作：

1. 找准管理短板和"瓶颈"问题，实现重点突破。按照工作目标的要求，结合自身实际，广泛发动，全员参与，在本企业各管理领域内全面开展自查自纠和管理诊断工作，找出当前存在的突出问题和薄弱环节，找准管理短板和"瓶颈"问题，在深入调查、充分论证的基础上，优选提升措施，制定重点整改工作方案，狠抓落实，确保短板消缺和"瓶颈"突破。

2. 强化向管理要效益理念，切实加强基础管理。牢固树立"基础不牢，地动山摇"观念，培养"严谨求实"的工作作风，在全面自查和诊断的基础上，进一步加强基层建设、基础工作和基本功训练，以全员消除浪费、创造价值、持续改进为指导，全面梳理优化工作流程，有效运用精细化管理方法，建立系统、科学、实用的标准和制度体系，严格执行，夯实管理基础。

3. 统筹推进专项提升，全面落实整改措施。管理提升活动范围覆盖企业管理各领域，企业要根据转型升级、降本增效、风险控制的需要，以投资决策管理、全面预算管理、全面风险管理、科技创新管理、人力资源管理、产权管理、法律管理、采购管理、安全生产管理、管理信息化、社会责任管理、党建管理和反腐倡廉管理，以及本企业认为需要加强和改进的其他管理工作为重点，通过广泛开展与国内外先进企业、先进指标及国资委分批推出的管理典型对标，明确差距和提升方向，细化专项提升措施，认真整改，以点带面，推动管理提升活动深入开展。

4. 总结固化成果，构建长效机制。科学评价管理提升活动的效果，及时总结提炼管理提升工作经验，以标准和制度体系加以固化，转化为全体员工的自觉行动，并根据条件的变化和发展的需要，持续丰富、发展和完善管理提升工作机制，不断引发、促成新的管理提升。

（三）阶段安排

为实现管理提升活动的预期目标，中央企业管理提升活动原则上分为3个阶段6个环节。

第一阶段为全面启动、自我诊断阶段，时间从2012年3月至2012年8月。本阶段分为2个环节，即动员启动、学习提高环节和自我诊断、找准问题环节。

第二阶段为专项提升、协同推进阶段，时间从2012年9月至2013年8月。本阶段分为2个环节，即制订方案、细化措施环节和专项提升、全面整改环节。

第三阶段为持续改进、总结评价阶段，时间从2013年9月至2014年2月。本阶段分为2个环节，即检查评价、持续改进环节和总结经验、表彰先进环节。

企业应根据自身发展所处阶段的具体情况，针对自身管理中存在的突出问题和薄弱环节，认真做好诊断分析，围绕重点任务，细化分解，合理确定本企业各阶段及各环节管理提升的时间、内容、重点和相关措施。

四、工作要求

各中央企业要高度重视管理提升活动，充分调动所属各级企业和广大员工积极参与，精心组织，狠抓落实，务求实效。

（一）加强组织领导

要进一步增强对开展管理提升活动重要意义的认识，将活动纳入企业整体战略，统筹规划，周密部署，积极稳妥地推进。各级企业主要负责人要亲自抓，成立领导小组，组建精干高效的工作机构，明确分工、落实责任、协同推进，形成领导有力、层次清晰、齐抓共管的工作局面。

（二）做好整体设计

要进一步结合自身实际，整体规划，做好本企业开展管理提升活动的总体设计。在全面诊断和系统对标的基础上，找准问题，确定重点，制定开展管理提升活动的工作方案、阶段任务及专项提升工作计划。要深入调查，广泛征求意见，充分发挥内外部资源的作用，细化工作目标和工作措施，分步实施，协调推进。各企业要及时将本企业开展管理提升活动的有关工作方案报国资委备案。

（三）健全工作机制

要进一步丰富开展管理提升活动的载体，不断创新方式方法和手段；要畅通信息沟通渠道，及时总结经验、发现不足；要加大资源整合配置力度，提高解决问题的时效；要明确考核标准，健全评价制度和责任追究制度，鼓励先进，充分调动广大员工的积极性和创造性，确保将活动引向深入。各企业要及时将本企业管理提升工作各环节进展情况和阶段工作总结报送国资委。

（四）确保取得实效

要进一步细化落实责任，严格考核，狠抓落实。对诊断发现的短板和"瓶颈"问题，要集中资源全面整改；要加强经验总结，挖典型、树标杆，做好表彰工作，通过广泛宣传和推广，不断扩大经验应用的成效；要抓好管理提升措施的执行，从严管理，不走过场，务求实效。

五、保障措施

国资委成立中央企业开展管理提升活动领导小组，负责指导中央企业和国资委机关开展管理提升活动，王勇同志担任组长，邵宁、姜志刚同志担任副组长，有关厅局为成员单位。领导小组下设办公室，企业改革局承担办公室日常工作。国资委将主要通过以下重点措施，为中央企业开展管理提升活动提供支持、保障和服务。

（一）宣传动员

国资委将召开中央企业开展管理提升活动动员大会，进行全面部署。在活动过程中，利用各种新闻媒体，加强对本次活动、企业管理提升好经验、好做法的宣传报道，努力营造良好的活动开展氛围。

（二）工作指导

国资委将在总结中央企业以往管理创新成果和优秀实践案例的基础上，编制中央企业管理提升系列辅导材料，指导企业开展好各阶段管理提升工作；及时了解企业开展管理提升活动的工作进展情况，建立报告制度，编发工作简报，做好跟踪分析，并在每年两次的中央企业负责人会议上通报情况、总结部署工作；委内厅局将根据职责分工，协调配合，加强对企业开展管理提升工作的分类指导。

（三）协调服务

国资委将及时研究解决企业开展活动中遇到的主要困难和突出问题，帮助企业营造良好的外部环境；结合国资监管工作相关要求，围绕活动重点领域，适时召开现场会、专题经验交流会，分批推出企业管理典型经验，供企业对标学习；组建主要由中央企业长期从事经营管理工作的骨干、行业专家等组成的管理诊断小组，选择部分具备条件的中央企业，开展管理诊断工作，帮助企业找准问题、优化方案，并在企业实施过程中提供咨询支持。

（四）评价表彰

活动期间，国资委将对各企业管理提升工作情况进行评价，并纳入企业领导班子综合考核评价工作；活动结束时，召开总结表彰大会，认真总结中央企业开展管理提升活动的成效，表彰先进企业和先进个人，交流本次活动的典型经验，推动中央企业持续开展管理提升工作。

国务院国有资产监督管理委员会
二〇一二年三月十三日

参考书目

1. 《企业全面诊断与综合治理》，盛骏飞、高立法主编，中国时代经济出版社，2004 年 3 月。

2. 《企业人力资源诊断与治理》，高立法主编，中国时代经济出版社，2004 年 3 月。

3. 《企业财务诊断与治理》，高立法主编，中国时代经济出版社，2004 年 3 月。

4. 《企业市场营销诊断与治理》，高立法主编，中国时代经济出版社，2004 年 4 月。

5. 《企业生产运作诊断与治理》，高立法主编，中国时代经济出版社，2004 年 4 月。

6. 《经营分析与企业诊断》，刘平文主编，厦门大学出版社，2006 年 6 月。

7. 《企业内部控制实务》，高立法主编，经济管理出版社，2001 年 7 月。

8. 《企业全面风险管理实务》，高立法主编，经济管理出版社，2009 年 4 月。

9. 《企业经营风险管理实务》，高立法主编，经济管理出版社，2009 年 3 月。

10. 《中央企业全面风险管理指引》，国务院国有资产监督管理委员会文件，2006 年 6 月。

11. 《企业内部控制基本规范》，财政部、审计署、证监会、银监会、保监会文件，2008 年 5 月。